D1867276

KRÖNERS TASCHENAUSGABE BAND 426

SACHWÖRTERBUCH ZUR EUROPÄISCHEN UNION

Herausgegeben von
Joerg Monar, Nanette Neuwahl
und Paul Noack

ALFRED KRÖNER VERLAG STUTTGART

Sachwörterbuch zur Europäischen Union
Herausgegeben von Joerg Monar,
Nanette Neuwahl und Paul Noack
Stuttgart: Kröner 1993
(Kröners Taschenausgabe; Bd. 426)
ISBN 3-520-42601-3

© 1993 by Alfred Kröner Verlag Stuttgart
Printed in Germany · Alle Rechte vorbehalten
Satz: Knipp Satz und Bild digital, Dortmund
Druck: Omnitypie-Gesellschaft, Stuttgart
Einband: Heinrich Koch, Tübingen

Inhalt

Mitarbeiterverzeichnis

Norbert Anselmann, Kommission der EG, Brüssel
Prof. Dr. Rainer Arnold, Universität Regensburg, Juristische Fakultät
Christian Augustin, Europäisches Parlament, Luxemburg
Prof. Dr. Peter Behrens, Universität Hamburg, Fachbereich Rechtswissenschaft
Prof. Dr. Jürgen Bellers, Universität Münster, Institut für Politikwissenschaft
Prof. Dr. Roland Bieber, Universität Lausanne, Fachbereich Rechtswissenschaft
Prof. Dr. Dieter Biehl, Universität Frankfurt a. M., Fachbereich Wirtschaftswissenschaften
Dipl.-Volkswirt Ludger Birkendorf, Deutscher Industrie- und Handelstag, Bonn
Prof. Dr. Winfried Böttcher, Technische Hochschule und Europa-Zentrum-Maas-Rhein, Aachen
Prof. Dr. Peter Bofinger, Universität Würzburg, Lehrstuhl für Volkswirtschaftslehre
Dr. Klaus-Dieter Borchardt, Gerichtshof der EG, Luxemburg
Dr. Bernd Büchner, Report International, Brüssel
Prof. Dr. Helmut Bujard, Fachhochschule Köln
Poul Skytte Christoffersen, Rat der EG, Brüssel
Prof. Dr. Ronald Clapham, Universität Siegen, Fachbereich Wirtschaftswissenschaften
Dr. Otto Dibelius, Kommission der EG, Brüssel
Jacobus Doggen, Amt für amtliche Veröffentlichungen der EG, Luxemburg
Dr. Peter Fischer, Düsseldorf
Prof. Dr. Rudolf Geiger, Universität Leipzig, Lehrstuhl für öffentliches Recht, Völkerrecht, Europarecht
Dr. Claudius Gellert, Europäisches Hochschulinstitut, Florenz
Prof. Dr. Hans-Joachim Glaesner, ehem. Generaldirektor des Juristischen Dienstes des Rates der EG, Brüssel
Dipl.-Pol. Jutta Gützkow, Europarat, Straßburg
Olaf Hillenbrand M.A., Universität Mainz, Forschungsgruppe Europa am Institut für Politikwissenschaft
Dr. Gerhard Hitzler, Kommission der EG, Brüssel
Jean-Marc Hoscheit, Brüssel

Prof. Dr. Rudolf Hrbek, Universität Tübingen, Institut für Politikwissenschaft

Prof. Dr. Ulrich Huber, Universität Bonn, Institut für Handels- und Wirtschaftsrecht

Maren Ipsen, Europäisches Hochschulinstitut, Florenz

Josef Janning M.A., Universität Mainz, stellvertretender Leiter der Forschungsgruppe Europa am Institut für Politikwissenschaft

Prof. Dr. Hans Ulrich Jessurun d'Oliveira, Europäisches Hochschulinstitut, Florenz

Klaus Käding, Kommission der EG, Brüssel

Ursula Kalbfleisch-Kottsieper, Europareferat der Staatskanzlei Nordrhein-Westfalens, Düsseldorf

Prof. Dr. Eckart Klein, Universität Mainz, Fachbereich Rechts- und Wirtschaftswissenschaften

Prof. Dr. Gerhard Kleinhenz, Universität Passau, Lehrstuhl für Volkswirtschaftslehre

Ulrich von Koppenfels, Berlin

Prof. Dr. I. B. F. Kormoss, Europa-Kolleg, Brügge

Dr. Karl-Rudolf Korte, Universität Mainz, Institut für Politikwissenschaft

Dr. Horst G. Krenzler, Generaldirektor für Auswärtige Beziehungen, Kommission der EG, Brüssel

Niels Kristoffersen, Europäisches Parlament, Luxemburg

Andreas Leupold M.A., Universität Konstanz, Juristische Fakultät

Michael Leyendecker M.A., European Research Associates, Brüssel

Claire van Lierde, Universität Brüssel

Dr. Niels Lierow, Gerichtshof der EG, Luxemburg

Prof. Dr. Marcus Lutter, Universität Bonn, Institut für Handels- und Wirtschaftsrecht

Neal Christopher MacCall M.A., Rom

Prof. Dr. Dieter Mahncke, Bundesministerium der Verteidigung, Bonn

Dipl.-Kffr. Angela Mans, Universität Frankfurt a. M., Fachbereich Wirtschaftswissenschaften

Dr. Rutsel S. J. Martha, Ständige Vertretung des Königreichs der Niederlande bei den EG, Brüssel

Prof. Dr. Hans Michaelis, ehem. Generaldirektor für Forschung und Technologie der Kommission der EG, Köln

Prof. Dr. Josef Molsberger, Universität Tübingen, Fachbereich Wirtschaftswissenschaften
Dr. Dr. Joerg Monar, Europa-Kolleg, Abteilung Politik- und Verwaltungswissenschaften, Brügge
Prof. Dr. Roger Morgan, Europäisches Hochschulinstitut, Abteilung Politik- und Sozialwissenschaften, Florenz
Prof. Dr. Peter-Christian Müller-Graff, Universität Trier, Fachbereich Rechtswissenschaft
Dr. Joakin Nerquelius, Universität Lund, Fachbereich Rechtswissenschaft
Dr. Martin Nettesheim, Freie Universität Berlin, Institut für Völkerrecht, Europarecht und ausländisches öffentliches Recht
Dr. Hans-Adolf Neumann, Kommission der EG, Brüssel
Dr. phil. habil. Beate Neuss, Geschwister-Scholl-Institut für Politikwissenschaft, München
Dr. Nanette Neuwahl, Universität Leicester, Fachbereich Rechtswissenschaft
Prof. em. Dr. Paul Noack, Universität München
Christoph Nordmann, Kommission der EG, Brüssel
Simon J. Nuttall, Kommission der EG, Brüssel
Hartmut Offele, Kommission der EG, Brüssel
Prof. David O'Keeffe, Universität Durham, Fachbereich Rechtswissenschaft
Dr. Hans-Joachim Opitz, Ehren-Generalsekretär des Europäischen Parlaments, Chardonne
Marie Charlotte Opitz, Luxemburg
Dr. Ingo Peters, Freie Universität Berlin, Fachbereich Politische Wissenschaft
Dr. Melanie Piepenschneider, Konrad-Adenauer-Stiftung, Sankt Augustin bei Bonn
Dr. Hasso Prahl, Kommission der EG, Brüssel
Prof. Dr. Norbert Reich, Universität Bremen, Lehrstuhl für Zivil-, Wirtschafts- und Europäisches Recht
Prof. Dr. Dr. Georg Ress, Universität des Saarlandes, Lehrstuhl für öffentliches Recht, Völkerrecht und Europarecht, Saarbrücken
Dipl.-Pol. Dietrich Rometsch, Institut für Europäische Politik, Bonn
Dr. Gert Saß, Rechtsanwalt, Brüssel
Dr. Gertrud Schink, Kommission der EG, Brüssel
Gudrun Schmidt, Kommission der EG, Brüssel

Prof. Dr. Günther Schmitt, Universität Göttingen, Institut für Agrarökonomie
Dr. Otto Schmuck, Ministerium für Bundesangelegenheiten und Europarecht des Landes Rheinland-Pfalz, Bonn
Kristin Schreiber M.A., Kommission der EG, Brüssel
Prof. Dr. Dr. Francis Snyder, Europäisches Hochschulinstitut, Lehrstuhl für Europäisches Gemeinschaftsrecht, Florenz
Wilhelm Späth, Auswärtiges Amt, Bonn
Prof. Dr. Paul Bernd Spahn, Universität Frankfurt a. M., Fachbereich Wirtschaftswissenschaften
Dr. Klaus-Dieter Stadler, Universität Stanford (USA)
Prof. Dr. Torsten Stein, Universität des Saarlandes, Lehrstuhl für Europarecht und europäisches öffentliches Recht, Saarbrücken
Prof. Dr. Rudolf Streinz, Universität Bayreuth, Lehrstuhl für öffentliches Recht
Prof. Dr. Michael Strübel, Universität Washington, Saint-Louis (USA)
Thomas Stumm M.A., Europäisches Parlament, Luxemburg
Christian Tauch M.A., Universität Dresden
Barbara Tham M.A., Universität Mainz, Forschungsgruppe Jugend und Europa am Institut für Politikwissenschaft
Prof. Dr. Winfried von Urff, Technische Universität München-Freising, Lehrstuhl für Agrarpolitik
Renate Völpel, Europa-Zentrum, Bonn
Bernhard Wegener, Universität Konstanz
Gerhard Hannes Welge, Kommission der EG, Brüssel
Christian Welz D.E.A., Euro-Institut der Fachhochschule für öffentliche Verwaltung, Kehl
Anita Wolf-Niedermaier M.A., Universität Mannheim, Zentrum für Europäische Sozialforschung
Prof. Dr. Wichard Woyke, Universität Münster, Institut für Politikwissenschaft
Raymond Zonnekein, Europa-Kolleg, Brügge

Vorwort

Vor mehr als vierzig Jahren, am 9. Mai 1950, leitete der französische Außenminister Robert Schuman durch seinen mutigen Vorschlag zu einer Vergemeinschaftung der europäischen Kohle- und Stahlindustrien ein Einigungswerk ein, das in der Geschichte ohne Beispiel ist. Es hat die politische Realität in Europa vielleicht mehr verändert, als dies zuvor – in negativer Weise – zwei Weltkriege getan hatten.
Europa war zu Beginn der fünfziger Jahre für Bürger und Regierungen kaum mehr als ein geographischer und kultureller Begriff, der in Politik und Wirtschaft wie im alltäglichen Leben hinter der Realität der Nationalstaaten zurücktrat. Heute ist es vielfach umgekehrt: Mit nie zuvor gekannter Selbstverständlichkeit bewegen sich die Bürger der Europäischen Gemeinschaft über die Grenzen zu anderen Mitgliedstaaten, erwarten, sich dort ohne allzu große Schwierigkeiten verständigen zu können, kaufen Produkte aus den verschiedensten europäischen Ländern im Vertrauen auf hohe Qualitätsstandards und nehmen täglich ein erhebliches Quantum an Nachrichten, Bildern und kulturellen Impulsen aus anderen europäischen Staaten auf. Mit ähnlicher Selbstverständlichkeit dehnen Wirtschaftsunternehmen ihre Aktivitäten über die Grenzen hinaus aus, produzieren und etikettieren ihre Erzeugnisse zunehmend nach europäischen Normen und vertrauen auf die überall in der Gemeinschaft gesicherten Grundfreiheiten für ihre Tätigkeit. Tausende von Beamten, Parlamentariern und Ministern treffen sich mit selbstverständlich gewordener Regelmäßigkeit zu Beratungen über europäische Fragen. Auch in der internationalen Politik wird das Europa der Gemeinschaft immer mehr als eine Einheit betrachtet, treten die Mitgliedstaaten oft bereits (so z. B. im Rahmen der GATT-Verhandlungen) hinter dieser neuen Einheit zurück.

Diese und viele andere Ergebnisse der europäischen Integration sind deshalb um so erstaunlicher, weil sie trotz einer kaum vorstellbaren Vielfalt von politischen, wirtschaftlichen, administrativen, historischen und kulturellen Hindernissen in relativ kurzer Zeit zustande gekommen sind. Doch dieses immer wieder unterbrochene und schließlich doch erfolgreiche Voranschreiten gegen Widerstände verschiedenster Art hatte auch seinen Preis: Das mit dem Schuman-Plan begonnene Einigungswerk stellt sich heute als ein heterogenes Konglomerat der Ergebnisse zahlloser unterschiedlicher, oft nicht vollendeter Reformen, divergierender politischer Konzeptionen und komplexer Kompromisse zwischen den Mitgliedstaaten dar. Das entstandene Gefüge von Institutionen, Kompetenzen, Entscheidungsverfahren, Handlungsformen und politischen Akteuren ist weder mit dem eines Staates noch mit dem einer internationalen Organisation zu vergleichen. In vielen Bereichen ist es so kompliziert und unübersichtlich geworden, daß EG-Experten in Politik, Wirtschaft und Verwaltung einen besonderen Stellenwert gewonnen haben. Die Vielzahl der in ganz Europa entstandenen Forschungs- und Lehrinstitute zu Fragen der politischen, rechtlichen und wirtschaftlichen Integration zeigt, daß die von dem europäischen Einigungswerk aufgeworfenen Fragen auch zu einer Herausforderung für die wissenschaftliche Forschung und Lehre geworden sind.

Während sich die Regierungen durch Experten beraten lassen können und die Forschung einige Zeit auf die detaillierte Untersuchung der verschiedenen Aspekte der Integration verwenden kann, wächst der Kreis derjenigen, die aus beruflichen Gründen oder persönlichem Interesse nach rascher und zuverlässiger Orientierung in diesem verwirrenden Bereich suchen, ohne über einen leichten Zugang zu Expertenwissen aus Wissenschaft und Praxis zu verfügen. Dies ist um so unbefriedigender, als es nur noch wenige Bereiche des beruflichen oder privaten Lebens gibt, die nicht direkt oder indirekt von der Tätigkeit der Europäischen Gemeinschaft betroffen sind.

Das „Sachwörterbuch zur Europäischen Union" soll diesem Mangel abhelfen. Es erschließt einer beruflich, studienbedingt oder allgemein an den Fachbegriffen, Problemen und Perspektiven des europäischen Einigungswerks interessierten Leserschaft das Wissen von mehr als 90 ausgewiesenen Experten aus Wissenschaft und Praxis. Die Form, in der dies geschieht, bedarf der Erklärung:

Titel und behandelter Bereich

Die Wahl des Titels ist zum einen dadurch bedingt, daß die zwölf EG-Mitgliedstaaten am 7. Februar 1992 in Maastricht den inzwischen kontrovers diskutierten „Vertrag über die Europäische Union" unterzeichnet haben, der eine Weiterent-

wicklung des bisherigen Systems der drei Europäischen Gemeinschaften, Europäische Gemeinschaft für Kohle und Stahl (EGKS), Europäische Atomgemeinschaft (EAG) und Europäische Wirtschaftsgemeinschaft (EWG), darstellt.
Zum anderen wurde der Titel gewählt, weil er eine Dimension beinhaltet, die über den gegenwärtigen Tätigkeitsbereich der drei Gemeinschaften hinausgeht. Zunächst war zu berücksichtigen, daß die Tätigkeit der Gemeinschaften spätestens seit den siebziger Jahren durch verschiedene Formen intergouvernementaler Zusammenarbeit zwischen den Mitgliedstaaten, wie z. B. der Europäischen Politischen Zusammenarbeit, ergänzt wird. Sie sind heute zu einem wesentlichen Bestandteil des Gemeinschaftssystems im weiteren Sinne geworden. Sodann erschien es angesichts der zunehmenden Vernetzung europäischer Organisationen und der wachsenden gesamteuropäischen Herausforderungen weder sinnvoll noch möglich, eine Reihe anderer europäischer Organisationen und Institutionen, wie z. B. den Europarat und die Konferenz über Sicherheit und Zusammenarbeit in Europa (KSZE), mit denen die Gemeinschaften enge Beziehungen unterhalten oder deren Aktivitäten von Relevanz für ihre Politik sind, unberücksichtigt zu lassen.
Der Schwerpunkt des Sachwörterbuchs liegt daher zwar eindeutig bei den Europäischen Gemeinschaften, die gemäß dem Maastrichter Vertrag auch die Grundlage der künftigen Europäischen Union bilden werden, doch werden zusätzlich auch andere Formen der politischen und wirtschaftlichen Zusammenarbeit in Europa behandelt.

Auswahl der Stichwörter

Bei der Auswahl der Stichwörter war einerseits die politische, rechtliche bzw. wirtschaftliche Relevanz für den jetzigen Stand und die weiteren Entwicklungsperspektiven des europäischen Einigungswerks maßgeblich, andererseits die Bedeutung häufig verwendeter Fachbegriffe für eine bessere Erschließung bestimmter Tätigkeitsbereiche der Europäischen Gemeinschaften.
An historischen Themen und Begriffen wurden nur solche aufgenommen, die auch in der heutigen Diskussion noch eine Rolle spielen. Historische Entwicklungen wurden jedoch, soweit notwendig, auch in anderen Artikeln berücksichtigt.

Manchen Leser mag es überraschen, daß sich unter den Stichwörtern ein relativ hoher Anteil rechtlicher Begriffe befindet. Dies ergibt sich jedoch aus der Natur der Europäischen Gemeinschaften. Diese sind im Unterschied zu den Nationalstaaten ausschließlich auf Recht gegründet, so daß Rechtsfragen in allen ihren Tätigkeitsbereichen eine zentrale Bedeutung besitzen. Walter Hallstein, der erste Präsident der Kommission der EG, hat treffend geschrieben, daß die Gemeinschaften gleich in vierfacher Hinsicht ein „Phänomen des Rechts“ seien: als Schöpfung des Rechts, als Rechtsquelle, als Rechtsordnung und als Rechtspolitik.* Bei der Auswahl der rechtlichen Stichwörter ist versucht worden, all diese Dimensionen zu berücksichtigen.

Inhalt und Länge der Artikel

Inhaltlich liegt bei allen Artikeln der Schwerpunkt auf grundlegenden Definitionen, Fakten und Zusammenhängen. In einigen Fällen wurden jedoch auch kritische Bewertungen aufgenommen, um die Bedeutung des behandelten Sujets für den gegenwärtigen Stand und die weitere Entwicklung des Einigungswerks herauszustellen. Diese Bewertungen geben die persönliche Auffassung der Autoren wieder und nicht die Positionen der Institutionen, für die sie arbeiten.

Bei den zahlreichen behandelten EG-Programmen wurde zumeist auf eine knappe Beschreibung der jeweiligen Ziele Wert gelegt. Angaben über den allgemeinen politischen, wirtschaftlichen und rechtlichen Kontext dieser Programme können den übergreifenden Beiträgen zu den verschiedenen Politiken der Gemeinschaften entnommen werden.

Um dem Charakter eines „Sachwörterbuchs“ gerecht zu werden und um innerhalb des vom Verlag vorgegebenen Umfangs eine angemessene Zahl von Stichwörtern behandeln zu können, wurden den Autoren strikte Umfangbegrenzungen vorgegeben. Die damit erforderliche strenge Auslese der aufzunehmenden Fakten und Zusammenhänge erwies sich für die Autoren oft als schwierig und zeitraubend: Es wäre in vielen Fällen einfacher gewesen, über ein bestimmtes Thema zehn bis fünfzehn Seiten zu schreiben, als nur vierzig bis sechzig Zeilen. Die Mühe hat sich jedoch nach Auffassung der Herausgeber

---

* W. Hallstein: Die Europäische Gemeinschaft, 5. Aufl., Düsseldorf 1979, S. 53.

gelohnt. Der Leser findet nun unter jedem Stichwort ein prägnant in Worte gefaßtes Substrat der wichtigsten Aspekte des behandelten Sujets vor.

Literaturangaben

Die Literaturangaben verweisen zumeist auf unmittelbar auf das Thema bezogene Monographien, Sammelbände, Artikel, Abschnitte aus Vertragskommentaren und amtliche Veröffentlichungen. In einigen Fällen wurden auch Arbeiten mit einer allgemeineren Thematik aufgenommen, in denen das Sujet in einem breiteren Kontext behandelt wird.
Bei der Auswahl der Literatur wurde nicht nur auf sachliche Zuverlässigkeit und Aktualität geachtet, sondern auch darauf, ob die Texte ihrerseits Literaturhinweise zu einer vertieften Beschäftigung mit dem jeweiligen Thema enthalten.

Die Arbeit an diesem Sachwörterbuch erstreckte sich über drei Jahre. Im Zuge der raschen Entwicklung in Europa, der Endphase des Binnenmarktprogramms und der Unterzeichnung des Vertrages über die Europäische Union mußte das Erscheinungsdatum zweimal hinausgeschoben und die Stichwortliste immer wieder erweitert werden. Viele bereits eingegangene Artikel wurden von den Autoren nochmals überarbeitet und ergänzt. Redaktionsschluß war der 15. Februar 1993, so daß die Ergebnisse des Europäischen Rates von Edinburgh vom Dezember 1992 noch berücksichtigt werden konnten.

Die Dynamik und Komplexität des europäischen Einigungswerks sowie die notwendige Begrenzung des Umfangs machen natürlich jeden Anspruch auf Vollständigkeit illusorisch. Im Hinblick auf eine spätere Neuauflage nehmen die Herausgeber daher kritische Hinweise und Ergänzungsvorschläge dankbar entgegen.

Der Dank der Herausgeber geht zunächst an die Autoren aus acht europäischen Ländern, die sich trotz eines teilweise übervollen Zeitplans bemüht haben, Themen, die oft Gegenstand langwieriger Kontroversen und Verhandlungen waren oder sind und zu denen vielfach eine umfangreiche wissenschaftliche Literatur besteht, auf engstem Raum verständlich, gehaltvoll und zuverlässig darzustellen.

Sodann sei dem Alfred Kröner Verlag für seine geduldige organisatorische und moralische Unterstützung des Unternehmens gedankt: Die beständige konstruktiv-kritische Begleitung durch Frau Dr. Imma Klemm, das gründliche herstellungstechnische Lektorat von Herrn Martin Seebohn und die sorgfältige Leitung der Herstellung durch Herrn Eckhard Grundhoff haben wesentlich zur Vollendung des Bandes beigetragen.

Die Herausgeber widmen dieses Sachwörterbuch dem Gedenken an den bedeutenden europäischen Forscher und Juristen Prof. Dr. Eberhard Grabitz, der durch schwere Krankheit und vorzeitigen Tod die von ihm übernommenen Beiträge nicht mehr fertigstellen konnte.

J. Monar (Brügge) N. Neuwahl (Leicester) P. Noack (München)

Abkürzungsverzeichnis

ABl.	Amtsblatt (der EG)
Abs.	Absatz
Art.	Artikel
B	Belgien
Bd.	Band
D	Deutschland
DDR	Deutsche Demokratische Republik
DK	Dänemark
DVO	Durchführungsverordnung(en)
E	Spanien
EAG	Europäische Atomgemeinschaft
EAGV	Vertrag zur Gründung der Europäischen Atomgemeinschaft
ECU	Europäische Währungseinheit
EDV	Elektronische Datenverarbeitung
EEA	Einheitliche Europäische Akte
EG	Europäische Gemeinschaft(en)
EGKS	Europäische Gemeinschaft für Kohle und Stahl
EGKSV	Vertrag zur Gründung der Europäischen Gemeinschaft für Kohle und Stahl
EGV	Vertrag zur Gründung der Europäischen Gemeinschaft (der durch den EUV geänderte EWGV)
EP	Europäisches Parlament
Erl.	Erlaß
EuGH	Gerichtshof der Europäischen Gemeinschaften
Euratom	Europäische Atomgemeinschaft
EUV	Vertrag über die Europäische Union
EWG	Europäische Wirtschaftsgemeinschaft
EWGV	Vertrag zur Gründung der Europäischen Wirtschaftsgemeinschaft
EWS	Europäisches Währungssystem
F	Frankreich
FusV	Fusionsvertrag
GATT	Allgemeines Zoll- und Handelsabkommen
GG	Grundgesetz
ggf.	gegebenenfalls
GO	Geschäftsordnung
GR	Griechenland
Hrsg.	Herausgeber

I	Italien
i. d. R.	in der Regel
insbes.	insbesondere
IRL	Irland
Kom.	Kommission der EG
L	Luxemburg
Mio.	Million(en)
Mrd.	Milliarde(n)
MS	Mitgliedstaat(en)
NATO	Nordatlantikvertragsorganisation
NL	Niederlande
o. a.	oben angegeben(e,en)
OECD	Organisation für wirtschaftliche Zusammenarbeit und Entwicklung
P	Portugal
Rdnr.	Randnummer(n)
RL	Richtlinie(n)
Rs.	Rechtssache
Slg.	Sammlung
s. o.	siehe oben
sog.	sogenannt(e,er,es,en)
s. u.	siehe unten
u.	und
u. a.	unter anderem/n; und andere(s)
Uabs.	Unterabsatz
u. ä.	und ähnliche(s)
UK	Großbritannien
USA	Vereinigte Staaten von Amerika
usw.	und so weiter
u. U.	unter Umständen
v.	von/m
v. a.	vor allem
VN	Vereinte Nationen
VO	Verordnung(en)
WEU	Westeuropäische Union
WSA	Wirtschafts- und Sozialausschuß
z. B.	zum Beispiel
z. T.	zum Teil
z. Zt.	zur Zeit

AASM →Jaunde-Abkommen

ABEL. Datenbank der EG, die sämtliche in der Reihe L des →*Amtsblattes* veröffentlichten Rechtsakte der EG enthält.

HRSG.

Abgeleitetes Gemeinschaftsrecht →Sekundärrecht

Abgeordnete(r) →Mitglied(er) des Europäischen Parlaments

Abgestufte Integration. Aufgrund der wirtschaftlichen, politischen, kulturellen und sozialen Differenzen zwischen den →*Mitgliedstaaten* erweist es sich in vielen Bereichen oft als schwer, EG-weit gültige, gemeinsame Regelungen zustandezubringen. Es wurde daher immer wieder vorgeschlagen, weitergehende integrationspolitische Regelungen auf den Kreis der integrationswilligen Staaten zu beschränken und die übrigen auf eigenen Wunsch hin unbeschadet ihrer EG-Mitgliedschaft hiervon einstweilen auszunehmen. Man nennt daher das Konzept der A. auch das *„Europa der zwei Geschwindigkeiten"*. Die →*Kommission* hatte ein solches Integrationsverfahren immer abgelehnt, weil es langfristig ein Auseinanderbrechen des gesamten Integrationsgebildes bedeuten könnte. Die während der Verhandlungen über den →*Vertrag über die Europäische Union* und der nachfolgenden Kontroversen um seine Ratifizierung erneut offenbar gewordenen massiven Vorbehalte einzelner MS gegenüber einer weiteren Vertiefung der Integration haben dem Konzept der A. jedoch neuen Auftrieb gegeben und sogar in der Kom. zu dahingehenden Überlegungen geführt. Die Nichtbeteiligung Großbritanniens an dem dem EUV angefügten *Abkommen über die Sozialpolitik* (→*Sozialpolitik der EG*) könnte bei einer Verhärtung der unterschiedlichen Haltungen der MS zur Weiterentwicklung des Einigungswerks zu einem Präzedenzfall für eine umfassendere A. werden.

E. Grabitz (Hrsg.): A. Eine Alternative zum herkömmlichen Integrationskonzept?, Kehl/Straßburg 1984.

J. BELLERS

Abhängigkeitsschwelle →STABEX-System

Abkommen der EG. Nach der *Rechtsgrundlage* können drei Typen von A. unterschieden werden: (1) Der Abschluß von *Handelsabkommen* ist von der (ausschließlichen) Kompetenz der EWG für den Bereich der →*Gemeinsamen Handelspolitik* nach Art. 113 EWGV umfaßt. – (2) Die Form des →*Assoziierungsabkommens* nach Art. 238 EWGV steht für weitergehende oder andere Vertragsgegenstände zur Verfügung; diese werden auch mit internationalen Organisationen eingegangen. – (3) Darüber hinaus können A. auch auf die →*Generalermächtigung* des Art. 235 EWGV gestützt werden, Voraussetzung und Grenze dieser ist die Erforderlichkeit (hier: des A.) zur Verwirklichung eines Zieles der Gemeinschaft im Rahmen des →*Gemeinsamen Marktes*. – Die Bezeichnungen der A. selbst lassen nur selten einen Rückschluß auf die Rechtsgrundlage zu, verbreitet ist etwa die Verwendung des Begriffs *Kooperationsabkommen* bei allen drei Typen. – Die *Form* der A. wird durch die Regelungsmaterie bestimmt. Ist der EWG durch den EWGV explizit oder implizit *(AETR-Doktrin)* eine ausschließliche Kompetenz (→*Außenkompetenz*) zugewiesen, wie dies insbesondere für den Bereich der Gemeinsamen Handelspolitik der Fall ist, schließt *allein* die EWG (Rechtspersönlichkeit nach Art. 210 EWGV) das A. ab. Sind dagegen die Kompetenzen für die betroffene Materie zwischen der EWG und den MS geteilt, werden die EWG und die einzelnen MS in sog. →*gemischten Abkommen* nebeneinander Vertragspartner. Beispiel hierfür sind Assoziierungsabkommen.

G. WELGE

Abkommen über die Sozialpolitik →Gemeinschaftscharta der sozialen Rechte der Arbeitnehmer, →Sozialpolitik der EG

Abschöpfung(en). A. stellen ein Instrument der in der EG errichteten landwirtschaftlichen →*Marktordnungen* dar, um mit ihrer Hilfe eine Stützung und Stabilisierung der inländischen Preise und Erzeugereinkommen zu erreichen. Ihre Funktion sei an der Getreidemarktordnung erläutert. Für in der EG erzeugtes Getreide werden jährlich *„Schwellenpreise"* als die Preise festgesetzt, zu denen eingeführtes Getreide auf dem Binnenmarkt angeboten werden kann (*Mindesteinfuhrpreise*). Da die Weltmarktpreise meist unterhalb dieser Schwellenpreise liegen, muß der Importeur eine *Einfuhrabgabe,* also eine A. an die Gemeinschaft entrichten. Die A. errechnet sich aus der täglich ermittelten Differenz zwischen Schwellen- und Weltmarktpreis frei Grenze. Bei fixiertem Schwellenpreis und schwankenden Weltmarktpreisen variiert die A., weshalb sie wie ein variabler Einfuhrzoll wirkt. Die Inlandspreise werden durch die A. angehoben und die Schwankungen der Weltmarktpreise abgefangen. Umgekehrt wird das Niveau und die Stabilität der Weltmarktpreise reduziert, weil die Binnennachfrage von den höheren und stabilisierten Inlandspreisen bestimmt wird. A. im obengenannten Sinne werden bei Getreide, Zucker und Milch erhoben, während kurzfristig unveränderte A. bei Veredlungserzeugnissen aus Getreide (Schweinefleisch, Geflügelfleisch, Eier) erhoben werden. Bei diesen Produkten können dann eventuell Zusatzabschöpfungen erhoben werden.

E. Wöhlken: Einführung in die landwirtschaftliche Marktlehre, Stuttgart 1991.

G. SCHMITT

Abstimmungsverfahren. Die A. für die Organe der EG sind in den →*Gründungsverträgen* sowie in den im Rahmen des Selbstorganisationsrechts erlassenen Geschäftsordnungen des jeweiligen Organs geregelt. Unterschiede ergeben sich aus den Funktionen der Organe. Für →*Rat* und →*Europäisches Parlament* läßt sich als Gemeinsamkeit eine Abstufung der erforderlichen Mehrheiten nach der Bedeutung des Gegenstandes feststellen.

Das EP ist beschlußfähig, wenn mindestens 1/3 der ihm tatsächlich angehörenden Mitglieder im Plenum anwesend ist. Soweit der EWGV nichts anderes bestimmt, beschließt das EP mit der absoluten Mehrheit der abgegebenen Stimmen (= einfache Mehrheit der Anwesenden). Die Mehrheit der Stimmen der Mitglieder (= absolute Mehrheit der tatsächlichen Mitglieder des EP) ist im EWGV für die Annahme und Änderung der Geschäftsordnung des EP sowie (meist) für diejenigen Beschlüsse vorgesehen, die das EP in Wahrnehmung der ihm übertragenen echten, d. h. über die bloße Anhörung hinausgehenden Mitwirkungsbefugnisse faßt: Änderung oder Ablehnung des gemeinsamen Standpunktes des Rates im →*Verfahren der Zusammenarbeit* bei der Rechtssetzung (Ausweitung – Vetorecht – durch den →*Vertrag über die Europäische Union*), Abänderung des Entwurfs des Haushaltsplans in bezug auf →*nichtobligatorische Ausgaben,* Zustimmung zur Annahme eines Antrags auf →*Beitritt* zur EWG und zu Abschluß oder Änderung von →*Assoziierungsabkommen.* Für einige Beschlüsse ist eine doppelt qualifizierte Mehrheit dahingehend erforderlich, daß neben der absoluten Mehrheit der Mitglieder auch eine *qualifizierte Mehrheit* der Abstimmenden verlangt wird. Diese beträgt 2/3 beim →*Mißtrauensantrag* gegen die →*Kommission,* bei der Ablehnung des Entwurfs des Haushaltsplans, 3/5 bei bestimmten Beschlüssen im →*Haushaltsverfahren* (EAGV: Art. 111; EGKSV: Besonderheit Art. 95 IV). Weitere Fälle *qualifizierter Mehrheit* hat das EP in seiner Geschäftsordnung festgelegt (interne Organisation der parlamentarischen Arbeit). Abstimmungen erfolgen grundsätzlich offen, Wahlen grundsätzlich geheim. Ein Abgeordneter kann sich bei einer Abstimmung nicht vertreten lassen.

Für den Rat ist ein Beschlußquorum weder in den →*Gründungsverträgen* noch in der Geschäftsordnung vorgesehen. Die jeweils erforderliche Mindestanwesenheit ergibt sich aber aus den geforderten Beschlußmehrheiten. Gemäß Art. 148 I EWGV ist die *einfache Mehrheit* der Regelfall, allerdings nur rechtstechnisch, da der EWGV zumeist die *qualifizierte Mehrheit* (insbes. seit Inkrafttreten der EEA, die das →*Verfahren der Zusammenarbeit* mit dem EP mit der *qualifizierten Mehrheit* koppelt), in (meist) besonders bedeutsamen Fällen *Einstimmigkeit* vorsieht. *Einfache Mehrheit* ist die Mehrheit der Mitglieder des Rates, derzeit also 7 von 12. Bei der *qualifizierten Mehrheit* werden die Stimmen gem. Art. 148 II EWGV gewogen (D, F, I, VK je 10, E 8, B, GR, NL, P je 5, DK, IRL je 3, L 2 Stimmen). Erforderlich sind 54 Stimmen. Für die *Einstimmigkeit* ist gemäß Art. 148 III EWGV die Stimmenthaltung von anwesenden oder gemäß Art. 150 EWGV vertretenen MS nicht schädlich, wohl aber die Abwesenheit eines nicht vertretenen MS (EAGV: Art. 118; EGKSV: Art. 28). Die Abstimmungsregeln wurden lange Zeit durch die Abstimmungspraxis nach dem

→*Luxemburger Kompromiß* überlagert, haben aber durch die Praxis seit Inkrafttreten der EEA wieder volle Bedeutung erlangt. Sog. *A-Punkte,* über die in den vorbereitenden Gremien (insbes. *Ausschuß der ständigen Vertreter*) bereits eine Einigung erzielt wurde, werden ohne förmliche Abstimmung und Diskussion im Rat angenommen, nur über sog. *B-Punkte* wird abgestimmt. Eine förmliche Abstimmung muß erfolgen, wenn sich die Mehrheit der MS dafür ausspricht. Mit dem Einverständnis aller MS (wesentliches Formerfordernis) können Beschlüsse über eine dringende Angelegenheit durch schriftliche Abstimmung gefaßt werden. Die Beratungen sind grundsätzlich geheim.
Die Kom. ist beschlußfähig, wenn 9 ihrer 17 Mitglieder anwesend sind. Vertretung ist nicht möglich. Beschlüsse kommen mit den Stimmen der einfachen Mehrheit der vertraglich festgelegten Mitgliederzahl (derzeit 9 von 17) zustande. Kampfabstimmungen sind in der Praxis allerdings selten, die getroffenen Entscheidungen werden nach außen gemeinsam vertreten. Die Beschlüsse werden mündlich gefaßt. Um die Arbeit der Kom. (pro Jahr etwa 20.000 Beschlüsse, darunter 6.000 eigenständige →*Rechtsakte*) bewältigen zu können, wurden in der Praxis zunehmend Entlastungsmaßnahmen entwickelt: Beschluß ohne Aussprache über sog. *A-Punkte* (Einigung im Vorfeld), schriftliches Verfahren, Zeichnungsermächtigung (ggf. mit Einspruchsmöglichkeit) an einzelne Kommissare und auch Beamte (→*Zeichnungsermächtigungsverfahren*).
Beim EuGH beträgt das Präsenzquorum im Plenum 7 (von 13 Richtern), in den Kammern 3 (von 5 bzw. 3 Richtern), wobei die Besetzung mit einer ungeraden Zahl sichergestellt wird. Entschieden wird mit einfacher Mehrheit. Beratung und Abstimmung sind geheim. Es gibt keine Sondervoten. Damit wird den Erfordernissen eines internationalen Gerichts, das einer auf besondere Integration angelegten Gemeinschaft dient, Rechnung getragen.

E. Grabitz (Hrsg.): Kommentar zum EWGV, Loseblatt, München. – H. v. d. Groeben/J. Thiesing/C.-D. Ehlermann (Hrsg.): Kommentar zum EWGV, 4. Aufl., Baden-Baden 1991, jeweils Art. 141, Art. 148, Art. 163, Art. 165.

R. Streinz

Abteilung „Ausrichtung" →Europäischer Ausrichtungs- und Garantiefonds für die Landwirtschaft

Abteilung „Garantie" →Europäischer Ausrichtungs- und Garantiefonds für die Landwirtschaft

Abweichungsindikator. Der A. dient zur frühzeitigen Erkennung von Spannungen innerhalb des *Wechselkurssystems* des →*Europäischen Währungssystems* (EWS). Er bringt die Abweichung der Wechselkursentwicklung einer Währung von der durchschnittlichen Entwicklung der Wechselkurse der übrigen Währungen zum Ausdruck. Errechnet wird er aus einem prozentualen Vergleich zwischen der Abweichung des ECU-Tageskurs vom ECU-Leitkurs und der im Rahmen der *Bandbreiten* des EWS für die jeweilige Währung maximal möglichen

Abweichung gegenüber allen Partnerwährungen. Erreicht die Abweichung des Tageskurses vom Leitkurs + oder - 75% der maximal möglichen sog. *„Abweichungsschwelle"*, so werden von dem betreffenden Land Maßnahmen erwartet. J. MONAR

„Acquis communautaire" →Gemeinschaftlicher Besitzstand

Adonnino-Ausschuß →Europa der Bürger

Adonnino-Berichte →Europa der Bürger

„AETR" (Rechtssache) →Außenbeziehungen, →Außenkompetenz, →Rechtsprechung des EuGH, →Zuständigkeitsverteilung

Agrarleitlinie. Als A. wird die 1988 eingeführte Obergrenze für die jährliche Steigerungsrate der Ausgaben der Abteilung „Garantie" des →*Europäischen Ausrichtungs- und Garantiefonds für die Landwirtschaft* bezeichnet (→*Gemeinsame Agrarpolitik*). HRSG.

Agrarmarkt →Gemeinsame Agrarpolitik

Agrarmarktordnungen →Marktordnungen

Agrarpolitik →Gemeinsame Agrarpolitik

Agrarpreissystem. Unter dem A. der EG versteht man im allgemeinen das im Rahmen der EG-Agrarpolitik angewandte System der Stützung und häufig auch Stabilisierung der Preise landwirtschaftlicher Produkte. Dieses A. dient den in Art. 39 des EWGV formulierten Zielen und bildet ein einheitliches A. anstelle der unterschiedlichen A. der MS vor ihrer Harmonisierung. Diese Ziele gelten der Gewährleistung einer „angemessenen Lebenshaltung der landwirtschaftlichen Bevölkerung ... insbesondere durch Erhöhung des pro-Kopf-Einkommens", der Stabilisierung der Märkte und der Sicherstellung der „Versorgung der Bevölkerung mit Nahrungsmitteln". Art. 40 schreibt dazu u. a. „eine Europäische Marktordnung" vor und verlangt, daß „eine etwaige gemeinsame Preispolitik auf gemeinsamen Grundsätzen und einheitlichen Berechnungsmethoden beruhen muß". Außerdem wird der „gemeinsamen Organisation" das Recht eingeräumt, „alle zur Durchführung des Art. 39 erforderlichen Maßnahmen ..., insbesondere Preisregelungen, Beihilfen für die Erzeugung und die Verteilung der verschiedenen Erzeugnisse, Einlagerungs- und Ausgleichsmaßnahmen, gemeinsame Einrichtungen zur Stabilisierung der Ein- und Ausfuhr" zu ergreifen, wozu auch ein →*Europäischer Ausrichtungs- und Garantiefonds für die Landwirtschaft* geschaffen wurde. Die in Vollzug von Art. 43 1958 einberufene →*Konferenz von Stresa* entschied sich für gemeinsame →*Marktordnungen* und damit für das als A. bezeichnete Instrumentarium. Dieses besteht seit Mitte der 60er Jahre fast unverändert, auch wenn es inzwischen vielfach modifiziert wurde und gegenwärtig Bestrebungen für eine grundlegende Reform des A. bestehen. Das A.

der EG wird am besten anhand der Getreidemarktordnung beschrieben, weil es sich um den wichtigsten Agrarmarkt handelt und Getreide das „Schlüsselprodukt" der europäischen Landwirtschaft darstellt. Diese Getreidemarktordnung sorgt dafür, daß die inländischen Getreidepreise ein bestimmtes, gewöhnlich über dem Weltmarktpreis liegendes Niveau erreichen, das den vom Rat festgesetzten *Richtpreisen* entsprechen soll. Zur Erreichung dieses künstlichen Inlandspreisniveaus werden die Einfuhren mittels →*Abschöpfungen* verteuert. Diese wirken wie ein variabler Zoll und damit stabilisierend auf die Inlandspreise. Die künstliche Erhöhung der Inlandspreise hat dazu geführt, daß die Getreideproduktion in der Gemeinschaft den Verbrauch überflügelt hat. Die auf dem Binnenmarkt nicht absetzbaren Überschüsse üben einen Preisdruck aus, der durch →*Interventionspreise* als *Mindestpreise* und die damit verbundene staatliche Aufnahmeverpflichtung aufgefangen wird. Diese Einlagerung erfolgt entweder obligatorisch, wie bei Getreide, oder fakultativ, wie bei anderen Agrarprodukten. Um diese zunächst eingelagerten Überschüsse auf dem Weltmarkt exportieren zu können, bedarf es aber in Umkehrung der bei Einfuhren erhobenen Abschöpfungen der Exportsubventionen (→*Ausfuhrerstattungen*), um die höheren Interventions- auf die Weltmarktpreise zu senken. Dieses für Getreide beschriebene A. unterscheidet sich von dem für andere Marktordnungsprodukte angewandten im Einzelnen auch aus produktspezifisch-technischen Gründen, etwa weil nicht alle Produkte so lagerfähig sind wie Getreide. Deshalb werden für solche Produkte etwa Beihilfen (→*Gemeinschaftsbeihilfen*) gewährt. Auch haben die bestehenden Marktordnungen gewisse Modifikationen erfahren, so die Getreidemarktordnung in Form der sog. *Garantieschwelle*. Danach wird der Interventionspreis gesenkt, wenn eine bestimmte Produktionsmenge (*Garantiemenge*) überschritten wird. Um die →*Überschußproduktion* einzuschränken, wurden für bestimmte Produkte Mengenbegrenzungen (→*Produktionsquoten*) eingeführt (Zuckerrüben, Milch), für andere werden Prämien für Stillegung oder zur Extensivierung von Akkerflächen gewährt (→*Extensivierungsprämien*). Damit soll die Wirksamkeit des A. aufrechterhalten werden. Die mit dem A. verbundenen Wirkungen auf die Versorgungslage, den EG-Haushalt und den internationalen Agrarhandel zwingen die EG jedoch zu einer grundlegenden Reform ihres A.

E. Wöhlken: Einführung in die landwirtschaftliche Marktlehre, Stuttgart 1991.

G. SCHMITT

Agrarprotektionismus. Der EG wird oft vorgeworfen, durch die →*Gemeinsame Agrarpolitik* die Weltmärkte zu stören und die Interessen traditioneller Exportländer zu verletzen. Im Rahmen der →*Marktordnungen* wird der Inlandsmarkt durch Zölle und →*Abschöpfungen* gegen Einfuhren geschützt. Dadurch entwickelte sich die EG bei den wichtigsten Agrarerzeugnissen von einem Netto-Importeur zu einem Netto-Exporteur. Die nur durch →*Ausfuhrerstattungen* ermöglichten Exporte drükken das Preisniveau auf dem Weltmarkt. Für 1991 betrug der nominale Protektionskoeffizient (Verhältnis der Inlandspreise zu den Weltmarktpreisen) der EG im Durchschnitt aller Agrarprodukte 1,94. Der Vorwurf des A. ist somit berechtigt, aber er trifft nicht nur für die EG zu. Noch ausgeprägter ist der A. in den EFTA-Staaten (z. B. nominale Protektionsrate Norwegens 5,18 und der Schweiz 4,44), was für deren spätere Mitgliedschaft in der Gemeinschaft Schwierigkeiten erwarten läßt, und in Japan.

W. von Urff

Agrarstrukturpolitik →Gemeinsame Agrarpolitik

Agrarumrechnungskurs(e) →Grüne Währung, →Währungsausgleich

Agrimonetäre Maßnahme. Als A. wird eine den →*Währungsausgleich* im Rahmen der →*Gemeinsamen Agrarpolitik* betreffende Maßnahme bezeichnet.

Hrsg.

AIR (Agro-Industrial Research). Das EG-Programm A. soll die Produktion und Nutzung biologischer Ressourcen durch Anwendung biowissenschaftlicher Forschungsergebnisse optimieren, in Landwirtschaft, Gartenbau, Forstwirtschaft, Fischerei und Aquakultur Qualität und Diversifizierung der Produktion erhöhen und hierdurch sowie durch eine verbesserte Abstimmung mit Landwirtschaft und Verbrauchern die Wettbewerbsfähigkeit der europäischen Agroindustrie steigern. Gefördert werden sowohl vertikal als auch horizontal koordinierte Forschungsvorhaben, die mehrere wissenschaftliche Disziplinen und/oder Glieder der Produktion umfassen. Die Projekte müssen den Auswirkungen der eingesetzten Technologien auf die Umwelt Rechnung tragen und auch zu einer Bewertung der wirtschaftlichen und sozialen Konsequenzen ihres Einsatzes gelangen. A. hat die Aktionsbereiche der auslaufenden Programme ECLAIR *(European Collaboration Linkage of Agriculture and Industry through Research),* FAR *(Fisheries and Aquacultural Research)* und FLAIR *(Food-Linked Agro-Industrial Research)* übernommen, ist jedoch wesentlich breiter konzipiert. Für die Laufzeit 1991–1994 sind insgesamt 329,67 Mio. ECU vorgesehen.

J. Monar

AKP-EG-Organe (gemeinsame) →Lomé-Abkommen

AKP-Staaten. Gebräuchliche Bezeichnung für die Staaten Afrikas, der Karibik und des Pazifiks, die mit der EG durch das →*Lomé-Abkommen* verbunden sind.

Hrsg.

Aktion europäischer Föderalisten →Föderalistische Bewegungen

Aktionskomitee für die Vereinigten Staaten von Europa. Zum Zeitpunkt seines Ausscheidens aus der Hohen Behörde der →*Europäischen Gemeinschaft für Kohle und Stahl* 1955 befürchtete *Jean Monnet* eine anhaltende Stagnation des europäischen Einigungswerks. Noch im selben Jahr führte er daher eine beträchtliche

Zahl führender Politiker und Gewerkschaftsvertreter aus den damaligen MS in dem von ihm konzipierten A. zusammen, das sich bis zu seiner von Monnet selbst vorgenommenen Auflösung im Jahre 1975 nachhaltig für die Einigung der westeuropäischen Staaten, den Beitritt des Vereinigten Königreichs, die Verwirklichung der →*Wirtschafts- und Währungsunion* und eine gleichberechtigte Partnerschaft mit den Vereinigten Staaten einsetzte. Aufgrund der effizienten Zusammenarbeit seiner z. T. sehr einflußreichen Mitglieder, wohlkalkulierter Demarchen bei den Regierungen der MS und öffentlicher Appelle trug das A. u. a. nicht unwesentlich zur Gründung der →*Europäischen Atomgemeinschaft* und der →*Europäischen Wirtschaftsgemeinschaft* bei.

J. Monar

Aktionsprogramm. Als A. wird in der EG die Zusammenfassung mehrerer gesetzgeberischer Maßnahmen und/oder finanzieller Hilfen aus Gemeinschaftsmitteln zur Erreichung bestimmter politischer oder wirtschaftlicher Ziele bezeichnet. Hervorragende Beispiele für A. sind die Programme →*COMETT* und →*ERASMUS.*

J. Monar

Aktionsprogramm für die Zusammenarbeit im Bildungsbereich →Bildungspolitik der EG

Aktiver Veredelungsverkehr. Als A. wird die ohne Zollbehandlung erfolgende Einfuhr von Waren in das Zollgebiet der EG bezeichnet, die nach ihrer Weiterverarbeitung wieder ausgeführt werden.

Hrsg.

„Allgemeine Angelegenheiten“ (Rat) →Rat der EG

Allgemeine Präferenzen. Als A. werden generelle Abweichungen vom →*Gemeinsamen Zolltarif* auf der Grundlage von Abkommen der EG mit →*Drittländern* bezeichnet.

Hrsg.

Allgemeiner Ausschuß des ländlichen Genossenschaftswesens der EWG (*Comité Géneral de la Coopération Agricole de la C.E.E.*, COGECA). Der A. wurde 1959 gegründet und von den Gemeinschaftsbehörden offiziell als Sprecher der Agrar- und Fischereigenossenschaften anerkannt. Ordentliche Mitglieder sind vierzehn nationale Verbände der landwirtschaftlichen Genossenschaften (für Italien drei). Hinzu kommen vier angeschlossene Mitglieder (nationale Verbände spezieller Genossenschaften). Ziel ist die Vertretung der Interessen der Genossenschaften gegenüber Einrichtungen der EG. Die Abstimmung erfolgt durch zahlreiche Arbeitstagungen der national Verantwortlichen und Experten. Gemeinsam mit dem →*Ausschuß der berufsständischen landwirtschaftlichen Organisationen der EWG* und dem →*Europäischen Rat der Junglandwirte* wird in Brüssel ein Generalsekretariat unterhalten.

W. von Urff

Amt für amtliche Veröffentlichungen der Europäischen Gemeinschaften. Im Beschluß Nr. 69/13/EAG/EGKS/EWG vom 16. Januar 1969 (ABl. Nr. L 13 vom 18.1.1969, S. 19) sehen die Europäischen Institutionen die Gründung des A. vor. Seine wesentliche Aufgabe besteht nach Art. 1 des o. a. Beschlusses darin, „unter der Verantwortung der →*Organe der EG* und unter optimalen technischen und finanziellen Bedingungen die Herausgabe, den Druck und die Verbreitung der Veröffentlichungen dieser Organe und ihrer Dienststellen [zu] gewährleisten". In Art. 3 desselben Beschlusses wird ein Direktorium aus Repräsentanten der verschiedenen Institutionen mit der Aufsicht über das A. betraut. Das Direktorium übt in diesem Zusammenhang eine Reihe von Befugnissen wie die Festlegung der Vorschriften für die Tätigkeit des A., die Erstellung eines Geschäftsberichts, die Festlegung und ggf. die Änderung der Gliederung des →*Amtsblattes* oder auch die Erarbeitung von Vorschlägen zur Harmonisierung der Texte aus. In allen Tätigkeitsbereichen nutzt das A. umfassend die Möglichkeiten, die verschiedenen Aufgaben über die Heranziehung von Subunternehmen zu organisieren. Auf diese Weise zeichnet das A. mit relativ geringem Aufwand für die Herausgabe des Amtsblattes und zahlreicher weiterer Publikationen verantwortlich. Außerdem unterhält es ein effektives Netz von Verkaufsbüros, sichert den Vertrieb seiner Produkte und die Zusammenarbeit mit privaten Verlagshäusern. Der Einsatz modernster Technologie ermöglicht zudem die Bereitstellung weiterer Dienstleistungen wie u. a. →*Datenbanken.*

J. Doggen

Amt für Rüstungskontrolle der WEU →Westeuropäische Union

Amtsblatt der Europäischen Gemeinschaften. Wie in Art. 191 des EWGV festgelegt, wurde das A. mit der Entscheidung des Rates vom 15. April 1958 (ABl. Nr. 390 vom 6.10.1958, S. 58) begründet. Gegenwärtig umfaßt es drei Serien: In der Reihe L werden alle die Gemeinschaften betreffenden Rechtsakte wie →*Verordnungen,* →*Richtlinien,* →*Entscheidungen* oder →*Beschlüsse* veröffentlicht. Die Reihe C enthält Mitteilungen, Vorbereitende Rechtsakte und Bekanntmachungen, darunter auch Informationen über laufende Gesetzgebungsprozesse, Berichte des Rechnungshofes, Schriftliche →*Anfragen des EP,* die Protokolle der Sitzungen des EP, die Gutachten des →*Wirtschafts- und Sozialausschusses* oder die Urteile des →*Gerichtshofes der EG.* In der Reihe S werden gemäß den Richtlinien die öffentlichen Ausschreibungen publiziert. Das A. erscheint in den neun →*Amtssprachen* mindestens fünfmal in der Woche (von Dienstag bis Sonnabend) mit einer Nummer in jeder Serie. Zu diesen täglichen Ausgaben kommen zahlreiche Sondernummern, so daß durchschnittlich im Jahr mit 380 L-Nummern, 250 C-Nummern und 250 S-Nummern zu rechnen ist. Das A. ist nicht nur auf Papier, sondern auch auf Microfiches, auf Magnetbändern verfügbar. Den Zugang zum Inhalt der A. erleichtern monatlich und jährlich publizierte Dokumentenverzeichnisse und alphabetische Sachregister. Einen Überblick über alle in Kraft befindlichen Rechtsakte vermittelt der halbjährlich erscheinende *Fundstellennachweis des geltenden Gemeinschaftsrechts*.

J. DOGGEN

Amtshaftung →Haftung der EG

Amtssprachen. Die neun A. der EG sind: Dänisch, Deutsch, Englisch, Französisch, Griechisch, Holländisch, Italienisch, Portugiesisch und Spanisch. Die Rechtsakte der →*Organe* sowie das →*Amtsblatt* müssen gemäß Ratsbeschluß in allen neun A. veröffentlicht werden. In der Praxis werden jedoch auch zahllose Arbeitsdokumente der EG-Organe in alle A. übersetzt. Für die Verfahren vor dem →*Gerichtshof der EG* gelten besondere Regelungen (→*Verfahrenssprachen*). In der →*Europäischen Politischen Zusammenarbeit* gelten Englisch und Französisch als Arbeitssprachen. Eine dem →*Vertrag über die Europäische Union* angehängte Erklärung sieht vor, daß in der →*Gemeinsamen Außen- und Sicherheitspolitik* ebenfalls die Sprachregelung der EG zur Anwendung kommt.

N. NEUWAHL

Anfragen des EP. Die A. dienen der Information und Kontrolle über die Tätigkeiten von →*Kommission,* →*Rat* und →*Europäischer Politischer Zusammenarbeit.* Jedes Mitglied des EP kann A. zur mündlichen oder schriftlichen Beantwortung stellen (Art. 59 u. 62 GO des EP). Die mündlichen A. werden im Rahmen der *Fragestunde* beantwortet, wobei Zusatzfragen gestellt werden können. *Schriftliche A.* werden mit Antworten im →*Amtsblatt der EG* veröffentlicht. Eine →*Fraktion,* ein Ausschuß oder mindestens 23 Mitglieder des EP können *mündliche A.* mit Aussprache einreichen (Art. 58 GO). Zum Abschluß der Aussprache kann dem EP ein Entschließungsantrag zur Abstimmung vorgelegt werden.

C. AUGUSTIN

Anhang II-Produkt. Als A. wird ein Produkt aus Landwirtschaft oder Fischerei bezeichnet, das in Anhang II zum EWGV aufgeführt ist und damit den Regelungen der →*Gemeinsamen Agrarpolitik* auf der Grundlage von Art. 38 bis 46 EWGV unterliegt.

HRSG.

Anhörung des EP. Die A. ist neben dem durch die →*Einheitliche Europäische Akte* im Jahre 1987 geschaffenen *Verfahren der Zusammenarbeit* und der im →*Vertrag über die Europäische Union* vorgesehenen Mitentscheidung die klassische Form der Mitwirkung des →*Europäischen Parlaments* bei der EG-Gesetzgebung. Vor dem Erlaß von Rechtsvorschriften durch den →*Rat* muß das EP in den meisten Bereichen der laufenden Gesetzgebung zum Vorschlag der →*Kommission* angehört werden (*obligatorische A.*). Der Rat kann zudem in Fällen, in denen der EWGV keine A. vorschreibt, beschließen, das EP zu einem Kommissionsvorschlag dennoch anzuhören (*fakultative A.*). – Das EP kann auf der Grundlage eines Berichtes seines zuständigen Ausschusses Änderungsanträge zum

Kommissionsvorschlag annehmen. Erklärt sich die Kom. nicht bereit, diese zu übernehmen, kann das EP den Gegenstand an den Ausschuß zurücküberweisen. Die A. gilt damit als nicht abgeschlossen. Der Rat ist seinerseits nicht an die Änderungsanträge des EP gebunden. Er kann allerdings die Gesetzesvorlage erst nach Abschluß der A. annehmen. Eine Rechtsvorschrift, für deren Erlaß der EWGV die A. vorsieht und die vom Rat vor Abschluß der A. angenommen wird, ist nichtig (Isoglukose-Urteil des EuGH).

C. Augustin

Anmeldepflicht (Beihilfen) →Beihilfenaufsicht

Antici-Gruppe. Die A. ist eine nach ihrem ersten Vorsitzenden, dem italienischen Diplomaten *Antici,* genannte Arbeitsgruppe des →*Rates*, die sich seit November 1975 insbesondere mit der Vorbereitung der Sitzungen des →*Ausschusses der Ständigen Vertreter* (COREPER) befaßt. Neben dieser regelmäßigen Aufgabe wird die A. auch mit ad-hoc-Aufträgen der Ständigen Vertreter, insbesondere im administrativ-institutionellen Bereich, befaßt. Im Rahmen der Sitzungen des →*Europäischen Rates* erfüllen die Mitglieder der A. die Funktion der Informationsübermittlung zwischen den Mitgliedern des Europäischen Rates und ihren nationalen Delegationen. Darüber hinaus bilden die Mitglieder der A. ein informelles Netzwerk, das zum schnellen und unbürokratischen Informationsaustausch im Auftrag der Ständigen Vertreter dient.

J.-M. Hoscheit

Anti-Dumping-Maßnahmen. A. sind das wichtigste handelspolitische Instrument der EG (daneben →*Anti-Subventions-Maßnahmen,* →*Schutzklausel* und →*Neues Handelspolitisches Instrument*). Völkerrechtliche Grundlage ist Art. VI GATT und der GATT Anti-Dumping Kodex, dessen Umsetzung in EG Recht durch VO 2423/88 erfolgt ist. *Dumping* ist der Verkauf einer Ware für den Export unter ihrem Normalwert. Dabei ist der Normalwert der Verkaufspreis der Ware auf dem Heimatmarkt des Exporteurs oder, wenn dieser nicht zuverlässig zu ermitteln ist, mindestens deren Herstellungskosten. Diese Preisdiskriminierung zwischen Heimat- und Exportmarkt wird als unfaire Handelspraktik angesehen, weil sie dem Exporteur die Möglichkeit gibt, die Gewinne auf einem i. d. R. geschützten Heimatmarkt zur Subventionierung des Exportes zu nutzen; ein Vorteil, den ein Wettbewerber, der von einem offenen Markt aus operiert, nicht haben kann. Bei Wettbewerb auch durch Importe kann ein höherer Preis als der Weltmarktpreis nicht erzielt werden. *Dumping* setzt daher eine Art von Marktisolierung voraus, die nicht nur durch hohen tarifären Zoll, sondern auch mithilfe sog. *nichttarifärer Maßnahmen* wie z. B. administrativer und technischer Prüfungs- und Genehmigungsverfahren, Kartelle und staatlich sanktionierten abgestimmten Verhaltens unter den inländischen Wettbewerbern, geschlossener Vertriebssysteme etc. erreicht werden kann. Für Dumpingpraktiken gibt es mehrere Ursachen, so z. B. den Devisenbedarf von Staats-

handelsländern oder den Export von Überschußproduktion in Zeiten sinkender Nachfrage auf dem Heimatmarkt. Der systematische Verkauf mit Verlust hat als langangelegte Strategie eine große Bedeutung im Bereich der Hochtechnologien.
Voraussetzung für eine A. ist die Feststellung einer bestehenden oder drohenden Schädigung der betroffenen Gemeinschaftsindustrie. Eine Vielzahl von Faktoren muß hierbei berücksichtigt werden, wie z. B. der Umfang der gedumpten Einfuhren, ihr absoluter oder relativer Anstieg, die Preise der Importe, die Unterbietung der Preise der Gemeinschaftshersteller und die Auswirkungen, die diese Einfuhren auf den betroffenen Wirtschaftszweig haben, wobei Indikatoren wie Produktion und Kapazitätsauslastung, Lagerbestände, Marktanteile, Gewinn und Verlust, Amortisation der Investitionen und Beschäftigungsstand abzuwägen sind.
Weitere Tatbestandsvoraussetzung ist das Interesse der EG an einer A. Zwar liegt es im Interesse der betroffenen Industrie, gegen schädigenden, unfairen Wettbewerb geschützt zu werden, doch andere Interessen können dem im Einzelfall entgegenstehen. Hierzu gehören u. a. das Interesse der Konsumenten sowie der gewerblichen Abnehmer an möglichst billigen Einfuhren, die Aufrechterhaltung vitalen Wettbewerbs durch konkurrenzfähige Produkte aus Drittländern und der Erhalt von Arbeitsplätzen oder bestimmter Technologien in der EG.
Die Einleitung eines *Anti-Dumping-Verfahrens* erfolgt i. d. R. auf Antrag des betroffenen Wirtschaftszweiges in der EG. Ist der Antrag hinreichend begründet, wird das Verfahren, nach Konsultation der MS, durch Anzeige im →*Amtsblatt* formell eröffnet. In der nachfolgenden Untersuchung wird den Beteiligten, Exporteuren, Importeuren und Gemeinschaftsherstellern Gelegenheit zum Sachvortrag gegeben. Ergibt die Überprüfung durch die →*Kommission,* daß sich der Verdacht auf *Dumping* und Schädigung bestätigt, können vorläufige *Anti-Dumping-Zölle* verhängt werden. Über die Verhängung eines endgültigen *Anti-Dumping-Zolles* entscheidet der →*Rat* mit *qualifizierter Mehrheit*. Ersatzweise können sog. *Preisverpflichtungserklärungen* der Exporteure angenommen werden. Zölle und Preisverpflichtungen haben eine Laufzeit von 5 Jahren, wenn nicht eine Überprüfung die Notwendigkeit ihres Fortbestehens ergibt. Gemeinschaftsindustrie und Exporteure können die Überprüfung einer A. verlangen, wenn veränderte Umstände dies rechtfertigen. Den direkt vom Verfahren Betroffenen steht der Rechtsweg nach Art. 173 EGV zum EuGH offen (→*Nichtigkeitsklage*).

J. F. Beseler/A. N. Williams: Anti-Dumping and Anti-Subsidy Law, London 1986. – I. Van Bael/J.-F. Bellis: Anti-Dumping and other Trade Protection Laws of the EEC, Bicester 1990.

G. Welge

Anti-Dumping-Verfahren →Anti-Dumping-Maßnahmen

Anti-Dumping-Zölle →Anti-Dumping-Maßnahmen

Anti-Subventions-Maßnahmen. A. sind wie →*Anti-Dumping-Maßnahmen* Schutzinstrumente, die sich gegen unfaire Handelspraktiken richten. Völkerrechtliche Grundlage ist Art. VI GATT und der GATT-Anti-Subventions-Kodex. Für beide Schutzinstrumente gleichen sich Tatbestandsvoraussetzungen und Verfahren; die gleiche Grundverordnung (2423/88) ist anwendbar. A. richten sich nicht wie Anti-Dumping-Maßnahmen gegen unfaire Praktiken privater Unternehmen, sondern gegen staatliches Eingreifen in den Wettbewerb durch Subventionen, die im Ursprungsland unmittelbar oder mittelbar für die Herstellung, Erzeugung, Ausfuhr oder Beförderung einer Ware gewährt werden und deren Import in die EG zu einer Schädigung führt. Eine abschließende Definition des Begriffes Subvention in diesem Zusammenhang gibt es nicht, jedoch führt die VO 2423/88 im Anhang eine illustrative Liste mit *Ausfuhrsubventionen* an, die jener des Anti-Subventions-Kodex des GATT entspricht. Gegen festgestellte Ausfuhrsubventionen, die einen Schaden verursachen oder zu verursachen drohen, können *Ausgleichszölle* erhoben werden. Das Verfahren und die übrigen Voraussetzungen entsprechen denen der Anti-Dumping-Maßnahmen.

J. F. Beseler/A. N. Williams: Anti-Dumping and Anti-Subsidy Law, London 1986. – I. Van Bael/J.-F. Bellis: Anti-Dumping and other Trade Protection Laws of the EEC, Bicester 1990.

G. Welge

A-Punkt (Rat) →Abstimmungsverfahren

A-Quote →Produktionsquoten

Arbeitsmarktpolitik →Beschäftigungs- und Arbeitsmarktpolitik

Ariane-Rakete →Europäische Weltraumorganisation

Assisen →Konferenz der Parlamente

Assoziierung →Assoziierungsabkommen

Assoziierungsabkommen. Die EG kann mit →*Drittländern,* Staatenverbindungen oder internationalen Organisationen Abkommen schließen, die eine *Assoziierung* mit gegenseitigen Rechten und Pflichten, gemeinsamen Vorgehen und besonderen Verfahren herstellen (Art. 238 EGV). Das A. ist neben den *Handels-*, den *Kooperationsabkommen* und den *Beitrittsverträgen* ein weiteres Rechtsinstitut zum Abschluß internationaler Verträge (vgl. auch →*Außenbeziehungen*). – Aus dem Wortlaut und der Rechtssystematik des EWGV ergibt sich, daß das A. ein engeres Vertragsverhältnis zwischen den Parteien schaffen soll als *Handels-* und *Kooperationsabkommen,* das jedoch nicht bis zu den Rechten und Pflichten einer Vollmitgliedschaft reicht. Formale Voraussetzungen der *Assoziierung* sind die Schaffung gegenseitiger Rechte und Pflichten, ein gemeinsames Vorgehen sowie besondere Verfahren. Durch die Schaffung gegenseitiger Rechte und Pflichten soll die rechtliche Gleichheit zwischen beiden Vertragspartnern hergestellt werden. Ein gemeinsames Vorgehen erfordert abgestimmtes Verhalten und gegenseitige Rücksichtnahme bei der Verwirklichung der Vertragsziele. Besondere Verfahren bedeuten schließlich die Einrichtung von Assoziationsorganen, deren Zuständigkeiten über die der *Gemischten Ausschüsse* in *Handels- und Kooperationsabkommen* hinausgehen. – Anders als Beitrittsverträge ist das A. nicht auf europäische Staaten begrenzt. Politische Voraussetzungen, die sich aus der Assoziationspraxis der EG ergeben, sind die demokratische Verfassung des Vertragspartners und die Achtung der Menschenrechte. Die Durchführung marktwirtschaftlicher Reformen kann zur wirtschaftlichen Voraussetzung eines A. gemacht werden (Mittel- und Osteuropa). – Für den Inhalt von A. bilden die *Handelsabkommen* die Untergrenze und die *Beitrittsverträge* die Obergrenze. Im handelspolitischen Bereich werden zumeist Präferenzen, Freihandelszonen, Zollunionen oder eine Wirtschaftsunion vereinbart. Die wirtschaftliche Zusammenarbeit umfaßt alle Zuständigkeitsbereiche der EG. Die finanzielle Zusammenarbeit wird zumeist in mehrjährigen Finanzprotokollen geregelt oder aber von den MS ganz oder teilweise außerhalb des EG-Haushalts finanziert. – Es wird zwischen *Beitrittsassoziierung* und *Entwicklungsassoziierung* unterschieden. Die *Beitrittsassoziierung* kann nur mit europäischen Staaten geschlossen werden, die beitrittswillig sind, und dient der Vorbereitung eines späteren →*Beitritts,* der im A. mehr oder weniger konkret als Ziel festgelegt wird. Beispiele hierfür sind die A. mit Griechenland, der Türkei, Malta und Zypern. Auch die mit Polen, der Tschechoslowakei und Ungarn ausgehandelten *Europa-A.*, die neben der handelspolitischen, wirtschaftlichen und finanziellen Zusammenarbeit auch einen politischen Dialog zwischen der EG und den Vertragspartnern umfassen, sind wohl hier einzuordnen, da sie in der Präambel den künftigen *Beitritt* dieser Länder als Ziel der *Assoziierung* nennen, ohne jedoch eine rechtliche Verpflichtung zu schaffen oder ein konkretes Datum zu nennen. Eine Sonderform stellt das Abkommen zur Schaffung eines →*Europäischen Wirtschaftsraumes* dar, den die EG mit den *EFTA-Staaten* ausgehandelt hat. Er soll diese Staaten so eng an die EG binden, wie dies ohne Vollmitgliedschaft möglich ist. Bei der *Entwicklungsassoziierung* stehen entwicklungspolitische Ziele im Vordergrund. Ausgehend von der wirtschaftlichen Ungleichgewichtigkeit beider Partner räumt die EG dem assoziierten Drittstaat einseitig Präferenzen ein und bietet projektgebundene finanzielle und technische Hilfe an. Beispiele hierfür sind das →*Lomé-Abkommen* sowie die A. mit den Maghreb- und Mashrik-Staaten (siehe auch →*Außenbeziehungen*).

E. Grabitz: Formen der Assoziierung für osteuropäische Staaten, Berlin 1991. – H. v. d. Groeben/J. Thiesing/C.-D. Ehlermann (Hrsg.): Handbuch des Europäischen Rechts, Loseblatt, München, Art. 238.

C. Augustin

AStV →Ausschuß der Ständigen Vertreter

Asylpolitik →Asylrecht

Asylrecht. Die EG strebt eine gemeinsame Asylpolitik an, da die Öffnung der Grenzen ab 1993 eine rein nationale Asylpolitik politisch und verwaltungstechnisch nahezu unmöglich macht und da angesichts der wachsenden Zahl von Flüchtlingen politische Lösungen besser auf europäischer als auf nationalstaatlicher Ebene erarbeitet werden können. – Obwohl im Rahmen des *Weißbuchs zum EG-Binnenmarkt* ursprünglich eine gemeinschaftsrechtliche Regelung des Asylrechts geplant war, wird faktisch die Koordinierung der nationalen Asylrechtsbestimmungen mittels zwischenstaatlicher Übereinkommen angestrebt. Gegenwärtig liegen vor: das Dubliner *Übereinkommen über die Bestimmung des zuständigen Staates für die Prüfung eines in einem MS der EG gestellten Asylantrags* (1990) und das zweite →*Schengener Übereinkommen* (1990). Diesen vorliegenden Übereinkommen wird u. a. vom →*Europäischen Parlament* und von *Amnesty International* kritisch entgegengehalten, daß sie in asylpolitischer Hinsicht zu stark den Aspekt der Abwehr von Flüchtlingen gegenüber dem Schutz vor politischer Verfolgung in den Vordergrund zu rücken scheinen. – Gemäß Art. K.1 (1) des →*Vertrages über die europäische Union* wird die Asylpolitik von den MS als *„Angelegenheit von gemeinsamem Interesse"* betrachtet. Damit ist erstmals ein Rahmen geschaffen, in dem alle politischen und rechtlichen Aspekte der Asylproblematik behandelt werden können. Der →*Europäische Rat* von Maastricht (Dez. 1991) hat auch ein von den für Einwanderungsfragen zuständigen Ministern ausgearbeitetes Programm zur Harmonisierung des Asylrechts gebilligt, mit dessen Umsetzung eine hochrangige *„ad-hoc-Gruppe Einwanderung"* befaßt ist. – Aufgrund der unterschiedlichen politischen Positionen der MS in der Asylfrage und ihrer unterschiedlichen Gerichts- und Verwaltungsorganisationen ist allerdings vorerst nur eine allmähliche Annäherung der asylrechtlichen Regelungen und keine Totalharmonisierung zu erwarten. Da die gegenwärtigen Harmonisierungsbemühungen zudem rein intergouvernementaler Natur sind, liegt eine „gemeinsame Asylpolitik" noch in weiter Ferne.

Amnesty International: Europe: Human Rights and the Need for a Fair Asylum Policy, AI INDEX EUR 01/03/91, November 1992. – C. Bierwirth: Europäische Aspekte des A., Arbeitspapiere zu Problemen der Internationalen Politik, 6 (1991), München 1991. – K. Hailbronner: Möglichkeiten und Grenzen einer europäischen Koordinierung des Einreise- und A., Baden-Baden 1989. – Ders.: The right of asylum. Procedures in the European Community, in: International Journal of Refugee Law 3 (1990), S. 341–360.

M. LEYENDECKER

Atomenergie →Energiepolitik der EG, →Europäische Atomgemeinschaft

Aufenthaltserlaubnis →Aufenthaltsrecht

Aufenthaltsrecht. Das A. ist ebenso wie das →*Einreise-* und →*Verbleiberecht* Ausfluß der →*Freizügigkeit der Arbeitnehmer,* der →*Niederlassungsfreiheit* und des →*freien Dienstleistungsverkehrs.* Während der →*Vertrag über die Europäische Union* allen *Unionsbürgern* ein einheitliches A. gewährt, differenziert das geltende Gemeinschaftsrecht nach verschiedenen Kategorien von Personen. Das in Art. 48 Abs. 3 c EWGV geregelte A. gilt nur für Arbeitnehmer, die Staatsangehörige der MS sind und in einem MS eine unselbständige Erwerbstätigkeit aufnehmen oder ausüben. Das A. deckt auch einen Aufenthalt von bis zu 6 Monaten für den Zweck der Arbeitssuche. Einzelheiten für die Ausübung des A. regelt die RL des Rates vom 15.10.1968 zur Aufhebung der Reise- und Aufenthaltsbeschränkungen (68/360/EWG; ABl. Nr. L 257/13). Der Arbeitnehmer erhält zum Nachweis des A. eine nach Art. 4 Abs. 2 der *RL 68/360/EWG* zu erteilende Bescheinigung über die *„Aufenthaltserlaubnis* für Angehörige eines MS der EWG". Sie wirkt nur deklaratorisch und steht einer allgemeinen *Aufenthaltserlaubnis* für sonstige Ausländer nicht gleich. Gem. Art. 6 Abs. 1 b der *RL 68/360* muß die erstere eine Gültigkeitsdauer von mindestens 5 Jahren haben. Dauert die Tätigkeit höchstens 3 Monate, so ist eine solche *Aufenthaltserlaubnis* nicht erforderlich, Art. 8 der *RL 68/360.* Gem. Art. 6 Abs. 1 a der *RL 68/360* muß sie für das gesamte Hoheitsgebiet des MS, der sie erteilt hat, gelten. Die MS haben das Recht, die Einhaltung der in der *RL 68/360* genannten Formalitäten zu ahnden und bei deren Nichtbeachtung Sanktionen auszusprechen, wobei der Grundsatz der →*Verhältnismäßigkeit* zu wahren ist und die Sanktion das A. nicht beseitigen darf. Das A. der selbständig Tätigen regeln Art. 52 und 59 EWGV sowie die dazu ergangenen RL 64/221 (ABl. 1964, 850 ff.), 73/148 (ABl. 1973, L 172/14 ff.), 75/34 (ABl. 1974, L 14/10 ff.). – Den selbständig Tätigen wird sachlich im wesentlichen der gleiche Status gewährt wie den Arbeitnehmern. – Ein von der Ausübung einer Erwerbstätigkeit losgelöstes A. gewähren die RL 90/364–366, (ABl. 1990, L 180/27 ff.) für Studenten, aus dem Arbeitsleben ausgeschiedene Arbeitnehmer und für übrige EG-Angehörige, jeweils unter unterschiedlichen Bedingungen z. B. im Hinblick auf ausreichende finanzielle Mittel. – In allen Fällen gilt das A. auch für die engeren Familienangehörigen des primär Berechtigten.

E. Grabitz (Hrsg.): Kommentar zum EWGV, Loseblatt, München, Art. 48. – T. Oppermann: Europarecht, Rdnr. 1473–1475, München 1991.

T. Stein

Aufsichtsklage (Kommission gegen MS) →Vertragsverletzungsverfahren

Aufsicht über bestehende/geplante Beihilferegelungen →Beihilfenaufsicht

Ausfuhrbeihilfen. Als A. wird in der EG die Gesamtheit der staatlichen oder staatlich finanzierten Maßnahmen bezeichnet, die direkt oder indirekt für Ausfuhren in Drittländer gewährt werden und die Handels- und Wettbewerbsbedingungen beeinflussen (vgl. Erl. des Rats v. 25.9.62, ABl. 62, S. 2353). A. sind z. B. *Ausfuhrprämien,* an Ausfuhren gebundene *Produktionssubventionen* oder *Ausfuhrkredite* bzw. *-garantien* zu Vorzugskonditionen. Nach Art. 112 EGV sind die Systeme der von den MS gewährten A. zu vereinheitlichen. Wettbewerbsverfälschende A. sind nach Art. 92 Abs. 1 EGV mit dem Gemeinsamen Markt unvereinbar und unzulässig. Die Vereinheitlichung nationaler A. betreibt die EG in erster Linie durch aktive Mitarbeit an internationalen Vereinbarungen (→*Ausfuhrpolitik*). Auf dem Gebiet der *Ausfuhrkredit-Versicherung* hat sie neuerdings ihre Bemühungen um innergemeinschaftliche Harmonisierung verstärkt. Ein eigenes System von A. hat die Gemeinschaft insbesondere im Rahmen der →*Gemeinsamen Agrarpolitik* geschaffen (→*Ausfuhrerstattungen*).

H. W. Rengeling: Das Beihilferecht der EG, Kölner Schriften zum Europarecht, Bd. 32, Köln 1984, S. 23 ff. – Ders.: Europäisches Gemeinschaftsrecht als Ordnungsrahmen für staatliche Subventionen, in: Juristenzeitung 84, S. 795 ff.

H. Neumann

Ausfuhrbeschränkende Sonderregelungen →Ausfuhrbeschränkungen und -verbote

Ausfuhrbeschränkungen und -verbote. A., d. h. Einschränkungen der Ausfuhrfreiheit in Form von *Verboten, Genehmigungsvorbehalten* oder *Kontingentierungen,* stellen eine Ausnahme des gemeinschaftsrechtlichen Grundsatzes der *Ausfuhrliberalisierung* (VO 2603/69 und VO 3918/91) dar. Dieser Grundsatz gilt derzeit nicht für Erdgas, Erdöl und Erdölerzeugnisse. A. sind ferner zulässig bei einer durch Verknappung lebenswichtiger Produkte entstandenen Krisenlage. Ausfuhrbeschränkende Sonderregelungen bestehen darüber hinaus für Vorprodukte von Chemiewaffen (VO 428/89) und Drogen (VO 3677/90 i. d. F. der VO 900/92), aufgrund des Washingtoner Artenschutzabkommens (vgl. VO 3626/82) sowie der Teilnahme der Gemeinschaft an *Wirtschaftssanktionen* gegen bestimmte Drittländer (→*Retorsionsmaßnahmen*). Dagegen sind bisher bestehende Beschränkungen bei Stahlexporten und für Metallschrott weggefallen. Von den MS wurden A. zum Schutz besonderer nationaler Interessen gemäß Art. 36, 223, und 224 EGV insbes. für Kunstgegenstände, Waffen und andere sicherheitsrelevante Produkte *(CoCom-Listen)* erlassen; soweit letztere Produkte sowohl militärisch als auch zivil genutzt werden können, ist eine gemeinschaftliche Regelung der A. in Vorbereitung.

B. Grossfeld/A. Junker: Das CoCom im internationalen Wirtschaftsrecht, Tübingen 1991. – Saferworld Foundation: Regulating arms exports, Bristol 1991.

H. Neumann

Ausfuhrerstattungen. Als A. gelten jene Ausfuhrsubventionen der Gemeinschaft, die im Rahmen der landwirtschaftlichen Marktordnungen den Exporteuren von Agrarprodukten aus Mitteln des →*Europäischen Ausrichtungs- und Garantiefonds für die Landwirtschaft* dann gewährt werden, wenn innerhalb der EG und zu einem höherem als dem Weltmarktpreis erzeugte Agrarprodukte an →*Drittländer* ausgeführt werden. A. sind also das Gegenstück zu der bei Einfuhren aus Drittländern in die EG von den Importeuren zu entrichtenden →*Abschöpfungen.* Beide ergeben sich als Konsequenz einer Preispolitik, die mit höheren als den Weltmarktpreisen die Produktion und insbesondere das Einkommen der Landwirtschaft stützen sollen. Die A. erstrecken sich auf die Differenz zwischen dem →*Interventionspreis* innerhalb der Gemeinschaft und dem jeweiligen Weltmarktpreis und werden bei Getreide wie die *Abschöpfungen* täglich an die sich schnell und häufig ändernden Weltmarktpreise angepaßt. Bei tierischen Veredlungsprodukten wie Rind- und Kalbfleisch wird die Höhe der A. vierteljährlich festgelegt, häufig auch nach Maßgabe handelspolitischer Aspekte. Wie die *Abschöpfungen* so führen auch die A. zu Verzerrungen des internationalen Agrarhandels.

E. Wöhlken: Einführung in die landwirtschaftliche Marktlehre, Stuttgart 1991.

G. SCHMITT

Ausfuhrförderung →Ausfuhrpolitik

Ausfuhrgarantien →Ausfuhrbeihilfen

Ausfuhrkredite →Ausfuhrbeihilfen

Ausfuhrkreditversicherung →Ausfuhrbeihilfen

Ausfuhrliberalisierung →Ausfuhrpolitik, →Ausfuhrbeschränkungen und -verbote

Ausfuhrpolitik. Die A. der EG ist der auf Gemeinschaftsausfuhren in →*Drittländer* bezogene Teil der →*Gemeinsamen Handelspolitik*. Wie diese umfaßt die A. den Handel mit Waren und Dienstleistungen (letzteres ist strittig) sowie den hierauf bezogenen Zahlungsverkehr. Ihrem Inhalt nach erstreckt sich die A. insbes. (a) auf die *Liberalisierung der Gemeinschaftsausfuhren*, (b) die *Ausfuhrförderung* und (c) den *Abbau von Handelshemmnissen* in *Drittländern*. Rechtsgrundlage der gemeinschaftlichen A. ist Art. 113 EGV. (a) Die *Ausfuhrliberalisierung*, d. h. der Abbau von →*Ausfuhrverboten, mengenmäßigen Beschränkungen* und *Genehmigungsvorbehalten*, erfolgte mit VO Nr. 2603/69 EWG und später der VO Nr. 3918/91 EWG; für bestimmte Güter (z. B. Erdöl, Erdgas, Kunstgegenstände, Kriegsmaterial) und Bestimmungsländer bestehen Sonderregelungen (→*Ausfuhrbeschränkungen und -verbote*). (b) Bei der *Ausfuhrförderung* zielt die A. vor allem auf Vereinheitlichung nationaler →*Ausfuhrbeihilfen* (vgl. Art. 112 EWG), in erster Linie im Wege internationaler Vereinbarungen (GATT: Antisubventionskodex, OECD: Exportkredit-„Konsensus"). Für Agrarerzeugnisse besitzt die EG ein eigenes Ausfuhrförderungssystem (→*Ausfuhrerstattungen*). Die Gemeinschaft führt im übrigen ergänzend zu den MS Handelsförderungsaktionen (trade promotion) durch. (c) *Handelshemmnisse* in Drittländern können unterschiedliche Formen annehmen; dies bestimmt die Aktionsform der auf ihren Abbau zielenden A. Zölle, die überwiegend im Rahmen des GATT gebunden sind, sind Gegenstand der GATT-Zollverhandlungsrunden. Auch *nichttarifäre Handelshemmnisse* werden z. T. multinational verhandelt (z. B. Normen und Standards, ungenügender Schutz geistigen Eigentums), doch bemüht sich die EG oft auch um bilaterale Regelung mit dem betreffenden Drittland (z. B. im Fall der sektoriellen oder strukturellen Hemmnisse beim Zugang zum japanischen Markt). Unzureichende Marktöffnung eines Drittlandes kann unter bestimmten Voraussetzungen zu →*Retorsionsmaßnahmen* der EG führen.

G. Hufbauer/J. Shelton Erb: Subsidies in International Trade, Cambridge (Mass.) 1984. – W. Pape: Nichttarifäre Handelshemmnisse in Japan, in: Recht der Internationalen Wirtschaft (1990), S. 726 ff.

H. Neumann

Ausfuhrprämien →Ausfuhrbeihilfen

Ausfuhrverbote →Ausfuhrbeschränkungen und -verbote

Ausgleichsabgaben. A. sind Abgaben auf grenzüberschreitende Transaktionen im Binnenverkehr der EG. Sie sind mit der Idee eines →*Gemeinsamen Marktes* ebensowenig vereinbar wie *mengenmäßige Beschränkungen* des Binnenhandels. Solange jedoch die MS unterschiedliche Handelspolitiken gegenüber Drittländern verfolgen, besteht prinzipiell die Möglichkeit, daß außenwirtschaftliche Maßnahmen eines Landes durch Verkehrsverlagerungen über einen anderen MS unterlaufen werden können. Deshalb sieht Art. 115 EWGV vor, daß betroffene Staaten in einer Übergangszeit von der →*Kommission* ermächtigt werden können, Schutzmaßnahmen zu ergreifen, zu denen A. und *mengenmäßige Beschränkungen* der Einfuhr im Binnenverkehr gehören. Solche Maßnahmen wurden häufig im Verhältnis mit den ehemaligen Staatshandelsländern diskutiert. In der →*Gemeinsamen Agrarpolitik* wurde 1971 ein allgemeines System des *Grenzausgleichs* eingeführt, das mit *Währungsausgleichsbeträgen* versucht, den sich aus der Wechselkursspaltung zwischen →*ECU*-Leitkurs und →*grüner Währung* ergebenden Arbitragemöglichkeiten entgegenzuwirken. Mit der zunehmenden Koordinierung der Außenwirtschafts- und Währungspolitiken der MS in der EG werden die A. voraussichtlich entfallen.

P. B. Spahn

Ausgleichszölle →Anti-Subventions-Maßnahmen

Auslegung des Gemeinschaftsrechts. Die *authentische A.* erfolgt ausschließlich durch den →*Gerichtshof der EG* (Art. 164 EWGV; Art. 136 EAGV; Art. 31 EGKSV). Die Gerichte der MS sind zwar ebenfalls befugt, soweit sie im Rahmen ihrer Zuständigkeit mit dem Gemeinschaftsrecht befaßt werden, dieses in eigener Verantwortung und in richterlicher Unabhängigkeit auszulegen; diese Auslegung steht jedoch im Interesse der Wahrung der einheitlichen Geltung des Gemeinschaftsrechts unter dem Vorbehalt ihrer Bestätigung durch den EuGH, die von den nationalen Gerichten im Rahmen des →*Vorabentscheidungsverfahrens* (Art. 177 EWGV) eingeholt werden kann oder – falls es sich um letztinstanzliche Gerichte handelt – eingeholt werden muß. Die Auslegung des Gemeinschaftsrechts durch den EuGH knüpft zwar im wesentlichen an die aus dem nationalen Bereich bekannten Regeln an, diese werden jedoch in der Rechtsprechungspraxis des EuGH entsprechend den Besonderheiten der Gemeinschaftsrechtsordnung gewichtet und zu *gemeinschaftsspezifischen Auslegungsmethoden* ausgebildet. Ausgangspunkt ist auch im Gemeinschaftsrecht die *wörtliche Auslegung*, die auf den normalen und natürlichen Sinn der Worte innerhalb des Satzzusammenhangs abstellt. Dabei ist zu beachten, daß es sich um gemeinschaftsrechtliche Wortbedeutungen handelt, die zwar aus den nationalen Vorbildern hervorgegangen sind, die aber im Hinblick auf die einheitliche Geltung des Gemeinschaftsrechts zu einem gemeinschaftlichen Wortsinn verbunden werden. Gleichwohl stößt die wörtliche Auslegung im Gemeinschaftsrecht auf Grenzen. Der Wortlaut der gemeinschaftsrechtlichen Bestimmungen liefert dem EuGH in der Regel keine sicheren Vorgaben, da dieser angesichts seiner Verbindlichkeit in allen neun →*Amtssprachen* der EG sowie aufgrund des schwierigen →*Entscheidungsverfahrens* in der EG und dem damit verbundenen Hang zu Formelkompromissen häufig unklar und damit selbst auslegungsbedürftig ist. Als notwendige Ergänzung und unerläßliches Korrektiv der Auslegung nach dem Wortlaut greift der EuGH deshalb regelmäßig auf die *systematisch-teleologische Auslegung* zurück. Diese ist gekennzeichnet durch das Bemühen um die Herausarbeitung des objektiven Sinns einer Regelung. Die Verwirklichung eigener politischer Zielvorstellungen verfolgt der EuGH mit ihr nicht; vielmehr orientiert er sich an den allgemeinen Vertragsgrundsätzen (→*Rechtsgrundlagen*), deren Leitmotive vor allem in der Gewährleistung der Gleichheit (Verbot aller offenen und verschleierten Diskriminierungen), der Freiheit (*Wirtschafts-, Personen-, Dienstleistungs-* und *Kapitalverkehrsfreiheit*, →*Freiheiten des Gemeinsamen Marktes*), der Solidarität (der MS untereinander) sowie der Einheit (Rechts- und Wirtschaftseinheit) bestehen. Auf dieser Grundlage hat der EuGH in jahrzehntelanger Fallrechtsprechung folgende fünf Kriterien für die *systematisch-teleologische Auslegung* herausgearbeitet: (1) Die Gemeinschaftsregelungen sind in allen authentischen Sprachfassungen einheitlich auszulegen, da andernfalls die einheitliche Geltung des Gemeinschaftsrechts gefährdet würde und das Gemeinschaftsrecht seinen gemeinschaftlichen Charakter verlieren würde. (2) Die Gemeinschaftsregelungen sind möglichst so auszulegen, daß die EG und ihre Organe die ihnen übertragenen Aufgaben unter den denkbar günstigsten Bedingungen erfüllen können. Es geht hier um den *„effect utile“* einer Regelung, der auf die Wahrung der Funktionsfähigkeit der EG ausgerichtet ist. (3) Das abgeleitete Gemeinschaftsrecht (→*Sekundärrecht*) soll nach Möglichkeit vertragskonform ausgelegt und damit Widersprüche zum Vertragsrecht (→*Primärrecht*), die seine Nichtigkeit bzw. Ungültigkeit zur Folge hätten, vermieden werden. (4) Die Gemeinschaftsregelungen sind im Hinblick auf den dynamischen Charakter des EG-Rechts weniger im Lichte ihrer Entstehungsgeschichte auszulegen, sondern dynamisch unter Berücksichtigung der sich stetig ändernden wirtschaftlichen, rechtlichen, politischen, sozialen und gesellschaftlichen Gegebenheiten. (5) Es gilt ein *Regel-*

Ausnahme-Prinzip, wonach die grundlegenden Begriffe der Gemeinschaftsrechtsordnung, und hier vor allem die →*Freiheiten des Gemeinsamen Marktes,* weit, Ausnahmen und Vorbehalte dazu dagegen eng auszulegen sind. Unter Anwendung dieses Prinzips hat der EuGH in der *Interessen- und Güterabwägung* zwischen den Erfordernissen der EG-Verträge und den beschränkenden Wirkungen der nationalen Politiken im Zweifel den ersteren den Vorrang eingeräumt.

A. Bleckmann: Teleologie und dynamische Auslegung des Europäischen Gemeinschaftsrechts, in: Europarecht (1979), S. 239 ff. – Ders.: Zu den Auslegungsmethoden des Europäischen Gerichtshofes, in: Neue Juristische Wochenschrift (1982), S. 1177 ff. – U. Everling: Rechtsanwendungs- und Auslegungsgrundsätze des Gerichtshofs der EG, in: H. W. Kruse (Hrsg.): Zölle, Verbrauchssteuern, europäisches Marktordnungsrecht, Köln 1988, S. 51 ff. – M. Zuleeg: Die Auslegung des Europäischen Gemeinschaftsrechts, in: Europarecht (1969), S. 97 ff.

K.-D. BORCHARDT

Ausschließliche Zuständigkeiten der EG →Gemeinschaftskompetenzen

Ausschüsse. Der Begriff Ausschuß bezeichnet in der EG Gremien sehr unterschiedlicher Art. Einige wurden durch die →*Gründungsverträge* eingesetzt oder nachträglich in diese aufgenommen (z. B. →*Beratender Ausschuß der EGKS,* →*Wirtschafts- und Sozialausschuß,* →*Währungsausschuß der EWG,* →*Ausschuß der Ständigen Vertreter,* →*Ausschuß der Regionen*). Daneben steht eine große Zahl A. von Sachverständigen aus Wirtschaft oder Wissenschaft, die von der →*Kommission* bei der Vorbereitung von →*Rechtsakten* zu Rate gezogen werden. Eine besondere Rolle spielen A. von Vertretern der MS im Rahmen der Übertragung der Durchführung des →*Sekundärrechts* an die Kom. (→*Komitologie,* →*Ausschußverfahren,* →*Durchführungsbefugnisse*). Die A. des →*Europäischen Parlaments* spielen eine bedeutende Rolle bei der Vorbereitung der Entscheidungen des Plenums.

H. OFFELE

Ausschuß der berufsständischen landwirtschaftlichen Organisationen der EWG (*Comité des Organisations Professionelles Agricoles de la Communauté Européenne,* COPA). Wurde 1958 als Zusammenschluß der Bauernverbände der MS gegründet und von den Gemeinschaftsbehörden als deren Sprecher formell anerkannt. Mitglieder sind gegenwärtig 27 Verbände (in den meisten Ländern mehrere, wobei eine Untergliederung nach Betriebsgrößen, Konfessionen oder Regionen vorliegt). Ziel ist die Vertretung der Interessen der Landwirte und die Herstellung von Kontakten zu den Gemeinschaftsbehörden und anderer Verbände auf Gemeinschaftsebene. Gemeinsam mit dem →*Allgemeinen Ausschuß des ländlichen Genossenschaftswesens der EWG* und dem →*Europäischen Rat der Junglandwirte* wird ein Generalsekretariat in Brüssel unterhalten.

W. VON URFF

Ausschuß der Präsidenten der Zentralbanken der Mitgliedstaaten der EWG. Offizielles Gremium der EG. Gründung: durch Ratsbeschluß vom 8. Mai 1964. Aufgabe: ursprünglich beschränkt auf die Abgabe von Stellungnahmen zur generellen Ausrichtung insbesondere der Kredit-, Geld- und Wechselkurspolitik der einzelnen Zentralbanken sowie auf die Koordinierung der unabhängigen nationalen Geldpolitiken der MS. Mit Gründung des →*Europäischen Währungssystems* (1979) gewann der A. an Bedeutung angesichts der Notwendigkeit noch engerer Konvergenz der Währungspolitiken der MS; er hilft im zulässigen Rahmen bei der Administration und beim Management des EWS, überall dort, wo die Belange der teilnehmenden Zentralbanken betroffen sind. – Für die Dauer von Stufe eins (bis 1.1.1994) zur Verwirklichung der im →*Vertrag über die Europäische Union* vorgezeichneten →*Wirtschafts- und Währungsunion* hilft er mit bei der Errichtung des →*Europäischen Systems der Zentralbanken* (ESZB). Für den Beginn der zweiten Stufe sieht Art. 109 f (1) des EGV die Errichtung des *Europäischen Währungsinstitutes* (EWI) vor. Es soll Rechtspersönlichkeit besitzen und alle Tätigkeiten zur Koordinierung der noch unabhängigen nationalen Geldpolitiken übernehmen. Es wird von einem Rat geleitet und verwaltet, der sich vom A. nur darin unterscheidet, daß ihm ein Präsident vorsteht, der vom Europäischen Rat bestimmt wird. Der A., seiner vornehmsten Aufgabe dann enthoben, wird gemäß Art. 109 f (1) EGV zum 1.1.94 im EWI aufgehen. – Organe: Mitglieder sind die Präsidenten der Zentralbanken der EWG-Mitgliedsländer, die einen Präsidenten aus ihrer Mitte bestimmen; daneben bestehen Arbeitsgruppen für Geldpolitik und Devisenpolitik, seit 1974 auch für Bankenaufsicht (*„Cooke Komitee"*). – Sitz: Die regulären Treffen der Zentralbankpräsidenten finden in den Räumen der *Bank für Internationalen Zahlungsausgleich* (BIZ) statt, die auch das Ständige Sekretariat zur Verfügung stellt. Zu den Sitzungen im allgemeinen eingeladen sind ein Mitglied der →*Kommission* und ein Vertreter der Luxemburger Währungsbehörde. – Amtssprachen sind Englisch, Französisch, Deutsch.

L. Birkendorf

Ausschuß der Regionen. Der A. (→*Vertrag über die Europäische Union*, Art. 198 a–198 c) soll vergleichbar dem →*Wirtschafts- und Sozialausschuß* (WSA) vom →*Rat* und von der →*Kommission* beratend gehört werden. Dies betrifft alle explizit vorgesehenen Fälle (Art. 128, 129, 129 d, 130 d, 130 e EGV) und Fälle nach einer Zweckmäßigkeitserwägung eines der beiden Organe. Der A. kann aus eigener Initiative Stellungnahmen abgeben oder immer, wenn im Rahmen einer Anhörung des WSA spezifisch regionale Interessen berührt werden. Die 189 Mitglieder des A. werden vom Rat auf Vorschlag der MS einstimmig für 4 Jahre ernannt (B: 12, D: 24, DK: 9, E: 21, F: 24, GR: 12, I: 24, IRL: 9, L: 6, N: 12, P: 12, VK: 24).

T. Stumm

Ausschuß der Ständigen Vertreter (AStV, häufig frz.: COREPER, *Comité des représentants permanents*). In ihrer allgemeinen Form wird die Aufgabe des A., der ein dem →*Rat der EG* beigeordnetes Gremium ist, in Art. 4 des →*Fusionsvertrages* wie folgt beschrieben: *„Ein Ausschuß, der sich aus den Ständigen Vertretern der Mitgliedstaaten zusammensetzt, hat die Aufgabe, die Arbeiten des Rates vorzubereiten und die ihm vom Rat übertragenen Aufträge auszuführen."* Diese Bestimmung wurde durch den →*Vertrag über die Europäische Union* in Art. 151 EGV, Art. 30 EGKSV und Art. 121 EAGV eingefügt. In der Praxis besteht die Aufgabe des A. vor allem darin, die Arbeiten der zahlreichen untergeordneten Arbeitsgruppen hinsichtlich der Ratstagungen zu koordinieren und die Arbeiten des Rates inhaltlich, prozedural und formal vorzubereiten. – Der A. nahm seine Arbeit im Januar 1958 auf, nachdem sich gezeigt hatte, daß der im Rahmen der →*Europäischen Gemeinschaft für Kohle und Stahl* seit dem 7.2.1953 bestehende nichtständige Koordinierungsausschuß hoher Beamter der MS aufgrund mangelnder Kontinuität die Entscheidungen auf Ministerebene nicht in vollauf befriedigender Weise vorbereiten konnte. Seit 1962 ist der A. als Folge der funktionalen Differenzierung der Gemeinschaft in zwei Formationen aufgegliedert: den in der Regel mit mehr *„technischen"* Dossiers befaßten *„A. I"*, bestehend aus den *Beigeordneten Ständigen Vertretern,* und den in der Regel mit mehr *„politischen"* Dossiers befaßten *„A. II"*, bestehend aus den *Ständigen Vertretern* der MS (→*Ständige Vertretungen*). Den Vorsitz im A. führt jeweils das Land, das die →*Präsidentschaft im Rat* innehat. – Im Zusammenspiel zwischen den MS und den →*Organen der EG* spielt der A. eine wichtige Rolle im Entscheidungsprozeß der Gemeinschaft, wobei insbesondere die Suche nach Klärung und Angleichung der Standpunkte und die Wahrung der horizontalen Kohärenz über die einzelnen Sachbereiche hinaus von großer Bedeutung für die Entscheidungsfindung im Rat sind. Dem A. kommt die zentrale Funktion zu, auf der Grundlage der Vorschläge der →*Kommission* und der in den Arbeitsgruppen des Rates erfolgten inhaltlichen Vorarbeiten ausstehende offene Fragen auf höherer Ebene zu diskutieren und Lösungsansätze im Ausgleich zwischen den nationalen Positionen zu erarbeiten, die dann auf der Ebene der Minister in konkrete Entscheidungen umgesetzt werden können. Hierbei werden sowohl inhaltliche als auch institutionell-rechtliche und allgemein-politische Gesichtspunkte miteinbezogen. Zu diesem Klärungs- und Verhandlungsprozeß tragen die bei den Sitzungen jeweils anwesenden Vertreter der Kom. aktiv bei. – Einen zentralen Schnittpunkt zwischen nationalen Interessen und Strategien und dem Entscheidungsprozeß in der Gemeinschaft bildend, hat sich der A. seit langem als ein unentbehrliches Instrument des Interessensausgleichs in der Gmeinschaft erwiesen. Diese Rolle wird im Zusammenhang mit der Umsetzung des EUV verstärkt in Erscheinung treten, da dieser in einem einheitlichen institutionellen Rahmen nicht nur traditionelle EG-Kompetenzen, sondern auch Fragen der →*Wirtschafts- und Währungsunion,* der →*Gemeinsamen Außen- und Sicherheitspolitik* und der →*Innen- und*

Justizpolitik umfaßt. Hier wird dem A. in Zukunft in verstärktem Maße die Aufgabe zukommen, zur Kohärenz und Kontinuität in den verschiedenen Politikbereichen der Europäischen Union beizutragen.

F. Hayes: The role of COREPER in EEC decision-making, Administration (Dublin) 1984, S. 177–200. – A. Mangas Martin: La participation du Comité des représentants permanents au processus de décision communautaire, in: Cahiers de Droit européen (1980), S. 25–53.

J.-M. HOSCHEIT

Ausschuß für Wirtschaftspolitik →Wirtschaftspolitik der EG

Ausschuß für wissenschaftliche und technologische Forschung. Der A. ist ein Beratungsgremium der EG, insbesondere der →*Kommission.* Es besteht aus je zwei Mitgliedern aus jedem MS der EG, die, normalerweise als Beamte des jeweiligen Forschungsministeriums, von ihren Regierungen ernannt werden. Es berät über die Grundlagen der EG-Politik auf dem Gebiet von Forschung und technologischer Entwicklung. Die wichtigste Funktion des Gremiums besteht in der Koordinierung der Forschungspolitik zwischen den MS der Gemeinschaft. – Daneben gibt es den *Ausschuß für Wissenschaft und Technik* (AWT), ein weiteres Beratungsgremium der EG. Dessen 24 Mitglieder werden aber als Experten für das Zusammenwirken von Wissenschaft, Technologie und Industrie unmittelbar von der Kom. ernannt. Der Ausschuß entwirft Vorschläge für Prioritätsgebiete und -strategien im Bereich der Wissenschafts- und Technologiepolitik der Gemeinschaft. Er berät des weiteren die Kom. im Zusammenhang mit der Implementierung des *Human Capital and Mobility Programme* 1992–1994 (ABl. C 188, 19.7.1991).

C. GELLERT

Ausschuß für Wissenschaft und Technik →Ausschuß für wissenschaftliche und technologische Forschung

Ausschuß nach Art. 113 EWGV. Die ausschließliche Kompetenz der EWG für die →*Gemeinsame Handelspolitik* spiegelt sich in dem Verhandlungsmonopol der →*Kommission* bei dem Aushandeln von entsprechenden Abkommen mit dritten Ländern wider (Art. 228 Abs. 1 S. 1 im Verein mit Art. 113 EWGV). Um die Beteiligung des Rates und der MS schon in dieser Phase sicherzustellen, sieht Art. 113 Abs. 2 Uabs. 2 EWGV neben dem Recht des →*Rates,* Richtlinien für die Verhandlungsführung zu erteilen, die Bestellung eines besonderen Ausschusses durch denselben vor. Dieser kurz „113'er Ausschuß" genannte Ausschuß besteht aus Vertretern der MS und hat (nur) beobachtende und beratende Funktion. Die Verhandlungen sind *„im Benehmen"* mit ihm zu führen. Aufgrund seiner Sachnähe ist der Ausschuß in der Praxis oft Vermittler zwischen Kom. und Rat.

G. WELGE

Ausschußverfahren. Nach Art. 155 EWGV zählt zu den Aufgaben der →*Kommission,* die Befugnisse auszuüben, die ihr der →*Rat* zur Durchführung der von ihm erlassenen Vorschriften überträgt. Diese →*Durchführungsbefugnisse* erstrecken sich im wesentlichen auf: (a) quasi gesetzgeberische Tätigkeit (Ausfüllung eines vom Rat vorgegebenen rechtlichen Rahmens durch →*Rechtsakte* der Kom.; (b) Anpassung an den technischen Fortschritt (Beseitigung technischer →*Handelshemmnisse,* Änderung der technischen Anhänge von →*Richtlinien*); (c) Verwaltung (insbes. landwirtschaftliche →*Marktordnungen*). Um zu gewährleisten, daß die Kom. die Befugnis zum Erlaß der Durchführungsbestimmungen eines Rechtsaktes in enger Verbindung mit den Regierungen ausübt, stellt ihr der Rat in der Regel einen Ausschuß von Vertretern der MS zur Seite. Der Rat hatte für jeden Rechtsakt zu entscheiden, ob er sich den Erlaß der *Durchführungsbestimmungen* vorbehält oder der Kom. überträgt und in diesem Fall die Verfahren für die Beschlußfassung durch die Kom. und ggf. die Konsultation des Ausschusses (→*Komitologie*) festzulegen. Diese Verfahren waren zunächst einfach und zügig zu handhaben, wurden jedoch im Laufe der Zeit immer komplexer und langwieriger, wobei gleichzeitig der Entscheidungsspielraum der Kom. eingeengt und die Einwirkungsmöglichkeiten der MS verstärkt wurden. In einer Reihe von Fällen war durch Einfügung einer besonderen Klausel *(„Contrefilet")* nicht mehr gewährleistet, daß die Kom. nach Abschluß des Verfahrens einen Beschluß fassen konnte. Mit der →*Einheitlichen Europäischen Akte* kam es zu einer Flurbereinigung: Einerseits wurde durch die Neufassung von Art. 145 EWGV die Übertragung der *Durchführungsbefugnisse* an die Kom. zur Regel erhoben und die Ausübung dieser Befugnisse allgemein gültigen, vom Rat vorab festzulegenden Regeln unterworfen; allerdings kann der Rat in spezifischen Fällen die Durchführungsbefugnis selbst wahrnehmen. Andererseits verabschiedete der Rat am 13. Juli 1987 einen Rahmenbeschluß, in dem vier Typen von Verfahren vorgesehen sind.

Die vom Rat vorgesehenen Verfahren werden nachstehend beschrieben. Allen gemeinsam ist, daß die Ausschüsse unter dem Vorsitz des Vertreters der Kom. tagen, der den Entwurf der zu treffenden Maßnahmen vorlegt.

Verfahren I (Beratender Ausschuß): Der Ausschuß gibt (ohne förmliche Abstimmung) eine Stellungnahme ab. Die Kom. ist nicht an die Stellungnahme des Ausschusses gebunden, hat diesen jedoch über die Berücksichtigung seiner Stellungnahme zu unterrichten.

Verfahren II (Verwaltungsausschuß): Dieses Verfahren wurde Anfang der sechziger Jahre mit den ersten Agrarmarktordnungen eingeführt. Der Ausschuß stimmt mit *qualifizierter Mehrheit* (→*Abstimmungsverfahren*) ab (Stimmenwägung wie im Rat, der Vertreter der Kom. nimmt an der Abstimmung nicht teil). Die Kom. ist an die Stellungnahme des Ausschusses nicht gebunden, muß jedoch im Falle einer Ablehnung durch den Ausschuß die beschlossenen Maßnahmen dem Rat mitteilen. Hierbei gibt es zwei Verfahrensvarianten: Variante A: Die von der

Kom. beschlossene Maßnahme ist zwar sofort durchführbar, der Rat kann aber innerhalb eines Monats mit qualifizierter Mehrheit einen anderslautenden Beschluß fassen. Variante B: Die Kom. setzt die Durchführung der von ihr beschlossenen Maßnahmen um maximal drei Monate aus: innerhalb dieser Frist kann der Rat mit qualifizierter Mehrheit einen anderslautenden Beschluß fassen. Kommt ein anderslautender Beschluß nicht zustande, so gilt die von der Kom. beschlossene Maßnahme.

Verfahren III (Regelungsausschuß): Dieses Verfahren ist aus dem *Verwaltungsausschußverfahren* entwickelt worden; es wurde zunächst für die Verwaltung des →*Gemeinsamen Zolltarifs* und die Gesetzgebung im Bereich des →*Binnenmarktes* angewandt. Die erste Phase stimmt mit Verfahren II überein, danach bestehen jedoch umfangreichere Eingriffsmöglichkeiten für den Rat. Die Kom. kann die beabsichtigten Maßnahmen nur nach Zustimmung des Ausschusses beschließen. Wenn keine Stellungnahme zustande kommt, oder bei Ablehnung durch den Ausschuß, legt die Kom. dem Rat einen Vorschlag für die zu treffende Maßnahme vor. Der Rat beschließt hierüber mit *qualifizierter Mehrheit* (d. h., er kann von dem Kommissionsvorschlag nur einstimmig abweichen). Nun gibt es wiederum zwei Varianten: Variante A: Hat der Rat nach Ablauf einer Frist von höchstens drei Monaten keinen Beschluß gefaßt, so werden die vorgeschlagenen Maßnahmen von der Kom. erlassen. Variante B: Hat der Rat nach Ablauf einer Frist von maximal drei Monaten keinen Beschluß gefaßt, so werden die vorgeschlagenen Maßnahmen von der Kom. erlassen – es sei denn, der Rat hat sich mit *einfacher Mehrheit* gegen diese Maßnahmen ausgesprochen.

Ein besonderes Verfahren gilt für →*Schutzklauseln* im Bereich der →*Gemeinsamen Handelspolitik*: Die Kom. beschließt, gegebenenfalls nach Stellungnahme eines *Beratenden Ausschusses,* muß ihren Beschluß jedoch dem Rat und den MS mitteilen. Jeder MS hat das Recht, den Rat innerhalb einer Frist mit dem Beschluß der Kom. zu befassen. Auch hier gibt es zwei Varianten: Variante A: Der Rat kann mit *qualifizierter Mehrheit* innerhalb der ihm gesetzten Frist einen abweichenden Beschluß fassen; anderenfalls gilt der Beschluß der Kom.. Variante B: Der Rat kann den Beschluß der Kom. mit *qualifizierter Mehrheit* bestätigen, ändern oder aufheben. Hat der Rat innerhalb der ihm gesetzten Frist keinen Beschluß gefaßt, so gilt der Beschluß der Kom. als aufgehoben. – Der Rahmenbeschluß vom 13. Juli 1987 bedeutet einen erheblichen Fortschritt insofern, als die Anzahl der zur Verfügung stehenden Verfahren vorab festgelegt und begrenzt ist. Eine Anpassung der zahlreichen bestehenden Sonderverfahren ist jedoch nicht vorgesehen. Entgegen dem Vorschlag der Kom. hat der Rat sich die Möglichkeit vorbehalten, einen Vorschlag, dessen Annahme der *qualifizierten Mehrheit* und dessen Änderung der *Einstimmigkeit* bedarf, mit *einfacher Mehrheit* abzulehnen (Verfahren III B) bzw. den Beschluß der

Kom. durch Verstreichenlassen der Frist abzulehnen (Schutzklausel Variante B). Die Kom. hat hiergegen Vorbehalte formuliert mit der Begründung, daß diese Verfahren eine Beschlußfassung nicht gewährleisten und damit die Wirksamkeit des Entscheidungsprozesses der Gemeinschaft beeinträchtigen. – Das →*Europäische Parlament* hat gegen die verschiedenen Ausschußverfahren weitergehende Vorbehalte, da es in ihnen eine Beeinträchtigung der Unabhängigkeit bzw. Autonomie der Kom. sieht. – Die in der Regierungskonferenz über die →*Einheitliche Europäische Akte* eingegangene Verpflichtung, im Bereich der Binnenmarktgesetzgebung (Art. 100 a EWGV) das Verfahren des *Beratenden Ausschusses* vorrangig heranzuziehen, hat in den Rahmenbeschluß des Rates keinen Eingang gefunden und ist von diesem in der Praxis bisher nicht befolgt worden.

H. Offele

Außenbeziehungen der EG. Die A. behandeln das Verhältnis der EG zu Nicht-Mitgliedstaaten und internationalen Organisationen. (1) Rund 150 Staaten unterhielten 1992 diplomatische Beziehungen zur EG. Die →*Kommission der EG* ist ihrerseits mit auswärtigen Vertretungen bei rund 100 Drittländern bzw. internationalen Organisationen akkreditiert. – Die EG hat mit über 120 Industrie- und Entwicklungsländern ein breitgefächertes Netz von Vertragsbeziehungen geknüpft, das von sektoralen Abkommen, über Handels- und Wirtschaftskooperationsabkommen, bis hin zu Assoziierungsabkommen reicht. Darüber hinaus ist die EG Partner von ca. 60 multilateralen Übereinkommen. Schließlich vertritt die EG im Rahmen ihrer Zuständigkeiten die MS bei einigen internationalen Organisationen, so z. B. dem GATT und der OECD, obwohl nicht sie, sondern die MS Vertragsparteien sind. Seit ihrer Entstehung hat sich die EG aufgrund ihres ökonomischen Gewichts als größter Welthandelspartner und als wirtschaftlich mit den USA und Japan vergleichbare Einheit zu einem der wichtigsten Akteure im Bereich der internationalen Beziehungen entwickelt. Ihrer Bedeutung entsprechend nimmt sie, vertreten durch den →*Präsidenten der Kommission*, als 8. Mitglied am Weltwirtschaftsgipfel teil. – (2) Die die A. betreffenden Politiken der EG unterliegen zwei unterschiedlichen Systemen: Der Bereich der →*Gemeinsamen Handelspolitik*, für den die EG im EWGV die ausschließliche Zuständigkeit (→*Außenkompetenz*) erhalten hat, liegt in der alleinigen Verantwortung der Gemeinschaftsorgane. Hier vertritt die Kom. die EG nach außen. – Dagegen ist der Bereich der klassischen Außenpolitik in der Zuständigkeit der MS verblieben. Diese koordinieren jedoch, unter Beteiligung der Kom., ihre nationalen Außenpolitiken im Rahmen der →*Europäischen Politischen Zusammenarbeit* (EPZ). – Auch der →*Vertrag über die Europäische Union* (EUV) bestätigt die Fortexistenz des dualen Systems von EG-Außenbeziehungen und einer zwischen den Regierungen abgestimmten →*Gemeinsamen Außen- und Sicherheitspolitik* (GASP). Die

Einführung des Begriffs *„gemeinsame"* kann aber als Ausdruck einer gewachsenen Solidargemeinschaft interpretiert werden. – Die Kom. hat durch den EUV im Bereich der GASP ihre in der EPZ-Praxis bisher akzeptierten Aktionsmöglichkeiten rechtlich garantiert erhalten (Initiativrecht, allerdings nicht ausschließlich; Kohärenz zwischen GASP und Gemeinschaftspolitiken; umfängliche Beteiligung bei den Aufgaben der GASP z. B. als Mitglied der Troika). Wesentlicher Akteur der GASP ist jedoch die jeweilige →*Präsidentschaft des Rates der EG.* – (3) Im Bereich der Gemeinsamen Handelspolitik gewährt Art. 113 EWGV der EG gegenüber den MS die ausschließliche Handlungskompetenz mit umfangreichen Vollmachten, ohne jedoch für den Begriff der Gemeinsamen Handelspolitik eine exakte Definition vorzusehen. Art. 113 beschränkt sich vielmehr auf eine beispielhafte Aufzählung, wobei der →*Gerichtshof der EG* im Laufe der Jahre den Begriff der Handelspolitik ausgelegt und ihm eine weite Interpretation gegeben hat. Diese Kompetenz umfaßt zunächst die klassischen Instrumente der Handelspolitik, wie die Festsetzung des →*Gemeinsamen Zolltarifes*, von →*Anti-Dumping-* und →*Anti-Subventions-Maßnahmen*, von Einfuhr- und Ausfuhrregelungen sowie den Abschluß von Handelsabkommen. Entscheidungen trifft der Rat mit *qualifizierter Mehrheit*. Über den Warenverkehr hinaus umfaßt Art. 113 auch den Austausch von Dienstleistungen. Soweit Abkommen mit Drittländern inhaltlich über die von der reinen Handelspolitik umfaßten Materien hinausgehen und auch sonst keine Rechtsgrundlage im EWGV haben, werden sie auf Art. 113 *und* 235 gestützt. Sie bedürfen dann gemäß Art. 235 der einstimmigen Zustimmung im Ministerrat. – Art. 238 EWGV erweitert ebenfalls die Vertragsabschlußkompetenz über den Bereich der reinen Handelspolitik hinaus auf →*Assoziierungsabkommen*. Diese Abkommen können u. a. auch Fragen des Niederlassungsrechtes, der Freizügigkeit und des Kapitaltransfers umfassen. Ebenfalls auf Art. 238 EWGV gestützt ist das mit den EFTA-Ländern ausgehandelte Abkommen zur Schaffung eines →*Europäischen Wirtschaftsraumes*, mit dem im Verhältnis EG-EFTA binnenmarktähnliche Verhältnisse hergestellt werden sollen, sowie das mit 69 AKP-Ländern abgeschlossene sog. →*Lomé-Abkommen*, das neben einem umfassenden Hilfsprogramm Maßnahmen entwicklungs- und handelspolitischer Natur vorsieht. Entscheidungen über den Abschluß eines Abkommens nach Art. 238 EWGV bedürfen der Einstimmigkeit im Rat. Soweit Bereiche mitumfaßt sind, die nicht in die Gemeinschaftskompetenz fallen (so z. B. der politische Dialog oder die kulturelle Zusammenarbeit), handelt es sich um sog. →*gemischte Abkommen*, die der Ratifizierung durch die MS bedürfen. – Auch nach Art. 101 EAGV kann die EG im Rahmen ihrer Zuständigkeit internationale Verträge oder Abkommen abschließen. Der Rat beschließt hier mit qualifizierter Mehrheit. – Neben diesen ausdrücklichen Handlungskompetenzen hat der EuGH seit der AETR-Entscheidung

(EuGH Rs. 22/70) in ständiger Rechtsprechung weitergehende implizite Außenkompetenzen in allen Bereichen zuerkannt, in denen die EG aufgrund der Gemeinschaftsverträge interne Zuständigkeiten besitzt und diese ausgeübt hat. Somit besitzt die EG eine ergänzende Außenkompetenz zur Gestaltung der auswärtigen Aspekte ihrer internen Regelungen. Die EG verfügt folglich im Bereich der Außenwirtschaftsbeziehungen über eine breite Palette von Zuständigkeiten, zum Teil gemeinsam mit den MS. Art. 238 EWGV räumt dem →*Europäischen Parlament* bezüglich aller Assoziierungsabkommen ein förmliches Zustimmungsrecht ein. Bei Handels- und Kooperationsabkommen, die auf Art. 113 und Art. 235 EWGV gestützt sind, steht dem Parlament dagegen gem. Art. 235 nur ein Anhörungsrecht zu. Bei reinen Handelsabkommen ist gemäß Art. 113 EWGV im Prinzip keine Anhörung vorgesehen. Seit einer vom →*Europäischen Rat* in Stuttgart 1983 verabschiedeten Feierlichen Erklärung findet jedoch auch bei bedeutenden, auf Art. 113 gestützten Abkommen eine Anhörung des EP statt. – (4) Der EUV hat die handelspolitischen Bestimmungen des EWGV weitgehend unverändert beibehalten. Eine Ausnahme ist Art. 116 (gemeinsames Vorgehen der MS in internationalen Organisationen mit wirtschaftlichem Charakter), der gestrichen wurde. Diese Bestimmungen finden nunmehr ihren Niederschlag in Art. 109 (4) (monetäre Angelegenheiten) und im Art. 130 x (Zusammenarbeit in der Entwicklungspolitik). – Auch Art. 228, der verfahrensmäßige Aspekte behandelt, wurde grundlegend geändert. Er sieht nunmehr u. a. ein einheitliches Verfahren für Aushandlung und Abschluß von internationalen Abkommen vor sowie eine Ausweitung, über Art. 238 hinaus, des förmlichen Zustimmungserfordernisses des EP bei Abkommen, die u. a. erhebliche finanzielle Folgen für die Gemeinschaft haben oder die durch Einführung von Zusammenarbeitsverfahren einen spezifischen institutionellen Rahmen schaffen. – Bedeutend ist auch, daß zum ersten Mal mit dem EUV eine Bestimmung über Entwicklungszusammenarbeit aufgenommen wurde. Diese ist jedoch nach den Art. 130 u–y nur als komplementär zu den MS eingestuft. – Schließlich ist im Art. 228 a auch eine Bestimmung über Sanktionsmaßnahmen gegenüber Drittländern aufgenommen, die auf Vorschlag der Kom. vom Rat mit qualifizierter Mehrheit in Übereinstimmung mit einer im Rahmen der GASP getroffenen Entscheidung verabschiedet werden können. – (5) Die *multilaterale Handelspolitik* der EG verfolgt inhaltlich die weitere Liberalisierung des Welthandels im Rahmen des GATT. Die EG war einer der Hauptakteure bei den verschiedenen *„Runden"* der multilateralen Handelsverhandlungen, die zur immer weiteren Liberalisierung des Welthandels in regelmäßigen Abständen stattfinden. Mit der 1986 in Punta del Este einberufenen sog. *Uruguay-Runde,* in der erstmals u. a. auch die Landwirtschaft und der Dienstleistungsverkehr als Verhandlungsthemen einbezogen wurden, strebt die EG ein globales und ausgewogenes Verhandlungspaket an, das dem Welthandel neue Impulse verleihen und zu einem weltweit integrierten kooperativen Wirtschaftssystem führen soll. – Im Rahmen der ihr nach Art. 113 übertragenen Kompetenzen ist die Kom. ausschließliche Verhandlungsführerin für die EG im Rahmen der Uruguay-Runde. – (6) Das Netzwerk ihrer *bilateralen Beziehungen* hat die EG seit dem Umbruch in Mittel- und Osteuropa und der ehemaligen Sowjetunion auch auf diese Länder ausgedehnt. Mit Polen, Ungarn und der CSFR wurden in der Zwischenzeit sog. *Europaabkommen* (Assoziierungsabkommen) abgeschlossen. Nach der Auflösung der CSFR und der Entstehung von zwei unabhängigen Republiken wird die Kom. Verhandlungen sowohl mit der tschechischen als auch der slowakischen Republik aufnehmen, um mit beiden Europaabkommen abzuschließen. Auch mit Bulgarien und Rumänien wurden bereits Europaabkommen unterzeichnet. Handels- und Kooperationsabkommen wurden mit den drei baltischen Staaten und Albanien abgeschlossen. Neben der vertraglichen Zusammenarbeit leistet die EG finanzielle und technische Hilfe zur Umstrukturierung der Wirtschaften der mittel- und osteuropäischen Länder im Rahmen des sog. →*PHARE*-Programms. In enger Abstimmung mit den Empfängerländern wird die Umstrukturierung prioritärer Bereiche, aber auch regionale Zusammenarbeit der Empfängerländer untereinander gefördert. – Seit dem Pariser Wirtschaftsgipfel von 1989 koordiniert die Kom. im Rahmen der *G-24*, der Gruppe der wichtigsten westlichen Industrienationen, die verschiedenen Hilfsprogramme, darunter auch das EG-PHARE-Programm, die der Unterstützung der Wirtschaftsreformen in Mittel- und Osteuropa dienen. Mehr als 60% der gesamten Hilfsmaßnahmen werden von der EG und ihren MS aufgebracht. – Das mit Jugoslawien 1980 abgeschlossene Kooperationsabkommen ist von der EG einseitig aufgekündigt worden. Es ist beabsichtigt, mit den Republiken des ehemaligen Jugoslawien individuelle Abkommen abzuschließen, soweit es die jeweilige politische Situation erlaubt. Ein derartiges Abkommen ist bisher mit Slowenien ausgehandelt worden. – Das mit der ehemaligen Sowjetunion abgeschlossene Handels- und Kooperationsabkommen gilt nunmehr zwischen der EG und der Mehrzahl der unabhängigen Republiken weiter, indem in jeweiligen Briefwechseln diese Weitergeltung vereinbart wurde. Darüber hinaus werden mit den unabhängigen Republiken sog. Partnerschafts- und Kooperationsabkommen ausgehandelt, die zwar nicht so weit wie die mit den mittel- und osteuropäischen Ländern vereinbarten Europaabkommen, jedoch über das mit der ehemaligen Sowjetunion geschlossene Handels- und Kooperationsabkommen hinaus gehen sollen. Um den Ländern der ehemaligen Sowjetunion nach dem Zusammenbruch der alten Strukturen rasch bei der Errichtung neuer, marktwirtschaftlicher Strukturen zu helfen, hat die EG ein umfassendes technisches Hilfsprogramm beschlossen, das

1991 mit 400 MECU und 1992 mit 450 MECU dotiert war. Für 1993 sind 510 MECU vorgesehen. In prioritären Bereichen wie Energie (vor allem Nuklearsicherheit), Nahrungsmittelverteilung, Transportwesen, finanzielle Dienste und Aus- und Weiterbildung werden Programme zusammen mit den Empfängerländern erarbeitet, die dringend erforderliche Umstrukturierungen in die Wege leiten sollen. – Darüber hinaus hat die EG auch dringend benötigte Nahrungsmittelhilfe geleistet als auch in bedeutendem Umfang Kredite und Kreditgarantien zum Ankauf von Lebensmitteln und Medikamenten zur Verfügung gestellt. – Mit den Ländern der Mittelmeerregion mit Ausnahme Libyens bestehen Kooperations- oder Assoziierungsabkommen (Türkei, Zypern, Malta) und mit Israel ein Freihandelsabkommen. Der im Dezember 1989 vom Rat beschlossene Rahmen für eine neue Mittelmeerpolitik sieht u. a. eine Unterstützung des wirtschaftlichen Anpassungsprozesses, die Förderung privater Investitionen, eine feste Einbindung der Mittelmeerpolitik in den Binnenmarkt sowie für den Zeitraum 1992–1996 ein Finanzpaket von 4,4 Mrd. ECU vor, davon 1,3 Mrd. an nichtrückzahlbaren Zuschüssen aus dem Haushalt der Gemeinschaft. – Die mit den Ländern Asiens und Lateinamerikas abgeschlossenen Kooperationsabkommen enthalten nicht, wie die mit den Mittelmeerländern vereinbarten Abkommen, vertragliche Handelspräferenzen oder Finanzprotokolle. Handelspräferenzen für Industrieerzeugnisse werden diesen Ländern jedoch im Rahmen des auf autonomer Basis von der EG beschlossenen Systems →*allgemeiner Präferenzen* gewährt. Auch finanzielle Hilfe wird auf autonomer Basis gewährt. Mit regionalen Gruppierungen wie den ASEAN-Staaten, dem Anden-Pakt, mit Ländern Zentralamerikas und dergleichen bestehen gleichfalls vertragliche Beziehungen. – Eine Sonderstellung nimmt das schon zuvor erwähnte mit 69 AKP-Staaten abgeschlossene *Lomé-Abkommen* ein sowie das mit den EFTA-Ländern ausgehandelte Abkommen zur Schaffung des *Europäischen Wirtschaftsraumes* (EWR). Nach dem negativen Ausgang des Referendums in der Schweiz zum EWR muß dieses Abkommen nunmehr zusammen mit den verbleibenden EFTA-Staaten angepaßt werden, wobei auch Liechtenstein wegen der mit der Schweiz bestehenden Zollunion und den sonstigen engen Beziehungen zwischen diesen beiden Ländern diese zunächst überprüfen und möglicherweise anpassen muß, damit seine Mitgliedschaft im EWR mit den dort aufgestellten Regeln vereinbar wird. – Mit ihren beiden wichtigsten Handelspartnern, den USA und Japan, haben die EG und ihre MS im November 1990 bzw. Juli 1991 in besonderen Erklärungen, die keinen vertraglich verpflichteten Charakter haben, gemeinsame Ziele und Prinzipien der Partnerschaft sowie einen institutionellen Rahmen für Konsultationen festgelegt. Eine gleichgelagerte Erklärung wurde auch mit Kanada im November 1990 vereinbart. – (7) Beim *Europäischen Rat* im Dezember 1992 in Edinburgh wurde von den Staats- und Regierungschefs die Aufnahme von Beitrittsverhandlungen mit Österreich, Schweden und Finnland und, sobald die Kom. die Stellungnahme zum Beitrittsantrag Norwegens erarbeitet hat, auch mit diesem Land beschlossen. Die Verhandlungen mit den Beitrittskandidaten sollen zum Beitritt zur *Europäischen Union,* wie in Art. O des EUV vorgesehen, führen. Die Stellungnahme der Kom. zu den Beitrittsanträgen Maltas und Zyperns werden so bald wie möglich vorgelegt werden. Nach dem Negativvotum der Schweizer zum EWR ist damit zu rechnen, daß die Schweiz und die EG zunächst einmal eine Denkpause benötigen, um ihre Beziehungen zu überprüfen und daß von daher in gegenseitigem Einverständnis die Stellungnahme der Kom. zum Schweizer Beitrittsantrag nicht mit aller Dringlichkeit vorangetrieben werden wird. Die Aufnahme von Beitrittsverhandlungen mit der Türkei wird wegen politischer aber auch wirtschaftlicher Probleme dieses Landes derzeit für nicht opportun gehalten. Um jedoch die Beziehungen zu diesem Lande zu verstärken, wurde ein Maßnahmebündel vorgeschlagen, das sowohl die politische, kulturelle und auch finanzielle Zusammenarbeit umfaßt.

M. Hilf/C. Tomuschat (Hrsg.): EG und Drittlandbeziehungen nach 1992, Baden-Baden 1991. – H. G. Krenzler: Zwischen Protektionismus und Liberalismus. Europäischer Binnenmarkt und Drittlandsbeziehungen, in: Europa-Archiv (1988), S. 241–248. – E. Stein: External Relations of the European Community: Structure and Process, in: Academy of European Law (Hrsg.): Collected Courses, Bd. I/1, Dordrecht 1991, S. 115–188.

H. G. KRENZLER

Außenkompetenz der EG. Art. 210 EWGV weist der →*Europäischen Wirtschaftsgemeinschaft* (EWG) abstrakt Völkerrechtssubjektivität zu. Als von den MS abgeleitete ist diese funktional auf die durch den EWGV übertragenen Kompetenzen beschränkt. – (1) *Ausdrücklich* nennt der EWGV (abgesehen von der in Art. 102 der Beitrittsakte Großbritannien genannten Kompetenz für die →*Gemeinsame Fischereipolitik*) nur zwei Ermächtigungen zum Abschluß völkerrechtlicher Verträge, und zwar in Art. 113 und Art. 238 EWGV. Von hoher Bedeutung ist die in Art. 113 EWGV eingeräumte ausschließliche Kompetenz für die →*Gemeinsame Handelspolitik.* Dagegen ist in bezug auf die Ermächtigung des Art. 238 EWGV zum Abschluß von →*Assoziierungsabkommen* schon der Umfang strittig. Der →*Rat* vertritt die Auffassung, daß der Artikel keine eigene Sachkompetenz zuweist, sondern den Abschluß von →*Abkommen* lediglich insoweit ermöglicht, als der EWG bereits durch andere Vorschriften eine Vertragsschließungskompetenz eingeräumt ist. Demgegenüber begreift die →*Kommission* Art. 238 EWGV als Kompetenznorm mit originärem sachlichen Regelungsbereich. In der Praxis werden Assoziierungen daher als →*gemischte Abkommen* geschlossen. – (2) Über die ausdrücklichen Kompetenzen hinaus ist seit dem *AETR-Urteil* des →*Gerichtshofes der EG* (Rs. 22/70) anerkannt, daß die EWG *implizite Vertragsschließungskompetenzen* für diejenigen Bereiche hat, die sie aufgrund der Vorschriften des EWGV mit gemeinschaftsinterner Wirkung regeln kann (z. B.

Landwirtschaft, Wettbewerb, Verkehr etc.). – (3) Die *Außenpolitik* liegt ausschließlich in der Souveränität der MS. Im Rahmen der →*Europäischen Politischen Zusammenarbeit* (festgeschrieben in der →*Einheitlichen Europäischen Akte*) kooperieren die MS zur Abstimmung ihrer Außenpolitik. Dieser Ansatz wird mit der in dem →*Vertrag über die Europäische Union* vorgesehenen →*„Gemeinsamen Außen- und Sicherheitspolitik"* fortentwickelt, ohne daß jedoch der Gemeinschaft Kompetenzen übertragen werden.

R. Bernhardt: Die EG als neuer Rechtsträger im Geflecht der traditionellen zwischenstaatlichen Beziehungen, in: Europarecht (1983), S. 199–215. – A. Bleckmann: Die Kompetenz der EG zum Abschluß völkerrechtlicher Verträge, in: Europarecht (1977), S. 109–121.

G. Welge

Auswahlverfahren (französisch *Concours*). Zur Besetzung von Planstellen eines →*Organs der EG,* die nicht durch Beförderung, Versetzung oder Übernahme von Beamten anderer Organe besetzt werden können, werden von der Anstellungsbehörde in den meisten Fällen A. aufgrund von Befähigungsnachweisen oder/und Prüfungen durchgeführt. Nur die meist auf politischer Ebene entschiedene Besetzung der Positionen der Besoldungsgruppen A1 und A2 (→*Beamte der EG*) ist hiervon gewöhnlich ausgenommen. – Zu unterscheiden sind A. innerhalb des Organs (*„interne"* A.) und offene A. (*„allgemeine"* oder *„externe"* A.), zu denen alle Bewerber zugelassen werden, die den erforderlichen Bedingungen der Stellenausschreibung (Diplome, Berufserfahrung, Sprachkenntnisse, Alter etc.) genügen. Die allgemeinen A. dienen auch zur Bildung von *Einstellungsreserven*. Hierzu werden die in den schriftlichen und mündlichen Prüfungen erfolgreichsten Bewerber in ein Verzeichnis geeigneter Bewerber aufgenommen, deren Zahl gewöhnlich doppelt so groß sein soll wie die Zahl der bis zum nächsten A. voraussichtlich zu besetzenden Stellen. Die Anstellungsbehörde kann dann nach Bedarf Kandidaten für zu besetzende Stellen abrufen, wobei sie nicht an die im Verzeichnis enthaltene Reihenfolge gebunden ist.

J. Monar

Authentische Auslegung (EG-Recht) →Auslegung des Gemeinschaftsrechts

Autonome Handelspolitik der EG →Gemeinsame Handelspolitik

Autonomer Zollsatz. Als A. wird ein Zollsatz der EG bezeichnet, der nicht auf bilateralen oder multilateralen Abkommen mit →*Drittländern* beruht.

Hrsg.

Bandbreiten →Europäisches Währungssystem, →Währungspolitik der EG

Beamte der EG (Laufbahngruppen). Die Dienstposten der EG sind gemäß Art. 5 des →*Beamtenstatuts* in vier Laufbahngruppen aufgeteilt. Die Laufbahngruppe A (höherer Dienst: Positionen mit Weisungsbefugnis oder Referententätigkeit) umfaßt acht Besoldungsgruppen: A1 *Generaldirektor,* A2 *Direktor,* A3 *Abteilungsleiter,* A4 und A5 *Hauptverwaltungsrat,* A6 und A7 *Verwaltungsrat,* A8 *Verwaltungsreferendar.* Die Laufbahngruppe B (gehobener Dienst: Sachbearbeitertätigkeit) umfaßt fünf Besoldungsgruppen: B1 *Verwaltungsamtsrat,* B2 und B3 *Verwaltungshauptinspektor,* B4 und B5 *Verwaltungsinspektor.* Die Laufbahngruppe C (mittlerer Dienst: ausführende Aufgaben) umfaßt fünf Besoldungsgruppen: C1 *Hauptsekretär,* C2 und C3 *Büro-* bzw. *Verwaltungssekretär,* C4 und C5 *Büro-* bzw. *Verwaltungsassistent.* Die Laufbahngruppe D (einfacher Dienst: manuelle und andere Hilfstätigkeiten) umfaßt vier Besoldungsgruppen: D1 *Amtsmeister,* D2 und D3 *Hauptamtsgehilfe,* D4 *Amtsgehilfe.* Dem höheren Dienst gleichgestellt ist die Sonderlaufbahn des Sprachendienstes (L/A), die sechs Besoldungsgruppen umfaßt: L/A3 *Leiter der Übersetzungs-* bzw. *Dolmetscherabteilung,* L/A4 und L/A5 *Gruppenleiter, Hauptübersetzer, Hauptdolmetscher,* L/A6 und L/A7 *Übersetzer* und *Dolmetscher,* L/A8 *Hilfsübersetzer* und *Hilfsdolmetscher.* – Die Zahl der Planstellen für jede Besoldungsgruppe der verschiedenen Laufbahngruppen ist in einem dem Haushaltplan für jedes →*Organ* beigefügten *Stellenplan* festgelegt (→*Auswahlverfahren,* →*Beamtenstatut*).

HRSG.

Beamtenklage. Als B. wird die Klage eine Beamten der EG gegen eines der →*Organe der EG* bezeichnet (→*Beamtenstatut,* →*Gerichtshof der EG*).

HRSG.

Beamtenstatut der EG. Vollständiger Titel: *Statut der Beamten u. Beschäftigungsbedingungen für die sonstigen Bediensteten der EG.* Das B. wurde als VO des Rates Nr. 259/68 samt seinen es ergänzenden Anhängen im →*Amtsblatt* Nr. 56 vom 4.3.1968 veröffentlicht. Es erfuhr zahlreiche Änderungen und Ergänzungen. Das B. beinhaltet ein eigenes Dienstrecht der EG, welches auf Rechtsprinzipien beruht, die den sechs Gründerstaaten gemein sind. Es unterscheidet zwischen den Beamten, die i. d. R. ein auf Lebenszeit angelegtes Dienstverhältnis eingehen, und den Zeitbediensteten. Obwohl das B. die Natur des Dienstverhältnisses nicht explizit definiert, wird davon ausgegangen, daß es öffentlich-rechtlicher Natur ist. – *Allgemeine Vorschriften:* Das Dienstverhältnis wird durch einseitigen, statutarischen Ernennungsakt der Anstellungsbehörde begründet. Dies gilt nicht für die Zeitbediensteten, deren Dienstverhältnis durch Vertrag begründet wird. Die Begründung ist nur wirksam, wenn sie von der zuständigen Anstellungsbehörde ausgesprochen wird und von einer freien Dauerplanstelle haushaltsmäßig abgedeckt ist. *Rechte und Pflichten des Beamten:* Er ist ausschließlich der EG verpflichtet und hat sich nur von deren Interessen leiten zu lassen. Das B. kennt zwar keine Fürsorgepflicht, wohl aber eine Beistandspflicht des Dienstherrn für die Beamten. Den Schutz des Beamten im Außenverhältnis gewährleisten vor allem Art. 28 FusV und dessen Anhang, das *Protokoll über die Vorrechte und Befreiungen der EG.* Diese dienen der Regelung administrativer Sonderprobleme auf zwischenstaatlicher Ebene und bestimmen u. a. die Befreiung des Beamten von der (nationalen) Gerichtsbarkeit bezüglich der von ihm in amtlicher Eigenschaft vorgenommenen Handlungen. Für eine derartige (schuldhaft) vorgenommene Handlung haftet nach der exklusiven Regelung des Art. 215 EWGV die EG dem geschädigten Dritten, während der Beamte gemäß Art. 22 B. im Innenverhältnis regreßpflichtig ist. *Laufbahn des Beamten:* Einstellung und Laufbahn folgen dem Leistungsprinzip. *Besoldung und soziale Rechte des Beamten:* Basis der Besoldung ist eine in allen MS einheitliche Grundgehaltstabelle, die eine periodische Anpassung an die Entwicklung im öffentlichen Dienst der MS erfährt. Die Besoldung erfolgt nach dem Prinzip des geographisch-nationalen Gleichgewichts und dem Gleichbehandlungsgebot. *Disziplinarordnung:* Die Strafen reichen von der Verwarnung bis hin zur Entfernung aus dem Dienst. Gegen diese Entscheidungen kann der Beamte den normalen Rechtsmittelweg zum (seit Sept. 1989) Gericht Erster Instanz (→*Gerichtshof der EG*) beschreiten. *Beschwerdeweg u. Rechtsschutz:* Der Beamte hat die Möglichkeit der Einreichung einer Dienstrechtklage, deren zwingende Klagevoraussetzungen die Beachtung des vorgeschalteten Beschwerdeverfahrens und der Fristen sind. Das Gericht ist hierbei auf die Überprüfung der Rechtmäßigkeit der angegriffenen Maßnahme beschränkt, die Urteile haben Kassationswirkung.

H. Henrichs: Die Rechtsprechung des EuGH in Personalsachen, in: Europarecht (1988), S. 302 ff. – Ders.: Grundzüge des europäischen Dienstrechts, in: Zeitschrift für Beamtenrecht 2 (1989), S. 41 ff. – Ders.: Vorrechte und Befreiungen der Beamten der EG, in: Europarecht (1987), S. 75 ff. – D. Rogalla: Dienstrecht der EG, Köln 1981.

M. C. Opitz

„Begleitende Kontrolle" →Europäischer Rechnungshof

Begrenzte Einzelermächtigung →Einzelermächtigung, →Zuständigkeitsverteilung

Begründungspflicht für Rechtsakte der EG. Das Rechtsstaatsprinzip erfordert, daß jedenfalls die Rechtsakte, die den Einzelnen spezifisch belasten, eine Begründung enthalten. Die Begründungspflicht, die Art. 190 EGV statuiert, geht noch darüber hinaus: nach dieser Vorschrift sind alle verbindlichen →*Rechtsakte der EG* (→*Verordnungen*, →*Richtlinien*, →*Entscheidungen*) mit Gründen zu versehen; sie müssen auf Vorschläge (der →*Kommission*) und Stellungnahmen (z. B. des →*Europäischen Parlaments*) Bezug nehmen, die gemäß dem EGV im Rechtsetzungsverfahren einzuholen sind. Die B. dient der Selbstkontrolle des handelnden Organs und der besseren Möglichkeit der Betroffenen, die Rechtmäßigkeit des Rechtsakts zu überprüfen. – In der Praxis wird die Begründung in die Präambel des Rechtsakts aufgenommen. Sie muß die wichtigsten rechtlichen und tatsächlichen Erwägungen erkennen lassen, die dem Rechtsakt zugrunde liegen. – Die Begründung zählt zu den Formvorschriften, deren Verletzung zur Nichtigkeit des Rechtsakts führen kann (Art. 173 EWGV). Die Verletzung muß in diesem Fall allerdings *„wesentlich"* sein. Dies ist sie dann, wenn die Formverletzung einen inhaltlichen Mangel des Rechtsakts verursacht haben kann.

R. Geiger, EG-Vertrag. Kommentar, München 1993.

R. GEIGER

Beihilfen →Beihilfenaufsicht, →Gemeinschaftsbeihilfen

Beihilfenaufsicht. Die B. ist ein Verfahren der EWG zur Prüfung mitgliedstaatlicher *Beihilfen* auf deren Vereinbarkeit mit dem →*Gemeinsamen Markt. Grundlagen und Zweck:* Der EWGV enthält in Art. 92–94 als Teil des Kapitels über Wettbewerbsregeln Bestimmungen, welche die Vereinbarkeit staatlicher oder aus staatlichen Mitteln gewährter Beihilfen mit dem *Gemeinsamen Markt* sicherstellen sollen. Sie dienen der Lösung des Problems, den durch die Errichtung des Gemeinsamen Marktes bzw. →*Binnenmarktes* eröffneten gemeinschaftsweiten wirtschaftlichen Wettbewerb (→*Wettbewerbsregeln,* →*Gemeinsame Wettbewerbspolitik*) gegen Verfälschungen durch Beihilfen seitens der MS zu schützen, ohne legitime Förderinteressen auszuschließen. Daher erklärt einerseits Art. 92 Abs. 1 EWGV – unbeschadet abweichender Vertragsvorschriften – staatliche oder aus staatlichen Mitteln gewährte Beihilfen gleich welcher Art, die durch Begünstigung bestimmter Unternehmen oder Produktionszweige den Wettbewerb verfälschen oder zu verfälschen drohen, mit dem *Gemeinsamen Markt* für unvereinbar, soweit sie den Handel zwischen MS beeinträchtigen. Dies gilt andererseits nicht für bestimmte, in Art. 92 Abs. 2 EWGV aufgeführte *Beihilfen* (Beihilfen sozialer Art an einzelne Verbraucher; Beihilfen zur Beseitigung von Schäden, die durch Naturkatastrophen oder sonstige außergewöhnliche Ereignisse entstanden sind; Beihilfen aus Gründen der Teilung Deutschlands). Darüber hinaus können bestimmte, in Art. 92 Abs. 3 EWGV genannte *Beihilfen* (vor allem: Förderung unterentwickelter Gebiete, Vorhaben von gemeinsamem europäischem Interesse oder zur Behebung einer beträchtlichen Störung im Wirtschaftsleben; Entwicklung gewisser Wirtschaftszweige oder Wirtschaftsgebiete) durch Ermessensentscheidung der Kom. als mit dem *Gemeinsamen Markt* vereinbar angesehen werden. Zur Anwendung dieser materiellen Beihilferegeln enthält Art. 93 EWGV aufsichtsrechtliche Verfahrensvorschriften und Art. 94 EWGV eine Ermächtigung zum Erlaß zweckdienlicher Durchführungsvorschriften. *Die von den Wettbewerbsregeln erfaßten Beihilfen:* Erfaßt sind nur *mitgliedstaatlich zurechenbare Fördermaßnahmen,* mithin nicht Subventionen seitens der EG (→*Gemeinschaftsbeihilfen*), wohl aber auch diejenigen aller innerstaatlich autonomen Hoheitsträger (z. B. Bundesländer, Kreise, Gemeinden). Die Regeln gelten nur für Fördermaßnahmen mit *Beihilfecharakter,* also diejenigen, die unter Belastung öffentlicher Mittel für die Nutznießer begünstigend wirken, sei es als Leistungsgewährungen jeder Art (z. B. Zuschuß, Zinssatzbegünstigung, marktrelativ günstige Grundstücksüberlassung, Lieferung zu Vorzugsbedingungen, Verlustübernahme), sei es als Belastungsverminderungen (z. B. Befreiung von Steuern und Abgaben), wobei Form, Gründe und Ziele der Begünstigung unerheblich sind. Die Beihilfe muß ferner *bestimmten* Unternehmen oder Produktionszweigen zugute kommen, so daß Begünstigungen im Gefolge der allgemeinen Wirtschafts-, Sozial- und Infrastrukturpolitik ausscheiden. Schließlich sind nur solche Beihilfen erfaßt, die *wettbewerbsverfälschend* bzw. *verfälschungsdrohend* und *handelsbeeinträchtigend* sind. *Das Aufsichtsverfahren:* Die Feststellung der Unvereinbarkeit oder der Vereinbarkeit einer den Beihilferegeln unterfallenden Beihilfe oder Beihilferegelung erfolgt im Grundsatz durch die →*Kommission,* während der →*Rat* nur in besonderen Fällen (Art. 93 Abs. 2 UAbs. 3 EWGV) und zum Erlaß von Durchführungsverordnungen (Art. 94 EWGV) tätig werden kann. Die MS haben ein Recht auf Verfahrensbeteiligung. Das Aufsichtsverfahren unterscheidet nach bestehenden und geplanten Beihilfen. (a) *Aufsicht über geplante Beihilfen:* Die beabsichtigte Einführung oder Umgestaltung von Beihilfen unterliegt der vorbeugenden Kontrolle der Kom. (Art. 93 Abs. 3 EWGV). Das Vorhaben ist der Kom. durch den MS so rechtzeitig mitzuteilen, daß sie sich dazu äußern kann. Der *Anmeldepflicht* unterfallen im Interesse einer umfassenden Kontrollmöglichkeit alle Beihilfevorhaben, unabhängig davon, ob sie als mit Art. 92 EWGV unvereinbar anzusehen sind oder nicht. Eine ohne Anzeige erfolgende Beihilfengewährung ist rechtswidrig. In einem kursorischen, innerhalb von zwei Monaten abzuwickelnden *Vorprüfungsverfahren,* während dessen der betreffende MS die beabsichtigte Maßnahme nicht durchführen darf, überprüft die Kom., ob die Voraussetzungen für eine Vereinbarkeit bzw. Billigung der Beihilfe vorliegen. Ergeben sich hierbei Zweifel an der Vereinbarkeit, muß die Kom. das *Hauptprüfungsverfahren* nach Art. 92 Abs. 2 EWGV einleiten und den Beteiligten eine Frist zur Äußerung setzen. Unter Berücksichtigung dieser Stellungnahmen hat sie das Verfahren innerhalb einer angemessenen Frist durch eine Entscheidung abzuschließen. Wird das Vorhaben von ihr als vereinbar angesehen, ist das Verfahren einzustellen (Klagerecht gegen diese Entscheidung: andere MS nach Art. 173 Abs. 1 EWGV; Konkurrenten nach Art. 173 Abs. 2 EWGV), doch unterliegt die betroffene Beihilfenregelung künftig der Aufsicht über *bestehende* Beihilfen (siehe (b)). Im Falle der Unvereinbarkeit – wie auch bei Verstoß des MS gegen eine Anmeldungspflicht nach Art. 93 Abs. 3 EWGV – hat die Kom. dem betreffenden MS aufzugeben, die Beihilfe binnen einer bestimmten Frist aufzuheben oder umzugestalten und ggf. die Wirkungen einer nicht angemeldeten oder vor Entscheidung der Kom. bereits gewährten Beihilfe namentlich durch Rückforderung vertragswidrig gegebener Beihilfen (vorbehaltlich eines Vertrauensschutzes des Begünstigten) zu beseitigen (Klagerecht gegen diese Entscheidung: betroffener MS nach Art. 173 Abs. 1 EWGV; andere Betroffene nach Art. 173 Abs. 2 EWGV). Wird dieser Entscheidung nicht Folge geleistet, kann die Kom. oder jeder betroffene MS unter Abweichung von Art. 169 und 170 EWGV den →*Gerichtshof der EG* unmittelbar anrufen (Art. 93 Abs. 2 UAbs. 2 EWGV). Unter besonderen Ausnahmevoraussetzungen kann der Rat, ggf. ersatzsweise die Kom., auf Antrag eines MS entscheiden, daß eine von diesem Staat gewährte oder geplante Beihilfe trotz Unvereinbarkeit als vereinbar gilt. (b) *Die Aufsicht über bestehende Beihilferegelungen:* In den MS rechtmäßig bestehende oder eingeführte Beihilferegelungen unterliegen der fortlaufenden, in regelmäßigem Abstand erfolgenden Überprüfung durch die Kom. in Zusammenarbeit mit dem MS (Art. 93 Abs. 1 und 2 EWGV). Dadurch kann veränderten Gegebenheiten im Interesse des Schutzes gegen Wettbewerbsverfälschungen Rechnung getragen werden. Ergeben sich begründete Zweifel an der Vereinbarkeit einer bestehenden Beihilfe, hat die Kom. das Verfahren nach Art. 93 Abs. 2 EWGV einzuleiten (bei Untätigkeit: Klagerecht anderer MS nach Art. 175 EWGV); im einzelnen siehe (a) (*Hauptprüfungsverfahren*). Bei Feststellung der Unvereinbarkeit entsteht eine Rückabwicklungspflicht hier erst ab dem Zeitpunkt des Inkrafttretens der Entscheidung der Kom.

H. v. d. Groeben/J. Thiesing/C.-D. Ehlermann: Kommentar zum EWGV, 4. Aufl., Baden-Baden 1991, Art. 92–94.

P.-C. Müller-Graff

Beitritt. Seit ihrer Gründung versteht sich die EG als eine prinzipiell *offene* Organisation. Bereits Art. 98 EGKSV bestimmte, daß jeder europäische Staat einen Antrag auf B. stellen kann. Nahezu wortgleich formuliert Art. O EUV für die Europäische Union: *„Jeder europäische Staat kann beantragen, Mitglied der Union zu werden."* – Nur eine ausdrückliche Beitrittsbedingung legt der Vertrag selbst fest: Der beitretende Staat muß *in Europa* liegen. Diese geographische Definition schließt die südlichen Anrainer des Mittelmeeres vom B. aus (gleichwohl hat Marokko einen entsprechenden Antrag gestellt). Umstritten ist die geographische Einordnung der Beitrittskandidaten Malta, Zypern, Türkei. – Eine weitere, indirekt formulierte Beitrittsbedingung ergibt sich aus Art. F (1) EUV. Danach beruhen die Regierungssysteme der MS „auf demokratischen Grundsätzen". Bereits 1978 hatte der →*Europäische Rat* (Kopenhagen) erklärt, daß die Aufrechterhaltung der parlamentarischen Demokratie und der Menschenrechte wesentliche Elemente für die Zugehörigkeit zu den EG bilden. Würde ein Staat diese Voraussetzungen nicht mehr erfüllen, müßte ein außerordentliches Verfahren mit dem Ziel eingeleitet werden, die Mitgliedschaft ruhen zu lassen oder den betreffenden Staat auszuschließen. Bisher sehen die Verträge den Ausschluß eines Staates aus der EG bzw. Europäischen Union gegen seinen Willen nicht vor. – Als ungeschriebene Beitrittsbedingung wird schließlich die *Fähigkeit* des beitretenden Staates vorausgesetzt, *die vertraglichen Verpflichtungen zu erfüllen*. Dazu gehören sowohl ökonomische als auch soziale, politische und rechtsstaatliche Merkmale. Elemente der zuletzt genannten Bedingungen können allerdings auch schrittweise erfüllt werden. Zu diesem Zweck sieht Art. O EUV den Abschluß eines besonderen Vertrags zwischen dem beitrittswilligen Staat und den MS vor, in dem einzelne Aufnahmebedingungen festzulegen sind. Die bisher abgeschlossenen *Beitrittsverträge* sehen jeweils längere Übergangsfristen bis zur vollen Wirksamkeit der Verträge in dem neuen MS vor. Bisher traten sechs Staaten der von sechs Staaten gegründeten EG bei. Weitere B. werden verhandelt (Schweden, Finnland, Norwegen, Österreich u. a.). Die Vertragssysteme der EG und der Europäischen Union, vor allem ihre Institutionen, wurden für eine kleine Mitgliederzahl konzipiert. Erhebliche Vermehrungen der Mitgliederzahl erfordern auch Veränderungen der Gemeinschaft bzw. Union selbst, obwohl bisher zu den Prinzipien von B. die Verpflichtung des neuen MS gehörte, die EG-Verfassung in ihrem geltenden Zustand („acquis communautaire") zu akzeptieren (dazu: Bericht der Kommission und Schlußfolgerungen des Europäischen Rates 1992, Bull. EG Beil. 3/1992). – Das *Beitrittsverfahren* umfaßt vier Phasen. Es wird eingeleitet durch den *Antrag* des beitrittswilligen Staates. Dazu gibt die →*Kommission* eine erste Stellungnahme ab. Danach beschließt der →*Rat* die Aufnahme von *Beitrittsverhandlungen*. Die Verhandlungen selbst werden von der Kom. unter Beteiligung der MS geführt. Nach ihrem Abschluß gibt die Kom. ihre abschließende Stellungnahme ab. Danach wird das →*Europäische Parlament* formell befaßt (informelle Unterrichtungen erfolgen bereits während der Verhandlungen). Der B. erfordert die *Zustimmung* des Parlaments, die mit der *Mehrheit der Stimmen der Mitglieder des EP* (260, ab 1994 284) zu erteilen ist. Danach beschließt der Rat (einstimmig) über den Beitrittsantrag. Diese drei Phasen bezeichnen den die Europäische Union betreffenden Abschnitt. An diesen schließt sich ein völkerrechtlicher Teil, der Abschluß eines Vertrages zwischen den ursprünglichen MS und den neuen MS an. Siehe auch →*Erweiterung*.

C.-D. Ehlermann: Mitgliedschaft in der EG – Rechtsprobleme der Erweiterung, der Mitgliedschaft und der Verkleinerung, in: Europarecht (1984), S. 113 ff. – G. Meier: Die rechtlichen Grenzen für einen B. zu den EG, in: Europarecht (1978), S. 11 ff.

R. Bieber

Beitrittsassoziierung →Assoziierungsabkommen

„Belastungsumbau" →Steuerharmonisierung

Benelux. Unter dem Begriff B. wird die organisierte ökonomische Zusammenarbeit der Staaten Belgien (BE), Niederlande (NE) und Luxemburg (LUX) verstanden, die seit 1944 in einem Netzwerk zahlreicher trilateraler Verträge mit dem Ziel der ökonomischen Integration festgelegt wurde. Dem 1944 von den drei Exilregierungen in London geschlossenen Gründungsvertrag lagen neben ökonomischen auch sicherheitspolitische Motive – Sicherheit vor Deutschland – zugrunde. Durch Kriegsfolgen verzögert, trat das B.-Abkommen erst 1948 in Kraft. Dabei wurden Einfuhrzölle im Handelsverkehr zwischen den B.-Staaten ohne Übergangsperiode aufgehoben und ein gemeinsamer Außenzoll eingeführt. Als endgültiges Ziel setzten sich die Regierungen die Errichtung einer Wirtschaftsunion, die 1960 in Kraft trat. Die Wirtschaftsunion sieht den freien Verkehr von Personen, Gütern, Kapital- und Dienstleistungen im Vertragsgebiet ebenso vor wie die Koordinierung der Wirtschafts-, Finanz- und Sozialpolitik. Auch eine gemeinsame Handelspolitik sollte realisiert werden. Durch die Gründung der →*Europäischen Wirtschaftsgemeinschaft* 1957 wurde die B.-Union etwas in den Hintergrund gedrängt. B. verfügt über eine feste Organisationsstruktur mit den Exekutivorganen Ministerkomitee, Rat der Wirtschaftsunion, Generalsekretariat sowie beratenden Ausschüssen. Die institutionalisierte Zusammenarbeit der drei Staaten trug nicht nur zu einem beispiellosen ökonomischen Aufschwung der drei Länder in der unmittelbaren Nachkriegszeit bei, sondern erhöhte auch ihre Bedeutung innerhalb Europas. Zusammen bilden die B.-Staaten den viertgrößten Wirtschaftsexporteur/-importeur der Welt und verfügen damit in der internationalen Handelspolitik über ein großes Druckpotential. Ihr Zusammenschluß hat ihnen auch innerhalb der EG ein größeres Gewicht verliehen, das allerdings durch die →*Erweiterung* der EG reduziert wurde, da die B.-Staaten ihre Sonderstellung (z. B. *Sperrminorität* im Ministerrat) einbüßten.

Auch nach Bildung der EG erfüllt die B.-Union noch wichtige Funktionen als Modell, Motor und Laboratorium für den europäischen Integrationsprozeß. Bis in die 90er Jahre hinein ist es jedoch den B.-Staaten nicht gelungen, zu einer gemeinsamen Außenpolitik zu gelangen.

L. Willems: Le B. et la Communauté européenne: cinq arguments, Brüssel 1982. – W. Woyke: Erfolg durch Integration – Die Europapolitik der B.-Staaten von 1947 bis 1969, Bochum 1985.

W. WOYKE

Beratender Ausschuß →Ausschußverfahren

Beratender Ausschuß der EGKS. Dem B. kommt im Rahmen der →*Europäischen Gemeinschaft für Kohle und Stahl* eine ähnliche Funktion zu wie dem →*Wirtschafts- und Sozialausschuß* im Rahmen der EWG und der EAG, d. h. er soll die →*Kommission* über den Standpunkt von betroffenen Unternehmer-, Arbeitnehmer- und Verbraucherkreisen zu bestimmten Rechtsetzungsvorhaben informieren und einen direkten Dialog zwischen der Kom. und den nationalen Interessengruppen ermöglichen. Vor allem vor der Einführung von Preis- und Quotensystemen, in Wettbewerbsfragen und vor der Veröffentlichung allgemeiner Programme und Ziele ist die Anhörung des B. durch die Kom. zwingend vorgeschrieben. Darüber hinaus kann der B. zu allen ihm wichtig erscheinenden Fragen Stellung nehmen. Er besteht aus je 32 vom Rat auf Vorschlag der MS bzw. der Berufsverbände und Gewerkschaften für zwei Jahre ernannten, nicht an die Weisungen ihrer Organisationen gebundenen Vertretern der Erzeuger, Arbeitnehmer sowie Verbraucher und Händler (B: 8, D: 19, DK: 19, E: 8, F: 13, GR: 3, I: 9, IRL: 3, L: 4, NL: 5, P: 3, VK: 18).

J. Monar

Beratender Verbraucherrat →Verbraucherpolitik der EG

Beratender Währungsausschuß der EG. Die Aufgaben des B. sind im Artikel 105 Abs. 2 des EWGV festgeschrieben. Mit dem Inkrafttreten des Vertrages am 1.1.1958 nahm der B. die Arbeit auf. Zusammen mit der Errichtung des →*Ausschusses der Präsidenten der Zentralbanken* im Jahre 1964 bildet der B. die institutionellen Voraussetzungen für die währungspolitische Kooperation der EG. Jeder MS ist durch zwei Repräsentanten vertreten, die in der Regel aus der Notenbank und Regierung kommen. Mit Inkrafttreten des →*Vertrages über die Europäische Union* gehen die Aufgaben stufenweise auf die →*Europäische Zentralbank* über. Die Zielsetzung des B. liegt in der Förderung der Koordinierung der →*Währungspolitik der EG.* Er nimmt diese Funktion wahr, indem er die Währungs- und Finanzlage der MS der EG beobachtet und dem →*Rat* und der →*Kommission* Bericht erstattet. Weiterhin kann der B. auch um währungspolitische Stellungsnahmen ersucht werden.

A. Kees: The Monetary Commitee of the European Community, in: Kredit und Kapital (1987), S. 258–271.

P. Bofinger

Beratende Versammlung des Europarates →Parlamentarische Versammlung des Europarates

Bericht zur Wirtschafts- und Währungsunion →Delors-Bericht

Berufsfreiheit. Unter B. wird das Grundrecht der freien Wahl von Beruf, Arbeitsplatz und Arbeitsstätte (→*Freier Personenverkehr,* →*Freizügigkeit der Arbeitnehmer*) verstanden, das jedoch nicht das Recht auf *Berufsausübung,* d. h. den Anspruch auf einen Arbeitsplatz, einschließt. Bereits in den →*Römischen Verträgen* wurde die Berufsfreiheit innerhalb der EG für alle Bürger der Gemeinschaft gewährleistet. Zentraler Regelungsmechanismus zur Durchsetzung der Berufsfreiheit ist das →*Diskriminierungsverbot,* also der Grundsatz, daß Angehörige anderer EG-Länder nicht schlechter gestellt werden dürfen als die eigenen Bürger.

C. Gellert

Beschäftigungs- und Arbeitsmarktpolitik der EG. Zur Förderung einer beständigen und ausgewogenen Wirtschaftsausweitung, einer beschleunigten Anhebung der Lebenshaltung, einer größeren Stabilität und stetigen Besserung der Lebens- und Beschäftigungsbedingungen (Präambel, Art. 2 EWGV) sowie insbesondere zur Wahrung eines hohen Beschäftigungsstandes (Art. 104 EWGV) werden in allen MS der EG kombinierte Strategien einer globalen Wachstums- und Stabilitätspolitik zur Gewährleistung eines hohen gesamtwirtschaftlichen Beschäftigungsstandes („*Beschäftigungspolitik*") sowie einer speziellen, auf den Ausgleich von Angebot und Nachfrage auf einzelnen Teilarbeitsmärkten (z. B. für Regionen, Qualifikationen, Problemgruppen) ausgerichteten *„Arbeitsmarktpolitik"* angewandt. – Bis zur endgültigen Verwirklichung einer →*Wirtschafts- und Währungsunion* (→*Vertrag über die Europäische Union*) bleibt die Hauptlast der Sorge um einen hohen Beschäftigungsstand und die Beschäftigungspolitik in Europa eine Angelegenheit von gemeinschaftlichem Interesse (Art. 103) für die MS, bei der die Organe der EG nur Koordinierungsfunktionen für die freiwillige Zusammenarbeit der Regierungen übernehmen können. In der →*Europäischen Union* wird auch die Beschäftigungspolitik vom →*Rat* auf der Grundlage von Empfehlungen der →*Kommission* für die Grundzüge der Wirtschaftspolitik der MS koordiniert (Art. 103 EUV). Im bisherigen europäischen Integrationsprozeß war die globale Beschäftigungspolitik, vor allem in der Phase des (ersten) Aufbruchs zu einer Wirtschafts- und Sozialunion (Ende der 60er Jahre) sowie während der langanhaltenden Beschäftigungskrise (seit Mitte der 70er Jahre) Gegenstand von Empfehlungen, Stellungnahmen und Programmen sowie des *„Sozialen Dialogs"* (WSA, Ständiger Ausschuß für Beschäftigungsfragen, *„Dreierkonferenzen"*, *„Val-Duchesse-Gespräche"*), der auch von Bestrebungen einer Aufwertung zur verbindlichen „Konzertierten Aktion" begleitet wurde. So hat die anhaltend hohe Arbeitslosigkeit in der EG die Kom. bewogen, aus dem sozialen Dialog heraus eine *„Kooperative Wachstumsstrategie"* zu entwickeln, die der Rat 1986 verabschiedete. Die Empfehlungen dieser Strategie richten sich auf eine Verstärkung öffentlicher und privater Investitionen, (kostenniveauneutrale) Arbeitszeitverkürzungen als flankierende Maßnahmen, die Vollendung des →*Binnenmarktes* und den ständigen *„Sozialen Dialog"*. – Die geringen Fortschritte bei der europäischen Koordinierung der Wirtschaftspolitik und das Fehlen beschäftigungspolitischer Handlungskompetenz der EG erlauben jedoch kein Urteil über die Wachstums- und Beschäftigungseffekte, die dem Wirken des gemeinsamen Marktes zuzuschreiben sind. Für die Verwirklichung des *Binnenmarktes* zeigte der →*Cecchini-Bericht,* daß der Abbau der →*Handelshemmnisse* und →*Grenzkontrollen* sowie die Intensivierung des Wettbewerbs und der Arbeitsteilung im größeren Markt mittelbar eine erhebliche „Soziale Dimension" aufweisen, u. a. in Form der erreichbaren Beschäftigungs- und Wohlstandszuwächse. – Im Bereich der *Arbeitsmarktpolitik* verfügt die EG über die Möglichkeiten von Studien, Stellungnahmen und Empfehlungen hinaus auch über unmittelbare Handlungsmöglichkeiten im Rahmen der →*Strukturfonds.* Die Verdoppelung des Mittelvolumens auf jährliche 15 Mrd. ECU und der integrierte Einsatz der *Strukturfonds* im Zusammenhang mit der Verwirklichung des *Binnenmarktes* erlauben nicht nur Pilot- und Modellvorhaben, sondern ermöglichen in Verbindung mit der nationalen Arbeitsmarktpolitik erhebliche Beiträge zum Arbeitsmarktausgleich in Problemregionen, in Krisenbranchen und für Problemgruppen. Insbesondere der →*Euro-*

päische Sozialfonds, der zunächst mehr als Instrument des Finanzausgleichs für nationale Umschulungs- und Umsiedlungsmaßnahmen genutzt wurde, kann nach Reformen in den 70er und 80er Jahren, nach der Aufstockung der Mittel und ihrer Konzentration auf Probleme der Jugendarbeitslosigkeit und der Langzeitarbeitslosigkeit als eigenständiges Instrument einer aktiven Arbeitsmarktpolitik der EG angesehen werden.

G. KLEINHENZ

„Beschleunigungsbeschluß“ (Gemeinsame Agrarpolitik) →Sonderausschuß Landwirtschaft

Beschluß. Im allgemeinen Sprachgebrauch ist der B. die förmliche Entscheidung eines Gremiums als Abschluß eines Entscheidungsverfahrens. Im Gemeinschaftsrecht stellt der B. eine spezielle Form eines Rechtsakts dar. Diese Rechtsform ist zwar in den Art. 14 EGKSV, 189 EGV und 161 EAGV nicht ausdrücklich genannt. Da die →*Gemeinschaftskompetenzen* i. d. R. die Rechtsform eines bestimmten Handelns nicht ausdrücklich festlegen, besteht jedoch eine gewisse Formenfreiheit. Der B. ist wie die →*Entscheidung* ein konkret-spezieller Rechtsakt. Anders als die Entscheidung ist er jedoch nicht an bestimmte Adressaten gerichtet. – Es ist zu unterscheiden zwischen (1) *Beschlüssen des →Rates,* die die daran Beteiligten (also die MS) binden, (2) *Beschlüssen des Rates und der im Rat vereinigten Vertreter der Regierungen der MS* (sog. *„uneigentliche Ratsbeschlüsse“*), die *„gemischte Rechtsakte“* darstellen, da sie teilweise Entscheidungen des Rates als Organ der EG und teilweise völkerrechtliche Abkommen der souveränen MS darstellen, (3) *Beschlüssen der →Kommission,* die Entscheidungen in organisatorischen oder sonstigen innerdienstlichen Fragen darstellen und (4) *Beschlüssen des →Gerichtshofes der EG* und des diesem beigeordneten *Gerichts Erster Instanz,* die im wesentlichen verfahrensleitende Entscheidungen darstellen, die häufig vom Präsidenten getroffen werden.

E. Grabitz (Hrsg.): Kommentar zum EWGV, 2. Aufl., Baden-Baden 1990, Art. 189, Rdnr. 30 ff.

G. HITZLER

Beschlußfähigkeit (der EG-Organe) →Abstimmungsverfahren

Beschränkte Souveränität (der EG) →Souveränität der EG und der MS

Beschwerdeweg →Beamtenstatut

Besoldung des EG-Beamten →Beamtenstatut

Besonderer Ministerrat →Europäische Gemeinschaft für Kohle und Stahl, →Rat der EG

Bestandsschutz →Vertrauensschutz

Bestimmungslandprinzip. Das B. sieht vor, daß Waren in dem Land mit Steuern oder Abgaben belegt werden, in dem sie in Verkehr gebracht werden (Gegensatz: →*Ursprungslandprinzip*; →*Steuerharmonisierung*).

HRSG.

BEUC →Europäisches Büro der Verbraucherverbände

Bewegung europäischer Föderalisten →Föderalistische Bewegungen

Bezugsniveau →STABEX-System

BIC *(Business Information Centres).* 1984 gestartete Initiative der →*Kommission der EG* zur Schaffung eines Netzes *„Europäischer Unternehmer- und Innovationszentren"* mit dem Ziel der Förderung der Gründung, Entwicklung und grenzüberschreitenden Zusammenarbeit kleiner und mittlerer Unternehmen.
Hrsg.

Bilaterale Leitkurse →Europäisches Währungssystem

Bildungspolitik der EG. Der Begriff „B." findet weder in den →*Gründungsverträgen* der EG Erwähnung noch wurde er zum Gegenstand der Vertragsrevision durch die →*Einheitliche Europäische Akte* im Jahre 1987. Erst die Verhandlungen über eine Politische Union beim Maastrichter Gipfel führten zu zwei neuen Vertragsartikeln, Art. 126 für Bildung und Art. 127 für Ausbildung. Dennoch haben sich hier – stärker noch als im Bereich der →*Kulturpolitik* – bereits zuvor bildungs- und ausbildungspolitische Aktivitäten entwickelt, die verschiedene Ursachen und Begründungszusammenhänge haben. Zusammenfassend lassen sich für diesen Bereich – von einer „B. als solcher" kann auch bis zum gegenwärtigen Zeitpunkt nicht gesprochen werden – vier Politikphasen ausmachen: Erstens jene Phase der Anfangsjahre der EG, in welcher Bildung und Ausbildung indirekt relevant wurden, nämlich durch Auswirkungen der Freizügigkeitsrechte und der →*Sozialpolitik* der EG auf Bildung und Ausbildung; zweitens die Phase der bildungspolitischen Zusammenarbeit, die in den 70er Jahren eingeläutet wurde; drittens ab Mitte der 80er Jahre ein zunehmendes EG-Engagement in der Bildung und Ausbildung durch großangelegte Kooperationsprogramme vor allem im Hochschul- und Berufsbildungssektor. Eine vierte Phase kann nunmehr durch den →*Vertrag über die Europäische Union* eingeleitet werden. Dabei bauen diese unterschiedlichen Phasen durchaus aufeinander auf und wurden vor allem durch den →*Gerichtshof der EG* und die Entscheidungsträger der Gemeinschaft fortentwickelt.

(1) Die indirekten Auswirkungen auf Bildung und Ausbildung ergaben sich zunächst aus den vertragsrechtlich zugewiesenen Aufgaben zum →*Freien Personenverkehr*. In Verbindung mit der →*Niederlassungsfreiheit* (Art. 52 ff.) wird in Art. 57 Abs. 1 die gegenseitige Anerkennung von Diplomen und berufsqualifizierenden Abschlüssen vorgesehen. Zunächst verfuhr man dabei so, daß neben den *Anerkennungsrichtlinien Koordinierungsrichtlinien* zur Angleichung der Ausbildungsbedingungen verabschiedet wurden: für Krankenschwestern und Krankenpfleger, Zahnärzte, Tierärzte, Hebammen sowie Apotheker. Die Koordinierungsrichtlinien führten zu einer starken formalen Vereinheit-

lichung der Ausbildungsordnungen. Den Grundsatz des gegenseitigen Vertrauens auch für diesen Bereich nutzend, wich man von dieser Politik Mitte der 80er Jahre ab und verabschiedete eine Richtlinie zur generellen Anerkennung von berufsqualifizierenden Abschlüssen, die eine mindestens dreijährige Ausbildung umfassen. Ferner impliziert die Freizügigkeit der Arbeitnehmer, gleichfalls Bestandteil der Grundfreiheiten der EG-Verträge (VO 1612/68/EWG), gleiche Zugangs- und Teilhaberrechte von Wanderarbeitnehmern zu den Bildungs- und Ausbildungseinrichtungen des Gaststaates. Diese Rechte wurden vom EuGH sowohl präzisiert als auch ausgeweitet. In den Fällen *„Casagrande"* (Rs. 9/74 Slg. 1974, S. 774) und *„Cristini"* (Rs. 32/75 Slg. 1975, S. 1085 ff.) stellte der EuGH klar, daß für Wanderarbeitnehmer und ihre Familien damit der gleichberechtigte Zugang zu finanzieller Unterstützung beinhaltet ist. Ferner wurde die Integration von Wanderarbeitnehmerfamilien durch ein Aktionsprogramm und eine Richtlinie zur schulischen Betreuung der Kinder von Wanderarbeitnehmern zum politischen Thema. Ausbildung ist des weiteren seit Anbeginn im Rahmen der sozialpolitischen Vorschriften, speziell durch Art. 128, relevant: Demnach wird der →*Rat* ermächtigt, auf Vorschlag der →*Kommission* nach Anhörung des →*Wirtschafts- und Sozialausschusses* „in bezug auf die Berufsausbildung allgemeine Grundsätze zur Durchführung einer gemeinsamen Politik" aufzustellen. Diese Grundsätze wurden bereits 1963 verabschiedet (Beschluß 63/266/EWG).

(2) Die bildungspolitische Zusammenarbeit konnte auf der Grundlage des *Aktionsprogramms für die Zusammenarbeit im Bildungsbereich* im Jahre 1976 (ABl. C 38 v. 19.2.1976) in Gang gesetzt werden. Die Maßnahmen beinhalten erneut die schulische Betreuung der Wanderarbeitnehmerkinder sowie verstärkten Informationsaustausch, eine Verbesserung des Fremdsprachenunterrichts und eine verstärkte Zusammenarbeit im Hochschulwesen. Bis Mitte der 80er Jahre wurden in diesen Bereichen Pilotprojekte und Studien durchgeführt. Damit waren die Grundsteine für die – später große Öffentlichkeitswirkung erzielenden – Aktionsprogramme gelegt.

(3) Auf der Grundlage der Forderungen des →*Europäischen Rates* für ein →*Europa der Bürger* und dem Erfolg und den Auswirkungen des Binnenmarktprogramms verabschiedete der Rat vielzählige Aktionsprogramme zunächst im Hochschulbereich: →*COMETT* I und II (ABl. C 222 v. 8.8.1986 und ABl. L 13 v. 17.1.1989) zur Förderung der Zusammenarbeit Hochschule/Wirtschaft, →*ERASMUS* I und II (ABl. L 166 v. 25.6.1987 und ABl. L 395 v. 30.12.1989), das Aktionsprogramm zur Förderung der Studentenmobilität, →*LINGUA* (ABl. L 239 v. 16.8.1989) zur Förderung des Fremdsprachenlernens und →*TEMPUS* (ABl. L 375 v. 23.12.1989), welches insbes. auf die Förderung der Entwicklung des Hochschulwesens in den Ländern Mittel- und Osteuropas zielt. Im Berufsbildungssektor werden

→*PETRA* (ABl. L 346 v. 10.12.1987 und Änderungsvorschlag ABl. L 214 v. 2.8.1991), das Aktionsprogramm der Gemeinschaft zur Ausbildung und Vorbereitung der Jugendlichen auf das Erwachsenen- und Berufsleben sowie *EUROTECNET* (ABl. C 166 v. 25.6.1983), ein Aktionsprogramm der Gemeinschaft im Bereich der Berufsbildung und der neuen Informationstechnologien, als auch IRIS, ein Gemeinschaftsnetz zur Berufsausbildung von Frauen und *FORCE* (ABl. L 156 v. 21.6.1990), welche die berufliche Weiterbildung in der EG finanziell unterstützt, lanciert. Daneben gibt es zwei Dienststellen, die den Informationsaustausch organisieren, das →*CEDEFOP* und das Bildungsinformationsnetz →*EURYDICE.*

(4) Diese Aktivitäten und auch die Rechtsprechung des EuGH (z. B. „*Gravier*" Urteil Rs. 293/83 v. 13.2.1985, Slg. 1985, S. 593; „*Blaizot*" Urteil Rs. 24/86, Slg. 1988, S. 379, „*ERASMUS*" Urteil Rs. 242/87 v. 30.5.1989), die Art. 128 als ausreichende Rechtsgrundlage für Programme wie *COMETT,* →*ERASMUS, PETRA* festschreiben, bildeten die Ausgangssituation für die Verhandlungen der Staats- und Regierungschefs über neue vertragsrechtliche Grundlagen zur Bildung und Ausbildung. Die nunmehr vorgesehenen Art. 126 und 127 konkretisieren das →*Subsidiaritätsprinzip* für diesen Politikbereich insofern, als die Verantwortung der MS für Lehrinhalte und die Organisation der Bildungssysteme feststeht. Die Gemeinschaft soll zur Entwicklung der Qualität der Bildung durch Kooperationen zwischen den MS (Art. 126 Abs. 1) beitragen. Die Gemeinschaftsaktionen sollen demnach folgende Zielsetzungen verfolgen: die Entwicklung einer europäischen Dimension im Bildungswesen, die Förderung der Mobilität von Lernenden und Lehrenden, die Förderung der Zusammenarbeit zwischen den Bildungseinrichtungen, den Ausbau des Informationsaustausches, den Ausbau des Jugendaustausches und die Förderung der Fernlehre. Der neugegründete →*Ausschuß der Regionen* hat konsultative Funktionen im Entscheidungsprozeß. Der Abstimmungsmodus für die geeigneten Vorschriften (wobei jegliche Harmonisierung der Rechts- und Verwaltungsvorschriften ausgeschlossen ist) bildet die *qualifizierte Mehrheit.* Art. 127 ermächtigt die Gemeinschaft – erneut unter Beachtung der Verantwortung der MS für Inhalt und Gestaltung der beruflichen Bildung – eine Politik der beruflichen Bildung durchzuführen, die folgende Zielsetzungen beinhaltet: die Erleichterung der Anpassung an industrielle Wandlungsprozesse, v. a. durch berufliche Bildung und Umschulung, Verbesserung der beruflichen Erstausbildung und Weiterbildung, Erleichterung der Aufnahme von beruflicher Bildung sowie Förderung der Mobilität von Ausbildern, Förderung von Zusammenarbeit sowie auch hier der Ausbau des Informationsaustausches. Einige der Vorschriften dieser beiden Artikel sind bereits in den bestehenden Politikmaßnahmen enthalten. Entscheidend ist hier jedoch erstens, daß durch

Art. 126 nunmehr auch das allgemeinbildende Schulwesen zum Gegenstand von gemeinschaftlichen Maßnahmen werden kann und daß durch Art. 127 eine Gemeinschaftspolitik in der Berufsbildung initiiert oder ausgebaut werden kann.

C.-D. Classen: Bildungspolitische Förderprogramme der EG – Eine kritische Untersuchung der vertragsrechtlichen Grundlagen, in: Europarecht (1990), S. 10 ff. – B. De Witte (Hrsg.): European Community Law of Education, Baden-Baden 1989. – G. Neave: The EEC and Education, London 1984.

G. Schink

Binnenmarkt. Im EWGV ist der B. definiert als „Raum ohne Binnengrenzen, in dem der freie Verkehr von Waren, Personen, Dienstleistungen und Kapital gemäß den Bestimmungen dieses Vertrages gewährleistet ist". Mit der Verabschiedung der →*Einheitlichen Europäischen Akte* (Art. 13, jetzt Art. 8 a EWGV) verpflichteten sich die Regierungen der MS bis zum 31.12.1992 die Beschlüsse über die Maßnahmen zur Verwirklichung des B. zu fassen, die insbesondere im Weißbuch der →*Kommission* an den →*Europäischen Rat* aufgeführt sind. Im *Arbeitsprogramm der Kom.* von 1985 wird die sich hieraus ergebende Aufgabe wie folgt definiert: „Die Vollendung dieses großen einheitlichen Marktes von 320 Mio. (durch Einbeziehung der vormaligen DDR sind es heute ca. 340 Mio.) Einwohnern setzt voraus, daß die MS der Gemeinschaft alle Arten von Schranken abschaffen, ihre Regeln harmonisieren, ihre Rechtsvorschriften und ihre Steuerstrukturen angleichen, ihre Zusammenarbeit im monetären Bereich ausbauen und die erforderlichen flankierenden Maßnahmen treffen, um zu erreichen, daß die europäischen Unternehmen zusammenarbeiten." Im wesentlichen erfordert die Vollendung des B. drei Maßnahmenpakete:

(1) Beseitigung der materiellen Schranken, als da sind die Beseitigung der Warenkontrollen an den Binnengrenzen auf der einen und Abschaffung aller Polizei- und Zollformalitäten für die EG-Bürger auf der anderen Seite.

(2) Beseitigung der technischen Schranken, was den freien Verkehr, das öffentliche Auftragswesen, die Freizügigkeit für abhängig Beschäftigte und Selbständige, den freien Dienstleistungsmarkt, den Kapitalverkehr, die Schaffung geeigneter Bedingungen für eine industrielle Zusammenarbeit sowie die Anwendung des Gemeinschaftsrechts betrifft.

(3) Beseitigung der steuerlichen Schranken, wobei es insbesondere um eine Harmonisierung der Mehrwert- und Verbrauchssteuern geht, ein hochsensibler Bereich (→*Steuerharmonisierung*). – Europa – wenn auch zunächst nur West-Europa im Sinne der Initiatoren des Binnenmarktkonzepts gemeint ist – hat keine andere Wahl, als die Herausforderung der Zeit anzunehmen. Spätestens mit Unterzeichnung des →*Vertrags über die Europäische Union* hat man erkannt, daß letztere nur über eine vollständige Wirtschaftsintegration erreichbar ist. – Obwohl die B.-Initiative seit 1985 eine gewisse Eigendynamik entwickelt hat, bleiben eine Reihe kritischer Punkte offen. So unbestritten die Erkenntnis ist, nur ein B. kontinentalen Ausmaßes könne die Zu-

kunft Europas meistern, insbesondere in Konkurrenz zu den USA, Japan, weiten Teilen des pazifischen Raums, so groß ist die Skepsis, die EG-Staaten könnten ihre kleinstaatlichen Eigeninteressen dem europäischen Gesamtinteresse unterordnen. Das größte Integrationsexperiment in der Geschichte kann nur gelingen, wenn einige Rahmenbedingungen die Marktintegration flankierend abstützen: (1) Solange Nationalstaaten bestehen und ihre Legitimation aus einzelstaatlichen Wahlen ableiten, solange dominiert das Nationalinteresse das Gemeinschaftsinteresse. Andererseits muß mit zunehmender Marktintegration schrittweise ein Autoritätsverlust der Nationalstaaten einhergehen, um gleichzeitig die *Gemeinschaftskompetenzen* zu stärken. Der Grad der Unabhängigkeit einer solchen Entscheidungszentrale bestimmt dabei den Fortschritt der Integration. (2) Parallel zur Marktintegration muß der Aufbau einer Sozialunion die Vollendung des B. begleiten. Die sozialen Schutzrechte dürfen durch den B. nicht gefährdet werden, d. h. die Arbeits- und Lebensbedingungen der Arbeitnehmer können nur auf hohem Niveau harmonisiert werden. Bisher fehlt noch ein stringentes Konzept für eine Sozialunion. (3) Die geforderte harmonische Entwicklung in der Gemeinschaft muß schließlich auch zum Ziel haben, den Abstand zwischen den verschiedenen Regionen und den Rückstand der am stärksten benachteiligten Gebiete zu verringern. Alle drei Bedingungen für einen funktionierenden B. – Souveränitätsverzicht, Sozialunion, regionaler Ausgleich – lassen sich nur über europäische Solidarität erfüllen (zur Planung und Verwirklichung des B. im einzelnen siehe →*Binnenmarktprogramm*).

W. Böttcher: Der EG-Binnenmarkt: Vorgeschichte, Ziele und politische Konsequenzen, in: Gegenwartskunde 4 (1988), S. 441–452. – Weißbuch der Kommission an den Europäischen Rat: Vollendung des Binnenmarktes, Juni 1985.

W. Böttcher

Binnenmarktprogramm. Bei der Schaffung des EG-Binnenmarktes und der Verwirklichung der sog. *„vier Freiheiten"* handelt es sich – trotz des Stichtags 31.12.92 – prinzipiell um ein über dreißig Jahre altes Ziel, das 1985 mit der Veröffentlichung des *Weißbuchs* zur Vollendung des B. durch die →*Kommission* lediglich mit neuen Akzenten und einem präziseren Auftrag wiederaufgegriffen wurde. Es handelt sich um einen detaillierten, präzisen, mit genauen Zeitvorstellungen versehenen „Gesetzesfahrplan" für 282 Rechtsakte, deren Verabschiedung für die Verwirklichung des B. als essentiell angesehen wird. Das *Weißbuch* ist nach drei Hauptkapiteln geordnet: Abbau der *technischen* (etwa 70% der Maßnahmen), der *materiellen,* und der *(indirekten) steuerlichen Schranken*. Keine Vorschläge enthält es jedoch zu mit dem B. eng verknüpften, im →*Vertrag über die Europäische Union* aufgegriffenen Themen wie Sozialraum Europa, Konvergenz der Wirtschafts- und Währungspolitik sowie zur Harmonisierung der direkten Steuern. – Für die konkrete Verwirklichung des B. waren auch die Beschleunigung des EG-Rechtssetzungsverfahrens (Art. 100 a sieht für die Mehrzahl der für das B.

relevanten Rechtsakte die *qualifizierte Mehrheit* vor) sowie die Stärkung der Rolle des EP bei der Gesetzgebung (→*Verfahren der Zusammenarbeit*) von entscheidender Bedeutung. – Die Kom. setzt bei der Verwirklichung des B. auf zwei *komplementäre Strategien,* die die Grundlage des *Weißbuchs* bilden: Zum einen die *Abkehr von der „institutionellen" Harmonisierung* durch die Beschränkung der EG-Rechtsangleichung auf ein Mindestmaß von grundlegenden Sicherheitsanforderungen zum Schutz der Gesundheit, der Umwelt, des Verbrauchers – die Bereiche, die bislang noch häufig unter die Regelungsbefugnis der MS fielen und auf die sich die Vorschläge des Weißbuchs konzentrieren. Zum anderen die *Hinwendung zur „funktionalen" Harmonisierung* durch den Rückgriff auf das vom →*Gerichtshof der EG* mehrfach bestätigte Prinzip der →*gegenseitigen Anerkennung,* das bei allen *vier Freiheiten* weitreichende Anwendung findet. – Dort, wo beim freien Warenverkehr nicht auf das Prinzip der gegenseitigen Anerkennung zurückgegriffen werden kann, spielt der sog. *Neue Ansatz zur Technischen Harmonisierung und Normung,* den die Kom. fast zeitgleich mit dem Weißbuch vorstellte, eine entscheidende Rolle. Danach legt der Rat in →*Richtlinien* prinzipiell nur noch grundlegende, relativ allgemein formulierte Sicherheitsanforderungen zum Schutz der Gesundheit, der Umwelt und des Verbrauchers fest, während die technischen Einzelheiten durch Europäische Normen (EN's) geregelt werden. Damit wandte sich die Kom. von der aufwendigen, produktspezifischen, mit technischen Details überfrachteten Harmonisierung ab, und führte eine neue, dem →*Subsidiaritätsprinzip* entsprechende Arbeitsteilung zwischen dem EG-Gesetzgeber und europäischen Normungsorganisationen ein. Inzwischen gibt es elf „Neue Ansatz"-Richtlinien, u. a. für große Produktgruppen wie Maschinen, Bauprodukte und Spielzeug. Jedem Hersteller steht es zwar frei, nicht nach den EN zu produzieren, von denen bisher bereits 1.300 verabschiedet wurden. Dann kehrt sich jedoch die Beweislast um, und er muß den Nachweis erbringen, daß sein Produkt sicher ist. – Um das Entstehen neuer →*Handelshemmnisse* zu verhindern und das Prinzip der gegenseitigen Anerkennung zu fördern, haben sich die MS durch die *Informationsrichtlinie* 83/189 aus dem Jahre 1983 verpflichtet, der Kom. sämtliche Entwürfe technischer Vorschriften und Normen vorab mitzuteilen. Dieses effiziente Verfahren findet seit Juli 1990 auch auf die Länder der →*Europäischen Freihandelszone* Anwendung, die in CEN und CENELEC bereits aktiv mitarbeiten. – Bei der Dienstleistungsfreiheit macht der Bereich Banken und Versicherungen den kombinierten Ansatz der Kom. zur Verwirklichung des B. besonders deutlich: Harmonisierung essentieller technischer Erfordernisse (z. B. Eigenmittelausstattung und Solvabilitätskoeffizienten von Kreditinstituten, Jahresabschlüsse von Versicherungsunternehmen) gekoppelt mit dem auf dem →*Ursprungslandprinzip* bzw. der Heimatlandkontrolle fußenden Grundsatz der gegenseitigen Anerkennung der aufsichtsrechtlichen Vorschriften (durch die Schaffung einer einmaligen Zulassung im Herkunftsland, die für die gesamte Gemeinschaft gilt, der sog. *Typenzulassung*). – Was die konkrete Verwirklichung des B. betrifft, so konnten bis zum Stichtag 1.1.1993 erhebliche Erfolge erzielt werden. Der Rat hat 95% der erforderlichen Maßnahmen verabschiedet (264 Beschlüsse, darunter 3 *gemeinsame Standpunkte)*. 13 der noch ausstehenden 18 Maßnahmen gelten als vorrangig. Sie betreffen die Bereiche Mehrwertsteuerharmonisierung, öffentliches Auftragswesen, Gesellschaftsrecht und gewerbliches Eigentum. – Während das B. beim Abbau der technischen Schranken fast vollständig verwirklicht und bei den Steuern immerhin eine zufriedenstellende Übergangslösung bis 1996 erzielt werden konnte (Versteuerung, mit wenigen Einschränkungen, im Ursprungsland für private grenzüberschreitende Einkäufe; im Bestimmungsland – anhand von Lieferaufzeichnungen – für gewerbliche), ist der Abbau der materiellen Schranken, zumindest was einige Aspekte der Personenkontrollen betrifft, noch nicht gewährleistet. – Zur Erfolgsbilanz in den Kernbereichen des B. zählen neben den bereits erwähnten Richtlinien des *„Neuen Ansatzes“* die Liberalisierung des Kapitalverkehrs (trotz Krisen und vorübergehender Beschränkungen), das Aufbrechen der öffentlichen Beschaffungsmärkte bei der Vergabe von Bau- und Lieferaufträgen sowie die Ausdehnung der EG-Regelungen auf die bis dato „ausgeschlossenen Sektoren“ (Energie, Trinkwasser, Verkehr und Telekommunikation), die Liberalisierung der Finanz- (Banken und Versicherungen) und Verkehrsdienstleistungen (v. a. Straßenkabotage und Luftverkehr), die gegenseitige Anerkennung der Hochschuldiplome sowie von Berufsabschlüssen mit einer Ausbildungsdauer unter drei Jahren, der lang erwartete Erfolg bei der Schaffung einer europäischen Betriebserlaubnis für Kraftfahrzeuge sowie die Einigung bei einem in Teilen seit 1969 anhängigen Maßnahmenpaket zur steuerlichen Erleichterung von Unternehmenszusammenschlüssen und zur Verhinderung der Doppelbesteuerung (sog. Konzern- und Fusionsrichtlinie). – Durch die Abschaffung des Grenzübergangsscheins und des Einheitspapiers, die Neuregelung der statistischen Erfassung des innergemeinschaftlichen Handels, die Aufhebung der tierärztlichen und Fahrzeugkontrollen an den Grenzen (Verlagerung in die Produktionsstätten bzw. ins Inland) und die Übergangslösung für die indirekten Steuern konnten zwar ein Großteil der materiellen Schranken auf dem Gebiet des freien Warenverkehrs bereits abgeschafft werden. So werden auch Personen seit dem 1.1.1993 nicht mehr in bezug auf Waren und Kapital kontrolliert und es besteht ein allgemeines →*Aufenthaltsrecht* für EG-Bürger. Die Aufhebung der Identitätskontrollen ist jedoch trotz der Tatsache, daß inzwischen neun MS dem →*Schengener Übereinkommen* beigetreten sind, noch durch Nicht-Ratifizierung des *Dubliner Asylübereinkommens* und Nicht-Unterzeichnung der Konvention über die Außengrenzen (Gibraltarfrage) blockiert. Außerdem haben sich eine Reihe von zusätzlichen Maßnahmen als notwendig herausgestellt, die größtenteils bereits vorgeschlagen sind. Diese betreffen z. B. begleitende Tiere (Tollwut), Edelmetalle, Exportkontrollen für „Dual-use"-Produkte, etc. – Mit Erreichen des 1.1.1993 richtet sich das Augenmerk primär auf die Umsetzungsproblematik: Die zumeist in Form von Richtlinien verabschiedeten Maßnahmen müssen fristgerecht in das nationale Recht der MS umgesetzt und angewandt werden. Bisher läßt der Umsetzungseifer – trotz merklicher Verbesserungen beispielsweise was Italien betrifft – jedoch noch immer zu wünschen übrig. Zudem stellt sich nicht nur die Frage der Quantität, sondern auch der Qualität: 257 Maßnahmen sind bis zum Februar 1993 bereits in Kraft getreten, 213 davon erfordern nationale Umsetzungsmaßnahmen; nur 95 Richtlinien waren jedoch in allen MS tatsächlich umgesetzt worden. Bei der Anwendung der Binnenmarktbeschlüsse sind die Dänen stets führend, gefolgt neuerdings von Italien und Großbritannien. Deutschland rangiert an Position 7, während Griechenland und Luxemburg den ersten Platz bei der Nichtanwendung einnehmen. Auf diese Umsetzungsproblematik und die Notwendigkeit einer „neuen Partnerschaft" zwischen EG- und nationalen Verwaltungen konzentriert sich auch der im Oktober 1992 von der Kom. vorgelegte *„Sutherland-Bericht"* zum *„Binnenmarkt nach 1992"*.

M. Brealey/C. Quigley: Completing the Internal Market of the European Community, London 1991. – M. Brindlmayer u. a.: Wege zum EG-Binnenmarkt 1992, 3. Aufl. Bonn 1991. – K. Featherstone: European Internal Market Policy, London 1990. – Kommission der EG: Die Vollendung des Binnenmarktes, 6 Bde., Luxemburg 1992. – J. Schwarze (Hrsg.): The 1992 challenge at national level, Baden-Baden 1992. – C. Streil/C. Weyringer: Der Binnenmarkt und die vier Freiheiten, in: M. Röttinger/C. Weyringer (Hrsg.): Handbuch der europäischen Integration, Wien 1991, S. 289–328.

K. Schreiber

BIOMED. Programm der EG für Forschung und Entwicklung in den Bereichen Biomedizin und Gesundheitsvorsorge unter besonderer Berücksichtigung der medizinischen Vorsorge, von Krankheiten mit weitreichender sozioökonomischer Bedeutung und der Analyse des menschlichen Genoms (gegenwärtige Laufzeit: 1991–1994; 131,67 Mio. ECU).

Hrsg.

„Bizephale Vertretung" →Vereinte Nationen (Stellung der EG)

„Blaizot" (Rechtssache) →Bildungspolitik der EG

Börsenumsatzsteuerharmonisierung →Steuerharmonisierung

„Bollmann" (Rechtssache) →Verordnung

B-Punkt (Rat) →Abstimmungsverfahren

B-Quote →Produktionsquoten

BRITE/EURAM *(Basic Research in Industrial Technology for Europe & European Research in Advanced Materials).* Das spezifische Programm B. (EGV Art. 130 k) fördert die

Schaffung der Grundlagen für fortgeschrittene Materialien, Produkt- und Verfahrenstechnologien. Die EG bezuschußt im Rahmen von B. die Kooperation von Unternehmen, Forschungseinrichtungen und Universitäten in der vorwettbewerblichen Forschung und technologischen Entwicklung mit fast 500 Mio. ECU (1988–92) in den Bereichen Werkstoffe, Lasertechnik, Qualitätssicherung, rechnergestützte Planung und Fertigung.

J. GÜTZKOW

Brüsseler Übereinkommen über die gerichtliche Zuständigkeit und die Vollstreckung gerichtlicher Entscheidungen in Zivil- und Handelssachen →Verbraucherpolitik der EG

Brüsseler Vertrag →Westeuropäische Union

Bruttoprinzip (Haushaltsprinzip) →Finanzverfassung der EG

Bürgerbeauftragter. Der →*Vertrag über die Europäische Union* sieht vor, daß das →*Europäische Parlament* für die Dauer einer Wahlperiode einen B. ernennt, der befugt ist, Beschwerden von jedem Bürger der Union (→*Unionsbürgerschaft*) oder von jeder natürlichen oder juristischen Person mit Wohnort oder Sitz in einem der MS über Mißstände bei der Tätigkeit der →*Organe* oder Institutionen der EG (mit Ausnahme des →*Gerichtshofes der EG* und des *Gerichts erster Instanz)* entgegenzunehmen (Art. 138 e EGV). Der B. soll von sich aus oder aufgrund von Beschwerden in völliger Unabhängigkeit Untersuchungen durchführen, die er für gerechtfertigt hält und die nicht schon Gegenstand eines Gerichtsverfahrens sind oder waren. Wenn der B. einen Mißstand festgestellt hat, muß das betreffende Organ ihm hierzu binnen dreier Monate seine Stellungnahme übermitteln. Der B. legt anschließend dem EP und dem betreffenden Organ einen Bericht vor und informiert den Beschwerdeführer über das Ergebnis seiner Untersuchungen. Zu den Pflichten des B. gehört auch die Vorlage eines Jahresberichts über die Ergebnisse seiner Tätigkeit. – Die Institution des B. folgt dem Vorbild des skandinavischen *Ombudsmann,* der die Interessen und Rechte der Bürger gegenüber der Tätigkeit von Verwaltung und Regierung zu vertreten und zu schützen hat. Mit der Einführung eines B. soll der Rechtsschutz der Unionsbürger verbessert und ein weiterer Beitrag zur Verwirklichung des →*Europas der Bürger* geleistet werden.

J. MONAR

Bulletin der EG. Das B. ist eine amtliche Veröffentlichung, in der die →*Kommission* allmonatlich über die wichtigsten Ereignisse und Entwicklungen im Rahmen der EG informiert. Das B. zeigt auch die großen Leitlinien der EG-Politiken auf und berichtet über die Tätigkeit der →*Organe* sowie die Maßnahmen in den verschiedenen Politikbereichen unter Hinweis auf die relevanten amtlichen Dokumente. In den unregelmäßig erscheinenden *Beilagen* zum B. werden wichtige →*Mitteilungen,* Berichte und Vorschläge der Kom. veröffentlicht, wie z. B. ihr jährliches *Arbeitsprogramm*.

B. THAM

Bund der Sozialdemokratischen und Sozialistischen Parteien der EG →Europäische Parteienföderationen

Bundesstaat (Modell- und Zielvorstellung) →Leitbilder der europäischen Einigung, →Verfassungsdiskussion

CADDIA *(Cooperation in Automation of Data and Documentation for Imports/Exports and Agriculture)*. Programm der EG zur Kooperation der MS und der →*Kommission* bei der elektronischen Datenerfassung und Dokumentation im Bereich der Ein- und Ausfuhr von Agrarprodukten und der Finanzkontrolle des Gemeinsamen Agrarmarkts.

HRSG.

„Casagrande" (Rechtssache) →Bildungspolitik der EG

„Cassis de Dijon" (Rechtssache) →Freier Warenverkehr, →Gegenseitige Anerkennung, →Verbraucherpolitik der EG

Cecchini-Bericht. 1986 beauftragte die →*Kommission* Paolo Cecchini mit der Erstellung einer Studie über die Kosten bei Nichtverwirklichung des Binnenmarktes. Im März 1988 wurde der Bericht unter dem Titel: *„Europa 1992 – Der Vorteil des Binnenmarktes"* veröffentlicht. Der rund 6.000 Seiten umfassende C. gründet sich auf 16 sektorielle Analysen und eine Umfrage bei 20.000 Unternehmen. Die Hauptergebnisse können so zusammengefaßt werden: (1) Die Kosten für das „nicht vorhandene Europa" betrugen 1988 zwischen 4 und 6,5 Prozent des Bruttoinlandsprodukts der EG (ca. 3.600 Mrd. ECU). (2) Innerhalb von 5 bis 6 Jahren könnte sich bei einer Vollendung des →*Binnenmarktes* der Preisanstieg in der EG um 6 Prozent verringern. (3) Desgleichen könnten durch zusätzliches Wachstum zwischen 1,8 und 5 Millionen neue Arbeitsplätze geschaffen werden. – Bei aller Kritik liegt das Hauptverdienst der Studie in dem Versuch, die bestehende ökonomische Disharmonie in EG-Europa zu quantifizieren.

W. Böttcher: Der EG-Binnenmarkt: Vorgeschichte, Ziele und politische Konsequenzen, in: Gegenwartskunde 4 (1988), S. 441–452. – P. Cecchini: Europa '92 – Der Vorteil des Binnenmarktes, Baden-Baden 1988.

W. BÖTTCHER

CEDEFOP →Europäisches Zentrum zur Förderung der Berufsausbildung

CELAD *(Comité européen de la lutte anti-drogue)*. Vom →*Europäischen Rat* 1989 eingesetzter Ausschuß der MS der EG zur Koordinierung der Maßnahmen im Kampf gegen die Drogenkriminalität.

HRSG.

Celex. Ein von der →*Kommission* betriebenes automatisiertes Dokumentationssystem zum EG-Recht, in das u. a. alle →*Rechtsakte,* die →*Rechtsprechung des*

EuGH, →*Abkommen* und →*Anfragen des EP* Eingang finden.

HRSG.

Centre des recherches européennes →Jean Monnet-Stiftung für Europa

CEPFAR →Europäisches Zentrum zur Förderung der Aus- und Fortbildung in der Landwirtschaft und im ländlichen Raum

CERDP →Europäisches Zentrum für parlamentarische Wissenschaft und Dokumentation

CERN →Europäische Organisation für Kernforschung

CE-Zeichen →Harmonisierung technischer Vorschriften

Cheysson-Fazilität →ECIP

„CILFIT" (Rechtssache) →Vorabentscheidungsverfahren

„CNTA" (Rechtssache) →Rechtssicherheit

COGECA (Comité Général de la Cooperation Agricole de la CEE) →Allgemeiner Ausschuß des ländlichen Genossenschaftswesens

Columbus (Raumstationsprojekt) →Europäische Weltraumorganisation

COMETT-Programm *(Community action programme in Education and Training for Technology).* Das C. umfaßt bislang zwei Phasen: *COMETT I,* 1986 verabschiedet (Beschluß 86/365/EWG, ABl. C 222 vom 8.8.1986), das sich zunächst auf vier Jahre erstreckte und mit einem Budget von 45 Mio. ECU ausgestattet war: Primär diente dieses Programm dazu, die Zusammenarbeit zwischen Hochschule und Wirtschaft im Technologiesektor zu stärken und mit einer „europäischen Dimension" auszustatten. Maßnahmen zur Verwirklichung dieses Ziels waren die Entwicklung von Ausbildungspartnerschaften zwischen Hochschule und Wirtschaft, die Förderung des Studenten- und Fachkräfteaustausches sowie einige Komplementärmaßnahmen. Konkret unterstützte die EG-Kommission z. B. 1989 mit dem C. 125 Ausbildungspartnerschaften und ermöglichte 4.000 Studentenpraktika in einem anderen MS der EG. 232 Stipendien wurden für den Personalaustausch an Hochschulen und Unternehmen gewährt. Schließlich wurden auch 329 gemeinsame Ausbildungsprojekte und multilaterale Initiativen zur Entwicklung von multilateralen Ausbildungssystemen gefördert. Das Folgeprogramm *COMETT II* ist finanziell umfangreicher, für 1990–1994 sind 200 Mio. ECU vorgesehen, Zielsetzungen und Maßnahmen sind jedoch in ihrer Grundstruktur unverändert.

Q. Thompson/M. Ambler: An Evaluation of the COMETT-Programme, in: European Journal of Education (1990), S. 23–38.

G. SCHINK

Comext. Datenbank der EG, die allmonatlich aktualisierte Statistiken zum Handel zwischen den MS sowie zu deren Handel mit →*Drittländern* enthält.

HRSG.

„Compétence d'attribution“ →Einzelermächtigung

Concours →Auswahlverfahren

„Contre-filet“-Verfahren →Ausschußverfahren

Cooke-Komitee →Ausschuß der Präsidenten der Zentralbanken

COPA (Comité des Organisations Professionelles Agricoles de la Communauté européenne) →Ausschuß der berufsständischen landwirtschaftlichen Organisationen der EWG

COREPER →Ausschuß der Ständigen Vertreter

COREU-Netz. Über das geschützte C. (abgeleitet von französisch *„Correspondance européenne“)* tauschen die MS, die →*Kommission* und das →*EPZ-Sekretariat* vertrauliche Telex-Nachrichten über Angelegenheiten der →*Europäischen Politischen Zusammenarbeit* aus. Das 1973 unter dänischer Präsidentschaft eingerichtete C. hat sich als wesentliches Instrument der Kohäsion der EPZ erwiesen und dient nicht nur organisatorischen Zwecken, sondern auch dem Austausch von Informationen und der Abstimmung von Routine-Entscheidungen auf Konsensus-Basis. Jährlich werden rund 12.000 COREU-Nachrichten *(„Coreus“)* ausgesandt. – Das Netz wird von den Leitern der Nachrichtenabteilungen der Außenministerien und den →*Europäischen Korrespondenten* betreut. Hauptquartier des C. ist das Außenministerium in Den Haag.

S. Nuttall

„Correspondance européenne“ →COREU-Netz

COST *(European cooperation in the field of scientific and technical research).* C. ist ein von der EG geschaffener Kooperationsrahmen für Grundlagenforschung oder Entwicklung auf dem Gebiet der Naturwissenschaften und Technologie. In ihm werden zum einen die Koordinierung von nationalen Forschungsvorhaben und zum anderen die Beteiligung von Ländern außerhalb der Gemeinschaft an EG-Programmen geregelt. C. (das auf der Basis von früheren Resolutionen 1978 formell vom →*Rat* beschlossen wurde) umfaßt ein weites Gebiet Europas, da ihm neben den EG- und EFTA-Ländern u. a. auch die Türkei angehört. Die Kooperation innerhalb von C. umfaßt vier Varianten: (a) Programme der Gemeinschaft, denen sich interessierte C.-Staaten anschließen können, die nicht EG-Länder sind, (b) C.-Projekte, die auch den Gegenstand eines Programms der Gemeinschaft bilden, (c) C.-Projekte, bei denen eine parallele Teilnahme von Mitgliedern der Gemeinschaft und von der Gemeinschaft selbst, bzw. von Staaten außerhalb der EG besteht und schließlich (d) C.-Projekte, bei denen es keine Beteiligung der Gemeinschaft gibt.

C. Gellert

„Costa-ENEL“ (Rechtssache) →Rechtsprechung des EuGH, →Vorrang des Gemeinschaftsrechts

„Cristini“ (Rechtssache) →Bildungspolitik der EG

C-Zucker →Produktionsquoten

Dassonville-Formel →Freier Warenverkehr

DATANETT →NETT

Datenbanken der EG. Die EG hat D. eingerichtet, die alle Tätigkeitsbereiche der EG abdecken (z. B. →*Celex*, →*Comext*, →*EABS*, →*SCAD*, →*Sesame*, →*TED*). 1992 bestanden mehr als 40 D., die von verschiedenen Dienststellen der →*Kommission* oder von anderen öffentlichen oder privaten Institutionen unterhalten und angeboten werden. Die Kom. selbst verfügt über drei Host-Zentren: *ECHO* und *EUROSTAT* in Luxemburg und *EUROBASES* in Brüssel, welche die wichtigsten D. im Online-Betrieb anbieten. Viele D. sind auch auf PC-Disketten oder CD-ROM verfügbar. Detaillierte Informationen sowie die Adressen der Anbieter können den unten angegebenen, regelmäßig aktualisierten Veröffentlichungen entnommen werden.

Euroconfidential (Hrsg.): Directory of the EEC Information Sources, Genval. – Kommission der EG (Hrsg.): Directory of Public Databases, Luxemburg.

M. Ipsen

„Defrenne“ (Rechtssache) →Sozialpolitik der EG

Delegationen (Kommission). Die →*Kommission der EG* unterhält in vielen →*Drittländern* und bei mehreren internationalen Organisationen (z. B. den Vereinten Nationen) D. *(„auswärtige D.“)*. Zu deren wichtigsten Aufgaben gehört die Vertretung der Interessen der Gemeinschaft vor Ort, die Information der Kom. über wichtige Vorgänge im Gastland, die Vorbereitung von Verhandlungen sowie die Betreuung bzw. Durchführung technischer und finanzieller Hilfsmaßnahmen in →*AKP-Staaten*. – Die D. sind de jure keine diplomatischen Vertretungen der Gemeinschaft, die offiziell von der →*Präsidentschaft des Rates* vertreten wird. Aufgrund des politischen Gewichts der Kom. werden sie von Drittstaaten jedoch vielfach als solche behandelt und genießen in den meisten Fällen auch die für nationale Botschaften üblichen diplomatischen Vorrechte und Befreiungen.

J. Monar

Delors-Ausschuß →Delors-Bericht

Delors-Bericht *(„Bericht zur Wirtschafts- und Währungsunion in der EG“)*. Bericht eines im Anschluß an die Tagung des →*Europäischen Rates* (Madrid, Juni 1989) gegründeten Ausschusses unter Vorsitz des Kommissionspräsidenten Delors, in dem konkrete Etappen zur Verwirklichung der →*Wirtschafts- und Währungsunion* vorgeschlagen werden. Er kann als Vorbereitung und Grundlage für den →*Vertrag über die Europäische Union* gelten. Kapitel I beschreibt die schrittweise *Währungsintegration* vom *Werner-Bericht*

(1970) bis zur Schaffung des →*Europäischen Währungssystems* (EWS) und der →*Europäischen Währungseinheit* (1979) sowie die Harmonisierung im Wirtschaftsbereich. Letztere findet ihren Ausdruck in der →*Einheitlichen Europäischen Akte* (Dezember 1985) zur Schaffung eines Europäischen Marktes ohne Binnengrenzen ab Januar 1993, die erstmals auch eine Änderung des EWGV erforderlich machte. – Die *„Endphase der Wirtschafts- und Währungsunion"* (Kapitel II) kündigt an, daß die institutionellen *„Hauptmerkmale einer Währungsunion"* (Abschnitt 2) eine abermalige Änderung des EWGV notwendig machen (Abs. 4) werden: der bestehende monetäre Rahmen muß um eine gemeinschaftliche monetäre Institution ergänzt werden (Abs. 32), um *„die Beseitigung der Bandbreiten und die unwiderrufliche Fixierung der Wechselkursparitäten"* (Abs. 22) aufnehmen zu können; denn dies bedeutet eine Übertragung von Entscheidungsbefugnissen von den MS auf die Gemeinschaftsebene in Bereichen der makroökonomischen Steuerung (Abs. 30) und der Geldpolitik (Abs. 24). – Die konkreten *„Schritte zur Wirtschafts- und Währungsunion"* (Kapitel III) beschreiben ein *Drei-Stufenkonzept,* das knapp vier Jahre später im wesentlichen in den *Vertrag über die Europäische Union* aufgenommen wurde: *Stufe eins* begann mit der Aufhebung der Kapitalverkehrskontrollen am 1.7.1990 und strebt bis 1.1.1994 eine verstärkte Koordinierung der Wirtschafts- und Währungspolitik im bestehenden institutionellen Rahmen an. Der Akzent liegt hier auf der Vollendung des →*Binnenmarktes* und auf einer intensiveren währungspolitischen Zusammenarbeit. Anregungen für eine vorübergehend zu errichtende Institution *„Europäischer Reservefonds"*, dem sich alle Zentralbanken hätten anschließen können, wurden im Ausschuß diskutiert, aber nicht zur Forderung erhoben. – Der *Stufe zwei* (Beginn 1.1.1994) sollte nach dem D. die Installierung des →*Europäischen Systems der Zentralbanken* (ESZB) sowie der Vorbereitung der zentralen monetären Institution *„Europäische Zentralbank"* (EZB) vorbehalten sein. Auf ein detailliertes Modell für die Errichtung eines *Europäischen Währungsinstituts* schon für Stufe zwei – so wie es der EUV jetzt in Form des *Europäischen Währungsinstituts* (EWI) als Vorläufer der EZB vorsieht – wollten sich die Ausschußmitglieder seinerzeit noch nicht verständigen. Da nach dem D. in Stufe zwei Wechselkursanpassungen möglich sein sollen, und somit die letzte Verantwortung für die Geldpolitik noch bei den nationalen Instanzen verbleibt, wird konstatiert, daß die Wahl des jeweils richtigen Zeitpunktes der schrittweisen Abgabe von nationaler Souveränität an die zentrale Institution zu Konflikten führen kann (Abs. 52). – Offengelassen wird im D., wie der für *Stufe drei* vorgesehene entscheidende Schritt zur unwiderruflichen Fixierung der Wechselkurse auszusehen hat; wenn auch eine einheitliche Währung ein *„deutliches Zeichen für die Unumkehrbarkeit des Übergangs zur Währungsunion ..."* sei, wird sie andererseits als *„... für die Schaffung einer Währungsunion nicht unbedingt notwendig"* bezeichnet (Abs. 23); dies ist Ausdruck der großen Zurückhaltung vieler MS mit Blick auf die Abschaffung der eigenen Währung. Auch der EUV legt sich in diesem Punkt nicht endgültig fest: Art. 109 l (4) EUV verpflichtet den →*Rat* lediglich, alle sonstigen Maßnahmen zu treffen, die für die rasche Einführung der ECU als Einheitswährung der an der Währungsunion teilnehmenden MS erforderlich sind. Die Entscheidung, ob in die dritte Stufe bereits mit einer einheitlichen Währung eingetreten wird, muß vom Rat getroffen werden. – Den in Abschnitt 7 gegebenen *„Empfehlungen für das weitere Verfahren"* wurde inzwischen mit der Regierungskonferenz in Rom (Dezember 1990) und der Unterzeichnung des EUV (Februar 1992) weitgehend entsprochen.

L. Birkendorf

Delors-Paket(e). Als D. werden zwei nach dem →*Präsidenten der Kommission Jacques Delors* benannte Bündel von Maßnahmen zur Reform bzw. Neuorientierung des Finanzsystems und der Ausgaben der EG bezeichnet. Das 1987 von der →*Kommission* vorgelegte und im Februar 1988 vom →*Europäischen Rat* in Brüssel verabschiedete D. I reformierte das Finanzsystem der EG, verdoppelte die Ausstattung der →*Strukturfonds* und führte eine Reihe kostendämpfender Maßnahmen im Rahmen der →*Gemeinsamen Agrarpolitik* ein. Das im Februar 1992 von der Kom. vorgelegte und im Dezember desselben Jahres vom Europäischen Rat in Edinburgh verabschiedete D. II sieht u. a. eine schrittweise Anhebung der →*Eigenmittel der EG* von 1,2 auf 1,27% des BSP von 1993 bis 1999 (auf der Basis des Preisniveaus von 1992: 65,9 Mrd. ECU 1993; 80,1 Mrd. ECU 1999), die schrittweise Aufstockung der Mittel für die durch *„Ziel Nr. 1"* (→*Regionalpolitik der EG*) definierten rückständigen Regionen um 72% bis 1999, die Ausstattung des →*Kohäsionsfonds* mit 15,15 Mrd. ECU bis 1999 sowie die Beibehaltung der →*Agrarleitlinie* von 1988 vor. – Während das erste D. von erheblicher Bedeutung für die Umsetzung der →*Einheitlichen Europäischen Akte* und die Verwirklichung des →*Binnenmarktprogramms* war, soll das zweite vor allem die zur Finanzierung der Politiken der Gemeinschaft/Union bis zum Ende des Jahrhunderts erforderlichen Mittel sichern, die →*Kohäsion* stärken und im Sinne einer strikten Haushaltsdisziplin klare Prioritäten für die nächsten Jahre setzen.

J. Monar

Demokratisches Defizit →Verfassungsdiskussion

Demosthenes-Programm →Europarat

Deutsche Wiedervereinigung und EG. Mit der deutschen Einigung veränderten sich auch die demographischen, ökonomischen und politischen Parameter der EG. Deutschland stellt nun mit knapp 80 Mio. Einwohnern fast ein Viertel aller EG-Bürger und verfügt über beinahe 30% des Bruttosozialprodukts der MS. Somit stellt sich auch das Problem der Repräsentanz der neuen Bundesländer in der EG. Im →*Europäischen Parlament* sind die neuen

Länder mit 18 Abgeordneten vertreten, die allerdings bisher noch über kein Stimmrecht verfügen. In den anderen →*Organen* hat sich an der Zusammensetzung keine Änderung ergeben. – Die Politik der EG, vertreten insbesondere durch EG-Kommissionspräsident Delors, zielte auf eine enge Einbindung Deutschlands. Ehe noch absehbar war, daß es kurzfristig zur Wiedervereinigung kam, erklärte Delors, daß die DDR jederzeit einen Platz in der EG beanspruchen könnte. Gegenüber dem größer gewordenen Deutschland gab es innerhalb der MS unterschiedliche Befürchtungen: einmal, daß das vereinte Deutschland nicht mehr solch ein Interesse an der EG zeigen könnte wie die frühere Bundesrepublik Deutschland und sich nach Mittel-/Osteuropa wenden könnte, zum anderen, daß das neue Deutschland die EG zu sehr dominieren könnte, und schließlich, daß durch die Kosten der deutschen Einheit Gefahren für die EG als Organisation entstehen könnten. – Auch für das vereinte Deutschland bedeutet die EG-Mitgliedschaft ein vitales Interesse: Durch die Einbindung Deutschlands in die EG wird eine gegenseitige Bindung in einer multilateralen Sicherheits- und Wertegemeinschaft erreicht, kann Deutschland die weitere Entwicklung EG-Europas entscheidend mitbeeinflussen und kann es darüber hinaus von dem 1993 in Kraft getretenen →*Binnenmarkt* profitieren. Bereits auf der *Tagung des →Europäischen Rates* in Straßburg vom Dezember 1989 begrüßten die Staats- und Regierungschefs der EG das Streben der Deutschen, die Einheit und Wiedervereinigung in Frieden und Freiheit zu erreichen, erklärten aber gleichzeitig auch, daß der deutsche Einigungsprozeß in den europäischen Integrationsprozeß eingebettet sein sollte. Die Konzeption der Bundesregierung zielte auf eine Verbindung von europäischer Integration und deutscher Einheit. So wurde am 18. April 1990 eine Initiative von Präsident Mitterrand und Bundeskanzler Kohl zur Vertiefung der EG gestartet, die auch als Beruhigung gegen ein eventuelles Abdriften der Deutschen aus dem Integrationsprozeß gewertet werden sollte. Der deutsch-französische Vorschlag zielte auf neue Kompetenzen der Europäischen Union in den Bereichen Umwelt, Gesundheits- und Verbraucherschutz, in Energie, Forschung und Technologie sowie in der Sozialpolitik. Ebenfalls wurde eine gemeinsame Außen- und Sicherheitspolitik angestrebt. Noch deutlicher wurde das gemeinsame deutsch-französische Vorgehen im Vorfeld des Maastrichter Gipfels, als im Oktober 1991 ein Vorschlag der beiden Länder zur Vertiefung der europäischen Integration vorgelegt wurde, der auch die Sicherheitspolitik einbezog. Viele dieser Vorstellungen wurden in dem →*Vertrag über die Europäische Union* realisiert. – Die neuen Bundesländer wurden durch den Beitritt der DDR zur Bundesrepublik Deutschland automatisch Mitglied der EG; jedoch wurde die Übernahme der EG-Rechtsvorschriften für sie schrittweise geplant. Rund 200 →*Rechtsakte* wurden mit der Realisierung der deutsch-deutschen Wirtschafts- und Währungsunion übernommen. Mit der Verwirklichung der staatlichen Einheit am 3. Oktober 1990 galt das gesamte →*Primärrecht* der EG sowie etwa 80% des →*Sekundärrechts* unmittelbar. Ausnahmeregelungen wurden vor allem für die Bereiche Landwirtschaft, Verkehr und Arbeitsschutz, Binnenmarkt und Umwelt für den Zeitraum bis zum 31.12.1992 erlassen. Längerfristige Ausnahmen im Umwelt- und Arzneimittelrecht sowie für tier- und pflanzenhygienische Bestimmungen sollen bis spätestens zum 31. Dezember 1995 abgelöst werden. Aufgrund der maroden wirtschaftsstrukturellen Lage der ehemaligen DDR hat die EG aus ihrem →*Strukturfonds* bis 1993 für die neuen Bundesländer 6,2 Mrd. DM für Investitionen in den Bereichen wirtschaftliche Infrastrukturen, Telekommunikation und Energieversorgung sowie zum Umweltschutz bereitgestellt. Außerdem stellt die →*Europäische Investitionsbank* zinsgünstige Kredite für die neuen Länder zur Verfügung. – Auch nach der Vereinigung ist Deutschland ein zuverlässiges Mitglied der EG, wobei allerdings aufgrund der gewandelten Parameter Deutschland sich davor hüten muß, seine ökonomische Dominanz zu stark politisch umzusetzen.

R. Fritsch-Bournazel: Europa und die deutsche Einheit, Bonn 1991. – Kommission der EG: Die EG und die deutsche Vereinigung, Bulletin der EG, Beilage 4 (1990), Luxemburg.

W. WOYKE

Dienstleistungsfreiheit. Die in Art. 59 EWGV geregelte D. gewährleistet als eine der vier →*Freiheiten des Gemeinsamen Marktes* den grenzüberschreitenden Austausch von Leistungen, die i. d. R. gegen Entgelt erbracht werden und nicht den Vorschriften über den →*Freien Waren- und Kapitalverkehr* und über die →*Freizügigkeit* der Personen unterliegen. – Der Dienstleistungsbegriff beschränkt sich nicht auf die in Art. 60 Abs. 2 EWGV beispielhaft genannten gewerblichen, kaufmännischen, handwerklichen und freiberuflichen Tätigkeiten, sondern erfaßt grundsätzlich alle selbständigen Erwerbstätigkeiten. Das für die D. charakteristische Merkmal der Grenzüberschreitung wird bei der *aktiven* D. dadurch erfüllt, daß der Leistende sich vorübergehend in einen anderen MS begibt, um dort seine Leistung zu erbringen. Bei der *passiven* D. ist es dagegen der Leistungsempfänger, der sich zur Entgegennahme der Leistung in den MS des Leistungserbringers begibt. Der Aufenthalt im Staat der Leistungserbringung bzw. Entgegennahme der Leistung darf stets nur vorübergehender Natur sein, andernfalls fällt der Vorgang nicht unter die D., sondern wird eventuell von der in Art. 52 EWGV gewährleisteten →*Niederlassungsfreiheit* erfaßt. Bei der gleichfalls unter Art. 59 EWGV fallenden sog. *Korrespondenzdienstleistung* wird die Dienstleistung über die Grenze erbracht, ohne daß es zu einem Ortswechsel des Leistungserbringers oder -empfängers kommt (Beispiel: grenzüberschreitende Ausstrahlung von Fernsehsendungen). Die Dienstleistung muß i. d. R. gegen Entgelt erbracht werden, ausnahmsweise Unentgeltlichkeit ist daher unschädlich. Das Merkmal der Entgeltlichkeit ist weit auszulegen, es genügt daher bereits, wenn das Entgelt einen wirtschaftlich meßbaren Wert hat, der nicht völlig außer Verhältnis zum Wert der Dienstleistung steht. Auch staatliche Leistungen werden vom Dienstleistungsbegriff erfaßt, sofern sie nur entgeltlich erbracht werden. – Persönliche Anwendungsvoraussetzung des Art. 59 EWGV ist die Staatsangehörigkeit eines MS und die Ansässigkeit in einem MS der Gemeinschaft, der mit dem des Leistungsempfängers bzw. -erbringers nicht identisch ist. Art. 59 EWGV verbietet als Konkretisierung des allgemeinen →*Diskriminierungsverbotes* in Art. 7 EWGV sowohl *offene* (Ungleichbehandlung aus Gründen der Staatsangehörigkeit) als auch *versteckte* Diskriminierungen. Einzelstaatliche Maßnahmen mit diskriminierender Wirkung sind nur dann gerechtfertigt, wenn sie von der Ausnahmevorschrift des über Art. 66 EWGV anwendbaren Art. 56 EWGV gedeckt sind. Darüber hinaus verbietet Art. 59 EWGV im Gegensatz zu Art. 52 EWGV aber auch alle sonstigen, nicht diskriminierenden Beschränkungen des grenzüberschreitenden Dienstleistungsverkehrs. Diese sind nur ausnahmsweise zulässig, wenn sie aus übergeordneten Gründen des Allgemeininteresses tatsächlich erforderlich und gerechtfertigt sind. Die Schlechterstellung von Inländern gegenüber EG-Ausländern (sog. *umgekehrte* Diskriminierung) verbietet Art. 59 EWGV dagegen nur in den Fällen, in denen sich die Situation des Inländers nicht von der des EG-Ausländers unterscheidet, so z. B. bei Vorlage eines in einem anderen MS erworbenen Diploms oder bei Vorliegen eines anderen spezifisch gemeinschaftsrechtlichen Bezugs.

U. Hübner: Die Dienstleistungsfreiheit in der Europäischen Gemeinschaft und ihre Grenzen, in: Juristenzeitung (1987), S. 330 ff. – N. Reich: Die Freiheit des Dienstleistungsverkehrs als Grundfreiheit, in: Zeitschrift für das gesamte Handelsrecht (1989), S. 571 ff.

A. Leupold

Diplomatischer Schutz →Unionsbürgerschaft

Direkte Steuern. Die Harmonisierung der D. für Unternehmen ist eine wesentliche Voraussetzung für die Schaffung gleicher Wettbewerbsbedingungen. Außer der Richtlinie über die Amtshilfe zwischen den Steuerverwaltungen vom 19.12.1977 sowie Art. 40 der VO 2137/1985 über die Europäische Wirtschaftliche Interessenvereinigung sind 2 →*Richtlinien* vom 23.7.1990 in Kraft, die für die grenzüberschreitende Zusammenarbeit von Kapitalgesellschaften im Gemeinsamen Binnenmarkt bedeutsam sind: die *„Fusionsrichtlinie"* und die *„Mutter/Tochter-Richtlinie"*. Die *Fusionsrichtlinie* regelt die steuerliche Behandlung der „stillen Reserven" bei Verschmelzungen (Spaltungen) sowie beim „Anteilstausch" und bei der „Einbringung von Unternehmensteilen"; sie sieht den „automatischen Steueraufschub" der stillen Reserven vor. Die *Mutter/Tochter-Richtlinie* befaßt sich mit der Mehrfachbelastung von Dividenden, die von einer Tochtergesellschaft eines MS an eine Muttergesellschaft in einem anderen MS ausgeschüttet werden. Die Dividenden sollen nicht nochmals bei der Muttergesellschaft durch Kapitalertragsteuern oder deren volle Körperschaftsteuer belastet werden. Weitere Richtlinienvorschläge liegen dem →*Rat* vor, der hierüber noch zu keiner Einigung gelangt ist: vom 21.12.1979 zur Besteuerung der Arbeitnehmer im Hinblick auf die Freizügigkeit; vom 11.9.1984 (ergänzt am 25.6.1985) für den Übertrag von Unternehmensverlusten; vom 10.2.1989 (2 Richtlinien) zur steuerlichen Erfassung von Zinsen; vom 28.11.1990 zur Berücksichtigung der Verluste ausländischer Betriebstätten und Tochtergesellschaften; vom 28.11.1990 zur Abschaffung der Quellensteuern auf zwischengesellschaftliche Zahlungen von Zinsen und Lizenzgebühren. Einen Richtlinienvorschlag vom 1.8.1975 zur Harmonisierung der Körperschaftsteuersysteme hat die →*Kommission* inzwischen zurückgezogen.

G. Sass

Direktwahlen. Die →*Mitglieder des Europäischen Parlaments* werden gemäß einem Beschluß des →*Rates der EG* vom 20.9.1976, der eine Entscheidung des →*Europäischen Rates* vom Dezember 1975 umsetzte, seit 1979 direkt gewählt. Zuvor waren sie von den Parlamenten der MS delegiert worden. – Um eine Dominanz der größeren Nationen in der Versammlung zu verhindern und eine angemessene Vertretung auch der kleineren Nationen sicherzustellen, sind die derzeit 518 Sitze (ab 1994 567 Sitze) so auf die MS verteilt, daß der Sitzanteil der mittleren und kleineren MS über ihrem jeweiligen Bevölkerungsanteil liegt (→*Europäisches Parlament*). – Die Abgeordneten werden in *freier, gleicher* und *direkter* Wahl zu einem einheitlichen Zeitpunkt für eine Legislaturperiode von fünf Jahren gewählt, wobei die Wahltage national unterschiedlich im Zeitraum von Donnerstag bis Sonntag festgesetzt werden können. Auf ein einheitliches *Wahlverfahren,* das vom EP bereits 1982 vorgeschlagen wurde, konnten sich die MS bisher noch nicht einigen, so daß sich das Wahlverfahren in jedem MS nach wie vor nach den innerstaatlichen Vorschriften richtet. Mit Ausnahme Großbritanniens, das an seiner Tradition des reinen Mehrheitswahlrechts festhält, ist in allen MS das System der Verhältniswahl dominierend, dies allerdings in sehr unterschiedlichen Formen. – Die Einführung der D. hat die demokratische Legitimation des EP und damit auch seine integrationspolitische Rolle wesentlich gestärkt. Die Wahlbeteiligung ist jedoch von 60,7% (1979) über 56,7% (1984) auf 48,7% (1989) zurückgegangen und macht damit deutlich, daß die Bürger der EG sich nur unzureichend für ein Parlament interessieren, dem es aufgrund des Widerstandes vieler MS immer noch an umfassenden politischen Kontroll- und Mitentscheidungsrechten mangelt.

J. Lodge (Hrsg.): The 1989 election to the European Parliament, Basingstoke 1990. – M. Silvestro: L'élection des membres du Parlement européen au suffrage universel et direct, in: Revue du Marché commun (1990), S. 216–218.

J. Monar

Diskriminierungsverbot (Grundsatz) Das D. ist primär eine konkrete Ausprägung des vom →*Gerichtshof der EG* für das Gemeinschaftsrecht entwickelten allgemeinen →*Gleichheitsgrundsat-*

zes mit dem Ziel der Beseitigung von Diskriminierungen aus Gründen der →*Staatsangehörigkeit.* Die Nichtdiskriminierung nach Staatsangehörigkeit, Wohnsitz und Aufenthaltsort von Personen sowie nach Ursprungs- und Bestimmungsland für Waren ist die Grundvoraussetzung für einen →*Gemeinsamen Markt* (Art. 6 Abs. 1 EGV). Im EWGV ist das D. sowohl allgemein in Art. 7 als auch speziell in zahlreichen anderen Artikeln geregelt (z. B. Art. 40, 48, 85, 119), z. T. mit Blick auf andere Differenzierungskriterien (z. B. Geschlecht in Art. 119). Verboten ist in Art. 7 eine *Schlechterstellung,* die an die Staatsangehörigkeit anknüpft, unabhängig davon, ob sie unmittelbar oder mittelbar wirkt, beabsichtigt oder unbeabsichtigt ist, auf Normen oder bloßer Verwaltungspraxis beruht. Angehörige anderer MS sollen nicht schlechter behandelt werden, als Angehörige des eigenen Staates. Nicht vom D. erfaßt sind Diskriminierungen gegenüber Angehörigen von →*Drittländern.* Ob Art. 7 Abs. 1 EWGV auch *Inländerdiskriminierungen („umgekehrte Diskriminierung")* verbietet, ist strittig. Art. 7 EWGV gilt unmittelbar und nach vorherrschender Auffassung subsidiär auch neben speziellen Diskriminierungsverboten. Für eine Rechtfertigung von Ungleichbehandlungen ist nur im Rahmen des allgemeinen Gleichheitssatzes und hier nur dann Raum, wenn die Differenzierung nach objektiven Gründen und ohne Rücksicht auf die Staatsangehörigkeit der Betroffenen erfolgt. Der EWGV beinhaltet selbst Ausnahmen *(Schutzklauseln),* bei deren Vorliegen das D. durchbrochen wird (u. a. Art. 36, Art. 56). Art. 7 Abs. 1 EWGV nennt keine Adressaten. Daher gilt das D. für die MS und für die →*Organe der EG.* Darüber hinaus wendet sich das D. aufgrund seines Grundrechtscharakters an die Marktbürger nicht nur als Geschützte, sondern auch als Adressaten. Dies gilt insbesondere für Art. 119 EWGV.

A. Bleckmann: Europarecht, Rdnr. 1219, 5. Aufl., Köln 1990.

T. Stein

Disziplinarordnung (EG-Beamte) →Beamtenstatut der EG

Dooge-Ausschuß. In Fontainebleau (25.–26.6.1984) setzte der →*Europäische Rat* einen Ad-hoc-Ausschuß für Institutionelle Fragen unter der Leitung des Iren *James Dooge* ein. Der D. legte im Dezember 1984 Vorschläge für eine strukturelle Neuordnung der Gemeinschaft als Basis eines *politischen Europa* vor. Er empfahl, dem →*Europäischen Parlament* im Gesetzgebungsverfahren ein echtes Mitentscheidungsrecht einzuräumen, im →*Rat* mit Mehrheit zu entscheiden und die Befugnisse der →*Kommission* zu erweitern. Er drängte, den →*Binnenmarkt* zu verwirklichen, das →*Europäische Währungssystem* weiterzuentwickeln und eine Technologiegemeinschaft zu schaffen. Die →*Europäische Politische Zusammenarbeit* sei enger mit den Außenbeziehungen der EG zu verkoppeln. Die Empfehlungen des D. gingen in die Verhandlungen über die →*Einheitliche Europäische Akte* ein.

B. Neuss

Doppelbesteuerungsabkommen. D. bestehen auch in der

Gemeinschaft zwischen den MS. – Art. 220 EWGV sieht vor, daß die MS, soweit erforderlich, untereinander Verhandlungen einleiten, um zugunsten ihrer Staatsangehörigen die Beseitigung der Doppelbesteuerung sicherzustellen. Das ursprüngliche Vorhaben, auf der Grundlage dieser Bestimmung ein multilaterales D. mit den MS auszuarbeiten, hat die →*Kommission* später aufgegeben. Sie ist der Auffassung, daß Art. 220 nur *subsidiären* Charakter („soweit erforderlich“) hat und die Probleme der →*direkten Steuern,* namentlich aus der Doppelbesteuerung, durch →*Rechtsangleichung* nach Art. 100 EWGV zu lösen sind. – Lediglich ein (ursprünglich von der Kom. für eine →*Richtlinie* vorgesehenes) *„Schiedsverfahren“* ist in der Form eines multilateralen Abkommens vom Rat angenommen worden. Dieses Verfahren hat zum Gegenstand, die Doppelbesteuerung zu beseitigen, die sich aus Geschäftsbeziehungen zwischen verbundenen Unternehmen ergibt, indem die Steuerverwaltung eines MS die inländischen steuerpflichtigen Gewinne erhöht, ohne daß die beteiligte andere Steuerverwaltung den Gewinn entsprechend ermäßigt. Das *„Schiedsverfahren“* greift ein, wenn zuvor das *„Verständigungsverfahren“* zwischen den Steuerverwaltungen nicht binnen zwei Jahren zum Erfolg geführt hat. Der Fall wird dann von einem Ausschuß beraten, zu dem die Steuerverwaltungen eine ungerade Zahl unabhängiger Personen hinzuziehen. Deren Spruch wird, falls die Steuerverwaltungen sich nicht inzwischen auf einer anderen Grundlage geeinigt haben, für diese nach einem halben Jahr verbindlich.

G. Sass

„Doppelte Föderalisierung“ →Länderbeteiligung

Dossier. Der französische Begriff D. bedeutet wörtlich übersetzt „Akte“, wird aber im Sprachgebrauch der EG oft auch als Bezeichnung für einen bestimmten zur Beratung oder Entscheidung anstehenden Sach- oder Problemzusammenhang verwendet (z. B.: „D. Landwirtschaft“).

Hrsg.

Drei-Stufen-Konzept zur Wirtschafts- und Währungsunion →Delors-Bericht

„Dritte Kraft“ →Föderalistische Bewegungen, →Leitbilder der Europäischen Einigung

„Dritter Pfeiler“. Als „D.“ (oder auch „dritte Säule“) wird im Sprachgebrauch der EG die in Titel VI des →*Vertrages über die Europäische Union* (außerhalb der EG-Verträge) vorgesehene Zusammenarbeit der MS in den Bereichen Justiz und Inneres bezeichnet (→*Innen- und Justizpolitik*).

Hrsg.

Drittländer. Als D. bezeichnet man aus EG-Perspektive diejenigen Staaten, die nicht MS der EG sind. Für die EG als relativ rohstoffarmes und handelsorientiertes Gebiet sind gute Außenbeziehungen zu D. trotz vertiefter Integration unerläßlich. Über 140 D. unterhalten offizielle Beziehungen zur EG, etwa 100 verfügen über eine diplomatische Vertretung in Brüssel. – Zu den verschiedenen

Formen der Zusammenarbeit oder Anbindung zwischen EG und D. siehe →*Außenbeziehungen*, →*Entwicklungspolitik* und →*Europäische Politische Zusammenarbeit*.

O. HILLENBRAND

Dubliner Übereinkommen zur Bekämpfung des Terrorismus →Europäischer Rechtsraum

Dumping →Anti-Dumping-Maßnahmen

Durchführungsbefugnisse. Die im →*Primärrecht* enthaltenen Rechtsgrundlagen für ein Handeln der EG unterscheiden nicht zwischen dem Erlaß von allgemeinen Rechtsnormen im Sinne von Gesetzen und darauf gestützten Ausführungsvorschriften. Die Ermächtigung der →*Organe der EG* zum Handeln in bestimmten Rechtsbereichen umfaßt grundsätzlich sowohl Legislativ- als auch Exekutivbefugnisse. Jedoch können in Legislativakten ausdrückliche Regelungen zu den D. getroffen werden. Für den Erlaß des →*Sekundärrechts* liegt die Entscheidungsbefugnis weitgehend beim →*Rat*, der auf Vorschlag der →*Kommission* tätig wird. Nach Art. 145 EGV ist der Rat jedoch grundsätzlich gehalten, die Befugnis zur Durchführung der von ihm erlassenen Vorschriften der Kom. zu übertragen. Die Modalitäten dieser Übertragung sind geregelt im Beschluß des Rates vom 13.7.1987 (→*Komitologie*), der je nach der Bedeutung der zu regelnden Materie drei unterschiedliche →*Ausschußverfahren* (z. T. mit Untervarianten) vorsieht: →*Beratender Ausschuß*, →*Verwaltungsausschuß*, →*Regelungsausschuß*. Was unter D. zu verstehen ist, wird im EGV selbst nicht definiert. Dieser Begriff ist grundsätzlich weit auszulegen, doch können der Kom. D. nicht allgemein und generalklauselartig, sondern nur im Zusammenhang mit einem materiellen, durchführungsbedürftigen →*Rechtsakt* zugewiesen werden und ggf. nur durch eine ranggleiche Norm wieder aufgehoben werden.

H. v. d. Groeben/J. Thiesing/C.-D. Ehlermann: Kommentar zum EWGV, 4. Aufl., Baden-Baden 1991, Art. 145, Rdnr. 16 ff., Art. 155, Rdnr. 51 ff. – G. Nicolaysen: Europarecht, Baden-Baden 1991, S. 142 ff.

G. HITZLER

Dynamische Auslegung (EG-Recht) →Auslegung des Gemeinschaftsrechts

EABS *(„Euro abstracts“)*. Datenbank der EG, die Angaben über veröffentlichte Resultate wissenschaftlicher oder technischer Forschungsprojekte enthält, die von der EG ganz oder teilweise finanziert werden bzw. wurden.

HRSG.

EAG →Europäische Atomgemeinschaft

EAGFL →Europäischer Ausrichtungs- und Garantiefonds für die Landwirtschaft

ECE →Wirtschaftskommission für Europa

ECHO →Datenbanken der EG

Echte Rückwirkung →Rückwirkungsverbot

ECIP *(EC-Investment Partners).* Auch als *„Cheysson-Fazilität"* bezeichnetes Programm der EG zur Förderung der industriellen Zusammenarbeit mit den Ländern Lateinamerikas, Asiens und des Mittelmeerraums, das u. a. Direktinvestitionen stimulieren soll und Projekte zur Ausbildung und technischen Hilfeleistung unterstützt (2. Phase 1992–1994).

Hrsg.

ECLAIR →AIR

ECLAS. Bibliographische Datenbank der Bestände der Zentralbibliothek der →*Kommission der EG* in Brüssel.

Hrsg.

ECOFIN. Gebräuchliche Abkürzung für den als *Rat der Wirtschafts- und Finanzminister* zusammentretenden →*Rat der EG.*

Hrsg.

ECU →Europäische Währungseinheit

Edinburgh-Fazilität. Vom →*Europäischen Rat* auf seiner Tagung in Edinburgh (Dezember 1992) beschlossene Kreditfazilität zur Förderung des Wirtschaftswachstums in der EG, die von 1993–1995 Investitionen von 5 Mrd. ECU in den Bereichen →*Transeuropäische Netzwerke,* Energie, Telekommunikation, städtische Infrastrukturen und Umweltschutz ermöglichen soll.

Hrsg.

EEF →Europäischer Entwicklungsfonds

EFA →Europäische Filmakademie

EFDO →Europäisches Filmvertriebsbüro

Effektivitätsgebot →Verwaltungsrecht der EG

„Effet utile" →Auslegung des Gemeinschaftsrechts, →Rechtsprechung des EuGH

Effizienzverordnung *(„Verordnung zur Verbesserung der Effizienz der Agrarstruktur").* Nach Auslaufen der Strukturrichtlinien wurde die Agrarstrukturpolitik 1985 in der E. neu gefaßt. Sie brachte eine Lockerung der Beschränkung der Investitionsförderung auf entwicklungsfähige Betriebe, eine spezielle Förderung für Junglandwirte, eine schärfere Prosperitätsschwelle und eine Verschärfung der Fördergrenzen für tierische Produktionszweige. Außerdem wurden die MS ermächtigt, Beihilfen an Landwirte zu zahlen, die sich zu einer umweltgerechteren Bewirtschaftung verpflichten (Art. 19). Diese Möglichkeit wurde später um eine Mitfinanzierung durch die Gemeinschaft erweitert, 1987 jedoch an strengere Voraussetzungen (u. a. Beschränkung auf ökologisch sensitive Gebiete) gebunden.

W. von Urff

EFRE →Europäischer Fonds für Regionale Entwicklung

EFTA →Europäische Freihandelszone

EFTA-Gerichtshof →Europäischer Wirtschaftsraum

EFTA-Überwachungsbehörde →Europäischer Wirtschaftsraum

EFWZ →Europäischer Fonds für währungspolitische Zusammenarbeit

EGB →Europäischer Gewerkschaftsbund

EG-Kommissar →Mitglied(er) der Kommission der EG

EGKS →Europäische Gemeinschaft für Kohle und Stahl

EG-Präsidentschaft→Präsidentschaft des Rates

EIB →Europäische Investitionsbank

EIF →Europäischer Investitionsfonds

Eigenmittel der EG. Der Begriff „Eigene Mittel" (der Gemeinschaft) wird in Art. 201 EWGV verwandt, um einen Gegensatz zu „Finanzbeiträgen der MS" zu kennzeichnen. Letztere bilden das ursprüngliche, in Art. 200 EGV festgelegte Finanzierungssystem des EG-Haushalts. Nach dem besonderen Verfahren, das die Zustimmung der staatlichen Parlamente erfordert, ergingen seit 1970 drei Beschlüsse zur Einführung eigener Mittel (zuletzt: Beschluß vom 24.6.1988, ABl. EG Nr. L 185/1988, S. 24). Die Finanzbeiträge im Sinne des Art. 200 wurden dadurch vollständig ersetzt. – Eine nähere Definition erfährt der Begriff „eigene Mittel" in den Verträgen nicht. Der in Art. 201 enthaltene Hinweis auf den Gemeinsamen Zolltarif bildet ausdrücklich nur ein Beispiel für diese Einnahmekategorie. – Gemäß Art. 2 Abs. 1 des Eigenmittelbeschlusses vom 24.6.1988 bilden vier Einnahmen „eigene Mittel der Gemeinschaft": (1) die *Agrarabschöpfungen* auf den Warenverkehr mit Drittstaaten (→*Abschöpfungen*), die bei Einfuhr oder Ausfuhr landwirtschaftlicher Erzeugnisse erhoben werden. (2) *Zolleinnahmen* ergeben sich aus der Anwendung des Gemeinsamen *Zolltarifs* auf den Außenhandel der EG. (3) Die wirtschaftlich bedeutsamste Einnahme (ca. 60% des Haushalts) bilden Anteile an der *Mehrwertsteuer.* Sie werden wie folgt berechnet: Auf die nach gemeinschaftlichen Kriterien definierte Bemessungsgrundlage (Art. 11 der 6. RL des Rates vom 17.5.1977) wird ein Satz von 1,4% (*„Mehrwertsteuer-Plafond"*) angewendet. Für Großbritannien und für Staaten, deren Bemessungsgrundlagen 55% des Bruttosozialprodukts überschreiten würde, gelten Sonderregelungen. (4) Seit 1988 besteht eine neue *„vierte"* Einnahmequelle ergänzender Art. Sie ergibt sich aus der Anwendung eines unter Berücksichtigung der sonstigen E. festzulegenden Satzes auf das Bruttosozialprodukt aller MS. Die Höhe des Satzes ist mittelbar durch die Beschränkung der E. auf insgesamt 1,2% des gesamten Bruttosozialprodukts der Gemeinschaft begrenzt. Sämtliche Einnahmen werden von den MS erhoben und der EG zur Verfügung gestellt. – Die derzeitige Regelung der EG-Finanzierung errichtet noch keine dauerhafte Finanzierungsgrundlage für die Gemeinschaft. Zu den geplanten Reformen gehören insbesondere eine stärkere Dynamisierung der Einnahmen, eine Verlagerung des Verfahrens der Beschlußfassung über neue Einnahmen auf die EG-Organe und eine deutlichere Verbindung der Einnahmen mit den Steuerpflichtigen.

R. Bieber: Die Erschließung neuer Finanzierungsmittel, in: S. Magiera: Entwicklungsperspektiven der EG, Berlin 1985. – D. Biehl/G. Pfennig: Zur Reform der EG-Finanzverfassung, Bonn 1990.

R. Bieber

Eigentumsrecht. Das E. zählt zu den →*Grundrechten*, die die Gemeinschaft zu beachten hat. Der →*Gerichtshof der EG* entnimmt dies den allgemeinen Rechtsgrundsätzen, wie sie den Verfassungstraditionen der MS entsprechen und in der →*Europäischen Menschenrechtskonvention* (EMRK) (hier: Art. 1 1. Zusatzprotokoll) zum Ausdruck kommen (EuGH Rs. 44/79, *Hauer*). Im EGV selbst wird der Schutz des gewerblichen und kommerziellen Eigentums in Art. 36 (innergemeinschaftlicher Warenverkehr) besonders hervorgehoben. Dabei handelt es sich um Schutzrechte wie Patente und das Urheberrecht. – Eine Entziehung oder Beschränkung des Eigentums ist nur unter den besonderen Voraussetzungen zulässig, wie sie in Art. 1 1. Zusatzprotokoll EMRK geregelt sind. Danach wird zwischen der *Entziehung* des Eigentums und der *Beschränkung seiner Ausübung* unterschieden. Die Entziehung des Eigentums ist dementsprechend nur zulässig, wenn das öffentliche Interesse es verlangt, und nur unter den durch Gesetz und durch die allgemeinen Grundsätze des Völkerrechts vorgesehenen Bedingungen. Zur Entziehung des Eigentums ist eine Entscheidung des EuGH noch nicht ergangen. Die Beschränkung der Ausübung des E. ist zulässig, sofern die Beschränkung tatsächlich dem Gemeinwohl dienenden Zielen entspricht und nicht einen im Hinblick auf den verfolgten Zweck unverhältnismäßigen, nicht tragbaren Eingriff in die Vorrechte des Eigentümers darstellt, der das E. in seinem Wesensgehalt antastet. Ein zeitlich begrenztes Neuanpflanzungsverbot für Weinreben, das der Bekämpfung einer anhaltenden Überproduktion dient, hat der EuGH dementsprechend für gerechtfertigt gehalten (EuGH Rs. 44/79, *Hauer*). – Gemäß Art. 222 läßt der EGV die Eigentumsordnung in den verschiedenen MS unberührt. Diese Vorschrift betrifft nicht das E. als Grundrecht des Einzelnen, sondern die ordnungspolitische Frage der Zulässigkeit einer Verstaatlichung von Wirtschaftszweigen.

R. Geiger: EG-Vertrag. Kommentar, München 1933.

R. Geiger

Einfache Mehrheit (Rat) →Abstimmungsverfahren

Einfuhrabgabe (Gemeinsame Agrarpolitik) →Abschöpfungen

Einfuhrabschöpfungen →Abschöpfungen

Einfuhrbeschränkungen und -verbote. Die gemeinsame Einfuhrregelung (VO 288/82) gewährt die grundsätzlich unbeschränkte Einfuhrfreiheit. Einschränkung bzw. Unterbindung der Importe aus →*Drittländern* können sich ergeben aufgrund von: (1) →*Schutzmaßnahmen* wegen schwerer Schädigung der Gemeinschaftsindustrie durch Drittlandsimporte nach der VO 288/82, als *Einfuhrüberwachung* (z. B. Registrierung von Mengen und Preisen der Importe (Art. 10 ff.), oder unter Anwendung der →*Schutzklausel* in Form von *mengenmäßigen Beschränkungen* (Titel V); (2) *Quoten* für Einfuhren aus den Staatshandelsländern (VO 1765/82) und für China (1766/82); (3) *Embargos,* verhängt aufgrund allgemeiner politischer Umstände (z. B. Iran, Irak, Jugoslawien); (4) *Einfuhrverboten* (z. B. nach dem Washingtoner Artenschutzabkommen (VO 3626/82); (5) sektoriellen, bilateralen oder multilateralen Abkommen, wie z. B. dem Multifaserabkommen, oder sektoriellen Sonderregelungen innerhalb der EG, wie z. B. der →*gemeinsamen Agrarpolitik*; und aus der Verhängung von Zöllen im Rahmen von →*Anti-Dumping-* oder →*Anti-Subventions-Maßnahmen.*

G. Welge

Einfuhrkontingente →Einfuhrpolitik

Einfuhrpolitik. Die E. der EG ist der auf Gemeinschaftseinfuhren aus →*Drittländern* bezogene Teil der →*Gemeinsamen Handelspolitik.* Wie diese umfaßt die E. den Handel mit Waren und Dienstleistungen (letzteres strittig) sowie den hierauf bezogenen Zahlungsverkehr. – Die EG bekennt sich zum Grundsatz einer weltoffenen Handelspolitik (vgl. Art. 110 EGV), die sich auch aus den vertraglichen Verpflichtungen gegenüber Dritten wie z. B. dem GATT ergeben. Importe aus Drittländern unterliegen gemäß der gemeinsamen Einfuhrregelung der EG (VO 288/82) keinen mengenmäßigen Beschränkungen. Ausnahmen gelten für bestimmte Sektoren, wie u. a. landwirtschaftliche Erzeugnisse (Einschränkungen durch die →*gemeinsame Agrarpolitik*) und Textilien (Quotenregelungen aufgrund des *Welttextilabkommens)* sowie gegenüber den Staatshandelsländern (VO 1765/82, ausgenommen Ungarn, Tschechoslowakei, Polen aufgrund der Interimsabkommen, sog. *„Europa-Abkommen"*) und China (VO 1766/82). – Ausnahmsweise können Importe durch →*Schutzmaßnahmen* beschränkt werden, wenn durch sie den Gemeinschaftserzeugern schwerer Schaden entsteht oder zu entstehen droht. Neben Überwachungsmaßnahmen bei der Einfuhr kommt hier insbesondere die →*Schutzklausel* (Titel V der VO 288/82) in Betracht. – Soweit Importe im Einklang mit der Einfuhrregelung oder durch zulässige Schutzmaßnahmen beschränkt sind, werden i. d. R. nationale oder *Gemeinschaftskontingente* festgesetzt (VO 1023/70). Importe über andere MS können gemäß Art. 115 EGV (→*Umwegeinfuhren*) verhindert werden. Nach Beseitigung der innergemeinschaftlichen Grenzkontrollen ab 1.1.93 sind national unterschiedliche Einfuhrbeschränkungen nicht mehr möglich. Die unterschiedlichen mengenmäßigen Importbeschränkungen in den MS sollen nicht durch EG-weite Einfuhrbeschränkungen ersetzt werden. Stattdessen bemüht sich die Gemeinschaft um eine ersatzlose Beseitigung der nationalen Kontingente. Ausnahmsweise kommen als Ersatz für *Einfuhrkontingente* sog. handelspolitische Lösungen, wie etwa freiwillige Exportbeschränkungen mit den Hauptlieferländern, in Betracht, wie dies im Falle der Automobile aus Japan beabsichtigt ist. Für weitere Ausnahmetatbestände siehe →*Einfuhrbeschränkungen und -verbote*. – Eine Erschwerung von Einfuhren, die aufgrund unfairer Handelspraktiken die Gemeinschaftsindustrie schädigen, kann durch →*Anti-Dumping-Maßnahmen* oder →*Anti-Subventions-Maßnahmen* erfolgen.

C. Eiselstein: Die EG in der Weltwirtschaftsordnung, Berlin 1987. – A. Koekkoek/A. Kuyvenhoven/W. Molle: Europe 1992 and the Developing Countries, in: Journal of Common Market Studies 2 (1990), S. 111–131. – Kommission der EG (Hrsg.): Der Außenhandel der EG, Luxemburg 1983.

G. WELGE

Einfuhrüberwachung →Einfuhrbeschränkungen und -verbote

Einfuhrverbote →Einfuhrbeschränkungen und -verbote

Einheitliche Europäische Akte. Als E. wird ein Vertrag zwischen den MS der EG vom 17. Februar 1986 bezeichnet. Den Inhalt dieses Vertrages bilden *Änderungen* zahlreicher Bestimmungen der geltenden EG-Verträge sowie *Ergänzungen* des gesamten Vertragssystems. Inhaltlich ist die E. durch drei Merkmale gekennzeichnet. Sie begründet neue Zuständigkeiten der EG (Forschung, Technologie, Umwelt), sie verändert die Entscheidungsverfahren mit dem Ziel einer Stärkung der Rechte des →*Europäischen Parlaments* (→*Verfahren der Zusammenarbeit*) aber auch der Steigerung der Effizienz der Entscheidungsbildung (Beschlußverfahren, Art. 100 a; Durchführungsbefugnisse, Art. 145). Weiterhin gibt die E. der →*Europäischen Politischen Zusammenarbeit* (EPZ) einen rechtlichen Rahmen und verknüpft diese mit der Gemeinschaft. Aus dieser Verknüpfung erklärt sich die Bezeichnung *„Einheitliche Akte“*. – Die E. stellte bis zum →*Vertrag über die Europäische Union* (EUV) die umfassendste Reform der Gemeinschaftsverträge seit Errichtung der EG dar. Gleichwohl wurde sie vielfach mit Skepsis aufgenommen, da sie die Rechte des EP nicht in großem Umfang steigerte und auch die Entscheidungsverfahren als schwerfällig eingeschätzt wurden. In der Praxis bewährten sich die Veränderungen jedoch. Dies gilt insbesondere auch für die Durchsetzung des Prinzips der Abstimmung mit *qualifizierter Mehrheit* im →*Rat* in den dafür vorgesehenen Bereichen. Mit ihren erfolgreichen Neuerungen bereitete die E. in mehrfacher Hinsicht den Weg für den EUV. Durch letzteren wurden die meisten der selbständig neben den EG-Verträgen stehenden Teile der E., insbesondere Teil III über die EPZ, allerdings wieder aufgehoben, so daß diese als selbständiger Rechtsakt kaum noch eine praktische Bedeutung besitzt.

C. Engel/W. Wessels (Hrsg.): From Luxembourg to Maastricht, Bonn 1992. – H. J. Glaesner: Die E., in: Europarecht (1986), S. 119–152.

R. BIEBER

Einheitliches Markenschutzrecht →Gemeinschaftsmarke

Einheitsgrundsatz (Haushalt) →Finanzverfassung der EG

Einheitspapier→Gemeinschaftliches Versandverfahren

Einrede der Rechtswidrigkeit. Mittels der E. (Art. 184 EWGV, abweichend 36 EGKSV, EuGH Rs. 9–10/56, *Meroni)* kann jede natürliche oder juristische Person in einem Rechtsstreit, bei dem es auf die Geltung einer →*Verordnung* des →*Rates* oder der →*Kommission der EG* ankommt, ungeachtet der üblichen Anfechtungsfrist (→*Nichtigkeitsklage*) die Unanwendbarkeit dieser Verordnung geltend machen. Zweck der E. ist es, den Rechtsbürger gegen die Anwendung rechtswidriger Verordnungen zu schützen, die von ihm nicht (oder nicht mehr) unmittelbar mit der *Nichtigkeitsklage* angegriffen werden können. Die E. trägt damit zur Vervollständigung des Rechtsschutzsystems der EG bei. Ist die E. im Verfahren vor dem →*Gerichtshof der EG (Inzidenzprüfung)* erfolgreich, so wird der Bestand der Verordnung selbst nicht in Frage gestellt, aber im Interesse der Rechtssicherheit wird das betreffende Organ die Verordnung von sich aus abändern oder aufheben.

N. Neuwahl

Einreiserecht. Das E. beinhaltet als notwendige Vorstufe des →*Aufenthaltsrechts* das Recht auf Zugang zum und anschließend freie Bewegung im Hoheitsgebiet der MS der EG, das den Staatsangehörigen der MS durch Art. 48 Abs. 3 b EWGV gewährt wird. Es ist Voraussetzung zur Verwirklichung der →*Freizügigkeit der Arbeitnehmer,* der →*Niederlassungsfreiheit* und des →*Freien Dienstleistungsverkehrs* (vgl. Art. 4 Abs. 3 RL Nr. 148/73). Das E. wird im EWGV selbst nur zum Zweck der Ausübung oder Inanspruchnahme („Touristen") einer wirtschaftlichen Tätigkeit gewährt. Die Richtlinien 90/364–366 (→*Aufenthaltsrecht*) dehnen es aber praktisch auf alle Staatsangehörigen der MS aus. Die zur Einreise Berechtigten können bei Vorlage eines Passes oder Personalausweises ohne Visum und vorherige Aufenthaltserlaubnis frei einreisen. – Der Heimatstaat des Berechtigten ist gemäß Art. 2 Abs. 2 und 3 RL 68/360 verpflichtet, einen Personalausweis oder Reisepaß auszustellen, wobei der Reisepaß zumindest für alle MS und die unmittelbar zwischen ihnen liegenden Durchreiseländer gelten muß. Für die Einreise darf weder ein Sichtvermerk noch ein gleichartiger Nachweis verlangt werden. Dabei ist unter *„Sichtvermerk"* jede Förmlichkeit zu verstehen, mit der die Einreise in das Hoheitsgebiet eines MS erlaubt werden soll bzw. die zur Kontrolle von Reisepaß oder Personalausweis an der Grenze hinzukommen. Hingegen dürfen Sichtvermerke bei der Einreise von Familienangehörigen verlangt werden, die nicht die Staatsangehörigkeit eines MS besitzen. – Nachdem praktisch alle Staatsangehörigen der MS unter denselben Bedingungen zur Einreise in einen anderen MS berechtigt sind, sind Fragen an der Grenze nach Zweck, Ziel und Dauer des Aufenthaltes unzulässig.

U. Wölker: Vorbemerkung zu den Art. 48 bis 50 und Art. 48, Rdnr. 17–21, in: H. v. d.

Groeben/J. Thiesing/C.-D. Ehlermann: Kommentar zum EWGV, 4. Aufl., Baden-Baden 1991.

T. Stein

Einschleusungspreis. Der E. ist ein geschätzter Preis für in die EG eingeführte tierische Veredelungsprodukte (Eier, Geflügel, Schweinefleisch), die aus Futtergetreide erzeugt werden. Die Berechnung des E. erfolgt aufgrund von Produktionskosten, wobei von Weltmarktpreisen und einer Futterverwertung in den Ausfuhrländern ausgegangen wird und dient zur Ermittlung von Einfuhrabschöpfungen (→*Abschöpfungen*).

G. Schmitt

Einspruchsverfahren gegen Europäisches Patent →Europäisches Patentamt

Einstellungsbeihilfen →Europäischer Sozialfonds

Einstellungsreserve →Auswahlverfahren

Einstimmigkeit (Rat) →Abstimmungsverfahren

Einzelermächtigung. Der Grundsatz der E. (frz.: *„compétence d'attribution"*) ist Ausfluß der Tatsache, daß die MS der Gemeinschaft keine Allzuständigkeit, sondern nur einen Teil ihrer Hoheitsrechte übertragen haben. →*Gemeinschaftskompetenzen* bestehen nur, soweit im →*Primärrecht* für eine bestimmte Materie eine konkrete *Ermächtigungsnorm* enthalten ist *(„Prinzip der begrenzten E.")*. Die EG hat also weder eine generelle Zuständigkeit für die Rechtsetzung noch eine *„Kompetenzkompetenz"*. Ihre Kompetenzen sind grundsätzlich einzeln ausdrücklich aufgeführt *(„Enumerationsprinzip")*, doch enthält das →*Primärrecht* in Art. 95 EGKSV, 235 EGV und 203 EAGV auch →*Generalermächtigungen,* die ein Handeln der Gemeinschaft in nicht ausdrücklich genannten Bereichen zulassen, soweit dies zur Erreichung der konkret benannten Ziele der Gemeinschaft erforderlich ist. Die Ausnutzung der durch die E. eröffneten Handlungsspielräume findet ihre Grenzen im →*Subsidiaritätsprinzip* und im →*Verhältnismäßigkeitsprinzip*.

E. Grabitz (Hrsg.): Kommentar zum EWGV, 2. Aufl., Baden-Baden 1991, Art. 189, Rdnr. 4, Art. 235, Rdnr. 11. – G. Nicolaysen: Europarecht, Baden-Baden 1991, S. 128.

G. Hitzler

Einzelfreistellung →Kartellrecht der EG

ELDR →Europäische Parteienföderationen

Empfehlung. Die E. als Rechtsakt des EWGV und EAGV (vgl. Art. 189 Abs. 5 EWGV; Art. 161 Abs. 5 EAGV) ermöglicht es →*Rat* und →*Kommission,* sich gegenüber den MS und in einigen vertraglich vorgesehenen Fällen (vgl. Art. 91 Abs. 1 EWGV) auch gegenüber Unternehmen und Einzelpersonen unverbindlich zu äußern, d. h. ohne damit für den Adressaten rechtliche Verpflichtungen zu begründen. Aufgrund ihrer Unverbindlichkeit bedarf der Ausspruch einer E. keiner besonderen Ermächtigung in den EG-Verträgen, sondern Rat und Kom. können E. immer dann abgeben, wenn sie es für notwendig erachten. Die Unverbindlichkeit von E. bedeutet freilich nicht, daß sie keinerlei rechtliche Relevanz haben. Dies gilt insbesondere für die Fälle, in denen die E. eine zwingende Voraussetzung für eine spätere verbindliche Rechtshandlung darstellt (vgl. etwa Art. 89 und Art. 102 Abs. 1 EWGV). Darüber hinaus sind E. grundsätzlich geeignet, einen Vertrauenstatbestand zu schaffen, der im Einzelfall dazu führen kann, daß Rat oder Kom. an den Inhalt der von ihnen ausgesprochenen E. gebunden sind. Aufgrund ihrer fehlenden Bindungswirkung können E. aber nicht nach Art. 173 EWGV (→*Nichtigkeitsklage*) angegriffen werden, so daß Unverbindlichkeit gleichzeitig auch Unanfechtbarkeit bedeutet. Die wesentliche Bedeutung der E. liegt im *politischen und psychologischen Bereich,* da Sachkenntnis und Übersicht von Rat und Kom. den E. eine besondere Autorität verleihen. – Die im EGKS-Recht anzutreffende E. (vgl. Art. 14 Abs. 3 EGKSV) ist trotz ihrer Namensgleichheit von den E. des EWG- und EAG-Rechts zu unterscheiden. Die EGKS-E. entspricht ihrer Funktion nach den →*Richtlinien* des EWGV und EAGV und weist damit auch ganz andere Strukturmerkmale als die unverbindliche EWG- und EAG-E. auf. Letztere findet im EGKS-Recht keine Entsprechung.

K.-D. Borchardt

Energiepolitik. Grundlage der E. der EG sind die Verträge von 1951 zur Gründung der EGKS und von 1957 zur Gründung der EAG, womit vor allem die Entwicklung der Kernenergie vorangetrieben werden sollte. Dennoch aber praktizierten alle MS ihre nationale Energiepolitik entsprechend ihrer eigenen Prioritätensetzung und im Einvernehmen mit den völlig verschiedenartigen Akteuren staatlicher, halbstaatlicher oder privater Art. Erst der Ölpreisschock von 1973 führte zu einer sektoralen Ausweitung der Aufgabenstellung für die EG, ob es sich um Stillegungsbeihilfen bei der Kohleförderung handelte, um die Senkung der Ölimporte durch Ausbau der Kernenergie oder um rationellere Energienutzung. Doch auch danach gestalteten die MS nach wie vor ihre eigene E. Das ergibt sich aus dem Anteil der Kernenergie an der jeweiligen Stromerzeugung: Während dieser Mitte der 80er Jahre in Belgien und Frankreich ca. 70 Prozent betrug und in der Bundesrepublik ca. 30 Prozent, hielten sich Italien und die Niederlande fast ganz aus der zivilen Kerntechnologie heraus. Gefordert war die EG mit den ihr zustehenden Kompetenzen beim Strahlen-, Gesundheits- und Verbraucherschutz in einer besonderen Weise nach dem Reaktorunfall von Tschernobyl im Frühjahr 1986. Doch die langsame Reaktion, die voluntaristische Diskussion über Grenzwerte bei der Strahlenbelastung von Lebensmitteln, die mangelhafte Information der Bevölkerung in Verbindung mit Verhaltensmaßregeln und die fehlende Beschlußbereitschaft für eine verbindliche Ratsrichtlinie ließen die EG als nicht handlungsfähig erscheinen, was gerade vom →*Europäischen Parlament* kritisch vermerkt wurde. – Vor dem Hintergrund dieser energiepolitischen Ausgangslage sind die von der →*Kommission* im Zusammenhang mit dem →*Binnenmarktprogramm* vorgebrachten Vorschläge für einen *„Binnenmarkt für Energie"* in der EG zu prüfen. Ziel der vorgesehenen Einbindung der Energiewirtschaft in den Gesamtrahmen soll es sein, „die Kosten des Zugangs zur Energie zu senken". Die national abgeschotteten Märkte sollen geöffnet werden, indirekte Steuerhemmnisse, wie Mehrwert- oder Mineralölsteuern, sind zu „harmonisieren", Transportmonopole abzubauen, Stromverbundnetze zu erweitern. Das von der Kom. angestrebte Ziel der Kostensenkung für Energie bei Anbietern und Verbrauchern verführt jedoch nicht nur dazu, eine Erhöhung des Energieverbrauchs zu prognostizieren, sondern fördert eine solche auch. Dabei bleibt unberücksichtigt, daß unter ökologischen Aspekten, etwa im Hinblick auf die globale Klimaveränderung, eher eine Reduktion der Energieverschwendung durch die Nutzung regenerativer Energiequellen sowie die Anwendung von Energieeinsparungsprogrammen auf der Tagesordnung stehen müßte. Kritisch ist anzumerken, daß der Grundsatz: „Jeder kaufe die Energie, wo er will und sie am billigsten ist", von der Unerschöpflichkeit der Ressourcen ausgeht und sich nicht auf die vielfältigen Fragen, die mit der Verbrennung von Kohle, Öl und Gas sowie mit der Nutzung der Atomkraft verbunden sind, anwenden läßt. Die bisherige Energieerzeugung wird einfach fortgeschrieben zugunsten einer Präferenz für den Bereich der Kernenergie, in dem traditionell das Schwergewicht der EG-Förderung neuer Energiequellen liegt. Dahinter steht nach Ansicht von Kritikern aus den Reihen des EP vor allem die Dominanz der französischen Elektrizitätsindustrie, die ihre aus Kernenergie erzeugten Überkapazitäten an Strom zu Dumpingpreisen an ihre Nachbarländer abgeben will. Dies wird ihr durch die Marktöffnung und durch den Wegfall nationalstaatlicher Abschottungsmöglichkeiten ermöglicht. Demokratietheoretisch ist diese Entwicklung deshalb bedenklich, weil die nationale Willensbildung in der Energiepolitik unterbunden und das staatliche Verwaltungshandeln durch eine supranationale Behörde ersetzt wird. Außerdem läßt die energiepolitische Zielrichtung des Binnenmarktes außer acht, daß auf dem Energiesektor seit den fünfziger Jahren bis heute ein Wandlungsprozeß stattgefunden hat. Spätestens nach Tschernobyl hat die Kernenergie ihre Ausstrahlungskraft verloren, und ein neuer Technologiewechsel bahnt sich an. Er betrifft einmal die Kernfusion, für die die Kom. bisher kontinuierlich beträchtliche Forschungsmittel aufbringt (→*JET-Programm*). Darüber hinaus geht es um erneuerbare Energiequellen (Wind- und Solarenergie), Energieeinsparungen oder Formen rationellerer Energienutzung, die von der Kom. bisher nur sehr unzureichend unterstützt wurden.

Europäisches Parlament: Scientific and Technological Options Assessment: Criteria for the Assessment of European Fusion Research, Bd. I u. II, Luxemburg 1988. – J. Grunwald: Tschernobyl und das Gemeinschaftsrecht, in: Europarecht 4 (1986). – Kommission der EG: Energie in Europa – Der Binnenmarkt für Energie, Luxemburg 1988. – Öko-Institut (Hrsg.): Energie Report Europa, Frankfurt a. M. 1991.

M. Strübel

ENREP. Datenbank der EG, die Angaben über Forschungsprojekte zum Umweltschutz in allen MS der EG enthält.

HRSG.

Entscheidung. Die E. bildet den typischen →*Rechtsakt,* mit dem →*Rat* und →*Kommission* ihre Exekutivfunktionen wahrnehmen. Die E. kann von einem MS, einem Unternehmen oder einem Gemeinschaftsbürger ein Handeln oder Unterlassen verlangen, ihnen Rechte einräumen oder Pflichten auferlegen. Ihre Strukturmerkmale werden wie folgt umschrieben (vgl. Art. 189 Abs. 4 EWGV; Art. 161 Abs. 4; Art. 14 Abs. 2 EGKSV): (1) Die E. hat *individuelle Geltung,* wodurch sie sich von der →*Verordnung* unterscheidet. Die Adressaten einer E. müssen individuell bezeichnet sein und werden auch nur individuell gebunden. Dafür genügt es, daß der betroffene Personenkreis im Zeitpunkt des Erlasses der E. bestimmbar ist und künftig nicht mehr erweitert werden kann. Abzustellen ist dabei vor allem auf den Inhalt der E., der geeignet sein muß, in individueller und unmittelbarer Weise auf die Lage der Rechtsunterworfenen einzuwirken. In diesem Sinne können auch Dritte von einer E. individuell betroffen sein, sofern sie wegen bestimmter persönlicher Eigenschaften oder besonderer, sie aus dem Kreis aller übrigen Personen heraushebender Umstände berührt werden und daher in ähnlicher Weise wie der Adressat selbst individualisierbar werden. (2) Die E. ist in *allen ihren Teilen verbindlich,* wodurch sie sich von den →*Richtlinien* unterscheidet, die nur hinsichtlich des zu erreichenden Ziels verbindlich sind. (3) Die E. *binden* ihren Adressaten *unmittelbar.* Eine an einen MS gerichtete E. kann darüber hinaus unter den gleichen Voraussetzungen wie eine *Richtlinie* unmittelbare Wirkung auch für die EG-Bürger erzeugen.

K.-D. Borchardt: Die rechtlichen Grundlagen der EG – Rechtsquellen, Rechtshandlungen und Rechtsetzung, in: M. Röttinger/C. Weyringer (Hrsg.): Handbuch der europäischen Integration, Wien 1991, S. 43–75. – S. Magiera: Die Rechtsakte der EG-Organe, in: Jura (1989), S. 595 ff.

K.-D. BORCHARDT

Entscheidungsverfahren. Die legislative Funktion wird in der EG normalerweise durch den →*Rat* ausgeübt, der auf Vorschlag der →*Kommission* tätig wird. Erst mit dem →*Vertrag über die Europäische Union* erhielt das →*Europäische Parlament* ein Mitentscheidungsrecht. – In einigen Bereichen hat die Kommission die Normativkompetenz. Hierzu zählen: der *EGKSV* (in bestimmten Fällen nur nach Zustimmung des Rates); die →*Gemeinsame Wettbewerbspolitik;* die *Sekundärgesetzgebung* zur Ausfüllung von *Rahmenvorschriften des Rates.* – Für die Gesetzgebung durch den Rat sieht der Vertrag die folgenden Verfahren vor: *Entscheidung ohne Konsultation; Entscheidung nach Konsultation* des →*Europäischen Parlaments* sowie ggf. des →*Wirtschafts- und Sozialausschusses,* des →*Ausschusses der Regionen* oder des →*Rechnungshofes*; *Zusammenarbeit; Mitentscheidung; Zustimmung.* – Der Rat beschließt hierbei nach Maßgabe der als Rechtsgrundlage herangezogenen Vertragsbestimmungen mit einfacher Mehrheit, mit qualifizierter Mehrheit oder einstimmig (→*Abstimmungsverfahren*). Zu den Verfahren im einzelnen siehe unter →*Konsultations-*, →*Mitentscheidungs-*, →*Zustimmungsverfahren* und →*Verfahren der Zusammenarbeit.*

H. Offele

Entschließung. Die E. werden vom →*Europäischen Rat,* dem →*Rat* als Gemeinschaftsorgan sowie dem →*Europäischen Parlament* gefaßt. In den E. werden die gemeinsamen Auffassungen und Absichten im Hinblick auf die Gesamtentwicklung der Integration (z. B. zur Politischen Union) sowie über konkrete Aufgaben innerhalb und außerhalb der EG zum Ausdruck gebracht. Im Innenbereich der EG wurden durch E. u. a. die →*Regionalpolitik,* die →*Energiepolitik* sowie die Errichtung des →*Europäischen Währungssystems* vorbereitet. Im außenpolitischen Bereich bedient man sich der E. vor allem zur Festlegung einer gemeinsamen, europäischen Haltung zu zahlreichen Problemen der Weltpolitik (z. B. Naher Osten, Südafrika, Beseitigung der Rassendiskriminierung, Hunger in der Welt) oder zum gemeinsamen Auftreten in politischen Konferenzen und Organisationen von der →*Konferenz über Sicherheit und Zusammenarbeit in Europa* bis zu den Vereinten Nationen. Den E. kommt allein politische Bedeutung zu. Für das EP ist die E. angesichts seiner nur rudimentären Entscheidungsbefugnisse ein unverzichtbares Mittel, seinen Auffassungen in angemessener und wirksamer Form Geltung zu verschaffen und dient damit dem EP gleichzeitig zur Selbstdarstellung. Für den Rat stellen die E. wichtige Orientierungshilfen für seine künftigen Arbeiten dar. Als gemeinsame politische Willensäußerung erleichtern die E. die Konsensfindung im Rat. Darüber hinaus gewährleisten sie ein Mindestmaß an Konkordanz zwischen der gemeinschaftlichen und der mitgliedstaatlichen Entscheidungsebene.

U. Everling: Zur rechtlichen Wirkung von Beschlüssen, Entschließungen, Erklärungen und Vereinbarungen des Rates und der MS der EG, in: G. Lueke u. a. (Hrsg.): Rechtsvergleichung, Europarecht und Staatsintegration, Köln 1983, S. 133 ff.

K.-D. Borchardt

Entwicklungsassoziierung →Assoziierungsabkommen

Entwicklungshilfe →Entwicklungspolitik der EG

Entwicklungspolitik der EG. Bereits in den Verhandlungen zur Gründung der →*Europäischen Wirtschaftsgemeinschaft* hatte sich die Frage gestellt, wie das Verhältnis zwischen den Gründungsstaaten und deren Kolonien in dem neuen europa-politischen Rahmen gestaltet werden könnte. Hätte es diesbezüglich keine Sonderregelungen gegeben, wären v. a. die französischen und belgischen Kolonien in Nord- und Schwarzafrika ökonomisch von ihren „Mutterländern" getrennt worden, mit denen sie bereits seit langem durch eine Zoll- und Währungsunion verbunden waren: Die im Rahmen der Wirtschaftsintegration geplante Ablösung der Binnenzölle durch einen gemeinsamen Außenzoll gegenüber →*Drittländern* drohte, die engen wirtschaftlichen Beziehungen der beiden seinerzeitigen Kolonialmächte der EG zu ihren Kolonien größtenteils zu zerstören. In den Art. 131–136 EWGV wurde daher die Anbindung der Kolonien in Form einer sog. *„Entwicklungsassoziierung"* geregelt. Die →*Assoziierung* der Afrikanischen Kolonien (die dazu nicht befragt wurden) bedeutete eine Art EWG-Mitgliedschaft minderen Rechts, d. h. die Kolonien waren zu einem Teil den Bestimmungen des EWGV unterworfen, ohne gleichberechtigte mitgliedschaftliche Rechte (v. a. Stimmrechte in den Organen der EWG) zu erhalten. Eine zukünftige EWG-Mitgliedschaft der Kolonien wurde ausgeschlossen, weil sie außereuropäisch waren. Stattdessen erhielten sie über den →*Europäischen Entwicklungsfonds* Gelder zur Förderung ihrer unterentwickelten wirtschaftlichen Strukturen. – Diese, vor allem auf die ehemaligen Kolonialgebiete der MS, d. h. auf (Schwarz-)Afrika, beschränkte E. gehört bis heute zu den am meisten ausgebauten Bereichen der →*Außenbeziehungen* der Gemeinschaft. Sie dient als Instrument der Bindung Afrikas an Europa, und zwar durch den „goldenen Zügel" der finanziellen Hilfe. – Um diese Länder auch durch Handel zu fördern, wurden sie nach Art. 132 und 133 EWGV in das Freihandelssystem der EWG integriert: Sie sollten in die schrittweisen Zollsenkungen einbezogen werden, die zwischen den sechs MS bis 1968 zu realisieren waren, dies allerdings nur bis auf den Stand der Zollsätze, die für die Einfuhr von Waren aus den „Mutterländern" in die assoziierten Länder galten. In die →*gemeinsamen Zolltarife* wurden sie nicht eingeschlossen, ebenso wie Arbeitnehmern aus den Kolonien nicht das Recht der Freizügigkeit zur Arbeitsaufnahme in der EWG eingeräumt wurde. Die →*Niederlassungsfreiheit* für Unternehmer im europäisch-afrikanischen Raum hingegen wurde vereinbart. Den Kolonien blieb das Recht zur Erhebung entwicklungspolitisch begründeter Schutz- und Finanzzölle vorbehalten. – Im Mittelpunkt der heutigen E. stehen vor allem Afrika und seit 1975 (in der Folge des britischen EG-Beitritts) die ehemaligen europäischen Inselkolonien in der Karibik und im Pazifik, wobei das Hauptinstrument der E. spezifische völkerrechtliche Verträge *(Handels-, Kooperations-* oder *Assoziierungsabkommen)* sind, die zwischen beiden Seiten auf gleichberechtigter Grundlage vereinbart werden. Insbesondere sind hier die →*Jaunde-* und →*Lomé-Abkommen* mit den den Rohstofferlös stabilisierenden Systemen →*STABEX* und →*SYSMIN* zu nennen. – Seit Ende der 60er Jahre ist die EG um eine weltweite Entwicklungshilfepolitik bemüht. Insbesondere kamen hier vermehrt Lateinamerika und Asien in den Blick. Lateinamerika hatte sich seit der Gründung der EWG darüber beklagt, daß der →*Agrarprotektionismus* der EG den Export lateinamerikanischer Agrarprodukte (u. a. Fleisch und Weizen aus Argentinien) erschwere oder gar unmöglich mache. Überhaupt fühlten sich die Entwicklungsländer in Asien und Amerika durch die präferentiellen Beziehungen der EWG (u. a. im Bereich der Zollsenkungen) zu den afrikanischen Staaten diskriminiert. Die letzteren setzten sich kaum oder gar nicht für eine weltweite E. ein, da sie hierdurch ihren bevorzugten Status gefährdet sahen. – Die Zollpräferenzen verloren dann seit den 70er Jahren an Bedeutung, da über die verschiedenen GATT-Runden weltweit das Zollniveau erheblich gesenkt wurde (dies allerdings mit Ausnahme des für die Dritte Welt besonders wichtigen Agrarbereichs). Die Gemeinschaft setzte als erste Gruppe von Industrieländern Mitte 1971 das *Allgemeine Präferenzsystem* der UNCTAD in Kraft, in dem den Entwicklungsländern Zollsenkungen (v. a. für verarbeitete Produkte) zugestanden wurden, ohne daß Zollsenkungen gegenüber den Industrieländern als Gegenleistung gefordert wurden. – Die Entwicklungsländer konnten diese Präferenzen jedoch nur in geringem Umfang nutzen, da sie vornehmlich Rohstoffe und nur relativ geringe Mengen halb oder ganz verarbeiteter Produkte exportieren. Die ihnen gewährten mengenmäßigen Kontingente für freie Einfuhren in die Gemeinschaft konnten kaum ausgeschöpft werden und hatten daher nur eine geringe Bedeutung. Zudem wurde die Einfuhr in die EG durch administrative Hindernisse (z. B. *Ursprungsregelungen)* erschwert. Eine Konsequenz daraus war und ist, daß die EG nun hilft, die Vermarktungskapazität der Entwicklungsländer aufzubauen, z. B. durch Messeprogramme und Marketingförderung. – Vor allem seit den 70er Jahren schloß die EG eine Reihe von (nicht-präferentiellen) Handelsabkommen mit Entwicklungsländern in Asien und Lateinamerika ab, die zwar keine Zollkonzessionen, wohl aber Bestimmungen über die Intensivierung des wechselseitigen Handels, über wissenschaftlich-technologische Zusammenarbeit und über die Einrichtung gemeinsamer Ausschüsse usw. enthalten. Eigentümlich wirkt der Kontrast zwischen der geringen entwicklungspolitischen Bedeutung Lateinamerikas im Konzept der EG im Vergleich zur zentralen Rolle, die Lateinamerika im Rahmen des Nord-Süd-Dialogs spielt, und zu seinem Gewicht als Anlageland für europäische Direktinvestitionen. Allerdings waren die EG-Außenminister in den 80er Jahren bemüht, vermittelnd in den Konflikten Mittelamerikas (insbes. den um Nicaragua) zu wirken, wofür sie sogar Reibereien mit den USA in Kauf nahmen. – In der Frage der Verschuldung der Entwicklungsländer kann die Gemeinschaft bisher aufgrund des Festhaltens der MS an ihren Kompetenzen in diesem Bereich nicht tätig werden. Von weltweiter Bedeutung sind jedoch ihre *Nahrungsmittel- und Katastrophenhilfen* seit 1968 auf der Basis von Art. 43 (Nahrungsmittelhilfe), 113 (Handelspolitik) und (für besondere Hilfsmaßnahmen aller Art) 235 EWGV. Die Nahrungsmittelhilfe, die immer in der Form von Schenkungen erfolgt, besteht einerseits aus Soforthilfen im Falle von Naturkatastrophen und andererseits aus von der EG finanzierten Nahrungsmittellieferungen, wobei Transport und Verteilung vom Empfänger übernommen werden. Bei diesen Operationen sucht die →*Kommission* zunehmend Nicht-

Regierungsorganisationen einzuschalten. Darüber hinaus ist die EG an verschiedenen diesbezüglichen Fonds der Vereinten Nationen beteiligt. – Weltweit ausgerichtet ist auch die Förderung der EG für kirchliche und sonstige karitative Nicht-Regierungsorganisationen im Entwicklungshilfebereich.

C. Cosgrove/J. Jamar (Hrsg.): The European Community's Development Policy: The Strategies Ahead, Brügge 1986. – K. Weidmann: Die EG-Entwicklungspolitik in Afrika, Baden-Baden 1990.

J. Bellers

Enumerationsprinzip →Einzelermächtigung

ENVIREG *(Environnement régional)*. Programm der EG zur Verbesserung der Umweltsituation in den am stärksten benachteiligten Regionen der EG, in dessen Rahmen Darlehen und nichtrückzahlbare Zuschüsse für Umweltschutzprojekte geleistet werden (gegenwärtige Laufzeit: 1990–1993; 500 Mio. ECU).

Hrsg.

EP →Europäisches Parlament

EPZ-Bulletin *(„European Political Cooperation Documentation Bulletin")*. Halbjährliche Publikation der öffentlichen Dokumente der →*Europäischen Politischen Zusammenarbeit* (Erklärungen der *„Zwölf"*, des →*Europäischen Rates*, Stellungnahmen in internationalen Gremien, Berichte an das →*Europäische Parlament* und Antworten auf →*Anfragen des EP*) sowie des *Abstimmungsverhaltens* der MS der EG in den Vereinten Nationen.

N. Neuwahl

EPZ-Sekretariat. Das E. ist eine 1987 in Brüssel eingerichtete Institution zur Unterstützung der jeweiligen →*Präsidentschaft* der *Europäischen Politischen Zusammenarbeit* (EPZ). Aufgaben: (1) Vorbereitung und Organisation der EPZ-Sitzungen; (2) Entwurf von Erklärungen der zwölf EG-MS zu außenpolitischen Fragen sowie der Antworten der Zwölf auf →*Anfragen* und *Resolutionen* des →*Europäischen Parlaments*; (3) Teilnahme an Treffen der Außenminister mit →*Drittländern*; (4) Abstimmung mit den Institutionen der EG (Kohärenz); (5) Unterrichtung der Presse in Brüssel und Öffentlichkeitsarbeit. – Im E. finden jährlich rund 100 Sitzungen der Arbeitsgruppen der EPZ statt (Beamte der zwölf Außenministerien). Das E. ist an das →*COREU-Netz* angeschlossen. Im Sekretariat arbeiten sieben (1993) aus verschiedenen MS abgeordnete Diplomaten. Der Leiter des Sekretariats wird von den Ministern ernannt. – Nach Inkrafttreten des →*Vertrages über die Europäische Union* soll das E. in das →*Generalsekretariat des Rates der EG* integriert und personell verstärkt werden.

W. Späth: Die Arbeit des EPZ-Sekretariats, in: Europa-Archiv 6 (1990), S. 213–220.

W. Späth

ERASMUS-Programm. Das E. (Beschluß 87/327/EWG) dient vor allem der Förderung der *Studentenmobilität* in der EG. Daneben wird das Programm zur Verbesserung der Hochschulzusammenarbeit und der Förderung des Dozentenaustauschs eingesetzt. Alle Zielsetzungen stehen dabei sowohl im Zusammenhang mit der Förderung der Wettbewerbsfähigkeit der EG als auch der Schaffung eines →*Europas der Bürger*. Neben der finanziellen Förderung von europäischen Hochschulnetzen und Studentenstipendien unterstützt man durch das *ECTS-System (European Credit Transfer System)* Pilotprojekte zur Erleichterung der akademischen Anerkennung. Im Ministerratsbeschluß von 1987 zu ERASMUS I sah man 85 Mio. ECU für einen Dreijahreszeitraum vor. Nunmehr verfügt die →*Kommission* über 192 Mio. ECU für die ersten drei Jahre der zweiten Phase des ERASMUS-Programms nach dem Beschluß von 1989 (Beschluß 89/663/EWG). Inzwischen werden jährlich für 30.000 bis 40.000 Studenten die Zusatzkosten des Auslandsaufenthaltes finanziert.

R. Absalom: Practical Rather than Declamatory Co-operation. Erasmus in 1990, an Appraisal, in: European Journal of Education (1990), S. 39–54. – K. Lenaerts: ERASMUS: Legal Basis and Implementation, in: B. De Witte (Hrsg.): European Community Law of Education, Baden-Baden 1989, S. 113–126.

G. Schink

ERE →Europäische Rechnungseinheit

Erklärung. Bei den E., die von allen Gemeinschaftsorganen abgegeben werden können, sind zwei Erscheinungsformen zu unterscheiden: Soweit sich die E. auf die weitere Entwicklung der EG beziehen (z. B. Erklärung zur Europäischen Union, zur Demokratie oder zu den Grundrechten), entsprechen sie ihrer Bedeutung nach im wesentlichen den →*Entschließungen*. Auf sie wird vor allem dann zurückgegriffen, wenn eine breite Öffentlichkeit oder ein bestimmter Adressatenkreis angesprochen werden soll. Daneben werden E. auch im Zusammenhang mit der Beschlußfassung im →*Rat* abgegeben. Es handelt sich dabei um E., in denen die Ratsmitglieder gemeinsam oder einseitig ihre Auffassung über die Auslegung der gefaßten Ratsbeschlüsse zum Ausdruck bringen. Derartige auslegende E. sind ständige Übung im Rat und stellen ein unerläßliches Mittel der Kompromißfindung im Rat dar. Als Verkörperung des Willens des Urhebers einer Regelung sind sie bei der Auslegung zu berücksichtigen. Dies gilt allerdings nur insoweit, als sie die notwendige Publizität besitzen, da Rechtsakte, die unmittelbare Rechte einräumen und Pflichten auferlegen, nicht aufgrund unveröffentlichter Nebenabreden eingeschränkt oder modifiziert werden können.

U. Everling: Zur rechtlichen Wirkung von Beschlüssen, Entschließungen, Erklärungen und Vereinbarungen des Rates und der MS der EG, in: G. Lueke u. a. (Hrsg.): Rechtsvergleichung, Europarecht und Staatsintegration, Köln 1983, S. 133 ff.

K.-D. Borchardt

Erklärung der Grundrechte und Grundfreiheiten →Menschenrechtspolitik der EG

Erklärung von Venedig. In der E. ging der →*Europäische Rat* im Rahmen der →*Europäischen Politischen Zusammenarbeit* (EPZ) am 13.6.1980 über die Entschließungen 242 und 338 des UN-Sicherheitsrates zur Situation im Nahen Osten hinaus. Mit der Anerkennung des Existenzrechtes und der Sicherheit aller Staaten der Region, einschließlich Israels, und der *legitimen Rechte des palästinensischen Volkes* wertete die E. die PLO auf. Den Palästinensern wurde ein Selbstbestimmungsrecht zugesprochen, als dessen Voraussetzung ihre und der PLO Beteiligung an Friedensverhandlungen angesehen wurde. Mit der E. versuchte die EPZ, Einfluß auf die Friedensbemühungen zu nehmen.

B. Neuss

„ERTA“ (= „AETR“, Rechtssache) →Außenbeziehungen, →Außenkompetenz, →Rechtsprechung des EuGH, →Zuständigkeitsverteilung

Erweiterung(en). Die EG wurde bislang bereits dreimal erweitert: Nachdem den Beitrittsanträgen Großbritannies von 1961 und 1967 aufgrund des Widerstands des französischen Staatspräsidenten de Gaulle kein Erfolg beschieden gewesen war, konnten nach dessen Rücktritt aufgrund der neuen politischen Leitlinien der →*Haager Gipfelkonferenz* nicht nur Verhandlungen mit Großbritannien, sondern auch mit Dänemark, Irland und Norwegen aufgenommen werden, die im Anschluß an Großbritannien ebenfalls einen Beitrittsantrag gestellt hatten. Diese Verhandlungen, bei denen sich alle vier Staaten zur Übernahme des →*gemeinschaftlichen Besitzstandes* bereit erklärten, führten 1973 zur „Norderweiterung“ der Gemeinschaft um Großbritannien, Dänemark und Irland, die von den Gründerstaaten der EG als eine politische und wirtschaftliche Stärkung der Gemeinschaft begrüßt wurde. Die norwegische Regierung hatte die Beitrittsakte ebenfalls unterschrieben, mußte dann aber infolge einer negativ ausgegangenen Volksbefragung doch von der angestrebten Mitgliedschaft absehen. Die zweite und dritte E. waren von Seiten der EG v. a. als eine politische Hilfestellung für die jungen Demokratien Südeuropas gedacht: 1981 erfolgte der Beitritt von Griechenland *(erste „Süderweiterung“)* und 1986 der von Spanien und Portugal *(zweite „Süderweiterung“)*. Beide Süderweiterungen waren unter den MS nicht unumstritten, da sich aus dem relativen wirtschaftlichen Rückstand der Beitrittskandidaten zusätzliche budgetäre Belastungen ergeben mußten und die Landwirtschaft dieser Länder neue interne und externe Probleme für die →*Gemeinsame Agrarpolitik* mit sich brachte. – Der durch das →*Binnenmarktprogramm* und die erklärten Ziele einer Wirtschafts- und Währungs- sowie politischen Union (→*Vertrag über die Europäische Union*) deutlich gewordene Wille der MS zu einer weiteren Vertiefung der Gemeinschaft haben deren Anziehungskraft auf →*Drittländer* seit der letzten E. noch beträchtlich erhöht: Auf den Beitrittsantrag der Türkei (1987) folgten die Anträge Marokkos (1987), Österreichs (1989), Zyperns und Maltas (1990), Schwedens (1991) sowie Finnlands, der Schweiz und – erneut – Norwegens (1992). Von diesen Anträgen ist nur der Antrag Marokkos mit der Begründung mangelnder Zugehörigkeit zu Europa definitiv abgelehnt und der der Türkei v. a. unter Hinweis auf den immer noch sehr großen wirtschaftlichen Rückstand und die ungelösten innenpolitischen Probleme des Landes vorläufig zurückgewiesen worden. Mit den übrigen Kandidaten ist die Aufnahme von Beitrittsverhandlungen bereits erfolgt bzw. zu erwarten. Mehrere mittel- und osteuropäische Staaten haben ebenfalls schon nachdrückliches Interesse an einer Mitgliedschaft in der EG gezeigt, worauf die Gemeinschaft und die MS in einer Mischung aus vorsichtiger politischer Zustimmung und erheblichen wirtschaftlichen Vorbehalten reagiert haben. – Jede E. ist an die Einhaltung der durch die EG-Verträge vorgegebenen Prinzipien und gemeinschaftsinternen Entscheidungsverfahren gebunden (→*Beitritt*), ist v. a. aber eine politische Frage: Zumindest drei Gründe lassen sich für weitere E. anführen: Da die Gemeinschaft/Union das am weitesten politisch integrierte und wirtschaftlich entwickelte Staatensystem Europas bildet, ist davon auszugehen, daß jede E. auch einen Beitrag zur weiteren Einigung und Stabilisierung Europas leistet, der v. a. im Hinblick auf Mittel- und Osteuropa von einigen Autoren als notwendig betrachtet wird. Sodann bringt jede E. eine Ausweitung des →*Binnenmarktes* und seines Entwicklungspotentials mit sich. Schließlich trägt jede E. auch zur Stärkung der politischen und wirtschaftlichen Rolle der Gemeinschaft/Union auf der internationalen Ebene bei. Diesen positiven Aspekten stehen jedoch eine ganze Reihe von schwerwiegenden Problemen oder zumindest Fragen gegenüber: So haben die bisherigen E. gezeigt, daß jede E. – auch wenn es sich um wirtschaftlich hochentwickelte Staaten handelt – neuen Positionsdifferenzen zwischen den MS innerhalb des →*Rates der EG* und der →*Europäischen Politischen Zusammenarbeit* Vorschub leistet und damit in vielen Fällen die Entscheidungsfindung erschwert. Diesem Problem der Entscheidungskapazität könnte zwar durch einen zunehmenden Übergang zu Mehrheitsentscheidungen in einer erweiterten Gemeinschaft/Union begegnet werden, doch würde dies bedeuten, daß nationale Minderheitsinteressen (so z. B. von Gruppen kleinerer MS) sehr viel häufiger übergangen werden könnten, was einem erheblichen und gewiß nicht allgemein willkommenen Charakterwandel des Gemeinschaftssystems zur Folge haben würde. Zu dem Problem der Sicherstellung der Entscheidungskapazität kommen eine Reihe institutioneller Probleme hinzu: So wirft z. B. jede größere zukünftige E. die Fragen der Funktionalität des Systems der halbjährlich rotierenden →*Präsidentschaft* und einer angemessenen Vertretung aller Nationen im →*Europäischen Parlament* auf, wo die Beibehaltung des bisherigen Sitzquotensystems die Diskrepanz zwischen der Größe der Wahlkreise von Abgeordneten aus kleinen und großen MS in nicht mehr vertretbarer Weise auseinanderklaffen lassen könnte. – Während eine E. um die Staaten der →*Europäischen Freihandelszone* rein wirtschaftlich gesehen relativ unproblematisch sein dürfte, kann man davon ausgehen, daß eine E. um mehrere mittel- und osteuropäische Länder (hier können die innerdeutschen Erfahrungen mit den Lasten der Wiedervereinigung teilweise als Beispiel dienen) noch auf längere Sicht ein nur schwer zu bewältigendes wirtschaftliches und finanzielles Konfliktpotential innerhalb der Gemeinschaft/Union erzeugen würde. – Weniger in klaren Kategorien zu fassen, aber nicht minder bedeutsam ist schließlich auch die Frage nach dem *„Gemeinschaftsgeist"* (*„esprit communautaire"*) zukünftiger MS, d. h. ihre Bereitschaft, nicht nur den rechtlichen Besitzstand der Gemeinschaft vollständig zu respektieren, sondern ihre eigenen Interessen notfalls auch zugunsten des Ganzen zurückzustellen und sich aktiv für eine (wie es in der Präambel des EUV heißt) *„immer engere Union der Völker Europas"* einzusetzen. Diesbezüglich waren bereits die Erfahrungen mit den bisher beigetretenen Staaten nicht einheitlich positiv. Abweichende Auffassungen von der Natur der Gemeinschaft/Union (so z. B. ihre Sicht als reine Wirtschafts- und Wohlstandsgemeinschaft) oder mit ihrem politischen Besitzstand unvereinbare Tendenzen oder Traditionen (z. B. der neue Nationalismus in den mittel- und osteuropäischen Staaten, Tradition der strikten Neutralität in manchen EFTA-Staaten) könnten gravierende Folgen für die Fortentwicklungsfähigkeit bzw. sogar den Bestand der Gemeinschaft/Union entfalten. – Vor diesem Hintergrund wird deutlich, daß die Frage weiterer E. in engem Zusammenhang mit der einer weiteren politischen und institutionellen Vertiefung gesehen werden muß: Während aus einer ausgewogenen Verbindung von Vertiefung und E. eine Stärkung der Gemeinschaft/Union und positive Impulse für die Stabilität in Europa resultieren können, kann eine größere E. ohne Vertiefung Stagnation und Verfall bedeuten, zumal wenn neue MS sich als unfähig zur Anpassung an die politische Kultur des Europas der Gemeinschaft erweisen sollten.

F. Nicholson/R. East: From the Six to the Twelve: The Enlargement of the European Communities, Harlow 1987. – H. Schneider: Gesamteuropäische Herausforderungen an eine Europäische Union, in: R. Wildenmann (Hrsg.): Staatswerdung Europas?, Baden-Baden 1991, S. 41–143.

J. Monar

ESA →Europäische Weltraumorganisation

ESF →Europäischer Sozialfonds

ESPRIT *(European Strategic Programm for Research and Development in Information Technologies)*. Das spezifische Programm E. (EGV Art. 130 k) fördert die Kooperation von Hochschulen, Forschungseinrichtungen und Unternehmen in der vorwettbewerblichen Forschung im Bereich Informationstechnik (IT) sowie die Erarbeitung international anerkannter Normen, um die technologischen Grundlagen, die zur Verbesserung der Wettbewerbsfähigkeit Europas beitragen sollen, zu schaffen. E. wurde 1984 eingerichtet. Zur Zeit befindet es sich in seiner 3. Phase (1990–94). E. ist das mit dem größten Finanzvolumen (2. Phase 3,2 Mrd. ECU, je zur Hälfte von der EG und den Teilnehmern aufgebracht) ausgestattete Forschungsprogramm der EG. Die Forschungsthemen von E. umfassen Mikroelektronik und Peripheriegeräte, Informationsverarbeitungssysteme, IT-Anwendungstechnologien und Grundlagenforschung.

G. u. M. Sabathil: Förderprogramme der EG 1990–91, Bonn 1990. – R. Schneider: ESPRIT und EUREKA – Europas Antworten auf die pazifische Herausforderung?, in: WSI-Mitteilungen 10 (1986).

J. GÜTZKOW

EUCLID-Projekt →Unabhängige Europäische Programmgruppe

EURAM →BRITE/EURAM-Programm

EURATOM →Europäische Atomgemeinschaft

EURATOM-Versorgungsagentur →Versorgungsagentur

EUREKA *(European Research Coordination Agency)*. Die E.-Initiative wurde 1985 vom französischen Staatspräsidenten Mitterand als europäische Antwort auf die strategische Verteidigungsinitiative (SDI) der USA vorgeschlagen, fördert im Gegensatz zu letzterer jedoch zivile Projekte in mehreren Schlüsseltechnologien und stellt so einen zwischenstaatlichen Rahmen für Zusammenarbeit in marktnaher Forschung und technologischer Entwicklung dar. An E. beteiligen sich die EG-Staaten und die Staaten der →*EFTA*, die Türkei und die →*Kommission*. Ziel ist die Verbesserung der europäischen Wettbewerbsfähigkeit. Projekte entstehen auf Initiative von Industrie und Wissenschaft, ihre Finanzierung obliegt den Teilnehmern, die von nationalen Regierungen und aus EG-Programmen Zuschüsse von bis zu 50% erhalten können. 1991 bestanden ca. 470 Projekte mit einem Finanzvolumen von rund 8 Mrd. ECU.

Bundesministerium für Forschung und Technologie: EUREKA. Technologische Zusammenarbeit in Europa, Bonn, 1990. – C. Deubner: EUREKA – eine erste Bilanz, in: Dokumente 2 (1987).

J. GÜTZKOW

EURET *(Recherche dans le Transport en Europe)*. Forschungsprogramm der EG zur Förderung eines dem →*Binnenmarkt* gemäßen gemeinschaftlichen Verkehrssystems durch Optimierung der Nutzung der vorhandenen Verkehrsnetze (ggw. Laufzeit: 1990–1993, 25 Mio. ECU).

HRSG.

EURISTOTE. Datenbank der EG, die Angaben über seit Anfang der 50er Jahre zu den Gemeinschaftspolitiken verfaßten Dissertationen und Studien sowie über mehr als 5.000 Dozenten und Wissenschaftler im Hochschulbereich enthält.

HRSG.

„Euro abstracts" →EABS

Euro-arabischer Dialog. Der E. ist ein politischer Rahmen für die Beziehungen zwischen der EG, der *Arabischen Liga* und deren jeweiligen MS. Seine Anfänge gehen auf die Ölkrise von 1973 zurück, als der Oktoberkrieg zu einem arabischen Ölembargo führte. Ursprüngliches Ziel war es, einen auf den arabisch-israelischen Konflikt gerichteten politischen Dialog aufzubauen, in Kombination mit einer Strategie der Kooperation mit den arabischen Ländern, um Öllieferungen sicherzustellen. Aufgrund von Widerständen der USA, die ihre politische

Führungsrolle absichern und ein Ölverbraucher-Kartell bilden wollten, wurde der E. dann jedoch auf Angelegenheiten der wirtschaftlichen Zusammenarbeit beschränkt, unter Ausklammerung politischer Themen und der Ölfrage. – Nach Meinungsunterschieden über den politischen Gehalt des E. und der Form der Vertretung der PLO wurden 1975 sieben Arbeitsgruppen des E. eingerichtet, u. a. zu den Themen Infrastruktur, Landwirtschaft, Industrie und Handel. Gelenkt wurde der E. von einem aus hohen Beamten beider Seiten bestehenden *Allgemeinen Ausschuß*. Aufgrund der starken wirtschaftlichen Dimension des E. spielte die EG eine bedeutende Rolle in der anfänglich von der →*Europäischen Politischen Zusammenarbeit* konzipierten Operation. – Die *Abkommen von Camp David* (1978) brachten den E. zum Stillstand. Zu seiner Wiederbelebung bedurfte es einer unabhängigen, mehr proarabischen Stellungnahme der EPZ-Partner, aber aufgrund der Opposition der USA ging auch die →*Erklärung von Venedig* (1980) nicht weit genug in diese Richtung. Obwohl der E. dann fortgesetzt und später auch um politische Aspekte bereichert wurde, konnte er aufgrund der Grenzen der EG-Nahostpolitik und Problemen innerhalb der *Arabischen Liga* bis heute nicht wesentlich an Substanz gewinnen.

S. NUTTALL

Eurobarometer. Nach einem Beschluß der →*Kommission* werden von der Generaldirektion Information seit 1973 regelmäßig Umfragen über die →*öffentliche Meinung* in der EG durchgeführt. Als Bezeichnung wurde der Begriff „E." eingeführt: Wie ein Barometer den Luftdruck mißt, ist das E. ein Instrument zur Beobachtung der Einstellungen der Öffentlichkeit zu großen aktuellen Themen, die direkt oder indirekt mit der Entwicklung der Gemeinschaft zusammenhängen. – Nachdem anfangs neun Länder beteiligt waren, wurden später auch Griechenland, Spanien und Portugal miterfaßt. Seit Herbst 1990 werden auch die neuen Bundesländer einbezogen. – Die Datenerhebung erfolgt zweimal jährlich, im April/Mai sowie im Okt./Nov., in allen EG-Staaten, man befragt jeweils mündlich einen repräsentativen Querschnitt der Bevölkerung im Alter ab 15 Jahren. Nationale Institute führen die Erhebungen in eigener Verantwortung aus, die Koordination erfolgt durch das INRA-Institut in Brüssel. Neben Fragen zu Europa und der EG werden auch unterschiedliche tagespolitische und gesellschaftlich relevante Inhalte aufgenommen. Nach einem kurzen Embargo werden die Datensätze über die sozialwissenschaftlichen Datenarchive anderen wissenschaftlichen Nutzern zugängig gemacht. Die wichtigsten Ergebnisse werden seit 1973 in der halbjährlich erscheinenden Publikation „E." von der Kom. veröffentlicht.

B. BÜCHNER

EUROBASES →Datenbanken der EG

Eurochambres. E. ist der 1958 gegründete Dachverband der europäischen Industrie- und Handelskammern (IHK) mit Sitz in Brüssel. Ihm gehören über 800 IHK aus den MS der EG, den Staaten der →*Europäischen Freihandelszone* sowie weiteren Staaten, die zur EG besondere Beziehungen unterhalten, an. Diese IHK vertreten ihrerseits über 13 Mio. Unternehmen. - Zu den Hauptaufgaben der E. gehört die Vertretung der Interessen privater Unternehmen in Kontakten mit den Institutionen der EG, die Förderung der europäischen Unternehmenskooperation und das Anbieten von Information und Fortbildungsveranstaltungen zu relevanten europäischen Fragen für Vertreter nationaler IHK und Unternehmen. Die E. sind im →*Wirtschafts- und Sozialausschuß* der EG durch Delegierte nationaler Mitgliedsverbände repräsentiert und können ihre Positionen vielfach auch in beratendenden Ausschüssen der →*Kommission* und vor Ausschüssen des →*Europäischen Parlaments* vertreten. – Die allgemeinen politischen Leitlinien der E. werden von der aus Delegationen der nationalen IHK bestehenden *Generalversammlung* festgelegt. Für die Vorbereitung und die Ausführung der politischen Entscheidungen und die Kontakte zu den EG-Institutionen ist der *Generalsekretär* verantwortlich. Nach außen vertreten wird die E. jedoch durch ihren *Präsidenten*.

J. Monar

EUROCONTROL →Europäische Organisation zur Sicherung der Luftfahrt

EUROFORM. Initiative der EG zur Förderung der transnationalen Zusammenarbeit bei Berufsbildungs- und Beschäftigungsmaßnahmen, der Annäherung der Berufsqualifikationen und der Freizügigkeit der Arbeitnehmer in der EG (gegenwärtige Laufzeit: 1990–1993; 300 Mio. ECU).

Hrsg.

Eurogroup. Die E. wurde im November 1968 vor allem als Reaktion auf die neo-isolationistische Diskussion in den USA und die *„burden-sharing"-Debatte* in der NATO gegründet. Mitglieder sind die europäischen NATO-Staaten (außer Frankreich und Island). Durch Konsultationen und Zusammenarbeit sollen der europäische Beitrag zur NATO gegenüber den USA herausgestellt, Infrastrukturprogramme und Streitkräfteplanung abgestimmt, durch Programme und Arbeitsgruppen (z. B. Ausbildung, Logistik, Kommunikation, Einsatzkonzepte) die Verteidigungsanstrengungen effektiviert werden. Erfolgreich war die Arbeit der E. vor allem als Imagepflege gegenüber den USA und in der Routinekooperation. Aufgrund der Abwesenheit von Frankreich konnte sie hingegen kaum als „europäischer Pfeiler" in der NATO fungieren.

M. Jopp/W. Wessels: Institutional Frameworks for Security Cooperation in Western Europe: Developments and Options, in: M. Jopp/R. Rummel/P. Schmidt (Hrsg.): Integration and Security in Western Europe, Boulder (Col.), 1991, S. 25–76. – NATO-Informationsdienst, Western Defense: The European Role in NATO: E., Brüssel 1988.

I. Peters

„Eurokorps" →Westeuropäische Union

Europa *(Name)*. Die Herkunft des Namens „E." ist strittig. Schon Herodot weist darauf hin, daß es keinem Sterblichen vergönnt sei, die wahre Bedeutung zu ergründen. Meist werden drei etymologische Stränge unterschieden: (1) ein *arabisch-semitischer,* (2) ein *indogermanisch-keltischer* und (3) ein *altmediterran-vorgriechischer.* Im Zentrum der Ableitung des *arabisch-semitischen* Strangs steht das Wort „ereb", was soviel wie Abend oder Westen (Land der untergehenden Sonne) bedeutet. Die beiden Konsonanten „r" und „b" bedeuten sowohl im Hebräischen als auch im Arabischen soviel wie „Sonnenuntergang". – Die Geographen Lapie, Vater und Sohn, die 1829 ihren Atlas der alten und neuen Geographie veröffentlichten, leiten den Namen E. vom *keltischen* „wrab" ab, was soviel wie „Occident" bedeutet. In der *griechisch-mediterranen* Deutung besteht E. aus zwei Bestandteilen, dem Adjektiv „eurus" („Groß, weit, geräumig") und dem Substantiv „ops", ein dichterischer Ausdruck für „Auge, Blick", bedeutungserweitert zu „Antlitz, Gesicht". „Eurôpé" meint eine Frau mit großen Augen, schönem Blick, schönem Antlitz. – Auch in der Mythologie existieren mehrere Stränge: Nach dem *semitisch-christlichen* Japhet-Mythos teilte Noah nach der Sintflut die unbevölkerte Erde unter seine drei Söhne auf. Sem erhielt Asien, Ham bekam Afrika und Japhet wurde E. zugesprochen. Dessen Abkömmlinge waren die Völker des Westens und des Nordens: Meder, Joner, Griechen, Hethiter, Lyder, Etrusker, Thraker, Gallier. Diese Völker bewohnten vom Berg Taurus im mittleren Asien bis zum britischen Kanal das gesamte E. Die zweite Mythen-Ebene ist die *griechisch-antike* vom Raub der E. durch Zeus. In der Theogonie des Hesiod (ca. 700 v. Chr.), ist E. eine Oceanide, die als Tochter des Agenor, des Königs von Tyrus, durch den Göttervater Zeus in Gestalt eines Stieres geraubt wird. Er brachte sie von der Küste Kleinasiens nach Kreta, wo sie Königin und Begründerin der Minos-Dynastie wurde. „E. ist aus Asien hervorgegangen" (Viktor Bérard). – *Geographisch* wurde bereits im 7. Jahrhundert v. Chr. auf der Weltkarte des Anaximander Asien im Osten, d. h. Kleinasien von Europa im Westen unterschieden. E. dehnte sich aus von den Säulen des Herkules (Gibraltar) bis zum Phasus, einem kleinen Fluß, der ins Schwarze Meer mündet. In Aischylos' „Prometheus" heißt es 472 v. Chr. bei dessen Überquerung des Bosporus: „Du hast den Boden Europas verlassen und stehst von jetzt ab auf dem Kontinent Asien."

V. Bérard: Les Pheniciens et l'Odyssée, Paris 1927. – J. Fischer: Oriens – Occidens – E., Wiesbaden 1957. – N. Jorga: Relations entre l'Orient et l'Occident au Moyen Age, Paris 1923. – G. de Reynold: La Formation de L'Europe, Paris 1937. – D. de Rougement: E. Vom Mythos zur Wirklichkeit, München 1962.

W. BÖTTCHER

Europa-Abgeordnete →Mitglied(er) des Europäischen Parlaments

Europa-Abkommen →Assoziierungsabkommen, →Außenbeziehungen der EG

Europa à la carte. Politisch im Rahmen der EG zumeist als Negativbild gebrauchtes Modell eines eher dezentral organisierten Europas, in dem die beteiligten Länder sich nur gemäß ihrer jeweiligen Interessen an gemeinsamen Politiken beteiligen, so daß die Gruppe der kooperierenden Länder von Politikbereich zu Politikbereich ebenso variiert wie die Intensität der Zusammenarbeit.

J. MONAR

Europa der Bürger. Der Gedanke eines E. stand bereits bei der Gründung der EG Pate und kommt in dem Ausspruch *Jean Monnets:* „Wir einigen keine Staaten, wir bringen Menschen zusammen" deutlich zum Ausdruck. Dennoch zeichneten sich die EG-Verträge und auch die Politik der Anfangsjahre zunächst vorrangig durch wirtschaftliche Zielsetzungen aus. In den siebziger Jahren gewann der ursprüngliche Gedanke vor allem in Form des →*Tindemans-Berichts* über eine Europäische Union erneut an Bedeutung. Auf dieser Grundlage wurde das E. zu einem möglichen politischen Konzept. Der Europäische Rat von Fontainebleau setzte im Juni 1984 einen Ad-hoc-Ausschuß unter dem Vorsitz von Pietro Adonnino ein, der zwei Berichte ausarbeitete: Darin war eine Vielzahl gemeinschaftlicher Maßnahmen vorgesehen, von denen später ein großer Teil auch praktische Wirksamkeit entfalten sollte. Politischer Handlungsbedarf wurde auf folgenden Gebieten gesehen: Bei den besonderen Bürgerrechten, im Bereich Kultur und Kommunikation, im Bereich Information, bei Jugend, Erziehung, Austausch und Sport, beim freiwilligen Entwicklungsdienst in der Dritten Welt, im Bereich Gesundheit, Soziale Sicherheit und Drogen, bei der Ausweitung der Städtepartnerschaften sowie der Stärkung der Identität der EG in den Augen der Bürger. Neben der Frage der Vermittlung eines positiven Europabildes sind es somit vor allem die Freizügigkeitsrechte und deren Auswirkungen auf o. a. Bereiche, die den EG-Bürger in seinen unterschiedlichen Rollen als Arbeiter, Unternehmer, Verbraucher, Auszubildender etc. unmittelbar betreffen. Auf dieser Grundlage entwickelten die EG-Organe eine Vielzahl von politischen Aktivitäten, von denen ein Großteil durch den →*Vertrag über die Europäische Union* eine vertrauliche Basis erhielt (→*Bildungspolitik,* →*COMETT-Programm,* →*ERASMUS-Programm,* →*Kulturpolitik,* →*LINGUA-Programm*).

S. Magiera: Das E. in einer Gemeinschaft ohne Binnengrenzen, Baden-Baden 1990.

G. SCHINK

Europa der konzentrischen Kreise. Der Begriff „E." bezeichnet ein Modell der politischen Organisation Europas nach der Überwindung der Ost-West-Teilung, das von mehreren konzentrischen Kreisen mit einem von außen nach innen ansteigenden Grad der →*Integration* ausgeht. Als innerster Kreis und damit Kern dieses Systems gilt hierbei die EG (bzw. die Europäische Union unter Einschluß der →*Westeuropäischen Union*) als die am höchsten integrierte Organisationsform, um die herum zunächst die →*Europäische Freihandelszone* (bzw. der →*Eu-*

ropäische Wirtschaftsraum), dann die assoziierten mittel- und osteuropäischen Staaten und schließlich die →*Konferenz über Sicherheit und Zusammenarbeit in Europa* als separate bzw. sich mit der Gemeinschaft/Union überlappende, jeweils weiter nach außen greifende und weniger integrierte Kreise gelagert sind. – Das Modell des E. beschreibt weitgehend eine bereits bestehende Situation. Als politisches Konzept ist es vorwiegend statisch-konservativ und steht teilweise im Widerspruch zu den Interessen der Staaten, die einen baldigen →*Beitritt* zur Gemeinschaft anstreben.

J. Monar

Europa der Regionen. Der Begriff „E." hat im Vorfeld des →*Vertrages über die Europäische Union* (EUV) an politischer Bedeutung gewonnen. Sowohl in ihren jeweiligen Nationalstaaten als auch im Rahmen der →*Versammlung der Regionen Europas* (VRE) sind die Regionen an die EG-Regierungskonferenzen zur politischen und zur Wirtschafts- und Währungsunion mit dem Anspruch herangetreten, die bisherige *Regionenblindheit* der Verträge zu ändern und die sog. *Dritte Ebene* in Europa endlich auf institutioneller Ebene miteinzubeziehen (Beschluß der VRE vom 5./6. Dezember 1990 in Straßburg). – Die verfassungsrechtlichen bzw. gesetzlichen Grundlagen der unter diesen Begriff fallenden Gebietskörperschaften sind innerhalb der Europäischen Gemeinschaft, insbesondere auch hinsichtlich ihrer Kompetenzen, sehr unterschiedlich. Dies gilt auch für die geographische Größe, die Bevölkerungszahl, die wirtschaftliche Leistungsfähigkeit und die historische Verankerung in den Nationalstaaten. So sind z. B. in Spanien (17 „Autonome Gemeinschaften") und Portugal (18 „Distrikte" und 2 „Autonome Regionen"), aber auch in Frankreich (22 „Regionen") und Italien (20 „Regionen" und 2 „autonome Provinzen") echte Regionalisierungs-/Dezentralisierungsprozesse erst in den 70er/80er Jahren, in Belgien (3 „Gemeinschaften" und 3 „Regionen") erst in den 90er Jahren, politisch und administrativ durchgesetzt worden. Für den Bereich der Bundesrepublik Deutschland sind im europäischen Zusammenhang unter dem Begriff der „Regionen" die Bundesländer zu verstehen. – Der Begriff des „E." wird im Rahmen der europäischen Integration zum Teil als eine Art *„Gegenkonzept"* zum →*Europa der Vaterländer* und der *„zentralistisch orientierten"* Politik der *„Brüsseler Bürokratie"* verstanden. Die Bundesländer, Regionen und Autonomen Gemeinschaften verstehen unter diesem Begriff eine Politik, die davon ausgeht, daß dezentrale Mitverantwortung sich eindeutig als ökonomisch effizienter erwiesen hat, und daß ein derart großes und politisch keineswegs gefestigtes Gebilde wie die künftige Europäische Union auch aus Gründen der politischen Akzeptanz in der Bevölkerung dringend einer *„föderalisierten"* Struktur bedarf. – Auch das im EUV ebenfalls erstmals verankerte →*Subsidiaritätsprinzip* setzt einen dreistufigen Aufbau (Europa, Nationalstaat, Region) voraus – bzw. sollte dies zum Ziel haben. Die Region als eine den Bürgerinnen und Bürgern nahestehende politische Ebene soll die Aufgabe übernehmen – bzw. behalten – einen über den kommunalen Bereich hinausgehenden politischen Konsens großräumiger Art zu organisieren. In der politischen Praxis basiert das E. inzwischen auf einem weit verzweigten Netzwerk interregionaler Kooperationen bilateraler und multilateraler Art, sowohl im Rahmen der *Versammlung der Regionen Europas* als auch im Rahmen bestehender EG-Programme (z. B. →*INTERREG*). In einem negativen Zusammenhang wird der Begriff des „E." gelegentlich durch eine unzutreffende Verbindung mit den Entwicklungen insbesondere in den Staaten Ost- bzw. Süd-Ost-Europas oder mit überzogenen separatistischen Bewegungen in einzelnen MS der EG gebracht. Die in den norditalienischen Regionen sich verstärkende *„Lega-Bewegung"* wird als ein Beispiel dafür genannt, daß Regionalismus gleichzusetzen sei mit Egoismus insbesondere wirtschaftlich leistungsfähigerer Gebietseinheiten. Aber sowohl in Spanien als auch in Italien ist ein politischer Prozeß in Gang gekommen, der die kooperative und konstruktive Zusammenarbeit der Regionen mit dem Nationalstaat zum Ziel hat (Umwandlung der jeweiligen Senate in eine Art Regionalrat). Einen ersten symbolisch-institutionellen Ausdruck bekommt das „E." durch die Einrichtung des →*Ausschusses der Regionen.* Trotz seiner zunächst nur beratenden Funktion kann der Ausschuß der Regionen, der z. B. vor der Einrichtung des →*Kohäsionsfonds* bzw. der Reform der →*Strukturfonds* anzuhören ist, zu einem wichtigen Instrument der unmittelbaren Mitwirkung auch der Regionen werden, die im eigenen Nationalstaat noch nicht über diese Mitwirkungsmöglichkeiten verfügen.

C. Engel: Regionen in der EG: Eine integrationspolitische Rollensuche, in: Integration (1990), S. 9–20. – J. Hesse/W. Renzsch (Hrsg.): Föderalstaatliche Entwicklung in Europa, Baden-Baden 1991. – F. Ossenbühl (Hrsg.): Föderalismus und Regionalismus in Europa, Baden-Baden 1990.

U. Kalbfleisch-Kottsieper

Europa der Vaterländer. Das politische Schlagwort „E." wurde in den 60er Jahren von dem französischen Staatspräsidenten *Charles de Gaulle* geprägt, der damit seine Präferenz für die Fortexistenz souveräner Nationalstaaten in Europa und seine Ablehnung föderalistischer Bestrebungen zum Ausdruck brachte. In diesem Sinne wird das Schlagwort auch heute noch benutzt, so z. B. von den Gegnern einer weiteren Vertiefung der EG, die intergouvernementale →*Kooperation* an die Stelle von fortschreitender →*Integration* setzen wollen.

J. Monar

Europa der zwei Geschwindigkeiten →Abgestufte Integration

Europäische Aktiengesellschaft *(Societas europea,* SE). Die E. soll Unternehmen als einheitliche Rechtsform für grenzüberschreitende Unternehmenszusammenschlüsse dienen. Die Verabschiedung des dazu vorliegenden neuen Vorschlags der →*Kommission* wird bis Ende 1992 angestrebt. Geplant ist die E. als börsenfähige juristische Person, deren Gesellschafter für die Verbindlichkeiten der E. selbst nicht haften. Eine E. kann von mindestens zwei Gesellschaften durch Verschmelzung, als Holding oder als Tochtergesellschaft gegründet werden, soweit es sich bei den gründenden Gesellschaften um Aktiengesellschaften oder GmbHs handelt, die mindestens eine Zweigniederlassung in einem anderen MS unterhalten. Die rechtliche Ausgestaltung der E. soll nur in einigen zentralen Punkten einheitlich geregelt sein; im übrigen verweist der Vorschlag auf das Recht des Sitzes der E. Hinsichtlich der Organisationsstruktur und der →*Mitbestimmung der Arbeitnehmer* bestehen umfangreiche Wahlrechte des nationalen Gesetzgebers und der E. selbst. Aufgrund dieser Wahlrechte und der Verweisung auf das Sitzrecht wird nach dem vorliegenden Entwurf nur ein bestimmtes Maß an einheitlichem Recht erreicht.

M. Lutter: Europäisches Unternehmensrecht, Berlin 1991. – M. Lutter u. a. Bonner Symposium zur Societas europea, in: Die Aktiengesellschaft (1990), S. 413–447.

M. LUTTER

Europäische Atomgemeinschaft (EAG) Die E. (auch Euratom genannt) wurde am 25. März 1957 durch Unterzeichnung der →*Römischen Verträge* von den 6 MS der →*Europäischen Gemeinschaft für Kohle und Stahl* gleichzeitig mit der →*Europäischen Wirtschaftsgemeinschaft* gegründet. Nach Art. 1 des Gründungsvertrags sollte es Aufgabe der E. sein, „durch Schaffung der für die schnelle Bildung und Entwicklung von Kernindustrien erforderlichen Voraussetzungen zur Hebung der Lebenshaltung in den MS und zur Entwicklung der Beziehungen mit den anderen Ländern beizutragen". – Bereits bei der Gründung waren für E. und EWG gemeinsame Organe eingerichtet worden (*Parlamentarische Versammlung,* →*Gerichtshof der EG,* →*Wirtschafts- und Sozialausschuß*). Dagegen verfügte die E. zu Anfang noch über eine eigene →*Kommission* und einen eigenen *Ministerrat*. Mit dem →*Fusionsvertrag* von 1965 wurden jedoch auch diese Funktionen von den gemeinsamen →*Organen der EG* mit übernommen. – Die Initiative zur Schaffung der E. ging v. a. von *J. Monnet* und seinem Kreis aus (1954). Bestimmt von der Atomeuphorie der 50er Jahre erwartete man von der supranationalen Vergemeinschaftung dieser Zukunftstechnologie neue Impulse für die Fortsetzung des nach dem Scheitern der →*Europäischen Verteidigungsgemeinschaft* vorübergehend ins Stocken geratenen europäischen Integrationsprozesses. In den am 2. Juni 1955 in Messina offiziell aufgenommenen Verhandlungen (→*Konferenz von Messina*) stellte sich jedoch schon bald heraus, daß die unterschiedlichen Interessen an der Atomenergie nur um den Preis eines die ursprünglichen integrationspolitischen Zielsetzungen unterlaufenden Kompromisses auf einen gemeinsamen Nenner zu bringen waren. So gelang Ende 1956, unter dem Eindruck der Suez-Krise, zwar der entscheidende Durchbruch bei den Brüsseler Integrationsverhandlungen. Die wenige Monate später unterzeichneten Vereinbarungen konnten jedoch die in die E. gesetzten Hoffnungen nicht erfüllen. Die vor allem von deutscher Seite artikulierten Befürchtungen erwiesen sich allerdings auch als gegenstandslos. Ohne nennenswerten positiven oder negativen Einfluß auf die nationalen Atomprogramme (weder ein Gemeinsamer Markt für Atomenergie noch eine europäische Atomindustrie sind bis heute verwirklicht) entwickelte sich die E., in genauer Umkehrung der ursprünglichen Zielsetzungen, als ein weiterer Konkurrent bei der zivilen Atomenergieentwicklung; dabei hat sich die E. oft mehr von institutionalem Selbsterhaltungsinteresse als von sachlichen Notwendigkeiten angetrieben, beständig für die Durchführung aufwendiger Forschungs- und Entwicklungsarbeiten eingesetzt. Daß dabei für die E. in der Regel nur solche Forschungsprojekte übrigblieben, die für die einzelnen MS zu kostspielig bzw. zu uninteressant waren (z. B.: ORGEL-Projekt), war eine oftmals beklagte und das Ansehen der E. nicht eben steigernde Tatsache. Lediglich im Bereich der Reaktorsicherheit konnten die in der →*Gemeinsamen Forschungsstelle* der EG zusammengefaßten vier Forschungszentren Ispra (I), Karlsruhe (D), Petten (NL) und Geel (B) eine wirksame Aktivität entfalten. Daß sich diese Zentren in jüngster Zeit jedoch immer mehr auf die Umweltforschung umzustellen versuchen, ist ein weiterer Beleg dafür, daß der in den 50er Jahren so hoffnungsvoll gestartete Versuch einer Integration Europas auf der Basis der Atomenergie als gescheitert betrachtet werden muß.

H. Kramer: Nuklearpolitik in Westeuropa und die Forschungspolitik der Euratom, Köln 1976. – P. Weilemann: Die Anfänge der E., Baden-Baden 1983.

P. Fischer

Europäische Bank für Wiederaufbau und Entwicklung (EBWE, englisch EBRD, auch „*Osteuropabank*"). Öffentlich-rechtliche Institution im Rahmen der EG, Sitz London. Gründung: am 15. April 1991, in Ausführung eines Beschlusses des →*Europäischen Rates* (Straßburg, 8./9.12.1989) auf Grundlage von Art. 235 EWGV. – Ziel: Als Teil der EG-Kooperationspolitik mit Osteuropa hilft sie dort den jungen Demokratien marktwirtschaftliche Reformen in Gang zu setzen, fremdes wie auch heimisches privates Kapital zu mobilisieren und zur Beschleunigung der erforderlichen Strukturanpassungen beizutragen (Art. 1). – Aufgabe: Nach Art. 11 des „Übereinkommens" vom Mai 1990 zur Gründung der E. beteiligt sie sich an privatwirtschaftlichen Unternehmen und vergibt Darlehen und Garantien an Unternehmen, Finanzinstitute und staatliche Institutionen (hier sind Kredite für Infrastruktur vorerst auf 40% der Kreditsumme begrenzt, Art. 11.3). In Erfüllung ihrer Aufgabe stellt die E. Mittel aus ihrem ordentlichen (Art. 7) oder besonderen (Art. 19) Kapital zur Verfügung, deren Abwicklung strikt getrennt ist (Art. 10/18). Letzteres liegt darin begründet, daß der Bank die Verwaltung von (vorgesehenen) Sonderfonds übertragen ist. Untersagt sind ihr Exportkreditgarantien und Versicherungsgeschäfte (Art. 12.4). Sie wendet bei allen ihren Geschäften

„gesunde Bankgrundsätze" an (Art. 13), was auch die Erhebung von Zinsen, Provisionen und Risikoprämien einschließt (Art. 15). – Mittelbeschaffung: Zum ordentlichen Kapital gehört einmal das Grundkapital (10 Mrd. ECU), das von den MS, →*Kommission* und →*Europäischer Investitionsbank* (EIB) (zu 51%) und von weiteren 40 Staaten sowohl Mittel- und Osteuropas (zu ca. 12%) wie auch anderen europäischen (zu ca. 12%) und nichteuropäischen Staaten (Rest) aufgebracht wird. Von den Kapitalanteilen sind seit 1991 30% in fünf Jahresraten von je 20% des Betrages einzuzahlen (Art. 6). Zum zweiten ist die E. selbst auch zur Kreditaufnahme durch Veräußerung von öffentlichen und privaten Anleihen auf den internationalen Kapitalmärkten befugt (Art. 20). Rechnungseinheit: Zentrale Währung ist die ECU (→*Europäische Währungseinheit*). Organe: Oberstes Organ ist der *Gouverneursrat,* in den alle 42 Unterzeichner einen Minister und Stellvertreter entsenden. Er erläßt die allgemeinen Richtlinien für die Kreditpolitik der Bank, genehmigt die Bilanz und den Jahresbericht, beschließt über Kapitalerhöhungen, wählt den *Präsidenten* und bestellt die Mitglieder des *Direktoriums* (Art. 24). Der *Präsident* nimmt nach Weisung des *Direktoriums* (Art. 30) die Wahrnehmung der laufenden Geschäfte der Bank wahr und schlägt den/die *Vizepräsidenten* vor. Das *Direktorium,* bestehend aus 23 Mitgliedern, darunter 11 aus der EG (Art. 26), entscheidet über Kreditvergabe und Kreditkonditionen, genehmigt den Haushaltsplan, prüft den Jahresbericht (Art. 27) und ernennt den/die Vizepräsidenten (Art. 31). – Das Stimmrecht eines Mitglieds entspricht seinem Kapitalanteil (Art. 29). Darlehen können mit Mehrheit beschlossen werden (im Unterschied zur EIB, bei der Einstimmigkeit erforderlich ist).

L. Birkendorf

Europäische Bewegung. Die E. ist ein privater und überparteilicher Zusammenschluß von Organisationen, die sich für die Einigung Europas engagieren. Sie ist eine nichtgouvernementale internationale Organisation belgischen Rechts. – Die Gründung der E. geht auf eine Initiative Winston Churchills zurück, dem es im Dezember 1947 gelang, vier der damals existierenden nationalen bzw. transnationalen Europabewegungen (*Union Europäischer Föderalisten* (UEF), *Europäische Liga für wirtschaftliche Zusammenarbeit, United Europe Movement* und *Conseil Français pour l'Europe*) in einem *„Joint International Committee for European Unity"* zu vereinen. Dessen erste gemeinsame Aktion war der →*Haager Europa-Kongreß* unter Vorsitz Churchills (7.–10. Mai 1948), an dem 700 Politiker aus allen westeuropäischen Ländern teilnahmen. Um die Umsetzung der in Den Haag erhobenen Forderungen nach Herstellung der politischen und wirtschaftlichen Integration Europas zu gewährleisten, richtete das *Joint International Committee* ein ständiges Sekretariat in London sowie in Paris ein und nannte sich nun offiziell „E.". Zu den ersten Erfolgen der E. zählen die Gründung des →*Europarats,* die Schaffung der →*Europäischen Menschen-*

rechtskonvention, des →*Europäischen Kulturzentrums* in Genf sowie des →*Europa-Kollegs* in Brügge. – Die E. setzt sich aus zwei Arten von Mitgliedsorganisationen zusammen: (1) die nationalen Räte (nationale Sektionen) in 15 europäischen Ländern, die auf nationaler Ebene alle Verbände, die sich für die europäische Einigung einsetzen, unter ihrem Dach vereinen. In einigen Ländern Mittel- und Osteuropas existieren darüber hinaus sog. Vorbereitungskomitees mit dem Ziel der Gründung nationaler Sektionen. (2) 14 europäische Verbände und Organisationen. Die E. wird von einem gewählten *Exekutivkomitee (Comité Exécutif)* geleitet, dem der Präsident vorsteht. Das Exekutivkomitee ist gegenüber dem *Bundesrat (Conseil Féderal),* in dem alle Mitgliedsorganisationen und nationalen Räte vertreten sind, verantwortlich. Zu den wichtigsten Aufgaben der E. zählen: (1) die öffentliche Meinung für den europäischen Einigungsprozeß und für das Ziel der Schaffung einer →*Europäischen Union,* die über eine vom →*Europäischen Parlament* kontrollierte Regierung verfügt, zu gewinnen. (2) Informations- und Aufklärungsarbeit in Fragen der europäischen Einigung zu leisten. (3) Einfluß auf die Formulierung und Gestaltung der Europapolitik in den einzelnen europäischen Ländern zu gewinnen.

W. Lipgens: 45 Jahre Ringen um die Verfassung, Bonn 1986.

R. Völpel

Europäische Filmakademie (EFA). Die E. ist eine keinen Erwerbszweck verfolgende Organisation, die am 30. November 1991 in Berlin als Teil des →*MEDIA*-Programms der EG errichtet wurde. Das Hauptproblem des europäischen Films sowohl als künstlerisches Produkt als auch als Wirtschaftszweig besteht in der Fragmentarisierung der europäischen Kulturlandschaft und des europäischen Filmmarktes. – Die E. versteht sich als ein Forum für Diskussion und Reflexion über den europäischen Film und verfolgt das Ziel, die Zusammenarbeit und die Kontakte zwischen europäischen Filmregisseuren und -produzenten zu stimulieren. Sie organisiert ein jährliches Ausbildungsprogramm für junge Professionelle aus der Filmbranche sowie internationale Symposia zum europaweiten Gedankenaustausch und veröffentlicht einschlägige Studien. – Die Mitglieder der E. (gegenwärtig 78, in naher Zukunft 99, ausgewiesene Praktiker des europäischen Films unter dem Vorsitz von *Ingmar Bergman*) verleihen alljährlich den *Europäischen Filmpreis* (bekannt als *„Felix"*, Gegenstück zum amerikanischen *„Oscar"*), der als Auszeichnung für Qualität und Vielfalt des europäischen Films gedacht ist und das Publikumsinteresse für diesen steigern soll. Mitglieder der E. begleiten prämierte Film auch auf Werbetouren durch Europa. – Für eine so junge Organisation ist die E. bereits gut strukturiert, wird jedoch von den Medien immer noch relativ wenig beachtet.

N. MacCall

Europäische Flagge. Die E. besteht aus einem Kreis von zwölf goldenen fünfzackigen Sternen auf blauem Grund. Sie wurde 1955 zunächst für den →*Europarat* entworfen. Da das →*Europäische Parlament* im Gebäude des *Europarats* in Straßburg zusammentrat, wurde die E. mit der Zeit auch zu einem Symbol für die EG. Aufgrund eines Beschlusses des EP aus dem Jahre 1986 gilt die E. heute als offizielles Symbol für ein Europa ohne Binnengrenzen.

N. NEUWAHL

Europäische Freihandelszone. *(European Free Trade Association,* EFTA). Die E. wurde am 3. Mai 1960 gegründet. Ursprüngliche Mitglieder waren Dänemark, Norwegen, Portugal, Schweden, die Schweiz, Großbritannien und Österreich. Island trat 1970 bei. Finnland wurde 1961 assoziiertes Mitglied und ab 1986 Vollmitglied. Als letzter Staat wurde Liechtenstein 1991 Vollmitglied. – Der Gründungsvertrag führte 1966 zur Abschaffung der Zölle und mengenmäßigen Beschränkungen im Handel mit gewerblichen Erzeugnissen und einer Reihe von landwirtschaftlichen Verarbeitungserzeugnissen. Das Übereinkommen von Stockholm sah weder die Anwendung eines gemeinsamen Zolltarifs auf die Einfuhrgüter aus Drittländern noch eine Angleichung der internen Rechtsvorschriften vor. Es bezweckte in erster Linie die Schaffung einer Freihandelszone und nicht die eines gemeinsamen Marktes wie in der EG. – Nachdem Großbritannien und Dänemark beschlossen hatten, der EG beizutreten, fanden Verhandlungen zwischen der EG und den übrigen MS der E. statt. Die Gemeinschaft schloß im Zuge dieser Entwicklung 1972 und 1973 besondere Übereinkommen mit jedem der weiterhin in der E. verbleibenden Staaten. Ziele der Übereinkommen waren – von einigen Ausnahmen abgesehen – die Aufrechterhaltung der bestehenden Zollfreiheit im Handel zwischen Dänemark und Großbritannien einerseits und ihren früheren E.-Partnern andererseits sowie der schrittweise Abbau der Zölle und zollähnlichen Abgaben im Handel mit den sechs ursprünglichen MS der EWG und Irland. Die Zölle wurden für die meisten Erzeugnisse Mitte 1977 endgültig abgeschafft. In einigen Fällen, wie z. B. für Papier, wurden sie jedoch erst 1984 aufgehoben. Der Abbau der Zollschranken betrifft nur Industrieprodukte sowie die industrielle Komponente der landwirtschaftlichen Verarbeitungserzeugnisse. Darüber hinaus wurden aber verschiedene gegenseitige Konzessionen im Agrarbereich zwischen der EG und den einzelnen E.-Ländern vereinbart. Neben den Freihandelsabkommen wurden Zusatzabkommen für den in die Zuständigkeit der →*Europäischen Gemeinschaft für Kohle und Stahl* fallenden Kohle- und Stahlsektor geschlossen. Diesen Zusatzabkommen zufolge werden von nahezu allen E.-Ländern die Gemeinschaftsbestimmungen über Preise und Transportkosten angewandt (mit einigen Einschränkungen aufgrund der besonderen Lage Norwegens und Islands). – Anfang der 80er Jahre machte sich unter den MS der EG und der E. die Auffasssung breit, daß eine engere Zusammenarbeit über den Rahmen der ursprünglichen Freihandelsabkommen hinaus wünschenswert wäre. Ein erster großer Schritt in diese Richtung wurde mit dem historischen Treffen zwischen der EG und der E. auf Ministerebene im April 1984 in Luxemburg getan. Bei dieser Gelegenheit wurde der Ausbau der Zusammenarbeit auf den Gebieten Forschung und Industrie beschlossen. Vor dem Hintergrund der neuen Dynamik der Gemeinschaft in der zweiten Hälfte der 80er Jahre erwies sich die Zusammenarbeit aufgrund der *Luxemburger Erklärung* von 1984 aber bald als unzureichend. In seiner Rede vom 17. Januar 1989 vor dem →*Europäischen Parlament* bot Kommissionspräsident *Delors* deshalb den E.-Ländern gemeinsame Bemühungen um eine besser strukturierte und umfassendere Beziehung an, die auf pragmatischer Zusammenarbeit beruht. Am 19. Juni 1990 nahm der →*Rat der EG* ein Verhandlungsmandat an, das den Abschluß eines Abkommens über die Schaffung eines →*Europäischen Wirtschaftsraums* (EWR) unter weitgehender Verwirklichung der *„vier Freiheiten"* ermöglicht (freier Verkehr für Personen, Waren, Dienstleistungen und Kapital). Das Abkommen wurde am 2. Mai 1992 in Porto unterzeichnet und sollte zum 1. Januar 1993 in Kraft treten. Da die Schweiz nach einem negativen Ausgang einer Volksabstimmung zum EWR den Vertrag nicht ratifizieren konnte, mußte das Inkrafttreten aber auf einen späteren Termin verlegt werden.

R. Senti: EG, EFTA, Binnenmarkt, Zürich 1992. – H. Wallace (Hrsg.): Reshaping the EC-EFTA Relationship, London 1991.

N. Kristoffersen

Europäische Gemeinschaften (EG). Amtliche Sammelbezeichnung für die →*Europäische Gemeinschaft für Kohle und Stahl* (EGKS), die →*Europäische Atomgemeinschaft* (EAG) und die →*Europäische Wirtschaftsgemeinschaft* (EWG). Die drei E. beruhen auf separaten →*Gründungsverträgen*, verfügen aber seit dem Inkrafttreten des →*Fusionsvertrages* 1967 über gemeinsame →*Organe*. Für die E. wird auch ein gemeinsamer Gesamthaushaltsplan erstellt, in den aufgrund der finanziellen Autonomie der EGKS allerdings nicht deren Funktionshaushalt Eingang findet (→*Haushalt der EG*). Ein weiterer Unterschied ist dadurch gegeben, daß die →*Rechtsakte* der Organe im Rahmen der EGKS gemäß den Vertragsbestimmungen hinsichtlich der verwendeten Begriffe und Definitionen von denen im Rahmen der EAG und der EWG abweichen. Dies beeinträchtigt jedoch nicht die Einheit der institutionellen Struktur und der spezifischen →*Rechtsgrundlagen* der EG. Auf der politischen Ebene und in der Perzeption der Öffentlichkeit treten die E. daher denn auch zumeist als die (eine) *„Europäische Gemeinschaft"* in Erscheinung. Gleiches gilt für das Auftreten der E. gegenüber →*Drittländern*. Art. G des →*Vertrages über die Europäische Union* sieht die Umbenennung der EWG in „E." vor. Damit wird zwar der überragenden Bedeutung der EWG Rechnung getragen, nicht jedoch der bereits sehr weitgehenden politischen und institutionellen Verschmelzung der drei E.

J. Monar

Europäische Gemeinschaft für Kohle und Stahl (EGKS). Die E. (auch *„Montanunion"*) wurde durch den am 18.4.1951 von den Benelux-Staaten, der Bundesrepublik Deutschland, Frankreich und Italien unterzeichneten EGKSV *(„Pariser Vertrag")* begründet, der seit dem 23.7.1952 in Kraft ist. Die Errichtung der E. zielte darauf ab, durch die Vergemeinschaftung der kriegswichtigen Grundstoffindustrien Kohle und Stahl die Gefahr von Kriegen zwischen den Signatarstaaten endgültig zu bannen, die wiedererstarkende Bundesrepublik Deutschland dauerhaft einzubinden und die Produktivität der Kohle- und Stahlindustrien der MS zu erhöhen. Obwohl die E. sachlich auf die Montanindustrie und ihre Produkte beschränkt und mit keinem gemeinsamen Außenzoll ausgestattet wurde, kam ihre Etablierung einem entscheidenden Durchbruch für die europäische →*Integration* gleich, da mit ihr erstmals ein System supranationaler Institutionen und Handlungsformen etabliert wurde, wie es dann auch von der →*Europäischen Wirtschaftsgemeinschaft* und der →*Europäischen Atomgemeinschaft* im wesentlichen unverändert übernommen wurde. – Die Hauptaufgaben der E. bestehen darin, auf der Grundlage eines →*gemeinsamen Marktes* für Kohle und Stahl zur Ausweitung der Wirtschaft, zur Steigerung der Beschäftigung und zur Hebung des Lebensstandards in den MS beizutragen. Hierbei hat die E. insbesondere für eine rationelle Verteilung der Produktion, die Sicherung der Arbeitsplätze und die Vermeidung von Störungen im Wirtschaftsleben der MS zu sorgen. Die Organe der E. haben daher im einzelnen die Aufgaben, eine geordnete Versorgung zu gewährleisten, allen Verbrauchern gleiche Zugangsmöglichkeiten zur Produktion zu sichern, die Preisgestaltung zu überwachen, die Voraussetzungen für eine Produktionssteigerung unter Vermeidung von Raubbau zu erhalten, auf eine Verbesserung der Lebens- und Arbeitsbedingungen der Arbeiter hinzuwirken, den zwischenstaatlichen Austausch zu fördern und eine Ausweitung und qualitative Verbesserung der Produktion ohne Schutzmaßnahmen gegen Konkurrenzindustrien anzustreben (Art. 3 EWGV). Besondere Bedeutung kommt in der E. dem →*Diskriminierungsverbot* nach Art. 4 EWGV zu, das Zölle, mengenmäßige Beschränkungen des Warenverkehrs, diskriminierende Preis- und Lieferbedingungen, Subventionen der MS und andere wettbewerbsverzerrende Praktiken strikt untersagt. – Zur Erfüllung ihrer Aufgaben kann die E. durch ihre Organe im Rahmen der vertraglichen Bestimmungen Umlagen auf die Erzeugung von Kohle und Stahl erheben (→*Montan-Umlage*), Anleihen aufnehmen, Kredite für Investitionsprogramme bewilligen, Anpassungsbeihilfen gewähren, Erzeugungsquoten festsetzen, Verwendungsprioritäten für die Verteilung aufstellen, Höchst- und Mindestpreise festlegen, Maßnahmen zur Sicherung des Lebensstandards der Arbeiterschaft ergreifen, Unternehmenszusammenschlüsse genehmigen oder verbieten, Geldbußen gegen Unternehmen verhängen und Forschungsprogramme fördern. Die gebräuchlichsten

Rechtshandlungen sind hierbei →*Entscheidungen*, →*Empfehlungen* und →*Stellungnahmen*. – Hauptinitiativ- und Exekutivorgan der E. ist die durch den →*Fusionsvertrag* in der gemeinsamen →*Kommission der EG* aufgegangene *Hohe Behörde* (erster Präsident: *Jean Monnet* 1952–1955). Der im gemeinsamen →*Rat der EG* aufgegangene „*Besondere Ministerrat*" hat in der E. weniger ausgedehnte Befugnisse als in der EWG und fungiert primär als ein Koordinierungsgremium zwischen der Hohen Behörde und den MS. Weitere Organe sind die im →*Europäischen Parlament* aufgegangene *Parlamentarische Versammlung*, der mit dem →*Gerichtshof der EG* verschmolzene *Gerichtshof* und der →*Beratende Ausschuß der EGKS*. – Nationale Eigentumsstrukturen, fest etablierte Traditionen nationaler Konzertierung, der Transportkostenfaktor und die hohe beschäftigungspolitische Bedeutung der Kohle- und Stahlindustrien haben es der E. nicht erlaubt, die nationale Segmentierung des europäischen Kohle- und Stahlmarktes zu überwinden. Aufgrund des zunehmenden Übergangs zu neuen Energieträgern und des abnehmenden ökonomischen Gewichts der Stahlindustrie hat sich die Relevanz der E. seit den sechziger Jahren auch zunehmend verringert. Sie konnte jedoch ihre Handlungsfähigkeit erneut in den 70er und 80er Jahren unter Beweis stellen, als sie durch rigorose Erzeugerquoten, konditionierte Beihilfen und Außenhandelsüberwachung wesentlich zur Eindämmung der durch Überproduktion und fallende Weltmarktpreise bedingten großen Stahlkrise in der Gemeinschaft beitrug (siehe auch →*Kohle-* und →*Stahlpolitik der EG*).

H.-A. Geister: Wettbewerbs- und Industriepolitik der EG, Volkswirtschaftliche Schriften 315, Berlin 1981. – P. Reuter: La Communauté européenne du charbon et de l'acier, Paris 1953.

J. Monar

Europäische Hymne. Eine amtliche, den Nationalhymnen entsprechende E. gibt es noch nicht. Bei offiziellen Anlässen wird jedoch oft die „*Ode an die Freude*" aus dem Schlußteil der Neunten Symphonie von Ludwig van Beethoven („*Alle Menschen werden Brüder*") gespielt. Es ist üblich geworden, diese als E. zu bezeichnen.

N. Neuwahl

Europäische Identität. Weder geographisch noch politisch definiert sich Europa eindeutig. Die Wirklichkeit Europas wurzelt im Bewußtsein der Menschen. Die E. ist historisch eng mit den *Bedrohungen Europas* verbunden. Dieses Grundmuster der Eigendefinition durch Feindmarkierung durchzieht die europäische Gemeinschaftsorientierung. Der Blick auf die Entwicklung des europäischen ‚Wir'-Gefühls von der Schlacht von Salamis bis in die Gegenwart zeigt, daß Europa sich immer nur *gegen etwas*, nie *für etwas* zusammengeschlossen hat. Das hängt auch mit den Prozessen der Identitätsbildung zusammen. Die Begegnung mit dem anderen ist immer gleichzeitig Anlaß zur Selbstreflexion. Identität meint immer die Dialektik von So-sein-wie-die-anderen und Nicht-so-sein-wie-die-anderen. Selbstbewußtsein konstituiert sich mithin durch Abgrenzung von anderen. Das gilt auch für kollektive Identität. Zur Selbstvergewisserung ist offenbar ein Innen-Außen-Dualismus notwendig. Die Menschen erkennen sich nach wie vor in national geprägten Geschichten wieder, nicht in europäischen. So werden die Europabilder in den Köpfen der Menschen auch häufig von der Vorstellung der Vielheit Europas geprägt. Eine Schlüsselstellung nimmt auch das Konzept des demokratischen Interessenausgleichs ein. Die Idee der Freiheit als Unabhängigkeit von Fremdherrschaft und als Entfaltungsmöglichkeit der Einzelperson gehört ebenso zu den Bausteinen der E. Als weiterer Bestandteil der E. kann angenommen werden: „Vielfalt in der Einheit, entsprungen aus der Idee der Individualität und ihres Vorrechts vor der Uniformität, gegeneinander ausbalanciert und geschützt durch rationale Institutionen und Verfassungen auf der Grundlage der Idee der Freiheit und der Menschenrechte, geordnet nach den Prinzipien des Interessenausgleichs und der Demokratie“ (Schulze). – Die Frage nach den Bestandteilen der E. spielt u. a. in den Bemühungen um eine stärkere Identifikation der Bürger mit der europäischen Integration (→*Europa der Bürger*) sowie denen um ein einheitliches Auftreten der EG und ihrer MS in den internationalen Beziehungen eine Rolle.

K.-R. Korte: Nationale Identifikation und europäische Bindung, in: Politische Vierteljahresschrift, Sonderheft 18 (1987), S. 222–228. – K.-R. Korte: Nation und Nationalstaat. Bausteine einer europäischen Identität, Melle 1993. – H. Schulze: Die Wiederkehr Europas, Berlin 1990. – W. Weidenfeld (Hrsg.): Die Identität Europas, München 1985.

K.-R. Korte

Europäische Investitionsbank (EIB). Autonome öffentlich-rechtliche Institution mit Sitz in Luxemburg. Gründung am 1.1.1958 auf der Grundlage von Art. 3 j und 129–130 EWGV. – Aufgabe: Gemäß Art. 198 e EGV (früher Art. 130 EWGV) gewährt sie ohne eigenen Erwerbszweck langfristige Darlehen und übernimmt Bürgschaften für Investitionsprojekte (Schwerpunkte: Infrastruktur, Energieversorgung, Industrie), um zu einer „ausgewogenen und reibungslosen Entwicklung“ der Gemeinschaft beizutragen. Gestützt auf Art. 18 (1) ihrer Satzung vergibt sie seit 1963 Darlehen auch außerhalb des EG-Territoriums (Mittelmeerraum, →*AKP-Staaten*). Angesichts des Umbruchs in Osteuropa wurde sie vom *Rat der Gouverneure* der E. im November 1989 erstmals zur Vergabe von Krediten in Polen und Ungarn in Höhe von 1 Mrd. ECU ermächtigt. Ihr Engagement hat sie 1991 noch auf Rumänien ausgedehnt. Bis Ende 1991 hatte sie in diesen drei Ländern Osteuropas 500 Mio. ECU bereitgestellt. Aufgrund der Tätigkeitsaufnahme der →*Europäischen Bank für Wiederaufbau und Entwicklung* (der sog. *„Osteuropabank“*), an deren Kapitalausstattung sie mit 3% beteiligt ist, wird das Engagement der E. in osteuropäischen Ländern künftig jedoch wohl gering bleiben. – Seit ihrer Gründung hat die Bank insgesamt Darlehen von rund 112 Mrd. ECU (Stand Juni 1992) für Investitionsprojekte aller Art gewährt.

Die ausstehenden Darlehen und Bürgschaften betrugen 1992 rund 73 Mrd. ECU. Die Obergrenze hierfür liegt nach der letzten Kapitalerhöhung (1.1.1991) bei 144 Mrd. ECU, was 250% des nunmehr von den MS gezeichneten Kapitals von 57,6 Mrd. ECU entspricht (Art. 18 (5) der Satzung). Etwa 7,5% des gezeichneten Kapitals (das sind rd. 4,3 Mrd. ECU) sind seit Januar 1991 eingezahlt bzw. noch einzuzahlen. Mittelbeschaffung: Die Bank finanziert sich vor allem über Anleihen. Nach der Weltbank ist sie der größte institutionelle Anleihenehmer und Darlehensgeber. Zusätzlich stehen ihr Mittel des →*Neuen Gemeinschaftsinstruments für Anleihen und Darlehen* an weniger wohlhabende MS zur Verfügung. Für Finanzierungen außerhalb der Gemeinschaft erhält sie außerdem Haushaltsmittel der EG oder der MS. – Rechnungseinheit ist die ECU (Satzung Art. 4 (1)). Oberstes Organ ist der *Gouverneursrat,* in dem jeder MS durch einen Minister vertreten ist. Er erläßt die allgemeinen Richtlinien für die Kreditpolitik, genehmigt Jahresabschluß und Jahresbericht, entscheidet über Kapitalerhöhungen und ernennt die Mitglieder der nachgeordneten Organe. Der *Verwaltungsrat* entscheidet über die Darlehensvergabe, die Aufnahme von Anleihen und die Festsetzung der Zinssätze. Das *Direktorium* führt die laufenden Geschäfte. Die jährliche Prüfung der Operationen und der Bücher der Bank obliegt dem Prüfungsausschuß.

Europäische Investitionsbank (Hrsg.): Jahresbericht 1992. – C. Spirou: La Banque européenne d'investissement, Zürich 1990.

L. Birkendorf

Europäische Kommission für Menschenrechte. Die E. ist ein wichtiges Organ der →*Europäischen Menschenrechtskonvention.* Weitere Regelungen enthalten einige Zusatzprotokolle und die Verfahrensordnung in der Fassung von 1990. Die Zahl der Mitglieder der E. entspricht der Zahl der MS der Konvention, z. Zt. 26; die Mitglieder für Bulgarien, Polen und Ungarn sind aber noch nicht bestimmt. Die Mitglieder der E. werden vom Ministerkomitee des →*Europarats* für sechs Jahre gewählt, Wiederwahl ist möglich. Sie sind weisungsfrei und müssen die Befähigung zu hohen Richterämtern besitzen oder anerkannte Rechtsgelehrte sein. Der Präsident und zwei Vizepräsidenten werden von der E. gewählt, sie leiten die Arbeit des Plenums und der zwei Kammern. 1992 sind 5.875 vorläufige Eingaben erfolgt, davon sind 1.861 registriert worden. Die nach der Konvention zulässigen Beschwerden werden zunächst von der E. geprüft. Kommt keine freundschaftliche Lösung zustande, fertigt die E. einen Bericht an die beteiligten Staaten und das Ministerkomitee des Europarates, das mit 2/3 Mehrheit entscheidet, falls nicht die E. oder ein MS den →*Europäischen Gerichtshof für Menschenrechte* anruft.

E. Klein

Europäische Konferenz der Post- und Fernmeldeverwaltungen (*Conférence Européenne des Administrations des Postes et des Télécommunications,* CEPT). Die E. wurde 1959 gegründet. Ihr gehören Post- und Fernmeldeverwaltungen aus 26 europäischen

Ländern an (neben den EG- und EFTA-Staaten auch Jugoslawien, Malta, Monaco, San Marino, Türkei, Vatikan, Zypern). Die Parallelorganisation auf internationaler Ebene ist das *CCITT (Comité Consultatif International Télégraphique et Téléphonique, Internationaler Beratender Ausschuß für den Telegraphen- und Fernsprechdienst),* eine Unterorganisation der UNO-Agentur *ITU (International Telecommunication Union).* Die Aufgabe der E. ist die Kooperation in Normungsfragen zur Verbesserung und Vereinfachung aller Post- und Fernmeldedienste, z. B. im Bereich des Ausbaus der grenzüberschreitenden Kommunikation mit standardisierten Diensten. – Die Organe der E. sind die *Generalkonferenz,* die alle 3 Jahre tagt, Ausschüsse für Post- und Fernmeldewesen sowie technische Arbeitsgruppen. Die E. unterhält auch ein Verbindungsbüro in Bern. – In der EG kommt der Normungspolitik in der Telekommunikation hohe Bedeutung für die Verwirklichung des europäischen →*Binnenmarktes* zu. Deshalb unterstützt die EG die Arbeit der E. durch Kooperationsvereinbarungen sowie durch die Unterbreitung von Prioritätenlisten und Vorschlägen zur Ausarbeitung europäischer Fernmeldenormen, z. B. über die Regelung des Zugangs zu Netzen oder über Endgerätespezifikationen. Schon seit 1985 findet im Rahmen des *ITSTC (Information Technology Steering Committee, Lenkungsausschuß Informationstechnik)* eine verstärkte Zusammenarbeit zwischen der E. und den europäischen Normungsgremien *CEN/CENELEC* (→*Europäisches Komitee für Normung*) auf dem Gebiet der Informationstechnik statt. 1988 wurde *ETSI (European Telecommunication Standards Institut, Europäisches Institut für Telekommunikationsnormen)* gegründet, um die Normungsarbeiten im Telekommunikationsbereich voranzutreiben. Zu diesem Zweck übertrug die E. ihre Standardvorbereitungsfunktion auf *ETSI.* Projektteams erarbeiten unter Beteiligung von Fernmeldeverwaltungen, Industrie und Nutzerorganisationen europäische Normen.

H. Ungerer/N. Costello: Telekommunikation in Europa, Brüssel 1989.

J. Gützkow

Europäische Korrespondenten. Die Gruppe der E. ist für die Administration der →*Europäischen Politischen Zusammenarbeit* (EPZ) zuständig. Einige ihrer Aufgaben sind seit 1987 durch das →*EPZ-Sekretariat* übernommen worden. Die E. sind Beamte in den Außenministerien der MS und der →*Kommission,* die als Assistenten der Politischen Direktoren (→*Politisches Komitee*) und als Kontaktpersonen für alle EPZ-Angelegenheiten in ihren Ministerien fungieren. Die Gruppe der E. tritt vor jeder Sitzung des Politischen Komitees zusammen, um diese vorzubereiten. Tagesordnungspunkte, die unumstritten sind, können bereits auf ihrer Ebene abgehandelt werden. Die E. haben wesentlich die administrative Entwicklung der EPZ geprägt und spielen aufgrund ihrer guten Kontakte untereinander eine wichtige Rolle bei der Prävention von Problemen in der EPZ.

S. Nuttall

Europäische Kulturhauptstadt. Gemäß einem Beschluß des →*Rates der EG* (Kulturminister) vom 13. Juni 1985 wird jedes Jahr in einem anderen MS der EG eine Stadt zur E. erhoben, um durch von der EG geförderte geeignete Programme (Ausstellungen, Konzerte etc.) einer breiteren europäischen Öffentlichkeit die kulturelle und historische Identität dieser Stadt in ihrem europäischen Kontext vorzustellen (1985: Athen, 1986: Florenz, 1987: Amsterdam, 1988: Berlin, 1989: Paris, 1990: Glasgow, 1991: Dublin, 1992: Madrid, 1993: Antwerpen, 1994: Lissabon, 1995: Luxemburg, 1996: Kopenhagen).

HRSG.

Europäische Kulturkonvention. Die E. ist eine Vereinbarung zwischen den MS des →*Europarates*, die am 19.12.1954 in Paris unterzeichnet wurde und die sich auf Sprachen, Geschichte und Zivilisation der europäischen Staaten bezieht. Sie trat am 5.5.1955 in Kraft. In ihr verpflichten sich die Vertragspartner, geeignete Schritte zu unternehmen, um die Entwicklung nationaler Beiträge für das gemeinsame kulturelle Erbe in Europa zu gewährleisten und zu fördern. Dies umfaßt u. a. die Mobilität und den Austausch von Personen und Kulturgütern und den Schutz von Gegenständen, die aufgrund ihres europäischen Kulturwertes unter die Kontrolle der Unterzeichnerstaaten gestellt wurden. Die Überwachung der korrekten Anwendung der Grundsätze des Kulturabkommens obliegt dem →*Ministerkomitee des Europarates*, das hierbei von einem Gremium von Kulturexperten beraten wird.

C. GELLERT

Europäische Kulturstiftung. Die E. wurde 1954 auf Initiative von *Denis de Rougemont* mit Sitz in Genf gegründet (1. Präsident: Robert Schuman). Unter der Präsidentschaft von Prinz Bernhard der Niederlande verlegte die E. 1956 ihren Sitz nach Amsterdam. Die E. ist eine Non-Profit-Organisation, die sich aus holländischen Lotto- und Toto-Einnahmen sowie über Forschungs- und Dienstleistungsverträge der Zentren und Institute der E., Gelder der EG-Kommission und der niederländischen Regierung finanziert. – Ziel der E. ist es, Projekte im kulturellen Bereich durchzuführen. Hierzu erteilt sie Zuschüsse an Non-Profit-Organisationen für Vorhaben, die das Bewußtsein für die europäische Dimension in der Gesellschaft steigern wollen sowie für Projekte in den ausgewiesenen Betätigungsfeldern der E. (Bildung, soziale Belange, Umweltfragen, Ost/West-Beziehungen und Medien). Voraussetzung für die Förderung ist, daß mindestens drei europäische Partner beteiligt sind. Die Förderung beinhaltet Zuschüsse, die für ein Jahr erteilt werden (1992: insgesamt 3 Mio. holländische Gulden). Die E. hat ein Netzwerk von Instituten und Zentren aufgebaut, um die internationale Kommunikation in ihren Arbeitsfeldern auszubauen. 1990 ist in Kooperation mit anderen Stellen ein Projekt initiiert worden, das die Länder in Ost- und Mitteleuropa beim Aufbau der Demokratie unterstützt. – Die Organisationsstruktur der E. besteht aus einem Präsidium von 42 Persönlichkeiten aus 18 europäischen Ländern und zwei Vertretern des Europarates. In 20 europäischen Ländern unterhält die E. Nationalkomitees. – 1982 hat die EG beschlossen, eine Europäische Stiftung mit Sitz in Paris zu gründen (auch *Europäische Kulturstiftung* genannt). Sie hat bisher ihre Tätigkeit nicht aufnehmen können, da die Ratifizierung des Abkommens durch die Niederlande nicht vollzogen worden ist.

M. PIEPENSCHNEIDER

Europäische Liberale, Demokraten und Reformer →Europäische Parteienföderationen

Europäische Liga für wirtschaftliche Zusammenarbeit →Europäische Bewegung, →Föderalistische Bewegungen

Europäische Menschenrechtskonvention. Die im Rahmen des →*Europarats* erarbeitete E. vom 4. November 1950 verpflichtet die MS, allen Personen, die sich in ihrem Hoheitsbereich aufhalten, die in ihr niedergelegten Rechte zu sichern. Die von der *Allgemeinen Erklärung der Menschenrechte* der UN stark beeinflußte E. garantiert die wichtigsten klassischen Freiheitsrechte wie Recht auf Leben und körperliche Unversehrtheit, auf Achtung des Privat- und Familienlebens, Gewissens- und Religionsfreiheit, Recht auf freie Meinungsäußerung und Versammlungsfreiheit. Weiterhin verbietet sie Folter, unmenschliche oder erniedrigende Strafe oder Behandlung, Sklaverei, Zwangs- oder Pflichtarbeit. Auch wichtige Verfahrensrechte sind gewährleistet wie effektiver Rechtsschutz. Wichtige Ergänzungen sind durch 10 Zusatzprotokolle (ZP) erfolgt. Die völkerrechtliche Verpflichtung der MS zur Respektierung der Menschenrechte wird unmittelbar durch das Inkrafttreten der E. begründet. Die Frage der unmittelbaren innerstaatlichen Anwendbarkeit wird von den MS hingegen unterschiedlich beantwortet. Die E. ist heute für 26 europäische Staaten (darunter die 12 MS der EG) in Kraft; die slowakische und die tschechische Republik haben Erklärungen zur Respektierung abgegeben. Die ZP sind für einen jeweils unterschiedlichen Mitgliederkreis in Kraft, das 9. und 10. ZP sind noch nicht in Kraft getreten. – Das Kernstück der kollektiven Menschenrechtsgarantie besteht in einem internationalen Kontrollsystem, dessen Organe die →*Europäische Kommission für Menschenrechte,* der →*Europäische Gerichtshof für Menschenrechte* und das *Ministerkomitee* des →*Europarats* sind. Jeder MS ist der Kontrolle durch die anderen MS unterworfen *(Staatenbeschwerde),* die meisten MS haben darüber hinaus die Beschwerdebefugnis von Personen, die sich in den von der E. anerkannten Rechten verletzt fühlen, akzeptiert *(Individualbeschwerde).* – Zusammen mit der →*Europäischen Sozialcharta* bildet die E. heute den zentralen Bestandteil einer gesamteuropäischen Verfassungsordnung. Sie wirkt deshalb zunehmend auf Auslegung und Anwendung der nationalen Grundrechtsgarantien ein. Vor allem aber ist die E. als Ausdruck gemeinsamer Verfassungstradition der 12 MS die Basis für den Grundrechtsschutz innerhalb der EG (→*Menschenrechtspolitik der EG*).

G. Cohen-Jonathan: La Convention Européenne des Droits de l'Homme, Paris 1989. – J. A. Frowein/W. Peukert: Europäische Menschenrechtskonvention, Kehl 1985.

E. KLEIN

Europäische Organisation für Kernforschung (CERN, ursprünglich *Conseil,* nun *Organisation européenne pour la recherche nucléaire*). Die E. wurde 1954 als Laboratorium für Teilchenphysik gegründet und hat ihren Sitz in Genf. Die E. fördert die europäische Zusammenarbeit in der zivilen Grundlagenforschung im Nuklearbereich mit dem Ziel der Erforschung der Bausteine der Materie. Kern des Laboratoriums ist ein Beschleuniger-Komplex mit Elektronen-Positronen-Kollider-Ring. Die E. verfügt über ein Budget von 909 Mrd. Schweizer Franken (1991) und beschäftigt über 3.000 Mitarbeiter sowie Gastforscher aus aller Welt. Mitglieder sind 15 westeuropäische Länder und Polen; die Türkei, Jugoslawien, die →*Kommission der EG* und die UNESCO sind Beobachter.

J. GÜTZKOW

Europäische Organisation zur Sicherung der Luftfahrt (EUROCONTROL). Die E. wurde 1960 als Instrument der Zusammenarbeit sechs europäischer Staaten zur Erhöhung der Sicherheit des Flugverkehrs gegründet. 1992 gehörten ihr außer DK, E und I alle MS der EG sowie Malta, die Türkei, die Schweiz, Ungarn und Zypern an. DK, E, I, Norwegen und Österreich haben erfolgreich ihre Mitgliedschaft beantragt und werden nach Abschluß des Ratifizierungsverfahrens wahrscheinlich noch vor Ende 1993 beitreten. – Zu den Aufgaben der E. gehört die planerische Optimierung der Luftraumauslastung, die Prävention von übermäßiger Flugverkehrsverdichtung, die grenzüberschreitende Koordinierung der Luftverkehrskontrollsysteme und die Ausbildung von Fluglotsen. Zur Erfüllung dieser Aufgaben verfügt die E. über ein internationales Radarkontrollzentrum in Maastricht, das über 700.000 Flüge pro Jahr betreut, ein Forschungs- und Versuchszentrum in Brétigny-sur-Orge (F), eine zentrale Luftverkehrsplanungseinheit in Brüssel und ein Lehrinstitut in Luxemburg. Die E. beschäftigt über 1.300 Beamte und hat ihren Verwaltungssitz in Brüssel.

J. MONAR

Europäische Parteien →Europäische Parteienföderationen

Europäische Parteienföderationen. Mitte der 70er Jahre gründeten sich im Vorfeld der ersten europäischen *Direktwahlen* die Zusammenschlüsse der drei europäischen *Parteienfamilien* der *Sozialisten/Sozialdemokraten* (1974), der *Europäischen Volkspartei/Christdemokraten* (1976) und der *Liberalen und Demokraten* (1976). Alle drei Parteienzusammenschlüsse verfügen über ähnliche Strukturen: Im Abstand von ein bis zwei Jahren werden bei Kongressen Grundsatzbeschlüsse gefaßt und Wahlen vorgenommen, ein Präsidium (oder Büro) sowie verschiedene Kommissionen bereiten die Arbeiten vor. Als wichtigste politische Gremien zur Einflußnahme haben sich in der Praxis jedoch die Treffen der Partei- und Regierungschefs der jeweiligen Parteienfamilie herausgestellt, die sich – vor allem im Vorfeld wichtiger EG-Entscheidungen – medienwirksam um gemeinsame Positionen bemühen. – Andere Parteien und Gruppierungen, wie die Kommunisten und die Grün/Alternativen verschiedener EG-Staaten arbeiten zwar ebenfalls z. T. intensiv im europäischen Rahmen zusammen, doch entwickelten sie keine vergleichbaren dauerhaften Strukturen. – Die europäischen Zusammenschlüsse der Parteien sind in engem Zusammenhang zu sehen mit den entsprechend korrespondierenden →*Fraktionen im EP*, mit denen sie intensive personelle und organisatorische Verflechtungen aufweisen. – Das wichtigste Ziel der europäischen Parteienzusammenschlüsse besteht in der Formulierung gemeinsamer Programme oder zumindest Wahlplattformen für die →*Direktwahlen* zum EP. Daneben sind sie Ansprechpartner und Bindeglied für die entsprechenden *Fraktionen im Europäischen Parlament* und stellen den Kontakt zu den nationalen Parteien her. – Das von vielen Beobachtern im Vorfeld der Einführung von europäischen Wahlen 1979 formulierte Ziel einer Herausbildung echter *europäischer Parteien* wurde bisher nur in sehr geringem Umfang erreicht. Zwar gelang es den Parteienzusammenschlüssen zumeist, bei Europawahlen gemeinsame Programme oder zumindest Wahlplattformen vorzulegen, doch standen vor Ort in der Regel nationale Wahlkampfthemen im Vordergrund. Wegen der begrenzten Bedeutung der Zusammenschlüsse blieb auch die angestrebte Rolle als Ansprechpartner für die Parlamentsfraktionen begrenzt. In der Praxis dominieren diese zumeist das Zusammenspiel sowohl inhaltlich als auch von ihren administrativen Möglichkeiten her. – Der *Bund der Sozialdemokratischen und Sozialistischen Parteien der EG* wurde im April 1974 gegründet. Heute gehören dem Bund 16 Vollmitglieder sowie eine Reihe von Beobachtern an, zuletzt wurde – obwohl die Mitgliedschaft grundsätzlich nur Parteien aus EG-Staaten offensteht – der Sozialistischen Partei Österreichs im Februar 1990 der Mitgliedstatus eingeräumt. Die inhaltliche Geschlossenheit des Bundes war – vor allem in den 70er und frühen 80er Jahren – nicht sehr stark ausgeprägt. Seit Mitte der 80er Jahre haben sich die europapolitischen Positionen innerhalb des Bundes wegen der allmählichen Veränderung der britischen und teilweise auch der dänischen Haltung etwas angenähert. Traditionell gehören zu den wichtigsten Arbeitsfeldern die Sozial- und Regionalpolitik, der Umweltschutz sowie die Außenpolitik. Die Sozialdemokratischen und Sozialistischen Parteien Europas haben auf ihrem Kongreß am 9./10. November 1992 in Den Haag die Umwandlung des Bundes in die Sozialdemokratische Partei Europas beschlossen. – In der *Europäischen Volkspartei* (EVP) haben sich im Juli 1976 die Parteien des christdemokratischen Spektrums in Europa zusammengeschlossen. Mitglieder in der EVP können ausschließlich Parteien aus den EG-Staaten werden. Den Kontakt zu den Schwesterparteien aus anderen europäischen Ländern sichert die *Europäische Union Christlicher Demokraten* (EUCD), zu der enge inhaltliche und personelle Verflechtungen bestehen. In den Programmen der EVP zu Europawahlen wird regelmäßig die Unterstützung für den Aufbau einer demokratischen und handlungsfähigen Europäischen Union unterstrichen. – Die *Europäischen Liberalen, Demokraten und Reformer* (ELDR) haben sich im März 1976 unter dem Namen *„Föderation liberaler und demokratischer Parteien der Europäischen Gemeinschaft"* formiert. In der Programmarbeit setzt die ELDR einen Schwerpunkt bei der Weiterentwicklung der EG zur →*Europäischen Union,* wobei die als notwendig erachteten institutionellen Reformen und die Verwirklichung der →*Wirtschafts- und Währungsunion* im Vordergrund stehen. Soziale Belange sind ebenfalls vertreten, doch wird ein zu starkes Eingreifen des Staates abgelehnt. – Die politische Rolle der europäischen Parteienzusammenschlüsse könnte durch das Inkrafttreten des in Maastricht am 7. Februar 1992 unterzeichneten →*Vertrags über die Europäische Union* eine deutliche Stärkung erfahren. Dort heißt es in Artikel 138 a: „Politische Parteien auf europäischer Ebene sind ein wichtiger Faktor der Integration in der Union. Sie tragen dazu bei, ein europäisches Bewußtsein herauszubilden und den politischen Willen der Bürger der Union zum Ausdruck zu bringen."

O. Niedermayer: Europäische Parteien? Zur grenzüberschreitenden Interaktion politischer Parteien im Rahmen der EG, Frankfurt a. M. u. a. 1983. – W. Weidenfeld/W. Wessels (Hrsg.): Jahrbuch der Europäischen Integration, Bonn 1980 ff. (darin das Kapitel „Die europäischen Parteienzusammenschlüsse").

O. Schmuck

Europäische Patentorganisation. Die E. ist eine internationale Organisation, die auf der Grundlage des *Übereinkommens über die Erteilung Europäischer Patente* (Europäisches Patentübereinkommen, EPÜ, vom 5.10.1973) von dessen Vertragsstaaten mit Sitz in München gegründet wurde. Sie ist nicht der EG zugeordnet, da der Kreis der Vertragsstaaten über den der MS der EG hinausgeht. Die E. ist mit eigener Rechtspersönlichkeit und eigenen Organen sowie mit verwaltungsmäßiger und finanzieller Selbständigkeit ausgestattet. Organe sind das →*Europäische Patentamt* und der *Verwaltungsrat.* – Aufgabe der E. ist die Erteilung europäischer Patente. Diese Aufgabe wird vom *Europäischen Patentamt* durchgeführt, dessen Tätigkeit vom Verwaltungsrat überwacht wird. Der *Verwaltungsrat* hat daneben Kompetenzen vor allem im Bereich des Haushalts, des Personalwesens, der Organisation und der Beiträge der Vertragsstaaten. Er besteht aus den Vertretern der Vertragsstaaten und deren Stellvertretern (Art. 26 EPÜ) und bedient sich bei seinen Beratungen der deutschen, englischen und französischen Sprache (Art. 31 EPÜ). Der Verwaltungsrat faßt seine Beschlüsse vorbehaltlich von Ausnahmen mit der einfachen Mehrheit der Vertreter der Vertragsstaaten, die eine Stimme abgeben. – Die Ausgaben der E. werden vor allem durch eigene

Mittel (Gebührenaufkommen und sonstige Einnahmen) und durch Zahlungen der Vertragsstaaten gedeckt.

P.-C. MÜLLER-GRAFF

Europäische Politische Gemeinschaft. Die E. stellte den ersten Anlauf der Gründerstaaten der →*Europäischen Gemeinschaft für Kohle und Stahl* zur Schaffung einer politischen Union dar. Ein im März 1953 von einer Ad-hoc-Versammlung ausgearbeiteter Satzungsentwurf forderte nicht nur die Bildung eines direkt gewählten europäischen Parlaments, sondern sah für die E. auch weitreichende Kompetenzen im Bereich der Wirtschaftsintegration vor. Obgleich die nachfolgenden Regierungsverhandlungen schon Mitte 1954 endgültig scheiterten, stellte die E. doch bereits ein Modell für alle späteren Bemühungen zur Bildung einer politischen Union sowie auch für die schon kurze Zeit später erfolgte Schaffung der →*Europäischen Wirtschaftsgemeinschaft* (→*Römische Verträge* 1957) dar.

P. FISCHER

Europäische Politische Zusammenarbeit (EPZ). Die E. ist das Verfahren, durch das die MS der EG ihre Außenpolitiken koordinieren. Die Bezeichnung ist seit den Anfängen im Jahre 1970 geläufig, wird jedoch nach dem Inkrafttreten des →*Vertrages über die Europäische Union* durch →*„Gemeinsame Außen- und Sicherheitspolitik"* abgelöst werden. Die E. wird häufig auch nach der Zahl ihrer MS benannt (1973–1980: *„die Neun"*, 1981–1985: *„die Zehn"*, 1986 bis heute: *„die Zwölf")*. In E.-Erklärungen wird die Formel *„die Gemeinschaft und ihre Mitgliedsstaaten"* benutzt. – Die E. wurde 1970 nach einem entsprechenden Beschluß der →*Haager Gipfelkonferenz* begründet, um der EG eine von den EG-Verträgen und -Institutionen getrennte außenpolitische Statur zu verleihen. Frühere dahingehende Versuche, wie z. B. die supranationale →*Europäische Politische Gemeinschaft* oder die intergouvernemental ausgerichteten →*Fouchet-Pläne* waren stets gescheitert. Der nach der *Haager Konferenz* etablierte Mechanismus der E. konnte sich jedoch behaupten, da er von leichter und pragmatischer Struktur war und es ermöglichte, konstitutionelle Grundsatzfragen weitgehend zu vermeiden. – Die grundlegenden Prinzipien der E. sind bis heute die *intergouvernementale Methode* und die *Konsensus-Regel*. Die *intergouvernementale Methode* beinhaltet, daß die Entscheidungskompetenz allein bei Vertretern der nationalen Regierungen liegt. Von den EG-Institutionen ist die →*Kommission* seit 1981 voll beteiligt, verfügt aber nicht über die besondere institutionelle Rolle, die sie in der EG innehat. Das →*Europäische Parlament* kann Fragen an die E. richten, deren Politik aber nicht direkt beeinflussen. Der Jurisdiktion des →*Gerichtshofes der EG* ist die E. vollständig entzogen. Zwar hat die E. eigene Organe entwickelt, insbesondere die →*Ministertagungen,* das →*Politische Komitee* und Arbeitsgruppen, aber im Unterschied zur EG setzen sich alle diese Organe aus Vertretern der Regierungen der MS (zumeist der Außenministerien) zusammen. Das zweite

Grundprinzip, die *Konsensus-Regel,* bedeutet, daß alle Entscheidungen einstimmig getroffen werden. Auch der kleinste MS kann sich einer Entscheidung widersetzen und diese damit verhindern. Dennoch führt die *Konsensus-Regel* nicht nur zu Einigungen auf dem kleinsten gemeinsamen Nenner. Der Prozeß der Konsensus-Bildung ist vielmehr ein dynamischer, der vielfach zu positiven Entscheidungen auf einer mittleren Linie zwischen den extremsten nationalen Standpunkten führt. Die Konsensus-Bildung wird durch den Austausch von Informationen und gemeinsamen Analysen im Rahmen der Zusammenarbeit zwischen den diplomatischen Vertretungen in →*Drittländern,* des Informationsaustausches über das →*COREU-Netz* und in den Arbeitsgruppen eingeleitet. Gemeinsame Analysen öffnen den Weg für Kompromisse, die dann gewöhnlich im *Politischen Komitee* oder auf Ministerebene ausgearbeitet werden. Die größeren MS sind in stärkerem Maße als die kleineren bereit, das ihnen durch die *Konsensus-Regel* zustehende Veto-Recht zu gebrauchen. Dies gilt besonders für die Ständigen Mitglieder des UN-Sicherheitsrates (und Nuklearmächte), die aufgrund ihrer die Grenzen der E. überschreitenden Verantwortlichkeiten von Zeit zu Zeit in der E. eine Politik blockieren, die ihre Sonderrolle einschränken könnte. Unter Papandreou vertrat jedoch auch die griechische Regierung in manchen Bereichen Standpunkte, die nicht mit denen ihrer E.-Partner kompatibel waren. Aufgrund dieser Probleme und der Absicht, die Prozeduren der E. denen der EG anzunähern, gab es während der Verhandlungen über den EUV Bestrebungen, Mehrheitsabstimmungen auch in der E. einzuführen. Diese konnten sich jedoch nur teilweise durchsetzen. – Während der ersten 17 Jahre ihrer Existenz verfügte die E. über keine Rechtsgrundlage, sondern basierte auf einer Reihe informeller, *„Berichte"* genannter Texte, die von den Außenministern oder Staats- und Regierungschefs gebilligt, nicht aber den nationalen Parlamenten zur Ratifizierung vorgelegt wurden (→*Luxemburger Bericht,* →*Kopenhagener Bericht,* →*Londoner Bericht*). Ausgearbeitet von nationalen Diplomaten, legten diese in breitgefaßter Form Ziele und Verpflichtungen fest und skizzierten eine Reihe von Verfahrensweisen. Die Berichte von Kopenhagen und London basierten auf der Methode der *„Kodifizierung"*, d. h. sie fixierten jeweils die pragmatischen Fortschritte, die seit dem vorangegangenen Bericht erzielt worden waren. Diese Methode wurde auch bei den der E. gewidmeten Abschnitten der →*Feierlichen Deklaration zur Europäischen Union* und der →*Einheitlichen Europäischen Akte* verwendet. Deren Titel III brachte jedoch insofern eine bedeutende Neuerung mit sich, als die E. mit diesem erstmals eine vertragliche Basis erhielt und dies in einem Rechtsinstrument, das auch die EG-Verträge abänderte. Obwohl Titel III wenig Fortschritte in der Substanz brachte, war die damit vollzogene Annäherung von E. und EG bei gleichzeitiger Bewahrung ihrer jeweiligen Verfahren ein bedeutender Schritt auf dem

Weg zur →*Europäischen Union.* Die EEA unterstrich auch die Notwendigkeit der *Kohärenz* zwischen den Politiken der E. und denen der EG. Die Verantwortung hierfür wurde der →*Präsidentschaft* und der Kom. übertragen. Aufgrund der separaten Existenz von E. und EG, die voneinander unabhängig in sich teilweise überschneidenden Bereichen operierten, waren Fälle von Inkohärenz unvermeidbar. Diese waren jedoch selten von großer Bedeutung, und *„Kohärenz"* war auch ein versteckter Begriff für den nicht immer die Regeln der EG-Entscheidungsverfahren respektierenden Gebrauch von EG-Instrumenten zur Durchführung von EPZ-Politiken, beispielsweise durch die Verhängung von Wirtschaftssanktionen. Die Beseitigung des Eisernen Vorhangs und der Zusammenbruch der marxistischen Systeme in Zentral- und Osteuropa verstärkten seit 1989 das Bestreben, die Interaktion zwischen E. und EG effizienter zu organisieren, was schließlich im EUV gipfelte. Letzterer sieht die Verschmelzung der EG- und E.-Organe für außenpolitische Fragen auf Ministerebene vor, behält jedoch die unterschiedlichen Entscheidungsverfahren beider Strukturen auf der sub-ministeriellen Ebene bei. Der EUV schuf auch die Grundlage für die zuvor aufgrund des Widerstandes von Irland, Dänemark und Griechenland unmögliche Anbindung der →*Westeuropäischen Union* an die EG als deren wehrhaften Arm. – Während ihrer gesamten Geschichte hat sich die E. in Antwort auf externe Herausforderungen entwickelt. Sofort nach ihrem Entstehen wurde sie mit den drängenden Problemen der →*Konferenz über Sicherheit und Zusammenarbeit in Europa* und des Nahen Ostens konfrontiert. Durch ihren entscheidenden Beitrag zur *Schlußakte von Helsinki* (1975) erlangte sie erstmals international Statur. Aufgrund amerikanischer Widerstände war sie im Bereich der Nahostpolitik (→*Euro-arabischer Dialog*) weniger erfolgreich. Bis 1977 befand sich die E. in einer Phase raschen Wachstums, in der sie ihren Aktivitätsbereich erheblich ausweitete. Dann folgte eine Periode der Stagnation, die erst durch den Schock der inadäquaten Reaktion auf die Afghanistan-Krise und die nachfolgende Stärkung der Verfahren im →*Londoner Bericht* (1981) beendet wurde. In den Krisen der 80er Jahre griff die E. dann häufig auf Instrumente der EG zurück. Wachsendes Interesse der Drittstaaten zwang die E. nach dem *Londoner Bericht,* Instrumente, wie z. B. die →*Troika,* für Dialoge mit diesen zu entwickeln. Dies bereitete den Weg für die Fortschritte der EEA und des EUV. – Der eigentliche Platz der E. im institutionellen Gefüge der EG war stets ein Streitobjekt zwischen den Anhängern intergouvernementaler Kooperation und denen der integrierten Entscheidungsverfahren im Rahmen der EG. Als Folge hat sich die E. in ihrer Entwicklung mindestens ebensosehr um interne Kompromißlösungen wie um effiziente Antworten auf auswärtige Herausforderungen bemühen müssen. Dies hat zu einer erheblichen Disparität zwischen erwarteter und tatsächlicher Performanz geführt. Drittstaaten haben regelmäßig mehr von der E. erwartet als sie leisten konnte, dies nicht nur wegen erheblicher Positionsdifferenzen zwischen den MS, sondern auch aufgrund unzureichender Instrumente der auswärtigen Vertretung und überlasteter Tagesordnungen. Diese Probleme werden mit der Erweiterung der EG und immer noch zunehmenden Erwartungen weiter wachsen. Sie werden wahrscheinlich bei der für Mitte der 90er Jahre vorgesehenen Revision des EUV behandelt werden.

S. Nuttall: European Political Cooperation, Oxford 1992. – A. Pijpers/E. Regelsberger/W. Wessels (Hrsg.): Die E. in den 80er Jahren. Eine gemeinsame Außenpolitik für Westeuropa?, Bonn 1989.

S. NUTTALL

Europäischer Ausrichtungs- und Garantiefonds für die Landwirtschaft (EAGFL). Der E. geht auf Art. 40 (4) des EWGV von 1957 zurück, wonach zur Erreichung der in Art. 39 genannten *Ziele der gemeinsamen Agrarpolitik* ein oder mehrere Ausrichtungs- und Garantiefonds für die Landwirtschaft eingerichtet werden können. 1962 hat der Ministerrat in der VO Nr. 25 (1) beschlossen, den E. einzurichten. In der VO Nr. 17/64/EWG von 1964 wurde dieser Fonds in die *Abteilung „Garantie"* zur Finanzierung der gemeinsamen Markt- und Preispolitik und in die *Abteilung „Ausrichtung"* zur Finanzierung der gemeinsamen Strukturpolitik gegliedert. Mit dem Ende der Übergangszeit traten mit der VO Nr. 729/70/EWG 1971 die derzeit gültigen Finanzierungsregelungen in Kraft. – Der E. ist Bestandteil des Gemeinschaftshaushaltes, unterliegt also den allgemeinen Haushaltsvorschriften und zusätzlicher ihn betreffenden Bestimmungen. An Ausgaben des E. werden die sog. →*„obligatorischen"* von den →*„nichtobligatorischen"* unterschieden. Sämtliche Ausgaben der *Abteilung „Garantie"* und ein Teil der Ausgaben der *Abteilung „Ausrichtung"* gehören zu den obligatorischen. Die Mittel der *Abteilung „Garantie"* dienen zur Finanzierung der sich aus den bestehenden Marktordnungen ergebenden Aufgaben, so die „Erstattungen" bei der Ausfuhr von Agrarprodukten in Drittländer (→*Ausfuhrerstattungen*). Die *Abteilung „Ausrichtung"* des E. dient der Finanzierung der Maßnahmen, die dem im Art. 39 (1 a) festgelegten Ziel der Produktivitätssteigerung dienen sollen. Die Finanzierung erstreckt sich jedoch nur auf 25 bis 50% der erstattungsfähigen Ausgaben. – Trotz einer Reihe von kostendämpfenden Maßnahmen haben die Ausgaben des E. immer noch einen hohen Anteil am Gemeinschaftshaushalt. Der im Dezember 1992 aufgestellte Haushaltsplan für 1993 sieht für die *Abteilung „Garantie"* Ausgaben in Höhe von rund 35,06 Mrd. ECU und für die *Abteilung „Ausrichtung"* in Höhe von 3,36 Mrd. ECU vor, was einem Anteil am Gesamthaushalt von 50,8% bzw. 4,9% entspricht.

Kommission der EG: Der E., Brüssel 1986.

G. SCHMITT

Europäische Rechnungseinheit. Die E. (ERE oder EUA, *European Unit of Account)* wurde im April 1975 vom Ministerrat der EG eingeführt, um über einen einheitlichen Wertmaßstab im

Rahmen gemeinschaftlicher Politiken zu verfügen. Ab dem 1.1.1979 wurde die ERE in allen Bereichen der EG angewendet. Vorläuferin war die Rechnungseinheit der EG. Sie war durch ein bestimmtes Feingoldgewicht so definiert, daß sie bis zur Abwertung des Dollars im Dezember 1971 diesem genau entsprach. – Die ERE hingegen beruhte auf einem Währungskorb aus den verschiedenen Währungen der MS der EG. Die Gewichtung erfolgte aufgrund der wirtschaftlichen Bedeutung des jeweiligen Landes. Am 1.1.1981 hat die →*Europäische Währungseinheit* (ECU) die Funktionen der ERE übernommen.

H. Möller/W. Cezanne: Die Europäische Union als Währungsunion, Baden-Baden 1979, S. 110–124.

P. Bofinger

Europäischer Entwicklungsfonds (EEF). Bereits in Art. 158 sowie einem Anhang des EWGV von 1958 war die Errichtung eines E. zur wirtschafts- und sozialpolitischen Förderung der seinerzeitigen Kolonien und heutigen Entwicklungsländer vor allem in Schwarzafrika vereinbart worden. Dieses für die →*Europäische Wirtschaftsgemeinschaft* typische Instrument, die Fonds-Lösung, wurde 1963 in Art. 16 des →*Jaunde-Abkommens* sowie später auch in den →*Lomé-Abkommen* übernommen. – Aus dem E. werden nicht nur Maßnahmen zur Produktionsförderung in Industrie, Landwirtschaft und Fremdenverkehr finanziert, sondern z. B. auch Projekte in den Bereichen Absatzförderung, Bildung und Ausbildung, Gesundheitswesen und Kultur. Schließlich stellt der Fonds auch Mittel für das →*STABEX-System* und das →*SYSMIN-System* sowie für Soforthilfen zur Verfügung. – Der E. ist nicht Bestandteil des EG-Haushaltes; er wird aus direkten Beiträgen der MS gespeist. Der E. hat jeweils eine Laufzeit von fünf Jahren. Der 7. Fonds (1990 bis 1995) ist mit 10,7 Mrd. ECU ausgestattet. Über die Vergabe der Gelder zur Finanzierung von bestimmten Projekten entscheiden die →*Kommission* und die →*Europäische Investitionsbank*. Die Hilfen werden teils als nicht rückzahlbare Zuschüsse und teils als Darlehen vergeben.

J. Bellers

Europäischer Filmpreis →Europäische Filmakademie

Europäischer Fonds für regionale Entwicklung (EFRE). Der E. ist das zentrale Instrument der →*Regionalpolitik* der EG. Im März 1975 von den damals neun MS der EG eingerichtet, soll er dazu beitragen, die regionalen Unterschiede in der EG auszugleichen. Nach dem Beitritt Großbritanniens und Irlands beschlossen die EG-Staats- und Regierungschefs im Oktober 1972 eine Verstärkung der gemeinsamen →*Regionalpolitik*. – Die MS erhalten nach festgelegten Quoten E.-Mittel, im Rahmen von regionalen Förderkonzepten, die sie der →*Kommission* vorlegen. Seit 1979 sind auch nicht-quotengebundene Zahlungen aus dem E. möglich, z. B. für Gemeinschaftsmaßnahmen für bestimmte Problemregionen. 1988 wurden die Mittel der EG-Strukturfonds bis 1992 verdoppelt (1992: 15 Mrd. ECU). Zugleich wurden sie auf fünf Ziele konzentriert: Regionen mit Entwicklungsrückstand (1); Regionen mit rückläufiger industrieller Entwicklung (2); Langzeit- und Jugendarbeitslosigkeit (3 und 4); Umstrukturierung des ländlichen Raums (5). Bis zu vier Fünftel der E.-Mittel werden für Ziel 1 verwendet. Anfang der 90er Jahre sind die ökonomischen Unterschiede zwischen den Regionen der Gemeinschaft jedoch nach wie vor sehr groß. Die ärmeren Randstaaten der EG fordern daher eine weitere Erhöhung der Strukturmittel als Flankierung zur angestrebten →*Wirtschafts- und Währungsunion.*

J. Franke: Die Regionalpolitik der EG, Bochum 1989. – Kommission der EG: Vierter Periodischer Bericht über die sozio-ökonomische Lage und Entwicklung der Regionen der Gemeinschaft, Brüssel 1990.

A. Wolf-Niedermaier

Europäischer Fonds für währungspolitische Zusammenarbeit (EFWZ). Errichtet am 3.4.1973 mit eigener Rechtspersönlichkeit und Sitz in Luxemburg. Aufgabe: ursprünglich die Förderung und Gewährleistung des Systems der Bandbreitenverringerung (*„Schlange“*, 1972) zwischen den Währungen der MS, die Besorgung des Saldenausgleichs und die Abwicklung des (kurzfristigen) Kreditmechanismus innerhalb des Systems. Im April 1976 erweiterte sich sein Zuständigkeitsbereich erstmals mit der Übertragung der Verwaltung der ersten Gemeinschaftskreditoperationen (→*Gemeinschaftsanleihen*), mit denen sich die EG verschuldet, um MS mittelfristig finanziellen Beistand bei Zahlungsbilanzproblemen zukommen lassen zu können. Vielerorts sah man im E. die Keimzelle für das künftige →*Europäische System der Zentralbanken* und lediglich Vorgänger des für 1981 geplanten →*Europäischen Währungsfonds* (EWF). Insbesondere sollten dem neuen Fonds im Rahmen des →*Europäischen Währungssystems* ab 1981 die Förderung der ECU (→*Europäische Währungseinheit*) als uneingeschränktes Reserveaktivum übertragen werden; er sollte dann ECU's an die Zentralbanken gegen Hinterlegung von 20% ihrer Goldreserven und 20% ihrer US-Dollar-Reserven ausgeben. Da es nie zur Verwirklichung des EWF kam, sind diese Zentralbankfunktionen Anfang 1981 dem E. übertragen worden. Der →*Vertrag über die Europäische Union* (EUV) sieht für den 1.1.1994 die Errichtung des *Europäischen Währungsinstituts* (EWI) vor, mit eigener Rechtspersönlichkeit ausgestattet und in etwa den Aufgaben verpflichtet, die bis dahin noch dem E. obliegen. Art. 109 f EGV sieht daher die Auflösung des E. zum 1.1.1994 vor. Die Satzung des EWI bestimmt in Art. 1.3, daß sämtliche Aktiva und Passiva des E. dann automatisch auf das EWI übergehen. – Organe: der *Gouverneursrat,* bestehend aus den Zentralbankpräsidenten der MS, besorgt die laufenden Geschäfte. An den Ratssitzungen nimmt gewöhnlich ein Vertreter der →*Kommission* teil. Tagungsstätte ist die *Bank für Internationalen Zahlungsausgleich,* die dem Gouverneursrat das Ständige Sekretariat zur Verfügung stellt und schon seit Gründung des Fonds für diesen die Rolle des Agenten wahrnimmt. Mittelbeschaffung: durch

Beiträge der Zentralbanken der Mitgliedsländer.

L. BIRKENDORF

Europäischer Führerschein. Die 1983 beschlossene und seit 1986 in allen MS vollzogene Einführung des E. war eine der Maßnahmen zur Stärkung der Identifizierung der Bürger mit der EG (→*Europa der Bürger*). Es handelt sich nicht um ein europäisches Dokument, sondern um ein nationales Dokument nach einheitlichem europäischen Modell, das von den Behörden des Landes, in dem der Inhaber seinen dauerhaften Wohnsitz hat, ausgegeben wird. Bei Verlängerung eines alten Führerscheins bekommt man automatisch den E. Der E. ist in allen →*Mitgliedstaaten* gültig. Läßt sich der Inhaber jedoch in einem anderen MS nieder, so ist er verpflichtet, innerhalb eines Jahres dort einen neuen E. zu beantragen. Diesen erhält er ohne neuerliche Prüfung. – Es ist geplant, auch die Voraussetzungen für den Führerscheinerwerb vollständig zu harmonisieren und einen die nationalen Dokumente ablösenden einheitlichen E. einzuführen.

N. NEUWAHL

„Europäischer Gerichtshof" (EG) →Gerichtshof der EG

Europäischer Gerichtshof für Menschenrechte. Der E. ist das zentrale Organ im Rahmen des durch die →*Europäische Menschenrechtskonvention* gewährleisteten Schutzes. Seine Tätigkeit wird durch die Konvention samt Zusatzprotokollen und die Verfahrensordnung (Fassung von 1992) geregelt. Danach entspricht die Zahl der Richter der der MS des →*Europarats* (z. Zt. 26; nach dem Beitritt Bulgariens und der Auflösung der Tschecho-slowakei). Die Richter werden von der →*Parlamentarischen Versammlung des Europarats* auf 9 Jahre gewählt; Wiederwahl ist möglich. Die Richter sind unabhängig und müssen die Befähigung zu hohen Richterämtern haben oder anerkannte Rechtsgelehrte sein. Präsident und Vizepräsident werden vom E. gewählt. Der E. arbeitet im Plenum und in Kammern zu je 9 Richtern. Der E. wird mit Individual- oder Staatenbeschwerden erst nach Behandlung durch die →*Europäische Kommission für Menschenrechte* befaßt. Anrufungsberechtigt sind bisher nur die Menschenrechtskommission und MS. Die Befassung des E. setzt voraus, daß sich die beteiligten MS seiner Gerichtsbarkeit unterworfen haben. Eine Anrufungsberechtigung privater Personen ist im 9. noch nicht in Kraft getretenen Zusatzprotokoll vorgesehen. Der E. entscheidet durch die MS bindendes Urteil, dessen Durchführung das →*Ministerkomitee des Europarats* überwacht. Bisher hat der E. ca. 320 Urteile gefällt.

E. KLEIN

Europäischer Gewerkschaftsbund (EGB). Der E. ist der 1973 in Brüssel gegründete Dachverband von 40 Gewerkschaften aus den EG- und EFTA-Ländern, der ca. 47 Mio. Arbeitnehmer (ca. 40%) und (mit Ausnahme von Frankreich) die jeweils mitgliederstärksten Gewerkschaften der Länder in Westeuropa vertritt. Die im E. zusammengeschlossenen nationalen Gewerkschaftsbünde und europäischen Zusammenschlüsse von Branchengewerkschaften (so insbesondere der Europäische Metallgewerkschaftsbund) sind durch die Grundsätze eines freien und demokratischen Gewerkschaftswesens und durch die positive Grundeinstellung zur Europäischen Integration gekennzeichnet. – Hauptorgan des E. ist der Kongreß, der im 3-Jahres-Turnus tagt und die Aktionsprogramme verabschiedet. Der Kongreß wählt den Exekutivausschuß mit 41 Mitgliedern, der den E. gegenüber den Organen der EG, Regierungen und Arbeitgeberverbänden vertritt sowie den Präsidenten und das Sekretariat, das die Tätigkeiten des E. koordiniert und die Arbeit des Exekutivausschusses, der ständigen Ausschüsse (z. B. für Tariffragen) und Arbeitsgruppen (z. B. für die „Interregionalen Gewerkschaftsräte") organisiert. Das *Europäische Gewerkschaftsinstitut* (EGI) unterstützt die Arbeit des E. durch Forschung, Information und Bildungsarbeit. – Der E. trägt zur Willensbildung der EG allgemein durch seine (teilweise systemkritischen) wirtschafts- und sozialpolitischen Aussagen der Aktionsprogramme bei. Im „Sozialen Dialog" („Dreierkonferenzen", „Val-Duchesse-Gespräche") mit der →*Europäischen Vereinigung der Industrie- und Arbeitgeberverbände* (UNICE) und den Arbeits- und Sozialministern forderte der E. insbesondere die forcierte Bekämpfung der Massenarbeitslosigkeit. Im Zusammenhang mit der Schaffung des →*Binnenmarktes* tritt der E. insbesondere für die Stärkung der *„Sozialen Dimension"* und den Gleichschritt bei der Ausgestaltung des →*Europäischen Sozialraumes* (Sozialprogramm vom 11./12. Februar 1988) ein.

G. Kleinhenz

Europäischer Investitionsfonds (EIF). Vom →*Europäischen Rat* auf seiner Tagung in Edinburgh (Dezember 1992) beschlossener Fonds zur Förderung von Investitionsprojekten (zunächst nur auf Kreditbasis), dessen Kapital zu 40% von der →*Europäischen Investitionsbank* (EIB), zu 30% von der →*Kommission* und zu 30% von öffentlichen und privaten Banken kommen soll. Die Entscheidung über Kreditvergaben liegt bei der EIB.

Hrsg.

Europäischer Kulturfonds →Europäisches Kulturzentrum

Europäischer Paß. Der E. ist eine nach einheitlichem Muster gestaltete öffentliche Urkunde zur Legitimation insbesondere im internationalen Verkehr, die den Staatsangehörigen der MS der EG von ihrem jeweiligen Heimatstaat ausgestellt wird. Dem Muster des E. liegen die Entschließungen der im Rat vereinigten Vertreter der Regierungen der MS der EG vom 23. Juni 1981 (ABl. Nr. C 241 S. 1) und vom 30. Juni 1982 (ABl. Nr. C 179 S. 1) zugrunde. Der E. sollte zunächst die Abwicklung des Personenverkehrs an den Grenzen der MS erleichtern und längerfristig zu einer *Paßunion* führen. Der E. beinhaltet i. d. R. eine fälschungssichere, kunststoffbeschichtete und maschinell lesbare Seite, die nach einer Empfehlung der *Internationalen Zivilluftfahrtorganisation* (ICAO) gestaltet ist.

K. Medert/W. Süßmuth: Paß- und Personalausweisrecht, Bd. 2, 2. Aufl., Köln 1992.

T. Stein

Europäischer Rat. Mit dem im Dezember 1974 durch politische Übereinkunft der Staats- und Regierungschefs der MS der EG konstituierten E. wurden die seit Den Haag wiederholt abgehaltenen *Gipfelkonferenzen* institutionalisiert und zu einer regelmäßig (mindestens zweimal jährlich) tagenden Einrichtung gemacht. Der E. war kein förmliches Organ der EG; er erhielt erst in der →*Einheitlichen Europäischen Akte* (EEA) (Art. 2) eine vertragliche Verankerung, allerdings außerhalb der Verträge über die EG. Im →*Vertrag über die Europäische Union* (EUV) wird der E. zu einem Organ der Union (Art. D) und erhält folgende Aufgabenbeschreibung: *„Der E. gibt der Union die für ihre Entwicklung erforderlichen Impulse und legt die allgemeinen politischen Zielvorstellungen für diese Entwicklung fest."* Im E. kommen die Staats- und Regierungschefs, der Präsident der →*Kommission,* die Außenminister der MS der EG und ein weiteres Mitglied der Kom. zusammen. Der E. tagt mindestens zweimal pro Jahr unter dem Vorsitz des Vertreters des Staates, der jeweils die (halbjährliche) Präsidentschaft innehat. – Der E. wurde eingerichtet, als sich abzeichnete, daß die MS die Gemeinschaft ausbauen und weiterentwickeln wollten. Entscheidungen solcher Tragweite konnten und können nur von den Inhabern des jeweils höchsten politischen Amts getroffen werden. Tatsächlich hat der E. seit seiner Einrichtung alle für die EG wesentlichen Entscheidungen getroffen; de jure haben dann die zuständigen Gemeinschaftsorgane nach den in den Verträgen vorgeschriebenen Verfahren diese Entscheidungen umgesetzt. Die Staats- und Regierungschefs sind die Inhaber der obersten politischen Herrschaftsgewalt in ihren Staaten und als solche demokratisch legitimiert; sie werden in nationalen Wahlen für ihre Politik verantwortlich gemacht. Da EG-Politik immer mehr unmittelbare Auswirkungen auf die Politik der MS hat, möchten die Staats- und Regierungschefs an Entscheidungen auf EG-Ebene, wegen ihrer Wirkungen für ihre Länder, regelmäßig maßgeblich mitwirken. – Die Einrichtung des →*Europäischen Währungssystems,* die Inangriffnahme neuer Aktivitäten und Politiken, Entscheidungen über das EG-Finanzsystem, der Beschluß zur Aufnahme neuer Mitglieder oder zur Begründung von Assoziationsbeziehungen erfolgten durch den E. Er war die entscheidende Instanz für die Durchführung der →*Europäischen Politischen Zusammenarbeit.* Und er bewirkte letztlich die Reform und Weiterentwicklung der EG durch →*Vertragsänderung* und -ergänzung, in der EEA und im EUV. Beide Maßnahmen zur Vertiefung der Gemeinschaft gingen auf Regierungskonferenzen zurück, die von den Staats- und Regierungschefs einberufen und abgehalten und von ihren speziellen Beauftragten inhaltlich im einzelnen vorbereitet wurden, auf der Grundlage der von ihnen vereinbarten Leitlinien. Im EUV werden dem E. weitere zentrale Funktionen zugewiesen: Schlußfolgerungen zu den Grundzügen der

Wirtschaftspolitik der MS zu ziehen; über den Eintritt in die dritte Stufe der Währungsunion zu befinden; die wichtigsten Personalentscheidungen für die Besetzung der Organe der künftigen Währungsunion zu treffen (Präsident des *Europäischen Währungsinstituts* und Direktorium der →*Europäischen Zentralbank*), schließlich die Grundsätze und allgemeinen Leitlinien der →*Gemeinsamen Außen- und Sicherheitspolitik* zu bestimmen. – In dieser Funktion, Grundentscheidungen zu treffen und Weichenstellungen vorzunehmen sowie der Gemeinschaftsentwicklung Ziele zu setzen und Perspektiven vorzugeben, wurde stets die Hauptbegründung für die Einrichtung des E. gesehen. In seiner praktischen Arbeit kam von Anfang an eine weitere Funktion hinzu, die oft so stark dominierte, daß für die Wahrnehmung der ersten, „eigentlichen" Funktion kein Raum mehr blieb: der E. war oberste und letzte Entscheidungs-, gleichsam Appellationsinstanz, wenn auf der Ebene des →*Rates,* also im Kreis der jeweils zuständigen Fachminister, keine Entscheidung getroffen, nämlich kein Konsens gefunden werden konnte. Immer wieder war es dann an den Staats- und Regierungschefs, solche Blockaden zu überwinden und eine Einigung herbeizuführen. Das erforderte – entgegen der Intention, sich auf die Formulierung allgemeiner Leitlinien zu konzentrieren und zu beschränken – die Befassung mit Details, also mit präzisen Formulierungen im Sinn der Klarheit beim Rechtsetzungsverfahren und mit konkreten (Haushalts-)Zahlen. Auf der Ebene des Rates ungelöst gebliebene Kontroversen gingen meist auf Dissens über Regeln und finanzielle Lasten oder Vorteile zurück. Um Konsens zu erzielen, muß der E. regelmäßig Pakete schnüren, also ressortübergreifende Gesamtlösungen erreichen, bei denen Leistungen und Gewinne ausbalanciert werden. – Der Arbeitsstil des E. wird durch informelle Beratungen und Gespräche geprägt. Sie erlauben pragmatisches und flexibles Verhalten und haben sich insofern oft als effizient erwiesen. Geht es indessen um Details, bedürfen die Staats- und Regierungschefs der Unterstützung fachlich zuständiger Beamter, auch der Kom., die durch die Existenz des E. keineswegs geschwächt wurde, wie manche Kritiker des intergouvernemental ausgerichteten E. zunächst fürchteten. Das Gewicht der Kom. hängt ganz wesentlich vom politischen Profil ihres Präsidenten ab. Die Beziehungen des E. zum →*Europäischen Parlament* haben sich institutionalisiert: vertreten durch die jeweilige Präsidentschaft berichtet er nach jeder Tagung und legt jährlich einen Bericht über den Stand der Gemeinschaftsentwicklung vor; darin kann ein Ansatz parlamentarischer Rechenschaftslegung und Kontrolle gesehen werden, wenngleich die demokratische Legitimität der Mitglieder des E. letztlich immer noch im nationalen Rahmen begründet liegt. Existenz und Wirken des E. sind ein Indiz dafür, daß die MS die Gemeinschaft und den Integrationsprozeß weiterhin nachhaltig dominieren.

M. v. Donat: Das ist der Gipfel. Die EG-Regierungschefs unter sich, Baden-Baden 1987. – W. Wessels: Der E. – Stabilisierung statt

Integration? Geschichte, Entwicklung und Zukunft der EG-Gipfelkonferenzen, Bonn 1980.

R. Hrbek

Europäischer Rat der Junglandwirte (*Conseil Européen des Jeunes Agriculteurs,* CEJA). Zusammenschluß der berufsständischen Landjugendorganisationen in den Ländern der EG mit 18 Mitgliedsverbänden (B: 2, I: 3, L: 2, UK: 3, sonst je ein nationaler Verband, in D die Dt. Landjugend), unterhält gemeinsam mit dem →*Ausschuß der berufsständischen landwirtschaftlichen Organisationen der EWG* und dem →*Allgemeinen Ausschuß des ländlichen Genossenschaftswesens der EWG* ein Generalsekretariat in Brüssel.

W. von Urff

Europäischer Recherchenbericht →Europäisches Patentamt

Europäischer Rechnungshof. Der E. ist eine Einrichtung (Nebenorgan) der EG, die durch den Vertrag vom 22.7.1975 eingesetzt wurde. Seine Aufgabe ist die *externe Rechnungskontrolle* im Aufgabenbereich der EG. – Der Rechnungshof besteht gemäß Art. 188 b EGV aus zwölf *Mitgliedern,* die vom →*Rat* nach Anhörung des →*Europäischen Parlaments* auf sechs Jahre ernannt werden. Seine *Mitglieder* üben ihr Amt in voller Unabhängigkeit zum Wohl der Gemeinschaft aus. Ihre Rechtsstellung ist an die Stellung der →*Richter am EuGH* angeglichen. – Der Rechnungshof prüft die Rechnung über alle Einnahmen und Ausgaben der Gemeinschaft sowie jeder von der Gemeinschaft geschaffenen Einrichtung, soweit deren Gründungsakt es nicht ausschließt. Dabei prüft er die *Rechtmäßigkeit* und *Ordnungsmäßigkeit der Einnahmen und Ausgaben* und überzeugt sich von der *Wirtschaftlichkeit der Haushaltsführung.* Prüfungen können auch vor Rechnungsabschluß des betreffenden Haushaltsjahres begonnen werden (*„begleitende Kontrolle“).* Grundlage der Prüfung sind die Rechnungsunterlagen. Die →*Organe der EG* und die mitgliedstaatlichen Behörden sind verpflichtet, dem E. auf seinen Antrag hin jede für die Erfüllung seiner Aufgaben erforderliche Unterlage oder Information zu übermitteln. Falls er dies für erforderlich hält, kann die Prüfung auch an Ort und Stelle bei den Organen der Gemeinschaft und in den MS durchgeführt werden. – Der E. erstattet einen Jahresbericht, der mit den Antworten der Organe der Gemeinschaft auf seine Bemerkungen veröffentlicht wird. Darüber hinaus kann er jederzeit Sonderberichte zu besonderen Fragen vorlegen oder auf Antrag eines Organs gutachtliche *Stellungnahmen* abgeben.

C.-D. Ehlermann: Der E. Haushaltskontrolle in der Gemeinschaft, Baden-Baden 1976. – R. Geiger: EG-Vertrag. Kommentar, München 1993.

R. Geiger

Europäischer Rechtsraum. Der Begriff E. bezeichnet die Bestrebungen im Rahmen des →*Europarates* und später auch zwischen den MS der EG, eine verbesserte Zusammenarbeit der nationalen Justiz- und Polizeibehörden auf dem Gebiet der Strafrechtspflege und bei der Bekämpfung der Kriminalität und des Terrorismus zu erreichen. – Am Anfang der Tätigkeit des Europarates steht das *Europäische Auslieferungsübereinkommen* vom 13.12.1957. Später sind insbesondere das *Übereinkommen über die Rechtshilfe in Strafsachen* vom 20.4.1959 und das Straßburger *Europäische Übereinkommen zur Bekämpfung des Terrorismus* vom 27.1.1977 hinzugekommen. Letzteres sieht erstmals die Auslieferung von Personen, die terroristischer Straftaten verdächtigt werden, auch dann vor, wenn es sich um sog. politische Straftaten handelt. – Angesichts der teilweise festzustellenden Zögerlichkeit der Staaten bei der Ratifikation dieser Europarats-Konventionen sind in jüngerer Zeit parallele Arbeiten auf der Ebene der MS der EG aufgenommen worden. Hier ist das *Dubliner EG-Übereinkommen zur Bekämpfung des Terrorismus* vom 4.12.1979 zu erwähnen, das – anders als das Straßburger Europarats-Übereinkommen – es den Staaten freistellt, statt der Auslieferung des Täters selbst die Strafverfolgung einzuleiten. Das →*Schengener Übereinkommen* vom 19.6.1990 sieht als Ausgleich für den Wegfall der Binnengrenzen zwischen den MS am 1.1.1993 im Zuge der Vollendung des →*Binnenmarktes* eine verstärkte Zusammenarbeit der nationalen Polizeibehörden bei der Verbrechensbekämpfung vor. – Da die EG selbst keine Kompetenz auf dem Gebiet der Schaffung des E. haben, können verbindliche Regeln auf diesem Gebiet nur im Wege völkerrechtlicher Vereinbarungen der MS gesetzt werden. Der →*Vertrag über die Europäische Union* vom 7.2.1992 gestaltet jedoch die Zusammenarbeit der MS in den Bereichen Justiz und Inneres als „3. Pfeiler" der künftigen *Europäischen Union* aus.

E. Decaux: Conseil de l'Europe. Activités normatives, Jurisclasseur Europe, Fascicule 6110 (1989). – G. Isaac: Droit communautaire général, 3. Aufl., Paris 1990.

U. von Koppenfels

Europäischer Regionalfonds →Europäischer Fonds für regionale Entwicklung

Europäischer Reservefonds →Delors-Bericht

Europäischer Sozialfonds. Der E. basiert auf Art. 123 EWGV. Als gemeinschaftliches Instrument der Arbeitsmarktpolitik (→*Beschäftigungs- und Arbeitsmarktpolitik*) ist seine Aufgabe, die Beschäftigung der Arbeitskräfte in den MS zu fördern und einen Beitrag zur Bekämpfung der Arbeitslosigkeit zu leisten. Er tut dies durch Kofinanzierung aus Haushaltsmitteln der EG (Volumen 1992 rund 6 Mrd. ECU) von Maßnahmen der beruflichen Bildung und Beschäftigung *(Einstellungsbeihilfen)*. Der E. ist ein →*Strukturfonds*. Seit der →*Einheitlichen Europäischen Akte* von 1987 ist seine Funktion im Rahmen des Ziels der wirtschaftlichen und sozialen Kohäsion der EG eine doppelte: arbeitsmarktpolitische Unterstützung regionaler Strukturpolitiken (für entwicklungsrückständige und für Umstrukturierungsregionen, für den ländlichen Raum) sowie in der gesamten EG Arbeitsförderung zwecks Bekämpfung der Langzeitarbeitslosigkeit und Eingliederung der Jugendlichen in das Erwerbsleben. – Die Aufgaben, materiellen Zuschußkriterien und Verfahrensregeln des E. werden vom →*Rat* auf Vorschlag der →*Kommission* nach →*Anhörung* von →*Europäischem Parlament* und →*Wirtschafts- und Sozialausschuß* beschlossen. Rechtsgrundlagen sind die Rats-VO Nr. 2052/88 vom 24.6.1988, Nr. 4253/88 vom 19.12.1988, Nr. 4255 vom 19.12.1988. – E.-Förderung erfolgt aufgrund mehrjähriger Programmgenehmigungen durch die Kom.; zuvor werden die strategischen Förderziele und indikativen Finanzpläne von der Kom. in „Partnerschaft" mit den nationalen und regionalen Stellen festgelegt („gemeinschaftliche *Förderkonzepte*"). Die Verwaltung der Programme inklusive Projektauswahl erfolgt dezentral in den MS (in D: Bund und Bundesländer, Gesamtkoordinierung: Bundesministerium für Arbeit und Soziales). Auf Gemeinschaftsebene wird die Kom. von einem dreigliedrigen (Regierungs-, Arbeitnehmer- und Arbeitgebervertreter) *beratenden Ausschuß* unterstützt. Förderschwerpunkte in D (alte Bundesländer) sind benachteiligte Personengruppen wie Jugendliche mit beruflichen/sozialen Defiziten, Behinderte, Wanderarbeitnehmer, Frauen. Seit 1991 sind auch die neuen Bundesländer umfassend in die E.-Förderung einbezogen. – Der →*Vertrag über die Europäische Union* sieht für den E. eine Erweiterung seiner Aufgaben um die Anpassung der Arbeitskräfte an die industriellen Wandlungsprozesse sowie eine Stärkung der Rechte des EP bei der Festlegung des Gemeinschaftsrechts vor.

Kommission der EG: Der E., Soziales Europa 2 (1991), Luxemburg 1991.

O. Dibelius

Europäischer Sozialraum. Die rechtliche Grundlage für die Entwicklung des E. stellt Titel III: *„Die Sozialpolitik"* (Art. 117–128) des EWGV dar. Im Lichte der allgemeinen Zielstellung des Art. 117, auf die Verbesserung der Lebens- und Arbeitsbedingungen der Arbeitskräfte hinzuwirken und dadurch auf dem Wege des Fortschritts ihre Angleichung zu ermöglichen, sieht der EWGV u. a. die Zahlung eines gleichen Entgelts für Männer und Frauen bei gleicher Arbeit, die Durchführung gemeinsamer Maßnahmen insbesondere auf dem Gebiet der sozialen Sicherheit von aus- und einwandernden Arbeitskräften und die Errichtung des →*Europäischen Sozialfonds* vor. Neben allgemeinen sozialpolitischen Vorschriften ermöglichen sowohl der EWGV als auch der EGKSV spezielle sozialpolitische Maßnahmen, z. B. für Beschäftigte im Bereich der Landwirtschaft, des Verkehrs und der Kohle- und Stahlindustrie. – Im Rahmen des vom →*Rat* am 21.1.1974 angenommenen *Sozialpolitischen Aktionsprogrammes* wurden einige arbeitsrechtliche →*Richtlinien,* insbesondere Richtlinien zur Verbesserung der Stellung der Frau auf dem Arbeitsmarkt, verabschiedet. Durch und im Anschluß an die Verabschiedung der EEA wurde der E. weiterentwickelt: (1) Ergänzung des EWGV durch Art. 118 a, der es ermöglicht, mit qualifizierter Mehrheit Mindestvorschriften im Bereich der Sicherheit und des Gesundheitsschutzes am Arbeitsplatz zu verabschieden. Eine Rahmenrichtlinie und 10 Einzelrichtlinien wurden vom Rat bereits angenommen. (2) Förderung des sozialen Dialogs auf Gemeinschaftsebene (Art. 118 b). (3) Aufstellung einer Gemeinschaftscharta der sozialen Grundrechte der Arbeitnehmer, die im Dezember 1989 von den MS, mit Ausnahme Großbritanniens, angenommen worden ist. Sie enthält einen Katalog von sozialen Grundrechten, die sowohl auf Gemeinschafts- als auch einzelstaatlicher Ebene durchgesetzt werden sollen. Bis Ende 1991 hat die →*Kommission* die hierzu in einem sozialen Aktionsprogramm von November 1989 angekündigten 47 Einzelvorschläge (davon rund die Hälfte in Form verbindlicher Rechtsvorschriften) vorgelegt. – Der im Februar 1992 unterzeichnete →*Vertrag über die Europäische Union* erweitert in einem Protokoll zwischen den MS, mit Ausnahme Großbritanniens, den sozialpolitischen Bereich, zu dem im Rat durch Richtlinien Mindestvorschriften mit qualifizierter Mehrheit angenommen werden können, und verstärkt die Gestaltungsmöglichkeiten der Sozialpartner. Der Europäische Rat hat am 12. Dezember 1992 im Hinblick auf die Dänemark zuerkannten Ausnahmeregelungen verdeutlichend erklärt, daß der →*Vertrag über die Europäische Union* es den MS u. a. erlaubt, ihre eigene Einkommensverteilungspolitik zu verfolgen und Sozialleistungen beizubehalten oder zu verbessern. (→*Sozialpolitik der EG*).

K. Käding

Europäischer Währungsfonds (EWF). Seine Errichtung als der letzte von vier Bestandteilen des →*Europäischen Währungssystems* (EWS) war vom Europäischen Rat (5.12.78) ursprünglich für 1981 vorgesehen. Die ihm zugedachten Aufgaben sollten bis dahin vom →*Europäischen Fonds für währungspolitische Zusammenarbeit* (EFWZ, seit 6.4.73) wahrgenommen werden. Zusätzlich zur Besorgung des Saldenausgleichs und Abwicklung des Kreditmechanismus innerhalb des Systems sollte ihm die Förderung der ECU als uneingeschränktes Reserveaktivum obliegen. Die hiermit verbundene endgültige Zuweisung von Zentralbankfunktionen an den E. stieß jedoch immer auf verbreitete Ablehnung in den MS, da sie einen Souveränitätstransfer in der Geldpolitik bedeutet und eine Änderung der geltenden Gemeinschaftsverträge notwendig gemacht hätte. So ist die Errichtung des E. nie mit Nachdruck betrieben und bis heute auch nicht verwirklicht worden, seine Funktionen obliegen immer noch dem EFWZ. – Anfang 1992 ist im →*Vertrag über die Europäische Union* der ursprüngliche Delors-Fahrplan zur Schaffung einer europäischen Währungsunion und eines →*Europäischen Systems der Zentralbanken* (geringfügig modifiziert) festgeschrieben worden. Seine immer noch zahlreichen Kritiker sahen bis zuletzt im E. eine Möglichkeit, mit der Förderung des „harten ECU" als Parallelwährung die ungeliebte Einheitswährung und den mit ihr einhergehenden Souveränitätsverlust zumindest zu beschränken und zu verzögern. Die wahrscheinlich 1993 abgeschlossene Ratifizierungsphase des Vertrages über die Europäische Union läßt einen europäischen Fonds als Koordinator eines europäischen Wechsel-

kurssystems in Zukunft wohl endgültig gegenstandslos werden.
L. BIRKENDORF

Europäischer Wechselkursverbund →Währungspolitik der EG

Europäischer Wirtschaftsraum (EWR). Das Abkommen zur Errichtung des E. wurde zwischen der EG und den sieben MS der →*Europäischen Freihandelszone* (EFTA) Finnland, Norwegen, Island, Liechtenstein, Schweden, der Schweiz und Österreich abgeschlossen und am 2. Mai 1992 in Porto unterzeichnet. Ziel des Abkommens, dem die Schweiz nach dem negativen Ausgang einer Volksabstimmung zur Ratifizierung nicht beitreten konnte, ist eine weitgehende Integration der MS der →*Europäischen Freihandelszone* in den am 1.1.1993 geschaffenen →*Binnenmarkt* der EG. – Das Vertragswerk zielt auf die Verwirklichung der *„Vier Freiheiten“* (Freizügigkeit für Waren, Dienstleistungen, Kapital und Personen, →*Freiheiten des Gemeinsamen Marktes*) in dem gesamten EG-/EFTA-Raum, der mit seinen 380 Millionen Einwohnern den größten integrierten Wirtschaftsraum der Welt darstellt. Außerdem gibt es eine Reihe von flankierenden und horizontalen Politiken wie zum Beispiel Forschung und Entwicklung, Ausbildung, Verbraucherpolitik, Umweltpolitik etc. – Die Mittel zur Verwirklichung der Vertragsziele sind in erster Linie die Übernahme der bisherigen EG-Gesetzgebung und Rechtsprechung im Bereich der *Vier Freiheiten („acquis communautaire“)* durch die EFTA-Länder. So sind allein im Bereich des freien Warenverkehrs etwa 800 EG-Vorschriften im E.-Vertrag aufgenommen worden. – Da keine Zollunion zwischen den Parteien geschaffen wurde, müssen Waren aus der EG beziehungsweise der EFTA weiterhin ihren Ursprung in den jeweiligen Gebieten haben, um zollfrei von einem Gebiet in das andere exportiert zu werden. Auch sind landwirtschaftliche Erzeugnisse wie bisher von der Zollbefreiung ausgenommen. Für Fisch und andere Meereserzeugnisse gibt es nur eine teilweise Zollbefreiung, die im Protokoll 9 festgelegt ist. Eine sehr wichtige Neuerung ist es dagegen, daß im Bereich der Industrieerzeugnisse keine Antidumpingmaßnahmen verwendet werden dürfen. Hier wird man statt dessen wie bisher im EG-Warenverkehr üblich gemeinsame Wettbewerbsregelungen verwenden. – Was die übrigen drei Freiheiten betrifft, sind die E.-Regelungen mit den bisherigen EG-Regelungen weitgehend identisch. Das heißt, daß juristische und physische Personen aus den E.-Staaten überall im E.-Raum im großen und ganzen dieselben Rechte in bezug auf Arbeitsverträge, Dienstleistungen, Niederlassung und Investitionen genießen, wie die jeweils einheimischen Bürger eines Mitgliedstaates. – Die Institutionen des E. sind: (A) *Der E.-Rat* (bestehend aus Mitgliedern des EG-Rates, der *Kommission der EG* sowie je einem Mitglied der Regierung eines EFTA-Staates), der für die Festlegung von allgemein politischen Leitlinien sowie Entscheidungen zur Änderung des

Abkommens zuständig ist. (B) *Der Gemeinsame E.-Ausschuß* (bestehend aus hohen Beamten der Vertragsparteien) ist für die laufenden Entscheidungen zur Durchführung des Vertrages zuständig. (C) *Der Gemeinsame Parlamentarische Ausschuß* (bestehend aus 33 Mitgliedern des →*Europäischen Parlaments* und 33 Mitgliedern der Parlamente der EFTA-Staaten) kann Stellungnahmen zum E. in Form von Berichten oder Entschließungen abgeben. (D) Die Erfüllung der Verpflichtungen aus dem Abkommen wird im EG-Raum von der Kom. – im EFTA-Raum von der *EFTA-Überwachungsbehörde* – überwacht. (E) Ein *EFTA-Gerichtshof* ist zuständig für Streitfragen über die Verwendung des Vertrages, die ausschließlich die EFTA-Staaten betreffen. Für andere Fragen, einschließlich der Auslegung von E.-Bestimmungen ist der →*Gerichtshof der EG* zuständig. Der *Gemeinsame E.-Ausschuß* soll durch Informationsaustausch zu einer möglichst einheitlichen Auslegung beitragen. – War der E. ursprünglich als Alternative zur EG-Mitgliedschaft für die EFTA-Länder gedacht, scheint er immer mehr eine Vorstufe zur EG-Mitgliedschaft zu werden. Von den sieben EFTA-Ländern haben alle – mit Ausnahme von Island und Liechtenstein – Mitgliedschaft in der EG beantragt. Dafür könnte der E. aber vielleicht zu einer späteren Zeit in ein „*Wartezimmer*" für zentral- und osteuropäische Länder umfunktioniert werden, die noch nicht als EG-Mitglieder aufgenommen werden können.

W. Burtscher: Das Abkommen über den E., Wien 1992. – H. G. Krenzler: Der E. als Teil einer gesamteuropäischen Architektur, in: Integration (1992), S. 61–71.

N. Kristoffersen

Europäisches Auslieferungsübereinkommen →Europäischer Rechtsraum

Europäisches Büro der Verbraucherverbände. Das E. – besser bekannt als *BEUC (Bureau européen des Unions des consommateurs)* – ist ein privatrechtlicher Verein nach belgischem Recht mit Sitz in Brüssel, dessen ordentliche Mitglieder die wichtigsten privaten und halbstaatlichen Verbraucherorganisationen in der EG sind. Das E. vertritt die Interessen europäischer Verbraucherorganisationen vor allem gegenüber der →*Kommission*, dem →*Europäischen Parlament* und dem →*Wirtschafts- und Sozialausschuß*. Es ist Mitglied des *Beratenden Verbraucherrates* der EG. In Verfahren vor dem →*Gerichtshof der EG* tritt das E. als Streithelfer vor allem in Wettbewerbssachen auf; ein eigenes Akteneinsichtsrecht in Antidumpingverfahren ist ihm bislang nach der Rechtsprechung des EuGH verwehrt. Das E. führt weiterhin Studien zur Rechtsdurchsetzung des Gemeinschaftsrechts sowie vergleichende Untersuchungen über Preisdifferenzierungen, Reklamationen u. ä. im →*Binnenmarkt* durch. In der Öffentlichkeit ist das E. inzwischen als wichtigster Vertreter europäischer Verbraucherinteressen anerkannt.

M. Goyens: Consumer Protection in a Single European Market: What Challenge for the EC Agenda? in: Common Market Law Review 29 (1992), S. 71–92.

N. Reich

Europäische Schulen. Die Einrichtung der E. geht auf eine Initiative von Beamten der →*Europäischen Gemeinschaft für Kohle und Stahl* zurück und nahm auf der Grundlage eines Abkommens der damals sechs MS der EG mit der Gründung einer ersten E. in Luxemburg Form an. Dem folgte die Gründung von fünf weiteren E. Trotz mehrfacher Forderungen nach einem Ausbau, so z. B. der Forderung des →*Europäischen Parlaments* nach Öffnung der E. für Wanderarbeitnehmerkinder und auch einiger Empfehlungen zum Modellcharakter der hier entwikkelten Curricula für das allgemeinbildende Schulwesen in den MS der EG, konnte eine Weiterentwicklung vor allem mangels Kompetenzen der EG-Organe für die allgemeinbildende Schulbildung nicht stattfinden.

R. Lindner: Europäische Politik für Forschung und Bildung, Baden-Baden 1977.

G. Schink

Europäisches Filmvertriebsbüro (EFDO, *European Film Distribution Office*). Von der EG finanzierte Einrichtung (Sitz: Hamburg) zur Förderung des grenzüberschreitenden Vertriebs europäischer Filmproduktionen durch Unterstützung europäischer Filmverleiher (u. a. Darlehen für Synchronisation, Kopienherstellung und Werbeaufwendungen).

Hrsg.

Europäisches Gericht für Kernenergie. Das E. wurde am 20. Dezember 1957 unter dem Dach der Europäischen →*Kernenergie-Agentur* geschaffen. Die Vereinbarung trat im Juli 1959 in Kraft und erfaßt 16 MS. – Aufgabe des E. war zunächst, die ausschließlich friedliche Nutzung der durch die Agentur betriebenen Kernenergieprojekte sicherzustellen. Da sich die Kontrollaufgaben im weiteren Verlauf jedoch mit den Funktionen überschnitten, die die →*Europäische Atomgemeinschaft* und die Internationale Atomenergiebehörde bereits wahrnehmen, wurde dieser Auftrag ausgesetzt. Die Einrichtung des E. wurde hiervon aber nicht berührt. – Das Gericht kann von MS oder von einzelnen Gemeinschaftsunternehmen angerufen werden. Die Rechtsprechung kann dabei auf alle Belange der gemeinschaftlichen Kernenergienutzung ausgeweitet werden, sofern hierüber zwischen den MS Einigkeit besteht. Dies berührt insbesondere Streitigkeiten, die aus dem *Pariser Vertrag über Drittschadenshaftung* (1969) und dessen *Brüsseler Ergänzungsvertrag* (1973) entstehen. – Das E. besteht aus sieben unabhängigen, für die Dauer von fünf Jahren durch die OECD bestimmten Richtern. Bis heute, in seiner fünften Amtsperiode, ist das E. jedoch noch nie einberufen worden.

H. Michaelis

Europäisches Gewerkschaftsinstitut →Europäischer Gewerkschaftsbund

Europäisches Hochschulinstitut (EHI). Das E. in Florenz, 1976 von den MS der EG gegründet, ist eine Einrichtung der Graduiertenausbildung und Forschung, die auf europäische Perspektiven ausgerichtet sind. Es enthält folgende Abteilungen: Rechtswissenschaften, Geschichtswissenschaften, Wirtschaftswissenschaften sowie Politik- und Gesellschaftswissenschaften. Der Lehrkörper und die ca. 330 Forschungsstudenten kommen in der Mehrzahl aus den MS der Gemeinschaft, wenngleich immer mehr Studenten aus anderen westeuropäischen Ländern, Osteuropa und anderen Kontinenten kommen. Das Zulassungsverfahren ist sehr selektiv. Auf jeden Platz kommen meist mehr als 10 Bewerber. Das Ziel der Studenten ist in der Regel die Promotion am E. selbst, in einigen Fällen aber auch das Verfassen einer Doktorarbeit, die dann später an der Universität ihres Heimatlandes zur Promotion führen soll. In den Abteilungen Rechtswissenschaften und Wirtschaftswissenschaften besteht auch die Möglichkeit, in einem Jahr einen Magister-Grad zu erwerben. Neben den Professoren (deren Stellen zeitlich befristet sind) werden jedes Jahr auch eine Reihe von *Jean-Monnet-Fellows* für zwölfmonatige Forschungsaufenthalte berufen. Eine interdisziplinäre Forschungseinheit, das Schuman-Zentrum (bis 1993: European Policy Unit), führt teilweise mehrjährige Forschungsprojekte durch und organisiert wissenschaftliche Tagungen.

C. Gellert

Europäisches Institut für Telekommunikationsnormen →Europäische Konferenz der Post- und Fernmeldeverwaltungen

Europäisches Jugendwerk →Europarat

Europäisches Komitee für Normung/Europäisches Komitee für elektrotechnische Normung (CEN/CENELEC, *Comité Européen de Normalisation/ Comité Européen de Normalisation Electrotechnique)*. Beide Komitees sind formal unabhängig, bilden jedoch aufgrund gemeinsamer Verfahrensregeln die Gemeinsame Europäische Normeninstitution mit Sitz in Brüssel. – Den E. gehören 18 europäische Normungsgremien an, die gleichzeitig auch Mitglieder der entsprechenden internationalen Organisationen (ISO; IEC) sind. Die Kooperation in der Erarbeitung europäischer Normen soll zum Abbau von Hemmnissen im Handels- und Dienstleistungsverkehr führen. Von den E. beschlossene Normen haben Vorrang vor nationalen, jedoch hängt ihre Umsetzung vom jeweiligen Verpflichtungscharakter der Norm ab. Europäische Normen müssen übernommen werden und ersetzen nationale, während Harmonisierungsdokumente auch nationale Abweichungen zulassen. Seit 1984/85 wurde die Zusammenarbeit zwischen der EG und den E. intensiviert. →*Kommission* und →*Rat* definieren das Anforderungsprofil von Produkten im Hinblick auf Sicherheit, Gesundheits- und Verbraucherschutz, das die E. danach umsetzen.

Ch. Joerges u. a.: Die Sicherheit von Konsumgütern und die Entwicklung der EG, Baden-Baden 1988.

Europäisches Kulturzentrum. Das Zentrum wurde 1950 in Genf gegründet. Seine Mitglieder sind nationale und internationale Vereinigungen, die mit der *Association of Institutes for European Studies,* der

European Association of Music Festivals und dem *Centre for European Education* in Verbindung stehen. Unter dem Dach des Zentrums wurde 1954 ein *Europäischer Kulturfonds* eingerichtet, der die Finanzierung und Koordinierung kultureller Aktivitäten in Zusammenarbeit mit dem →*Europarat* zum Ziel hat.

C. GELLERT

Europäische Sozialcharta. Die E. wurde am 18. Oktober 1961 von einer Reihe von MS des →*Europarates* in der Erwägung angenommen, daß die Ausübung sozialer Grundrechte ohne Diskriminierung nach Rasse, Hautfarbe, Geschlecht, Religion, politischer Meinung, nationaler Abstammung oder sozialer Herkunft sichergestellt werden muß. Beginnend mit dem Recht, den Lebensunterhalt durch eine frei übernommene Tätigkeit zu verdienen, enthält die E. insgesamt 19 soziale Rechte, die sich vor allem auf die Bereiche der Arbeitsbeziehungen und der sozialen Fürsorge erstrecken. – Die Unterzeichnerstaaten (zu denen nicht alle MS der EG gehören) haben sich zwar auf diese Rechte völkerrechtlich verpflichtet, die Möglichkeit ihrer Einklagbarkeit vor nationalen Gerichten aber vermieden. Die rechtliche Wirkung der E. ist damit gering. Der →*Gerichtshof der EG* hat jedoch die E. wiederholt (u. a. Rs. 149/77, *Defrenne,* und Rs. 24/86, *Blaizot*) als Auslegungshilfe für das Gemeinschaftsrecht herangezogen und damit dessen soziale Dimension verdeutlicht. – Als „E." (oder „Sozialcharta") wird zuweilen auch fälschlich die →*Gemeinschaftscharta der sozialen Grundrechte der Arbeitnehmer* bezeichnet.

J. MONAR

Europäisches Parlament. Seit der →*Einheitlichen Europäischen Akte* von 1987 ist „E." die offizielle Bezeichnung für das früher als *Parlamentarische Versammlung* bekannte Organ der EG. In der Hoffnung, seinen begrenzten Status zu verbessern und seinen Einfluß auf den Entscheidungsprozeß in der EG zu vergrößern, hatte sich die Versammlung selbst bereits seit Jahren als *„Parlament"* bezeichnet. Die Zustimmung der MS zur Umbenennung in „E." ist eine von mehreren Statusverbesserungen, die das E. seit den ersten *Direktwahlen* 1979 erreichen konnte. Bis dahin waren seine Mitglieder von den nationalen Parlamenten der MS delegiert worden. Gegenwärtig gibt es 518 →*Mitglieder des Europäischen Parlaments,* die alle fünf Jahre direkt von den Wahlberechtigten in den MS gewählt werden. Die Zahl der in jedem MS gewählten Parlamentarier (festgelegt in Art. 138 EWGV) entspricht annähernd der Größe des jeweiligen Landes: Die vier größten MS (D, F, I und VK) stellen je 81 Mitglieder, die übrigen entsprechend weniger (E: 60, NL: 25, B, GR und P: je 24, DK: 16, IRL: 15 und L: 6). Auf dem EG-Gipfel in Edinburgh im Dezember 1992 beschlossen die Staats- und Regierungschefs eine Erhöhung der Abgeordnetenzahl mit der nächsten Wahl zum E. 1994. Danach soll die Sitzverteilung wie folgt aussehen: D (99), F, I und VK (je 87), E (64), NL (31), B, GR und P (je 25), DK (16), IRL (15) und L (6). – Das →*Generalsekretariat des Euro-*

päischen Parlaments hat seinen Sitz in Luxemburg, aber die Plenarsitzungen (eine Woche jeden Monat außer August) finden im Gebäude der →*Parlamentarischen Versammlung des Europarats* in Straßburg statt. Die Sitzungen der Ausschüsse des E. und der →*Fraktionen* werden in Brüssel abgehalten. Das E. wird in wenigen Jahren über ein Gebäude in Brüssel verfügen, das es ihm ermöglichen wird, auch die Plenarsitzungen dort anstatt in Straßburg abzuhalten. Die Befürworter dieser neuen Lösung sind der Auffassung, daß dies die Kosten und organisatorischen Probleme der gegenwärtigen permanenten „Wanderschaft" zwischen den drei Arbeitsorten reduzieren und die Ausübung demokratischer Kontrolle über die →*Kommission* und den →*Rat* erleichtern würde, die beide ihren Sitz in Brüssel haben. – Die in den EG-Verträgen definierten gegenwärtigen Kompetenzen des E. sind weit weniger umfassend als die anderer demokratischer Parlamente. Das E. kann zwar die Kom. durch ein →*Mißtrauensvotum* (Art. 144 EWGV) zum Rücktritt zwingen, aber von dieser Möglichkeit ist bisher noch nie Gebrauch gemacht worden, da die MS hierauf wahrscheinlich mit einer erneuten Ernennung derselben Kom. antworten würden. Außerdem betrachten sich das E. und die Kom. gewöhnlich als Verbündete, die zusammen die Interessen der Gemeinschaft gegenüber dem Rat verteidigen. Das E. bildet auch zusammen mit dem Rat die Haushaltsbehörde der EG und kann die Feststellung des Jahreshaushalts der EG verhindern (Art. 203 EWGV). Die Wirksamkeit dieses Kontrollinstruments wird jedoch in der Praxis durch die Tatsache eingeschränkt, daß die Gemeinschaft bis zur Feststellung des neuen Haushalts mit einem auf dem Vorjahresbudget basierenden *provisorischen* Haushalt wirtschaften kann (→*Haushaltsverfahren*). – Trotz dieser Limitierungen verfügt das E. aber über einen erheblichen Einfluß auf die Politiken der Gemeinschaft, dies teilweise aufgrund seiner Rolle im Gesetzgebungsprozeß. Der Rat kann →*Rechtsakte* in den meisten Fällen nur nach →*Anhörung* des E. zu den entsprechenden Vorschlägen der Kom. erlassen. In einigen Fällen, so z. B. bei Maßnahmen im Rahmen des →*Binnenmarktprogramms* und bei bestimmten forschungs- und regionalpolitischen Entscheidungen, können die Mitwirkungsrechte des E. aufgrund des durch die EEA eingeführten →*Verfahrens der Zusammenarbeit* unter gewissen Umständen einen im Rat mehrheitsfähigen Rechtsakt zu Fall bringen. Die Anwendung dieses Verfahrens hat dazu geführt, daß seit 1987 mehrere hundert vom Parlament vorgeschlagene *Abänderungen* an entscheidungsreifen Rechtsakten vom Rat akzeptiert worden sind. – Zugleich mit diesen verstärkten Kompetenzen im legislativen Bereich hat die EEA dem E. im Rahmen des →*Zustimmungsverfahrens* auch das Recht verliehen, *Beitrittsanträge* von →*Drittländern* sowie auch *Assoziierungsabkommen* zu billigen oder abzulehnen (Art. 237 und 238 EWGV). Dieses Veto-Recht hat dem E. eine Waffe in die Hand gegeben, die es ihm ermöglicht, die eigene Position nicht nur in konkreten Fragen des →*Bei-*

tritts von *Drittländern* oder *Assoziierungsabkommen* durchzusetzen, sondern auch in anderen politischen Bereichen. Die Tatsache, daß mehr und mehr *Drittländer* einen Beitritt zur EG anstreben, wird den politischen Einfluß des E. in den nächsten Jahren wahrscheinlich verstärken. Dennoch aber bleibt das E. im Unterschied zu den meisten demokratischen Legislativen ein Organ, das Einfluß mehr durch die Kraft der Überzeugung ausübt denn durch Abstimmungen, die über das Schicksal von Regierungen entscheiden. – Das E. wählt gemäß Art. 140 EWGV aus seiner Mitte den →*Präsidenten des Europäischen Parlaments* sowie die übrigen Mitglieder des *Präsidiums,* das über finanzielle und administrative Angelegenheiten des E. entscheidet. Außer dem *Präsidenten* gehören dem *Präsidum* 14, den *Präsidenten* im Bedarfsfall vertretende *Vizepräsidenten* und 5 mit Verwaltungs- und Finanzaufgaben betraute Quästoren an. Dem sogenannten *„Erweiterten Präsidum"* gehören zusätzlich die Fraktionsvorsitzenden an. Das *Erweiterte Präsidium* entscheidet u. a. über die Einberufung außerordentlicher Sitzungen des E., den Entwurf der Tagesordnung, die Bildung von Unterausschüssen und die Gestaltung der Beziehungen zu den übrigen →*Organen der EG* sowie zu Institutionen außerhalb der Gemeinschaft. – Ein erheblicher Teil der Arbeit der Abgeordneten findet in den *Ausschüssen* statt, deren Zuständigkeitsbereiche größtenteils denen der Generaldirektionen der Kom. entsprechen: So bestehen z. B. *Ausschüsse* zu Landwirtschaft, Energie, Regionalpolitik, Außenwirtschaftsbeziehungen und Verkehr. Jeder legislative Vorschlag der Kom. wird von dem zuständigen („federführenden") Ausschuß beraten, hauptsächlich in Form eines detaillierten Berichts, der von einem der Ausschußmitglieder als *„Berichterstatter" („Rapporteur")* erstellt wird. Jeder Bericht enthält einen Entschließungsantrag und eine Begründung. Nachdem der Entschließungsantrag im Ausschuß beraten und ggf. abgeändert wurde, wird er dem Plenum zur Abstimmung überwiesen. – In den internen Entscheidungsprozessen des E. spielen die →*Fraktionen* eine Schlüsselrolle. Die beiden mit Abstand stärksten *Fraktionen,* die *Sozialistische Fraktion* und die *Fraktion der Europäischen Volkspartei* (EVP), können, wenn sie zu einer Einigung gelangen, häufig wichtige Fragen entscheiden. So ist es beispielsweise bezeichnend, daß aufgrund einer Übereinkunft der beiden Fraktionen ein Sozialist die Präsidentschaft des E. während der ersten Hälfte der laufenden Legislaturperiode innehatte und ein Vertreter der EVP in der zweiten. – Der →*Vertrag über die Europäische Union* sieht eine weitere Stärkung der Kompetenzen des E. vor, das erstmalig auch ein Mitentscheidungsrecht (*„Zustimmungsvotum",* Art. 158 (2) EWGV) bei der Ernennung der Mitglieder der Kom. erhalten soll. Dies wird die politische Rolle des E. im institutionellen Gefüge der Gemeinschaft weiter stärken.

E. Grabitz u. a.: Direktwahl und Demokratisierung – Eine Funktionenbilanz des E. nach der ersten Wahlperiode, Bonn 1988. – F. Jacobs/R. Corbett: The European Parliament, Harlow 1990. – C. Reich: Le rôle Parlement européen dans le développement institutionnel de la Communauté européenne, in: Revue du Marché Commun 340 (1990), S. 587 ff. – O. Schmuck/W. Wessels: Das E. im dynamischen Integrationsprozeß: Auf der Suche nach einem zeitgemäßen Leitbild, Bonn 1989.

R. MORGAN

Europäisches Patent. Patent, das nach dem *Übereinkommen über die Erteilung Europäischer Patente (Europäisches Patentübereinkommen,* EPÜ) vom 5.10.1973 erteilt wird (Art. 2 Abs. 1 EPÜ). Das E. ist ein von den nationalen Rechtssystemen grundsätzlich unabhängiges Recht, unterscheidet sich aber zugleich von dem als einheitlichem Patent für den Gemeinsamen Markt konzipierten Gemeinschaftspatent. Das Kennzeichen des E. liegt darin, daß es einerseits nach einem den Vertragsstaaten des EPÜ gemeinsamen Recht erteilt wird (Art. 1 EPÜ), andererseits in jedem Vertragsstaat, für den es auf Benennung (Art. 79 EPÜ) erteilt worden ist, dieselbe Wirkung hat und denselben Vorschriften unterliegt wie ein in diesem Staat erteiltes nationales Patent, soweit das EPÜ nichts anderes bestimmt (Art. 2 Abs. 2 und Art. 64 Abs. 1 EPÜ). Folgerichtig wird eine Verletzung des E. nach nationalem Recht behandelt (Art. 64 Abs. 2 EPÜ). Zweck des EPÜ ist demnach vor allem die Ermöglichung einer einheitlichen Patenterteilung, welche die Notwendigkeit erspart, mehrere einzelstaatliche Patenterteilungsverfahren für dieselbe Erfindung durchlaufen zu müssen. Die Erteilung des E. erfolgt nach Einreichung der europäischen Patentanmeldung beim →*Europäischen Patentamt* oder bei den anderen in Art. 75 EPÜ genannten Behörden und nach erfolgreicher Überprüfung im Erteilungsverfahren (Art. 90 ff. EPÜ). Patentfähig sind Erfindungen, die neu sind, auf einer erfinderischen Tätigkeit beruhen und gewerblich anwendbar sind (Art. 52 EPÜ). Die Laufzeit des EPÜ beträgt 20 Jahre, gerechnet vom Anmeldetag an.

R. und M. Singer: Europäisches Patentübereinkommen, Köln 1989. – Münchener Gemeinschaftskommentar: Europäisches Patentübereinkommen, München 1991.

P.-C. MÜLLER-GRAFF

Europäisches Patentamt. Organ der →*Europäischen Patentorganisation* (EPO). Das E. ist eines der beiden, durch das *Übereinkommen über die Erteilung Europäischer Patente (Europäisches Patentübereinkommen,* EPÜ) vom 5.10.1973 für die →*Europäische Patentorganisation* geschaffenen Organe. Es hat die Aufgabe, gemäß den im EPÜ festgelegten Schutzvoraussetzungen über die Erteilung oder die Versagung des →*Europäischen Patents* und, im Falle eines Einspruchs, über die Aufrechterhaltung oder den Widerruf des Patents zu entscheiden sowie die Öffentlichkeit über Patentgesuche und Patenterteilungen mittels des *Europäischen Patentblatts,* der Veröffentlichung von Anmeldungen und Patentschriften und der Gewährung von Akteneinsicht zu informieren. – Das E. ist am Sitz der EPO in München errichtet, hat eine Zweigstelle in Den Haag (Art. 6 EPÜ) und unterhält eine Dienststelle in Berlin. Die Leitung des E. obliegt dem Präsidenten, der dem Verwaltungsrat der EPO gegenüber für die Tätigkeit des Amtes verantwortlich ist. Darunter ist das E. organisatorisch in die Generaldirektionen „Recherche“ (in Den Haag), „Prüfung und Einspruch“ (Prüfungs- und Einspruchsabteilungen), „Beschwerde“ (Beschwerdekammern), „Verwaltung“, „Recht und Internationale Angelegenheiten“ gegliedert. Amtssprachen sind Deutsch, Englisch und Französisch. Patentanmeldungen sind grundsätzlich in einer dieser Sprachen einzureichen (Art. 14 EPÜ). – Das Erteilungsverfahren beginnt mit einer Eingangsprüfung der europäischen Patentanmeldung und einer Formalprüfung (Art. 90 und 91 EPÜ). Der Recherchenabteilung obliegt die Erstellung des *europäischen Recherchenberichts,* mit dem der für die Anmeldung maßgebliche Stand der Technik als Grundlage der Beurteilung ermittelt wird, ob die Erfindung neu ist und auf einer erfinderischen Tätigkeit beruht (Art. 92 EPÜ). Anmeldung und Bericht werden veröffentlicht. Ergibt die auf Antrag erfolgende eigentliche Prüfung durch die Prüfungsabteilung, daß die Anmeldung und die Erfindung den Erfordernissen des EPÜ genügt, kommt es zur Patenterteilung, anderenfalls zur Zurückweisung der Anmeldung (Art. 97 EPÜ). Gegen die Patenterteilung ist das Einspruchsverfahren eröffnet, indem der Einspruch von der Einspruchsabteilung überprüft wird (Art. 99 ff. EPÜ). Die Entscheidungen der Eingangsstelle, der Prüfungsabteilungen, der Einspruchsabteilungen und der Rechtsabteilung sind durch Beschwerde anfechtbar (Art. 106 ff. EPÜ). Deren Begründung wird von der mit richterlicher Unabhängigkeit ausgestatteten Beschwerdekammer, ggf. von der Großen Beschwerdekammer, letztinstanzlich überprüft.

P.-C. Müller-Graff

Europäisches Patentblatt →Europäisches Patentamt

Europäisches System der Zentralbanken (ESZB). Der →*Vertrag über die Europäische Union* sieht die Errichtung eines E. vor. Es besteht nach Art. 106 (1) EGV aus den Zentralbanken der MS und der →*Europäischen Zentralbank* (EZB). Letztere wird das →*Europäische Währungsinstitut* (EWI) ablösen, welches gemäß Art. 109 f (1) mit Beginn der zweiten Stufe (am 1.1.1994) zur Verwirklichung der →*Wirtschafts- und Währungsunion* als Vorläufer der EZB errichtet werden wird. Der Zeitpunkt der Errichtung des E. und der EZB fällt noch in diese Stufe zwei: Art. 109 l (1) EGV bestimmt für die Errichtung den Tag der Beschlußfassung über den Zeitpunkt für den Beginn der dritten Stufe. Ist bis spätestens Ende 1997 diese Entscheidung nicht gefallen, muß sie laut EUV unmittelbar nach dem 1. Juli 1998 fallen. – Mit der Errichtung geht nicht einher die Aufnahme der Geschäfte: Nationalbanken sowie EZB nehmen ihre vollen Befugnisse erst mit tatsächlicher Einführung der Währungsunion, d. h. erst mit Beginn der dritten Stufe wahr. Der 1.1.1999 ist nicht zwingend der spätestmögliche Termin dafür. Für den Fall nämlich, daß über den Zeitpunkt der Einführung der Währungsunion vor Ende 1997 beschlossen wird, macht der EUV keine rechtlich verpflichtenden Angaben darüber, bis wann der Übergang zur einheitlichen Währung zu geschehen hat. Wohl aber zielt der politische Geist des Vertrages auf eine rasche Einführung der Einheitswährung. Die nach der Unterzeichnung des EUV erneut offenbar gewordenen Positionsunterschiede zwischen den MS und die krisenhaften Entwicklungen im →*Europäischen Währungssystem* seit Herbst 1992 nähren allerdings die Vermutung, daß bis Ende 1997 eine Einigung über den Zeitpunkt des Übergangs zur Einheitswährung nicht erzielt werden wird. Solchermaßen übt das Vertragswerk weiterhin Druck auf die Teilnehmer aus, ihre Wirtschaftspolitiken konsequent aneinander anzugleichen. – Aufgabe: Das E. soll gemäß Art. 3 a (2) EGV im Einklang mit dem Grundsatz einer offenen Marktwirtschaft mit freiem Wettbewerb für die Einheitlichkeit der Geld- und Wechselkurspolitik Sorge tragen. Die Gewährleistung der Preisstabilität ist dabei nach Art. 105 (1) EGV vorrangiges Ziel des E. Soweit es nicht zur Beeinträchtigung dieses Zieles führt, umfaßt seine Tätigkeit nach Art. 105 (2): (1) die Geldpolitik der Gemeinschaft festzulegen und auszuführen, (2) Devisengeschäfte im Einklang mit Art. 109 durchzuführen, (3) die offiziellen Währungsreserven der MS zu halten und zu verwalten und (4) das reibungslose Funktionieren der Zahlungssysteme zu fördern.

L. Birkendorf

Europäische Stiftung zur Verbesserung der Lebens- und Arbeitsbedingungen. Die E. ist eine selbständige Einrichtung der EG; sie wurde durch die EWG-VO Nr. 1365/75 des Rates vom 26. Mai 1975 gegründet. Ihre Aufgabe besteht darin, durch interdisziplinäre Forschung und unter Einbeziehung der Sozialpartner zur Verbesserung der Lebens- und Arbeitsbedingungen beizutragen. In der E. sind die Gewerkschaften, Arbeitgeber, nationalen Regierungen und die →*Kommission der EG* vertreten. Die Arbeit der E. wird in Vierjahresprogrammen strukturiert. Im Zusammenhang mit der Vollendung des →*Binnenmarktes* wurden sechs Aktionsbereiche festgelegt: Entwicklung des sozialen Dialogs und der Beziehungen zwischen den Sozialpartnern; Umstrukturierung des Arbeitslebens; Förderung von Gesundheit und Sicherheit; Schutz der Umwelt, des Arbeiters und der Öffentlichkeit; Verbesserung des Lebensstandards und der Lebensqualität für alle; Auswertung von Technologien der Zukunft. Zu diesen Themen veranstaltet die E. Konferenzen und Workshops, führt Pilot- und Forschungsprojekte durch und veröffentlicht Publikationen und Studien.

B. Tham

Europäisches Währungsinstitut →Ausschuß der Zentralbankpräsidenten

Europäisches Währungssystem (EWS). Mit dem Ziel, in der EG eine Zone stabiler Wechselkurse zu schaffen, wurde das E. am 13. März 1979 von den damaligen MS mit Ausnahme Großbritanniens gegründet. Im Mittelpunkt des Systems steht der sog. Wechselkursverbund (*„Exchange*

Rate Mechanism"). An diesem beteiligten sich 1979 alle damaligen MS der EG mit Ausnahme Großbritanniens, das erst im Oktober 1990 dem EWS beitrat, doch bereits zwei Jahre später ausschied und ankündigte, daß es nicht vor 1994 in das EWS zurückkehren werde. Im Laufe der Zeit traten Griechenland, Spanien und Portugal dem E. bei. Am Wechselkursverbund waren im November 1992 Griechenland, Großbritannien und Italien nicht beteiligt. – Der Wechselkursverbund des E. stellt ein System fester, aber anpassungsfähiger Wechselkurse dar. Es basiert auf einem *Paritätengitter bilateraler Leitkurse*, um die der aktuelle Kassakurs innerhalb einer Bandbreite von ± 2,25 Prozent (bei der erweiterten Bandbreite sind es ± 6 Prozent) schwanken darf. Die erweiterte Bandbreite wird derzeit von Portugal und Spanien in Anspruch genommen. Erreicht der aktuelle Kassakurs den oberen bzw. unteren Interventionspunkt, sind die Notenbanken der beiden betroffenen Länder zu unbegrenzten Interventionen verpflichtet. Diese Interventionen werden auch als *obligatorische Interventionen* bezeichnet. Bei *intramarginalen Interventionen* handelt es sich dagegen um Interventionen, die stattfinden, bevor der Kassakurs einen Interventionspunkt erreicht. – Um die Interventionen zu ermöglichen, sind die Notenbanken verpflichtet, sich kurzfristig gegenseitig Kredite (2¹/2 Monate Laufzeit) in unbegrenzter Höhe im Rahmen der *sehr kurzfristigen* Finanzierung zu gewähren. Im Rahmen des *kurzfristigen* →*Währungsbeistands* können in Höhe vorgegebener Schuldnerquoten Kredite mit einer Laufzeit von 3 Monaten gewährt werden, die um weitere 3 Monate verlängert werden können. Weitere Kredite können im Rahmen eines *mittelfristigen* finanziellen Beistands gewährt werden. Diese Kredite haben eine Laufzeit von 2 bis 5 Jahren, sind jedoch an bestimmte wirtschaftspolitische Auflagen gebunden. – Obwohl das E. keine explizite Leitwährung besitzt, kommt es durch die Marktbewertung der Währungen dazu, daß die Währung einer der großen MS zur de facto Leitwährung wird. Bisher wurde diese Rolle ausschließlich von der D-Mark wahrgenommen, die in den 80er Jahren auch die niedrigste Inflationsrate aller Mitgliedswährungen aufwies. Die Marktdetermination der Leitwährung resultiert aus den Interventions- und Saldenausgleichsregeln des Systems: Ein Land, dessen Währung unter Aufwertungsdruck gerät, ist zwar verpflichtet, die schwache Währung zu stützen, das vom Starkwährungsland aufgekaufte Interventionsvolumen muß jedoch von dem Schwachwährungsland in Gold oder Devisen spätestens nach 2¹/2 Monaten zurückgezahlt werden. Während das Schwachwährungsland daher einem Liquiditätsproblem gegenübersteht, kann der durch die Interventionen verursachte Geldbasisanstieg im Starkwährungsland durch den Einsatz geldpolitischer Instrumente sterilisiert werden. Um einen Verlust der Währungsreserven und eine Abwertung zu vermeiden, wird das Schwachwährungsland im Prinzip gezwungen, sich an die Geldpolitik des Starkwährungslandes anzupassen. Da die

DM überwiegend die stärkste E.-Währung war, wurde die Deutsche Bundesbank nie einem Anpassungsdruck an die Politik der übrigen Länder ausgesetzt. Umgekehrt mußten die übrigen Mitglieder des E. stets darauf achten, daß ihre Geldpolitik nicht zu untragbar hohen Verlusten ihrer Währungsreserven führte. Die stabilitätsorientierte Geldpolitik der Deutschen Bundesbank, auf die die Hegemoniestellung der DM zurückzuführen ist, trug wesentlich zu einer deutlichen Reduktion der Inflationsraten in den MS des E. bei. – Anpassungen der Leitkurse sind in dem Vertragswerk über das E. ausdrücklich vorgesehen, können aber nur in gegenseitigem Einvernehmen und nach einem gemeinsamen Verfahren durchgeführt werden. Von 1979 bis September 1992 wurden 14 solche Leitkursanpassungen („Realignments“) durchgeführt. Häufig abgewertet wurden vor allem die italienische Lira, das irische Pfund und der französische Franc. Von Anfang 1987 bis September 1992 gab es trotz teilweise erheblicher Inflationsunterschiede zwischen den MS kein Realignment. Die dadurch bewirkte reale Aufwertung, insbesondere bei der italienischen Lira und der spanischen Peseta, aber auch beim britischen Pfund, führte zu Spannungen innerhalb des E., die im September 1992 zuerst zu einem Realignment und dann zum (wahrscheinlich vorübergehenden) Ausscheiden Italiens und Großbritanniens aus dem Wechselkursverbund führten. – Obwohl im E.-Vertragswerk der →*Europäischen Währungseinheit* (ECU) im E. eine zentrale Rolle zugesprochen wurde, spielt die ECU bei der Festlegung der Leitkurse wie auch bei den Interventionen praktisch keine Rolle. Lediglich im Kreditmechanismus des E. dient die ECU als Recheneinheit.

P. Bofinger: Festkurssysteme und geldpolitische Koordination, Baden-Baden 1991. – H. Ungerer u. a.: The European Monetary System: Developments and Perspectives, in: IMF Occasional Paper 73 (1990).

P. Bofinger

Europäisches Zentrum für parlamentarische Wissenschaft und Dokumentation. 1977 von der →*Konferenz der Präsidenten Europäischer parlamentarischer Versammlungen* gegründetes Dokumentations- und Koordinationszentrum zur Förderung des Informationsaustauschs und der Forschungszusammenarbeit zwischen den europäischen Parlamenten (Sitz: Luxemburg, gebräuchliche Abkürzung französisch: CERDP).

Hrsg.

Europäisches Zentrum zur Förderung der Aus- und Fortbildung in der Landwirtschaft und im ländlichen Raum *(Centre Européen pour la Promotion et la Formation en Milieu Agricole et Rural,* CEPFAR). Das E. wurde 1972 von dem →*Ausschuß der berufsständischen landwirtschaftlichen Organisationen der EWG,* dem →*Allgemeinen Ausschuß des landwirtschaftlichen Genossenschaftswesens,* dem →*Europäischen Rat der Junglandwirte* und der *Europäischen Föderation der Agrarischen Gewerkschaften der EWG* mit dem Ziel gegründet, Aus- und Fortbildungsfragen, die sich für die Landwirtschaft und den ländlichen Raum stellen, zu untersuchen, Informations- und Ausbildungsveranstaltungen durchzuführen, nationale und gemeinschaftliche Initiativen zu fördern und zu koordinieren sowie in Zusammenarbeit mit den Gemeinschaftsinstanzen auf eine Behebung des Ausbildungsrückstandes im ländlichen Raum hinzuwirken.

W. VON URFF

Europäisches Zentrum zur Förderung der Berufsausbildung (CEDEFOP). Auf der Grundlage der Forderungen des →*Europäischen Rates* nach einer aktiveren →*Sozialpolitik* der EG wurde das E. durch eine Verordnung des →*Rates* (VO 337/75/EWG) 1976 eingerichtet: Ausschließlich aus Gemeinschaftsmitteln finanziert, soll diese Institution vor allem einen *„wissenschaftlichen und technischen Beitrag zur Durchführung einer gemeinsamen Berufsbildungspolitik"* (Art. 2 Abs. 1) leisten. Dies konkretisierte sich in den letzten 15 Jahren in mehreren Hinsichten: Im Rahmen des E. werden sowohl wissenschaftliche Vorarbeiten als auch ein Informationsaustausch über strukturelle Eigenschaften der jeweiligen nationalen Bildungssysteme zur Anerkennung der Abschlüsse in der beruflichen Bildung in der EG geleistet. Außerdem assistiert das E. bei der Vorbereitung einiger Maßnahmen der EG-Organe zur beruflichen Bildung wie z. B. in der Weiterbildung (FORCE) und in der Vorbereitung der Jugendlichen auf das Erwachsenen- und Erwerbsleben (PETRA).

K. Fahle: Die Politik der EG in den Bereichen Erziehung, Bildung und Wissenschaft. Eine Bestandsaufnahme, Frankfurt a. M. 1989.

G. SCHINK

Europäische Umweltagentur. Die Errichtung einer E. wurde im Mai 1990 vom →*Rat* beschlossen. Aufgrund von Kontroversen um ihren Sitz konnte die Behörde ihre Arbeit jedoch noch nicht aufnehmen. – Nur wenige EG-Staaten sammeln systematisch Umweltdaten und veröffentlichen sie auch. Daher erhoffen sich →*Kommission* und →*Rat* von einer E. eine bessere Koordination bereits laufender Forschungsprogramme und Umwelterhebungen, die nach vergleichbaren Methoden erarbeitet werden sollten, was vor allem der Kompatibilität der Daten zugute kommen würde. Aufgabe der E. soll es auch sein, den MS die „technische und wissenschaftliche Unterstützung zukommen zu lassen, die es ihnen erlaubt, die Ziele des Schutzes und der Verbesserung der Umwelt zu erreichen, die durch den Vertrag, die fortlaufenden gemeinschaftlichen Aktionsprogramme auf dem Gebiet der Umwelt und das internationale, nationale, regionale und lokale Niveau vorgegeben sind". Darüber hinaus soll die neue Behörde Prognose-Techniken entwickeln, um im Ernstfall „geeignete Verhütungsmaßnahmen" in die Wege zu leiten. →*Drittländern* wird ausdrücklich die Mitarbeit angeboten. Ein Vergleich mit der Arbeit von Umweltagenturen in anderen Ländern (Schweden, Japan oder USA) zeigt allerdings, daß das EG-Konzept hinter dem internationalen Standard zurückbleibt. Die E. kann eine Funktion der Politikberatung erfüllen, nicht aber die einer verbindlichen Programmformulierung, -implementierung und -kontrolle.

M. STRÜBEL

Europäische Union →Leitbilder der Europäischen Einigung, →Vertrag über die Europäische Union

Europäische Union Christlicher Demokraten →Europäische Parteienföderationen

Europäische Unternehmer- und Investitionszentren →BIC

Europäische Vereinigung der Industrie- und Arbeitgeberverbände *(Union des industries de la Communauté européenne,* UNICE). Die E. ist der 1958 gegründete Dachverband der europäischen Industrie- und Arbeitgeberverbände. Ihr gehören 31 Verbände aus 22 europäischen Staaten an (1993). – Hauptziele der E. sind (1) die Förderung der gemeinsamen beruflichen Interessen der von den Mitgliedsverbänden vertretenen Unternehmen, (2) die Koordination der Zielsetzungen und Aktivitäten der Mitgliedsverbände auf europäischer Ebene und (3) die Einbringung der Stellungnahmen der E. in die verschiedenen europäischen Entscheidungsprozesse. Zur Erreichung dieser Ziele unterhält die E. Kontakte zu vielen internationalen (auch nicht-gouvernementalen) Organisationen inner- und außerhalb Europas, vor allem aber zu den →*Organen der EG*. Zu den Prioritäten der E. gehören die Vollendung des →*Binnenmarktes*, die Verwirklichung des →*Europäischen Wirtschaftsraumes* und die Stärkung der wirtschaftlichen und sozialen →*Kohäsion* in der EG. – Höchstes Organ der von einem Präsidenten geleiteten E. ist der Rat der Präsidenten der Mitgliederverbände, der die allgemeine Politik bestimmt. Die auf der europäischen Ebene bekanntgegebenen und aktiv vertretenen Stellungnahmen der E. werden von fünf für unterschiedliche Politikbereiche zuständigen politischen Ausschüssen (Industrielle und Sachverständige) und ihnen zuarbeitenden Arbeitsgruppen vorbereitet, bevor sie dem aus den Generaldirektoren der Mitgliederverbände bestehenden, halbjährlich tagenden Exekutivausschuß zur endgültigen Beschlußfassung vorgelegt werden. Die Arbeit des E. wird von einem Generalsekretariat mit Sitz in Brüssel administrativ unterstützt.

N. Neuwahl

Europäische Verkehrsministerkonferenz. Die E. wurde 1953 zur Nutzungsoptimierung und zur Förderung des Ausbaus der binnenländischen Verkehrswege in Europa gegründet. Sie ist organisatorisch der *OECD* in Paris angeschlossen. An ihrer Spitze steht der zweimal jährlich tagende *Rat der Verkehrsminister,* dessen *Resolutionen* von Fachausschüssen und spezialisierten Arbeitsgruppen vorbereitet werden. – Die E. bemüht sich um eine möglichst effektive Koordination der Verkehrspolitiken der europäischen Länder in den Bereichen Eisenbahn, Straßenverkehr und Binnenschiffahrt. Die von den Ministern angenommenen *Resolutionen* definieren gemeinsame politische Prinzipien und Langzeitstrategien, die Leitlinien für die nationalen Politiken darstellen. Die E. organisiert auch Symposia und Forschungsprojekte zu Themen der Verkehrsökonomie. – MS sind neben allen EG-Staaten auch Österreich, die Schweiz, Finnland, Norwegen, Schweden, die Türkei und die meisten Länder Mittel- und Osteuropas.

J. Monar

Europäische Verteidigungsgemeinschaft (EVG). Die E., ein nie verwirklichtes Projekt, zielte auf die Schaffung einer westeuropäischen Armee durch Integration der Streitkräfte Frankreichs, Italiens, der →*Benelux*-Staaten und der Bundesrepublik Deutschland. Das von J. Monnet erdachte und von R. Pleven *(„Pleven-Plan")* am 24.10.1950 vorgestellte Konzept war Frankreichs Antwort auf die (für Paris unannehmbare) Forderung der USA, im NATO-Rahmen westdeutsche Divisionen aufzustellen. Aus dem *Pleven-Plan* ging der Vertrag zur Errichtung der E. hervor, der am 27.5.1952 unterzeichnet wurde. Wegen des erfolgreichen Beharrens der Bundesrepublik Deutschland auf Gleichberechtigung unterschied er sich wesentlich vom *Pleven-Plan*. Dies sowie interne Gründe führten in Frankreich zu wachsender Kritik an dem Vertrag, der dann auch am 30.8.1954 im französischen Parlament endgültig scheiterte.

R. Fursdon: The European Defence Community, London 1980. – H. Volkmann/W. Schwengler: Die EVG, Boppard 1955.

C. Tauch

Europäische Volkspartei →Europäische Parteienföderationen

Europäische Währungseinheit *(European Currency Unit,* ECU). Die E. wurde gleichzeitig mit dem →*Europäischen Währungssystem* (EWS) am 13.3.1979 eingeführt. Hier dient sie als Bezugsgröße *(„numeraire")* für den *Wechselkursmechanismus,* als Grundlage für den →*Abweichungsindikator,* als Rechengröße *(Denominator)* für Finanzierungs-Operationen sowie als *Zahlungsmittel* und *Reserveinstrument* zwischen EWS-Zentralbanken. Da die bilateralen Interventionspunkte im EWS jedoch nicht gegenüber der ECU, sondern gegenüber den Mitgliedswährungen fixiert sind, hat die ECU keinen Einfluß auf die Funktionsweise des EWS. Seit 1981 werden auch die Haushaltsplanung und finanziellen Transaktionen der EG in ECU vorgenommen. Wie ihre Vorgängerin, die →*Europäische Rechnungseinheit* (ERE), ist die ECU eine Kunstwährung, die als *Währungskorb* definiert ist, der sich aus fixierten absoluten Beträgen der Währungen der MS der EG zusammensetzt. Die Gewichtung der Währungsanteile erfolgt aufgrund der wirtschaftlichen Bedeutung des jeweiligen Landes. Maßzahl hierfür sind der Anteil am BSP der EG, der Anteil am innergemeinschaftlichen Handel und die Quoten am kurz- und mittelfristigen finanziellen Beistand. Durch Leitkursänderungen *(„Realignments")* innerhalb des EWS ändert sich der prozentuale Anteil der Währungen, da sich der *Währungskorb* aus festen Währungsbeträgen errechnet. Zum Ausgleich solcher Anteilsverschiebungen wurden die Korbgewichte in einem Fünfjahres-Turnus angepaßt. Die zuletzt 1989 neu festgelegte Korbdefinition wird nun jedoch bis zur Schaffung der Währungsunion beibehalten. – Als private ECU hat diese Korbwährung auch auf den privaten Geld- und Kapitalmärkten eine große Akzeptanz gefunden.

N. Kleinheyer: Die Weiterentwicklung des Europäischen Währungssystems, Berlin 1987. – W. Rieke: Die ECU als Bezugsgröße und Reserveinstrument im Europäischen Währungssystem (EWS), in: Kredit und Kapital 3 (1979), S. 341 ff.

P. Bofinger

Europäische Währungsschlange. Dieser Ausdruck steht für den Europäischen Wechselkursverbund, dessen Errichtung im März 1972 vom →*Rat der EG* beschlossen wurde, um zwischen den Mitgliedswährungen Wechselkursschwankungen von mehr als ± 2,25% zu verhindern. Das System trat am 24. April 1972 in Kraft. – Den Anstoß zur Gründung der E. bildete das Washingtoner Währungsabkommen vom Dezember 1971 *(Smithonian Agreement),* in dem eine Erweiterung der Bandbreiten des *Bretton-Woods-Systems* von ± 0,75% auf ± 2,25% festgesetzt wurde. Dadurch stieg der Spielraum für Wechselkursschwankungen zwischen den EG-Währungen auf 9%. Die *„Schlange im Tunnel",* sorgte dafür, daß zwischen den Währungen der EG-Länder die Schwankungsbreite auf ± 2,25% (den sog. Tunnel) begrenzt blieb. Dies wurde durch ein Paritätengitter bilateraler Wechselkurse zwischen den Mitgliedswährungen erreicht. – Im Prinzip deckte sich die Funktionsweise der E. weitgehend mit der des →*Europäischen Währungssystems,* das im Kern auf dem Modell der *Schlange* basiert. Nach dem endgültigen Zusammenbruch des Bretton-Woods-Systems (März 1973) einigten sich die Mitglieder der Währungsschlange auf ein Gruppenfloating gegenüber dem Dollar. Die folgenden Jahre waren durch die zahlreichen Aus- und Wiedereintritte der Teilnehmerländer gekennzeichnet. Die Währungsschlange wurde am 13. März 1979 durch das EWS abgelöst.

Deutsche Bundesbank: „Der Europäische Wechselkursverbund", Monatsberichte 1 (1976), S. 23–30.

P. Bofinger

Europäische Weltraumorganisation (ESA, *European Space Agency).* Laut dem seit 1980 geltenden Übereinkommen ist es Aufgabe der E. (der Nachfolgeorganisation von ESRO und ELDO), die europäische Zusammenarbeit im Bereich der Weltraumforschung und -technologie zu fördern. Der E. gehören 13 westeuropäische Staaten an. Ihr Sitz ist Paris. Die Infrastruktur der E. besteht aus einem Forschungszentrum in den Niederlanden, einem Weltraumoperationszentrum in Deutschland und einem Datenzentrum in Italien, einem weltweiten Netz von Kontrollzentren für den Satellitenbetrieb sowie einer Startanlage für Raketen in Französisch-Guyana. Das Wissenschaftsprogramm ist im obligatorischen Programm der E. festgelegt, das aus den Beiträgen aller MS finanziert wird. Das fakultative Programm umfaßt die Projekte zur Anwendung der Weltraumtechnologie in den Bereichen Kommunikationssatelliten, Erdbeobachtung, Schwerelosigkeit, Transportsysteme und bemannte Raumfahrt. Es wird von den daran beteiligten Staaten finanziert. Bekanntestes E.-Projekt ist die Trägerrakete *Ariane*. Der Raumgleiter *Hermes* und das Raumstationsprojekt *Columbus* sind aufgrund der Kostenexplosion und der Infragestellung des Nutzens der bemannten Raumfahrt umstritten. 1990 beschäftigte die E. fast 2.000 Mitarbeiter. Der Etat betrug ca. 5 Mrd. ECU; Hauptträger sind Frankreich und Deutschland.

E.: Unser Erbe, unsere Zukunft: Der Weltraum, Noordwijk 1989. – R. Lust: Wozu europäische Raumfahrt?, Europa-Archiv 12 (1987).

J. GÜTZKOW

Europäische Wirtschaftsgemeinschaft (EWG). Die E. wurde am 25. März 1957 mit der Unterzeichnung der →*Römischen Verträge* von den Unterzeichnerstaaten der →*Europäischen Gemeinschaft für Kohle und Stahl* (EGKS) begründet und trat am 1.1.1958 in Kraft. Ihre institutionelle Struktur wurde 1967 mit Inkrafttreten des →*Fusionsvertrages* mit denen der EGKS und der →*Europäischen Atomgemeinschaft* verschmolzen. *Entstehung und Struktur* der E. sind durch zwei unterschiedliche Faktoren bedingt: (1) Das Scheitern der →*Europäischen Verteidigungsgemeinschaft* im Jahre 1954 bedeutete zugleich das Scheitern der „politischen" Integrationsvorstellungen. (2) Die Suez-Krise (1956) hatte zu einer Neubelebung der europäischen Einigungsbemühungen geführt *(„Relance européenne")*. Diese Konstellation führte im Juni 1955 zur →*Konferenz von Messina*. Auf ihr wurde beschlossen, die notwendigen Vorarbeiten in die Wege zu leiten, die zur *„Errichtung eines gemeinsamen europäischen Marktes ohne Zölle und mengenmäßige Beschränkungen"* führen sollte. Dieses Ziel wurde nach schwierigen Verhandlungen am 25. März 1957 durch die Unterzeichnung des Vertrages zur Errichtung der E. (EWGV) in Rom erreicht. Die vorausgegangenen Schwierigkeiten spiegeln sich in der Form des Vertrages wider. Er umfaßt 248 Artikel; zu ihm gehören vier Annexe, neun Protokolle, eine Konvention über die Assoziation überseeischer Gebiete und Territorien (mit zwei Protokollen), die Schlußakte und acht Erklärungen der Signatarmächte. – *Inhalt* des EWGV: Als Ziele der E. werden in Art. 2 des Vertrages genannt: (1) die harmonische Entwicklung der Gemeinschaft; (2) eine beständige und ausgewogene Wirtschaftsausweitung; (3) eine größere Stabilität; (4) eine beschleunigte Hebung der Lebenshaltung; (5) die Förderung engerer Beziehungen zwischen den Staaten, die in dieser Gemeinschaft zusammengeschlossen sind. Diese Ziele sollten erreicht werden (A) durch die Errichtung eines →*gemeinsamen Marktes* und (B) durch die schrittweise Annäherung der Wirtschaftspolitik der MS. In drei Phasen sollte ein gemeinsamer Außenzolltarif (→*Zollunion*) und alle Zölle und Handelsbeschränkungen innerhalb der E. abgebaut werden. Für die Landwirtschaft waren spezielle Regelungen vorgesehen (→*Gemeinsame Agrarpolitik*). Sehr weitreichende Kompetenzen wurden der E. v. a. auch im Bereich der →*Gemeinsamen Handelspolitik* und der →*Gemeinsamen Wettbewerbspolitik* übertragen. – Die *Institutionen* der E.

hatten ihre Vorbilder großenteils – wenn auch mit z. T. unterschiedlicher Gewichtung – in der EGKS. Es sind (1) die ursprünglich indirekt gewählte *Versammlung,* bestehend *„aus Vertretern der Völker der in der Gemeinschaft zusammengeschlossenen Staaten"* (heute →*„Europäisches Parlament"*). Ihre Aufgaben enthalten die Art. 137–144 EWGV. (2) Im →*Rat* hat je ein Vertreter der Unterzeichnerstaaten einen Sitz und eine (unterschiedlich gewichtete) Stimme. (3) Die →*Kommission, das eigentlich europäische Organ,* mit neun Mitgliedern, die ihre Wahl ihrer *allgemeinen Kompetenz* verdanken sollen und die ihre Beschlüsse mit einfacher Mehrheit fassen. Die Kom. soll unabhängig handeln, hat jedoch andererseits die Pflicht, Richtlinien des Rates entgegenzunehmen, die nach dessen Meinung der *„Verwirklichung der gemeinsamen Ziele dienen".* (4) Der *Gerichtshof.* Seine Aufgabe besteht in der „Wahrung des Rechts bei der Auslegung dieses Vertrages". Da bei Gründung der E. schon ein Gerichtshof der EGKS existierte, wurden dessen Zuständigkeiten (gemäß dem EWGV, dem EAGV und dem EGKSV) einem einzigen →*Gerichtshof der EG* übertragen. – Die zu Beginn geschilderten gespaltenen Wurzeln des EWGV – funktionale Europäisierung mit nationalen Vorbehalten und weiterwirkende supranationale Aspirationen – führten insbesondere seit dem Amtsantritt von Charles de Gaulle 1958 zu einer schwierigen Phase der E.-Politik. Sie fand ihren Höhepunkt in der sog. →*„Politik des leeren Stuhles* Frankreichs" 1965/66, die mit dem →*Luxemburger Kompromiß* vom 29.1.1966 beendet wurde. Bis zur →*Einheitlichen Europäischen Akte* galt daher praktisch die Einstimmigkeits-Regel bei Beschlüssen des Rates. – Die E. als eigenständige Organisation hat mit dem Fusionsvertrag de facto ihr Ende gefunden. Sie besteht jedoch de jure fort und hat sich aufgrund ihrer ausgedehnten Kompetenzen, die in der *Einheitlichen Europäischen Akte* nochmals erweitert wurden, als die mit Abstand bedeutendste und dynamischste der drei →*Europäischen Gemeinschaften* erwiesen. Der →*Vertrag über die Europäische Union* trägt dieser Kernfunktion der E. auch symbolisch Rechnung: Gemäß Art. G EUV wird die E. mit Inkrafttreten des Vertrages in „Europäische Gemeinschaft" umbenannt.

B. Beutler u. a.: Die EG – Rechtsordnung und Politik, 4. Aufl., Baden-Baden 1991. – H. R. Krämer: Die EWG, Frankfurt a. M./Berlin 1965.

P. Noack

Europäische Zentralbank (EZB). Die E. ist gemäß Art. 9 (1) des *„Protokolls über die Satzung des →Europäischen Systems der Zentralbanken* (ESZB) *und der Europäischen Zentralbank"* (EUV) Bestandteil des ESZB und mit eigener Rechtspersönlichkeit ausgestattet. Bei ihr soll nach Verwirklichung der →*Wirtschafts- und Währungsunion* das Geldausgabemonopol liegen (Art. 16); auch erhält sie das Recht zur Offenmarktpolitik und Kreditoperationen (Art. 18) sowie zur Haltung von Mindestreserven (Art. 19). Jedwede Kreditgewährung an andere Institutionen der EG, Mitgliedsregierungen oder andere staatliche Stellen ist ihr untersagt (Art. 21). Sie erstellt einen Jahresbericht (Art. 15.3), der dem →*Europäischen Rat,* dem →*Rat der EG* und dem →*Europäischen Parlament* vorgelegt wird. Die Beschlußorgane der E. sind der *Zentralbankrat* (Art. 10) und das *Direktorium* (Art. 11). Letzteres setzt sich zusammen aus dem *Präsidenten,* dem *Vizepräsidenten* und vier weiteren Mitgliedern und bildet wiederum zusammen mit den 12 *Zentralbankpräsidenten* den *Zentralbankrat.* Die Mitglieder beider Gremien haben je eine Stimme (föderatives Prinzip) und entscheiden mit einfacher Mehrheit, wobei bei Stimmengleichheit die Stimme des Präsidenten den Ausschlag gibt (Art. 10.2). Eine *qualifizierte Mehrheit* ist nötig für die Erhöhung des Kapitals der E. Bei Aufnahme ihrer Tätigkeit soll es 5 Mrd. ECU betragen (Art. 28.1 der Satzung). An Währungsreserven der Mitgliedsländer sollen auf die E. 50 Mrd. ECU übertragen werden (Art. 30). Höchstens 20% des Nettogewinns der E. können dem gemeinsamen Reservefonds zugeführt werden; der Betrag darf das Eigenkapital der E. jedoch nicht übertreffen (Art. 33.1). Über den zukünftigen Sitz der E. soll gemäß Art. 37 vom Europäischen Rat entschieden werden. – Die konkrete Kompetenzabgrenzung bei der täglichen Abwicklung der Geldpolitik innerhalb der E. und innerhalb des ESZB wird durch Art. 12 (1) der Satzung beschrieben: Zum einen können dem Direktorium bestimmte Befugnisse übertragen werden; die notwendige Autorität muß daher nicht laufend vom Zentralbankrat an das Direktorium delegiert werden. Zum anderen kann die E. die nationalen Zentralbanken zur Durchführung von Geschäften, die zu den Aufgaben des ESZB gehören, in Anspruch nehmen, soweit dies möglich und sachgerecht erscheint. Das →*Subsidiaritätsprinzip* bedeutet hier eine größtmögliche Selbständigkeit für die Nationalbanken nur bei Aufgaben, die nicht in der Satzung bezeichnet sind. Derartige Aufgaben nehmen die Nationalen Zentralbanken in eigener Verantwortung und auf eigene Rechnung wahr (Art. 14.4).

L. BIRKENDORF

„Europäisierung Europas“ →Leitbilder der europäischen Einigung

„Europa-Enthusiasmus“ →Öffentliche Meinung

Europa-Kolleg. Das 1949 gegründete und in Brügge (B) ansässige E. ist das älteste Institut für postgraduierte europäische Studien. Es bietet jungen Hochschulabsolventen aus den MS der EG und anderen Ländern die Möglichkeit, sich in einem einjährigen Master-Programm in Teilgebieten der europäischen Integration zu spezialisieren. Die auf nationaler Ebene ausgewählten Studenten können hierbei zwischen den Grundausrichtungen Politische und Administrative Wissenschaften, Rechtswissenschaft und Wirtschaftswissenschaft wählen, die durch pluridisziplinäre Lehrveranstaltungen ergänzt werden. Der multinationale Lehrkörper des E. besteht aus Universitätsprofessoren, leitenden Beamten der EG-Organe und anderen Experten aus der Praxis, die in Englisch und

Französisch unterrichten. Das E. führt auch Forschungsprojekte und wissenschaftliche Tagungen durch.

R. Zonnekein

Europakommission der Länder →Länderbeteiligung

Europa-Ministerien. Die Einrichtung spezieller E. (z. B. in Frankreich) soll die Bedeutung signalisieren, die der Europapolitik und EG-Angelegenheiten in der betreffenden Regierung zugeschrieben wird. Zugleich sind mit der Existenz solcher E. Probleme verbunden, was erklärt, daß sie nicht überall – so auch nicht in der bundesdeutschen Regierung – geschaffen wurden. In den meisten Ressorts spielen europapolitische Aspekte eine wichtige Rolle und werden hier auch entsprechend beachtet und behandelt. Europapolitik als Ganzes ist demgegenüber eher eine Querschnittsaufgabe und ein spezielles Ministerium hätte primär Koordinierungsaufgaben zu bewältigen, für die i. d. R. der Regierungschef und seine Behörde zuständig sind. Auch die Außenminister behandeln traditionell allgemeine Aspekte der Europapolitik. So wirft die Existenz eines besonderen E. stets die Frage nach Stellung und Gewicht dieses besonderen „Ressorts" innerhalb einer Regierung auf. Wenn die Regierungen der deutschen Länder mittlerweile alle Minister für Europa- (meist gekoppelt mit Bundes-) Angelegenheiten haben, zeigt das nur ihre Betroffenheit durch EG-Politik und ihren Nachholbedarf auf diesem Politikfeld.

R. Hrbek

„Europa-Müdigkeit" →Öffentliche Meinung

Europarat. Dem E., am 5. Mai 1949 von zehn Staaten gegründet, gehörten im Oktober 1992 27 MS an: Belgien, Bulgarien, Dänemark, Deutschland, Finnland, Frankreich, Griechenland, Großbritannien, Irland, Island, Italien, Liechtenstein, Luxemburg, Malta, Niederlande, Norwegen, Österreich, Polen, Portugal, San Marino, Schweden, Schweiz, Spanien, Tschechoslowakei, Ungarn, Türkei, Zypern. Art. 3 der Satzung des E. legt als Bedingung einer Mitgliedschaft fest, daß der Grundsatz der Vorherrschaft des Rechts in dem jeweiligen Staat anerkannt wird. Ferner kamen die Gründerstaaten darin überein, daß jeder, der der Hoheitsgewalt eines MS unterliegt, der *„Menschenrechte und Grundfreiheiten teilhaftig werden soll."* Alle MS verpflichten sich durch Art. 1 der Satzung auf die grundlegende Aufgabe, *„eine engere Verbindung zwischen seinen Mitgliedern zum Schutze und zur Förderung der Ideale und Grundsätze, die ihr gemeinsames Erbe bilden, herzustellen und ihren wirtschaftlichen und sozialen Fortschritt zu fördern"*. Diese Aufgabe wird von den beiden Organen des E., dem →*Ministerkomitee* und der →*Parlamentarischen Versammlung,* die jeweils vom →*Generalsekretariat des Europarats* unterstützt werden, wahrgenommen. Das *Ministerkomitee* ist der Entscheidungsträger, während die *Parlamentarische Versammlung* lediglich beratende Funktionen hat, die oftmals für neue Impulse genutzt werden. Die Versammlung setzt sich aus Abgeordneten der jeweiligen nationalen

Parlamente zusammen. Entscheidungsrechte besitzt sie lediglich bei der Wahl des *Generalsekretärs* des E. Die o. a. grundlegende Zielsetzung wird von den Organen des E. in insgesamt acht Arbeitsgebieten konkretisiert. Herausragend ist dabei der europäische Menschenrechtsschutz. Ferner erstreckt sich die intergouvernementale Zusammenarbeit auf folgende Bereiche: Soziale und wirtschaftliche Zusammenarbeit, Medien, Gesundheitswesen, Umwelt, Gemeinden und Regionen, Jugend, Rechtsfragen und die kulturelle Zusammenarbeit. Die Arbeit des E. zum Schutz der Menschenrechte basiert auf der →*Europäischen Menschenrechtskonvention* von 1950, deren Organe für die MS verbindliche Entscheidungen treffen können. Ein Schlüsseldokument im Bereich Wirtschaft und Soziales bildet die 1965 in Kraft getretene *Sozialcharta,* welche als wirtschaftliche und soziale Menschenrechte bezeichnete Bestimmungen enthält. Auf der Grundlage der Kulturkonvention von 1954 bemühen sich die MS im Rahmen des *Rates für kulturelle Zusammenarbeit* um Kooperation in den Bereichen Kultur und Erziehung mit dem besonderen Ziel der Erhaltung und Entwicklung der europäischen Kultur und ihres Bewußtseins. Insgesamt wurden mittlerweile mehr als 140 Konventionen im Rahmen der zwischenstaatlichen Zusammenarbeit des E. verabschiedet. Ein *Sozialentwicklungsfonds* ermöglicht die Förderung von Projekten in den Bereichen Flüchtlingshilfe, Gesundheitswesen, sozialer Wohnungsbau und Arbeitslosigkeit. Das *Europäische Jugendwerk* des E. fördert die internationale Zusammenarbeit von Jugendverbänden. Verstärkte Aktivitäten erstrecken sich seit den Umwälzungen in Osteuropa auf die Kooperation mit den neuen Demokratien, z. B. in der Form des „DEMOSTHENES"-Programms, welches dazu dient, die Staaten in Mittel- und Osteuropa in der Durchführung ihrer konstitutionellen, rechtlichen und administrativen Reform zu unterstützen.

O. Schmuck (Hrsg.): 40 Jahre E.: Renaissance in gesamteuropäischer Perspektive, Bonn 1990.

G. Schink

Europa-Union Deutschland. Die E. ist eine überparteiliche und überkonfessionelle politische Organisation. Die E., die am 9. Dezember 1946 in der britischen Besatzungszone gegründet worden ist, wurde auf dem →*Haager Kongreß* (7.–10. Mai 1948) von der *Union Europäischer Föderalisten* (UEF) als deren deutscher Zweig anerkannt. – Die E. weist eine föderale Struktur auf, d. h. ihre 25.000 Einzelmitglieder sind in 16 Landes- bzw. 370 Kreisverbänden organisiert. Auf der Grundlage des *„Hertensteiner Programms"* setzt sie sich im Rahmen der →*Europäischen Bewegung* zusammen mit anderen Verbänden für die Schaffung der Vereinigten Staaten von Europa auf föderativer und parlamentarisch-demokratischer Grundlage ein. Unter Wahrung ihrer politischen Unabhängigkeit ist die E. bestrebt, die öffentliche Meinung, die politischen Parteien, die Parlamente sowie die Regierungen für ihr Ziel eines geeinten Europas zu gewinnen. Nach dem Europäischen Rat von

Maastricht (Dezember 1991) setzt sich die E. für die schnelle Ratifizierung des →*Vertrages über die Europäische Union* durch die nationalen Parlamente ein sowie für den weiteren Ausbau der EG zu einer demokratischen und handlungsfähigen Union.

R. Völpel

Europawahlen →Direktwahlen

European Consumer Law Group (ECLG). Die E. ist ein Zusammenschluß von Anwälten und Hochschullehrern, die mit europäischen Verbraucherorganisationen zusammenarbeiten. Das Sekretariat wird vom →*Europäischen Büro der Verbraucherverbände* in den MS der EG geführt. Die E. wurde 1977 in London gegründet mit dem Ziel, die Zusammenarbeit zwischen Theoretikern und Praktikern des Verbraucherrechts in den MS und neuerdings auch assoziierten Staaten zu stärken. Die E. veröffentlicht Studien und Berichte zu aktuellen Problemkreisen des Verbraucherschutzes und Verbraucherrechts in Europa.

N. Reich

EUROSTAT →Statistisches Amt der EG

EUROTECNET →Bildungspolitik der EG

EUROTRA *(Programme Européen de Traduction automatique de conception avancée)*. Programm der EG zur Entwicklung eines einsatzfähigen automatischen Übersetzungssystems für alle →*Amtssprachen* der EG.

Hrsg.

Euro-Verbände. Existenz und Aktivität von Interessenverbänden im politischen Prozeß demokratisch-pluralistischer Staaten sind ein bekanntes Phänomen. Weniger bekannt ist, daß es europäische Verbandszusammenschlüsse – eben E. – gibt. Waren es 1970 etwa 300, stieg ihre Zahl bis 1980 auf 439; in einer Liste der Kom. der EG von 1991 sind 522 registriert. E. mit Sitz in Brüssel gehören damit zum Erscheinungsbild der EG. – Bereits vor Gründung der EG kam es zu grenzüberschreitender Zusammenarbeit von Interessenverbänden und zur Errichtung transnationaler Organisationen. Das liegt in der wachsenden internationalen Arbeitsteilung sowie der stärker werdenden wirtschaftlichen Verflechtung und Interdependenz begründet, auf die die Interessenverbände reagierten. Die Errichtung der EG und ihre sich schrittweise ausweitenden Aktivitäten hatten für viele Sektoren unmittelbare Auswirkungen. Die entsprechenden Verbände waren deshalb bestrebt, das Geschehen der EG nicht nur aufmerksam zu beobachten, sondern es dort, wo ihre spezifischen Belange betroffen waren, zu beeinflussen. Neben EG-orientierte Aktivitäten nationaler Verbände trat ihre internationale Zusammenarbeit und die Schaffung von E. – Als Zusammenschlüsse nationaler Verbände mit Sitz in Brüssel nehmen E. eine Reihe von Funktionen wahr. Sie sammeln vor Ort – am Sitz der EG-Institutionen – möglichst rechtzeitig Informationen über (geplante) EG-Aktivitäten und geben sie an die nationalen Mitgliedsverbände weiter. Sie dienen als eine Art

„round table" für Erfahrungsaustausch und gemeinsame Beratung und Abstimmung der Mitgliedsverbände mit dem Ziel ggf. gemeinsame Standpunkte zu formulieren und in den EG-Entscheidungsprozeß einzubringen. Das gilt für alle Stadien dieses Prozesses: Initiative, förmliche Rechtsetzung und Implementation. Gemeinsame Positionen, die im Rahmen eines E. erarbeitet werden, haben dabei mehr Gewicht und Durchsetzungsfähigkeit als das Handeln einzelner nationaler Verbände. – Im übrigen hat auch die Kom. ein starkes Interesse am Wirken transnationaler E. Sie liefern der EG-Administration Sachverstand und Expertenwissen und sind insofern willkommene Konsultationspartner. Sie dienen als eine Art Resonanzboden, indem ihre Reaktionen auf Vorhaben der EG-Behörden zeigen, was möglich und durchsetzbar ist; einzelne Verbände haben in manchen Staaten eine überaus starke Stellung, fast eine Veto-Position. Schließlich ist die Kom. auch an gebündelten Positionen für einen bestimmten Sektor anstelle einer Vielzahl unterschiedlicher nationaler Verbandspositionen interessiert. Das erklärt, warum die Errichtung des landwirtschaftlichen E. auf ihre Initiative zurückgeht. Die E. umfassen ein breites Spektrum; generell organisieren sich solche nationalen Verbände zu E., die von den Aktivitäten der EG betroffen sind. Das galt zunächst für Verbände von Sektoren, auf denen die EG mit ihren Aktivitäten begann: Industrie-, Unternehmer- und Arbeitgeber-Verbände. Sodann Verbände in den Bereichen Landwirtschaft und Ernährung sowie Handel. Entsprechend der Ausweitung des Tätigkeitsspektrums der EG traten weitere E. hinzu: verschiedene berufsständische Organisationen, die Gewerkschaften, Verbände im Dienstleistungssektor, sodann auch Verbraucherverbände. Im Zusammenhang mit der Errichtung des →*Binnenmarkts* wächst die Zahl der betroffenen und interessierten Sektoren und Branchen mit ihren Verbänden. Neuerdings werden auch sog. *ideelle Verbände* in Brüssel aktiv: z. B. Umweltverbände, Organisationen in den Bereichen Sport und Kultur, aber auch *Amnesty International*. – E. treten als *Spitzen-* und als *Branchen-* und *Sektorenverbände* auf. Ihre Organisationsstruktur ist ähnlich: an der Spitze steht ein Präsidium, bestehend aus den nationalen Verbands-Präsidenten; ein Exekutivkomitee (aus den Geschäftsführern der nationalen Verbände oder speziellen Repräsentanten mit Sitz in Brüssel bestehend) trägt die laufende Arbeit; es gibt ein unterschiedlich umfangreiches und ausgestattetes Sekretariat in Brüssel; Fachausschüsse und Arbeitsgruppen mit Repräsentanten der nationalen Verbände spielen insbesondere bei der Beeinflussung der EG-Rechtssetzung eine wichtige Rolle. Entscheidungen erfolgen fast ausschließlich konsensual. – Die Aktivitäten der E. sind vorrangig auf die EG-Institutionen gerichtet. Neben einer Vielzahl informeller Kontakte, deren Bedeutung gar nicht hoch genug eingeschätzt werden kann und die den Regeln klassischer Lobby-Tätigkeit entspricht, gibt es institutionalisierte Einwirkungsmöglichkeiten. Der

→*Wirtschafts- und Sozialausschuß* ist ein Gremium für Verbandsinteressen; im *sozialen Dialog* treffen sich Unternehmer- und Arbeitgeberverbände mit dem →*Europäischen Gewerkschaftsbund.* Von besonderer Bedeutung sind sodann eine Vielzahl von *Beratenden Ausschüssen,* die von der Kom. eingerichtet werden; Verbandsvertreter bringen hier ihren von der EG-Administration benötigten Sachverstand ein und können zugleich spezifische Interessen fördern. Das →*Europäische Parlament* hat sich zu einem immer wichtigeren Adressaten für Verbandseinfluß entwickelt. – Die Zahl der E. hat zugenommen und die transnationalen Beziehungen der Interessenverbände hat sich verdichtet. Das bedeutet nicht zugleich ein stärkeres Gewicht der E., weil sich als Folge immer größer werdender Strukturunterschiede zwischen den MS der EG die Konsensbasis für nationale Verbände einzelner Sektoren deutlich verengt; sie setzen unterschiedliche Prioritäten, haben auch ordnungspolitische Divergenzen (insbesondere in Fragen der Handels-, Industrie- und Wettbewerbspolitik), so daß die E. teilweise vor allem Foren für Informations- und Meinungsaustausch sind und weniger ein politisch starker transnationaler Akteur. Das wachsende Gewicht nationaler Verbände spiegelt sich auch in ihrer erhöhten Präsenz in Brüssel mit eigenen Büros.

E. J. Kirchner: Interessenverbände im EG-System und der Integrationsprozeß, in: Integration 4 (1986), S. 156–165. – E. J. Kirchner/K. Schwaiger: Die Rolle der Europäischen Interessenverbände. Eine Bestandsaufnahme der europäischen Verbandswirklichkeit, Baden-Baden 1981. – H.-W. Platzer: Gewerkschaftspolitik ohne Grenzen? Die transnationale Zusammenarbeit der Gewerkschaften im Europa der 90er Jahre, Bonn 1991.

R. Hrbek

EURYDICE →Bildungspolitik der EG

EVG →Europäische Verteidigungsgemeinschaft

EVP →Europäische Parteienföderationen

EWF →Europäischer Währungsfonds

EWG →Europäische Wirtschaftsgemeinschaft

EWR →Europäischer Wirtschaftsraum

EWS →Europäisches Währungssystem

Exekutive (in der EG) →Gewaltenteilung

Exportkartelle. E., d. h. alle Formen der Zusammenarbeit von Unternehmen mit dem Zweck der Steigerung ihrer Erträge auf den Exportmärkten, sind im Rahmen des →*Kartellrechts der EG* zulässig, wenn sie ausschließlich Märkte von →*Drittländern* betreffen und keine (mittelbare) Beeinträchtigung des Handels zwischen den MS der EG zur Folge haben.

Hrsg.

Extensivierungsprämien. Nach einer VO des →*Rates der EG* von 1988 müssen alle MS Landwirten, die sich bereit erklären, ihre Produktion bei bestimmten Erzeugnissen für 5 Jahre um 20% zu vermindern, E. anbieten. Bei der

„quantitativen Methode" muß die Verminderung nachgewiesen werden, bei der *„produktionstechnischen Methode"* genügt die Umstellung auf eine Wirtschaftsweise, mit der normalerweise eine entsprechende Verminderung verbunden ist. E. werden noch nicht in allen MS angeboten. Wo sie angeboten werden, ist die Resonanz der Landwirte gering.

W. VON URFF

Externe Rechnungskontrolle →Europäischer Rechnungshof

EZB →Europäische Zentralbank

Fachgruppe(n) →Wirtschafts- und Sozialausschuß der EG

FAR →AIR

Feierliche Deklaration zur Europäischen Union. Die am 19. Juni 1983 vom →*Europäischen Rat* in Stuttgart angenommene F. ging auf die →*Genscher-Colombo-Initiative* von 1981 zurück. Da sich die MS nicht auf die weitgesteckten Ziele der dt.-ital. Initiative einigen konnten, wurde auf der Ratstagung von Stuttgart nur die rechtlich unverbindliche F. verabschiedet. Mit einer genaueren Definition der Aufgaben des *Europäischen Rates,* der Berücksichtigung des Problems der Abstimmungspraxis im →*Rat,* der Anerkennung der zunehmenden politischen Rolle des →*Europäischen Parlaments,* dem Verweis auf die Notwendigkeit einer beschleunigten wirtschaftlichen Integration, der Förderung der kulturellen Zusammenarbeit und prozeduralen Reformen im Bereich der →*Europäischen Politischen Zusammenarbeit* setzte die F. jedoch einige positive Akzente, von denen einige später in der →*Einheitlichen Europäischen Akte* konkretisiert wurden.

A. WOLF-NIEDERMAIER

„Felix" →Europäische Filmakademie

„Fernsehen ohne Grenzen" →Medienpolitik der EG

„Festung Europa" →Protektionismus

Finanzielle Vorausschau →Haushalts- und Finanzpolitik der EG

Finanzpolitik →Haushalts- und Finanzpolitik der EG

Finanzverfassung der EG. Der Begriff „F." der EG umschreibt die Regeln über Aufstellung, Ausführung und Kontrolle des EG-Haushaltsplans und über die *finanziellen Beziehungen* zwischen der EG und ihren MS. Als F. in einem formellen Sinne sind diejenigen Regelungen zu verstehen, die unter der Bezeichnung *„Finanzvorschriften"* in den Verträgen, also in der Verfassung selbst enthalten sind oder als ungeschriebene Grundsätze im Vertragsrang die ausdrücklich festgelegten Normen ergänzen. Diese F. im engeren Sinne kann von den EG-Organen nicht selbst geändert werden. Vielmehr ist dazu die Einhaltung besonderer Verfahren erforderlich, die eine Mitwirkung staatlicher Organe gewährleisten. – Dagegen vermögen die EG-Organe Ausführungsregelungen zu erlassen. Insoweit umreißt die Verwendung des Begriffs F. im engeren Sinne gleichzeitig einen Kompetenzrahmen. Angesichts der sehr knappen vertraglichen Regelungen besitzt die Befugnis zum Erlaß ausführender und ergänzender Vorschriften durch die Gemeinschaftsorgane erhebliche praktische Bedeutung. – (1) Die F. der EG resultiert aus weitgehend übereinstimmenden Formulierungen in den Art. 78–78 h EGKSV, 171–183 EAGV und 199–209 a EGV. Sonderregeln gelten in Art. 49–56 EGKSV für die finanziellen Aktivitäten im Bereich Kohle und Stahl. – (2) Die F. der EG ist dazu bestimmt, den rechtlichen Rahmen für ein finanzwirksames Handeln der EG bereitzustellen. Sie unterscheidet sich insoweit nicht grundsätzlich von staatlichem Finanzverfassungsrecht. Auch die Funktionslehre der öffentlichen Haushalte läßt sich auf den EG-Haushalt übertragen. – (3) In den europäischen Staaten entwickelten sich übereinstimmende Rechtsgrundsätze für die Haushaltsaufstellung, -ausführung und -kontrolle. Diese *„Haushaltsgrundsätze"* bestimmen auch die F. der EG. Die Grundsätze sind z. T. im Vertrag selbst normiert, z. T. ergeben sie sich aus der gemäß Art. 209 EGV erlassenen *Haushaltsordnung* („HO"), z. T. gelten sie als – ungeschriebene – *allgemeine Rechtsgrundsätze*. Im einzelnen handelt es sich um folgende Grundsätze: (a) *Vollständigkeit:* Gemäß Art. 199 Abs. 1 EGV sind alle Einnahmen und Ausgaben der EG in den Haushaltsplan einzusetzen. (Problematische Abweichung: →*Europäischer Entwicklungsfonds*). (b) *Einheit:* Mit dem Gebot des Art. 199 EGV, die Ausgaben und Einnahmen in den Haushaltsplan einzusetzen, wird klargestellt, daß nur ein einheitlicher Haushaltsplan aufgestellt werden darf. (c) *Vorherigkeit:* Aus der planerischen Funktion des Haushalts folgt die Verpflichtung, Einnahmen und Ausgaben vor Beginn des Haushaltsjahres zu bewilligen (Art. 199, 203 EGV). (d) *Jährlichkeit:* Nach dem Prinzip der Jährlichkeit werden die Einnahmen und Ausgaben jeweils für ein Jahr bewilligt. Sie sind i. d. R. im Bewilligungszeitraum auszuführen (Art. 199, 202 EGV, Art. 1 HO). (e) *Spezialität:* Die Ausgabenbewilligung gilt nur innerhalb eines zeitlichen und sachlichen Rahmens. Danach verfallen die Mittelbewilligungen – von Sonderfällen abgesehen – wenn sie nicht innerhalb der Geltungsdauer des Haushaltsplans in Anspruch genommen wurden. In qualitativer Hinsicht sind Ausgaben an die jeweilige Zweckbestimmung gebunden (Art. 202 EGV). (f) *Haushaltsausgleich:* Der Grundsatz des Ausgleichs von Haushaltsausgaben und -einnahmen (Art. 199) gebietet formell einen Übereinstimmenden Abschluß. Darüber hinaus erfordert er aber auch, daß nur Ausgaben eingesetzt werden, die voraussichtlich auszugeben und Einnahmen, die voraussichtlich zu erwarten sind. (g) *Bruttoprinzip:* Gemäß Art. 4 HO sind Einnahmen und Ausgaben in voller Höhe, d. h. ohne vorherige Saldierung, in den Haushaltsplan einzusetzen. (h) *Wirtschaftlichkeit und Sparsamkeit:* Nach Art. 2 HO sind die Mittel *„nach den Grundsät-*

zen der Wirtschaftlichkeit der Haushaltsführung, insbesondere der Sparsamkeit und des Kosten-Nutzen-Verhältnisses zu verwenden". Eine vertragliche Bestätigung findet dieses Prinzip in Art. 188 c Abs. 2 EGV. (i) *Grundsatz der Gesamtdeckung:* Der Grundsatz der Gesamtdekkung *(Non-Affektationsprinzip)* ist in Art. 6 des Eigenmittelbeschlusses vom 24. Juni 1988 normiert. Danach dienen sämtliche Einnahmen unterschiedslos der Finanzierung aller im Haushaltsplan ausgewiesenen Ausgaben. Eine Zweckbindung von Einnahmen ist daher grundsätzlich unzulässig. Zulässige Ausnahmen werden in Art. 4 Abs. 2 der HO bezeichnet. (j) *Grundsatz der Öffentlichkeit:* Als haushaltsrechtlicher Grundsatz bezieht sich das Gebot der Öffentlichkeit insbesondere auf das Verfahren der Haushaltsplanfeststellung, die Öffentlichkeit des Haushaltsplans selbst und der Jahresberichte des *Rechnungshofes der EG* sowie des Entlastungsverfahrens. (k) *Grundsatz der Haushaltsklarheit und -wahrheit:* Diese Grundsätze gebieten eine möglichst übersichtliche und möglichst wahrheitsgetreue Festlegung von Zahlen im Haushaltsplan.

R. Bieber: Kommentierung zu Art. 199–209, in: H. v. d. Groeben/J. Thiesing/C.-D. Ehlermann: Kommentar zum EWGV, 4. Aufl., Baden-Baden 1991. – Kommission der EG: Die öffentlichen Finanzen der Gemeinschaft, Luxemburg 1989. – S. Magiera: Kommentar zu Art. 199–209, in: E. Grabitz: Kommentar zum EWGV, München 1989.

R. BIEBER

Finanzvorschriften →Finanzverfassung der EG

Flächenstillegung. Die F. wurde nach einem Grundsatzbeschluß des Brüsseler Sondergipfels vom 11.–13.2.1988 in die →*Gemeinsame Agrarpolitik* mit dem Ziel der Produktionsbegrenzung eingeführt. Als obligatorische Maßnahme muß sie in allen MS der EG angeboten werden. Die Teilnahme der Landwirte ist freiwillig. Teilnehmer müssen sich verpflichten, mindestens 20% der Ackerfläche für fünf Jahre stillzulegen, aufzuforsten oder in extensives Grünland umzuwandeln. Bei Stillegung wird eine Prämie zwischen 100 und 600 ECU/ha gewährt, an der sich die Gemeinschaft bis zu 300 ECU/ha mit 60% und darüber hinaus mit 25% beteiligt. Ende 1991 erreichte die stillgelegte Fläche 1,5 Mio. ha (4,2% der Getreidefläche). – Nach der am 21.5.1992 vom Ministerrat beschlossenen Reform der →*Gemeinsamen Agrarpolitik* sollen Landwirte, mit Ausnahme von Kleinerzeugern, nur dann Ausgleichszahlungen für Preissenkungen bei Getreide erhalten, wenn sie einen Teil (15%) ihrer bisher mit Getreide und Ölsaaten bestellten Fläche stillegen, wofür eine Prämie in gleicher Höhe gezahlt wird. Da ein Verzicht auf die Ausgleichszahlung zu hohen Verlusten führen würde, wirkt die Flächenstillegung praktisch obligatorisch. Im Rahmen des freiwilligen Programmes werden daher nur noch die abgeschlossenen Vereinbarungen weitergeführt.

W. VON URFF

FLAIR →AIR

Föderalismus. Diese Theorie zur Erklärung von (zwischen-)staatlichen Integrationsprozessen ist die große Gegentheorie zum

→*Funktionalismus* und →*Neo-Funktionalismus*. Danach sei der nationalstaatliche Machtanspruch – als Hemmnis der Integration – nur durch eine starke staatliche Macht auf der internationalen Ebene zu brechen, so wie einst der individuelle und stammesbezogene Machtanspruch nur durch den Nationalstaat bezwungen werden konnte. Das Hoffen auf die integrierende Kraft funktional-wirtschaftlicher Kräfte sei letztlich vergeblich, da machtpolitisch blind. Das sind natürlich auch Grundüberzeugungen einer konservativen Anthropologie, daß nämlich politische Entscheidungen gegen die individualistischen und egoistischen Bestrebungen von Einzelnen, Gruppen und eben auch Staaten machtvoll und ggf. zwanghaft durchgesetzt werden müßten. Die Integration ist demnach Folge eines – mehr oder weniger – dezisionistischen Willensbeschlusses von Eliten (und ggf. auch von Bevölkerungen), die Integration machtpolitisch auch gegen Widerstände und Widerstrebende durchsetzen zu wollen und auf Souveränität zu verzichten – aus welchen (machtpolitischen) Gründen auch immer, auch bei Inkaufnahme von Nachteilen, die allerdings nicht die Vorteile überwiegen sollten. Die Staaten übertragen die Souveränität oder Teile von ihr auf eine übergeordnete staatliche Macht. – Die Föderalisten verweisen zur Begründung auf die erfolgreichen Integrationsprojekte in der Schweiz und in den USA. Hier schufen „Verfassungsväter" in relativ kurzer Zeit an einem bestimmten Ort die neue Zentralinstanz (verfassungsgebende Versammlung), der sich die vormals selbständigen Teile unterwarfen. Diese wurde mit souveränen Machtressourcen ausgestattet, so daß sie bei Zuwiderhandeln gegen diesen Gründungsakt die dissentierenden Untereinheiten wieder in das Integrationsgebilde zurückzwingen konnte (Beispiel: amerikanischer Bürgerkrieg). Die auf diesen Gründungsakt hin erfolgende wirtschaftliche und soziale Verflechtung der Teile vollzieht sich erst „nachträglich" im Rahmen von verfassungsmäßigen Regeln, die ein Element der übergeordneten Souveränität sind und durch die unvermeidlich auftretende Konflikte bewältigt werden können (z. B. durch eine letztentscheidende Verfassungsgerichtsbarkeit). Im Unterschied zum →*Funktionalismus* heißt es daher hier: *„function follows form"*. Damit das neue Gebilde stabil sein und auch von allen getragen werden könne, sollten die vormals selbständigen Einheiten jedoch einen Teil ihrer Selbständigkeit im Rahmen des Ganzen behalten. Das könne man am besten gewährleisten durch eine bundesstaatliche, föderale Organisation des integrierten Gemeinwesens.

C. J. Friedrich: Nationaler und internationaler Föderalismus in Theorie und Praxis, in: Politische Vierteljahresschrift 2 (1964), S. 154–187.

J. Bellers

Föderalistische Bewegungen. Unter dem Begriff F. können alle privaten und überparteilichen Zusammenschlüsse verstanden werden, die sich mit der Popularisierung und Durchsetzung des Europa-Gedankens in der Nachkriegszeit (und teilweise noch früher) beschäftigt haben. Es handelte sich dabei jeweils um gesellschaftliche *Pressure groups* auf unterschiedlicher Grundlage und mit unterschiedlichen Vorgehensweisen. – Einen Vorläufer hatten die F. in *Graf Coudenhove-Kalergi* mit seiner *Paneuropa-Union* 1923, die über Aristide Briand zeitweise einen erheblichen Einfluß auf die europäische Politik ausübte. Sie verfocht eine europäische Einigung über die Parlamente unter Ausschluß der UdSSR und Großbritanniens. – Die Initiativen der frühen Nachkriegszeit waren durch das Gefühl eines Versagens der Nationalstaaten motiviert. Aus der französischen Résistance kamen ebenso Anstöße wie aus der französischen sozialistischen Partei, der christlichen-sozialen Bewegung um *Emmanuel Mounier* und englischen religiösen Sozialisten. Europa wurde durchweg als *Dritte Kraft* zwischen den sich bildenden Blöcken gesehen. *Winston Churchills* Rede in Zürich am 16.9.1946 brachte den Umschwung von der *idealistischen* zur *realistischen* Phase, damit auch eine Wendung von personalistischer Ausrichtung zum Versuch, die Politik direkt zu beeinflussen. An die Seite von Namen wie die der Intellektuellen *Henri Brugmans, Denis de Rougemeont, Salvador de Madariaga, Eugen Kogon* traten nunmehr die der Politiker: *Edouard Herriot, Alcide de Gasperi, Henri Spaak, Konrad Adenauer.* Damit fand eine Synchronisation von Interessenverbänden und einem großen Teil der *europäisch* gesinnten Politiker statt.

Der Prozeß von 1945 bis 1949 läßt sich knapp in vier Punkten beschreiben: (1) Der Einfluß von Intellektuellen innerhalb der europäischen Bewegung war in den Ursprüngen stark, wurde in der Folgezeit zunehmend schwächer. (2) Im gleichen Augenblick, in dem mit Winston Churchill die *praktische* Politik in die F. Einzug hielt, war von europäischer Föderation nur noch in den Zirkeln der Intellektuellen und überzeugten *Föderalisten* die Rede. (3) Insbesondere deutsche und französische Zukunftsprojektionen unterschieden sich grundsätzlich: auf zukunftsorientierte französische Lösungen antworteten oft deutsche historisierende und damit rückwärtsgewandte Lösungen. (4) Insbesondere die Zurückhaltung der englischen *Labourparty,* sich europäisch zu engagieren, machte den Weg frei für konservativ abendländische Rhetorik und pragmatische Lösungen. – 1948 schlossen sich die bedeutendsten damaligen F., die *Europäische Liga für wirtschaftliche Zusammenarbeit,* die *Union Europäischer Föderalisten,* die *Britische Bewegung für ein Vereinigtes Europa,* der *Französische Rat für ein Vereinigtes Europa,* die *Nouvelles Équipes Internationales* (Zusammenschluß christlich-demokratischer Parteien) und die *Sozialistische Bewegung für die Vereinigten Staaten von Europa,* in der →*Europäischen Bewegung* zusammen. Gemeinsames Ziel all dieser Gruppen war von Anfang an eine föderalistische Europäische Union mit einer Regierung, die von einem Europäischen Parlament kontrolliert wird. Diese Zielsetzungen wurden selbst dann nicht in Frage gestellt, als sich die *Union Europäischer Föderalisten* angesichts des Scheiterns der →*Europäischen Verteidigungsgemeinschaft* im Jahre 1956 in eine pragmatische *Aktion Europäischer Födera-*

listen und eine extremistische *Bewegung Europäischer Föderalisten* spaltete. Diese Spaltung wie das Faktum, daß die *Europäische Bewegung* fähig war, beide Organisationen unter ihrem Dache zu vereinigen, zeigte ihre Bandbreite, zeigte aber auch, daß sie zu diesem Zeitpunkt von einer Bewegung, die den europäischen Prozeß in Gang setzte, zu einer Bewegung geworden war, die den europäischen Prozeß im wesentlichen begleitete.

H. Brugmans: L'idée européenne 1918–1965, Brügge 1965. – P. Noack: Der Einfluß der Intellektuellen in der Frühphase der Europäischen Bewegung, in: R. Poidevin (Hrsg.): Origins of the European Integration, Brüssel 1986, S. 225–240.

P. NOACK

Fonds du Centenaire Jean-Monnet →Jean Monnet-Stiftung für Europa

Fontaine-Bericht →Städtepartnerschaft(en)

FORCE →Bildungspolitik der EG

Forschungs- und Technologiepolitik der EG. Das Inkrafttreten der →*Einheitlichen Europäischen Akte* bedeutete für die F. den Durchbruch, da die Gemeinschaft durch die Einfügung eines neuen Abschnitts (Titel VI, Art. 130 f–q EGV) in die Römischen Verträge eine eigenständige technologiepolitische Handlungskompetenz erlangte. Bis dahin bildeten Art. 55 EGKSV und Art. 2, 7, 12–29 EAGV die Grundlage für die Forschungsförderung und die Verbreitung der Kenntnisse in den Bereichen Kohle, Stahl und Atomenergie. Im EWGV sah lediglich Art. 41 eine Koordinierung der F. der MS im Agrarsektor vor, und die ersten darüber hinausgehenden Programme basierten auf Art. 235 EGV. Anfang der 70er Jahre intensivierten sich die Bemühungen der EG-Institutionen um die Schaffung einer F., die schließlich 1974 zu einem Ratsbeschluß führten, der die Verabschiedung der ersten Forschungsprogramme auf Kostenteilungsbasis in den Bereichen Energie, Werk- und Rohstoffe, Informationstechnik und Medizin ermöglichte. Dieser Ratsbeschluß legte fest, daß die Politik der EG im Bereich Forschung und Technologie (F & T) sowohl die Koordinierung nationaler Politik, als auch die Durchführung von Aktionen, die im Gemeinschaftsinteresse liegen, umfassen soll. Dementsprechend beruhen die →*Gemeinschaftlichen Rahmenprogramme im Bereich Forschung und technologische Entwicklung,* die die vorherigen Aktivitäten der EG konsolidierten und zum wesentlichen Instrument der industriellen Forschungsförderung geworden sind, auf dem →*Subsidiaritätsprinzip.* – Hauptziel der F. ist die Verbesserung der Wettbewerbsfähigkeit der europäischen Industrie gegenüber der Konkurrenz aus den USA und Fernost. Die Förderung von F & T soll zur Entstehung von Synergieeffekten durch die Bündelung der Aktivitäten auf EG-Ebene führen und zur Erreichung einer kritischen Masse bei langfristigen kapitalintensiven Projekten beitragen. Außerdem spielt die F. eine Schlüsselrolle in der Verwirklichung des →*Binnenmarktes.* Die EG verfügt über 4 Instrumente der Forschungsförderung: (1) Die Eigenforschung in der →*Gemeinsamen Forschungsstelle („direkte Aktion")* in den Gebieten nukleare und nichtnukleare Energien, Sicherheits- und Umweltforschung sowie neue Werkstoffe ist die traditionelle Form der F. (2) Die Vertragsforschung mit Kostenteilung *(„indirekte Aktion")* zwischen der EG und den an den Projekten teilnehmenden Unternehmen, Universitäten und Forschungseinrichtungen (i. d. R. 50/50) ist die vorherrschende Form der Forschungsförderung in den modernen Schlüsseltechnologien sowie in traditionellen Industriesektoren. Diese Form wird durch die Rahmen- und spezifischen Programme implementiert und ca. 80% der F & T-Mittel entfallen darauf. (3) Bei der Koordinierung von supranationalen Forschungsaktivitäten *(„konzertierte Aktion"),* v. a. im Rahmen von →*COST,* beteiligt sich die EG lediglich an den durch die grenzüberschreitende Kooperation zusätzlich entstehenden Kosten. Außerdem gibt es Bestrebungen, zwischen den MS und mit der EG die F. aufeinander abzustimmen. (4) Diese Aktivitäten werden durch flankierende Maßnahmen *(„horizontale Aktion")* in den Bereichen Aus- und Weiterbildung, Umsetzung von Forschungsergebnissen, Technologietransfer sowie Entwicklung regionaler Infrastrukturen in den Gebieten Forschung, Telekommunikation und Energie ergänzt. Die Aufwendungen der EG für F. betragen inzwischen knapp 4% des Gemeinschaftshaushalts, wobei sich die Ausgaben in absoluten Zahlen vervielfacht haben (1985 ca. 560 Mio. ECU, 1990 ca. 1.500 Mio. ECU, 1991 ca. 2.200 Mio. ECU). Im Vergleich zu den Ausgaben der MS sind sie jedoch weiterhin gering (1985 ca. 2%, 1991 ca. 4,5%). Seit den 70er Jahren hat eine Verschiebung der Aktivitäten und Ausgaben von der Kernenergieforschung hin zu den industriellen Schlüsseltechnologien (v. a. Informations- und Kommunikationstechnologie, neue Materialien) und Umwelt- und Biotechnologie stattgefunden. – Die Herausforderungen der 90er Jahre für die F. sind vielfältig: Das wissenschaftliche und technische Potential der MS ist immer noch sehr unterschiedlich, so daß sich der Stellenwert der F. in den Politiken zur Förderung der *regionalen Kohäsion* in der Gemeinschaft weiterhin erhöhen wird. Die bevorstehende Verwirklichung des *Binnenmarktes* sowie die in einigen Hochtechnologiebereichen unverändert schlechte Wettbewerbsposition Europas auf dem Weltmarkt hat zu einer Veränderung der Art der F. geführt. Einerseits ist sie komplexer geworden und beinhaltet verstärkt auch horizontale Maßnahmen. Andererseits kommt ihr eine wichtige Funktion in der Konzeption einer zukünftigen →*Industriepolitik der EG,* die sich neben der F. v. a. auf handels- und wettbewerbspolitische Maßnahmen stützen wird, zu. Die Weichenstellung dazu ist mit der Neufassung von Art. 130 f–p EGV im →*Vertrag über die Europäische Union* (EUV) vorgenommen worden. Außerdem wurde im EUV auch ein neues Entscheidungsverfahren (→*Mitentscheidungsverfahren*) beschlossen, das dem →*Europäischen Parlament* in der F. mehr Mitspracherechte verleihen soll.

H. Klodt u. a.: Forschungspolitik unter EG-Kontrolle, Tübingen 1988. – J. Starbatty/U. Vetterlein: Die Technologiepolitik der EG, Baden-Baden 1990.

J. GÜTZKOW

Fouchet-Pläne. Nach dem französischen Politiker *C. Fouchet* benannte Entwürfe für eine europäische politische Union. Ein erster Entwurf („Erster F.", November 1961) sah eine politische Union mit regelmäßigen Treffen der Staats- und Regierungschefs bzw. der Außenminister (Einstimmigkeitsprinzip) sowie ein Parlament mit beratenden Befugnissen vor. Im Januar 1962 legte die französische Regierung überraschend einen neuen Entwurf („Zweiter F.") vor, der die nationalen Hoheitsrechte wieder stärker betonte und der Union, zu Lasten der →*Europäischen Wirtschaftsgemeinschaft,* auch wirtschaftspolitische Kompetenzen übertrug. Trotz partieller Zustimmungsbereitschaft (Bundesrepublik Deutschland, Italien), scheiterten die F. an Meinungsverschiedenheiten über einen Beitritt Großbritanniens.

P. FISCHER

Fragestunde →Anfragen des EP

Fraktionen im EP. Die Abgeordneten des →*Europäischen Parlaments* organisieren sich seit seiner Gründung 1951 in parteipolitisch zusammengesetzten F. Diese stellen die Zentren der innerparlamentarischen Willensbildung dar. – Die Abgeordneten sitzen im Plenum entsprechend ihrer Fraktionszugehörigkeit zusammen. Die Besetzung parlamentarischer Führungspositionen, die Benennung der *Berichterstatter („Rapporteurs")* und die Aufteilung der Redezeit im Plenum wird über die F. beschlossen. Dennoch ist der Einfluß der F. im Vergleich zu vielen nationalen Parlamenten beschränkt: Wegen des Fehlens einer festgefügten Regierungsmehrheit, der eine entsprechende Opposition gegenübersteht, ist die Fraktionsdisziplin gering. Ein *Fraktionszwang* wird nur in Ausnahmefällen (z. B. Wahl des Parlamentspräsidenten) mit begrenztem Erfolg ausgeübt. Hinzu kommt, daß die inhaltliche Homogenität der meisten F. aufgrund unterschiedlicher nationaler Traditionen und Problemlagen recht gering ist. – Dennoch ist es in den Augen der Abgeordneten lohnend, sich einer F. anzuschließen. Denn diese verfügen über eine personelle und materielle Ausstattung und ihre Mitglieder sind gegenüber den fraktionslosen Abgeordneten in vielerlei Hinsicht privilegiert. Zur Bildung einer F. ist eine Mindeststärke von 23 Mitgliedern erforderlich, wenn diese aus einem MS stammen. Wenn die Mitglieder aus zwei MS stammen, verringert sich diese Zahl auf 18, und bei Abgeordneten aus drei oder mehr MS auf 12. – Die F. setzten sich im Oktober 1992 folgendermaßen zusammen: Sozialisten/Sozialdemokraten: 199 Mitglieder; Europäische Volkspartei (EVP/Christdemokraten: 162 Mitglieder; Liberale, Demokraten und Reformer (LDR): 45 Mitglieder; Grüne (V): 27 Mitglieder; Sammlungsbewegung der Europäischen Demokraten (RDE): 21 Mitglieder; Regenbogenfraktion (ARC): 15 Mitglieder; Fraktion der Rechten (DR): 14 Mitglieder; Koalition der Linken (CG): 13 Mitglieder; fraktionslose Abgeordnete:

22 Mitglieder. – In der Parlamentspraxis hat sich bei der Verwirklichung vieler Vorhaben eine enge Zusammenarbeit zwischen den F. der Sozialisten, der EVP und der Liberalen herausgebildet. Diese drei Gruppierungen repräsentieren eine sehr breite Mehrheit von mehr als 400 der 518 Abgeordneten. Inhaltlich setzen sie sich für die Verwirklichung des Binnenmarktes unter Einschluß der sozialen und ökologischen Dimensionen ein. Auch institutionelle Reformvorhaben werden i. d. R. unterstützt. Abzuwarten bleibt, ob sich wegen des im April 1992 erfolgten Beitritts der britischen Konservativen zur EVP eine Veränderung in deren programmatischen Profil ergibt, die auch Rückwirkungen auf die Kooperation mit den anderen Strömungen des Hauses hat.

E. Grabitz u. a.: Direktwahl und Demokratisierung. Eine Funktionenbilanz des EP am Ende seiner ersten Wahlperiode, Bonn 1988.

O. Schmuck

Französischer Rat für ein Vereinigtes Europa →Föderalistische Bewegungen

Freier Dienstleistungsverkehr →Dienstleistungsfreiheit

Freier Kapitalverkehr. Im Gegensatz zu den übrigen →*Freiheiten des gemeinsamen Marktes* fehlt es für den in Art. 67 EWGV geregelten F. an einer allgemeinverbindlichen Definition. Im Wesentlichen umfaßt er Finanzgeschäfte, die die Anlage oder Investition eines bestimmten Geldbetrages zum Gegenstand haben und keine Gegenleistung für eine Warenlieferung oder Dienstleistung darstellen. Letztere werden in Art. 106 EWGV einer gesonderten Regelung zugeführt, indem die MS verpflichtet werden, die Zahlungen zu genehmigen, die sich auf den Waren-, Dienstleistungs- und Kapitalverkehr beziehen sowie den Transfer von Kapitalbeträgen und Arbeitsentgelten zu gestatten, soweit der Waren-, Dienstleistungs-, Kapital- und Personenverkehr zwischen den MS liberalisiert ist. Schwierigkeiten bereitet insbesondere die richtige Einordnung des Transfers von Bargeld. Da im Rahmen von Handelsgeschäften Barzahlungen über die Grenze nicht üblich und für den freien Warenverkehr auch nicht notwendig sind, hat der →*Gerichtshof der EG* die Ein- und Ausfuhr von Banknoten zu diesem Zweck als Kapitalverkehr im Sinne des Art. 67 I EWGV behandelt. Die Verbringung von Bargeld in einen anderen MS im Rahmen des Reiseverkehrs wurde vom EuGH dagegen als allgemein üblich und deshalb nicht als Kapitalverkehr angesehen. – Art. 67 I EWGV verpflichtet die MS nur zur *Liberalisierung des Kapitalverkehrs,* soweit es für das Funktionieren des →*Gemeinsamen Marktes* notwendig ist. Die Beurteilung der Notwendigkeit einer Liberalisierungsmaßnahme obliegt nach dem derzeitigen Stand des Gemeinschaftsrechts in erster Linie dem →*Rat,* der nach Maßgabe des Art. 69 EWGV die erforderlichen →*Richtlinien* erläßt. Art. 67 I EWGV kommt daher auch nach dem Ende der Übergangszeit keine unmittelbare Rechtswirkung zu. Anders als z. B. bei der →*Dienstleistungsfreiheit* begünstigt der F. grundsätzlich alle in der Gemeinschaft Ansässigen; Berechtigter im Sinne des Art. 67 I EWGV ist somit jede Person, die über einen Wohnsitz in einem MS verfügt. Die Verpflichtung zur Liberalisierung des Kapitalverkehrs erfaßt neben der Beseitigung der in den MS herrschenden devisenrechtlichen Beschränkungen auch die Aufhebung aller sonstigen Hindernisse wie z. B. besondere Genehmigungs- oder Formvorschriften für die Emission oder Börsenzulassung von Wertpapieren (G/T/E, Art. 67 Rdnr. 14). Neben der Beseitigung dieser allgemeinen Beschränkungen der Kapitalverkehrsfreiheit verpflichtet Art. 67 EWGV die MS zur Aufhebung aller Diskriminierungen aufgrund der Staatsangehörigkeit, des Wohnortes der Parteien oder des Anlageortes. Da Art. 67 EWGV die Herstellung des F. zwischen den MS bezweckt, begünstigt dieses Diskriminierungsverbot nicht nur Angehörige der MS, sondern auch Angehörige von →*Drittländern*. Sachlich beschränkt sich der F. allerdings auf das Gebiet der Gemeinschaft und steht deshalb Beschränkungen des Kapitalverkehrs gegenüber Drittländern nicht entgegen. – Die Liberalisierung der mit dem Kapitalverkehr zusammenhängenden laufenden Zahlungen, insbesondere Dividenden, Zinsen u. ä. ist in Art. 67 II EWGV besonders geregelt. Von der Liberalisierung des eigentlichen Kapitalverkehrs unterscheidet sich diese vor allem dadurch, daß sie alle laufenden Zahlungen erfaßt, gleichgültig ob der Gemeinsame Markt dies erfordert oder nicht. Art. 67 Abs. II EWGV kommt deshalb anders als Abs. I unmittelbare Rechtswirkung zu.

H. C. Hafke: Gemeinsamer Markt und Kapitalverkehrsbeschränkungen, in: Zeitschrift für das gesamte Kreditwesen (1982), S. 268 ff. – E. Steindorff: Kapitalverkehrsfreiheit in der EG nach Casati, in: W. Hadding u. a. (Hrsg.): Handelsrecht und Wirtschaftsrecht in der Bankpraxis, Festschrift für Winfried Werner, Berlin/New York 1984, S. 877 f.

A. LEUPOLD

Freier Personenverkehr. Der F. umfaßt die in Art. 48 EWGV geregelte →*Freizügigkeit der Arbeitnehmer* und die in Art. 52 EWGV gewährleistete Freizügigkeit der selbständig Erwerbstätigen, die →*Niederlassungsfreiheit*. Das Recht auf Freizügigkeit zählt zu den Grundfreiheiten des Vertrages und damit zu den wichtigsten Voraussetzungen für die Errichtung des →*Binnenmarktes* zum 31.12.1992. Arbeitnehmer im Sinne des Art. 48 EWGV ist, wer für einen anderen nach dessen Weisung Leistungen erbringt und dafür als Gegenleistung eine Vergütung erhält. Studenten und Auszubildende werden daher von Art. 48 EWGV grundsätzlich nicht erfaßt, haben aber unabhängig von der Arbeitnehmereigenschaft ein Recht auf gleichberechtigten Zugang zur Berufsausbildung. Eine selbständige Erwerbstätigkeit im Sinne des Art. 52 EWGV liegt dagegen vor, wenn diese auf eigene Rechnung und Gefahr erfolgt und mit ihr ein Erwerbszweck verbunden ist (Beispiel: freiberuflich tätige Ärzte, Rechtsanwälte, Architekten u. ä.). – Im Gegensatz zur →*Dienstleistungsfreiheit* erfaßt die *Niederlassungsfreiheit* nicht die vorübergehende, sondern die dauerhafte wirtschaftliche Betätigung in einem anderen MS. Voraussetzung für die Inanspruchnahme des Rechts auf Freizügigkeit ist die Staatsangehörigkeit eines

MS; Angehörigen von →*Drittländern* steht dieses Recht nur zu, soweit →*Sekundärrecht* ihnen als Ehegatten oder Familienangehörigen ein abgeleitetes Recht auf Freizügigkeit gewährt. Sowohl Art. 48 EWGV als auch Art. 52 EWGV sind Konkretisierungen des in Art. 7 EWGV geregelten allgemeinen →*Diskriminierungsverbots*. Während Art. 48 II EWGV jede Ungleichbehandlung der Arbeitnehmer der MS hinsichtlich Beschäftigung, Entlohnung und sonstiger Arbeitsbedingungen verbietet, umfaßt die *Niederlassungsfreiheit* nach Art. 52 Abs. 2 EWGV die Aufnahme und Ausübung selbständiger Erwerbstätigkeiten in einem anderen MS unter den gleichen Voraussetzungen, die für dessen eigene Staatsangehörige gelten. Die mit der Niederlassung verbundenen Kapitalbewegungen unterliegen demgegenüber den Vorschriften über den →*Freien Kapitalverkehr*. – Beiden Grundfreiheiten ist gemeinsam, daß in ihrem Anwendungsbereich nicht nur *offene Diskriminierungen* aufgrund der Staatsangehörigkeit, sondern auch *versteckte Diskriminierungen* durch Anknüpfung an andere Unterscheidungsmerkmale, die eine sachlich nicht gerechtfertigte Differenzierung bewirken, unzulässig sind. Eine über das Gebot der Inländergleichbehandlung hinausgehende Auslegung des Art. 52 EWGV im Sinne eines allgemeinen Beschränkungsverbots wird dagegen von der herrschenden Meinung abgelehnt. Damit der Arbeitnehmer sein Recht auf Zugang zu einer Beschäftigung in einem anderen MS wahrnehmen kann, steht ihm ein Einreise- und Aufenthaltsrecht nach Maßgabe des Art. 48 III b und c zu; das gleiche gilt für selbständig Erwerbstätige. Für die Einreise genügt die Vorlage eines gültigen Personalausweises oder Reisepasses; ein Visum ist nicht erforderlich. Unzulässig sind insbesondere alle Grenzformalitäten, die über die Kontrolle der Ausweispapiere hinausgehen.

A. Bleckmann: Die Personenverkehrsfreiheit im Recht der EG. Vom Gleichheitssatz zur Verankerung absoluter Grundrechte, in: Deutsches Verwaltungsblatt (1986), S. 69. – U. Everling: Das Niederlassungsrecht in der EG, in: Der Betrieb (1990), S. 1853. – K. Hailbronner: Zur Entwicklung der Freizügigkeit in der Gemeinschaft – Rechtsprechung und Rechtspolitik, in: Zeitschrift für Ausländerrecht und Ausländerpolitik (1990), S. 107. – A. Nachbaur: Art. 52 EWGV – Mehr als nur ein Diskriminierungsverbot?, in: Europäische Zeitschrift für Wirtschaftsrecht (1991), S. 470.

A. Leupold

Freier Warenverkehr. Der in den Art. 30, 34 EWGV gewährleistete F. verbietet mengenmäßige Einfuhr- (Art. 30 EWGV) oder Ausfuhrbeschränkungen (Art. 34 EWGV) sowie alle *Maßnahmen gleicher Wirkung* zwischen den MS. Waren im Sinne der Art. 30, 34 EWGV sind alle geldwerten Erzeugnisse, die Gegenstand von Handelsgeschäften sein können. – *Mengenmäßige Einfuhrbeschränkungen* sind alle Maßnahmen, die die Einfuhr oder Durchfuhr von Waren ganz oder teilweise untersagen, entsprechendes gilt für die Ausfuhr. Als *Maßnahme gleicher Wirkung* ist nach der sog. *Dassonville-Formel* des →*Gerichtshofes der EG* jede Handelsregelung der MS anzusehen, die geeignet ist, den innergemeinschaftlichen Handel unmittelbar oder mittelbar, tatsächlich oder potentiell zu behindern. *Maßnahmen* *gleicher Wirkung* sind deshalb z. B. die Vornahme von Grenzkontrollen an einer Ware, das Erfordernis einer Einfuhrlizenz, das Verbot, eine Ware aus einem anderen MS im Inland in Verkehr zu bringen, Beschränkungen der Werbung und andere handelsbeschränkende Maßnahmen. – Den F. beschränkende einzelstaatliche Maßnahmen sind jedoch zulässig, sofern sie notwendig sind, um bestimmten zwingenden Erfordernissen des Allgemeininteresses zu genügen. Nach dem *Cassis de Dijon-Urteil* des EuGH sind deshalb aus Gründen einer wirksamen steuerlichen Kontrolle, der Lauterkeit des Handelsverkehrs, des Verbraucher- und Umweltschutzes unter Umständen handelsbeschränkende Maßnahmen einzelner MS erlaubt. Die Behinderung des innergemeinschaftlichen Warenverkehrs darf jedoch nicht über das zum Schutz dieser Güter unbedingt erforderliche Maß hinausgehen. Greift eines der oben genannten Schutzgüter ein, so liegt keine *Maßnahme gleicher Wirkung* im Sinne der Art. 30, 34 EWGV vor. Des weiteren können Einfuhr-, Ausfuhr- oder Durchfuhrverbote unter den in Art. 36 EWGV abschließend aufgezählten Voraussetzungen gerechtfertigt sein, nämlich aus Gründen der öffentlichen Sittlichkeit, Ordnung und Sicherheit, zum Schutz der Gesundheit und des Lebens von Menschen, Tieren oder Pflanzen, des nationalen Kulturguts von künstlerischem, geschichtlichem oder archäologischem Wert sowie des gewerblichen und kommerziellen Eigentums. Wegen der besonderen Bedeutung der Art. 30, 34 EWGV für das Funktionieren des →*Gemeinsamen Marktes* sind diese Rechtfertigungsgründe allerdings eng auszulegen, insbesondere muß der →*Grundsatz der Verhältnismäßigkeit* gewahrt sein. Einzelstaatliche Vorschriften mit handelsbeschränkender Wirkung sind deshalb unzulässig, weil nicht erforderlich, wenn das Regelungsziel des nationalen Gesetzgebers ebensogut mit den F. weniger einschränkenden Maßnahmen erreicht werden kann. Im übrigen dürfen nationale Rechtsvorschriften kein Mittel zur willkürlichen Diskriminierung sein und auch keine verschleierte Beschränkung des Handelsverkehrs bewirken. Ersteres ist z. B. der Fall, wenn gesundheitspolizeiliche Kontrollen nur bei Importwaren, nicht aber bei inländischen Erzeugnissen vorgenommen werden. Letzteres etwa dann, wenn ein MS die in Art. 36 EWGV genannten Interessen vorschiebt, um handelsbeschränkende Maßnahmen zu rechtfertigen, in Wahrheit aber die Einfuhr einer Ware aus einem anderen MS verhindern will, um nationale Produktionen zu schützen.

W. Alt: Nationale Werbebeschränkungen und freier Warenverkehr, in: Europäische Zeitschrift für Wirtschaftsrecht (1990), S. 311. – C.-D. Ehlermann: Die Bedeutung des Art. 36 EWGV für die Freiheit des Warenverkehrs, in: Europarecht (1973), S. 1 f. – A. Falkenstein: Freier Warenverkehr in der EG, Baden-Baden 1989. – A. Leupold/A. Nachbaur: Werbebeschränkungen und Warenverkehrsfreiheit nach Art. 30 EWGV, in: Juristenzeitung (1991), S. 1110 f.

A. Leupold

Freiheiten des Gemeinsamen Marktes. Zu den F. zählen der →*Freie Warenverkehr* (Art. 30–37 EWGV), der →*Freie Personenverkehr,* bei dem zwischen der →*Frei-*

zügigkeit der Arbeitnehmer (Art. 48 EWGV) und der →*Niederlassungsfreiheit* der selbständig Erwerbstätigen (Art. 52 EWGV) zu unterscheiden ist, der →*Freie Dienstleistungverkehr* (Art. 59 EWGV) sowie der →*Freie Kapitalverkehr* (Art. 67 EWGV). Die *Niederlassungsfreiheit,* die *Freizügigkeit der Arbeitnehmer,* die *Dienstleistungsfreiheit* und die *Kapitalverkehrsfreiheit* sind – ebenso wie die *Beseitigung der Ein- und Ausfuhrbeschränkungen* zwischen den MS – nicht nur für das Funktionieren des →*Gemeinsamen Marktes,* sondern auch für die Errichtung des →*Binnenmarktes* zum 31.12.1992 von zentraler Bedeutung und werden deshalb auch als *Grundfreiheiten* des Vertrages bezeichnet. Seit dem Ende der Übergangszeit sind diese F. mit Ausnahme des Art. 67 Abs. 1 EWGV unmittelbar anwendbar und werden in →*Richtlinien* des Rates konkretisiert.

A. Bleckmann: Die Freiheiten des gemeinsamen Marktes als Grundrechte, in: Das Europa der zweiten Generation, Gedächtnisschrift für C. Sasse, Bd. II, Kehl 1981, S. 665 f.

A. Leupold

Freistellung →Kartellrecht der EG

Freizügigkeit der Arbeitnehmer. Art. 48 EWGV sieht die Herstellung der F. in der Gemeinschaft vor. Gemäß Art. 48 (2) umfaßt diese die Abschaffung jeglicher auf der Staatsangehörigkeit beruhenden Diskriminierung bezüglich Beschäftigung, Entlohnung und sonstigen Arbeitsbedingungen. – Der Begriff *„Arbeitnehmer"* wird in Art. 48 nicht definiert. Der →*Gerichtshof der EG* hat entschieden, daß seine Bedeutung nicht von einem MS zum anderen abweichen darf. Kernelement der Arbeitnehmereigenschaft ist, daß eine Person für eine gewisse Zeit weisungsgebunden für eine andere gegen Vergütung eine Tätigkeit verrichtet (EuGH Rs. 66/85, *Lawrie-Blum*). Die wirtschaftliche Tätigkeit kann auf Teilzeitbasis erfolgen, doch darf das Arbeitsverhältnis nicht nur zum Schein (z. B. mit dem Ziel, ein Verbleiberecht zu erwirken) bestehen (EuGH Rs. 53/81, *Levin*). Auch Arbeitssuchende können sich unter bestimmten Umständen auf Art. 48 berufen (EuGH Rs. C 292/89, *Antonissen*). – Der sachliche Anwendungsbereich der F. ist in Art. 48 (3) geregelt, der das Recht vorsieht, sich im Hoheitsgebiet jedes MS zum Zweck der Bewerbung um tatsächlich angebotene Stellen frei zu bewegen und zur Ausübung einer dort angenommenen Beschäftigung aufzuhalten (umgesetzt in VO 1612/68 und RL 68/360) sowie auch nach Beendigung einer Beschäftigung dort zu verbleiben (umgesetzt in VO 1251/70). Art. 48, VO 1612/68 und RL 68/360 haben →*unmittelbare Geltung* (EuGH Rs. 167/73, *Kommission/Frankreich,* und Rs. 41/74, *Van Duyn*). Zum Nachweis des Aufenthaltsrechts erteilen die MS gemäß Art. 4 RL 68/360 eine besondere *Aufenthaltserlaubnis* für EG-Angehörige. Diese hat jedoch keine rechtsbegründende, sondern nur deklaratorische Wirkung. Der Nichtbesitz einer solchen Erlaubnis führt zu keiner Schmälerung der Freizügigkeitsrechte (EuGH Rs. 48/75, *Royer*). – Der EuGH hat den Gleichbehandlungsgrundsatz des Art.

48 (2) auch auf Bereiche angewendet, die nicht unmittelbar auf die Beschäftigung bezogen sind, wie z. B. das Recht, während des arbeitsbedingten Aufenthaltes in einem anderen MS auch von einem unverheirateten Partner begleitet zu werden (Rs. 59/85, *Reed*). Familienmitglieder sind unabhängig von der Nationalität indirekte Nutznießer des Rechtes auf Gleichbehandlung von Wanderarbeitnehmern (Rs. 316/85, *Lebon*). – Art. 48 (3) stellt die F. unter den Vorbehalt der öffentlichen Ordnung, Sicherheit und Gesundheit (→*Ordre-Public-Klausel*). Dieser Vorbehalt ist eng auszulegen. Die MS dürfen hiervon nur Gebrauch machen, wenn eine echte und hinreichend ernste Gefahr für die öffentliche Ordnung besteht, die fundamentale Interessen der Gesellschaft berührt (EuGH Rs. 30/77, *Bouchereau*). Gemäß Art. 3 der RL 64/221 darf bei Maßnahmen der öffentlichen Ordnung oder Sicherheit nur das persönliche Verhalten der betreffenden Einzelperson ausschlaggebend sein. Dieses kann Einschränkungen der F. jedoch nur rechtfertigen, wenn der betreffende MS repressive und vorbeugende Maßnahmen auch gegen gleiches Verhalten eigener Staatsbürger ergreift (EuGH Rs. 115–116/81, *Adoui* und *Cornuaille*). – Art. 48 (4) nimmt die Beschäftigung im öffentlichen Dienst von der F. aus, ohne diesen allerdings zu definieren. Der EuGH hat die Auffassung vertreten, daß diese Ausnahme nur Dienstpositionen betrifft, die eine unmittelbare oder mittelbare Teilnahme (a) an der *Ausübung hoheitlicher Befugnisse* und (b) an der Wahrnehmung von Aufgaben, die auf die *Wahrung der allgemeinen Belange des Staates oder anderer öffentlicher Körperschaften* gerichtet sind, mit sich bringen (Rs. 149/79, *Kommission/Belgien*). Die Meinungen darüber, ob diese Kriterien kumulativ oder alternativ sind, gehen auseinander.

G. F. Mancini: The Free Movement Workers in the Case-Law of the European Court of Justice, in: D. Curtin/D. O'Keeffe (Hrsg.): Constitutional Adjudication in European Community and National Law, London/Dublin 1992, S. 67–77. – D. O'Keeffe: The Free Movement of Persons and the Single European Market, in: European Law Review (1992), S. 3–20.

D. O'KEEFFE

„Fromme“ (Rechtssache) →Rechtssicherheit

„Funktionale Harmonisierung“ →Binnenmarktprogramm

Funktionalismus. Die funktionalistische Integrationstheorie, wie sie von D. Mitrany und E. B. Haas entwickelt wurde, war die quasi offizielle Integrationsstrategie zumindest in der Frühphase der EG-Integration. – Integrationsprozesse sollen gemäß des F. – als Folge der sozialen und ökonomischen Verflechtungsprozesse zwischen Staaten – vorrangig in technisch-unpolitischen Bereichen vonstatten gehen, z. B. hinsichtlich der gemeinschaftlich-internationalen Regelung grenzüberschreitender arbeitsrechtlicher oder sozialpolitischer Probleme. Hier erhofft man sich schnelle Einigungserfolge, weil sie *sachnotwendig* seien und wegen ihres unpolitischen Charakters auch nur auf geringen machtpolitisch begründeten Widerstand stoßen würden. Dieses Unpolitische macht den *technokratischen Ansatz* aus,

d. h. die internationalen Angelegenheiten sollten am besten von Experten sachverständig bewältigt werden. – Zu dieser Strategie der Politik „im Kleinen" hatte in den 50er Jahren das Scheitern bisheriger Integrationstheorien geführt, die vor allem eine zwischenstaatliche Einigung im politisch-militärischen Bereich (→*Europäische Verteidigungsgemeinschaft*) und eine gemeinsame Verteidigungspolitik der europäischen Staaten anstrebten. Stattdessen wollte man nun *funktional* vorrangig im wirtschaftlichen Bereich ansetzen, um hier die grenzüberschreitenden ökonomischen Verflechtungen auch international, und das hieß: europaweit, gemeinschaftlich zu organisieren. – *Funktional* bedeutet, daß sich zwischenstaatliche Problembewältigung auf den jeweiligen Gegenstandsbereich (Wirtschaftspolitik, Währungspolitik usw.), den es zu regeln gilt, beschränkt. Von weitergehenden politischen Integrationen (wie z. B. die Bildung eines internationalen Parlaments) wird bewußt abgesehen, da solche weitgehenden Integrationen mehr Probleme schaffen als lösen würden. Die funktionale Notwendigkeit, nur noch international-technokratisch bestimmte Aufgaben bewältigen zu können, führt nach diesem Ansatz mehr oder weniger automatisch zu internationalen Organisationen. Denn die grenzüberschreitende Bewältigung bestimmter Aufgaben erfordert gemeinsame organisatorische Regelungen, die Ergebnis dieser funktionalen Notwendigkeiten sind. Daher wird hier gesagt: *„form follows function"*. Über das Ziel dieses Prozesses wurde bewußt nichts ausgesagt, da vor allem der liberale und aufklärerisch-optimistische Mitrany der Meinung war, daß eine solche Ziel-Festsetzung nur allzuleicht wieder zu irgendeiner Art von Staatlichkeit auf internationaler Ebene führen würde. Das Staatliche im nationalen und internationalen Raum sollte gerade vermieden werden, da es in der Form von Machtpolitik nur zu Konflikten oder gar zu Kriegen führe. Eine daraus folgende Wiedereinsetzung von Machtpolitik wurde als unfunktional betrachtet, da sie die notwendigen zwischenstaatlichen Integrationsmaßnahmen nur durch einen Rückfall in nationale und machtpolitische Atavismen erschweren würde. Nicht Machtfragen sollten entschieden, sondern ökonomische und soziale Aufgaben möglichst pragmatisch und das hieß: international sowie technokratisch gelöst werden.

D. Mitrany: The Prospect of Integration: Federal or Functional, in: A. Groom/P. Taylor (Hrsg.): Functionalism, London 1975.

J. Bellers

Fusionskontrolle. Grundlage der F. ist die VO des →*Rates* Nr. 4064 vom 21.12.1989 über die Kontrolle von Unternehmenszusammenschlüssen, die auf Art. 87 und 235 EWGV gestützt ist. Gegenstand der Kontrolle sind Unternehmenszusammenschlüsse von *gemeinschaftsweiter Bedeutung*. Ziel ist es, zu verhindern, daß durch einen Zusammenschluß eine beherrschende Stellung entsteht oder verstärkt wird, durch die wirksamer Wettbewerb im →*Gemeinsamen Markt* oder in einem wesentlichen Teil desselben erheblich behindert wird. – Der

„Zusammenschluß" kann sowohl in einer Fusion (Verschmelzung) zweier bisher selbständiger Unternehmen als auch darin bestehen, daß ein Unternehmen oder eine Person oder Personengruppe, die ein Unternehmen kontrolliert, durch den Erwerb von Anteilsrechten, von Eigentumsrechten oder in sonstiger Weise die Kontrolle über ein anderes Unternehmen erwirbt. Auch die Errichtung eines Gemeinschaftsunternehmens durch mehrere Unternehmen kann einen Zusammenschluß im Sinne der F. darstellen, nämlich dann, wenn das Gemeinschaftsunternehmen alle Funktionen einer selbständigen wirtschaftlichen Einheit erfüllt *(konzentratives Gemeinschaftsunternehmen)* und nicht ein Instrument der Koordinierung des Wettbewerbsverhaltens der Gründerunternehmen darstellt *(kooperatives Gemeinschaftsunternehmen;* insoweit hat es bei der Anwendbarkeit des Art. 85 Abs. 1 EWGV – Kartellverbot mit Erlaubnismöglichkeit – sein Bewenden). *„Gemeinschaftsweite Bedeutung"* hat der Zusammenschluß dann, wenn er bestimmte Größenmerkmale erfüllt. Erforderlich ist ein weltweiter jährlicher Gesamtumsatz aller beteiligten Unternehmen in Höhe von über 5 Mrd. ECU; mindestens zwei der beteiligten Unternehmen müssen jeweils mehr als 250 Mio. ECU Umsatz innerhalb der Gemeinschaft erreichen; und die beteiligten Unternehmen dürfen nicht mehr als zwei Drittel ihres gemeinschaftsweiten Umsatzes innerhalb ein und desselben MS erzielen. Zusammenschlüsse von gemeinschaftsweiter Bedeutung sind vor Vollzug bei der →*Kommission* anzumelden. Kommt die Kom. bei einer ersten Prüfung zu dem Ergebnis, daß der Zusammenschluß keinen Anlaß zu ernsthaften Bedenken gibt, so erklärt sie ihn innerhalb eines Monats, längstens sechs Wochen nach Anmeldung für vereinbar mit dem Gemeinsamen Markt. Sieht sie Anlaß zu ernsthaften Bedenken, so leitet sie das eigentliche Kontrollverfahren ein. Kommt sie zu dem Ergebnis, daß eine beherrschende Stellung entsteht oder verstärkt wird, so untersagt sie den Zusammenschluß. Anderenfalls erklärt sie ihn – notfalls unter Bedingungen und mit Auflagen – für vereinbar mit dem Gemeinsamen Markt. Diese Entscheidungen müssen innerhalb von vier Monaten nach Einleitung des Verfahrens getroffen werden; sonst gilt der Zusammenschluß als genehmigt. Vor der Entscheidung ist ein *Beratender Ausschuß* anzuhören, der sich aus Vertretern der Kartellbehörden der MS zusammensetzt. Die Entscheidungen unterliegen der Nachprüfung durch den →*Gerichtshof der EG.* Das Wettbewerbsrecht der MS ist auf Zusammenschlüsse von gemeinschaftsweiter Bedeutung nicht anwendbar. Für Unternehmen der kohle- und stahlerzeugenden Industrie gilt weiterhin die besondere F. nach Art. 66 EGKSV (vgl. Art. 232 EWGV).

V. Korah: An Introduction to EEC Competition Law and Practice, 4. Aufl., Oxford 1990, Kap. 13.

U. HUBER

Fusionsrichtlinie →Direkte Steuern

Fusionsvertrag. Durch den F. vom 8.4.1965 wurden die Organe von EGKS, EWG und Euratom zu einem *gemeinsamen* →*Rat* und einer *gemeinsamen* →*Kommission* „der Europäischen Gemeinschaften" zusammengelegt. Der F. trat am 1.7.1967 in Kraft. Die Versammlung (→*Europäisches Parlament*) und der →*Gerichtshof der EG* waren bereits 1958, bei Gründung der →*Europäischen Wirtschaftsgemeinschaft* und der →*Europäischen Atomgemeinschaft,* mit denen der →*Europäischen Gemeinschaft für Kohle und Stahl* (1951) zusammengelegt und als gemeinsame Organe eingerichtet worden. Die Fusion zu einem *gemeinsamen Rat* und einer *gemeinsamen Kommission* sollte der Rationalisierung und Koordinierung der Verwaltung dienen, mit dem Ziel, das politische Gewicht der Gemeinschaftsinstitutionen zu stärken. Die Aufteilung der Organe und Dienststellen auf Brüssel, Luxemburg und Straßburg blieb davon unberührt. Der F. führte nicht, wie ursprünglich gedacht, in einem zweiten Schritt zur Verschmelzung der drei →*Gründungsverträge* zu einem einheitlichen Vertrag. Erst im Hinblick auf das Auslaufen des EGKSV im Jahre 2002 wird wieder über dessen Integration in den EWGV nachgedacht.

A. Wolf-Niedermaier

GAP '92 (Gruppe Gegenseitige Unterstützung 1992). Arbeitsgruppe der Zollbehörden der MS der EG, die mit der Ausarbeitung von Maßnahmen zur Unterbindung des Schmuggels von Waren nach dem Wegfall der Kontrollen an den Binnengrenzen als Folge der Vollendung des →*Binnenmarktes* befaßt ist.

Hrsg.

Garantiemenge →Agrarpreissystem

Garantieschwelle →Agrarpreissystem

GASP →Gemeinsame Außen- und Sicherheitspolitik

GATT (Stellung der EG). Das GATT (General Agreement on Tariffs and Trade) ist handelspolitischer Eckpfeiler der Weltwirtschaftsordnung. Das Abkommen (formal keine internationale Organisation) stellt Regeln für die Handelspolitik der Unterzeichnerstaaten auf. Die Beachtung der ordnungspolitischen Prinzipien *Nichtdiskriminierung* der Handelspartner, *Reziprozität, Zollabbau, Verbot von Mengenbeschränkungen* soll eine weltweite Handelsliberalisierung ermöglichen. Art. XXIV GATT erlaubt für Zollunionen und Freihandelszonen Ausnahmen vom Nichtdiskriminierungsgebot. Ob die →*Europäische Wirtschaftsgemeinschaft* die Voraussetzungen für die Anwendung dieses GATT-Artikels erfüllt, wurde nicht abschließend geklärt. Die EG ist formal nicht Vertragspartei des GATT, vertritt aber die MS dort als Verhandlungsführer (Art. 113, 229 EWGV, →*Gemeinsame Handelspolitik*); sie schließt Handelsabkommen z. T. allein, z. T. zusammen mit den MS als →*gemischte Abkommen.* Die EG hat die GATT-Regeln als Bestandteil ihres Gemeinschaftsrechts anerkannt. Sie hat in der *Dillon-Runde* 1960–61, *Kennedy-Runde* 1964–67 und *Tokio-Runde* 1973–79 beträchtlichen Zollsenkungen für Industrieprodukte zugestimmt und damit zur Liberalisierung des Welthandels beigetragen. Andererseits hat sie durch zahlreiche Präferenzabkommen die *Regionalisierung* des Welthandels und die Relativierung des Prinzips der multilateralen Nichtdiskriminierung gefördert. Auch der nichttarifäre →*Agrarprotektionismus* der EG und die Anwendung sog. freiwilliger Exportselbstbeschränkungsabkommen widersprechen dem Geist des GATT. In der *Uruguay-Runde* des GATT (seit 1986) ist die EG den Forderungen der Handelspartner nach Abbau der Agrarsubventionen nur zögernd nachgekommen. Für den Handel mit Textilien und Bekleidung hat sie Liberalisierungsangebote gemacht, ebenso für den Dienstleistungshandel.

M. Hilf/E.-U. Petersmann: GATT und EG, Baden-Baden 1986. – T. Oppermann/J. Molsberger: A New GATT for the Nineties and Europe '92, Baden-Baden 1991.

J. Molsberger

Gegenseitige Anerkennung. Seine wesentliche Bedeutung hat das Konzept der G. durch die Rechtsprechung des →*Gerichtshofes der EG* zur Auslegung von *Maßnahmen gleicher Wirkung wie mengenmäßige Beschränkungen* im Sinne von Art. 30 EWGV gewonnen (EuGH – *„Cassis de Dijon"*, Rewe-Zentral-AG/Bundesmonopolverwaltung für Branntwein, Rs. 120/78). Dieser Rechtsprechung, die den Begriff der G. zwar nicht verwendet, ist zu entnehmen, daß jedes in einem MS hergestellte oder in den Verkehr gebrachte Produkt grundsätzlich auch in jedem anderen MS verkehrsfähig ist, ohne daß es erforderlich wäre, den spezifischen einschlägigen Anforderungen dieser MS zu entsprechen. Ausgehend von dem Recht der MS, mangels einer gemeinschaftlichen Harmonisierung derartige Regelungen zu erlassen, hat der Gerichtshof damit die *Pflicht der MS zur grundsätzlichen Anerkennung der in den anderen MS geltenden Anforderungen an Waren als gleichwertig* statuiert. Zu diesen Anforderungen gehören nicht nur solche, die sich auf die Produkte unmittelbar beziehen, sondern auch die Anerkennung von Prüfzeugnissen sowie von Kontrollen, Tests und Analysen. – Dieser Grundsatz gilt jedoch nicht uneingeschränkt, sondern nur soweit die genannten Änderungen denen im Einfuhrmitgliedstaat *gleichwertig* sind. Die Darlegungslast dafür, daß dies im Einzelfall nicht gegeben ist, hat der Einfuhrmitgliedstaat. Sofern der Einfuhrmitgliedstaat die Vermutung der Gleichwertigkeit auf diese Weise erschüttert, kann er an das eingeführte Produkt zusätzliche Anforderungen stellen. Dabei hat er jedoch den →*Grundsatz der Verhältnismäßigkeit* zu beachten. Er darf insbesondere nur das verlangen, was erforderlich ist, um das durch seine nationalen Regelungen definierte Schutzziel und Schutzniveau zu erreichen. Er hat sich dabei auf geeignete Maßnahmen, die in einem angemessenen Verhältnis zum verfolgten Zweck stehen, zu beschränken. So ist es unzulässig, zu verlangen, daß ein eingeführtes

Produkt in allen Einzelheiten den nationalen Vorschriften entspricht. Erst recht ist es unzulässig, das eingeführte Produkt Anforderungen auszusetzen, die von nationalen Produkten nicht erfüllt werden müssen. Es ist beispielsweise unzulässig, eingeführte Produkte systematisch einer *Einzelzulassung* zu unterwerfen, während nationale Produkte bzw. solche, die den nationalen Vorschriften entsprechen, lediglich einer Anzeigepflicht unterliegen oder einer Herstellerbescheinigung bedürfen. Der Einfuhrmitgliedstaat ist jedoch befugt, ein eingeführtes Produkt solchen Zulassungsvoraussetzungen zu unterwerfen, die für Produkte vorgesehen sind, die den nationalen Vorschriften entsprechen, selbst wenn ein solches Verfahren bereits in einem anderen MS durchgeführt worden ist. Die Wiederholung von Prüfungen ist in diesem Zusammenhang jedoch unzulässig. – Entscheidendes Kriterium für die Pflicht zur G. auf der Grundlage von Art. 30 EWGV ist die *Gleichwertigkeit*. *Reziprozität* ist nicht erforderlich. – Diese Konzeption der G. hat über die Inhaltsbestimmung von Maßnahmen gleicher Wirkung im Sinne von Art. 30 EWGV hinaus ihren Niederschlag in der Entwicklung einer *neuen Harmonisierungsstrategie* der Gemeinschaft gefunden. Sie macht deutlich, daß eine Vereinheitlichung der nationalen Regelungen, die Waren betreffen, zur Herstellung des →*freien Warenverkehrs* innerhalb der Gemeinschaft nicht erforderlich ist. Dieser wird bereits in weiten Bereichen durch die in Art. 30 EWGV enthaltenen Pflicht zur G. gleichwertiger Produkte und Regelungen gewährleistet. Eine Harmonisierung ist damit nurmehr in solchen Bereichen erforderlich, in denen der Grundsatz der G. mangels Gleichwertigkeit nicht zur Anwendung kommt. – Diese Erwägungen bildeten die Grundlage für das *Weißbuch* der →*Kommission,* das unter Berücksichtigung aller im Vertrag vorgesehenen Grundfreiheiten die Bereiche identifiziert, deren Harmonisierung zur Herstellung des →*Binnenmarktes* erforderlich ist (siehe auch →*Binnenmarktprogramm*). – Der Grundsatz der G. hat darüber hinaus in dem neuen Harmonisierungsansatz seinen Niederschlag gefunden. Auf der Grundlage der *Schlußfolgerungen des Rates zur Normung vom 16. Juli 1984,* die von der grundsätzlichen Gleichwertigkeit der von den MS verfolgten Ziele ausgehen, sowie der *Entschließung des Rates vom 7. Mai 1985 über eine neue Konzeption auf dem Gebiet der technischen Harmonisierung und Normung* (85/C 136/01) beschränken sich die gemeinschaftlichen Regelungen in den zu harmonisierenden Bereichen nunmehr grundsätzlich darauf, die grundlegenden Sicherheitsanforderungen festzulegen. Diese können sowohl durch Beachtung der diese konkretisierenden europäischen Normen als auch auf andere Weise erfüllt werden. Im letzteren Falle wird die Freiverkehrsfähigkeit der Waren durch den Grundsatz der G. gewährleistet. Durch die →*Einheitliche Europäische Akte* hat der Grundsatz der G. in Art. 100 b Eingang in den EWGV gefunden. Diese Vorschrift ermächtigt den →*Rat,* unter den dort genannten

Voraussetzungen zu beschließen, daß nationale Vorschriften als einander gleichwertig anerkannt werden müssen. Eine solche Entscheidung ist bisher nicht erfolgt. – Zuvor fand sich der Begriff der G. bereits in Art. 57 EWGV, der der EG die Kompetenz einräumt, →*Richtlinien* über die G. von *Befähigungsnachweisen* zu erlassen, sowie in Art. 220 EWGV.

A. Mattera: Le marché unique européen, Paris 1990. – G. Schmidt: Freier Warenverkehr innerhalb der EG, in: H.-W. Rengeling/R. v. Borries (Hrsg.): Aktuelle Entwicklungen in der EG, Berlin/Bonn 1992.

G. SCHMIDT

Geltungsbereich des Gemeinschaftsrechts. Der räumliche G. ist in den drei Gemeinschaftsverträgen für jede der drei →*Europäischen Gemeinschaften* besonders geregelt (Art. 227 EGV, Art. 198 EAGV, Art. 79 EGKSV). – Der EGV gilt „für" die →*Mitgliedstaaten* grundsätzlich für deren gesamtes Hoheitsgebiet. Hierzu zählt das *Landgebiet* (einschließlich des *Luftraums)* und das *Küstenmeer.* Er erfaßt auch die Seegebiete, soweit dort die Ausübung von Hoheitsrechten, insbesondere eine Rechtsetzung durch die MS, in Betracht kommt. Für die →*überseeischen Länder und Gebiete* (ÜLG) der MS, die in einem Anhang zum Vertrag aufgeführt sind, gilt ein besonderes *Assoziierungssystem,* das in Art. 131–136 a EGV geregelt ist. Dieses Assoziierungssystem ist auch auf Grönland anwendbar. Keine Anwendung findet der Vertrag auf die Färöer, die britischen Hoheitszonen auf Zypern und die britischen überseeischen Hoheitsgebiete, die nicht in der Liste der assoziierten ÜLG aufgeführt sind. Nur mit Einschränkungen gilt der Vertrag für die britischen Kanalinseln und die Insel Man. – Der EGKSV beschränkt seine Geltung auf die europäischen Hoheitsgebiete der MS und sieht für bestimmte Gebiete Ausnahmen (Färöer, Grönland, britische Hoheitszonen auf Zypern) oder eine Sonderregelung (britische Kanalinseln und Insel Man) vor. Für ihre außereuropäischen Gebiete sichern die MS lediglich Gleichbehandlung der anderen MS zu. – Der EAGV gilt grundsätzlich für europäische und außereuropäische Hoheitsgebiete der MS mit Ausnahme- und Sonderregelungen entsprechend dem EGKSV.

R. Geiger: EG-Vertrag. Kommentar, München 1993.

R. GEIGER

Gemeinsame Agrarpolitik. Laut Art. 38 EWGV umfaßt der Gemeinsame Markt auch die Landwirtschaft und den Handel mit landwirtschaftlichen Erzeugnissen. Die Art. 39–47 definieren die Ziele und regeln die Entwicklung der G. Ihre Ziele sind die Erhöhung der Produktivität der Landwirtschaft und dadurch die Gewährleistung einer angemessenen Lebenshaltung für die in der Landwirtschaft tätigen Personen, die Verminderung von Preisschwankungen sowie die Sicherung der Versorgung und die Belieferung der Verbraucher zu angemessenen Preisen. Von den im EWGV genannten Optionen für die Organisation der Agrarmärkte hat sich nur die Einführung gemeinsamer →*Marktordnungen* als praktikabel erwiesen. Damit ist die Kompetenz für die Markt-

und Preispolitik voll auf die Gemeinschaft übergegangen. Auf dem Gebiet der *Agrarstrukturpolitik* wurde ihr eine Rahmenkompetenz übertragen. – Die gemeinsame *Markt- und Preispolitik* begann mit einer Einigung des →*Rates der EG* über gemeinsame *Marktordnungen* für Getreide, Schweinefleisch, Eier und Geflügelfleisch sowie über die Grundzüge einer Finanzierungsverordnung, die am 14. Januar 1962 nach einer ersten „Marathonsitzung" erfolgte. Weitere Marktordnungen folgten bis 1968. Heute sind die Märkte für Erzeugnisse, die 90% des Produktionswertes ausmachen, durch *Marktordnungen* geregelt. Gemeinsame Preise wurden zum 1.7.1967 eingeführt, jedoch kam es ab Oktober 1969 aufgrund unterschiedlicher Entwicklungen der europäischen Währungen für lange Zeit wieder zu Preisen, die sich bei Anwendung der offiziellen Wechselkurse voneinander unterschieden. – Durch die *Marktordnungen* wird der Markt der EG gegenüber dem Weltmarkt geschützt. Dies geschieht nur in geringerem Maße durch Zölle, häufiger durch →*Abschöpfungen,* d. h. bei der Einfuhr zu entrichtende Abgaben, die der Differenz zwischen dem niedrigeren Weltmarktpreis und einem Schwellenpreis entsprechen. Beim Export werden →*Ausfuhrerstattungen* gewährt, die in analoger Weise berechnet werden. Alle innerhalb der G. anzuwendenden Preise werden jährlich vom Rat festgelegt. Die mit der Preisstützung verbundenen Kosten werden aus dem →*Europäischen Ausrichtungs- und Garantiefonds für die Landwirtschaft* (EAGFL), *Abteilung Garantie,* getragen. – Grundsätzlich lassen sich die insgesamt 21 →*Marktordnungen* der G. nach drei Organisationsprinzipien unterteilen: (1) *Marktordnungen mit Preisstützung:* Für etwa 70% der landwirtschaftlichen Produkte wird in den *Marktordnungen* eine Absatz- und Preisgarantie gewährt. Darunter fallen die wichtigsten Getreidearten, Zucker, Milcherzeugnisse, Fleisch, bestimmte Obst- und Gemüsearten sowie Tafelwein. Diese *Marktordnungen* zeichnen sich dadurch aus, daß sie neben dem Außenschutz zur Preisstützung auf dem Binnenmarkt eine Intervention vorsehen. Kann ein Teil der Ware zu einem bestimmten Preis, dem →*Interventionspreis,* nicht abgesetzt werden, so wird sie zu diesem Preis durch staatliche Interventionsstellen aufgekauft. Der Interventionsmechanismus ist inzwischen in vielen *Marktordnungen* geändert und dadurch flexibler geworden, daß nur dann interveniert wird, wenn der Marktpreis bestimmte Auslöseschwellen unterschreitet und bei der Intervention auch nicht mehr der volle Interventionspreis gezahlt wird. Die *Marktordnungen* für Milch und Zucker enthalten außerdem noch Regelungen durch →*Produktionsquoten.* (2) *Marktordnungen mit gemeinsamem Außenschutz:* Etwa ein Viertel der Agrarprodukte werden nur vor der Konkurrenz aus →*Drittländern* geschützt, ohne daß für den Binnenmarkt eine Preisgarantie gewährt wird. Darunter fallen Eier, Geflügel, einige Obst- und Gemüsearten (soweit sie nicht zur Gruppe 1 gehören), Zierpflanzen und andere Weinarten als Tafelwein. In der Regel erfolgt der Außenschutz durch Zölle, die bei Obst und Gemüse jahreszeitlich gestaffelt sind. Unterschreiten die Angebotspreise bestimmte Schwellen, dann wird zu den Zöllen eine →*Abschöpfung* erhoben. (3) *Marktordnungen mit direkten Beihilfen:* Ölsaaten und Hülsenfrüchte werden zollfrei eingeführt, so daß die Erzeuger ebenfalls nur den Weltmarktpreis erhalten. Durch Beihilfen wird der Anbau attraktiv gemacht. Bei Oliven, Tabak und Hartweizen wird zusätzlich zu den durch Außenschutz und Interventionsmaßnahmen geschützten Marktpreisen eine *Beihilfe* gewährt. Außerdem gibt es Beihilfen für Flachs und Hanf, Baumwolle, Seidenraupen, Hopfen, Saatgut und Trockenfutter. – Seit 1984 sah sich der Rat gezwungen, neben der Einführung und schrittweiser Verschärfung der Quotenregelung auf dem Milchmarkt generell eine zunehmend restriktive Preispolitik zu betreiben. Durch einen Beschluß des →*Europäischen Rates* auf dem Brüsseler Sondergipfel vom 11.–13. Februar 1988 wurden für Getreide, Ölsaaten und Eiweißpflanzen sog. *Stabilisatoren* eingeführt, die nach Überschreitung festgesetzter Garantiemengen automatisch Senkungen der betreffenden *Interventionspreise* auslösen. Außerdem wurde mit der *„Agrarleitlinie"* eine Obergrenze für die eskalierenden Ausgaben der *Abteilung Garantie* des EAGFL eingeführt. Ausgehend von 27,5 Mrd. ECU für 1988 wird sie mit 74% der Steigerungsrate des Bruttosozialproduktes der Gemeinschaft fortgeschrieben. Obwohl die Ausgaben der *Abteilung Garantie* bis 1991 auf 31,8 Mrd. ECU stiegen, blieben sie bisher unter dieser Grenze. – Von einer gemeinsamen *Agrarstrukturpolitik* kann man erst seit der Verabschiedung der Strukturrichtlinien von 1972 sprechen. Aus dem →*Mansholt-Plan* wurde der Gedanke aufgegriffen, die investive Förderung auf entwicklungsfähige Betriebe zu beschränken. Einer Beschleunigung des Strukturwandels diente außerdem eine Richtlinie über die Förderung der Einstellung der landwirtschaftlichen Erwerbstätigkeit und die Verwendung landwirtschaftlich genutzter Flächen für Zwecke der Strukturverbesserung. Mit der Richtlinie über die Landwirtschaft in Berggebieten und bestimmten benachteiligten Gebieten von 1975 soll die Landbewirtschaftung v. a. durch Zahlung einer Ausgleichszulage auch unter ungünstigen Standortbedingungen aufrechterhalten werden. – Die *Agrarstrukturpolitik* wurde 1985 durch die →*Effizienzverordnung* neu geregelt. Nach Beschlüssen des Brüsseler Sondergipfels wurden EG-weit ein Programm zur →*Flächenstillegung* und →*Extensivierungsprämien* eingeführt. Außerdem wurde den MS anheimgestellt, eine →*Vorruhestandsregelung* einzuführen. Im Rahmen der 1988 beschlossenen Reform der →*Strukturfonds* sollen die Mittel der *Abteilung Ausrichtung* des EAGFL (9,17 Mrd. ECU für den Durchführungszeitraum 1989–93) schwerpunktmäßig für die beschleunigte Anpassung der Agrarstrukturen (Ziel 5 a) und für die Entwicklung des ländlichen Raumes (Ziel 5 b) eingesetzt werden und daneben noch einen Beitrag zur Entwicklung und Strukturanpassung der Regionen mit Entwicklungsrückstand (Ziel 1) leisten. – Am 21. Mai 1992 beschloß der Ministerrat eine grundlegende Reform der G. In ihrem Mittelpunkt steht eine Rücknahme der Preisstützung, deren Wirkung auf die landwirtschaftlichen Einkommen durch direkte Zahlungen weitgehend ausgeglichen werden soll. Bei Getreide wird der *Interventionspreis* zwischen 1993/94 und 1995/96 schrittweise um 33% gesenkt. Dafür erhalten die Erzeuger eine Beihilfe, die entsprechend der Preissenkung auf 207 ECU/ha (im EG-Durchschnitt) steigt, mit Ausnahme von Kleinerzeugern aber nur, wenn sie einen Teil (15%) ihrer bisher mit Getreide und Ölsaaten bestellten Flächen stillegen, wofür die gleiche Hektarprämie gewährt wird. Bei Milch sollen 1993/94 und 1994/95 die Quoten unter Gewährung einer Ausgleichszahlung für 10 Jahre um jeweils 1% und der Butterpreis um jeweils 2,5% gesenkt werden. Für Rindfleisch wird der Interventionspreis in drei Jahresraten um insgesamt 15% gesenkt. Für die ersten 90 Mastrinder je Betrieb wird eine Prämie von je 180 ECU gewährt, wobei nur Tiere bis zu einer bestimmten Besatzdichte anrechnungsfähig sind. Flankiert werden die preispolitischen Maßnahmen durch eine verstärkte Förderung umweltfreundlicher Produktionsweisen, der Aufforstung und eine verbesserte →*Vorruhestandsregelung*.

O. Gottsmann: Der gemeinsame Agrarmarkt, Loseblattwerk, Baden-Baden. – Kommission der EG: Die Lage der Landwirtschaft in der EG, Bericht 1991, Brüssel/Luxemburg 1992. – H. Priebe/W. Scheper/W. von Urff: Agrarpolitik in der EG – Probleme und Perspektiven, Baden-Baden 1984.

W. von Urff

Gemeinsame Außen- und Sicherheitspolitik. Unter dem Titel „G." werden im →*Vertrag über die Europäische Union* eine Reihe von Bestimmungen zur außen- und sicherheitspolitischen Zusammenarbeit zwischen den MS der Union zusammengefaßt. Der Titel ist insofern irreführend, als es sich bei der G. nicht um eine integrierte *„Gemeinsame Politik"* der EG (wie z. B. im Falle der →*Gemeinsamen Handelspolitik*) handelt, sondern um eine verdichtete Form intergouvernementaler Kooperation ohne supranationalen Charakter. – Ziel der G. ist die Einrichtung einer regelmäßigen außen- und sicherheitspolitischen Zusammenarbeit der MS unter Einschluß der Durchführung *„gemeinsamer Aktionen"* in Bereichen, in denen wichtige gemeinsame Interessen bestehen (Art. J. 1 (3) EUV). Hauptelemente der Zusammenarbeit sind die gegenseitige Unterrichtung und Abstimmung zwischen den MS zu allen Fragen von allgemeiner Bedeutung, die Festlegung gemeinsamer Standpunkte durch den →*Rat* und die Koordinierung des Handelns im Rahmen internationaler Organisationen und Konferenzen (Art. J. 2 EUV). *„Gemeinsame Aktionen"*, die für die Stellungnahmen und das Vorgehen der MS verbindlich sind, können vom Rat auf der Grundlage allgemeiner Leitlinien des →*Europäischen Rates* beschlossen werden (Art. J. 3 EUV). Die Entscheidungen werden im Rahmen der G. ebenso wie in der →*Europäischen Politischen Zusammenarbeit* (EPZ) von den MS generell nach dem Konsensprinzip gefaßt. Der Rat kann allerdings einstimmig festlegen, daß über bestimmte Fragen der Durchführung *„gemeinsamer Aktionen"* mit qualifizierter Mehrheit entschieden wird. – Die G. umfaßt sämtliche Fragen der Sicherheit der Union, wozu auf längere Sicht auch die Festlegung einer gemeinsamen Verteidigungspolitik gehört. Die →*Westeuropäische Union* wird in Art. J. 4 (2) EUV ersucht, im Rahmen der G. getroffene Entscheidungen, die verteidigungspolitische Bezüge haben, auszuarbeiten und durchzuführen. – Die →*Kommission der EG* ist an den Arbeiten im Rahmen der G. *„in vollem Umfang beteiligt"* (Art. J. 9 EUV). Dies ist u. a. auch deshalb unabdingbar, weil der Rat im Rahmen der G. vorgesehene Wirtschaftssanktionen nur im Rahmen der EG aufgrund eines entsprechenden Vorschlages der Kom. beschließen kann (Art. 228 a EGV). Diese verfügt jedoch im Rahmen der G. im Unterschied zur Gemeinschaftsstruktur über kein exklusives Initiativrecht (→*Vorschlagsrecht*). Das →*Europäische Parlament* kann die G. nur durch für den Rat unverbindliche Anfragen und Empfehlungen zu beeinflussen versuchen. – Die G. übernimmt im wesentlichen die Entscheidungsverfahren und Instrumente der EPZ, die mit Inkrafttreten des EUV aufgehoben wird. Eine Weiterentwicklung gegenüber dieser ist jedoch durch die ausdrückliche Einbeziehung verteidigungspolitischer Fragen (diese waren der Zuständigkeit der EPZ entzogen), eine teilweise verbindlichere Formulierung der Verpflichtungen der MS zur Loyalität und gegenseitigen Solidarität, eine stärkere Verklammerung (nicht aber Verschmelzung) mit der EG und die erstmals (zaghaft) eröffnete Möglichkeit von Mehrheitsentscheidungen gegeben. Damit sind Möglichkeiten für substantielle Fortschritte in Richtung auf eine einheitliche und effiziente Außen- und Sicherheitspolitik der MS im Rahmen der Union gegeben. Ob diese allerdings genutzt werden, hängt aufgrund des nach wie vor dominierenden Konsensprinzips von dem Willen aller MS ab. Die Golf- und die Jugoslawienkrise haben wieder gezeigt, daß diesbezüglich immer noch erhebliche Defizite bestehen.

E. Regelsberger: G. nach Maastricht – Minimalreformen in neuer Entwicklungsperspektive, in: Integration (1992), S. 83–93. – T. Stein: Gemeinsame europäische Außen-, Sicherheits- und Verteidigungspolitik, in: Politische Studien, 1992, S. 66–81.

J. MONAR

Gemeinsame Fischereipolitik. Die G. der EG beruht wie die →*Gemeinsame Agrarpolitik,* mit der sie dieselben Wurzeln hat, auf Art. 3 d in Verbindung mit Art. 38 ff. und Anhang II des EWGV. Die Regelungen in den vier großen Bereichen Ressourcen, Auswärtige Fischereibeziehungen, Struktur und Markt sind demgemäß auf Art. 43 EWGV gestützt. – Hauptproblem der G. sind die im Verhältnis zur Fangkapazität und der ständig steigenden Nachfrage unzureichenden Ressourcen und die daraus folgende Bedrohung der Fischbestände durch Überfischung. Die weltweite Ausdehnung der Fischereizonen und der damit verbundene Verlust von traditionellen Fangmöglichkeiten haben das Problem zusätzlich verschärft. Gemäß Ratsentschließung haben die MS außer im Mittelmeer Fischereizonen bis zu 200 Seemeilen bzw. bis zur Mittellinie proklamiert. Abgesehen von einer Übergangsregelung für die iberischen Flotten und Seegebiete besteht freier Zugang der Gemeinschaftsfischer außerhalb der Küstenzonen von maximal 12 Seemeilen, die der herkömmlichen Küstenfischerei vorbehalten sind (Art. 6 VO 3760/92). Die verfügbaren Ressourcen werden für die MS in Quoten von TAC's (Total Allowable Catch, zulässige Gesamtfangmenge) festgesetzt. Die TAC's beruhen auf wissenschaftlichen Empfehlungen, um die Erhaltung der Bestände zu gewährleisten. Die Verteilung auf die MS folgt dem *Prinzip der relativen Stabilität,* das einen gleichbleibenden verhältnismäßigen Anteil vorsieht (Art. 8 VO 3760/92). Bei Erschöpfung der Quoten muß die Fischerei durch die Flotte des betreffenden MS eingestellt werden. →*Vertragsverletzungsverfahren* in diesem Zusammenhang sind zahlreich. Eine Beschränkung der Fangintensität wird insbesondere durch technische Maßnahmen (VO 3094/86), z. B. Mindestmaschenöffnungen der Netze, erreicht. Das gemeinsame Bewirtschaftungsregime erstreckt sich derzeit nicht auf das Mittelmeer. Überlegungen zur Einbeziehung der dortigen Fischerei sind eingeleitet (vgl. VO 3499/91). – Zur Erweiterung der zugänglichen Ressourcen schließt die EG mit →*Drittländern* Fischereiabkommen ab. – Kern der Strukturpolitik sind mehrjährige Ausrichtungsprogramme für die Fischereiflotten (Art. 2 VO 4028/86). Strukturmittel werden insbesondere für Beihilfen und Prämien gemäß VO 4028/86 und 4042/89 zur Verfügung gestellt. Eine Einbeziehung in die Reform der →*Strukturfonds* der Gemeinschaft steht unmittelbar bevor. – Die im Gegensatz zur *Gemeinsamen Agrarpolitik* nur geringe Ausgaben verursachende Fischereimarktpolitik stützt sich auf die Erzeugerorganisationen, die Träger der Interventionsmaßnahmen sind (VO 3759/92). – Im Dezember 1991 hat die →*Kommission* gemäß Art. 8 VO 170/83 →*Rat* und →*Europäischem Parlament* einen Bericht über die Ergebnisse der G. im Hinblick auf eine Anpassung für das Jahrzehnt 1993/2002 vorgelegt (SEK (91) 2288 endg.).

R. R. Churchill: EEC Fisheries Law, Dordrecht 1987.

C. NORDMANN

Gemeinsame Forschungsstelle (GFS). Die G. der EG ist auf 4 Standorte verteilt und umfaßt 8 Institute: *Ispra,* Italien (Zukunftsforschung, Systemtechnik und Informatik, Umwelt, Fernerkundung, Sicherheitstechnologie); *Geel,* Belgien (Kernmessungen); *Petten,* Niederlande (Werkstoffe); *Karlsruhe,* Deutschland (Transurane). Sie stellt das Instrument zur Durchführung der Eigenforschung der EG *(„direkte Aktion")* dar. – Die G. wurde 1958 durch den EAGV (Art. 8) gegründet und ihr kommt zentrale Bedeutung in der Implementierung der →*Europäischen Atomgemeinschaft* sowie der →*Gemeinschaftlichen Rahmenprogramme im Bereich Forschung und technologische Entwicklung* zu. Ursprünglich war ihre Tätigkeit auf den Bereich der Nuklearforschung beschränkt, wobei die Entwicklung von Kernreaktoren und die Aufbereitung von Brennstoffen im Mittelpunkt standen. Konzeptionelle Differenzen und die Verwirklichung nationaler Konkurrenzprojekte führten Ende der 60er Jahre zu einer Krise der G. Seit Anfang der 70er Jahre ist eine Konzentration auf Fragen der Reaktorsicherheit und eine Erweiterung der Arbeitsgebiete um nicht-nukleare Energien, Werkstoffe und Umweltforschung zu beobachten. Seit den 80er Jahren kamen durch die Rahmenprogramme der EG auch Aufgaben im Feld industrielle Technologien hinzu. 1988 wurde eine Reform der G. beschlossen, um mehr Effizienz und Flexibilität zu erreichen. Seitdem gliedert sich die G. in die oben aufgezählten Institute, und obwohl die →*Kommission der EG* weiterhin Hauptauftraggeber der G. bleibt, soll diese auch Vertragsforschung für Industrie und Wissenschaft vornehmen. Die Finanzierung der G. geschieht somit nicht mehr ausschließlich durch das EAG-Budget, sondern auch durch EG-Programme und durch Forschungsaufträge Dritter. Die G. beschäftigen ca. 2.200 Mitarbeiter und verfügen über einen Etat von 820 Mio. ECU (1988–91).

Kommission der EG, G.: Wissenschaft und Technologie für Europa, Brüssel 1989. – J. Starbatty/U. Vetterlein: Die Technologiepolitik der EG, Baden-Baden 1990.

J. GÜTZKOW

Gemeinsame Handelspolitik. Der →*Gemeinsame Markt* der EG und die ihn ummantelnde →*Zollunion* wären ohne eine Handelspolitik, die Ein- und Ausfuhren einheitlichen Regelungen unterwirft und eine einheitliche Interessensvertretung gegenüber Drittstaaten ermöglicht, nicht funktions- und überlebensfähig. Art. 3 b EWGV erhebt daher die Einführung einer G. zu einem der ausdrücklich definierten Ziele der Gemeinschaft. Gemäß Art. 113 EWGV ist die Gemeinschaft seit Ablauf der →*Übergangszeit* für die einheitliche Gestaltung der G. zuständig. Nach ständiger Rechtsprechung des →*Gerichtshofes der EG* (v. a. Gutachten 1/75, *lokale Kosten*) ist diese Zuständigkeit ausschließlicher Natur, d. h. die handelspolitischen Kompetenzen der MS sind unwiderruflich auf die Gemeinschaft übergegangen. Nationale handelspolitische Maßnahmen sind demnach nur noch aufgrund spezifischer Ermächtigung durch die Gemeinschaft zulässig. Die G. gehört damit zu den am stärksten integrierten Politiken der EG. Der EWGV enthält keine Definition der G., führt aber in Art. 113 einige wesentliche Aufgabenfelder an, denen zufolge die G. sowohl den Bereich der *„autonomen Handelspolitik"* (z. B. Ergreifen handelspolitischer →*Schutzmaßnahmen*) als auch den der *„konventionellen"* oder *„vertraglichen" Handelspolitik* (Abschluß bilateraler und multilateraler Abkommen) umfaßt. Diese Bereiche der G. werden durch die Verpflichtung der MS zu gemeinsamem Vorgehen in internationalen Organisationen wirtschaftlichen Charakters ergänzt (Art. 116 EWGV, EUV: aufgehoben). – Der Umfang der G. ist immer wieder Gegenstand unterschiedlicher Auffassungen gewesen: Die fortschreitende Wandlung der internationalen Wirtschaftsbeziehungen (z. B. durch die gestiegene Bedeutung des Dienstleistungshandels) hat das Instrumentarium zur Steuerung der Außenhandelsströme zunehmend verändert und erweitert, ohne daß die im →*Rat* vertretenen MS immer ohne weiteres bereit waren und sind, eine entsprechende Beschränkung ursprünglich bei ihnen verbliebener nationaler Außenwirtschaftskompetenzen zugunsten der ausschließlichen Zuständigkeit der Gemeinschaft zu akzeptieren. Aufgrund der beträchtlichen außenpolitischen und wirtschaftlichen Bedeutung vieler handelspolitischer Maßnahmen neigen die MS nicht nur zu einer restriktiven Interpretation der Gemeinschaftskompetenzen in diesem Bereich, die u. a. in der Praxis der →*gemischten Abkommen* zum Vorschein kommt, sondern lassen sie auch der →*Kommission* beim Einbringen von Empfehlungen zur G. und bei ihrer Durchführung gewöhnlich nur sehr geringen Spielraum. – Im Bereich der konventionellen Handelspolitik verfügt die Kom. über ein *Verhandlungsmonopol*. Die MS unterwerfen die Verhandlungsführung der Kom. jedoch durch detaillierte Richtlinien des Rates (sog. *„Verhandlungsmandat"*), den →*Ausschuß nach Art. 113* sowie Beobachter bei den Verhandlungen einer engen Kontrolle. Abgeschlossen (*„ratifiziert"*) werden die Abkommen vom Rat auf Vorschlag der Kom. Das →*Europäische Parlament* wird nach dem →*Luns-Westerterp-Verfahren* über die Verhandlungen unterrichtet, muß jedoch nicht konsultiert werden. – Hauptziel der G. ist die fortschreitende Beseitigung der Beschränkungen im internationalen Wirtschaftsverkehr, die vor allem im Rahmen multilateraler Verhandlungen (→*GATT*) und Abkommen angestrebt wird. Dieses Ziel ist nicht nur im 6. Erwägungsgrundsatz der Präambel des EWGV niedergelegt, sondern entspricht auch den Interessen der Gemeinschaft als der größten Handelsmacht der Welt. Abweichungen von diesem Ziel ergeben sich im Rahmen der →*Einfuhrpolitik* vor allem aus der Notwendigkeit des Schutzes vor unfairen Handelspraktiken von Drittstaaten (handelspolitische →*Schutzmaßnahmen*) und aus dem politisch motivierten Schutz der Agrarproduktion im Rahmen der besonderen Bestimmungen der →*Gemeinsamen Agrarpolitik*. In der →*Ausfuhrpolitik* stehen (mit Ausnahme von Kriegsmaterial und der gemäß Art. 36 EWGV vom Gemeinsamen Markt ausgenommenen Güter wie z. B. nationales Kulturgut) die Ziele der Liberalisierung und Handelsförderung im Vordergrund. Im Falle von Handelsembargos kann die Gemeinschaft jedoch sowohl Einfuhr- als auch Ausfuhrverbote erlassen. Instrumente der G., wie z. B. die →*allgemeinen Präferenzen*, kommen auch im Rahmen der →*Entwicklungspolitik der EG* zur Anwendung. – Die G. kann bislang noch nicht als vollkommen verwirklicht gelten: Nach wie vor gibt es eine Reihe bilateraler Handelsabkommen zwischen einzelnen MS und Drittstaaten, die mit Genehmigung der Gemeinschaft fortbestehen, und nach wie vor gibt es auch nichttarifäre Handelshemmnisse, die von der Gemeinschaft geduldet werden. Dennoch ist die G., deren Instrumente häufig auch zu politischen Zwecken genutzt werden, zugleich wesentliche Grundlage und Kernstück der →*Außenbeziehungen* der EG. Ihre Bedeutung ist mit der Durchführung des →*Binnenmarktprogramms,* das ihren Umfang abermals erweitert hat, noch gestiegen. Die G. bildet jedoch nicht nur die eigentliche Außenseite des Binnenmarkts der EG, die dessen Interessen international zur Geltung zu bringen hat, sondern – in Abwesenheit einer integrierten →*Gemeinsamen Außen- und Sicherheitspolitik* – auch das bislang wirksamste Element der internationalen Handlungsfähigkeit der Gemeinschaft.

P. Gilsdorf: Portée et délimitation des compétences communautaires en matière de politique commerciale, in: Revue du Marché commun (1989), S. 195–207. – M. Hilf/C. Tomuschat (Hrsg.): Die EG und Drittlandsbeziehungen nach 1992, Baden-Baden 1991. – R. C. Hine: The Political Economy of European Trade: An Introduction to the Trade Policies of the EEC, Brighton 1985. – S. O'Cléireacáin: Europe 1992 and Gaps in the EC's Common Commercial Policy, in: Journal of Common Market Studies (1990), S. 201–217.

J. Monar

Gemeinsame Haushaltsbehörde →Haushaltsverfahren

Gemeinsame Landwirtschaftspolitik →Gemeinsame Agrarpolitik

Gemeinsame Marktordnungen →Marktordnungen

Gemeinsame Organisation der Agrarmärkte →Marktordnungen

Gemeinsamer EWR-Ausschuß →Europäischer Wirtschaftsraum

Gemeinsamer Markt. Der G. ist das Kernstück der Wirtschaftsintegration im Rahmen der EG. Seine Errichtung wird in Art. 2 EGKSV und Art. 2 EWGV zu einer vordringlichen Aufgabe der Gemeinschaft erhoben. Eine präzise Definition des Begriffs „G." findet sich in den Verträgen nicht, aber die in Art. 3 EWGV genauer beschriebene „Tätigkeit" der Gemeinschaft macht deutlich, daß der G. nicht nur den →*Freien Warenverkehr,* sondern auch den →*Freien Personen-, Dienstleistungs- und Kapitalverkehr* (→*Freiheiten des Gemeinsamen Marktes*) umfaßt. Vertragssystematisch werden auch das →*Diskriminierungsverbot,* die →*Zollunion,* die →*Gemeinsame Wettbewerbspolitik,* die →*Gemeinsame Agrarpolitik,* die →*Gemeinsame Verkehrspolitik* sowie die Befugnis zur →*Rechtsangleichung* zu den Grundelementen des G. gezählt. – Während die *Zollunion* bereits 1968 vollendet werden konnte, machte die Verwirklichung der *Freiheiten des G.* lange Zeit nur sehr langsame Fortschritte. Divergierende nationale Regelungen, die den grenzüberschreitenden Waren-, Personen-, Dienstleistungs- und Kapitalverkehr behinderten, konnten durch das ursprünglich noch Einstimmigkeit im →*Rat* verlangende und daher sehr schwerfällige Verfahren der →*Rechtsangleichung* nur in unzureichendem Maße harmonisiert werden. In einigen Bereichen, so vor allem in der *Gemeinsamen Verkehrspolitik,* kam die Gemeinschaft sogar kaum über erste Ansätze hinaus. In dem 1985 initiierten →*Binnenmarktprogramm* griff die →*Kommission der EG* dann das alte Vertragsziel der Verwirklichung des G. mit neuen Schwerpunktsetzungen, veränderten Verfahrensformen und dem dann vielbeschworenen Zieldatum 31.12.1992 wieder auf. Seitdem ist der Begriff „G." im Sprachgebrauch der EG zunehmend durch →*Binnenmarkt* abgelöst worden. – Vor allem im Französischen und Englischen wird der Begriff „G." auch als Synonym für die EG verwendet.

J. MONAR

Gemeinsamer Parlamentarischer Ausschuß →Europäischer Wirtschaftsraum

Gemeinsamer Standpunkt. Als G. wird im Rahmen des →*Verfahrens der Zusammenarbeit* und des →*Mitentscheidungsverfahrens* die vorläufige Einigung im →*Rat* der EG am Ende der ersten Lesung eines vorgeschlagenen Rechtsaktes bezeichnet. Der G. wird dem →*Europäischen Parlament* zur zweiten Lesung zugeleitet.

HRSG.

Gemeinsamer Zolltarif. Der EWGV (Art. 9 und 18 ff.) sieht die Einführung eines G. gegenüber →*Drittländern* vor. Er besteht aus der *Kombinierten Nomenklatur* (KN) zusammen mit den *Zollsätzen,* den anderen *Abgaben* und den in Gemeinschaftsregelungen enthaltenen zolltariflichen Maßnahmen. Die Zollsätze des G. ergaben sich aus dem einfachen Mittel der in den vier *Zollgebieten* der ursprünglichen Gemeinschaft angewandten Sätze (Art. 19 EWGV). Sie wurden in der VO (EWG) Nr. 950/68 über den G. veröffentlicht. Diese VO wurde durch die VO (EWG) Nr. 2658/87 über die *zolltarifliche u. statistische Nomenklatur* sowie den G. ersetzt (Rechtsgrundlage: Art. 28, 43 und 113 EWGV; EuGH Rs. C-288/87). Sie enthält die *autonomen* u. *vertragsmäßigen Zollsätze* und weist auf die in sonstigen Gemeinschaftsrechtsakten festgesetzten anderen Abgaben und Maßnahmen als Bestandteile des G. hin. Das sind z. B. die im Rahmen der →*Gemeinsamen Agrarpolitik* festgesetzten Abgaben wie →*Abschöpfungen* und →*Währungsausgleichsbeträge* und Maßnahmen wie *Zollaussetzungen, Zollkontingente, Zollpräferenzen* (z. B. EFTA- und AKP-Länder) sowie *Anti-Dumping-Zölle.* Die *Warennomenklatur,* auf die sich die Abgabensätze beziehen, wird *Kombinierte Nomenklatur* (KN) genannt, weil sie nicht nur den Erfordernissen des G., sondern auch der Statistik des Außenhandels der Gemeinschaft dient. Sie beruht auf der Nomenklatur des Internationalen Übereinkommens über das *Harmonisierte System* (HS) zur Bezeichnung und Codierung der Waren, die sie weiter unterteilt (*Positionen* HS) in *Unterpositionen* KN.

T. Bail/W. Schädel/H. Hutter, fortgeführt von E. Dorsch: Zollrecht der Bundesrepublik Deutschland und der EG, 47. Aufl., Bonn 1992. – J. Nassiet: La réglementation douanière européenne, Paris 1988.

H. PRAHL

Gemeinsames Versandverfahren →Gemeinschaftliches Versandverfahren

Gemeinsame Verkehrspolitik. Der EWGV sieht die Einführung einer G. vor (Art. 3 e) und widmet dieser einen eigenen Vertragsabschnitt (Art. 74 bis 84). Dennoch ist die G. bis heute nur teilweise verwirklicht. Ihr Hauptziel ist es, die Dienstleistungsfreiheit des europäischen →*Binnenmarktes* im Verkehrsbereich zu verwirklichen. Dazu sind vorgesehen: (a) eine Liberalisierung des grenzüberschreitenden Verkehrs zwischen MS insbesondere um jede Diskriminierung aufgrund der Staatsangehörigkeit zu unterbinden, (b) die Erarbeitung gemeinsamer Regelungen für die Zulassung von Verkehrsunternehmen aus einem MS zum innerstaatlichen Verkehr in anderen MS und (c) die Ausarbeitung von flankierenden Regelungen, durch die ein fairer Wettbewerb, die Verkehrssicherheit, der Umweltschutz und der Schutz der Arbeitnehmer gewährleistet werden. – Da sich die G. vorwiegend rechtlicher Instrumentarien bedient und Infrastrukturinvestitionen (noch) eine eher geringe Rolle spielen, spiegelt sich die Bedeutung der G. nicht im Haushalt wider. – Von einer „Gemeinsamen Verkehrspolitik“, wie im EWGV von 1957 vorgesehen, konnte über fast drei Jahrzehnte hinweg keine Rede sein. Das änderte sich mit dem Aufsehen erregenden Urteil des →*Gerichtshofes der EG* vom 22. Mai 1985 (Rs 13/83) und dem →*Binnenmarktprogramm,* ebenfalls von 1985. Der Gerichtshof stellte in seinem Urteil fest, daß es der *„Rat … unter Verletzung des Vertrages unterlassen (hat), die Dienstleistungsfreiheit auf dem Gebiet des … Verkehrs sicherzustellen“.* Das *Binnenmarktprogramm* sah eine Öffnung der sehr stark reglementierten nationalen Verkehrsmärkte vor. Durch das Gerichtsurteil sowie die Binnenmarkt-Initiative konnten seit 1985 bei der Liberalisierung des grenzüberschreitenden Straßengüterverkehrs, bei der Luft- und bei der Seeschiffahrt bedeutsame Fortschritte verbucht werden. Für die europäischen Eisenbahnen liegen Vorschläge für eine grundlegende Umstrukturierung auf dem Tisch. Insgesamt ist davon auszugehen, daß die G. seit 1985 weitgehend mit der Binnenmarktpolitik zusammenfällt. – Was die zukünftige Entwicklung anbelangt, so plant die Kom. die großen Linien der zukünftigen G. in einer Gesamtkonzeption zusammenzufassen. Darin wird insbesondere der Bericht der Arbeitsgruppe *„Verkehr 2000“* Eingang finden. – *Verkehrsinfrastruktur:* Neben der Liberalisierung wird im Verkehrsbereich dem Ausbau der europäischen Verkehrsinfrastruktur eine immer größere Aufmerksamkeit geschenkt. Diesen Trend verstärkt der →*Vertrag über die Europäische Union* und die Einfügung des Vertragstitels zu den gesamteuropäischen Infrastrukturnetzen in den EWGV. Mit dem in Maastricht vereinbarten Kohäsionsfonds steht ein Finanzinstrument zur Verfügung, das u. a. für den Ausbau der europäischen Verkehrsinfrastruktur eingesetzt werden soll. – *Außendimension:* Mit der schrittweisen Verwirklichung des EG-Binnenmarktes ist die Bedeutung der Verkehrsverbindungen zu den Nachbarstaaten gewachsen. Eine zentrale Frage der G. ist die des Alpentransits. Dazu hat die EG mit Österreich und der Schweiz 1991 Transitabkommen ausgehandelt. – *Ausblick:* In den nächsten Jahren wird die G. angesichts vielfältiger Überlastungserscheinungen die Erhaltung eines funktionsfähigen Verkehrssektors in den Vordergrund rücken müssen. Die wohl entscheidende Rahmenbedingung, die dabei zu beachten ist, liegt in der Erhaltung der natürlichen Lebensgrundlage bzw. in der Reduzierung der umweltschädigenden Effekte des Verkehrs. Die Ansätze, die G. mit dem Umweltschutz zu vereinbaren, etwa das 1992 vorgelegte Grünbuch zum Verhältnis von Verkehr und Umwelt, sind positiv zu bewerten; allerdings kommen die Bemühungen um eine Einbeziehung der Umweltproblematik in die G. reichlich spät und sind außerdem kaum verbindlich.

Kommission der EG: Verkehrsmarkt Europa, Brüssel, Juni 1991. – K. Button u. a.: Europäische Verkehrspolitik – Wege in die Zukunft, Gütersloh 1992.

M. LEYENDECKER

Gemeinsame Wettbewerbspolitik. Wettbewerb hat eine zentrale Funktion für Aufbau und Sicherung des →*Gemeinsamen Marktes.* Wettbewerbsfreiheit ist im zwischenstaatlichen Wirtschaftsverkehr eine notwendige Ergänzung des →*Freien Personen-, Waren-, Dienstleistungs-* und *Kapitalverkehrs.* Daher ist wesentliches Ziel des EWGV *„die Errichtung eines Systems, das den Wettbewerb innerhalb des Gemeinsamen Marktes vor Verfälschungen schützt"* (Art. 3 f. EWGV). Steuerung des Wirtschaftsablaufs durch den Markt soll in allen Wirtschaftssektoren der Regeltatbestand sein; dies sicherzustellen, ist Aufgabe der G. Sie umfaßt alle Maßnahmen mit der Zielsetzung, im Wirtschaftsraum der Gemeinschaft den Wettbewerb entsprechend der vertretenen Wettbewerbskonzeption herzustellen, zu fördern und zu sichern. Zwar ist das Wettbewerbsleitbild bisher nicht in der Weise präzisiert, daß es eindeutig dem wohlfahrtstheoretischen Ansatz *(„funktionsfähiger Wettbewerb")* oder dem systemtheoretischen Ansatz *(„Wettbewerbsfreiheit")* zuzuordnen ist, aber die →*Wettbewerbsregeln* des EWGV, die Politik der →*Kommission* und Entscheidungen des →*Gerichtshofs der EG* haben Normen für die G. gesetzt: Verhinderung von Handelsschranken zwischen den MS, die durch Vereinbarungen oder Verhaltensweisen von privaten oder staatlichen Unternehmen entstehen; Sicherung der wirtschaftlichen Handlungsfreiheit der Unternehmen durch Verhinderung von Wettbewerbsbeschränkungen und -verfälschungen; Zulässigkeit von Absprachen zwischen Unternehmen nur bei Vereinbarkeit mit einem wettbewerblichen Markt. – Im Vertragsteil über die *„Politik der Gemeinschaft"* finden sich die grundlegenden *Wettbewerbsregeln* (Art. 85 bis 94). Das Instrumentarium der G. wurde durch die Verordnung über die Kontrolle von Unternehmenszusammenschlüssen ergänzt (VO 4064/89; in Kraft seit 21.9.1990). Das Wettbewerbsprinzip prägt ferner die Vertragsvorschriften über die Ausübung staatlicher Handelsmonopole (Art. 37 EWGV) und über die Verhinderung von Wettbewerbsverzerrungen aufgrund von unterschiedlichen nationalen Rechts- und Verwaltungsvorschriften (Art. 101 und 102). Die G. auf der Grundlage der Wettbewerbsregeln der Art. 85 und 86 EWGV betrifft zum einen wettbewerbsbeschränkende Verhaltensweisen von Unternehmen, die den Handel zwischen den MS beeinträchtigen. Durch die *Fusionsverordnung* ist die Kontrolle für grenzüberschreitende Fusionsvorhaben möglich (→*Fusionskontrolle*). Die Kom. kann Zusammenschlüsse für unvereinbar mit dem *Gemeinsamen Markt* erklären, die eine marktbeherrschende Stellung begründen oder verstärken, durch die ein wirksamer Wettbewerb im Gemeinsamen Markt oder in einem wesentlichen Teil desselben behindert wird. Zum anderen betrifft die G. unmittelbar die MS. Dies gilt für die Regeln zur Verhinderung von Verfälschungen des Wettbewerbs durch Beihilfen der MS zugunsten bestimmter Unternehmen oder Produktionszweige. Art. 92 EWGV enthält ein grundsätzliches Beihilfenverbot und Ausnahmeregelungen, über deren Anwendung die Kom. entsprechend der in Art. 93 EWGV festgelegten Verfahren entscheidet (→*Beihilfenaufsicht*). – Konflikte bei der G. entstehen zwischen dem Wettbewerbsziel und anderen Gemeinschaftszielen, insbesondere nach Ergänzung des Vertrages um Elemente aus der →*Einheitlichen Europäischen Akte*. So können Maßnahmen zum Regionalausgleich (Kohäsion) durch Beihilfen der MS an Industrien mit strukturellen Problemen der Sicherung eines unverfälschten Wettbewerbs widersprechen. Die systematische Durchleuchtung der nationalen Beihilfesysteme und der Vergleich der Beihilfenintensität und -struktur ist daher für die G. von zentraler Bedeutung. Außerdem ist das Verhältnis der wettbewerbspolitischen zu den industriepolitischen Aktivitäten der Gemeinschaft klärungsbedürftig. Die Anpassungsleistungen der Unternehmen sollen auf der Grundlage der Wettbewerbsordnung erbracht werden, gefördert durch eine →*Industriepolitik,* deren Ansatzpunkte und Instrumente allerdings wettbewerbspolitisch kontrovers diskutiert werden. Ferner wird die Entwicklung der europäischen Marktstrukturen, die in Vorbereitung auf den Europäischen →*Binnenmarkt* durch Konzentrationsprozesse gekennzeichnet sind, stark von der administrativen Anwendung und der gerichtlichen Auslegung der *Fusionskontrolle* beeinflußt. Um den *Binnenmarkt* funktionsfähig zu machen, müssen die *Wettbewerbsregeln* auch in den Sektoren angewendet werden, die bisher staatlich reguliert werden oder durch Exklusivrechte für Unternehmen gekennzeichnet sind.

Kommission der EG: Bericht über die Wettbewerbspolitik, Brüssel/Luxemburg (jährlich). – Kommission der EG: Wettbewerbsrecht in der G., Bd. I: Wettbewerbsregeln für Unternehmen, Bd. II: Wettbewerbsregeln für staatliche Beihilfen, Brüssel/Luxemburg 1990. – P. Montagnon (Hrsg.): European Competition Policy, London 1990.

R. Clapham

Gemeinschaftliche Förderkonzepte →Europäischer Sozialfonds, →Regionalpolitik der EG

Gemeinschaftlicher Besitzstand. Als G. (französisch *„acquis communautaire"*) wird die Gesamtheit des zu einem bestimmten Zeitpunkt geltenden Gemeinschaftsrechts (→*Primärrecht* und →*Sekundärrecht*) bezeichnet. Die Übernahme und Beachtung des G. ist Bedingung für den →*Beitritt* neuer MS nach Art. O EUV, doch können in der *Beitrittsakte* für eine →*Übergangsfrist* Ausnahmen oder Erleichterungen vorgesehen werden. Auch der Vertrag zur Gründung des →*Europäischen Wirtschaftsraumes* verweist mehrfach auf den G. – Der Begriff wird zuweilen auch im übertragenen Sinne als Bezeichnung für den gegenwärtigen Entwicklungsstand einzelner Politiken der EG oder ihrer institutionellen Struktur verwendet.

G. HITZLER

Gemeinschaftliches Rahmenprogramm im Bereich Forschung und technologische Entwicklung. Das G. ist das zentrale Instrument der EG zur Durchführung der Forschungs- und Technologiepolitik (Art. 130 i EGV). Es wird für mehrere Jahre aufgestellt und legt die Forschungsschwerpunkte sowie das Budget fest. Es muß vom →*Rat* einstimmig angenommen werden. Zu seiner Durchführung werden spezifische Programme von Rat und →*Europäischem Parlament* im →*Verfahren der Zusammenarbeit* beschlossen. Das strategische Ziel des G. ist die Verbesserung der Wettbewerbsfähigkeit der europäischen Industrie durch die Verbreiterung der technologischen Wissensbasis und durch die Förderung der Kooperation von Unternehmen, Universitäten und Forschungszentren in Projekten der vorwettbewerblichen Forschung und Entwicklung. Im Rahmen der Vertragsforschung erhalten die Projekte einen Zuschuß von bis zu 50% der Kosten. – 1983 wurde das 1. G. (1984–87) verabschiedet (noch auf der Basis von Art. 235 EGV). Das 2. (1987–91) und das 3. G. (1990–94) überschneiden sich um 2 Jahre, um der Dynamik der technischen Entwicklung besser gerecht zu werden. Das Finanzvolumen der G. hat sich kontinuierlich erhöht, es beträgt für das 3. G. 5.700 Mio. ECU. Während die 8 Aktionslinien des 2. G. (Lebensqualität, Informations- und Kommunikationstechnologien, biologische Ressourcen, Energie, Wissenschaft und Technik im Dienste der Entwicklung, Meeresressourcen und europäische Zusammenarbeit in Wissenschaft und Technik) in 32 Programmen umgesetzt wurden, führte die Straffung des 3. G. zu einer klareren strategischen Ausrichtung. Es beinhaltet 3 Bereiche (grundlegende Technologien, Nutzung der natürlichen und der geistigen Ressourcen), die durch 15 Programme und eine horizontale Aktion implementiert werden. Diese decken die folgenden Bereiche ab: Informations- und Kommunikationstechnologien, Telematiksysteme, industrielle Technologien und Materialforschung, Metrologie, Umwelt, Meereswissenschaft, Biotechnologie, agroindustrielle Forschung, Gesundheitsforschung, Biotechnologien für Entwicklungsländer, nichtnukleare Energien, Kernfusion, Sicherheit in der Kernspaltung, Humankapital und Mobilität sowie Verbreitung und Nutzung der Forschungsergebnisse. – Kernstück der G. ist die Förderung der industriellen Wettbewerbsfähigkeit in Schlüsseltechnologien (Informations-, Kommunikations-, Werkstofftechnologien). Im 3. G. steigen die Mittel für Umweltforschung und Biotechnologie sowie für die Ausbildung und Mobilität der Wissenschaftler deutlich an. Desweiteren gilt der Umsetzung der Forschungsergebnisse und dem Technologietransfer, dem Beitrag der Programme zur →*Kohäsion* in der EG sowie der internationalen Zusammenarbeit besondere Aufmerksamkeit.

G. und M. Sabathil: Förderprogramme der EG 1990–91, 3. Aufl., Bonn 1990. – J. Starbatty u. a.: Die Technologiepolitik der EG, Baden-Baden 1990.

J. Gützkow

Gemeinschaftliches Versandverfahren. Nach dem in der VO (EWG) 222/77 geregelten G. müssen im Zollgebiet der EG zu versendende Waren von dem Hauptverantwortlichen mittels einer Versandanmeldung *(Einheitspapier)* bei der Abgangszollstelle angemeldet werden. Bei nicht in einem der MS in freiem Verkehr befindliche Drittlandswaren *(„externes G.")* kommt das sog. *„T1"-Papier* zur Anwendung, bei Gemeinschaftswaren *(„internes G.")* das sog. *„T2"-Papier.* Ein Exemplar des Versandscheins verbleibt bei der Abgangszollstelle, die übrigen werden zusammen mit der Ware zur geeignetsten Binnenzollstelle des Bestimmungslands befördert, die alle erforderlichen Prüfungen vornimmt und die Abgangszollstelle über deren Ergebnis in Form eines Rückscheins unterrichtet. Kommt es zu keinen Beanstandungen, so gibt die Abgangszollstelle die geleistete Sicherheit frei. – Der Vorteil des G. besteht einerseits darin, daß Waren vom Einfuhrort zum Bestimmungsort verbracht werden können, ohne daß an den Binnengrenzen Zollkontrollen und damit Verzögerungen entstehen, und andererseits in einer effektiveren, weil nahe am Versendungs- bzw. Bestimmungsort stattfindenden Zollbehandlung. – Als Folge der Vollendung des →*Binnenmarkts* ist das *„interne G."* gemäß VO (EWG) 2726/90 nur noch in Ausnahmefällen wie beim gemeinschaftsinternen Versand über das Gebiet eines EFTA-Staates (z. B. der Schweiz) und im Warenverkehr mit neuen MS anzuwenden. Das *„externe G."* sowie ein 1987 im Warenverkehr mit den EFTA Staaten eingeführtes *„gemeinsames Versandverfahren"*, das dem G. sehr ähnlich ist, sind jedoch weiterhin voll anwendbar.

J. Monar

Gemeinschaftsanleihen. Die EG ist in bestimmten Fällen ermächtigt, selbst Mittel in Form von G. am Kapitalmarkt aufzunehmen, um sie an die MS weiterzuleiten. Dabei kann die Gemeinschaft aufgrund der besseren Kreditwürdigkeit günstigere Konditionen erzielen als die kleineren MS allein. Die G. decken einen bestimmten Bedarf und sind der Höhe nach beschränkt. G. waren im EWGV nicht vorgesehen. Sie wurden 1975 als Instrument der →*Wirtschafts- und Währungspolitik* zur Finanzierung von Zahlungsbilanzdefiziten einzelner MS eingeführt, die besonders unter den Erdölpreissteigerungen zu leiden hatten (VO Nr. 397/75 und DVO Nr. 398/75, ABl. L 46). Später traten regionalpolitische Aspekte hinzu und die Finanzierung wurde auf Investitionsvorhaben ausgedehnt, die die Konvergenz und Integration von Wirtschaftspolitiken der MS zum Ziel haben (Beschluß des Rates v. 22.5.1979, ABl. L 125). Dabei stehen strukturelle Verbesserungen im Bereich der Energie, der Industrie und der Infrastruktur im Vordergrund. Im Jahre 1988 beschloß der →*Rat* ein einheitliches System des mittelfristigen finanziellen Beistands zur Stützung von Zahlungsbilanzen im Rahmen der währungspolitischen Kooperation der MS. Die Darlehensgewährung an die MS ist an die Erfüllung wirtschaftspolitischer Bedingungen geknüpft (VO 1969/88). – Neben der Stützung von Zahlungsbilanzen wurde 1978 vom Rat ein →*„Neues Gemeinschaftsinstrument für Anleihen und Darlehen"* geschaffen (82/268 und 83/200 EWG), das der Anregung der Wirtschaftstätigkeit und der Unterstützung von gemeinsamen Politiken dienen soll. Es war zunächst zeitlich begrenzt, wurde aber regelmäßig verlängert. – G. gibt es auch im Rahmen des EGKSV (Art. 49) und des EAGV (Art. 172, Abs. 4) zur Finanzierung von Vorhaben im Montanbereich und von Kernkraftwerken.

P. B. Spahn

Gemeinschaftsbeihilfen. Staatliche Subventionen und Beihilfen werden nach Art. 4 c EGKSV und Art. 92–94 EWGV als unvereinbar mit dem Prinzip des →*Gemeinsamen Markts* angesehen, weil sie den Wettbewerb verfälschen und den Handel zwischen den MS behindern können. Dieses Beihilfeverbot wird nur durch die Ausnahmen der Art. 92 Abs. 2 bis 94 EWGV relativiert. Wegen krisenhafter Entwicklungen im Montanbereich sah sich die Gemeinschaft genötigt, Unternehmen dieses Bereichs G. zu gewähren (nach Art. 95 EWGV), die nicht als nationale Subventionierung gelten können. G. werden vom →*Europäischen Sozialfonds,* dem →*Europäischen Fonds für regionale Entwicklung* und der →*Europäischen Investitionsbank* vergeben. Für bestimmte Wirtschaftszweige wurden G. auf Vorschlag der →*Kommission* nach Art. 235 EWGV gewährt, so für die Textilindustrie, das Transportwesen, den Schiffsbau und die Fischerei. – G. gibt es schließlich auch im Rahmen der →*Gemeinsamen Agrarpolitik* (Art. 40 Abs. 2, 3 EWGV), so für die Erzeugung und Verteilung landwirtschaftlicher Erzeugnisse oder zur Steigerung der Produktivität, sowie nach den einzelnen →*Marktordnungen.* Daneben dürfen keine nationalen Beihilfen an die Landwirtschaft gewährt werden. Allerdings zeigt sich neuerdings die Tendenz, solche Beihilfen unter bestimmten Voraussetzungen zu gestatten, die zwar von den MS zu leisten sind, aber ebenfalls als G. gelten können, weil sie auf Gemeinschaftsrecht beruhen.

B. Börner (Hrsg.): Recht und Praxis der Beihilfen im Gemeinsamen Markt, Köln 1984.

P. B. Spahn

Gemeinschaftsbürger. Als G. werden die Staatsangehörigen der →*Mitgliedstaaten* in ihrer Stellung zu den →*Europäischen Gemeinschaften* bezeichnet. Der Begriff des G. (auch: *„Marktbürgers"*) wird von den →*Gründungsverträgen* selbst nicht verwendet. Der →*Vertrag über die Europäische Union* hat in den EGV einen neuen zweiten Teil mit der Überschrift *„Die →Unionsbürgerschaft“* (Art. 8–8 e) eingeführt. – G. (Unionsbürger) sind die natürlichen Personen, die Staatsangehörige der MS sind. Jeder MS bestimmt autonom, wer sein Staatsangehöriger ist. Maßgeblich ist also allein das jeweilige nationale Staatsangehörigkeitsrecht. Das Gemeinschaftsrecht enthält sich insoweit jeder Regelung. – Die G. haben die im Gemeinschaftsrecht vorgesehenen Rechte und Pflichten. Diese finden sich in den sog. unmittelbar anwendbaren Bestimmungen des Vertrags und den auf seiner Grundlage ergangenen →*Rechtsakten*. Da die Gemeinschaftsregelungen dem Wohl der G. dienen, kann es sich dabei auch um Vorschriften handeln, die sich ihrem Wortlaut nach nur an die MS richten, soweit es sich dabei um unbedingte und hinreichend klare Bestimmungen handelt, die keiner Durchführungsbestimmungen mehr bedürfen (EuGH, Rs. 26/62, *Van Gend & Loos*). – Zugunsten des G. wirken insbesondere das allgemeine →*Diskriminierungsverbot* sowie die personengebundenen Freiheitsrechte (→*Freizügigkeit* der Arbeitnehmer, →*Niederlassungsfreiheit*, →*Dienstleistungsfreiheit*). In den allgemeinen politischen Bereich hinein wirken *„besondere Rechte“*, wie sie nunmehr aufgrund des EUV vorgesehen sind. Hierzu zählen vorbehaltlich des Erlasses von Durchführungsvorschriften: das *allgemeine Freizügigkeitsrecht;* das *aktive und passive Kommunalwahlrecht;* das *aktive und passive Wahlrecht zum →Europäischen Parlament* in dem MS seines Wohnsitzes; der *konsularische und diplomatische Schutz in →Drittländern* durch jeden anderen MS, wenn der Heimatstaat nicht in der Lage ist, diesen Schutz auszuüben; das →*Petitionsrecht* beim EP und das Recht, sich an den →*Bürgerbeauftragten* des EP zu wenden. Der Erlaß weiterer Bestimmungen aufgrund regelmäßiger Berichte der →*Kommission* im Zuge der Fortentwicklung der Union ist ausdrücklich vorgesehen.

R. Geiger: EG-Vertrag. Kommentar, München 1993.

R. Geiger

Gemeinschaftscharta der sozialen Grundrechte der Arbeitnehmer. Die G. (abgedruckt in *Soziales Europa* 1/90, S. 51–56) wurde am 9. Dezember 1989 von 11 MS der EG angenommen. Die britische Regierung stimmte der G. nicht zu, da die meisten darin behandelten Materien ihrer Auffassung nach in die ausschließliche Zuständigkeit der MS und nicht in die der Gemeinschaft fielen. – Die G. verfügt über keine bindende rechtliche Wirkung. Sie ist inhaltlich von der breiter gefaßten →*Europäischen Sozialcharta* des →*Europarats* beeinflußt. Gemäß der Präambel verfolgt die G. zwei Ziele: erstens, die im sozialen Bereich erzielten Fortschritte durch Maßnahmen der MS, der Arbeitgeber- und Arbeitnehmerorganisationen und der Gemeinschaft zu konsolidieren; zweitens, feierlich zu bekräftigen, daß bei der Durchführung der Bestimmungen der →*Einheitlichen Europäischen Akte* voll der sozialen Dimension der Gemeinschaft Rechnung zu tragen ist, wobei insbesondere die Entwicklung der sozialen Rechte der Arbeitnehmer sichergestellt werden soll. – Titel I der G. führt zwölf Grundrechte an, die sich auf die folgenden Bereiche beziehen: (1) Freizügigkeit der Arbeitnehmer, (2) Beschäftigung und Arbeitsentgelt, (3) Verbesserung der Lebens- und Arbeitsbedingungen, (4) sozialer Schutz und Sozialhilfe, (5) Koalitionsfreiheit und Tarifverhandlungen, (6) Berufsausbildung, (7) Gleichbehandlung von Männern und Frauen, (8) Unterrichtung, Anhörung und Mitwirkung von Arbeitnehmern, (9) Gesundheitsschutz und Sicherheit am Arbeitsplatz, (10) Kinder- und Jugendschutz, (11) sozialer Schutz älterer Menschen, (12) Eingliederung von Behinderten. – Einige der Bestimmungen der G. nehmen nur bereits bestehendes EG-Recht wieder auf, manche jedoch sind innovativ, so wie z. B. Art. 5, der ein Recht auf *„angemessene Bezahlung"* einführt. Eine bedeutende Lücke ist durch die Ausklammerung der Probleme der in der Gemeinschaft wohnhaften Staatsangehörigen von →*Drittländern* gegeben. – Nach der Präambel und Art. 27 ist die G. gemäß dem →*Subsidiaritätsprinzip* umzusetzen. – Im November 1989 stellte die →*Kommission* ein Aktionsprogramm mit 47 Gemeinschaftsmaßnahmen zur Umsetzung der G. vor (Com (89) 568 final). Eine Reihe von Richtlinien, so z. B. zur Gesundheit und Sicherheit am Arbeitsplatz sowie zum Mutterschaftsgeld und -urlaub, konnten seitdem verabschiedet werden, doch haben Kontroversen über die Rechtsgrundlage für die zu erlassenden Regelungen die Umsetzung der G. weitgehend blockiert. Die Kom. hat sich entschieden, die erforderlichen gesetzlichen Maßnahmen auf eine sehr umstrittene breite Auslegung von Art. 118 a EWGV zu gründen, der Entscheidungen des →*Rates* mit *qualifizierter Mehrheit* vorsieht. – Das dem →*Vertrag über die Europäische Union* angehängte *Abkommen über die Sozialpolitik* bekräftigt erneut das Ziel der 11 MS, die G. umzusetzen, und damit auch deren Bedeutung für die →*Sozialpolitik der EG.*

B. Bercusson: The European Community's Charter of Fundamental Rights for Workers, in: Modern Law Review (1990), S. 624–642. – P. Watson: The Community Social Charter, in: Common Market Law Review (1991), S. 37–68.

D. O'KEEFFE

Gemeinschaftskompetenzen. Die G. sind im →*Primärrecht* festgelegt. Die EG stellt eine supranationale Organisation eigener Prägung dar, auf die die MS im Wege der →*Einzelermächtigung* einen Teil ihrer Hoheitsrechte übertragen haben. Es besteht also eine vertikale *Gewaltenteilung* zwischen der Gemeinschaftsebene und der Ebene der MS (→*Zuständigkeitsverteilung*). Dabei ist zu unterscheiden zwischen *ausschließlichen Zuständigkeiten* der Gemeinschaft (z. B. in den Bereichen der →*Gemeinsamen Agrarpolitik* und der →*Gemeinsamen Handelspolitik*), die ein eigenständiges Handeln der MS ausschließen, und *konkurrierenden Zuständigkeiten,* die die Regel darstellen. Auf den Gebieten der *konkurrierenden Zuständigkeit* können die MS selbst tätig werden, soweit die EG nicht ihrerseits tätig geworden ist und soweit die nationalen Maßnahmen im Einklang mit dem übrigen Gemeinschaftsrecht stehen (also z. B. dem →*Diskriminierungsverbot,* den →*Freiheiten des Gemeinsamen Marktes,* den →*Wettbewerbsregeln*). Dagegen unterliegt das Handeln der Gemeinschaft auf diesen Gebieten den durch das →*Subsidiaritätsprinzip* und den →*Grundsatz der Verhältnismäßigkeit* gezogenen Grenzen. – Die G. sind nach dem *„Enumerationsprinzip"* in den drei →*Gründungsverträgen* grundsätzlich konkret und einzeln aufgeführt, doch gilt hilfsweise die →*Generalermächtigung* der Art. 95 EGKSV, 235 EGV und 203 EAGV, soweit ein Handeln der Gemeinschaft zur Erreichung der ihr gesetzten Ziele erforderlich ist. Soweit die Gemeinschaft eine Zuständigkeit zur Regelung einer Materie auf dem Gemeinschaftsterritorium besitzt, besitzt sie nach der Rechtsprechung des →*Gerichtshofes der EG* eine entsprechende Regelungsbefugnis auch im Verhältnis zu →*Drittländern* (z. B. in der Form völkerrechtlicher Verträge). Die Außenzuständigkeit hängt dabei nicht davon ab, daß die Gemeinschaft zunächst von ihrer Zuständigkeit für das Innenverhältnis Gebrauch gemacht hat. – Am weitesten gehen die G. im Bereich der →*Europäischen Gemeinschaft für Kohle und Stahl.* Es ist dies die Gemeinschaft mit dem höchsten Integrationsstand. Die G. stehen in diesem Bereich im wesentlichen der →*Kommission* zu, die jedoch teilweise der Zustimmung des →*Rats* bedarf. Zuständigkeiten der Gemeinschaft bestehen insbesondere für (1) eine ständige Marktbeobachtung und bei Vorliegen einer *„offensichtlichen Krise"* eine Marktlenkung durch Einführung eines Quotensystems oder einer Preisregulierung sowie für eine Einflußnahme auf Löhne und Frachttarife; von dieser Befugnis hat die Gemeinschaft in den letzten Jahren jedoch keinen Gebrauch mehr gemacht, da sie nicht mit dem im EGV stärker ausgeprägten wettbewerblichen Ansatz in Einklang steht, (2) die Förderung der technischen Forschung, die Mitfinanzierung von Sozialprogrammen insbesondere zur Schaffung alternativer Arbeitsplätze sowie allgemein die finanzielle Förderung der Investitionen der Unternehmen; diese Fördermaßnahmen der Gemeinschaft werden finanziert aus der bei den Kohle- und Stahlunternehmen erhobenen →*Montan-Umlage,* (3) die Aufrechterhaltung eines Systems des unverfälschten Wettbewerbs durch Anwendung von *Kartellvorschriften* einschließlich einer →*Fusionskontrolle.* Gestützt auf die *„Lückenfüllungsklausel"* des Art. 95 EGKSV hat die Gemeinschaft auch eine Zuständigkeit für die Kontrolle staatlicher Beihilfen an die Montanunternehmen, da das an sich bestehende grundsätzliche Subventions- und Beihilfenverbot des Art. 4 c EGKSV als zu weitgehend empfunden wurde. Die Zuständigkeit für Fragen im Bereich des Handels mit Drittländern liegt dagegen grundsätzlich bei den MS, die Gemeinschaft ist hier nur ausnahmsweise zuständig. – Der EGV enthält überwiegend eine *konkurrierende Zuständigkeit* der Gemeinschaft neben der der MS und nur ausnahmsweise eine *ausschließliche Zuständigkeit* der Gemeinschaft. Die G. stehen im Bereich des EGV überwiegend dem Rat zu, der jedoch nur auf Vorschlag der Kom. handeln kann. Die Gemeinschaft ist zuständig insbesondere für (1) die Gewährleistung der sog. →*Freiheiten des Gemeinsamen Marktes* (freier Warenverkehr, Freizügigkeit der Arbeitnehmer, Dienstleistungs- und Niederlassungsfreiheit sowie freier Kapitalverkehr) und die Verwirklichung des →*Binnenmarkts,* (2) die Einführung einer →*Gemeinsamen Agrarpolitik* und einer →*Gemeinsamen Fischereipolitik;* diese Politiken umfassen insbesondere die Errichtung gemeinsamer *Marktorganisationen* (→*Marktordnungen*), die Verbesserung der Agrarstrukturen und die Durchsetzung bestimmter Wettbewerbsregeln, (3) die Einführung einer →*Gemeinsamen Verkehrspolitik*; diese Politik verfolgt insbesondere das Ziel der Liberalisierung der Verkehrsdienstleistungen und der Abstimmung der Verkehrswegeplanung zwischen den MS, (4) die Durchsetzung der →*Wettbewerbsregeln* (→*Kartellrecht der EG, Fusionskontrolle,* und →*Beihilfenaufsicht*), (5) die *Koordinierung der Wirtschafts- und Währungspolitiken* der MS, (6) die →*Gemeinsame Handelspolitik* gegenüber Drittländern; dabei handelt es sich um eine ausschließliche Gemeinschaftszuständigkeit, (7) die Verbesserung der Lebens- und Arbeitsbedingungen der Arbeitnehmer und die →*Rechtsangleichung* im Bereich des *Arbeits- und Sozialrechts,* (8) die Verwirklichung des wirtschaftlichen und sozialen Zusammenhalts *(„Kohäsion")* insbesondere durch den Einsatz der →*Strukturfonds,* (9) die Förderung der wissenschaftlichen Forschung und technologischen Entwicklung, im wesentlichen im Rahmen der *Forschungsrahmenprogramme* (→*Forschungs- und Technologiepolitik*), (10) den Schutz der Natur und Umwelt (→*Umweltpolitik*), (11) die Entwicklungspolitik. Nach dem →*Vertrag über die Europäische Union* sollen als weitere Zuständigkeiten der Gemeinschaft hinzukommen: (12) die Regelung der Einreise in den *Binnenmarkt* und des Personenverkehrs im *Binnenmarkt,* (13) die Stärkung der *Wettbewerbsfähigkeit* der Industrie der Gemeinschaft, (14) die Förderung des Auf- und Ausbaus *transeuropäischer Netze,* (15) die Unterstützung der MS im Bereich der öffentlichen Gesundheit, (16) die Unterstützung der MS im Bereich der beruflichen Bildung und Kultur, (17) Verbraucherschutz, (18) Energie, Katastrophenschutz und Fremdenverkehr; die Zuständigkeiten der Gemeinschaft im Bereich der Koordinierung der Wirtschafts- und Währungspolitiken der MS sollen danach wesentlich ausgeweitet werden bis hin zur Einführung einer *einheitlichen Währung,* die auf Gemeinschaftsebene von der →*Europäischen Zentralbank* verwaltet werden soll. – Nach dem EAGV ist die Gemeinschaft zuständig insbesondere für (1) die Förderung der Technologie und Forschung im Bereich der friedlichen Nutzung der Kernenergie, (2) die Sicherstellung einer ausgewogenen Versorgung der Unternehmen aller MS mit spaltbarem Material, (3) Sicherheitsfragen sowohl in bezug auf die Anlagen als auch auf die Strahlenbelastung der Menschen.

A. Bleckmann: Europarecht, 5. Aufl., Köln 1990, Rdnr. 999 ff. – T. C. Hartley: The

Foundations of European Community Law, Kapitel II.4, 2. Aufl., Oxford 1988.

G. HITZLER

Gemeinschaftskontingente →Einfuhrpolitik

Gemeinschaftsmarke. Bei der G. handelt es sich um das Projekt eines *einheitlichen Markenschutzrechts* für die gesamte EWG. Die G. ist nach dem (geänderten) Vorschlag einer Verordnung des Rates über die G. vom 11.5.1988 als einheitliches und autonomes Markenschutzrecht für Waren und Dienstleistungen mit einheitlicher Wirkung für die gesamte EWG konzipiert. Sie soll neben die Marken mitgliedstaatlichen Rechts treten, das seinerseits den Regeln des →*Freien Warenverkehrs* des EWGV zu entsprechen hat und überdies nach der Richtlinie des Rates vom 21.12.1989 zu harmonisieren ist. Im Unterschied zu den Marken mitgliedstaatlichen Rechts soll die G. für das gesamte Gebiet der EWG eingetragen und übertragen werden können. Sie vermag daher anders als nationale Marken von vornherein keine den freien Produktverkehr im →*Binnenmarkt* behindernden Schutzrechtsgrenzen zwischen den MS zu schaffen. Der Verordnungsentwurf sieht vor, daß die G. nach Anmeldung bei Erfüllung bestimmter Voraussetzungen durch Eintragung in ein bei dem zu errichtenden *Markenamt der Gemeinschaft* zu führenden Register erworben wird und ihrem Inhaber ein ausschließliches Benutzungsrecht gewährt. Nicht umfaßt ist das Recht, einem Dritten zu verbieten, die Marke für Waren zu benutzen, die unter dieser Marke von ihm oder mit seiner Zustimmung in der EG in den Verkehr gebracht worden sind (Erschöpfung). Als Eintragungsdauer sind 10 Jahre, gerechnet vom Tag der Anmeldung an, mit Verlängerungsmöglichkeit vorgesehen. Der Verordnungsentwurf enthält desweiteren ein ausgereiftes und modernes Regelungssystem u. a. für die Markenanmeldung, das Eintragungsverfahren und die Verlängerung, für Verzicht, Verfall und Nichtigkeit sowie für das Beschwerdeverfahren und die Auswirkungen auf das nationale Recht der MS. Der Verabschiedung der Verordnung steht bislang die Uneinigkeit über den Sitz und die Amtssprachen des künftigen Markenamtes der Gemeinschaft entgegen.

P.-C. MÜLLER-GRAFF

Gemeinschaftsorgane. Gebräuchliche Kurzbezeichnung für die →*Organe* der drei →*Europäischen Gemeinschaften.*

HRSG.

Gemeinschaftspatent. Das geplante G. ist als einheitliches und autonomes Patent für den →*Gemeinsamen Markt* konzipiert. Nach dem zwischen den MS der EG abgeschlossenen – noch nicht in Kraft getretenen – *Übereinkommen über das europäische Patent für den Gemeinsamen Markt (Gemeinschaftspatentübereinkommen,* GPÜ) vom 15.12.1975/15.12.1989 kann ein G. nur mit Wirkung für das Gebiet aller Vertragsstaaten erteilt werden und entfaltet die im GPÜ selbst niedergelegten Wirkungen (Art. 29 ff. GPÜ). Es unterscheidet sich damit vom →*Europäischen Patent,* dessen Schutzwirkung auf einzelne Vertragsstaaten begrenzt werden kann und im wesentlichen die Wirkung des jeweiligen nationalen Patents auslöst. Dem G. ist die Einheitlichkeit des alle Vertragsstaaten umfassenden Schutzrechtsterritoriums eigen, so daß es keine Schutzrechtsgrenzen zwischen den Vertragsstaaten schafft und einen Konflikt mit dem Prinzip des freien Warenverkehrs der EWG (Art. 30, 36 EWGV) nicht auslösen kann. Allerdings ist für die Rechtsverfolgung bei Verletzung eines G. nationales Recht maßgebend (Art. 36 EPÜ). Auch bleibt die Befugnis der Vertragsstaaten zur Erteilung nationaler Patente durch das GPÜ unberührt, doch sieht dieses eine Erschöpfung der Verbotsbefugnisse aus einem nationalen Patent in vergleichbarer Weise vor, wie sie bereits auf der Grundlage der Bestimmungen des EWGV zum →*Freien Warenverkehr* vom →*Gerichtshof der EG* entwickelt worden sind. Die Erteilung des G. erfolgt durch das →*Europäische Patentamt.* Nach dem Streitbeilegungsprotokoll soll auch das Verletzungs- und Nichtigkeitsverfahren einheitlich geregelt und ein Gemeinsames Berufungsgericht für das Gemeinschaftspatent (COPAC) errichtet werden. Wegen Ratifizierungshindernissen in Dänemark und Irland wurde auf der dritten Luxemburger Konferenz über das G. die Möglichkeit eröffnet, durch eine weitere Regierungskonferenz einstimmig die Zahl der für das Inkrafttreten erforderlichen Ratifikationen herabzusetzen.

P.-C. Müller-Graff

Gemeinschaftsrechtsordnung. (1) Die G. ist die auf der Grundlage der Gemeinschaftsverträge errichtete *„supranationale"* Rechtsordnung der EG. Obwohl sie auf Verträgen zwischen den MS aufbaut, gilt sie nach herrschender Auffassung nicht als Völkerrecht. Andererseits wird sie trotz weitreichenden Eindringens in den mitgliedstaatlichen Rechtsraum nicht als staatliches Recht betrachtet. Sie bildet vielmehr wegen ihrer Autonomie und der Intensität ihrer Integrationswirkung eine Rechtsordnung *„eigener Art" („sui generis"),* für die nicht die gewöhnlichen Regeln gelten, die das Verhältnis von völkerrechtlichem Vertrag und staatlicher Verfassung bestimmen. Der →*Gerichtshof der EG* hat aus dem autonomen Charakter der G. auf deren absoluten →*Vorrang* gegenüber jeder mitgliedstaatlichen Rechtsnorm geschlossen. – (2) Die G. ist stufenförmig aufgebaut. Sie gliedert sich in das →*Primärrecht* und das →*Sekundärrecht.* Das letztere wiederum gliedert sich in weitere Stufen. So stehen die völkerrechtlichen Verträge der Gemeinschaften mit →*Drittländern* zwischen dem primären Gemeinschaftsrecht und den sonstigen →*Rechtsakten* der Gemeinschaftsorgane. Diese haben deshalb bei ihrem Handeln die völkerrechtlichen Verträge der Gemeinschaften zu beachten. Auch im übrigen lassen sich verschiedene Rangstufen unterscheiden, z. B. die *Grundverordnung* und die darauf *aufbauende Durchführungsverordnung.* – (3) Die G. unterscheidet sich in ihrer Struktur vom Aufbau staatlicher Rechtsordnungen. Es besteht insoweit kein Gebot der *„strukturellen*

Kongruenz". Sie muß jedoch den gemeinsamen Verfassungsgrundsätzen der MS und damit den Grundvorstellungen von *Demokratie* und *Rechtsstaat* entsprechen. Dem Grundsatz der →*Gewaltenteilung* entspricht die Verteilung von Aufgaben und begrenzten Kompetenzen auf verschiedene Organe; der EuGH hat insoweit das Prinzip des *„institutionellen Gleichgewichts"* entwickelt. Die Rechtskontrolle wird vom EuGH wahrgenommen, der die *„Wahrung des Rechts"* zu gewährleisten hat (→*Rechtsschutzsystem*). Die demokratische Legitimation beruht auf der Legitimation der Regierungen der MS und des →*Europäischen Parlaments.*

R. Geiger: EG-Vertrag. Kommentar, München 1993. – J.-V. Louis: Die Rechtsordnung der EG, Brüssel 1990.

R. Geiger

Gemeinschaftssteuer. Die Bezüge der Bediensteten der EG sind zwar nach Art. 13 des Protokolls „über die Vorrechte und Befreiungen der EG" von den Steuern der MS befreit, unterliegen dafür aber einer eigenen G. Die Steuer wird monatlich im Abzugswege erhoben und fließt dem →*Haushalt der EG* zu. Von den monatlichen Bezügen werden vor Besteuerung bestimmte Beträge abgezogen, so z. B. die Familienzulagen, ein Pauschalbetrag für Werbungskosten von 10% sowie für jedes unterhaltsberechtigte Kind ein Betrag, der der doppelten Höhe der Kinderzulage entspricht. Die Steuertabelle beginnt bei 6% und endet bei 45.

G. Sass

Gemeinschaftstreue. Die →*Organe* und die MS der EG sind einander zur gegenseitigen Loyalität bei der Anwendung der EG-Verträge verpflichtet. Dies folgt nach der Rechtsprechung des EuGH aus einer erweiternden Auslegung des Art. 5 EGV. In Anlehnung an einen Grundsatz des deutschen Verfassungsrechts (Pflicht von Bund und Ländern zur „Bundestreue") wird die gegenseitige Pflicht zur loyalen Zusammenarbeit und Unterstützung als „G." bezeichnet.

R. Geiger

„Gemeinschaftsweite Bedeutung" von Unternehmenszusammenschlüssen →Fusionskontrolle

Gemeinschaftszollkontingent. Mit dem G. wird bezweckt, während seiner Geltungsdauer einen niedrigeren Zollsatz als den in der VO Nr. 2658/87 EWG über den →*Gemeinsamen Zolltarif* enthaltenen Regelzollsatz anzuwenden (oder ihn auf Null herabzusetzen). Rechtsgrundlage sind Art. 28 EWGV *(autonome Regelungen)* und 113 EWGV (Änderung *vertragsmäßiger Zollsätze*). Das G. kann sich auf die Menge (Normalfall) oder den Wert der Waren beziehen. Es wird der jeweils günstigere der beiden Zollsätze angewandt. Wird der Kontingentsumfang vor Ablauf der Geltungsdauer des G. erreicht, gilt wieder der Regelzollsatz. Das G. wird von der →*Kommission* verwaltet.

H. Prahl

Gemischte Abkommen. Als G. werden Abkommen mit →*Drittländern* und andere völkerrechtliche Abkommen bezeichnet, an denen nicht nur die EG sondern auch ein oder mehrere ihrer MS beteiligt sind (Beispiele: →*Lomé-Abkommen,* Abkommen über den →*Europäischen Wirtschaftsraum*). Die internationale Verantwortlichkeit der EG bzw. der MS ist dieselbe wie im Falle anderer multilateraler Abkommen. Daher gibt es i. d. R. doppelte Verantwortlichkeit der EG und der beteiligten MS. – Der Grund für G. ist der Wunsch, neben der EG auch MS aus rechtlichen oder oft auch politischen Gründen aktiv oder formell bei einem Teil der in dem Abkommen geregelten Aufgabenbereiche einzubeziehen. Dies ist insbesondere der Fall, wenn die in dem Abkommen geregelten Materien teilweise in die Zuständigkeit der EG und teilweise in die der MS fallen. – Während eine autonome Teilnahme der EG (ohne MS) an einem Abkommen, das in ihre Zuständigkeit fällt, keine rechtlichen Probleme aufwirft, ist die Teilnahme der MS nur unter Berücksichtigung der ausschließlichen Kompetenzen (→*Gemeinschaftskompetenzen*) der EG zulässig bzw. bei mangelnder Zustimmung der EG sogar unzulässig. – Strittig ist, ob G. eine Übertragung von Rechtsetzungsbefugnissen an die EG bewirken können. – Im Rechtsschutzsystem der EG bewirken G. die Substitution der nationalen Rechtsordnung(en) durch die EG-Rechtsordnung in allen von den G. geregelten Materien, die auch von den EG-Verträgen erfaßt werden.

N. Neuwahl: Joint Participation in International Treaties and the Exercise of Power by the EEC and its Member States: Mixed Agreements, in: Common Market Law Review (1991), S. 717–740.

N. Neuwahl

Gemischte parlamentarische Ausschüsse →Parlamentarische Delegationen

Generalanwälte am Gerichtshof der EG. Die G. haben die Aufgabe, öffentlich in völliger Unparteilichkeit und Unabhängigkeit begründete →*Schlußanträge* zu stellen, um auf diese Weise den →*Gerichtshof der EG* (EuGH) bzw. das *Gericht erster Instanz* der EG bei der Erfüllung ihrer Aufgaben zu unterstützen. Die G. werden von den Regierungen einvernehmlich für sechs Jahre ernannt (alle drei Jahre drei); für ihre Ernennung sind die gleichen Qualifikationen Voraussetzung wie für die →*Richter.* Beim Gericht erster Instanz können *Richter* für eine Rechtssache als G. angewiesen werden. Doch können sie dann ebensowenig wie die G. am *Gerichtshof* die betreffende Rechtssache mitentscheiden. – Die für die Richter unverbindlichen *Schlußanträge* der G. können als ein Rechtsgutachten betrachtet werden. Sie bilden eine wichtige Quelle für das Verständnis entschiedener oder noch offener Rechtsfragen und werden zusammen mit den Entscheidungen des EuGH bzw. des Gerichts erster Instanz veröffentlicht.

A. Dashwood: The Advocate-General in the Court of Justice of the European Communities, Legal Studies 2 (1982), S. 202–216. – O. Pichler: Der Generalanwalt beim Gerichtshof der EG, Frankfurt a. M. 1983.

N. Neuwahl

Generalermächtigung. Bei Abschluß der →*Gründungsverträge* waren die zur Erreichung der weitgesteckten Ziele der →*Europäischen Gemeinschaften* notwendigen Maßnahmen nur zum Teil absehbar und definierbar. Art. 235 EWGV und Art. 203 EAGV (Art. 95 EGKSV mit Abweichungen) enthalten daher eine G. zur Rechtsetzung auch in Bereichen, wo die Verträge den →*Organen* nicht oder nur in unzureichendem Maße die hierzu erforderlichen spezifischen →*Einzelermächtigungen* erteilen. – Zur Inanspruchnahme der G. müssen zwei Voraussetzungen erfüllt sein: (a) ein Tätigwerden der Gemeinschaft muß zur Erreichung der Vertragsziele (im Falle der EWG im Rahmen des →*Gemeinsamen Marktes*) erforderlich erscheinen; (b) die hierfür erforderlichen Befugnisse sind im Vertrag nicht vorgesehen. Sind beide Voraussetzungen gegeben, so erläßt der →*Rat* einstimmig auf Vorschlag der →*Kommission* nach →*Anhörung* des →*Europäischen Parlaments* die geeigneten Vorschriften. – Indem die G. es der Gemeinschaft erlaubt, Kompetenzlücken, die sich bei Verwirklichung der weitgefaßten Vertragsziele ergeben, ohne Rückgriff auf das umständliche Verfahren der →*Vertragsänderung* zu schließen, trägt sie wesentlich zur Erhaltung der Handlungs- und politischen Fortentwicklungsfähigkeit der Gemeinschaft bei. Die G. hat es der Gemeinschaft ermöglicht, v. a. in den Bereichen der →*Bildungs-*, →*Energie-*, →*Entwicklungs-*, →*Forschungs- und Technologie-*, →*Umwelt-* und →*Währungspolitik* auch ohne zureichende *Einzelermächtigungen* effektiv tätig zu werden. In einigen dieser Bereiche sind der Gemeinschaft durch die →*Einheitliche Europäische Akte* sowie durch den →*Vertrag über die Europäische Union* inzwischen spezifische *Einzelermächtigungen* übertragen worden, so daß der Gebrauch der G. in diesen Bereichen ganz oder teilweise obsolet geworden ist bzw. werden wird (→*Gemeinschaftskompetenzen*).

U. Everling: Die allgemeine Ermächtigung der EG zur Zielverwirklichung nach Art. 235 EWGV, in: Europarecht (1976) (Sonderheft), S. 2–26.

J. Monar

Generalsekretariat der Kommission der EG →Kommission der EG

Generalsekretariat des Europäischen Parlaments. Zur technischen Vorbereitung der ersten Sitzung der *„Gemeinsamen Versammlung"* der →*Europäischen Gemeinschaft für Kohle und Stahl* im September 1952 zog Jean Monnet die Generalsekretäre der nationalen Parlamente der sechs MS heran. Deren Mitarbeiter bildeten den Grundstock des Sekretariats der Versammlung, die sich sofort in Parlamentsausschüssen und politischen Fraktionen mit entsprechender Personalbesetzung organisierte. – Mit Inkrafttreten der →*Römischen Verträge* wuchs das Sekretariat der *„Gemeinsamen Versammlung"* automatisch in die Rolle des G. des →*Europäischen Parlaments* hinein, das sich am 19.3.1958 unter der Präsidentschaft von Robert Schuman in Straßburg konstituierte. – Das von einem durch das Präsidium gewählten *Generalsekretär* geleitete G. hat seinen provisorischen Sitz seit 1952 in Luxemburg, wie seinerzeit auch die anderen Organe der EGKS. Weitere Arbeitsorte des Sekretariats sind: Straßburg, monatlich eine Woche für die ordentlichen Plenartagungen und Brüssel, monatlich zwei Wochen für Ausschußtagungen sowie eine Woche für die politischen Fraktionen. Außerdem unterhält das G. Informationsbüros in den Hauptstädten der MS der Gemeinschaft. – Aufgabe des G. ist es, die Arbeiten des EP, seiner Ausschüsse und seiner Delegationen im weiteren Sinne administrativ zu betreuen und zu unterstützen. Hierzu gehört v. a. auch die juristische Beratung (Juristischer Dienst der G.), die Erstellung von Studien zu politischen Fragen (Generaldirektion „Studien") sowie die Bereitstellung eines umfassenden Sprachendienstes (Generaldirektion „Übersetzung"). – Die Erweiterung der Kompetenzen des EP, die Vergrößerung der Zahl der MS und der Amtssprachen, die →*Direktwahl* seit 1979 mit einer Vervielfachung der Zahl der Abgeordneten ließen die Mitarbeiterzahl des G. beträchtlich anwachsen. Die Zahl der unter dem →*Beamtenstatut der EG* tätigen Bediensteten belief sich 1991 auf etwas mehr als 3.500. Davon arbeiteten (ohne Schreibkräfte) rund 800 im Sprachendienst.

H. J. Opitz

Generalsekretariat des Europarates. Das G. besteht aus dem *Generalsekretär,* dem *stellvertretenden Generalsekretär,* dem *Greffier* sowie mehr als 900 Bediensteten. Der Generalsekretär und der stellvertretende Generalsekretär werden von der →*Parlamentarischen Versammlung des Europarates* auf Empfehlung des →*Ministerkomitees* ernannt. Der Generalsekretär ist für die Tätigkeit, d. h. die administrative Unterstützung der beiden Organe dem Ministerkomitee gegenüber verantwortlich. Das G. enthält folgende Dienste: das *Kabinett,* d. h. den Arbeitsstab des Generalsekretärs und stellvertretenden Generalsekretärs; den *Versammlungsdienst* (geleitet durch den Greffier) mit der Aufgabe, die Sitzungen der Parlamentarischen Versammlung vorzubereiten, durchzuführen und aufzuarbeiten; die Politische Direktion, die vorwiegend das Sekretariat für das Ministerkomitee bildet; die Wirtschafts- und Sozialdirektion; die Direktion für Erziehung, Kultur und Sport; organisatorisch ausgegliedert ist davon mittlerweile das Europäische Jugendzentrum und der Europäische Jugendfonds; die Direktion für Umweltschutz und kommunale Angelegenheiten; die Direktion für juristische Angelegenheiten; die Direktion für Presse und Information; die Direktion für Verwaltungsangelegenheiten; die Direktion für Menschenrechte.

Council of Europe: Report on the Activities of the Council of Europe 1992, Straßburg 1992.

G. Schink

Generalsekretariat des Rates der EG. Gemäß Art. 17 der GO des →*Rates der EG* wird „der Rat von einem Generalsekretariat unterstützt, das einem Generalsekretär untersteht". Der Generalsekretär wird vom Rat durch einstimmigen Beschluß für einen Zeitraum von fünf Jahren ernannt, wobei die Amtszeit verlängert werden kann. Zum G. gehören außer dem Kabinett des Generalsekretärs der →*Juristische Dienst* und sieben Generaldirektionen (Landwirtschaft – Fischerei, Binnenmarkt, Energie – Forschung – Verkehr – Umweltfragen, Auswärtige Beziehungen und Zusammenarbeit in Entwicklungsfragen, Beziehungen zum Europäischen Parlament, Wirtschafts-, Finanz- und Sozialfragen, Personal und Verwaltung). – Das G. stellt die konzeptionelle und materielle Infrastruktur des Rates, und zwar auf drei Ebenen: *Arbeitsgruppen*, →*Ausschuß der Ständigen Vertreter* (AStV) und Rat selbst. Das G. dient als Sekretariat für den →*Europäischen Rat*. Es unterstützt ferner eine Reihe von Institutionen der zwischenstaatlichen Zusammenarbeit zwischen den zwölf MS (insbesondere im Bereich des freien Personenverkehrs und der Drogenbekämpfung). Das G. dient im Rahmen der verschiedenen →*Regierungskonferenzen* als Konferenzsekretariat. Das G. hatte im August 1992 2.300 Bedienstete. Der Großteil davon ist in den Diensten beschäftigt, die für die technische Unterstützung der Tagungen und Sitzungen zuständig sind. (Jährliche Zahl der Tagungen und Sitzungen im Rahmen des Rates: ungefähr 120 Ratstagungen, 120 Tagungen des AStV und 2.000 Sitzungen der Arbeitsgruppen). Da alle Dokumente in den neun →*Amtssprachen* der Gemeinschaft erstellt werden müssen, arbeitet eine große Zahl der Bediensteten für die Übersetzung und weitere Handhabung der Dokumente. – Das G. ist allen Delegationen bei deren Arbeit behilflich. Der Schwerpunkt seiner Arbeit liegt jedoch auf der Unterstützung des jeweiligen Ratsvorsitzes (→*Präsidentschaft*). Neben der Erstellung der erforderlichen Dokumente und Berichte, die als Grundlage für die Beratungen im Rat und in den nachgeordneten Gremien dienen, unterstützt das G. den Vorsitz bei der Organisation der Arbeiten des Rates, bei der Vorbereitung von Entscheidungen und Kompromißvorschlägen. Ferner berät es den Vorsitz auf allen Ebenen bei der Durchführung von Sitzungen. Es unterstützt den Vorsitz bei dessen Kontakten zu den nationalen Delegationen und den anderen →*Organen*. Durch die ununterbrochene Zusammenarbeit mit dem jeweiligen Ratsvorsitz stellt das G. einen Faktor der Kontinuität für die Arbeit des Rates dar. – Mit der →*Einheitlichen Europäischen Akte* haben die MS ein →*EPZ-Sekretariat* geschaffen, dessen Sitz sich im Gebäude des G. befindet. Das G. sorgt bei EPZ-Tagungen in Brüssel für die technische Unterstützung. Gemäß dem →*Vertrag über die Europäische Union* wird das G. im Rahmen der künftigen →*Gemeinsamen Außen- und Sicherheitspolitik* und der Zusammenarbeit in den Bereichen Justiz und Inneres innerhalb der Union Sekretariatsaufgaben wahrnehmen.

P. CHRISTOFFERSEN

Genscher-Colombo-Initiative. Die Außenminister Deutschlands und Italiens, *Genscher* und *Colombo*, forderten 1981 eine Erweiterung des außenpolitischen Spielraums der EG und ihrer MS durch Schaffung eines Gesamtrahmens für die EG und die →*Europäische Politische Zusammenarbeit*, die Stärkung der Institutionen und eine Zusammenarbeit auf den Gebieten Kultur und Sicherheit. Die G.

ging in die →*Feierliche Deklaration zur Europäischen Union* des →*Europäischen Rates* vom Juni 1983 ein.

B. NEUSS

Gericht erster Instanz der EG →Gerichtshof der EG

Gerichtshof der EG (EuGH). Amtliche Bezeichnung: *Gerichtshof der Europäischen Gemeinschaften.* Sitz: Luxemburg – Aufgabe des G. ist es, die Wahrung des Rechts bei der Auslegung und Anwendung der EG-Verträge sicherzustellen (Art. 164 EWGV, 136 EAGV, 31 EGKSV). Seine Zuständigkeiten ergeben sich nicht nur aus ausdrücklichen Zuweisungen in den Gründungsverträgen (insbes. bezüglich →*Nichtigkeitsklagen;* →*Untätigkeitsklagen;* →*Vertragsverletzungsverfahren;* →*Vorabentscheidungsverfahren;* →*Schadensersatzklagen;* →*Beamtenklagen;* →*Gutachten*), sondern auch aus anderen Rechtsakten wie beispielsweise →*Verordnungen* gemäß Art. 172 EWGV oder internationalen Verträgen (→*Schiedsgerichtsbarkeit;* →*Vorabentscheidungsverfahren*). – Die Zuständigkeiten des 1989 errichteten *Gerichts erster Instanz* der EG, das dem G. beigeordnet ist, ergeben sich aus der Übertragung von Zuständigkeiten des G. durch Ratsbeschluß auf Antrag des G. gemäß Art. 168 a EWGV, 168 a EAGV, 32 d EGKSV (wie erstmals am 24. Oktober 1988 (ABl. C 215 vom 21.8.1989)). Das Gericht entscheidet erstinstanzlich über →*Beamtenklagen,* →*Nichtigkeits-* und →*Untätigkeitsklagen* von natürlichen oder juristischen Personen auf dem Gebiete des Wettbewerbsrechtes der EG, Klagen von Unternehmen und Verbänden gegen Entscheidungen der →*Kommission* gemäß Art. 33 Abs. 1 und Art. 35 EGKSV, sowie über mit solchen Klagen zusammenhängende →*Schadensersatzklagen.* Das Gericht wurde errichtet, sowohl um den G. zu entlasten als auch um den genannten Gebieten einen besseren Rechtsschutz für die betroffenen Personen zu gewährleisten. Auf den genannten Gebieten tritt der G. selbst als Berufungsinstanz auf. Eine Berufungsmöglichkeit gegen Entscheidungen des G. gibt es nicht. – Der G. besteht aus 13 →*Richtern* und 6 →*Generalanwälten.* Er wird unterstützt von einer *Kanzlei* und verschiedenen Diensten unter der Verantwortung des *Kanzlers* (Wissenschaftlicher Dienst, Dokumentation und Bibliothek, Informationsdienst, Direktion Übersetzung und Verwaltung) sowie von den *Kabinetten* der einzelnen Richter. Das *Gericht erster Instanz* besteht aus 12 →*Richtern* und hat eine eigene *Kanzlei.* – Der G. tagt als *Plenum* oder in aus seiner Mitte für bestimmte Gruppen von Rechtssachen oder vorbereitende Aufgaben gebildeten *Kammern* (3 oder 5 Richter). Der G. entscheidet als *Plenum* alle auf Antrag eines MS oder →*Organs* der EG anhängigen Rechtssachen (nach Inkrafttreten des EUV nur noch auf besonderen Antrag eines MS oder Organs). Klagen von natürlichen oder juristischen Personen und →*Vorabentscheidungsverfahren* werden auch häufig an eine *Kammer* verwiesen. – Das *Gericht erster Instanz* tagt grundsätzlich in *Kammern* (5 Richter in Wirtschaftssachen, 3 in Personalsachen). – Die wesentlichen Vorschriften zum *Verfahren vor dem G.*

finden sich in den drei →*Gründungsverträgen* jeweils als Protokoll beigefügten Satzungen und in der *Verfahrensordnung*. Das *Gericht erster Instanz* hat eine eigene Verfahrensordnung. Jedes Verfahren beginnt mit einer *schriftlichen Phase*, die durch den Eingang einer *Klageschrift* (in Direktklagen) oder eines *Vorlagebeschlusses* des nationalen Gerichts (in →*Vorabentscheidungsverfahren*) bei der *Kanzlei des G.* oder des *Gerichts erster Instanz* eingeleitet wird. Am Ende der *schriftlichen Phase* erstellt der →*Richter-Berichterstatter* den *„Vorbericht"*, der u. a. Vorschläge zur eventuellen Verweisung an eine *Kammer*, zur Beweisaufnahme oder zu anderen vorbereitenden Maßnahmen enthält. Hieran schließt sich die *mündliche Phase* an, worin die *Richter* sowie ggf. der *Generalanwalt* Fragen stellen können und worin die Parteien durch Bevollmächtigte, Beistände oder Anwälte vertreten werden. – Die abschließenden *Schlußanträge* eines *Generalanwalts* sind für die *Richter* nicht verbindlich. Die Entscheidung (*Urteil*, →*Gutachten*, *einstweilige Anordnung*, →*Stellungnahme*) kommt aufgrund eines Vorentwurfs des →*Richter-Berichterstatters* zustande. Die Entscheidungen sowie die Schlußanträge werden in alle →*Amtssprachen* der EG übersetzt und in der amtlichen *„Sammlung der Rechtsprechung des EuGH und des Gerichts erster Instanz der EG"* veröffentlicht. Abweichende Meinungen einzelner Richter werden nicht veröffentlicht. – Der G. spielt aufgrund seiner Befugnisse und Funktionen nicht nur eine wichtige Rolle im institutionellen Gefüge der EG sondern auch im Integrationsprozeß der Gemeinschaft allgemein, dem er durch seine →*Auslegung des Gemeinschaftsrechts* wesentliche Impulse gegeben hat. Besondere Bedeutung hat u. a. seine →*Rechtsprechung* über das Verhältnis zwischen Gemeinschaftsrecht und nationalem Recht (→*Unmittelbare Geltung des Gemeinschaftsrechts*), über die →*Außenkompetenz* der EG und über die Geltung der Menschenrechte innerhalb der Rechtsordnung der EG erlangt. Desweiteren hat der G., durch eine systematisch-teleologische Auslegung des Gemeinschaftsrechts, die Normen und Befugnisse der EG konkretisiert und erweitert und so einen wichtigen Beitrag zur Errichtung des Gemeinsamen Marktes und dessen Funktionieren geleistet. Aufgrund des lakunären Charakters der Gemeinschaftsverträge hat der G. in der Praxis eine quasi rechtsetzende Funktion erlangt. Er ist hierbei allerdings an das System und an die Zielsetzungen der Verträge gebunden.

U. Klinke: Der G., Baden-Baden 1989. – K. Lasok: The European Court of Justice, Practice and Procedure, London 1984. – K. Lenaerts: Das Gericht erster Instanz der EG, in: Europarecht (1990), S. 228–248. – T. Millet: The Court of First Instance of the EC, London 1990.

N. Neuwahl

Gerichtsstands- und Vollstreckungsübereinkommen. Das europäische G. von 1968 (ABl. 1972, L 299, 32), zuletzt geändert 1989 (ABl. 1989, L 285, 1), ist ein völkerrechtlicher Vertrag, der sowohl eine umfassende Regelung der internationalen Zuständigkeit der Gerichte der Vertragsstaaten für im Hoheitsgebiet dieser Staaten lokalisierte Rechtsstreitigkeiten als auch eine Regelung der automatischen Anerkennung und erleichterten Vollstreckung ausländischer Entscheidungen vorsieht. Vertragsstaaten sind die zwölf MS der EG. – Das G. gilt für Zivil- und Handelssachen mit Ausnahme bestimmter Gebiete insbesondere aus dem Familien- und Erbrecht. Gemäß seiner Zuständigkeitsordnung sind Personen mit Wohnsitz in einem Vertragsstaat grundsätzlich vor den Gerichten dieses Staates zu verklagen; Ausnahmen hiervon betreffen u. a. den Erfüllungsort bei Vertragsklagen sowie Gerichtsstandsvereinbarungen. Für die Vollstreckbarerklärung von Entscheidungen aus anderen Vertragsstaaten sieht das G. ein einseitiges Antragsverfahren vor, das einen raschen Zugriff auf Vermögenswerte des Schuldners erlaubt und diesem erst im anschließenden Rechtsbehelfsverfahren Gelegenheit zu Einwendungen gibt. Die einheitliche Auslegung des G. gewährleistet der →*Gerichtshof der EG* in einem Vorlageverfahren (→*Vorabentscheidungsverfahren*).

J. Kropholler: Europäisches Zivilprozeßrecht, Heidelberg 1991.

N. Lierow

Gesamtbericht über die Tätigkeit der Europäischen Gemeinschaften. Nach Art. 18 des →*Fusionsvertrages* ist die →*Kommission* gehalten, dem →*Europäischen Parlament* jährlich einen G. vorzulegen. Darin wird zum einen detailliert zu den im betreffenden Zeitraum behandelten, großen Themen und Fragen sowie zu den Fortschritten der europäischen Einigung Stellung genommen. Zum anderen werden Außenbeziehungen, die Zusammenarbeit zwischen den Regierungen, Probleme der Menschenrechte, die Arbeit der verschiedenen europäischen Institutionen wie auch die Finanzplanung dargestellt. Der G. wird im Anhang durch einen chronologischen Abriß der hervorragenden Ereignisse, durch eine Zusammenstellung der erlassenen Richtlinien, durch Zahlenmaterial und Statistiken vervollständigt. Zusammen mit dem G. werden ebenfalls jährlich drei Zusatzberichte veröffentlicht: (1) *„Die Lage der Landwirtschaft in der Gemeinschaft“ (Landwirtschaftsbericht)*, (2) *„Bericht über die soziale Entwicklung“ (Sozialbericht)*, (3) *„Bericht über die Wettbewerbspolitik“ (Wettbewerbsbericht)*.

J. Doggen

Gesamtdeckung (Haushaltsgrundsatz) →Finanzverfassung der EG

Gesamteinigungen. Als G. (oder auch *„Paketlösungen“*) werden im →*Rat der EG* oder im →*Europäischen Rat* gleichzeitig und im Zusammenhang erzielte Entscheidungen in unterschiedlichen sachlichen und politischen Fragen bezeichnet. Indem die G. es erlauben, Konzessionen der MS in verschiedenen Sach- und Politikbereichen gegeneinander aufzuwiegen, bilden sie ein wichtiges Instrument der Kompromißfindung, das der Gemeinschaft bereits häufig einen Ausweg aus lähmender Entscheidungsunfähigkeit ermöglicht hat.

J. Monar

Gesandtschaftsfähigkeit der EG →Völkerrechtlicher Status der EG

Geschriebenes Gemeinschaftsrecht →Primärrecht, →Sekundärrecht

Gesellschaftsteuerharmonisierung →Steuerharmonisierung

Gesetzgebungsverfahren →Entscheidungsverfahren

Gespaltene Souveränität →Souveränität der EG und der MS

Gewaltenteilung. Eine G., d. h. eine Aufteilung der Gesamtgewalt des politischen Systems in eine *„gesetzgebende" (Legislative), „ausführende" (Exekutive)* und *„rechtsprechende" (Judikative)* Gewalt, ist in der EG bislang nur teilweise verwirklicht, und dies zudem in erheblicher Abweichung vom klassischen Modell der staatlichen G. mit seinem Ziel der wirksamen gegenseitigen Hemmung und Kontrolle der Gewalten *(„checks and balances"):* Das →*Europäische Parlament* verfügt bislang nur über sehr begrenzte Legislativ- und Kontrollbefugnisse und kann daher nicht als das eigentliche Legislativorgan gelten. Die Gesetzgebungsfunktion liegt hauptsächlich beim →*Rat,* doch setzt sich dieser aus den Repräsentanten nationaler Exekutiven zusammen und verfügt über kein Gesetzesinitiativrecht. Die Funktion der Exekutive wird hauptsächlich von der →*Kommission* erfüllt. Deren Mitglieder gehen jedoch nicht aus einer Entscheidung der Legislative hervor, sondern werden von den nationalen Exekutiven einvernehmlich ernannt. Die Kom. verfügt zudem über kein Exekutivmonopol, da sich der Rat →*Durchführungsbefugnisse* zum →*Sekundärrecht* vorbehalten kann. Mehr im Einklang mit dem klassischen Modell staatlicher G. befindet sich der mit der Wahrung des Gemeinschaftsrechts betraute →*Gerichtshof der EG,* die Judikative der Gemeinschaft. – In bundesstaatlichen Systemen tritt zu der behandelten Aufteilung von Gewalten bzw. Aufgaben zwischen den obersten Organen des Staates *(„horizontale G.")* noch die zwischen der Ebene des Bundesstaates, der Ebene seiner Einzelstaaten und der anderer regionaler und kommunaler Entitäten *(„vertikale G.").* Eine solche *vertikale* G. ist im Falle der EG zwischen der Gemeinschaft und ihren →*Mitgliedstaaten* bereits in sehr weit entwickelter Form vorhanden (→*Zuständigkeitsverteilung,* →*Gemeinschaftskompetenzen*). Hinsichtlich der Ausdehnung der *vertikalen* G. auf nachgeordnete territoriale Entitäten sind im System der Gemeinschaft allerdings bisher nur erste Ansätze gegeben (→*Europa der Regionen,* →*Ausschuß der Regionen*).

K. Lenaerts: Some Reflections on the Separation of Powers in the European Community, in: Common Market Law Review (1991), S. 11–35.

J. MONAR

GFK →Regionalpolitik der EG

GFS →Gemeinsame Forschungsstelle

Gipfelkonferenzen →Europäischer Rat

Gleichheitsgrundsatz (EG-Recht). Der G. (auch: *Prinzip der Gleichbehandlung*) verbietet, vergleichbare Sachverhalte unterschiedlich zu behandeln, es sei denn, eine Differenzierung sei objektiv gerechtfertigt. Er richtet sich in erster Linie an die Verwaltungsbehörden, kann aber auch in Beziehungen zwischen Privaten Wirkung entfalten *(„Drittwirkung“)*. – Die EG-Verträge regeln den allgemeinen G. *nicht ausdrücklich*. Immerhin wird in der Präambel zur →*Einheitlichen Europäischen Akte* „Gleichheit“ ausdrücklich zu den Grundlagen der Gemeinschaft gezählt (im EGV fehlt ein entsprechender Hinweis). Gleichwohl gehört nach der Rechtsprechung des →*Gerichtshofes der EG* der G. „zu den Grundprinzipien des Gemeinschaftsrechts“ (EuGH Rs. C-267/88, *Unitard/Laitérie coopérative*). Ausdruck dieses im Rang des Vertrages stehenden Prinzips sind Einzelbestimmungen, die jeweils spezifische Verbote der Ungleichbehandlung aussprechen. So verbietet Art. 6 EGV jede Diskriminierung aus Gründen der *Staatsangehörigkeit*. Art. 40, III EGV verbietet bei der Ausgestaltung der gemeinsamen Agrarpolitik *„jede Diskriminierung zwischen Erzeugern und Verbrauchern“*. Ein entsprechendes →*Diskriminierungsverbot* enthält Art. 4 EGKSV für das Verhältnis von Erzeugern und Verbrauchern im Kohle- und Stahlbereich. Schwierigkeiten bei der Feststellung einer Verletzung des Gleichheitsgebots kann die Ermittlung der Vergleichsgruppe bereiten: denn je nach Art der Definition (enger oder weiter) variiert die Möglichkeit einer Verletzung (Beispiel: EuGH Rs. C-355/89, *Dept. of Health, Isle of Man/Barr und Montrose*).

K. Lenaerts: L'égalité de traitement en droit communautaire, in: Cahiers de droit européen (1991), S. 3 ff. – A. S. Mohn: Der Gleichheitssatz im Gemeinschaftsrecht, Kehl 1990.

R. Bieber

„Gravier“ (Rechtssache) →Bildungspolitik der EG

Grenzausgleich →Währungsausgleich

Grenzausgleichssätze →Währungsausgleich

Grenzkontrollen. Seitdem die →*Einheitliche Europäische Akte* (EEA) von 1987 in Art. 8 a EWGV den →*Binnenmarkt* als *„Raum ohne Binnengrenzen“* definiert, gilt die Abschaffung der Personen- und Warenkontrollen an den Binnengrenzen der EG als Ziel des EWGV. Ob sich daraus auch eine entsprechende Kompetenz der EG ergibt, ist angesichts der *„Allgemeinen Erklärung zu den Artikeln 13–19 der EEA“*, die die MS in der Schlußakte zur EEA abgegeben haben, fraglich. Ein RL-Entwurf der →*Kommission* zur vollständigen Abschaffung der G. an den Binnengrenzen aus dem Jahre 1985 (ABl. Nr. C 131 vom 30.5.1985, S. 5) ist im →*Europäischen Rat* gescheitert. Eine Reihe von MS (B, D, F, L, NL) haben die Abschaffung der Binnengrenzkontrollen und die notwendigen Kompensationsmaßnahmen formal außerhalb des EG-Rechts in völkerrechtlichen Verträgen, den beiden →*Schengener Übereinkommen,* vorgesehen. E, I, P und zuletzt auch GR sind diesen Abkommen beigetreten, die auf längere Sicht durch eine EG-einheitliche Regelung ersetzt werden mögen. Wenn auch die EG-rechtliche Verpflichtung zur

Abschaffung der Binnengrenzkontrollen zweifelhaft sein mag, ist die Beseitigung der G. politisches Ziel der meisten MS. Sowohl die Kom. als auch die Vertragsstaaten der *Schengener Abkommen* gehen davon aus, daß die Kontrollen an den Binnengrenzen der EG durch eine verstärkte und an einheitliche Regeln gebundene Kontrolle an den Außengrenzen ersetzt werden soll. – Vor einer vollständigen Abschaffung der G. an den Binnengrenzen der EG ist für den Personenverkehr eine Einigung über die im 2. *Schengener Abkommen* behandelten Sicherheitsbereiche (Asylrecht, Auslieferungsrecht, Rechtshilfe in Strafsachen, die Visumspolitik, das Waffen- und Drogenrecht und polizeiliche Zusammenarbeit einschließlich der Datenübermittlung) erforderlich. – Im Bereich des Warenverkehrs ist durch Änderung des →*Gemeinschaftlichen Versandverfahrens* (VO Nr. 2726/90, ABl. L 262 vom 26.9.1990) zwar eine G. für Waren innerhalb der EG grundsätzlich nicht mehr vorgesehen, Gesundheitskontrollen beim Import von Lebensmitteln und Pflanzen sind aber noch möglich. Ein Haupthindernis für die Abschaffung der G. ist der steuerliche Grenzausgleich für Waren, der erst nach einer Harmonisierung der Mehrwertsteuer und der besonderen Verbrauchssteuern (z. B. auf Alkohol und Tabak) entfallen wird (→*Steuerharmonisierung*). – Technische Sicherheitskontrollen im Straßen- und Binnenschiffsverkehr dürfen seit dem 1.7.1990 nicht mehr als G., sondern nur *„im Rahmen der im gesamten Gebiet eines MS ohne Diskriminierung durchgeführten üblichen Kontrollen"* stattfinden (VO Nr. 4060/89, ABl. Nr. L 390 v. 30.12.1989, S. 18).

H.-H. Kühne: Kriminalitätsbekämpfung durch innereuropäische Grenzkontrollen?, Berlin 1991. – H. Matthies: G., in: E. Grabitz (Hrsg.): Kommentar zum EWGV, Loseblatt, Art. 30, Rdnr. 32.

T. Stein

Gründerstaaten. Als G. werden die sechs MS (B, D, F, I, L, NL) bezeichnet, die an der Gründung der drei →*Europäischen Gemeinschaften* 1951 (EGKS) und 1957 (EWG und EAG) beteiligt waren.

Hrsg.

Gründungsverträge. Als G. werden die drei Verträge zur Gründung der drei →*Europäischen Gemeinschaften* bezeichnet, die am 17. April 1951 (EGKSV) bzw. am 25. März 1957 (EWGV und EAGV) unterzeichnet wurden.

Hrsg.

Grüne Paritäten →Grüne Währung, →Währungsausgleich

Grüne Währung. Als G. werden die im Rahmen des →*Währungsausgleichs* verwendeten besonderen Kurse (*„grüne Paritäten"*) der Währungen der MS bei der Umrechnung der in ECU festgelegten garantierten Agrarpreise bezeichnet, die das →*Agrarpreissystem* gegen unerwünschte Folgen von Leitkursanpassungen im →*Europäischen Währungssystem* abschirmen.

Hrsg.

Grundfreiheiten des EWG-Vertrages →Freiheiten des Gemeinsamen Marktes

Grundrechte der Arbeitnehmer →Gemeinschaftscharta der sozialen Rechte der Arbeitnehmer

Grundrechte in der EG. (1) Die Gemeinschaft ist verpflichtet, bei ihrem Handeln die G. des Einzelnen zu achten. Dies entspricht einem Gebot des Gemeinschaftsrechts. Allerdings enthalten die Gemeinschaftsverträge keinen Grundrechtskatalog. Nur vereinzelt werden Grundrechtsverbürgungen genannt (vergleiche Art. 36: *Eigentum;* Art. 119: *Gleichbehandlung von Mann und Frau im Arbeitsrecht*). Das allgemeine Gebot der Achtung der G. und seine Einzelheiten wurden durch die →*Rechtsprechung des EuGH* entwickelt. Die G. sind danach Bestandteile des Rechts, das der EuGH bei der Auslegung und Anwendung des Vertrages zu wahren hat (Art. 164 EGV). Sie nehmen den Rang primären Gemeinschaftsrechts (→*Rechtsgrundlagen*) ein. Der EuGH entnimmt die Grundrechtsverbürgung den allgemeinen Rechtsgrundsätzen, die sich aus den gemeinsamen Verfassungsüberlieferungen der MS ergeben. Hinweise zu Art, Inhalt und Schranken der G. geben die internationalen Abkommen zum Schutze der Menschenrechte, an denen die MS beteiligt sind. Dies gilt insbesondere für die →*Europäische Menschenrechtskonvention* und ihre Zusatzprotokolle, die für alle MS bindend sind. – Wegen der Notwendigkeit, die Einheit der →*Gemeinschaftsrechtsordnung* zu wahren, sind Inhalt und Schranken der Grundrechte ausschließlich gemeinschaftsrechtlich zu bestimmen. Unterschiede der nationalen Regelungen sind gemeinschaftsrechtlich irrelevant. Maßgeblich ist nicht der jeweils maximale oder minimale Grundrechtsschutz, den ein Vergleich der mitgliedsstaatlichen Verfassungen ergibt; der EuGH bedient sich bei der Beurteilung der gemeinsamen nationalen Verfassungstraditionen vielmehr der sogenannten *rechtsvergleichend wertenden Methode,* die auch die Ziele der Gemeinschaftsrechtsordnung in Rechnung stellt. – Im Anschluß an die Rechtsprechung des EuGH haben sich →*Europäisches Parlament,* →*Rat* und →*Kommission* in einer Erklärung vom 5.4.1977 ausdrücklich zur Achtung der G. bekannt. Ein entsprechendes Bekenntnis findet sich in der Präambel der →*Einheitlichen Europäischen Akte* und in Artikel F Abs. 2 des →*Vertrages über die Europäische Union.* Das EP hat am 11.11.1981 einen – nicht bindenden – Grundrechtskatalog verabschiedet. (2) Die Rechtsprechung des EuGH zu möglichen Schranken der G. enthält noch keine ausgeprägten Differenzierungen. Der EuGH verweist insoweit allgemein auf die *gesellschaftliche Funktion der geschützten Rechtsgüter.* Hieraus entnimmt er die Möglichkeit von Beschränkungen, sofern diese tatsächlich dem Gemeinwohl dienenden Zielen entsprechen und nicht einen im Hinblick auf den verfolgten Zweck unverhältnismäßigen, nicht tragbaren Eingriff darstellen, der die so gewährleisteten Rechte in ihrem Wesensgehalt antastet (EuGH Rs. 265/87, *Schräder*). – (3) Als geschützte G. hat der EuGH im Zuge seiner Rechtsprechung behandelt: den Gleichheitssatz, das

Eigentum, die Berufsausübungsfreiheit, die Vereinigungsfreiheit, die Meinungsfreiheit, die Achtung der Privatsphäre und des Briefwechsels, die Unverletzlichkeit der Wohnung, die Achtung des Familienlebens, die Religionsfreiheit und den Anspruch auf effektiven gerichtlichen Rechtsschutz. – (4) Das deutsche Bundesverfassungsgericht hat sich zunächst die Prüfung von Rechtsakten der Gemeinschaft am Maßstab der im Grundgesetz verbürgten G. vorbehalten (Beschluß vom 29.5.1974, E 37, 271 – *„Solange I-Beschluß"*). Solange die EG noch nicht über einen von einem Parlament beschlossenen Grundrechtskatalog verfüge, der dem Grundrechtsteil des Grundgesetzes adäquat sei, sei nach der Überprüfung durch den EuGH auch die Überprüfung durch das Bundesverfassungsgericht zulässig. Insoweit trete der Grundsatz des →*Vorrangs des Gemeinschaftsrechts* zurück, weil der Grundrechtsteil des Grundgesetzes ein unaufgebbares, zur Verfassungsstruktur des Grundgesetzes gehörendes Essentiale darstelle, das nicht vorbehaltlos relativiert werden könne. Diese Rechtsprechung hat das Bundesverfassungsgericht in seinem Beschluß vom 22.10.1986 (E 73, 339 – *Solange II*) wesentlich eingeschränkt. Es hat ausgeführt, daß die Rechtsprechung des EuGH derzeit einen wirksamen Schutz der G. gegenüber der Hoheitsgewalt der Gemeinschaften generell gewährleiste; solange hierdurch der Wesensgehalt der G. generell verbürgt sei, werde es seine Überprüfungsbefugnis am Maßstab der im Grundgesetz verbürgten G. nicht mehr ausüben.

K. Bahlmann: Der Grundrechtsschutz in der EG, in: Europarecht (1982), S. 1–20. – R. Geiger: EG-Vertrag. Kommentar, München 1993. – H. G. Schermers: The European Communities bound by fundamental human rights, in: Common Market Law Review (1990), S. 249–258.

R. Geiger

Grundsatz der formellen Gesetzesverkündigung →Veröffentlichungspflicht

Grundsatz der Gesetzmäßigkeit der Verwaltung (im EG-Recht). (1) Alle verbindlichen Rechtshandlungen der →*Organe* und anderen Entscheidungsträgern der EG bedürfen einer konkreten Ermächtigung im Gemeinschaftsrecht. Dieses *Prinzip der begrenzten Einzelermächtigung,* der *„compétence d'attribution"* (vergleiche Art. 4 I EGV; 3 I EAGV; 3, 5 EGKSV sowie Einzelbestimmungen wie Art. 145, 155, 228 EWGV), bildet zusammen mit der Bindung der EG-Exekutive an das →*Primärrecht* (dessen Inhalts- und Verfahrensvorgaben) und an die (ungeschriebenen) allgemeinen Rechtsgrundsätze des Gemeinschaftsrechts den G. Geschützt werden die MS (in dem ihnen verbliebenen Aufgabenbereich), die Organe (durch Wahrung des sog. institutionellen Gleichgewichts) und das Individuum (Gedanke der *„Rechtsgemeinschaft"*). – (2) Das handelnde Organ muß die Rechtsgrundlage, die im Sinne einer *effizienten Zielverwirklichung („effet utile")* unter Berücksichtigung der Integrationsdynamik auszulegen ist (dynamische Interpretation), nach *„objektiven, gerichtlich nachprüfbaren Kriterien"*, vor allem nach Zweck und Inhalt des geplanten Rechtsakts auswählen. Das Erfordernis einer ausdrücklichen oder impliziten Ermächtigung gilt für Organhandeln sowohl gegenüber den MS als auch gegenüber Drittstaaten auf völkerrechtlicher Ebene. Die Lückenfüllungsklausel des Art. 235 EGV (→*Generalermächtigung*) erlaubt es dem →*Rat* als Ausnahme vom G., trotz fehlender Handlungsermächtigung einstimmig einen Rechtsakt zu erlassen, der erforderlich ist, um im Rahmen des Gemeinsamen Markts eines der Ziele der Gemeinschaft zu verwirklichen.

H.-P. Kraußer: Das Prinzip begrenzter Ermächtigung als Strukturprinzip des EWGV, Berlin 1991. – J. Schwarze: Europäisches Verwaltungsrecht, Bd. I, Baden-Baden 1988, S. 219–243.

R. Arnold

Grundsatz der Verhältnismäßigkeit im EG-Recht. Belastende Maßnahmen der →*Organe der EG* müssen, so der →*Gerichtshof der EG,* (1) für die Zweckverwirklichung *geeignet,* (2) hierfür *erforderlich* und (3) *zumutbar* (d. h. in der Zweck-Mittel-Relation *angemessen*) sein (G. als *allgemeiner Rechtsgrundsatz des Gemeinschaftsrechts*). Der G. bestimmt die Grenze des von der Gemeinschaftsgewalt *unantastbaren Wesensgehalts* von Gemeinschaftsgrundrechten (in Form allgemeiner Rechtsgrundsätze). Er ist zudem gemeinschaftsrechtlicher Maßstab für die Rechtfertigung nationaler Beschränkungen der Grundfreiheiten, z. B. des freien Warenverkehrs nach Art. 36 EGV und der Arbeitnehmerfreizügigkeit nach Art. 48 Abs. 3 EGV.

H.-P. Kraußer: Das Prinzip begrenzter Ermächtigung als Strukturprinzip des EWGV, Berlin 1991. – J. Schwarze: Europäisches Verwaltungsrecht, Bd. II, Baden-Baden 1988, S. 690–824.

R. Arnold

Gruppenfreistellung →Kartellrecht der EG

Gutachten des EuGH. Der →*Gerichtshof der EG* entscheidet nach Art. 228 (1) EWGV (EUV: Art. 228 (6) EGV) in Form von G. über die Vereinbarkeit vorgesehener Abkommen der EG mit →*Drittländern* oder internationalen Organisationen mit dem Vertrag. Der Antrag hierzu (von →*Kommission,* →*Rat* oder einem MS) ist jederzeit zulässig, bevor das Abkommen nach internationalem Recht verbindlich wird. Das G. kann alle Fragen des substantiellen Rechts, der Befugnisse, des Verfahrens oder der Organisation der Organe der EG betreffen. Fällt das G. negativ aus, so kann das betreffende Abkommen nur gemäß Art. 236 EWGV (EUV: Art. N) in Kraft treten, d. h. nach einem Vertragsänderungsverfahren (→*Vertragsänderung*).

N. Neuwahl

GZT →Gemeinsamer Zolltarif

Haager Europa-Kongreß. Der vom 7. bis 10. Mai 1949 in Den Haag auf Initiative des Organisators des *„United Europe Movement", Duncan Sandys,* abgehaltene H. versammelte knapp 800 Politiker und Vertreter des öffentlichen Lebens zu einer Grundsatzdebatte über den zur Einigung Europas einzuschlagenden Weg. Aufgrund der Opposition der britischen *Labour Party* gegen jede Form europäischer Integration hatten sich die sozialistischen Parteien Westeuropas zuvor gegen eine Beteiligung am H. ausgesprochen, so daß in den von einer vielbeachteten Eröffnungsrede *Winston Churchills* eingeleiteten Debatten konservative und liberale europapolitische Positionen dominierten. Der H. verabschiedete eine Reihe von Resolutionen, die auf eine schrittweise europäische Einigung unter voller Beibehaltung der Kompetenzen nationaler Regierungen und Parlamente abzielten und damit deutlich hinter dem supranationalen Ansatz des späteren →*Schuman-Plans* zurückblieben. Dennoch gingen vom H. wichtige Impulse aus: Er führte zur Bildung der →*Europäischen Bewegung,* bereitete die Errichtung des →*Europarats* vor und sicherte dem Gedanken der europäischen Einigung eine verstärkte Resonanz in der Öffentlichkeit.

P. Gerbet: La construction de l'Europe, Paris 1983. – W. Loth: Der Weg nach Europa, 2. Aufl., Göttingen 1991.

J. Monar

Haager Gipfelkonferenz. Die H. der sechs MS der EG in Den Haag im Dezember 1969 stand unter dem Motto *„Vollendung, Vertiefung, Erweiterung"*. Sie kam überein, die →*Übergangszeit* als beendet anzusehen. Die EG trat in die Endphase ein, obwohl die volle Wirtschaftsgemeinschaft noch nicht realisiert war *(Vollendung)*. Der Einigungsprozeß sollte durch Schaffung einer Wirtschafts- und Währungsunion und durch Schritte zu einer politischen Gemeinschaft fortentwickelt werden *(Vertiefung)*. Die H. stimmte Verhandlungen über die Beitrittsanträge (1967) von Großbritannien, Irland, Dänemark und Norwegen zu *(Erweiterung)*, die de Gaulle bis zu seinem Rücktritt (April 1969) blockiert hatte.

B. Neuss

Habilitierungsverfahren. Das H. stellt bei der →*Kommission* neben dem →*schriftlichen Verfahren* die zweite Ausnahme von dem üblichen →*mündlichen Verfahren* dar. Es stellt eine Durchbrechung des →*Kollegialitätsprinzips* dar. Es findet Anwendung, soweit die Kom. durch Beschluß ein *federführendes Kommissionsmitglied* ermächtigt hat, im Namen des Kollegiums bestimmte Entscheidungen zu treffen. Derartige Entscheidungen sind beschränkt auf Fälle, die zwischen den beteiligten Dienststellen der Kom. unumstritten sind und keine besondere politische Bedeutung haben.

G. Hitzler

Haftung der EG. Entsteht durch ein rechtswidriges Verhalten der EG oder ihrer Organe ein Schaden, so kann dies die Verpflichtung der EG auslösen, den Schaden auszugleichen (*„Haftung"*). Ob eine H. besteht und nach welchen Grundsätzen ein Schaden zu ersetzen ist, hängt davon ab, ob der Schaden im Rahmen einer *vertraglichen Beziehung* zwischen der EG und einem Dritten entstanden ist oder ob der Schaden eine Folge der allgemeinen Amtstätigkeit bildet (*„Amtshaftung"*). - Die *vertragliche Haftung* bestimmt sich in Voraussetzungen und Folgen nach dem Recht, das auf den konkreten Vertrag anwendbar ist (Art. 215, I EWGV). Ersatzansprüche aus der mangelhaften Erfüllung eines Mietvertrages der EG-Organe bestimmen sich z. B. in aller Regel nach dem Recht des Ortes, an dem die Sache gemietet wurde. – Die *Amtshaftung* der EG regelt sich weder nach dem Recht eines bestimmten Staates noch nach von der EG zu beschließenden Normen, sondern *„nach den allgemeinen Rechtsgrundsätzen, die den Rechtsordnungen der Mitgliedstaaten gemeinsam sind"*. Entsprechende Ansprüche sind gemäß Art. 178 EGV vor dem →*Gerichtshof der EG* geltend zu machen. Dieser ermittelt durch Rechtsvergleichung die einschlägigen *„allgemeinen Rechtsgrundsätze"*. Danach begründet ein rechtswidriges Handeln der EG-Organe die H., also einen Anspruch auf Schadensersatz. Das Handeln kann in einem Verwaltungsfehler, aber auch in einem Fehler des Gesetzgebers bestehen. Weitere Voraussetzungen der H. bildet der Eintritt eines Schadens (Vermögensschaden, immaterieller Schaden, entgangener Gewinn) und die Kausalität zwischen dem Handeln des Organs bzw. des Bediensteten und dem Schaden. Weiterhin muß das Handeln als Amtstätigkeit des Organs bzw. des Bediensteten anzusehen sein.

E. Grabitz: Das Amtshaftungsrecht der Gemeinschaft, in: M. Schweitzer (Hrsg.): Europäisches Verwaltungsrecht, Wien 1991, S. 167 ff.

R. Bieber

Handelshemmnisse. Als H. werden in der EG alle staatlichen oder privatwirtschaftlichen Maßnahmen bezeichnet, die den zwischenstaatlichen Handel behindern. Neben Zöllen sind heute *nichttarifäre H.* (z. B. Importkontingente, Exportbeschränkungen, technische und administrative H.) verbreitet. Gegenüber →*Drittländern* werden H. von der EG oder den MS als →*Protektionismus* bewußt eingesetzt. Innerhalb der EG sind H. mit dem →*Gemeinsamen Markt* unvereinbar und daher prinzipiell verboten. Zölle und Mengenkontingente zwischen MS wurden bis 1968 bzw. während der Übergangszeiten nach dem Beitritt neuer MS beseitigt. MS dürfen aber durch nationale Vorschriften aus Gründen der öffentlichen Sicherheit, zum Schutz von Gesundheit, Leben, gewerblichem Eigentum usw. (→*Ordre-Public-Klausel*) den Güterverkehr beschränken (Art. 36). Solche H. stellen ein Hindernis für den →*Binnenmarkt* dar. Die zunächst versuchte vollständige Harmonisierung der nationalen Vorschriften erwies sich wegen der erforderlichen Einstimmigkeit im →*Rat* (Art. 100) als schwierig. Zur Verwirklichung des →*Binnenmarktprogramms* gilt seit 1985 der Grundsatz der →*gegenseitigen Anerkennung* der Normen und Schutzvorschriften der MS und ihrer Überwachung (entsprechend dem EuGH-Urteil *Cassis de Dijon*). Für viele Produktbereiche werden vom Rat nur *Mindest*anforderungen zum Verbraucherschutz u. ä. festgelegt oder die Gleichwertigkeit einzelstaatlicher Vorschriften beschlossen, wozu *qualifizierte Mehrheit* genügt (Art. 100 a, 100 b). Zur Vermeidung neuer H. melden die MS der Kom. alle geplanten technischen Vorschriften. Im Bereich des gewerblichen Rechtsschutzes sollen das Patent-, Marken- und Urheberrecht so weit europäisiert werden, daß die einzelstaatlichen Rechtsvorschriften keine H. mehr darstellen. Die europäische →*Wettbewerbspolitik* (Art. 85–94) soll H., die auf wettbewerbsbeschränkendem Verhalten von Unternehmen (z. B. Kartelle) oder der MS (z. B. Subventionen) beruhen, verhindern. Der Abbau *physischer H. (Grenzkontrollen)* und der verbliebenen steuerlichen H. hängt von der weiteren politischen Integration der EG ab.

A. Falkenstein: Freier Warenverkehr in der EG, Baden-Baden 1989.

J. MOLSBERGER

Handelspolitik →Außenbeziehungen, →Gemeinsame Handelspolitik

Harmonisiertes System →Gemeinsamer Zolltarif

Harmonisierung der Steuern →Steuerharmonisierung

Harmonisierung des Zollrechts →Zollrechtsharmonisierung

Harmonisierung technischer Vorschriften. Bei der Harmonisierung weiter Bereiche des technischen Rechts zur Sicherung des →*freien Warenverkehrs* folgt die Gemeinschaft seit 1985 der sog. *„Neuen Harmonisierungskonzeption"*. EG-Richtlinien nach Art. 100 a EWGV beschränken sich auf die Festlegung wesentlicher Schutzvorschriften für das Inverkehrbringen bestimmter Industrieprodukte. Sie werden durch nicht-verbindliche europäische Normen weiter ergänzt. Für die betroffenen Produkte soll ein einheitliches Schutzniveau zum Schutz der betroffenen Interessen (Arbeits-, Gesundheits-, Verbraucher-, Umweltschutz) festgelegt und damit der *freie Warenverkehr* ermöglicht werden. – Die Harmonisierung stellt eine alternative Vorgehensweise zur →*gegenseitigen Anerkennung* unterschiedlicher nationaler Vorschriften dar. →*Richtlinien* nach der *Neuen Konzeption* bestehen bereits für folgende Bereiche oder sind in Vorbereitung: Maschinen, Medizinprodukte, Spielzeug, persönliche Schutzausrüstungen, Bauprodukte, Gasgeräte, Telekom-Endgeräte, Druckgeräte, Edelmetallerzeugnisse, Metrologie, Explosionsschutz, elektromagnetische Verträglichkeit. – Die einschlägigen *Richtlinien* bestehen aus zwei Kernelementen: (a) den Anforderungen an die Beschaffenheit und ggf. Herstellung von Produkten *(„grundlegende Anforderungen");* (b) die vom Hersteller einzuhaltenden Verfahren, um Produkte in Verkehr bringen zu können *(„Konformitätsbewertungsverfahren")*. Die grundlegenden Anforderungen beschränken sich auf die für die Festlegung des Schutzniveaus wesentlichen Aussagen; sie gelten für alle in Verkehr gebrachten Produkte und können von den MS weder unter- noch überschritten werden. Sie werden durch harmonisierte Normen weiter konkretisiert, die von den europäischen Normenorganisationen *CEN, CENELEC* (→*Europäisches Komitee für Normung*) und *ETSI* aufgestellt werden. Die harmonisierten Normen behalten ihren freiwilligen Charakter; sie erleichtern dem Hersteller allerdings den Nachweis der Konformität mit den gesetzlichen Anforderungen. – In den vom Hersteller durchzuführenden *Konformitätsbewertungsverfahren* wird die Einhaltung der Richtlinienanforderungen überprüft. Je nach den mit den Produkten verbundenen Risiken gestatten die Richtlinien die Durchführung dieser Verfahren durch den Hersteller in eigener Verantwortung oder sie schreiben die Einbeziehung unabhängiger Zertifizierungsstellen *(„Benannte Stellen")* vor. Die Benannten Stellen werden durch die MS ernannt. Mit der Anbringung des *CE-Zeichens* auf den Produkten bestätigt der Hersteller die Einhaltung aller gesetzlichen Anforderungen. Die so gekennzeichneten Produkte können grundsätzlich in allen EG-Staaten und darüber hinaus im →*Europäischen Wirtschaftsraum* frei zirkulieren, ohne daß es zusätzlicher Verfahren im Bestimmungsland bedarf. Der Verweis auf freiwillige, unmittelbar von den beteiligten Kreisen ausgearbeitete europäische Normen sowie die Einbeziehung dezentralisierter Zertifizierungsstellen mit EG-weiter Entscheidungsbefugnis lassen das gewählte Harmonisierungskonzept als flexibel, sachnah und effizient erscheinen.

Europäisches Recht der Technik. EG-Richtlinien, Bekanntmachungen, Normen, Loseblattsammlung, Berlin. – N. Anselmann: Technische Vorschriften und Normen in Europa, Bonn 1991. – P.-C. Müller-Graff: Technische Regeln im Binnenmarkt, Baden-Baden 1991.

N. Anselmann

Harmonisierung von Rechts- und Verwaltungsvorschriften →Rechtsangleichung

„Hauer" (Rechtssache) →Eigentumsrecht, →Rechtsprechung des EuGH

Hauptprüfungsverfahren (Beihilfen) →Beihilfenaufsicht

Haushalt der EG (Struktur). Im *Haushaltsplan* der EG werden sämtliche Ausgabe- und Einnahmekategorien zur Durchführung von gemeinsamen Politiken der EG für jedes Haushaltsjahr erfaßt (Art. 199 EWGV). Der *Funktionshaushaltsplan* der →*Europäischen Gemeinschaft für Kohle und Stahl* wird gesondert vom H. erstellt. Ebenso werden der →*Europäische Entwicklungsfonds* und die Anleihe- und Darlehenstätigkeiten getrennt budgetiert. – Auf der *Einnahmeseite* des H. wurde im Jahre 1970 das System der →*Eigenmittel* eingeführt, das seit 1980 uneingeschränkt gilt. Als *Eigenmittel* gelten: (1) die Zölle; (2) die Agrarabschöpfungen; (3) die Mehrwertsteuereinnahmen. Hinzu kam durch die Reform des Jahres 1988 (Art. 21 d des Beschlusses 88/376) (4) eine *„vierte Einnahme"* auf der Grundlage des Bruttosozialprodukts der MS. Die bedeutendste Kategorie wird von den Mehrwertsteuermitteln gebildet, die auf einer einheitlichen Bemessungsgrundlage zunächst bis zu 1% erhoben wurden (6. RL vom 17.5.1977); später wurde der Spielraum auf bis zu 1,4% erweitert (Beschluß von 1985). Ihr Anteil am H. betrug 1991 55%. Der Anteil der Zölle und Agrarabschöpfungen (1991: 25%) geht demgegenüber ständig zurück. – Die auf dem BSP der MS basierende *„vierte Einnahme"* hat den Charakter einer veränderlichen allgemeinen Finanzzuweisung zum Haushaltsausgleich von Fehlbeträgen (bis zu einem Volumen von 1,2% des BSP für die gesamten Eigenmittel). Ihr Anteil betrug 1991 bereits 15%. – Auf der *Ausgabenseite* des H. ist zunächst die Unterscheidung zwischen →*obligatorischen Ausgaben* und →*nichtobligatorischen Ausgaben* zu beachten, die politisch motiviert ist (Art. 203 Abs. 4 und 5 EWGV, neugefaßt durch Kapitel II des Vertrages vom 22.4.1970). Während die ersteren nicht der Kontrolle durch das →*Europäische Parlament* unterliegen, kann dieses im Bereich der *nichtobligatorischen Ausgaben* seine politischen Prioritäten zum Ausdruck bringen. – Die wichtigere Untergliederung hinsichtlich der Struktur der Haushaltsausgaben erfolgt vertikal nach Politiken der Gemeinschaft. Sie stellt sich wie folgt dar (Anteile für 1991 in Klammern): Garantie der Agrarmärkte (57%); Strukturpolitiken (26%); Zusammenarbeit mit Entwicklungsländern und Drittländern (4%); Energie, Industrie, Technologie und Forschung (3%); Verwaltung (5%); Andere (5%). Daneben findet sich auch eine horizontale Untergliederung des H. nach Einzelplänen der →*Organe der EG* (EP, Rat, Kom., Gerichtshof, Rechnungshof).

Kommission der EG: Die öffentlichen Finanzen der Gemeinschaft, Luxemburg 1989.

P. B. Spahn

Haushaltsausgleich →Finanzverfassung der EG

Haushaltsbehörde →Haushaltsverfahren

Haushaltsdisziplin →Haushalts- und Finanzpolitik der EG

Haushaltsentwurf →Haushaltsverfahren

Haushaltsgrundsätze →Finanzverfassung der EG

Haushaltsklarheit und -wahrheit →Finanzverfassung der EG

Haushaltskonzertierung →Haushaltsverfahren

Haushalts- und Finanzpolitik. Die EG ist befugt, alle ihr in den Verträgen zugewiesenen Aufgaben durch Bereitstellung finanzieller Mittel zu erfüllen, sofern finanzielle Leistungen dem Grunde und der Höhe nach sachdienlich und angemessen sind. Einzelne Vertragsbestimmungen enthalten ausdrückliche Hinweise auf die Möglichkeit des Einsatzes finanzieller Mittel für die Durchführung einer Politik (Art. 40: →*Gemeinsame Agrarpolitik*; Art. 123: →*Europäischer Sozialfonds*; Art. 130 d: →*Strukturfonds*), doch sind diese Regelungen nicht abschließend. Vor diesem Hintergrund umfaßt die H. die aus *Rechtsakten* der Gemeinschaft ersichtlichen Festlegungen mit finanzieller Auswirkung, deren Konkretisierung im jährlich zu beschließenden *Haushaltsplan* sowie mittelfristige Festlegungen der finanziellen Aktivität *(„Finanzielle Vorausschau")*. – In der Anfangsphase der EG lag der Schwerpunkt der Tätigkeit auf der Schaffung der Voraussetzungen für den →*Gemeinsamen Markt.* Ausgaben fielen – von den Verwaltungskosten abgesehen – zunächst nur im speziellen Bereich der →*Europäischen Gemeinschaft für Kohle und Stahl* und bei der Verwirklichung der →*Gemeinsamen Agrarpolitik* an. Ausgaben galten zunächst nur als Nebenprodukt politischer Grundsatzentscheidungen. Nur allmählich näherte sich die H. der EG dem vielseitigen wirtschafts-, sozial- und finanzpolitischen Steuerungsinstrument, das staatliche Haushalte heute darstellen. – Die *finanzpolitische Funktion* des EG-Haushalts besteht in der Bestimmung des Rahmens der Finanzmittel (→*Eigenmittel*). Die spezielle *Kontrollfunktion des Haushalts* ergibt sich aus der Bindung der Organe an den Haushaltsplan (Art. 205 EGV). Eine *politische Programmfunktion* entfaltet der Haushaltsplan durch das *Prinzip der Spezialität,* wonach Ausgaben grundsätzlich nur in der vorher bestimmten Höhe und im Rahmen zuvor bestimmter Zwecke erbracht werden dürfen (Art. 202 EGV). Auch eine *wirtschaftspolitische Steuerungsfunktion* kommt dem EG-Haushalt zu. Allerdings tritt dieser Aspekt bisher nur sektoriell im Bereich der *Gemeinsamen Agrarpolitik* hervor. – Die Besonderheit der EG-Haushaltspolitik besteht zum einen in ihrer *Dynamik* und – damit verknüpft – in ihrer besonderen Beziehung zur Haushaltspolitik der MS. Die *Dynamik* ergibt sich als eine Folge der Wandlungen der EG-Verträge entsprechend dem Verlauf des Integrationsprozesses. Äußeres Zeichen dieser Dynamik sind die im Haushaltsbereich besonders häufigen *Vertragsänderungen* (1967, 1970, 1975) sowie die mehrfach geänderten Beschlüsse über die *Eigenmittel* (1970, 1985, 1988). Weitere Vertragsänderungen mit dem Ziel der Vereinfachung des →*Haushaltsverfahrens* und des Verfahrens zur Beschaffung eigener Mittel werden diskutiert. – Die jährlichen EG-Ausgaben wachsen rasch an. Bezogen auf die Zahl von 340 Mio. Einwohnern ist ihr Umfang jedoch noch immer gering. Die für das Haushaltsjahr 1992 genehmigten Mittel beliefen sich auf ca. 130 Mrd. DM. Dieser Betrag erreicht nur 3% der Haushalte der zentralen Verwaltungen der MS und 1,1% des Bruttosozialprodukts der EG. Er liegt in der Größenordnung des Staatshaushalts der Niederlande. Die Ausgaben umfassen im wesentlichen 7 Kategorien: (1) Landwirtschaft und Fischerei, (2) Sozialwesen, (3) Regional- und Verkehrspolitik, (4) Energie, Industrie, Forschung, (5) Entwicklungshilfe und Zusammenarbeit, (6) Verwaltungsaufgaben, (7) Erstattungen an die MS, Währungsreserve. – Die Ausgaben für die *Gemeinsame Agrarpolitik* besitzen noch immer das größte Gewicht (54%). Sie werden geprägt von Subventionen für Lagerung und Export, insbesondere zum Abbau strukturbedingter Überschüsse bei den Milcherzeugnissen. In der Entscheidung Nr. 88/377 des Rates vom 24. Juni 1988 (ABl. L 185/- 1988, S. 29) über die *„Haushaltsdisziplin"* wurden maximale Steigerungsraten (74% der Steigerungsrate des Bruttosozialprodukts) für die jährlichen Agrarausgaben festgelegt. – Ein weiterer Schwerpunkt der EG-Haushaltspolitik liegt bei den Ausgaben zur *Förderung des wirtschaftlichen und sozialen Zusammenhalts* in der Gemeinschaft. Gestützt auf Art.

130 d EWGV gilt seit 1989 eine Verordnung (2052/88 vom 24. Juni 1988, ABl. L 185/1988, S. 9) über Aufgaben und Effizienz der →*Strukturfonds*. Darin werden fünf Ziele und die Verfahren einer gemeinschaftlichen Finanztätigkeit festgelegt: (a) Förderung der Entwicklung und der strukturellen Anpassung der Regionen mit Entwicklungsrückstand; (b) Umstellung der Regionen, Grenzregionen oder Teilregionen, die von der rückläufigen industriellen Entwicklung schwer betroffen sind; (c) Bekämpfung der Langzeitarbeitslosigkeit; (d) Erleichterung der Eingliederung der Jugendlichen in das Erwerbsleben; (e) Beschleunigte Anpassung der Agrarstrukturen, Förderung der Entwicklung des ländlichen Raums. Voraussetzung einer Förderung durch die EG ist eine ergänzende nationale Finanzierung. – Das Verfahren zur Beschlußfassung über die Ausgaben (→*Haushaltsverfahren*) unterscheidet sich von den verschiedenen Gesetzgebungsverfahren dadurch, daß dem Parlament gemäß Art. 203 EWGV für einen bestimmten Teil (→*„nichtobligatorische" Ausgaben*) das letzte Wort zusteht. Mögliche Widersprüche zwischen Gesetzgebungs- und Haushaltsbeschlüssen wurden durch *„interinstitutionelle Vereinbarungen"* aufgelöst. Die Vereinbarung vom 29. Juni 1988 *„über die Haushaltsdisziplin und die Verbesserung des Haushaltsverfahrens"* (ABl. L 185/-1988, S. 33) legt verbindlich *jährliche Höchstbeträge* für sämtliche *nichtobligatorischen Ausgaben* fest. – In Rahmen und Ziele der Gemeinschaft eingeordnet, jedoch selbständig handelnd, erfüllt auch die →*Europäische Investitionsbank* finanzpolitische Aufgaben. Gemäß Art. 130 EWGV gehört zu den Aufgaben der Bank, zur Entwicklung des Gemeinsamen Marktes beizutragen, indem sie ohne Verfolgung eines Erwerbszwecks durch Gewährung von Darlehen und Bürgschaften im gemeinschaftlichen Interesse liegende Projekte fördert.

R. Bieber: Die Ausgaben der EG, in: Europarecht (1982), S. 115–132. – Kommission der EG: Die öffentlichen Finanzen der Gemeinschaft, Luxemburg 1989. – D. Strasser: Les Finances de l'Europe, 6. Aufl., Paris 1990.

R. Bieber

Haushaltsverfahren. Die Beschlußfassung über den Gesamthaushaltsplan (GHP) der EG obliegt dem →*Rat* und dem →*Europäischen Parlament* (EP), die zusammen die *„gemeinsame Haushaltsbehörde"* der EG bilden. Die Rolle der →*Kommission* ist auf die Erstellung des Vorentwurfes des GHP beschränkt. – Das H. ist geregelt durch Art. 78 EGKSV, Art. 203 EWGV, Art. 177 EAGV (geändert durch Vertrag vom 22.7.1975), die Haushaltsordnung vom 21.12.1977 sowie eine Reihe interinstitutioneller Vereinbarungen. Fünf Hauptphasen sind zu unterscheiden: (1) *Erstellung des Haushaltsvorentwurfes durch die Kom.* Ab Januar erstellen die Kom. und die übrigen →*Organe der EG* Voranschläge für ihre jeweiligen Aufgabenbereiche. Im März informiert die Kom. die Haushaltsbehörde über eventuell notwendige technische Anpassungen der mittelfristigen Finanzplanung *(„finanzielle Vorausschau")* und unterbreitet entsprechende Vorschläge. Die Haushaltsbehörde entscheidet hierüber bis zum 1. Mai (der Rat mit qualifizierter Mehrheit, das EP mit der Mehrheit seiner Mitglieder und 3/5 der abgegebenen Stimmen). Auf der Grundlage dieser Entscheidung und der Voranschläge der Organe erstellt die Kom. dann den *Haushaltsvorentwurf,* der am 15. Juni dem Rat übermittelt wird. (2) *Erstellung des Haushaltsentwurfs durch den Rat.* Der *Haushaltsvorentwurf der Kom.* wird zur Vorbereitung der Entscheidung *im Rat selbst* zunächst sukzessive vom *Haushaltsausschuß des Rates* und vom *COREPER I* (→*Ausschuß der Ständigen Vertreter*) geprüft. Im Anschluß an ein Treffen mit einer Delegation des EP (bestehend aus dessen Präsident und mehreren Mitgliedern des Haushaltsausschusses des EP) stellt der Rat dann, gewöhnlich mit Abweichungen vom Vorentwurf der Kom., den *Haushaltsentwurf* mit qualifizierter Mehrheit auf und leitet ihn bis spätestens 5. Oktober dem EP zu. (3) *Erste Lesung des Haushaltsentwurfs durch das EP.* In der Praxis erhält das EP den *Haushaltsentwurf* gewöhnlich bereits Mitte September. Der Entwurf wird vom *Haushaltsausschuß des EP* federführend beraten. Dieser ernennt aus seiner Mitte zwei Berichterstatter (einen für den Haushalt der Kom. und einen für den der übrigen Organe) und konsultiert die übrigen Ausschüsse des EP. Auf der Grundlage der erstellten Berichte und der Stellungnahmen der übrigen Ausschüsse schlägt der *Haushaltsausschuß* dem *Plenum* dann Modifikationen am Haushaltsentwurf vor. *„Änderungsvorschläge"* hinsichtlich der →*„obligatorischen Ausgaben"* (OA), bei denen später der Rat das letzte Wort behält, bedürfen der absoluten Mehrheit der im Plenum abgegebenen Stimmen. *„Abänderungen"* der →*„nichtobligatorischen Ausgaben"* (NOA) hingegen, die das EP später innerhalb eines von der Kom. jährlich berechneten *Erhöhungshöchstsatzes* auch gegen den Rat durchsetzen kann, bedürfen der absoluten Mehrheit der Mitglieder. Mit der in der Praxis nicht unproblematischen Trennung zwischen beiden Ausgabearten wird die Absicht verfolgt, eine Unterminierung der dem Rat obliegenden Rechtsetzungskompetenzen durch die Haushaltskompetenz des EP zu verhindern. Das EP kann den Entwurf auch billigen, aber dies ist bisher noch nie der Fall gewesen. Seine *„Abänderungen"* und *„Änderungsvorschläge"* muß das EP bis zum 19. November dem Rat zuleiten. Ein Versäumnis dieser Frist würde die endgültige Feststellung des GHP zur Folge haben. In der Praxis schließt das EP seine Lesung zumeist bereits Ende Oktober ab. (4) *Zweite Lesung des Haushaltsentwurfs durch den Rat.* Nachdem sich Rat und EP im Rahmen eines Treffens um eine Annäherung ihrer Positionen bemüht haben *(„Haushaltskonzertierung"),* beschließt der Rat bis spätestens 4. Dezember (gewöhnlich aber bereits in der dritten Novemberwoche) in zweiter Lesung. Er kann hierbei jede vom EP vorgenommene *„Abänderung"* der NOA und jeden *„Änderungsvorschlag"* zu den OA, der nicht zu einer Erhöhung der Gesamtausgaben eines Organs führt, mit qualifizierter Mehrheit abändern bzw. ablehnen. Ändert der Rat binnen 15 Tagen nach Vorlage des Entwurfs durch das EP keine der *„Abänderungen"* des EP und billigt er im selben Zeitraum dessen *„Änderungsvorschläge"*, so gilt der GHP als endgültig festgestellt. *„Änderungsvorschläge"* zu den OA, die zu einer Erhöhung der Gesamtausgaben eines Organs führen, bedürfen der Annahme mit qualifizierter Mehrheit. Verweigert der Rat seine Zustimmung hierzu oder beschließt er *„Änderungen"* an den vom EP an den NOA vorgenommenen *„Abänderungen"*, dann wird das EP erneut befaßt. (5) *Zweite Lesung des Haushaltsentwurfs durch das EP.* In seiner zweiten Lesung kann das EP nur noch entweder den Haushaltsentwurf mit der Mehrheit seiner Mitglieder und 2/3 der abgegebenen Stimmen *ablehnen* und so die Vorlage eines neuen Entwurfs erzwingen oder die vom Rat an seinen *„Abänderungen"* der NOA vorgenommenen *„Änderungen"* mit der Mehrheit seiner Mitglieder und 3/5 der abgegebenen Stimmen ablehnen und damit den Haushalt unter Einschluß seiner *„Abänderungen"* feststellen. Bezüglich der OA verfügt es über keine weitere Änderungsbefugnis, und auch hinsichtlich der NOA darf es den von der Kom. zuvor errechneten *Erhöhungshöchstsatz* nur in Übereinstimmung mit dem hierüber mit qualifizierter Mehrheit beschließenden Rat überschreiten. Gelangt das EP in seiner zweiten Lesung nicht binnen 15 Tagen zu einer Entscheidung, so gilt der Haushaltsentwurf aus der zweiten Lesung des Rates als angenommen. – Das beschriebene normale Verfahren kann sich durch die Ablehnung des *Haushaltsentwurfs* in der zweiten Lesung des EP oder durch anhaltende Differenzen zwischen Rat und EP über den Erhöhungshöchstsatz der NOA bis in das neue Haushaltsjahr verlängern. In diesem Fall bemüht man sich auf der Grundlage pragmatischer Konzertierungsprozeduren um eine Einigung, während die Organe gemäß Art. 204 EWGV einstweilen Ausgaben in Höhe von monatlich maximal 1/12 der im abgelaufenen Haushaltsplan bereit gestellten Mittel *(„provisorische Zwölftel")* tätigen können. Nach Erzielung einer Einigung wird der GHP dann durch den *Präsidenten des EP* endgültig festgestellt und im →*Amtsblatt* veröffentlicht. – *Berichtigungs-* und *Nachtragshaushalte* sind denselben Verfahrensregeln unterworfen.

Kommission der EG: Die öffentlichen Finanzen der Gemeinschaft, Luxemburg 1990. – D. Strasser: Les finances de l'Europe, 6. Aufl., Paris 1990.

J. MONAR

Haushaltsvorentwurf →Haushaltsverfahren

HDTV →Medienpolitik der EG

HELIOS *(Handicapped people in the European community Living Independently in an Open Society).* Programm der EG zur Förderung der sozialen Integration und der selbständigen Lebensführung von Behinderten (Laufzeit von H. II: 1992–1996).

HRSG.

Hermes (Raumgleiter) →Europäische Weltraumorganisation

Hertensteiner Programm →Europa-Union Deutschland

Historische Archive der EG. Die Gemeinschaft unterhält seit 1985 beim →*Europäischen Hochschulinstitut* in Florenz der Forschung zugängliche zentrale H. für die →*Organe der EG,* in denen auch für die Geschichte der EG bedeutsame Dokumentenbestände aus privater Hand gesammelt werden. Die Schriftstücke der EG unterliegen der 30-Jahre-Regel.

J. Monar

Hochauflösendes Fernsehen →Medienpolitik der EG

Hochgeschwindigkeitsbahn →Transeuropäische Netzwerke

Hohe Behörde →Europäische Gemeinschaft für Kohle und Stahl, →Kommission der EG

Hoheitsgewalt(en) (der EG und der MS). (A) *Die Begriffe „Souveränität" und „H.":* Die Unterscheidung zwischen Souveränität und H. entspricht – bildlich gesprochen – der Unterscheidung von Eigentum und Besitz. Souveränität ist demnach das umfassende Rechtsinstitut *(suprema potestas),* über das Staatsgebiet oder Teile davon endgültig und ohne Einflußnahme einer anderen Autorität zu verfügen. H. ist demgegenüber das Recht zur (ausschließlichen) Ausübung tatsächlicher Herrschaftsgewalt über Personen und Sachen in einem bestimmten Gebiet. (B) *Die Aufgliederung der H. in Personal-, Sach- und Territorialhoheit:* Staatsgewalt ist in zweifacher Hinsicht gebietsbezogen: (1) Der Staat übt H. innerhalb des Gebietes über alle dort befindlichen Personen und Sachen aus. (2) Zudem besitzt er als Ausfluß der Souveränität die völkerrechtliche Verfügungsgewalt über das Gebiet selbst (Befugnis zur Festlegung und Änderung der Grenzen). – Die *Personalhoheit* ist Ausfluß des *Personalitätsprinzips,* wonach jeder Staatsangehörige grundsätzlich nur dem Recht seines Staates untersteht, d. h. dieser Staat kann ihn dazu verpflichten, bestimmte Handlungen – auch im Ausland – vorzunehmen oder zu unterlassen. Der Staat ist andererseits berechtigt, seinen Staatsangehörigen gegenüber anderen Staaten zu schützen. Das *Personalitätsprinzip* ist heute in seiner Bedeutung im wesentlichen auf das internationale Strafrecht und das internationale Privatrecht beschränkt. – Die *Territorialhoheit* ist die Befugnis des Staates, grundsätzlich alle Vorgänge zu regeln, die auf seinem Gebiet stattfinden und die Einhaltung von Regeln zu erzwingen. (C) *Der Umfang der jeweiligen H. bei der EG und die Probleme der Beziehungen dieser H. zu den jeweiligen H. der MS:* Während die Souveränität (noch) bei den MS geblieben ist, hat durch die Gründungsverträge und die nachfolgende Praxis ein Übergang erheblicher Hoheitsbefugnisse auf die EG stattgefunden. Die EG übt eigene H. vor allem als *Sachhoheit* aus (EG-Verkehrsfreiheiten, Politiken). Die *Territorialhoheit* ist im wesentlichen bei den MS verblieben. Ansätze einer eigenen EG-*Personalhoheit* bringt der →*Vertrag über die Europäische Union* (EUV) mit den Regeln einer →*Unionsbürgerschaft* (Art. 8 bis 8 c EGV, aber z. B. auch Art. 85 EWGV umfaßt Elemente einer EG-*Personalhoheit*). Die EG ist zudem nach dem *Prin-*

zip der begrenzten Ermächtigung strukturiert. Dies besagt: EG-Organe dürfen rechtsetzend nur tätig werden, wenn und soweit sich dazu in den Gründungsverträgen eine Ermächtigungsgrundlage findet. Rechtsetzung ist nur in den vertraglich vorgesehenen Fällen möglich; in nicht geregelten Bereichen (z. B. Staatsangehörigkeitsrecht) oder ausdrücklich ausgeschlossenen Gebieten (z. B. Eigentumsordnung) dürfen Rechtsakte nicht gesetzt werden. Die integrationsfreundliche Rechtsprechung des →*Europäischen Gerichtshofes* hat dieses Prinzip jedoch nicht unerheblich verändert. So führte z. B. die *„implied-power-Doktrin“* zu bislang nicht ausdrücklich übertragenen →*Außenkompetenzen* der Gemeinschaft, die, wie im Falle des AETR-Urteils, an sich als *domaine réservé* der MS angesehen wurden. Kompetenzerweiterungen erfolgten auf der Grundlage des Lückenschließungsverfahrens (Art. 235 EWGV, Art. 203 EAGV) und durch die autonome Vertragsergänzung (z. B. Art. 165 Abs. 4, Art. 166 Abs. 3, Art. 168 a EWGV). In diesen Zusammenhang gehört auch die rechtsergänzende Vertragsauslegung durch den EuGH, der insbesondere aus den gemeinsamen Verfassungsüberlieferungen der MS ungeschriebene, aber gleichwohl materiell-rechtlich verbindliche Grund- und Menschenrechte der EG-Bürger als allgemeine Grundsätze der Gemeinschaftsrechtsordnung herausgebildet hat. – Dem Kompetenzzufluß stehen national-staatliche Elemente gegenüber, die in allen MS konstitutiv sind und aus diesen Gründen – vorbehaltlich einer nationalen Verfassungsänderung – nicht Gegenstand des Integrationsprozesses sein können. Für die Bundesrepublik Deutschland war zur Einführung des im EUV vorgesehenen aktiven und passiven Ausländer-Kommunalwahlrechts eine Änderung des Grundgesetzes erforderlich. – Die Beziehungen der H. der EG zu den jeweiligen H. der MS wurzeln in dem Spannungsverhältnis zwischen rechtswirksamer „Übertragung“ und Fremdbegründung von H. Die MS haben durch Einführung des →*Subsidiaritätsprinzips* (Art. B EUV, Art. 3 b EGV) versucht, den Zufluß von H. auf die EG zu bremsen. Ob dieser Versuch angesichts der höchst vagen Formulierung und der Letztentscheidungsbefugnis des EuGH erfolgreich sein wird, muß bezweifelt werden.

G. Dahm/J. Delbrück/R. Wolfrum: Völkerrecht, Bd. I/1, 2. Aufl. Berlin/New York 1988. – A. Verdross/B. Simma, Universelles Völkerrecht, 3. Aufl. 1984, S. 655 ff.

G. Ress

„Hohes Schutzniveau“ →Umweltpolitik der EG, →Verbraucherpolitik der EG

„Horizontale Direktwirkung“ →Richtlinie

„Horizontale Gewaltenteilung“ (in der EG) →Gewaltenteilung

113er Ausschuß →Ausschuß nach Artikel 113

Immunität →Vorrechte und Befreiungen der EG

IMPACT *(Information Market Policy Actions).* Programm der EG zur Entwicklung des →*Binnenmarktes* der Informationsdienstleistungen und zur Förderung der Wettbewerbsfähigkeit europäischer Anbieter (IMPACT 2: 1991–1997, 125 Mio. ECU).

HRSG.

„Implied powers" →Außenkompetenz, →Rechtsprechung des EuGH, →Zuständigkeitsverteilung

Indemnität →Vorrechte und Befreiungen der EG

Indirekte Steuern. Der EWGV erwähnt *Umsatzsteuern, Verbrauchsabgaben* und sonstige I. (Art. 98, 99), ohne eine Begriffsbestimmung zu geben. Hierbei handelt es sich um *inländische Abgaben* gleich welcher Art (Art. 95 EWGV), die auf Waren erhoben werden und sich dadurch von →*direkten Steuern* unterscheiden. Sie gehören zu einem allgemeinen inländischen Abgabensystem, das Erzeugnisgruppen systematisch nach objektiven Kriterien unabhängig vom Ursprung der Erzeugnisse erfaßt (EuGH, Rs. 90/79). Dazu zählen die *Mehrwertsteuer* und die verschiedenen *besonderen Verbrauchsteuern* (→*Steuerharmonisierung*). Sie dürfen nicht höher sein als diejenigen Abgaben, die gleichartige inländische Waren zu tragen haben. Durch das Merkmal inländisch unterscheiden sie sich von anderen Abgaben wie *Zöllen* und *Abgaben gleicher Wirkung* (wie Zölle, Art. 9, 12, 13, 16 EWGV), die auf Waren erhoben werden und folglich ebenfalls indirekte Abgaben sind. Aber diese Abgaben sind keine inländischen Abgaben, weil sie keine inländischen Waren belasten. Wenn also eine Abgabe zu einem allgemeinen inländischen Abgabensystem gehört, das inländische und eingeführte Waren nach den gleichen Kriterien erfaßt, ist sie, wie z. B. die *Einfuhrumsatzsteuer,* keine Abgabe zollgleicher Wirkung (EuGH, Rs. 15/81). Der →*Gerichtshof der EG* legt den Begriff inländische Abgaben weit aus im Hinblick auf den Schutz des →*freien Warenverkehrs* (Art. 9 ff. EWGV), damit die Abschaffung der Zölle zwischen den MS nicht durch inländische Abgaben unterlaufen wird, was durch die Unterstellung unter die Kriterien der Art. 95 ff. EWGV verhindert wird.

K. Tipke/J. Lang: Steuerrecht, 13. Aufl., Köln 1991.

H. PRAHL

Individualbeschwerde →Europäische Menschenrechtskonvention

Individualklage →Klageberechtigung (EuGH)

Industriepolitik der EG. Die I. ist eine sektorale Strukturpolitik, die von Organen oder Institutionen der EG betrieben wird und deren Aktionsbereich die Industrie oder ein Industriezweig bildet. Der Begriff Industrie kann dem englischen Sprachgebrauch folgend auch Dienstleistungsbranchen (Beispiel: *„insurance industry"*) einschließen. – Gesetzliche Grundlage der I. ist für die

→*Kohle- und Stahlpolitik* der EGKSV und für die Förderung der Kernenergie der EAGV. Der EGV sah ursprünglich keine I. vor. Erst mit der →*Einheitlichen Europäischen Akte* (1987) gab sich die EG im Art. 130 f eine eingeschränkte Rechtsgrundlage für die I. Diese wird durch Art. 3 und den neuen Titel XIII – Industrie – des →*Vertrages über die Europäische Union* erweitert: Unter der Nebenbedingung offener und wettbewerbsorientierter Märkte soll die Anpassung der Industrie an die strukturellen Veränderungen erleichtert, ein günstiges Umfeld für Unternehmen aller Größenklassen gefördert, die Zusammenarbeit zwischen den Unternehmen begünstigt und die Bereiche Innovation, Forschung sowie technologische Entwicklung durch den Einsatz der Politik wirksam gestaltet werden. Der →*Rat* muß die industriepolitischen Maßnahmen, die nicht zu Wettbewerbsverzerrungen führen dürfen, einstimmig beschließen. – Die I. ist deshalb umstritten, weil sie zwei unterschiedliche Dimensionen haben kann. Zum einen kann sie im Rahmen einer allgemeinen Wirtschaftspolitik auf die Gesamtheit der Industrie wirken und die Allokationseffizienz, z. B. über die →*Wettbewerbspolitik,* verbessern. Ganz anders ist die Problemlage, wenn spezielle Industrien – seien es schrumpfende, alte Industrien wie die Stahl- oder Werftindustrie oder expandierende, neue „Schlüsselindustrien" wie die der Informationstechnologie oder der Luft- und Raumfahrt – herausgegriffen und geschützt oder gefördert werden sollen. Während die *strukturerhaltenden Interventionen* i. d. R. kritisiert werden, hat eine Förderung sog. Zukunftsindustrien dagegen viele Befürworter. Neben das Argument – die Branchen des 21. Jahrhunderts müssen mindestens so gefördert werden wie die des 19. – tritt in neuester Zeit die Forderung nach *„strategischer" Industrie- und Außenhandelspolitik.* Danach sollen Eingriffe in internationale oligopolistische Märkte die Wohlfahrt erhöhen und Erträge externer Effekte aus humankapitalintensiver Produktion die inländische Wirtschaft positiv beeinflussen. Die empirische Relevanz dieser handels- und wachstumstheoretischen Ansätze wird noch in Zweifel gezogen. Populär ist dagegen das Argument, Japan verstoße mit seiner Industriepolitik (z. B. Einfuhrbeschränkungen, Keiretsu, Führerschaft des MITI) gegen marktwirtschaftliche Spielregeln und müsse daher ebenfalls mit nicht-marktwirtschaftlichen Mitteln bekämpft werden. Die unter „Anmaßung von Wissen" (F. A. v. Hayek) ausgewählten Bereiche erhalten u. a. Subventionen, die die Wettbewerber entmutigen, die Forschungsfelder überbesetzen und, wenn international dieselben Wirtschaftszweige oder Techniken gefördert werden, reduzieren sie die internationale Arbeitsteilung, weil die Spezialisierung zurückgeht. All dies führt zu Wettbewerbsverzerrungen gegenüber nicht begünstigten Produkten und Verfahren und verringert die Allokationseffizienz. Die I. hat in der Vergangenheit und Gegenwart auf viele Branchen direkt eingewirkt. So wurde z. B. die Stahlindustrie über Quoten gesteuert, der Schiffsbau über gemeinsame Beihilfehöchstsätze, die Textil- und Bekleidungsindustrie über das multilaterale Mehrfaserabkommen, in dessen Rahmen eine Fülle von „freiwilligen" bilateralen Handelsverträgen abgeschlossen wurden, sowie genehmigter einzelstaatlicher Beihilfen, die Luftfahrtindustrie (Airbus) über Dauersubventionen und die Automobilindustrie gestützt auf Art. 115 EGV durch massiven Außenschutz. – In den letzten Jahren hat sich die vorgeschlagene I. der →*Kommission* dem Konzept der *gesamtwirtschaftlichen I.* zugeneigt (KOM (90) 556 endg.). I. soll danach branchenübergreifend („horizontal") betrieben werden, z. B. über eine wirksame →*Wettbewerbspolitik,* die eine strikte Prüfung nationaler Beihilfen einschließt, über eine mit umfangreichen Mitteln ausgestattete EG-Forschungspolitik, über die Vollendung des →*Binnenmarktes* als grenzenloser, kaufkräftiger, deregulierter und liberalisierter Heimmarkt und über die Beschleunigung struktureller Anpassungsprozesse. – Anders als in der Kom. behaupten sich im Rat weiterhin in stärkerem Maße nationale Interessen, die der sektorbezogenen Politik den Vorzug geben. Ein Beispiel ist die Automobilindustrie: Mit Vollendung des *Binnenmarktes* wird Japan gezwungen, bis 1999 seine Exporte in die EG zu beschränken. Vielleicht erschwert die vorgesehene Einstimmigkeit für industriepolitische Maßnahmen schädliche Entscheidungen in der Zukunft.

M. Bangemann: Mut zum Dialog – Wege zu einer europäischen Industriepolitik, Bonn 1992. – G. Bletschacher/H. Klodt: Braucht Europa eine neue Industriepolitik?, Kieler Diskussionsbeiträge 177, Kiel 1991. – F. Braun: Europäische Industriepolitik, in: Zeitschrift für angewandte Wirtschaftsforschung, Beihefte zur Konjunkturpolitik, H. 36, Berlin 1990. – Kommission der EG: I. in einem offenen und wettbewerbsorientierten Umfeld, KOM (90), Brüssel 16.11.1990.

H. Bujard

Informationsrichtlinie →Binnenmarktprogramm

Initiativrecht (Kommission) →Vorschlagsrecht

Inkrafttreten der Rechtsakte der EG. Das I. bestimmt den Entstehungszeitpunkt der sich aus den jeweiligen Rechtsakten ergebenden Rechte und Pflichten. Nach Art. 191 EWGV (Art. 163 Abs. 1 S. 2 EAGV) treten →*Verordnungen* zu dem durch sie festgelegten Zeitpunkt oder am zwanzigsten Tag nach ihrer *Veröffentlichung* im →*Amtsblatt* der EG in Kraft. Sofern →*Rat* und →*Kommission* selbst den Zeitpunkt des Inkrafttretens der Verordnungen festlegen, was in der Regel geschieht, haben sie die aus den Grundsätzen der Rechtssicherheit, des Vertrauensschutzes und der Verhältnismäßigkeit folgenden Grenzen zu beachten, deren Einhaltung vom →*Gerichtshof der EG* überprüft werden kann. →*Richtlinien* und →*Entscheidungen* werden demgegenüber bereits mit ihrer Bekanntgabe an den Adressaten wirksam, d. h. zu dem Zeitpunkt, in dem der Rechtsakt ordnungsgemäß in den Machtbereich des Adressaten gelangt ist, so daß für diesen die Möglichkeit der Kenntnisnahme gegeben ist.

E. Grabitz: Rechtshandlungen der Gemeinschaftsorgane, in: Kommission der EG: Dreißig Jahre Gemeinschaftsrecht, Luxemburg 1981, S. 91–117.

K.-D. BORCHARDT

Inländerdiskriminierung →Diskriminierungsverbot

Innen- und Justizpolitik (europäische Zusammenarbeit in der). Die I. ist zunehmend zu einer europäischen Aufgabe geworden, da die Internationalisierung der Probleme z. B. beim internationalen Drogenhandel gemeinsame Gegenstrategien der europäischen Staaten erfordert. Außerdem ist eine europäische Zusammenarbeit in der I. erforderlich, weil der Abbau der Personengrenzkontrollen bis Ende 1992 eine rein nationale Politik in der inneren Sicherheit sehr erschwert. – Der →*Vertrag über die Europäische Union* (EUV) räumt in Titel VI, Art. K. 1–K. 9 der Europäischen Union im Rahmen des sog. *„dritten Pfeilers"* eine breite Zuständigkeit für folgende Bereiche der I. ein: Vereinbarung von Ausgleichsmaßnahmen für den Wegfall der Binnengrenzkontrollen, Verbesserung der polizeilichen Zusammenarbeit zwischen den MS der EG, →*Rechtsangleichung* in ausgewählten Gebieten, Verstärkung der Kontrollen an den EG-Außengrenzen, Koordinierung bzw. Angleichung des →*Asylrechts* und des Ausländerrechts *(Visapolitik)*, der →*Terrorismusbekämpfung* und der Drogenkriminalität. – Die Zusammenarbeit im Rahmen des *dritten Pfeilers* hat zwischenstaatlichen Charakter, beruht also nicht auf EG-Recht. Nur die *Visapolitik* soll nach dem EUV gänzlich auf gemeinschaftsrechtlicher Grundlage behandelt werden. – Insgesamt lassen sich vier Arbeitsebenen der I. unterscheiden: (1) die EG *(„erster Pfeiler"* der Europäischen Union) mit ihren Kompetenzen für den Abbau der Grenzkontrollen im Rahmen des →*Binnenmarktprogramms* sowie für die *Visapolitik;* (2) die innen- und justizpolitische Zusammenarbeit des *dritten Pfeilers* der *Europäischen Union;* (3) die Unterzeichnerstaaten der →*Schengener Übereinkommen* mit z. Zt. sieben EG-Staaten; (4) internationale Organisationen wie der →*Europarat* oder die Vereinten Nationen mit den an sie angebundenen innen- und justizpolitischen Kooperationsgremien, in denen die MS der EG mit- und zusammenarbeiten. – In Zukunft wird die europäische I. vor drei Herausforderungen stehen: Erstens, den Abbau der Binnengrenzen auch über 1992 hinaus durch Ausgleichsmaßnahmen zu flankieren, um keine Sicherheitsdefizite entstehen zu lassen. Zweitens werden effiziente Problemlösungen in der inneren Sicherheit nicht auf Kosten der inneren Liberalität und der Grundrechtssicherung gehen dürfen. Drittens muß die europäische I. viel weitgehender einer politischen Kontrolle durch das →*Europäische Parlament* unterworfen werden, als dies bisher der Fall ist.

R. Rupprecht/H. Hellenthal: Die EG der inneren Sicherheit, Gütersloh 1992.

M. LEYENDECKER

„Innergemeinschaftlicher Erwerb" →Steuerharmonisierung

INSIS *(Inter-institutional integrated Services Information System).* 1982 begonnenes Programm der EG zum Einsatz neuer Technologien im Informationsaustausch zwischen den MS und den →*Organen der EG.* HRSG.

Institutionelles Gleichgewicht (Grundsatz) →Gemeinschaftsrechtsordnung

Institutionen der EG →Organ(e) der EG

Integration. Der Begriff der I. umschreibt die wirtschaftliche, politische, rechtliche und gesellschaftliche Ganzheitsbildung der MS der EG, bei der nationalstaatliche Kompetenzen unter dem Dach eines *supranationalen Institutionensystems mit autonomer Rechtsordnung* fusioniert werden. Die wirtschaftliche Komponente umfaßt die Herstellung eines →*Binnenmarkts* auf der Grundlage der *vier Freiheiten* (→*Freiheiten des Gemeinsamen Marktes*). Der politische und rechtliche Aspekt der Integration beinhaltet die Herausbildung eines supranationalen Institutionensystems mit begrenzten aber originären Kompetenzen und Entscheidungsbefugnissen sowie einer autonomen Rechtsordnung, die der der MS übergeordnet ist. Gesellschaftlich wird der Übergang von ursprünglich getrennten nationalen ‚Gesellschaften' zur europäischen ‚Gemeinschaft' angestrebt. Bei dem Vorgang der I. kommt es also im Gegensatz zur →*Kooperation* zu einer *Verschmelzung von ursprünglich nationalstaatlichen Hoheitsrechten,* bei dem die MS sukzessiv und auf Dauer einen Teil ihrer Souveränität zugunsten der Gemeinschaft abtreten: Dieser Vorgang ist zugleich Ziel und Prozeß.

L.-J. Constantinesco: Das Recht der EG. Bd. 1: Das institutionelle Recht, Baden-Baden 1977. – H. Schneider: Leitbilder der Europapolitik, Bd. 1, Bonn 1977.

C. WELZ

Integrationsgewalt (des Bundes in der deutschen Rechtsordnung). Art. 24 I GG ermächtigt den Bund, durch (einfaches) Gesetz *Hoheitsrechte* auf *zwischenstaatliche Einrichtungen* (ZE) mit eigener Hoheitsgewalt und entsprechender Organstruktur (Integration) zu übertragen. Nach herrschender Meinung umfaßt diese I. auch Hoheitsrechte der Länder. Der Übertragungsbegriff ist bildhaft und darf nicht wörtlich genommen werden. Art. 24 I GG öffnet die deutsche Rechtsordnung durch die Rücknahme des ausschließlichen Herrschaftsanspruchs für die unmittelbare Geltung und Anwendbarkeit eines Rechts aus anderer Quelle *(Durchgriffswirkung).* Die Hoheitsakte der ZE müssen beachtet und vollzogen werden (verfassungsrechtliche Ermächtigung zur Einräumung eines Vorrangs des Rechts der ZE). Zur Integration ist ein völkerrechtlicher Vertrag erforderlich, das *Integrationsgesetz* hat Doppelfunktion als →*Zustimmungsgesetz* (Art. 59 II 2 GG) und *Übertragungsgesetz* (Art. 24 I GG). Die I. ist nicht schrankenlos, Grenze ist zumindest Art. 79 III GG und die Unzulässigkeit der Übertragung aller Hoheitsrechte. Die Schranken (Essentiale des Grundgesetzes) wurden vom Bundesverfassungsgericht bisher nur umschrieben. Sie bedürfen angesichts aktueller Fälle der Präzisierung. Art. 23 GG n. F. bringt eine eigene Regelung für den Sonderfall Europäische Union.

R. Streinz

Integrationstheorien. Der Großteil der integrationstheoretischen Debatte wurde von der Kontroverse zwischen den Vertretern des →*Funktionalismus* und denen des →*Föderalismus* bestimmt. Zwischen diesen Extremen können eine Reihe weiterer Ansätze angeordnet werden, die oft beide Extreme zusammenzuführen versuchen. Hierzu gehören vor allem die *systemtheoretischen Integrationstheorien* von Etzioni, Nye und Scheingold, die betonen, daß Integrationen – wollen sie erfolgreich sein – in vier Bereichen zugleich stattfinden müssen: im wirtschaftlichen, politischen, sozialen und kulturellen Bereich. – Die funktionalistisch beeinflußte *transaktionistische Theorie* K. W. Deutschs hebt vorrangig auf den Umfang und Dichte von Kommunikationen aller Art (ökonomisch, kulturell, politisch usw.) zwischen den zu integrierenden Einheiten ab, von deren Existenz das Gelingen eines Integrationsprozesses abhänge.

J. Bellers

Integrierte Mittelmeerprogramme. Nach der Süd-Erweiterung der EG zu Beginn der 80er Jahre erarbeitete die →*Kommission* – ergänzend zu den bestehenden →*Strukturfonds* – ein spezifisches regionalpolitisches Programm für die vornehmlich agrarisch geprägten Gebiete einiger Mittelmeerregionen in Griechenland, Italien und Frankreich, durch das die regional nachteiligen Wirkungen der Erweiterung für diese Regionen infolge einer verstärkten landwirtschaftlichen Konkurrenz ausgeglichen werden sollen. 1985 trat das 7-Jahres-Programm nach einer dreijährigen Vorbereitungszeit in Kraft. U. a. geht es bei diesen im wesentlichen von der Kom. verwalteten Projekte um mehrjährige Investitionen im Produktivsektor, um die Errichtung von Infrastrukturen und um die Nutzbarmachung von menschlichen Ressourcen, vor allem im Bereich der Landwirtschaft und Fischerei, im Handwerk und in der gewerblichen Wirtschaft sowie im Fremdenverkehr und Dienstleistungsbereich. Die drei Empfänger-Länder sollen *integrierte Programme* bei der Kom. einreichen, die möglichst umfassend die verschiedenen Bereiche von Wirtschaftstätigkeit einzubeziehen haben. Neben Mitteln aus den *Strukturfonds* wurden zusätzlich Darlehen in Höhe von 2,5 Milliarden ECU u. a. seitens der →*Europäischen Investitionsbank* bereitgestellt. Das →*Europäische Parlament* hat mehrmals das Mittelmeerprogramm wegen mangelnder Ausschöpfung der Mittel (insbesondere in Italien) und wegen Ineffektivität der Durchführung kritisiert.

J. Bellers

Integrierter Zolltarif (TARIC). Auf der kombinierten Nomenklatur (→*Gemeinsamer Zolltarif*) beruhender Zolltarif der EG, der alljährlich im →*Amtsblatt* veröffentlicht wird.

Hrsg.

Interessenverbände in der EG
→Euro-Verbände

Interessen- und Güterabwägung →Auslegung des Gemeinschaftsrechts

INTERREG. Initiative der EG zur Förderung der wirtschaftlichen Entwicklung an den Außen- und Binnengrenzen der EG gelegener Regionen durch die Entwicklung und den Ausbau grenzüberschreitender Kooperationsnetze (gegenwärtige Laufzeit: 1990–1993; 700 Mio. ECU). HRSG.

Interventionspreis. Als I. wird in der EG-Marktordnung jener Mindestpreis bezeichnet, zu dem staatliche Stellen zur Abnahme der ihnen angebotenen Agrarprodukte, für die eine solche Intervention vorgesehen ist, verpflichtet sind. Der I. kommt dann zum Zuge, wenn das Marktangebot innerhalb der EG so stark ausfällt, daß der Marktpreis unter den I. zu fallen droht. G. SCHMITT

Interventionsstelle. Im Rahmen der →*Marktordnungen* von den MS der EG eingerichtete Behörde, die Agrarprodukte zu den im Rahmen der →*Gemeinsamen Agrarpolitik* festgesetzten besonderen Preisen an- bzw. verkauft. HRSG.

Intramarginale Interventionen →Europäisches Währungssystem

Inzidenzprüfung →Einrede der Rechtswidrigkeit

Ispra →Gemeinsame Forschungsstelle

Jährlichkeit (Haushaltsgrundsatz) →Finanzverfassung der EG

Jaunde-Abkommen. Als die entwicklungspolitisch in den EWGV einbezogenen französischen und belgischen Kolonien zu Beginn der 60er Jahre die politische Souveränität erlangten, mußten die entwicklungs- und außenwirtschaftspolitischen Beziehungen zwischen der EWG und dieser Staatengruppe, genannt „AASM" (Assoziierte Afrikanische Staaten und Madagaskar), auf eine völkerrechtliche Basis wechselseitiger Gleichberechtigung gestellt werden. Das J. wurde 1963 zwischen den damals sechs MS der Gemeinschaft und den 18 AASM-Staaten geschlossen. Dabei wurde auf bewährte Elemente der →*Entwicklungspolitik* der EWG zurückgegriffen, darunter insbesondere auf die Mittel des →*Europäischen Entwicklungsfonds*. Im Jahre 1975 wurde das J. durch das umfangreichere →*Lomé-Abkommen* ersetzt.

A. Fernandes: Die Assoziierung der afrikanischen Staaten und Madagaskar (AASM) mit der EWG und das afrikanische Streben nach wirtschaftlicher Integration, Freiburg i. Br. 1974.

J. BELLERS

Jean-Monnet-Preis →Jean Monnet-Stiftung für Europa

Jean Monnet-Stiftung für Europa. Die J. wurde 1978 von *Jean Monnet* gegründet. Der Sitz der J. ist in Dorigny bei Lausanne (Schweiz). Ziel der J. ist es, die Einigung Europas im Sinne der Idee Monnets voranzutreiben (→*Aktionskomitee für die Vereinigten Staaten von Europa*). Hierzu hat Monnet sein Archiv der Stiftung vermacht (Bibliothek, Korrespondenzen, Memoranden, Verträge, audio-visuelle Dokumentation, persönliche Notizen). Mittlerweile haben auch andere Persönlichkeiten der europäischen Integration Nachlässe der J. überlassen (Robert Schuman, Robert Marjolin, Paolo Emilio Taviani). Aufgabe der J. ist die Katalogisierung der Archive und Bereitstellung der Materialien für wissenschaftliche Forschung und Lehre. Seit 1988 fördert ein *„Fonds du Centenaire de Jean Monnet"* Jugendliche, die sich aktiv für die Einigung Europas einsetzen. Jährlich wird der *„Jean-Monnet-Preis"* verliehen. Die J. finanziert sich durch öffentliche Mittel und Spenden von Privatpersonen und Unternehmen. Ein Stiftungsrat, ein Exekutiv-Komitee und ein Sekretariat, das den Präsidenten in seiner Arbeit unterstützt, leiten die Geschäfte der J., an der zehn Mitarbeiter meist ehrenamtlich arbeiten. Das *„Centre des recherches européennes"* (1957 von Monnet und H. Rieben gegründet) ist vor einigen Jahren in die J. eingegliedert worden.

M. PIEPENSCHNEIDER

JESSI *(Joint-European Submicron Silicon Project)*. 1988 bis 1997 laufendes →*EUREKA*-Programm zur Weiterentwicklung der Silikontechnologie für integrierte Schaltungen.

HRSG.

JET →Joint European Torus

Joint European Torus (JET). J. ist der weltweit größte Versuchsreaktor des Typs Tokamak, der seit 1983 im britischen Culham in Betrieb ist, um die kontrollierte thermonukleare Kernfusion als neue Energiequelle zu erforschen. Grundproblem der Fusionsforschung ist das Erreichen der Temperatur- und Dichtebedingungen, die zur Auslösung und Nutzung der Fusionsreaktionen von Deuterium- und Tritium-Atomen erforderlich sind. Am 9.11.1991 gelang erstmals eine Kernfusion im Labor. Wissenschaftler gehen jedoch davon aus, daß es noch 50 Jahre dauern wird, bis ein kommerzieller Fusionsreaktor in Betrieb gehen kann. Das Gemeinschaftsunternehmen J. ist das Kernstück des EG-Fusionsprogramms. An J. beteiligen sich neben den MS der EG die Schweiz und Schweden. J. beschäftigt ca. 450 Wissenschaftler und wird zu 80% von der EG finanziert (1988–92 735 Mio. ECU).

Kommission der EG: Forschungs- und Technologiepolitik der EG, Luxemburg 1985.

J. GÜTZKOW

Joint International Committee for European Unity →Europäische Bewegung

Judikative (in der EG) →Gewaltenteilung

„Jugend für Europa" →YES

Juristische Dienste. Die →*Kommission der EG*, der →*Rat* und das →*Europäische Parlament* verfügen jeweils über einen J., der sie in allen juristischen Fragen berät, die sich bei der Ausführung ihrer Aufgaben ergeben (insbesondere Wahrung von geltenden Rechts- und Formvorschriften). Der J. wird in allen Fällen konsultiert, in denen ein Akt vorzubereiten, zu prüfen oder zu verabschieden ist, der juristische Folgen hat oder haben kann. In Streitfällen vor dem →*Gerichtshof der EG,* anderen Gerichten oder Arbitrageinstanzen ist ausschließlich der J. für die Vertretung seines jeweiligen Organs zuständig. – Die J. sind *„horizontale"* Verwaltungseinheiten, die der Gesamtheit der Dienststellen und nachgeordneten Gremien des jeweiligen Organs zuarbeiten.

N. NEUWAHL

Kabinettchefs →Kabinett(e)

Kabinettchefsitzungen →Kabinett(e)

Kabinett(e). Jedes →*Mitglied der Kommission* (und ebenfalls der →*Präsident des Europäischen Parlaments*) verfügt über ein K. als persönlichem Mitarbeiterstab. Die K. der Mitglieder der Kom. bestehen i. d. R. aus 6 Mitgliedern (wovon 5 die Nationalität des Kommissionsmitglieds haben können), das K. des Kommissionspräsidenten besteht aus bis zu 10 Mitgliedern (die in der Mehrzahl die Nationalität des Kommissionspräsidenten haben). Die Mitglieder des K. sind politische Beamte, die von den Mitgliedern der Kom. (bzw. dem Präsidenten des EP) frei ausgewählt und abberufen werden können. Die K. haben sowohl eine vertikale als auch eine horizontale Funktion: in den formalen Zuständigkeitsbereichen eines Kommissionsmitglieds stellen sie das Bindeglied zu der ihm unterstehenden *Generaldirektion* (→*Kommission der EG*) dar; in allen anderen Bereichen bringen sie die Positionen des jeweiligen Kommissionsmitglieds in die Entscheidungen der Kom. als Kollegialorgan ein. Die im →*mündlichen Verfahren* getroffenen Entscheidungen der Kom. werden zunächst auf der Ebene der fachlich zuständigen Kabinettsmitglieder in sog. *„Sonderkabinettchefsitzungen"* fachlich und anschließend in einer Sitzung der Kabinettchefs *(„wöchentliche Kabinettchefsitzung")* fachlich-politisch vorbereitet. Im →*schriftlichen Verfahren* gilt eine Entscheidung als getroffen, wenn innerhalb der vorbestimmten Frist keines der Kabinette Widerspruch erhebt.

G. HITZLER

Kammer(n) →Gerichtshof der EG

Kapitalverkehr →Freier Kapitalverkehr

Kartellrecht der EG. Das Funktionieren des →*Gemeinsamen Marktes* hat zur Voraussetzung, daß nicht nur diejenigen Hindernisse für den grenzüberschreitenden Wirtschaftsverkehr unterbunden oder beseitigt werden, die von staatlichen Vorschriften ausgehen, sondern daß auch private wettbewerbsbeschränkende Maßnahmen verboten sind. Deshalb macht Art. 3 g EGV es zur Gemeinschaftsaufgabe, ein System zu errichten, das den Wettbewerb innerhalb des Gemeinsamen Marktes vor Verfälschungen schützt. Der EGV verbietet deshalb Kartelle (Art. 85) und den *Mißbrauch einer marktbeherrschenden Stellung* (Art. 86). Auf sekundärem Gemeinschaftsrecht beruht die →*Fusionskontrolle.* –

Das *Kartellverbot* ergreift Vereinbarungen und aufeinander abgestimmte Verhaltensweisen von Unternehmen. Diese Maßnahmen müssen geeignet sein, den Handel zwischen den MS zu beeinträchtigen. Sie müssen eine *Verhinderung, Einschränkung* oder *Verfälschung des Wettbewerbs* innerhalb des Gemeinsamen Marktes bezwecken oder bewirken. Eine Auswirkung lediglich im nationalen Bereich oder im Verhältnis zu →*Drittländern* genügt nicht. Beispiele sind die Festsetzung von An- und Verkaufspreisen oder sonstigen Geschäftsbedingungen oder Festsetzung von Produktionsquoten. – Die →*Kommission* kann in bestimmten Fällen (Art. 85 Abs. 3 EGV) vom Kartellverbot freistellen, und zwar im Einzelfall *(„Einzelfreistellung")* oder allgemein für bestimmte Fallgruppen *(„Gruppenfreistellung")*. Sie kann auch sog. *„Negativatteste"* ausstellen, die die kartellrechtliche Unbedenklichkeit einer Vereinbarung bescheinigen. – Verboten ist auch die mißbräuchliche Ausnutzung einer marktbeherrschenden Stellung, die zu einer Beeinträchtigung des Handels zwischen den MS führen kann. Beispiele sind die Erzwingung unangemessener Preise und Geschäftsbedingungen oder die Lieferverweigerung. Eine Freistellung vom *Mißbrauchsverbot* ist nicht möglich. – Der Verstoß gegen die Verbote führt zur Nichtigkeit der entsprechenden Rechtshandlungen. Darüber hinaus kann die Kom. mit Sanktionen (Zwangsgelder, Geldbußen) eingreifen. – Die Verfahren der Kom. richten sich nach der Ratsverordnung Nr. 17 *(Kartellverordnung)*.

R. Geiger: EG-Vertrag. Kommentar, München 1993. – W. Kecht: EWG-Kartellrecht in der Praxis, Wien 1988. – C. S. Kerse: EEC Antitrust Procedure, London 1988.

R. GEIGER

Kartellverbot →Kartellrecht der EG

Kartellverordnung →Kartellrecht der EG

Kernenergie →Energiepolitik der EG, →Europäische Atomgemeinschaft

Kernenergie-Agentur (bis 1961: Europäische Kernenergieagentur). Die K. wurde 1958 von der Vorgängerorganisation der OECD, der damaligen EEC, als *Europäische Kernenergieagentur* gegründet, mit der Entstehung der OECD dann aber in K. umgetauft. Sie hat ihren Sitz in Paris. MS der K. waren zunächst nur die europäischen OECD-Staaten. Mittlerweile gehören der K. auch alle übrigen OECD-Staaten mit Ausnahme Neuseelands an. – Aufgabe der K. ist es, die internationale Kooperation zur Erforschung und ökonomischen Umsetzung der Kernenergie zu unterstützen. In diesem Bereich gehören Maßnahmen zur Harmonisierung internationaler Standards, wissenschaftliche und technische Zusammenarbeit sowie das Betreiben von Einrichtungen zur Optimierung der Reaktorsicherheit und zur Organisation des Brennstoffkreislaufs. – Im Rahmen der K. sind unter maßgeblicher Beteiligung der MS der EG mehrere gemeinsamen Unternehmen eingerichtet worden, die z. T. auch heute noch tätig sind: für die Reaktorentwicklung die Projekte

Dragon und *Halden,* für die chemische Aufbereitung bestrahlter Kernbrennstoffe das (1990 aufgelöste) Projekt *Eurochemic.* – Die Hauptaufgaben der K. liegen gegenwärtig im Management radioaktiver Abfälle und des Strahlenschutzes.

H. Michaelis

Klageberechtigung (EuGH). Die Berechtigung zur Klageerhebung beim →*Gerichtshof der EG* ist in den Bestimmungen der →*Gründungsverträge* über die jeweiligen Klagearten geregelt (im folgenden wird Bezug genommen auf Art. 169 ff. EGV und Art. 141 ff. EAGV; Art. 33 ff. EGKSV enthalten im einzelnen leicht abweichende Regelungen). – Im →*Vertragsverletzungsverfahren* gegen einen MS besitzen K. allein die →*Kommission* und die anderen MS. – Bei der →*Nichtigkeitsklage,* die gegen Rechtsakte des →*Rates* oder der Kom. (nach der Rechtsprechung und den Bestimmungen des →*Vertrages über die Europäische Union* (EUV) auch des →*Europäischen Parlaments*) gerichtet werden kann, besitzen K. der Rat, die Kom., nach der Rechtsprechung und den Bestimmungen des EUV unter gewissen Voraussetzungen das Parlament, die MS sowie, falls es sich um eine an sie ergangene Entscheidung oder um einen Fall unmittelbarer und individueller Betroffenheit handelt, auch jede natürliche oder juristische Person. Entsprechendes gilt für die gegen ein Nichttätigwerden des Rates oder der Kom. (gemäß EUV auch des Parlaments) gerichtete →*Untätigkeitsklage,* wobei hier allerdings bereits die Gründungsverträge dem Parlament K. zuerkennen. Sowohl bei der Nichtigkeits- als auch bei der Untätigkeitsklage besitzt nach den Bestimmungen des EUV auch die – noch einzusetzende – →*Europäische Zentralbank* unter gewissen Voraussetzungen K. und Passivlegitimation. – Da *Individualklagen* grundsätzlich nur gegen →*Entscheidungen* erhoben werden können, ist eine K. einzelner zum Zwecke der Überprüfung normativer Akte der Gemeinschaftsorgane nicht gegeben. Die Möglichkeit zu einer solchen Überprüfung bietet jedoch, neben der Erhebung der *Nichtigkeitsklage* durch Rat, Kom., Parlament oder die MS, die Anrufung des EuGH durch die nationalen Gerichte im Wege des →*Vorabentscheidungsverfahrens.* – Eine K. *natürlicher oder juristischer Personen* besteht schließlich bei der gegen die Gemeinschaft gerichteten →*Schadensersatzklage* wegen außervertraglicher Haftung. *Bedienstete der Gemeinschaft* können Entscheidungen ihres Dienstherrn im Wege der →*Beamtenklage* angreifen.

H. G. Schermers/D. Waelbroeck: Judicial Protection in the European Coummunities, 5. Aufl., Deventer 1992.

Kodifizierung (Methode der) →Europäische Politische Zusammenarbeit

Kohärenz von EG und EPZ →Außenbeziehungen, →Europäische Politische Zusammenarbeit

Kohäsion. Gemäß Art. 130 a EWGV entwickelt und verfolgt die Gemeinschaft eine Politik zur Stärkung des *wirtschaftlichen und sozialen Zusammenhalts* (zumeist als „K." bezeichnet), um eine harmonische Entwicklung der Gemeinschaft als Ganzes zu fördern, wobei insbesondere der Abstand zwischen den verschiedenen Regionen und der Rückstand der am wenigsten entwickelten Gebiete verringert werden soll.

HRSG.

Kohäsionsfonds. Gemäß dem →*Vertrag über die Europäische Union* (Art. 130 d) soll der →*Rat der EG* bis zum 31.12.1993 einen K. zur finanziellen Förderung von Vorhaben in den Bereichen Umwelt und →*Transeuropäische Netzwerke* (Verkehrsinfrastruktur) errichten. Die Aufgaben, vorrangigen Ziele und Organisation des K. werden vom Rat auf Vorschlag der →*Kommission* nach Zustimmung des →*Europäischen Parlaments* sowie nach Anhörung des →*Wirtschafts- und Sozialausschusses* und des →*Ausschusses der Regionen* festgelegt.

HRSG.

Kohlepolitik der EG. Die K. wird durch die fusionierten Organe der EG auf der Basis des EGKSV betrieben, während die Politik für die übrigen Energiesektoren auf dem EAGV bzw. dem EGV basieren. Dem EGKSV unterliegen aber nur die Gemeinschaftskohle; die Handelspolitik (z.B. Kohleeinfuhr aus →*Drittländern*) ist Angelegenheit der MS (Art. 71 EGKSV). In den Jahren 1953–55, als die Steinkohle noch $^2/_3$ des Primärenergieverbrauchs lieferte, wurde das Instrumentarium des EGKSV mit Preisfestlegungen, Wettbewerbsmaßnahmen, diskriminierungsfreien Transportregeln, Abgaben (→*Montan-Umlage*, Ausgleichsumlage), Investitionsmeldungen und regelmäßigen Veröffentlichungen (Vorausschätzungsprogramme, Allgemeine Ziele) eingeführt. 1955/56 reagierte die K. auf die Verschärfung der Kohleknappheit mit Lieferplänen und vermied so die Verteilung des Kohleaufkommens, insbesondere die des Ruhrgebietes, nach Art. 59 EGKSV. 1957/58 wurde die bis heute fehlende Wettbewerbsfähigkeit der westeuropäischen Steinkohle sichtbar, die zu einer Renationalisierung der K. führte. Gestützt auf das Protokoll vom 21.4.1964 genehmigte die *Hohe Behörde* ab 1.3.1965 – im Widerspruch zu Art. 4 – nationale Subventionen, die bis 1988 auf rd. 106 Mrd. DM anstiegen. In den sechs →*Gründerstaaten* ging von 1955 bis 1976 die Anzahl der Beschäftigten im Kohlebergbau um 753.500 (= 72%) und die Anzahl der Schachtanlagen um 351 (= 81%) zurück. Durch die Gewährung von *Anpassungsbeihilfen, Investitionskrediten* und *Forschungsbeihilfen* bemühte sich die K., diese Entwicklung abzufedern. Durch die Verdrängung der Steinkohle war eine K. nur noch eingebettet in die →*Energiepolitik* möglich. Daran änderten auch die Ölpreiskrisen nichts, die für manche trügerische Hoffnungen auf eine Kohlerenaissance weckten. 1974 legte die →*Kommission* erstmalig (für den Zeitraum bis 1985) und 1988 letztmalig (für den Zeitraum bis 1995) energiepolitische Ziele vor: Sicherheit, Effizienz, Umweltverträglichkeit und Preiswürdigkeit. Für die K. bedeutet dies, daß Beihilfen nur noch genehmigt werden, wenn diese die Wettbewerbsfähigkeit des Steinkohlebergbaus verbessern oder zur Lösung seiner sozialen und regionalen Probleme beitragen. Damit führt die K. häufig zu Konflikten mit nationalen Kohlevorrangpolitiken.

B. Hillebrand/O. Knieper/G. Schmidt/H.-W. Schmidt: Auswirkungen des EG-Binnenmarktes auf Verbraucher und Energiewirtschaft in der Bundesrepublik, Untersuchung des Rheinisch-Westfälischen Instituts für Wirtschaftsforschung, H. 1, Essen 1991. – Kommission der EG: Energie in Europa, KOM (88) 238 endg., Luxemburg 2.5.1988. – Kommission der EG: 25 Jahre gemeinsamer Markt für Kohle, Brüssel/Luxemburg 1977.

H. Bujard

Kollegialitätsprinzip. Das K. ist das grundlegende Arbeitsprinzip des *Kollegiums* der →*Kommission der EG.* Es besagt, daß trotz spezieller Zuständigkeitsbereiche der einzelnen →*Mitglieder der Kommission* Beschlüsse nur vom *gesamten Kollegium* gefaßt und folglich auch verantwortet werden.

J. Monar

Kollegium. Als K. wird die Gesamtheit bzw. die zu einer Sitzung der →*Kommission der EG* versammelten Runde der →*Mitglieder der Kommission* bezeichnet.

Hrsg.

Kombinierte Nomenklatur →Gemeinsamer Zolltarif

Komitologie. Laut Art. 145 EWGV übt die →*Kommission* die Befugnisse aus, die ihr der →*Rat* zur Durchführung der von ihm erlassenen Vorschriften, der →*Rechtsakte* der EG, überträgt (→*Durchführungsbefugnisse*). Dabei wird sie von verschiedenen Ausschüssen nationaler Beamter unterstützt bzw. kontrolliert. Im Juli 1987 legte der Rat die verschiedenen →*Ausschußverfahren* fest, die er nach Belieben wählen kann („K.-Beschluß"): vom Verfahren des nur beratenden Ausschusses bis hin zu beschränkenden Ausschußverfahren, die de facto die Exekutivbefugnisse der Kom. wieder aufheben. Der Rat tendiert zum Bedauern der Kom. und des →*Europäischen Parlaments* zu letzterem.

A. Wolf-Niedermaier

Kommissar(e) →Mitglied(er) der Kommission der EG

Kommission der EG. Die K. (oft als *„EG-Kommission"*, vereinzelt auch *„Exekutivkommission"* bezeichnet) ist ein gemeinsames Organ der drei →*Europäischen Gemeinschaften,* das aus der Verschmelzung der Hohen Behörde der EGKS mit den Kommissionen der EWG und der EAG durch den →*Fusionsvertrag* hervorgegangen ist. Im engeren Sinne wird unter der K. nur das *Kollegium* der einvernehmlich von den Regierungen der MS ernannten, ihr Amt jedoch unabhängig zum Wohle der EG ausübenden →*Mitglieder der Kommission* verstanden. Im weiteren und gebräuchlicheren Sinne umfaßt der Begriff der K. nicht nur das Kollegium selbst, sondern auch die Gesamtheit der diesem zuarbeitenden Verwaltungsdienststellen (s. u.). – Die K. nimmt im institutionellen Gefüge der EG eine Schlüsselstellung ein, da sie gemäß der Konzeption der →*Gründungsverträge* dazu berufen ist, im Unterschied zu dem die Interessen der MS vertretenden →*Rat* die *Interessen der Gemeinschaft* zu vertreten. Hierbei lassen sich drei grundlegende Aufgaben der K. unterscheiden: (1) *Die K. ist der Initiator der Tätigkeit der EG,* d. h. es obliegt ihr, die notwendigen Vorschläge zur Aufrechterhaltung, Weiterentwicklung und Ausweitung der Gemeinschaftspolitiken zu ergreifen. Die Rechtsetzungskompetenz in der EG liegt zwar beim Rat, doch die K. verfügt über das alleinige → *Vorschlagsrecht* hierzu, so daß der Rat abgesehen von den wenigen Fällen, in denen er über autonome Rechtsetzungsbefugnisse verfügt, nur auf der Grundlage eines von der K. vorgelegten Entwurfs beschließen kann. Der Rat kann die K. zwar auffordern, ihm Vorschläge zu unterbreiten, darf jedoch ohne solche Vorschläge keinesfalls selbst tätig werden. Die Wahl des Inhalts, der Rechtsgrundlage und des genauen Zeitpunkts eines Vorschlags ist ausschließliche Prärogative der K. Zur Stärkung der Initiativfunktion der K. bestimmen die Verträge zudem, daß der Rat deren Vorschläge nur entweder unverändert annehmen oder einstimmig *„ändern"* (d. h. nicht neu formulieren) kann. Kommt für keine dieser beiden Alternativen die notwendige Mehrheit im Rat zustande, muß dieser auf einen Beschluß verzichten. Solange ein Beschluß des Rates noch nicht ergangen ist, kann die K. ihrerseits einen vorgelegten Entwurf jederzeit ändern, wodurch sie über einigen Handlungsspielraum im Hinblick auf die zumindest teilweise Durchsetzung ihres Entwurfs verfügt. Der → *Vertrag über die Europäische Union* (EUV) gewährt dem → *Europäischen Parlament* gewisse Mitentscheidungsbefugnisse über die Vorschläge der K., läßt jedoch deren alleiniges Initiativrecht unangetastet. Obwohl aber die exklusive Initiativfunktion der K. somit fest in den Verträgen verankert ist, wird diese in der Praxis durch die Notwendigkeit, die Vorschläge an dem Rahmen des im Rat Durchsetzbaren zu orientieren, erheblich eingeschränkt. Die K. kann ihren Entwürfen gewöhnlich nur dann hinreichende Aussichten auf eine Annahme durch den Rat verschaffen, wenn sie bereits im Stadium der Ausarbeitung eng mit Experten und Vertretern der MS zusammenarbeitet und bereit ist, ihre Entwürfe im Hinblick auf die Sicherung der erforderlichen Mehrheit im Rat zu revidieren. Gemäß dem → *Luxemburger Kompromiß* ist die K. auch verpflichtet, bevor sie einen Vorschlag von *besonderer Bedeutung* annimmt, die Regierungen der MS über deren *Ständige Vertreter* zu konsultieren. Diese ihr exklusives Initiativrecht aushöhlenden Faktoren kann die K. in der Praxis jedoch teilweise dadurch kompensieren, daß sie im Rat durch Kompromißangebote die Verhandlungen entscheidend beeinflußen und durch ihr Vorschlagsmonopol gezielt Mehrheiten aufbauen kann. In diesem Zusammenhang hat der zunehmende *Übergang von Einstimmigkeits- zu Mehrheitsentscheidungen im Rat* seit Inkrafttreten der → *Einheitlichen Europäischen Akte* die Möglichkeiten der K., ihre Vorstellungen im Rat durchzusetzen, deutlich verbessert. – (2) *Die K. ist das Exekutivorgan der EG,* d. h. sie hat in aller Regel für die *Durchführung* der von den EG-Organen erlassenen Rechtsakte zu sorgen. Nach Art. 145 EWGV hat der Rat der K. die Befugnisse zur Durchführung der von ihm erlassenen Vorschriften zu übertragen und kann sich diese nur in spezifischen Fällen selbst vorbehalten. Im Rahmen der EGKS kann die K. zur Ausübung ihrer Exekutivbefugnisse →*Entscheidungen* erlassen, →*Empfehlungen* aussprechen und →*Stellungnahmen* abgeben. Im Rahmen der EWG und der EAG kann sie ebenso wie der Rat →*Verordnungen,* →*Richtlinien* und *Entscheidungen* erlassen sowie *Empfehlungen* und *Stellungnahmen* abgeben. Überträgt der Rat der K. →*Durchführungsbefugnisse,* so macht er deren Ausübung zumeist von der Konsultation bestimmter Durchführungsausschüsse abhängig (→*Komitologie,* →*Ausschüsse*). Diese können in vielen Bereichen von der K. vorgesehene Maßnahmen auch ablehnen und eine Befassung des Rates selbst notwendig machen, so daß hier die Befugnisse der K. einer sehr engen Kontrolle durch die MS unterliegen. Zur Rolle der K. als Exekutivorgan gehört im weiteren Sinne auch ihre Beteiligung an der Verabschiedung des EG-Haushalts (→*Haushaltsverfahren*), ihre Verpflichtung zur eigenverantwortlichen *Ausführung des Haushaltsplans* (Art. 205 EWGV), ihre Befugnis zur *Aushandlung* (in bestimmten Fällen auch zum Abschluß) von *Abkommen* mit Drittstaaten und internationalen Organisationen (→*Außenbeziehungen,* →*Gemeinsame Handelspolitik*) sowie ihre in den drei Gründungsverträgen unterschiedlich geregelte Zuständigkeit für die Vertretung der EG im privatrechtlichen und völkerrechtlichen Verkehr. – (3) *Schließlich ist die K. auch die Hüterin der Verträge,* d. h. sie hat für die Anwendung der EG-Verträge sowie der von den EG-Organen aufgrund der Verträge getroffenen Bestimmungen Sorge zu tragen. Hat nach Auffassung der K. ein MS gegen eine Verpflichtung aus den Verträgen verstoßen, so kann sie gegen diesen ein →*Vertragsverletzungsverfahren* einleiten, das zu einer Klageerhebung gegen den betreffenden MS vor dem →*Gerichtshof der EG* führen kann. Die K. ist befugt, hierzu alle erforderlichen Auskünfte einzuholen und in den MS Nachprüfungen vorzunehmen. Gegen den Rat der EG kann die K. Klage wegen Untätigkeit (→*Untätigkeitsklage*) oder Unzuständigkeit, Verletzung wesentlicher Formvorschriften, Verletzung der Verträge oder bei ihrer Durchführung anzuwendender Rechtsnormen oder Ermessensmißbrauch erheben (→*Nichtigkeitsklage,* nach dem EUV künftig auch gegen gemeinsame Handlungen von Rat und EP). Der K. obliegt auch die Sorge für die Einhaltung der vom EGKSV und EWGV festgelegten Regeln des freien Wettbewerbs (→*Gemeinsame Wettbewerbspolitik*). Sie kann in diesem Zusammenhang staatliche Beihilfen kontrollieren (→*Beihilfenaufsicht*), Unternehmenszusammenschlüsse untersagen (→*Fusionskontrolle*) und gegen Unternehmen Verfahren einleiten und Geldbußen verhängen. – Die K. ist auch an den Arbeiten der →*Europäischen Politischen Zusammenarbeit* beteiligt, verfügt jedoch in diesem Rahmen über keine spezifischen Kompetenzen. Art. J. 8 (3) des →*Vertrages über die Europäische Union* sieht allerdings ein nicht-exklusives Initiativrecht der K. im Bereich der →*Gemeinsamen Außen- und Sicherheitspolitik* vor. – Zur Erfüllung ihrer Aufgaben verfügt die K. über einen Verwaltungsapparat, der in 23 für bestimmte Politikbereiche zuständige *Generaldirektionen,* ein *Generalsekretariat,* einen *Juristischen Dienst* (→*Juristische Dienste*), eine *Sprechergruppe,* einen *gemeinsamen Übersetzungsdienst* und das →*Amt für amtliche Veröffentlichungen der EG* aufgeteilt ist und in dem in Brüssel, Luxemburg und zahlreichen Außenstellen rund 17.000 Beamte arbeiten. Diese Zahl schließt rund 2.700 Beamte im Sprachendienst und rund 3.500 aus Forschungsmitteln finanzierte Stellen ein. Die den →*Mitgliedern der Kommission der EG* entsprechend ihrer „Portefeuilles" zuarbeitenden *Generaldirektionen* werden von *Generaldirektoren* geleitet. An der Spitze des dem →*Präsidenten der Kommission der EG* (ggw. Jacques Delors) zugeordneten *Generalsekretariats* steht der *Generalsekretär* der K., der auch an den Sitzungen des *Kollegiums* teilnimmt. – Das beständige Wachstum der Verwaltungsdienste der K. wird oft als Beleg für ihre angebliche Bürokratisierung angesehen, erscheint jedoch gemessen an der Entwicklung der nationalen Verwaltungen relativ gering, wenn man die durch drei →*Erweiterungen* und immer neue Zuständigkeiten beträchtlich vergrößerten Aufgaben der K. berücksichtigt. Bei Nichteinrechnung der Sonderbereiche des Sprachendienstes und der Forschungsstellen ist die Personalstärke der K. mit der eines mittelgroßen Ministeriums in den großen MS vergleichbar. – Aufgrund ihrer Rolle als *Vertreter der Interessen der Gemeinschaft* wird die K. in Medien und Öffentlichkeit häufig mit der Gemeinschaft gleichgesetzt und damit auch für deren Defizite und Probleme verantwortlich gemacht. Diese Sichtweise, die zuweilen auch Regierungen der MS opportun erscheint, verkennt jedoch nicht nur die grundlegende konstruktive Rolle der K. als *Initiator der Gemeinschaftspolitiken,* sondern auch die Tatsache, daß die Verantwortung für getroffene (oder nicht getroffene) Entscheidungen in der Gemeinschaft letztlich beim Rat, d. h. bei den MS liegt.

W. Dietz/C. Glatthaar: Das Räderwerk der EG-K., Bonn 1991. – R. Hay: Die EG-K. und Verwaltung der Gemeinschaft, Europäische Dokumentation 3 (1989), Luxemburg 1989. – J.-V. Louis/D. Waelbroeck: La Commission au cœur du système institutionnel des Communautés européennes, Brüssel 1989. – H. Schmitt von Sydow: Organe der erweiterten EG – Die K., Baden-Baden 1980.

J. Monar

Kommunalwahlrecht →Unionsbürgerschaft

Kompetenzkompetenz →Einzelermächtigung

Kompetenzverteilung →Zuständigkeitsverteilung

Konferenz der Parlamente. In einer Erklärung zum →*Vertrag über die Europäische Union* werden das →*Europäische Parlament* und die Parlamente der MS ersucht, erforderlichenfalls als K. (oder *„Assisen")* zusammenzutreten. Die K. soll unbeschadet der Rechte aller beteiligten Parlamente zu wesentlichen Leitlinien der Europäischen Union gehört werden. Es ist vorgesehen, daß die *Präsidenten* von →*Kommission* und →*Rat* auf jeder Tagung der K. Bericht über den Stand der Union erstatten. – Mit der Einführung der K. soll die Zusammenarbeit zwischen dem EP und den nationalen Parlamenten gestärkt und zumindest ansatzweise eine übergreifende parlamentarische Kontrolle der Europapolitik ermöglicht werden.

J. MONAR

Konferenz der Präsidenten Europäischer parlamentarischer Versammlungen. Seit 1975 in ein- bis zweijährigem Abstand jeweils an einem anderen Ort zusammentretende Konferenz der Präsidenten/Speaker (gegebenenfalls beider Häuser) der Parlamente der MS des →*Europarates* (darunter alle MS der EG), des →*Europäischen Parlaments,* der →*Parlamentarischen Versammlung des Europarates* und der Versammlung der →*Westeuropäischen Union,* die sich mit aktuellen Fragen der Rolle der Parlamente in Europa und der europäischen Integration befaßt.

HRSG.

Konferenz für Regionalentwicklung in Nordwesteuropa (KRNWE). Die K. wurde 1955 gegründet und erstreckt sich auf Belgien, Luxemburg, die Niederlande, die westlichen Bundesländer Deutschlands, Nord- und Ostfrankreich und auf Südostengland. Mit einer Oberfläche von rund 241.000 km^2 und mit einer Bevölkerung von etwa 65 Millionen Einwohnern kommt diesem Raum eine gewichtige wirtschaftliche und raumplanerische Rolle zu. – Die K. hat die wissenschaftliche Aufgabe, grenzüberschreitende Regionalstudien auf europäischer Ebene zu ermöglichen und zu koordinieren, denn in keinem Teilgebiet Europas gibt es so viele Grenzen und nirgends sind sie künstlicher als im Bereich der K. – Das Studiengebiet der K. fällt in das Hoheitsgebiet von sechs MS der EG und entspricht etwa der von der →*Kommission der EG* in ihrem Bericht *„Europa 2000“* (1991) vorgeschlagenen Regionalgruppe der *„zentralen Hauptstadtregionen“.* Seit ihrer Gründung hat die K. 15 Studientagungen und mehrere raumplanerische Seminare veranstaltet sowie eine Anzahl von thematischen Karten veröffentlicht. – An der Spitze der K., die ihren Sitz in Brügge (B) hat, steht ein turnusmäßig von den beteiligten Ländern beauftragter Präsident. Die Geschäfte werden von einem Generalsekretär geführt. Es bestehen eine Reihe ständiger Studiengruppen. Finanziert wird die K. aus Beiträgen der gegenwärtig insgesamt 16 beteiligten Regionen.

I. B. F. KORMOSS

Konferenz über Sicherheit und Zusammenarbeit in Europa (KSZE). Eine europäische Sicherheitskonferenz wurde bereits 1954 von der Sowjetunion vorgeschlagen, damals mit den Zielen, die Bundesrepublik Deutschland aus der Westintegration herauszuhalten, die Anerkennung der europäischen Teilung und der DDR zu erreichen sowie die USA aus Europa zu verdrängen. In den 60er Jahren wurden diese Vorschläge wieder aufgegriffen *(Erklärungen von Bukarest, Karlsbad, Budapest),* fanden im Westen jedoch erst Gehör, als die Frage der Anerkennung der DDR durch die bundesdeutsche Ostpolitik nach 1969 geregelt war und die Sowjetunion die uneingeschränkte Beteiligung der USA und Kanadas akzeptiert hatte. Wesentliche Motive für die Sowjetunion waren eine weitere Bestätigung des Status quo, insbesondere aber die Hoffnung auf westliche Wirtschaftshilfe. Für den Westen standen demgegenüber auf der 1973 in Helsinki eröffneten Konferenz, in der die MS der EG wirksam zusammenarbeiteten, die Durchsetzung der Menschenrechte im Vordergrund. Gleichzeitig hatte der Westen auf parallel zu eröffnenden, aber getrennt zu führenden Verhandlungen über eine Reduzierung konventioneller Streitkräfte in Europa bestanden (MBFR, *Mutual Balanced Force Reductions*, 1973–1988; KSE, *Konventionelle Streitkräfte in Europa*, seit 1989). Im August 1975 wurde die *Schlußakte von Helsinki* von allen 35 Teilnehmerstaaten (alle europäischen Staaten außer Albanien plus USA und Kanada) als politisch verbindliche Absichtserklärung unterzeichnet. In drei *„Körben"* wurden allgemeine Prinzipien der Sicherheit (u. a. Unverletzlichkeit der Grenzen, Selbstbestimmungsrecht, Nichteinmischung, Achtung der Menschenrechte), erste *„vertrauensbildende Maßnahmen"* (Notifizierung und Beobachtung von militärischen Aktivitäten), wirtschaftliche Zusammenarbeit und *„Freizügigkeit von Menschen, Information und Ideen"* vereinbart. Schließlich wurde beschlossen, in regelmäßigen Abständen *„Folgekonferenzen"* zu veranstalten. Die Schlußakte wurde in allen Teilnehmerstaaten veröffentlicht und mit der Zeit erwies sich, daß die Sowjetunion die Bedeutung der Menschenrechtsvereinbarungen unterschätzt hatte: Immer mehr Gruppen in Osteuropa (Helsinki-Gruppen, Charta 77) beriefen sich auf sie und fanden darin eine wirksame Unterstützung ihres Freiheitsstrebens. Gerade die erste *Folgekonferenz in Belgrad* (1977/78) war hiervon geprägt. Auf der *Folgekonferenz in Madrid* (1980–83) wurde das *„Mandat von Madrid"* verabschiedet, aufgrund dessen von 1984–86 in Stockholm auf der *Konferenz über Vertrauens- und Sicherheitsbildende Maßnahmen und Abrüstung in Europa* (KVAE) über weitere, *„politisch verbindliche, militärisch bedeutsame und überprüfbare"* vertrauens- und sicherheitsbildende Maßnahmen (VSBM) verhandelt wurde. Das Stockholmer Dokument, in dem erstmals verbindliche Vor-Ort-Inspektionen vereinbart wurden, stellte einen entscheidenden Durchbruch in der Rüstungskontrolle dar. Die *Folgekonferenz von Wien* (1986–89) verlängerte das Mandat von Madrid, und weitere Verhandlungen führten schließlich zu den Wiener Dokumenten 1990 und 1992 mit Verbesserungen bei den VSBM. Ferner wurden neue Verhandlungen über konventionelle Streitkräfte initiiert, die 1990 zum *KSE-Vertrag* führten. Neben den Rüstungskontrollverhandlungen fanden verschiedene andere Konferenzserien unter K.-Ägide statt, u. a. zu Menschenrechten, Wirtschaft, friedlicher Streitbeilegung. Durch den Zusammenbruch der Sowjetunion und Jugoslawiens begann die *Folgekonferenz von Helsinki* (1992) mit nunmehr 52 Mitgliedern. Trotz einer in Wien begonnenen, auf den Außenministerkonferenzen in Paris, Berlin und Prag fortgeführten Institutionalisierung der KSZE (regelmäßige Außenministertreffen, Ausschuß Hoher Beamte, Konfliktverhütungszentrum, Sekretariat, Ausschuß für demokratische Institutionen), ferner der Einschränkung der Einstimmigkeitsregel bei eklatanter Verletzung der K.-Prinzipien durch ein Mitglied, blieb die K. zunächst ein Forum des Dialogs: bis Ende der 80er Jahre als Hilfe zur Auflockerung im Osten, seitdem als Mittel zur politischen Einbindung der neuen unabhängigen Staaten.

D. Mahncke: Vertrauensbildende Maßnahmen als Instrument der Sicherheitspolitik, Melle 1987. – H. Volle/W. Wagner (Hrsg.): K., Bonn 1976. – Dies.: Das Belgrader K.-Folgetreffen, Bonn 1978. – Dies.: Das Madrider K.-Folgetreffen, Bonn 1984. – H.-H. Wrede: K. in Wien. Kursbestimmungen für Europas Zukunft, Köln 1990.

D. Mahncke

Konferenz von Messina. Die sechs MS der →*Europäischen Gemeinschaft für Kohle und Stahl* beschlossen auf der K. (1./3.6.1955), die Bemühungen um eine europäische Einigung nach dem Scheitern der →*Europäischen Verteidigungsgemeinschaft* auf wirtschaftlichem Gebiet wiederaufzunehmen. *J. Monnet* trat für eine sektorale Integration in den Bereichen Verkehr, Energie und Atomenergie ein, während die Benelux-Staaten, Italien und Deutschland eine →*Zollunion* und einen →*Gemeinsamen Markt* unterstützten. Die Resolution beauftragte eine Expertengruppe unter *P.-H. Spaak* mit der Prüfung der Integrationsziele und der *„Frage einer gemeinsamen Organisation"*. Die Verhandlungen mündeten in die Verträge zur Gründung der →*Europäischen Wirtschaftsgemeinschaft* und der →*Europäischen Atomgemeinschaft*.

B. Neuss

Konferenz von Stresa. Die Landwirtschaftsminister der →*Europäischen Wirtschaftsgemeinschaft* einigten sich auf der K. (3.–12.7.1958) über die Grundlinien der →*Gemeinsamen Agrarpolitik*. Sie sprachen sich für die Erhaltung und Stützung des Familienbetriebs, den freien Warenverkehr, die Verbindung von Markt- und Strukturpolitik, das Gleichgewicht von Produktions- und Absatzmöglichkeiten, Produktivitätssteigerung und für eine Preispolitik aus, die Überschüsse vermeiden sollte. Die Interessen der überseeischen Gebiete waren zu berücksichtigen. Der →*Kommission* oblag die Umsetzung in eine europäische Marktordnung. Es war auf der K. bereits erkennbar, daß die MS auf nationale Schutzvorschriften nicht ersatzlos verzichten würden.

B. Neuss

Konferenz von Venedig. Auf der K. (29./30.5.1956) kamen die sechs MS der →*Europäischen Gemeinschaft für Kohle und Stahl* überein, Vertragsverhandlungen auf der Basis des Spaak-Berichts (→*Konferenz von Messina*) über eine Atom- und Wirtschaftsgemeinschaft aufzunehmen. Frankreich favorisierte zunächst die Atomgemeinschaft, die Bundesrepublik Deutschland verknüpfte jedoch beide Projekte. Frankreich setzte die Einbeziehung der französischen Überseegebiete in den →*Gemeinsamen Markt* durch und forderte, gegen deutschen Widerstand, die Harmonisierung der Sozialleistungen bis zum Ende der ersten

Integrationsphase. Am 26.6.1956 begannen die Regierungsverhandlungen unter Leitung von P.-H. Spaak.

B. Neuss

Konformitätsbewertungsverfahren →Harmonisierung technischer Vorschriften

Konkurrierende Zuständigkeiten der EG →Gemeinschaftskompetenzen

Konsultationsverfahren. Dieses Verfahren wurde durch den EWGV eingeführt. Es war bis zum Inkrafttreten der →*Einheitlichen Europäischen Akte* das Regelverfahren für die politisch relevanten Rechtsakte der Gemeinschaft. – Die →*Kommission* richtet ihren *Vorschlag* an den →*Rat.* Dieser konsultiert das →*Europäische Parlament* (→*Anhörung des EP*) sowie gegebenenfalls den →*Wirtschafts- und Sozialausschuß,* den →*Ausschuß der Regionen* oder den →*Rechnungshof.* Das EP kann den *Vorschlag* der Kom. billigen, ablehnen oder *Änderungsanträge* vorlegen. Bei Ablehnung eines *Vorschlags* fordert das EP die Kom. auf, diesen zurückzuziehen. Die Kom. hat sich verpflichtet, zu jedem *Änderungsantrag* des EP Stellung zu nehmen. Nimmt die Kom. die *Änderungsanträge* des EP an, so legt sie einen *geänderten Vorschlag* vor, in den die *Änderungsanträge* des EP Eingang gefunden haben. Entsprechendes gilt für die *Änderungsanträge* des WSA. Entscheidet der Rat nach dem Vertrag mit *einfacher* oder *qualifizierter Mehrheit,* so kann er sich nur *einstimmig* über den, gegebenenfalls geänderten, *Vorschlag* der Kom. hinwegsetzen.

H. Offele

Kontingentierungen →Ausfuhrbeschränkungen und -verbote

Konventionelle Handelspolitik der EG →Gemeinsame Handelspolitik

Konvention von Lomé →Lomé-Abkommen

Konvergenzkriterien →Wirtschafts- und Währungsunion

Konzentratives Gemeinschaftsunternehmen →Fusionskontrolle

Konzertierungsverfahren. Das K. wurde im Zusammenhang mit der Erweiterung der Haushaltsbefugnisse des →*Europäischen Parlaments* eingeführt *(Gemeinsame Erklärung von Parlament, Rat und Kommission vom 4.3.1976).* Es gilt für →*Rechtsakte* von allgemeiner Tragweite, die ins Gewicht fallende finanzielle Auswirkungen haben. – Die →*Kommission* gibt bei der Vorlage ihres Vorschlags an, ob das K. anwendbar ist. Parlament und →*Rat* können die Eröffnung des Verfahrens verlangen. Es wird eingeleitet, wenn der Rat beabsichtigt, von der Stellungnahme des Parlaments abzuweichen. Er übermittelt in diesem Falle dem Parlament eine *„gemeinsame Orientierung“.* Daraufhin tritt ein aus dem Rat und Vertretern des Parlaments bestehender *Konzertierungsausschuß* zusammen. Die Kom. ist an dem Verfahren, das normalerweise drei Monate nicht überschreiten soll, voll beteiligt. Wenn eine hinreichende Annäherung der Standpunkte erreicht ist, kann das Parlament eine neue Stellungnahme abgeben. Danach beschließt der Rat endgültig. – Das Parlament hält das K. nicht für befriedigend, da es nur selten zu einem echten Dialog führe – insbesondere stelle die *„gemeinsame Orientierung"* meist einen Kompromiß dar, der nur wenig Verhandlungsspielraum lasse. – Zwischen den drei Organen wurde zu Beginn der 80er Jahre eine Reform des K. erwogen. Eine neue Vereinbarung kam jedoch bisher nicht zustande.

H. Offele

Kooperation. Grundlage der K. ist die rein funktionale Zusammenarbeit von Staaten im Rahmen von internationalen Organisationen und Foren auf Gebieten von gemeinsamem Interesse. Im Unterschied zur →*Integration* zeichnet die K. aus, daß sie auf dem Niveau der intergouvernementalen Zusammenarbeit verharrt und es nicht zur Herausbildung von supranationalen institutionellen Strukturen mit eigenen Kompetenzen und Entscheidungsbefugnissen kommt. Im Rahmen der K. erfolgt keine Abtretung von Hoheitsrechten seitens der partizipierenden MS. Beispiele für Formen der K. im Rahmen der EG sind das →*Europäische Währungssystem* und die →*Europäische Politische Zusammenarbeit.*

C. Welz

Kooperationsverfahren →Verfahren der Zusammenarbeit

Kooperatives Gemeinschaftsunternehmen →Fusionskontrolle

„Kooperative Wachstumsstrategie" →Beschäftigungs- und Arbeitsmarktpolitik

Koordinierung der Wirtschaftspolitiken →Wirtschaftspolitik der EG

Kopenhagener Bericht. Der 1973 von den Außenministern der MS vorgelegte K. war der zweite von drei Berichten, die die Grundregeln der →*Europäischen Politischen Zusammenarbeit* (EPZ) festlegten, bevor diese durch die →*Einheitliche Europäische Akte* eine Rechtsgrundlage erhielt. Der Bericht beschrieb die pragmatischen Neuerungen, die in der EPZ seit ihrer Etablierung eingeführt worden waren, und kodifizierte sie für die Zukunft. Die bedeutendsten dieser Neuerungen waren die Möglichkeit, →*Ministertagungen* der EPZ anläßlich von Tagungen des →*Rates* abhalten zu können, die Anhebung der Zahl der Zusammenkünfte des →*Politischen Komitees* und die formelle Anerkennung der *Arbeitsgruppen* der EPZ.

S. Nuttall

KOPERNIKUS. 1992 initiiertes Programm der EG zur Schaffung eines Netzes wissenschaftlicher Forschung mit den mittel- und osteuropäischen Staaten als Basis einer zukünftigen gesamteuropäischen Forschungsgemeinschaft.

Hrsg.

Korrespondenzdienstleistung →Dienstleistungsfreiheit

„Kramer“ (Rechtssache) →Rechtsprechung des EuGH

„Krohn“ (Rechtssache) →Verordnung

KSZE →Konferenz über Sicherheit und Zusammenarbeit in Europa

Kulturpolitik der EG. Kultur wird durch den →*Vertrag über die Europäische Union* in Form des neuen Art. 128 EGV erstmals zum expliziten Gegenstand der EG. Im Bereich Kultur lehnen die MS ähnlich wie im Bildungsbereich jegliche Harmonisierung der Rechts- und Verwaltungsvorschriften der MS ab (Art. 128 Abs. 5). Als grundlegende Zielsetzung wird festgehalten, daß die Gemeinschaft einen Beitrag zur Entfaltung der Kulturen der MS unter Wahrung ihrer nationalen und regionalen Vielfalt unter gleichzeitiger Hervorhebung des gemeinsamen kulturellen Erbes zu leisten habe. Die Tätigkeit der Gemeinschaft soll sich gemäß den Bestimmungen des EUV auf folgende Bereiche konzentrieren: (1) auf die Verbesserung der Kenntnis und Verbreitung der Kultur und Geschichte der europäischen Völker; (2) auf die Erhaltung und den Schutz des kulturellen Erbes von europäischer Bedeutung; (3) auf den nichtkommerziellen Kulturaustausch und (4) auf künstlerisches und literarisches Schaffen, einschließlich des audiovisuellen Bereichs. Zwei Entscheidungsverfahren sind dafür vorgesehen: Zum einen entscheidet der →*Rat* mit *qualifizierter Mehrheit* über Fördermaßnahmen; dabei wird der neugegründete →*Ausschuß der Regionen* zu den von der →*Kommission* unterbreiteten Vorschlägen angehört. Zum anderen werden Empfehlungen vom Rat einstimmig auf Vorschlag der Kom. verabschiedet. – Die rechtlichen Vorschriften des EUV haben jedoch einige Vorläufer in bereits bestehenden Gemeinschaftsaktivitäten und können durchaus als vorwiegend vertragsrechtliche Festschreibung bereits bestehender politischer Praxis bewertet werden. Im Tindemans-Bericht an den *Europäischen Rat* über eine *Europäische Union* (Bulletin der EG, Beilage 1/76) wurden die Grundsteine für das spätere Engagement der EG-Organe im Kulturbereich gelegt. Vor allem die Kom. unternahm in den folgenden Jahren wiederkehrende Versuche, die Bedeutung dieses Bereiches herauszuarbeiten. Stellte die Mitteilung der Kom. an den Rat *„Die Aktion der Gemeinschaft im kulturellen Bereich“* (Bulletin der EG, Beilage 6/77) noch recht allgemein die Verbindung von den ursprünglichen vorwiegend wirtschaftlichen Zielsetzungen mit Kulturgütern und kulturellen Leistungen heraus, so erwies sich die Mitteilung *„Verstärkung der Gemeinschaftsaktionen im Bereich Kultur“* (Bulletin der EG, Beilage 6/82) als bereits politisch handlungsrelevant: Der freie Austausch von Kulturgütern, die Verbesserung der Lebens- und Arbeitsbedingungen von Kulturschaffenden und auch die Erhaltung des architektonischen Erbes werden als Schwerpunkte festgeschrieben. Mit der Mitteilung *„Neue Impulse für die Aktion der Europäischen Gemeinschaft im kulturellen Bereich“* (Mitteilung der Kom. an den Rat 87/603/EWG) weist die Kom. Bereiche aus, in denen sie die Notwendigkeit von Gemeinschaftshandeln zu erkennen glaubt: Neben der Absicht, einen europäischen Kulturraum zu schaffen, werden die Förderung der europäischen audiovisuellen Industrie, der Zugang zu den kulturellen Ressourcen, Aus- und Weiterbildung im kulturellen Bereich und der kulturelle Dialog mit der übrigen Welt als Aktionsbereiche genannt und auch in der Folgezeit vorwiegend mit finanziellen Instrumenten in gemeinschaftliche Maßnahmen umgesetzt. Zu nennen ist daneben das *Grünbuch* der Kom. über ein *„Fernsehen ohne Grenzen"* (Mitteilung der Kom. an den Rat 84/300/EWG), in welchem die Kom. eine kulturpolitische Kompetenz der Gemeinschaft aus den Grundfreiheiten der Verträge ableitet und mit der zunehmenden Kommerzialisierung des kulturellen Bereiches begründet. Diese Auffassung wurde in mehreren Urteilen des →*Gerichtshofes der EG* bestätigt.

B. De Witte: Cultural Linkages, in: W. Wallace (Hrsg.): The Dynamics of European Integration, London 1990, S. 192–212. – P. H. Piazolo: Europäische Kulturgemeinschaft – notwendige Schritte auf ein großes Ziel, in: Integration 2 (1984), S. 79–90. – H.-J. Schwarze (Hrsg.): Rundfunk und Fernsehen im Lichte der Entwicklung des nationalen und internationalen Rechts, Baden-Baden 1986.

G. SCHINK

Kurzfristiger Währungsbeistand →Währungsbeistand

Länderbeteiligung. Die L. im Prozeß der europäischen Integration ist ein spezifisch deutsches Problem mit ebensolchen Lösungsansätzen. Dies, weil Deutschland der einzige ausgeprägt föderalistische Staat innerhalb der EG ist. Allein Belgien und Spanien sind auf dem Weg zu einer föderalistischen Organisation; Italien besitzt eine kompetenzstarke regionale Ebene. Das Drängen der deutschen Länder nach mehr L. findet seine Basis in dem von ihnen vertretenen →*Subsidiaritätsprinzip*; es wird seit den 50er Jahren durch die zunehmende Kompetenzverlagerung auf die europäische Ebene in Frage gestellt. Der Beginn der Forderung nach stärkerer L. läßt sich bis in die 50er Jahre zurückverfolgen. 1951 bei Gründung der →*Europäischen Gemeinschaft für Kohle und Stahl* forderten die deutschen Länder, daß ihre grundsätzlich gesicherten Zuständigkeiten damit nicht beschnitten würden. Bei der Ratifizierung der →*Römischen Verträge* wurde 1957 eine Informationspflicht der Regierung angemahnt. 1979 erlangten die Länder von der Bundesregierung das Recht, in Fragen der europäischen Integration eigene Stellungnahmen abzugeben, die von der Bundesregierung zu berücksichtigen sind. – Eine wichtige Phase der L. resultiert aus dem Ratifizierungsprozeß der →*Einheitlichen Europäischen Akte* 1986. Der Bundesrat konnte seitdem vor Entscheidungen in europäischen Fragen nicht nur eigene Stellungnahmen abgeben; in Angelegenheiten der ausschließlichen Gesetzgebung der Länder durfte die Bundesregierung nur aus unabweisbaren Gründen von der Stellungnahme der Länder abweichen. Außerdem waren zwei Ländervertreter – soweit möglich – an den Verhandlungen mit der →*Kommission* oder dem →*Rat der EG* zu beteiligen. Zu einem Wendepunkt in der L. wurden die *„Zehn Münchner Thesen zur Europapolitik"* der Ministerpräsidenten der Länder von 1987. Sie forderten u. a.: (1) Wahrung der vertraglichen Grundlagen bei der EG-Rechtsetzung; (2) neben der Verwirklichung der Prinzipien eines föderalistischen Aufbaus und des Subsidiaritätsprinzips die Sicherung der Bildungs- und Kulturhoheit der Länder, die Wahrung der Rundfunkhoheit der Länder, die Sicherung einer wettbewerbsfähigen Landwirtschaft, die Sicherung einer eigenständigen regionalen Strukturpolitik der Länder und Subsidiarität in der Forschungspolitik. – 1990 wurden auf der ersten Sitzung des Bundesrates nach der Wiedervereinigung Deutschlands diese Forderungen ergänzt durch die Forderung nach einem dreistufigen Aufbau Europas im Rahmen der Politischen Union: Die europäische, staatliche und regionale Ebene *„als Bereich für die Gestaltung der vielfältigen und differenzierten Lebensbedingungen der Bürger"* (→*Europa der Regionen*). Man spricht seitdem von einer *„doppelten Föderalisierung Europas"*. Im Anschluß daran konkretisierte der Bundesrat am 24. August 1992 diese Grundsätze durch vier Forderungen für die künftige „Politische Union". Danach sollte das *Subsidiaritätsprinzip* im Gemeinschaftsrecht verankert werden, in den Rat sollte – nach Maßgabe der Themen – ein zweiter nationaler Vertreter entsandt werden können, der die Länder oder Regionen vertritt, es sollte ein Regionalorgan geschaffen und den Ländern und Regionen ein Klagerecht gegen Maßnahmen des Rates und der Kom. eingeräumt werden. Um ihren Forderungen Nachdruck zu verleihen, verlagerten die deutschen Länder in der Folgezeit ihre Aktivitäten auf die internationale Ebene. Im Oktober 1989 fand in München die erste von vier Konferenzen *„Europa der Regionen"* statt. Drei weitere folgten im April 1990 in Brüssel, im Oktober 1990 in Riva und schließlich am 5. Dezember 1990 in Straßburg. – Einen weiteren Schub für die L. brachten die Vorarbeiten zur geplanten Politischen Union. Von den vier Forderungen des Bundesrates wurden schließlich drei von der Bundesregierung akzeptiert; nur das Klagerecht gegen Kom. und Rat wurde von der Bundesregierung nicht übernommen. Je zwei Ländervertreter nahmen an den Eröffnungssitzungen der beiden vorbereitenden Regierungskonferenzen zum späteren →*Vertrag über die Europäische Union* (EUV) teil. Die Länder wurden an der Erarbeitung der deutschen Verhandlungspositionen beteiligt. Die Regierungschefs der Länder richteten zu diesem Zwecke eine *„Europakommission"* ein; sie steht wiederum in Kontakt zu den Arbeitsebenen der Bundesressorts. Der Erfolg dieser Arbeit zeigte sich bei der Ratifizierung des EUV im Dezember 1992 im Bundestag (→*Zustimmungsgesetz*). Die dabei anstehenden Grundgesetzergänzungen brachten auch Veränderungen der Rolle der Länder im europäischen Kontext mit sich. Sie zeigten sich auf folgende Weisen: Zum einen ist das *Subsidiaritätsprinzip* im EUV (Art. 3 b) festgeschrieben worden, in dem es heißt: *„In den Bereichen, die nicht in ihre ausschließliche Zuständigkeit fallen, wird die Gemeinschaft nach dem Subsidiaritätsprinzip nur tätig, sofern und soweit die Ziele der in Betracht gezogenen Maßnahmen auf der Ebene der MS nicht ausreichend erreicht werden können ...“* Eine ausdrückliche Erwähnung der Länder und Regionen erfolgt allerdings nicht. In Art. 146 ist die Zusammensetzung des Rates durch die Mitwirkungsmöglichkeiten von Länder- und Regionalministern erweitert worden. Außerdem ist die Einrichtung eines →*Ausschusses der Regionen* (Art. 198 a–c) vorgesehen. Es soll ein beratendes Gremium von 189 Mitgliedern werden, von denen 24 von Deutschland gestellt werden. – Innerstaatlich haben die Veränderungen der Art. 23, 24, 50 und 52 GG eine Stärkung der L. im Gesetzgebungs- und Meinungsbildungsprozeß Deutschlands mit sich gebracht. Der Bund kann danach nur mit Zustimmung des Bundesrates (Art. 23,1) Hoheitsrechte übertragen. *„In Angelegenheiten der Europäischen Union wirken der Bundestag und durch den Bundesrat die Länder mit.“* (Art. 23,2). *„Der Bundesrat ist an der Willensbildung des Bundes zu beteiligen, soweit er an einer entsprechenden innerstaatlichen Maßnahme mitzuwirken hätte oder soweit die Länder innerstaatlich zuständig wären.“* (Art. 23,4). Im innerstaatlichen Meinungsbildungsprozeß sind Stellungnahmen des Bundesrates *„maßgeblich“* zu berücksichtigen, wenn Interessen der Länder berührt werden (Art. 23,5). Vertreter von Ländern können als Vertreter des Bundes in europäischen Fragen benannt werden. Art. 50 besagt zusammenfassend: *„Durch den Bundesrat wirken die Länder bei der Gesetzgebung und Verwaltung des Bundes und in Angelegenheiten der Europäischen Union mit.“* Damit ist eine Gleichstellung der Länder in Fragen der innerstaatlichen Politik wie der Politik eines künftigen europäischen Bundesstaates erreicht. Das gilt auch für die Regelung, daß die Länder mit Zustimmung des Bundes Hoheitsrechte an grenznachbarliche Einrichtungen übertragen können (Art. 24). Als wesentliche nichterfüllte Forderung der letzten Jahre der L. ist damit das Klagerecht vor den europäischen Gerichten verblieben. – Trotz der eindrucksvollen Erfolge wird sich in der Folgezeit zeigen müssen, ob nicht die Schwerkraft einer noch immer zentralistisch organisierten Europäischen Union die Hoffnungen eines *„Europas der Regionen“*, vertreten in Deutschland durch die Sonderform der L., zunichte machen wird. Andererseits ist zu berücksichtigen, daß die *„doppelte Föderalisierung“* möglicherweise die angestrebte Einheitlichkeit der Willensbildung einer weiterentwickelten „Europäischen Union“ erschwert.

C. Baumhof: Die deutschen Bundesländer im europäischen Einigungsprozeß unter besonderer Berücksichtigung der Länder an EWG-Vorhaben, München/Florenz 1991. – F. Gress: Die Rolle der Bundesländer in einem geeinten Deutschland und einem geeinten Europa, Wiesbaden 1992.

P. NOACK

Landwirtschaftsbericht →Gesamtbericht über die Tätigkeit der EG

Landwirtschaftspolitik →Gemeinsame Agrarpolitik

LEADER. Programm der EG zur Förderung des Entwicklungspotentials ländlicher Regionen auf der lokalen Ebene (Ausstattung für 1991–1993: 400 Mio. ECU).

HRSG.

Legislative (in der EG) →Gewaltenteilung

Legislaturperiode (EP) →Direktwahlen

Leitbilder der europäischen Einigung. Der Begriff „Leitbild" ist seiner Natur nach mehrdeutig. Er kann im politischen Kontext (1) eine Zielvorstellung, den Endzustand eines Prozesses oder (2) die Motive benennen, weswegen ein Akteur den Endzustand anstrebt, (3) den Prozeß beschreiben, der zum gewünschten Endzustand führen soll. In der Regel werden die drei Bedeutungen gemeinsam und durchmischt auftreten: Ein politischer Akteur strebt aus benennbaren Motiven einem Endzustand zu, den er mittels eines politischen Prozesses zu erreichen sucht. – Zwei unterschiedliche *Zielvorstellungen* der europäischen Einigung stehen seit der Zeit nach dem Ersten Weltkrieg im Vordergrund: (1) der Bundesstaat und (2) der Staatenbund. Diese Ziele sollen entweder durch den *„großen Sprung"*, die qualitative Veränderung in einem Zuge, oder durch die graduelle, pragmatische Integration, die sich nach den jeweiligen Vorgaben richtet, erreicht werden. Beiden genannten Prozessen sind zwei verschiedene Denkschulen zuzuordnen: (1) Die eine sieht in einer globalen Integration aller Bereiche den realistischsten Weg, (2) die andere in einer „funktionalen" Integration möglichst unstrittiger Gebiete (→*Funktionalismus*, →*Neo-Funktionalismus*). – Schon die ersten europäischen Zusammenschlüsse geben Beispiele für die simultane Existenz unterschiedlicher Denkschulen. Der am 5.5.1949 aufgrund der Impulse des →*Haager Europa-Kongresses* von 1948 gegründete →*Europarat* förderte die Übertragung von souveränen Rechten der Staaten auf eine *Europäische Union* und die Einberufung einer *europäischen Versammlung*. Die 1951 gegründete →*Europäische Gemeinschaft für Kohle und Stahl* stellt dagegen eine sowohl supranationale wie funktionale Integration dar. Doch hatten beide Institutionen keinen vorbildhaften Erfolg. Es blieb sowohl der „große Sprung" in eine „Europäische Union" aus wie das Übergreifen, der *„Spill over"*, auf andere Bereiche zwischenstaatlicher Politik. – Die *Motivlage* blieb in der Zeit zwischen 1950 und 1990 (als die Bedrohung durch die UdSSR wegfiel) für die Akteure stets dieselbe, nämlich „der Versuch, international verflochtenen Problemen auf einer neuen Stufe der Handlungsfähigkeit angesichts des Machtverfalls und des Gestaltungsverlustes europäischer Politik nach den Weltkriegen zu begegnen". Dem entsprachen die Stichworte, mit denen die Endziele bezeichnet wurden: *„Europäisie-*

rung Europas“, „Dritte Kraft“ oder *„Zivilmacht Europa“*. – Nach dem Scheitern der →*Europäischen Verteidigungsgemeinschaft* im Jahre 1954 folgte 1957 mit den →*Römischen Verträgen* eine prozessuale Neuerung bei gleichbleibender Zielsetzung: Die europäische Integration wurde gespalten. Die europäische Verteidigungspolitik wurde mit der Einbeziehung der Bundesrepublik in die NATO als klassische Allianz organisiert, die Außenpolitik verblieb im Bereich nationaler Souveränität und die europäischen Volkswirtschaften organisierten sich in einem →*Gemeinsamen Markt*. Soweit sich die Hoffnung auf eine graduelle Ausweitung der europäischen Integration gerichtet hatte, erwies sich auch die Integration *„à la carte“* als Fehlschlag: Der Zielvorstellung einer *„Europäischen Gemeinschaft“* (Walter Hallstein) stand das →*„Europa der Vaterländer“* (Charles de Gaulle) ein Jahrzehnt lang gegenüber, *intergouvernementale* stand gegen *supranationale* Zusammenarbeit. – Mit der gleichzeitigen Forderung nach *„Vertiefung“* und *„Erweiterung“* entstand 1969 nach der →*Haager Gipfelkonferenz* der Regierungschefs ein neues L. Es schloß sich unter veränderten Bedingungen früheren Vorstellungen der →*Europäischen Bewegung* an. Das weitergehende L. einer europäischen *„Föderation“* trat 1972 mit dem Beschluß der europäischen Regierungschefs erneut in den Vordergrund. Sie beschlossen, eine *„Europäische Union“* zu begründen. Abgesehen von der umfassenden Zielsetzung, die 1972 und während der folgenden Jahre noch vage blieb, ist das neue L. darin zu sehen, daß die allmähliche Weiterentwicklung der bestehenden Institutionen und Instrumente (und nicht der „große Sprung“) als adäquater Prozeß zum angestrebten Ziel angesehen wird. Diese Einstellung läßt sich bis hin zum →*Vertrag über die Europäische Union* von 1992 beobachten. Diese neue Strategie, die Ziel und Prozeß zugleich ist, führte auch zuvor bereits zur →*Einheitlichen Europäischen Akte* (1987), in der es hieß, daß die künftige Union „mit den erforderlichen Aktionsmitteln“ auszustatten sei. Die bisher letzte Phase ist seit 1990 vom Leitbild der *Politischen Union* dominiert. Es hat eine zweifache motivische Wurzel: (1) wird damit die Folgerung aus der durch den Wegfall der Bedrohung durch die UdSSR entstandenen neuen Situation gezogen und (2) der Notwendigkeit Rechnung getragen, das vereinigte Deutschland durch allgemeinen Souveränitätsverzicht in einen europäischen Bundesstaat einzubinden. Damit werden Überlegungen realisiert, wie sie schon seit den 20er Jahren von den europäischen „Föderalisten“ propagiert worden sind. In der Präambel des *Vertrages über die Europäische Union* heißt es nun: *„Durch diesen Vertrag gründen die Hohen Vertragsparteien untereinander eine Europäische Union. Dieser Vertrag stellt eine neue Stufe bei der Verwirklichung einer immer engeren Union der Völker Europas dar, in der die Entscheidungen möglichst bürgernah getroffen werden. Grundlage der Union sind die Europäischen Gemeinschaften, ergänzt durch die mit diesem Vertrag eingeführten Politiken und Formen der Zusammenarbeit. Aufgabe der Union ist es, die Beziehung zwischen den Mitgliedstaaten sowie* *zwischen ihren Völkern kohärent und solidarisch zu gestalten.*" Damit ist man auf dem halben Weg zwischen Staatenbund und Bundesstaat angelangt. Diese letzte Entwicklung vom L. zur Realität läßt erkennen, daß Endziele, Motive und Prozesse eng zusammenhängen. Man kann weder zu einer rein funktionalen Integration zurückkehren, noch wird in absehbarer Zeit ein homogener europäischer Bundesstaat entstehen. Der „große Sprung" ist auch im letzten Anlauf nicht gelungen. Supranationalität und intergouvernementale Zusammenarbeit stehen nach wie vor nebeneinander. Der Schritt zum Bundesstaat Europa bleibt ein noch zu erfüllendes L.

W. Lipgens (Hrsg.): 45 Jahre Ringen um die europäische Verfassung. Dokumente 1939–1984, Bonn 1986. – H. Schneider: Leitbilder der Europapolitik – Der Weg zur Integration, Bonn 1977. – W. Weidenfeld (Hrsg.): Die Identität Europas, München 1985.

P. Noack

Leitkursanpassungen →Europäisches Währungssystem

Leitwährungsfunktion →Europäisches Währungssystem

Lenkungsausschuß Informationstechnik →Europäische Konferenz der Post- und Fernmeldeverwaltungen

Liberalisierung der Gemeinschaftsausfuhren →Ausfuhrpolitik

Liberalisierung des Kapitalverkehrs →Freier Kapitalverkehr

Life. 1992 von der EG eingeführtes Instrument zur Finanzierung umweltpolitischer Maßnahmen und Programme (Ausstattung: 400 Mio. ECU bis 1995).

Hrsg.

LINGUA-Programm. Zu ersten weiterreichenden Aktivitäten im Fremdsprachenunterricht wurde die →*Kommission der EG* durch das L. (Beschluß 89/489/EWG) ermächtigt. Mit einem Finanzvolumen von 200 Mio. ECU soll im Zeitraum von 1990–1994 die Fremdsprachenkompetenz von EG-Bürgern verbessert werden, um somit sowohl Mobilität als auch Kommunikation innerhalb der Gemeinschaft zu fördern. Die Maßnahmen des Programms bestehen dabei (1) in der finanziellen Fortbildung von Fremdsprachenlehrern, (2) in der Förderung der Mobilität von Sprachstudenten, (3) in der Förderung von Fremdsprachenkenntnissen im Berufsleben und in der Wirtschaft sowie (4) im Austausch von Jugendlichen, die eine berufspraktische und fachtheoretische Ausbildung absolvieren.

G. Schink

Lomé-Abkommen. Durch den Beitritt Großbritanniens zur EG im Jahre 1973 ergab sich die Notwendigkeit, die vormals britischen Kolonien in Afrika, in der Karibik und im Pazifik in die außenwirtschaftlichen Beziehungen der EG einzubeziehen. Die Briten bestanden – wie schon die Franzosen 1957 – darauf, daß die wirtschaftlich präferentiellen Kontakte zu ihren ehemaligen Kolonien erhalten bleiben bzw. von der EG übernommen werden sollten. Dies gab den wesentlichen Anstoß zum Abschluß des ersten L. zwischen den damals 9 MS der EG und 46 Staaten Afrikas, der Karibik und des Pazifiks (→*AKP-Staaten*). Die L. wurden seitdem mehrmals erneuert (*L. I:* 1975–80; *L. II:* 1980–85; *L. III:* 1985–90; *L. IV:* 1990–2000, mit Ausnahme des nur bis 1995 abgeschlossenen Finanzprotokolls). Die Zahl der beteiligten AKP-Staaten ist mittlerweile auf 69 angestiegen. – Die L. bilden das Kernstück der →*Entwicklungspolitik der EG*. Sie bauen inhaltlich auf den →*Jaunde-Abkommen* auf. Entwicklungspolitisches Ziel ist die Integration der Dritten Welt in den Weltmarkt im allgemeinen und in den europäischen Markt im besonderen. Durch wechselseitigen Handel, der (mit Ausnahme der für die EG sensiblen Agrarprodukte) durch möglichst weitgehende Zollsenkungen und Beseitigung der mengenmäßigen Beschränkungen von Zöllen gefördert wird, sollen für beide Seiten optimale wirtschaftliche Wachstumsprozesse in die Wege geleitet werden. Die fast zwanzigjährige Geschichte der Lomé-Politik hat jedoch gezeigt, daß dieses liberalistische Konzept der *aid by trade („Hilfe durch Handel")* als Entwicklungsziel nicht ausreicht. Die liberale Handelspolitik wurde daher zunehmend um spezifische entwicklungspolitische Regulierungsmaßnahmen ergänzt. Insbesondere sind hier zu nennen die Systeme →*STABEX* und →*SYSMIN*. Weiterhin wurde den AKP-Staaten das *Prinzip des kumulativen Ursprungs* eingeräumt, dem zufolge ein Produkt in mehreren AKP-Staaten hergestellt werden kann, ohne daß sich hieraus für das letztlich exportierende Land eine Einschränkung der zollpräferentiellen Behandlung durch die EG ergibt. Desweiteren fördert die EG durch besondere Maßnahmen die Vermarktungs- und Absatzkapazitäten der AKP-Staaten. All dies konnte jedoch den Rückgang des Anteils der AKP-Staaten am EG-Handel nicht zum Stillstand bringen. – Das jüngste L. bezieht auch verstärkt Fragen des Schutzes der Menschenrechte und der Umwelt ein. – Bedeutsam für die Nord-Süd-Kooperation im Rahmen der EG-Entwicklungspolitik sind die im wesentlichen aus den *Jaunde-Abkommen* in die L. übernommenen *gemeinsamen EG-AKP-Organe*. Sie stellen eine Beteiligung der AKP-Staaten am entwicklungspolitischen Entscheidungsprozeß sicher. Die Gemeinschaft hat sich allerdings im Rahmen dieses institutionellen Gefüges das letzte Wort über die Durchführung oder Nichtdurchführung eines Entwicklungsprojekts vorbehalten. Eine Versammlung, bestehend aus Parlamentariern (heute: *„Paritätische Versammlung")*, Assoziationsrat (heute: *„Ministerrat")* und Assoziationsausschuß (heute: *„Botschafterausschuß")*, wurde erstmals 1963 noch unter dem ersten *Jaunde-Abkommen* eingerichtet und seitdem in jedem neuen L. fortgeführt. Sie setzen sich jeweils paritätisch aus Vertretern der MS der EG und der AKP-Staaten zusammen. L.IV wurde um die Politikfelder wirtschaftliche Strukturanpassung, Verschuldung, Umwelt und Bevölkerungswachstum erweitert.

H.-D. Kuschel: Das neue L. zwischen der EG und den AKP-Ländern, Europa-Archiv 10 (1990), S. 333–340.

J. BELLERS

Londoner Bericht. Der 1981 von den Außenministern der MS vorgelegte L. war der letzte der drei Berichte, die die Grundregeln der →*Europäischen Politischen Zusammenarbeit* (EPZ) festlegten, bevor diese durch die →*Einheitliche Europäische Akte* eine Rechtsgrundlage erhielt. Wie der →*Kopenhagener Bericht* kodifizierte der L. pragmatische Neuerungen in der EPZ seit dem letzten Bericht. Besonders bedeutsam waren die erstmalige Einbeziehung politischer Aspekte der Sicherheitspolitik in den Themenkreis der EPZ, die Bildung eines Sekretariats nach der →*Troika(-Formel),* die Anerkennung der Rolle der →*Präsidentschaft* in Kontakten mit Drittstaaten, die Festschreibung der vollen Beteiligung der →*Kommission* und die Einführung eines Verfahrens zur Einberufung von Krisensitzungen.

S. NUTTALL

Lückenfüllungsklausel →Generalermächtigung

Luns-Sitzung →Luns-Westerterp-Verfahren

Luns-Westerterp-Verfahren. Das im Jahre 1964 eingeführte *„Luns-Verfahren",* benannt nach dem seinerzeit amtierenden Ratsvorsitzenden, dient der Information des →*Europäischen Parlaments* über den Verhandlungsverlauf und den Inhalt von →*Assoziierungsabkommen.* Dabei verpflichten sich die →*Kommission,* das EP über seine zuständigen Ausschüsse in vertraulicher Form über den *Verhandlungsverlauf* zu unterrichten, und der →*Rat,* über die der Kom. erteilten *Verhandlungsrichtlinien* sowie nach Abschluß der Verhandlungen, jedoch vor Unterzeichnung über die *Ergebnisse der Verhandlungen* schriftlich zu informieren. Zudem gibt der Ratsvorsitzende auf Antrag des EP dem zuständigen Ausschuß mündlich weitere Auskünfte *(„Luns-Sitzung").* Dieses Verfahren wurde im Jahre 1973 auf *Handels- und Kooperationsabkommen* ausgedehnt *(„Westerterp-Verfahren",* benannt nach dem seinerzeit amtierenden Ratsvorsitzenden). Mit dem gewöhnlich als „L." bezeichneten Verfahren will das EP seinen Einfluß auf den Inhalt von Abkommen mit Drittländern erhöhen, die ihm lediglich zur Anhörung oder zur Zustimmung vorgelegt werden. Dies wird durch das L. jedoch nur z. T. erreicht. Das EP fordert daher, bereits zur Festlegung der Verhandlungsleitlinien und vor Unterzeichnung zum Abschluß der Abkommen angehört zu werden.

C. AUGUSTIN

Luxemburger Bericht. Der 1970 von den Außenministern der MS vorgelegte L. war der erste von drei Berichten, die die Grundregeln der →*Europäischen Politischen Zusammenarbeit* (EPZ) festlegten, bevor diese durch die →*Einheitliche Europäische Akte* eine Rechtsgrundlage erhielt. Gemäß den Vorgaben der →*Haager Gipfelkonferenz* zielte der Bericht auf Fortschritte auf dem Weg zur *Politischen Union* ab. Nach dem L. waren die ersten Bemühungen auf die Koordination der Außenpolitik der MS zu richten, und zu diesem Zweck fixierte er einfache und pragmatische Verfahrensweisen: die Abhaltung von zwei →*Mi-*

nistertagungen pro Jahr unter dem Vorsitz des die EG-Präsidentschaft innehabenden MS und die Bildung des →*Politischen Komitees,* das die Ministertagungen vorbereiten und Arbeitsgruppen einsetzen können sollte. S. NUTTALL

Luxemburger Erklärung →Europäische Freihandelszone

Luxemburger Kompromiß. Mit dem L. wurde 1966 die institutionelle Krise der EWG beendet, die durch Frankreichs →*„Politik des leeren Stuhls"* (gegen Mehrheitsabstimmungen insbesondere im Agrarbereich) entstanden war. Im L. kamen die 6 damaligen MS überein, daß ein MS, der *„sehr wichtige Interessen"* geltend macht, nicht ohne weiteres überstimmt werden soll, sondern sich der →*Rat* um eine einvernehmliche Lösung bemühen wird. Hinsichtlich der Folgen eines Scheiterns dieses Versuchs einer einvernehmlichen, d. h. einstimmigen Lösung, bestanden weiterhin unterschiedliche Auffassungen zwischen Frankreich und den anderen MS, die jedoch die Wiederaufnahme der Gemeinschaftsarbeit nicht hindern sollten. Der L. ist als solcher rechtlich nicht verbindlich, die ihm folgende Praxis schuf aber wohl einen *Vertrauenstatbestand,* von dem nicht einseitig abgewichen werden durfte. Die Praxis nach dem L. führte dazu, daß bis 1982 gegen den Willen eines MS keine *Mehrheitsabstimmungen* mehr erfolgten. Die →*Einheitliche Europäische Akte* (EEA) ließ den L. zwar als solchen unberührt. Seit 1986 kam es aber zunehmend zu Entscheidungen mit *qualifizierter Mehrheit,* nach Inkrafttreten der EEA auch zu bedeutsamen Materien. Ausdrückliche Bezugnahmen auf den L. sind aus letzter Zeit nicht mehr bekannt, wenngleich er im Agrarbereich jedenfalls fortwirkt.

R. Streinz: Die Luxemburger Vereinbarung, München 1984.

R. STREINZ

Maastrichter Vertrag →Vertrag über die Europäische Union

MAGHREB-Staaten. Im Rahmen der EG gebräuchliche Sammelbezeichnung für die Staaten Algerien, Marokko und Tunesien, die mit der Gemeinschaft durch →*Assoziierungsabkommen* verbunden sind. HRSG.

„Managed floating" →Währungspolitik der EG

„Mandat von Madrid" →Konferenz über Sicherheit und Zusammenarbeit in Europa

Mansholt-Plan. Als M. wird ein unter dem für die Landwirtschaft zuständigen Kommissionsmitglied Mansholt im Dezember 1969 vorgelegtes *„Memorandum zur Reform der Landwirtschaft in der Europäischen Gemeinschaft"* bezeichnet, nach dem die in der Landwirtschaft Beschäftigten durch die Förderung außerlandwirtschaftlicher Arbeitsplätze in ländlichen Regionen, Umschulungsbeihilfen und Prämien bei vorzeitigem Eintritt in den Ruhestand innerhalb eines Zehnjahreszeitraumes auf die Hälfte und die landwirtschaftlich genutzte Fläche (damals 70 Mio. ha) um 5 Mio. ha vermindert werden sollte. Innerhalb der Landwirtschaft sollte die investive Förderung auf entwicklungsfähige Formen, d. h. Produktionseinheiten (PE) bestimmter Größenordnung oder *„moderne landwirtschaftliche Unternehmen"* (MLU), beschränkt werden. – Der M. stieß bei den Landwirten auf heftigen Widerstand und wurde schließlich nur zu einem geringen Teil ausgeführt.

W. VON URFF

Markenamt der EG →Gemeinschaftsmarke

Marktbürger →Gemeinschaftsbürger

Marktordnungen. Der Begriff M. ist vieldeutig. So versteht man unter M. auch staatliche Eingriffe zur Regulierung (Ordnung) landwirtschaftlicher Produktmärkte. Entsprechend werden systematische Markteingriffe, wie sie im Rahmen der EG-Marktpolitik angewandt werden, als M. bezeichnet, ein Begriff und Tatbestand, der jedoch viel älter ist. So wurden die in der Bundesrepublik Deutschland bis 1967 geltenden gesetzlichen Marktregulierungen als M. bezeichnet. M. bedeutet nur, daß Marktregulierungen vorliegen, jedoch besagt der Begriff nichts über die dabei verwendeten Instrumente. Diese können sehr verschieden sein und ganz unterschiedlichen Zielen dienen. – In den entsprechenden Verordnungen der EG werden die Begriffe *„Marktordnung"*, *„Marktorganisation"* und *„Organisation der Märkte"* verwendet, aber sie sind synonym zu dem der M. Von ihnen soll im folgenden gesprochen werden, obwohl sich auch dort die produktspezifischen M. erheblich unterscheiden. Gemeinsam ist diesen M. jedoch, daß es sich um systematische Eingriffe in sonst meist als „frei" bezeichnete Marktgeschehen handelt, die aber über die sonst üblichen Regelungen etwa des Wettbewerbs im Rahmen der (Markt-) Ordnungspolitik weit hinausgehen. – M. dienen in der EG der Beeinflussung der Höhe und Stabilität der Agrarpreise, häufig auch der Angebotsbegrenzung etwa in Form der Quoten für Zuckerrüben und Milch. Sie sollen der Erreichung der in Art. 39 EWGV festgelegten Ziele dienen, so der *Stabilisierung der Märkte,* der *Sicherstellung der Versorgung* und der *„Belieferung der Verbraucher mit angemessenen Preisen"*, aber vor allem auch der *„Erhöhung des Pro-Kopf-Einkommens der in der Landwirtschaft tätigen Personen"*. Daß die diesen Zielen dienenden M. für die Gemeinschaft als Ganzes gelten, innerhalb derer binnenmarktähnliche Verhältnisse herrschen sollen, und diese keine innergemeinschaftlichen Wettbewerbsverzerrungen hervorrufen dürfen, geht aus Art. 38 und 42 EWGV hervor. Art. 40 EWGV verlangt *„eine gemeinsame Organisation der Agrarmärkte"*, womit erstmals M. angesprochen werden, läßt aber zunächst offen, ob diese gemeinsamen Organisationen *„je nach Erzeugnis"* in Form von *„gemeinsamen Wettbewerbsregeln"*, *„bindender Koordinierung der verschiedenen einzelstaatlichen M."* (wie sie die MS vorher eingeführt hatten) oder durch eine *„Europäische Marktordnung"* erreicht werden sollen. Zugleich wird diesen drei *„Organisationsformen"* ermöglicht, daß sie *„alle zur Durchführung des Art. 39 erforderlichen Maßnahmen einschließen, insbesondere Preisregelungen, Beihilfen für die Erzeugung und Verteilung der verschiedenen Erzeugnisse, Einlagerungs- und Ausgleichsmaßnahmen, gemeinsame Einrichtungen zur Stabilisierung der Ein- oder Ausfuhr"*, wozu *„ein oder mehrere Ausrichtungs- und Garantiefonds für die Landwirtschaft geschaffen werden können"*. Auf der →*Konferenz von Stresa* 1958 wurde zugunsten von europäischen M. entschieden, die dann für die wichtigsten Agrarprodukte zwischen 1962 und 1967 errichtet wurden, zunächst für eine Übergangsperiode und dann erstmals ab 1967 als Beginn der Endphase für Getreide, Schweine, Eier, Geflügel, Obst und Gemüse und in den folgenden Jahren für eine große Zahl der übrigen sog. M.-Produkte. Die angestrebte Stützung und Stabilisierung der Preise im Rahmen von M. geschieht im Prinzip durch entsprechende Steuerung des Angebots und der Nachfrage, vornehmlich von seiten der →*Drittländer*. Dazu dienen →*Abschöpfungen* als variable Zollbelastungen von aus Drittländern importierten Agrarprodukten, die das ausländische Angebot verknappen und damit auch die inländischen Erzeugnisse verteuern. Übersteigt das Binnenangebot die Nachfrage, was im zunehmenden Maße aufgrund der angebotsstimulierenden Effekte hoher Erzeugerpreise der Fall ist, so wird ein damit verbundener Rückgang der Erzeugerpreise durch staatliche Abnahmeverpflichtungen zu einem festgesetzten →*Interventionspreis* unterbunden. Die so akkumulierten Lagerbestände, die im Inland nicht verwertbar sind, können wie andere Agrarprodukte in Drittländer exportiert werden. Das ist aber nur dadurch möglich, daß mittels sog. →*Ausfuhrerstattungen (Exportsubventionen)* die Differenz zwischen den höheren Inlands- und den niedrigeren Weltmarktpreisen aus Mitteln des →*Europäischen Ausrichtungs- und Garantiefonds für die Landwirtschaft* ausgeglichen wird. – Die beschriebenen M. haben sich in der EG als immer weniger praktikabel erwiesen, weil sie zu wachsenden Überschüssen und entsprechend ansteigenden Belastungen des EG-Haushaltes, aber auch zu auf Kritik von seiten der Exportländer stoßende Beeinträchtigungen des internationalen Handels geführt haben. Bemühungen der Gemeinschaft, die M. restriktiver zu gestalten, haben bisher zu keinem grundlegenden Wandel geführt, so daß eine umfassende Reform der →*Gemeinsamen Agrarpolitik* und damit auch der M. unausweichlich erscheint.

E. Wöhlken: Einführung in die landwirtschaftliche Marktlehre, Stuttgart 1991.

G. SCHMITT

Marktordnungsstellen. Unter dieser wenig präzisen und in amtlichen Gesetzes- oder Verordnungstexten nicht benutzten Bezeichnung versteht man im allgemeinen die Behörden oder Organisationen, die mit der administrativen Handhabung der landwirtschaftlichen →*Marktordnungen* betraut sind. Im Rahmen der Marktordnungen der EG werden darunter vor allem die für die Intervention (→*Interventionsstellen*) zuständigen Verwaltungen verstanden, manchmal auch die Behörden, die für die Gewährung von →*Ausfuhrerstattungen, Beihilfen* oder die Erhebung der →*Abschöpfungen,* die Vergabe von *Einfuhr-* und *Ausfuhrlizenzen,* der *Kontingente* für Zucker und Milch zuständig sind.

G. Schmitt

Marktorganisation(en) →Marktordnungen

MASCHRIK-Staaten. Im Rahmen der EG gebräuchliche Sammelbezeichnung für die Staaten Ägypten, Jordanien, Libanon und Syrien, die mit der EG durch →*Assoziierungsabkommen* verbunden sind.

Hrsg.

Maßnahmen gleicher Wirkung →Freier Warenverkehr

MAST *(Marine Science and Technology).* Von 1991 bis 1994 laufendes Programm der EG zur Förderung von Forschung und Entwicklung im Bereich der Meereswissenschaft und Technologie (Budget: 103 Mio. ECU).

Hrsg.

MdEP →Mitglied des Europäischen Parlaments

MEDIA. Programm der EG (Hauptphase 1991–1995; 200 Mio. ECU) zur Förderung der europäischen Filmkultur, Medienindustrie und -technologie sowie des verstärkten innereuropäischen Austausches von Filmen und audiovisuellen Programmen mit dem Ziel der Schaffung eines europäischen audiovisuellen Raums.

Hrsg.

Medienpolitik der EG. In der M. vermischt sich das Leitmotiv kultureller Vielfalt mit wirtschaftlichen Aspekten. Während bei Printmedien das Prinzip des freien Informationsflusses selbstverständlich ist, bestimmten bei den audiovisuellen Medien nationale Vorschriften und Frequenzknappheit die Situation. Neue Technologien und Satelliten schufen Handlungsbedarf, da sie teilweise nationale Regelungen unterliefen. Grundidee der M. war seit Anfang der 80er Jahre, durch Harmonisierung der Vorschriften auf der Anbieterseite eine EG-weite freie Ausstrahlung von audiovisuellen Produktionen zu gewährleisten. Die am 3.10.1989 erlassene Richtlinie *„Fernsehen ohne Grenzen"* schreibt gemeinsame Mindestregeln (z. B. hinsichtlich des Jugendschutzes und der Beschränkung der Werbung) unter Berücksichtigung kulturpolitischer Ziele fest, wobei auch eine Reihe rechtlich unverbindlicher *Quotenregelungen* zur Förderung europäischer Fernsehprogramme (v. a. mehr als 50% der Sendezeit für europäische Produktionen) vorgesehen sind. Kritisiert wurde die Richtlinie nicht nur wegen der Quotenregelungen, sondern auch wegen mangelnder Kompetenz der EG im Kulturbereich; die →*Kommission* hatte ihre Zuständigkeit damit begründet, daß Fernsehen eine Dienstleistung sei und z. T. Kompetenzen der Staaten und Regionen/Länder berührt. Flankierende Maßnahmen des audiovisuellen

Marktes sind die Harmonisierung des Urheberrechts sowie die Sicherung der Meinungsvielfalt. – Auf der Anbieterseite ist die begrenzte Rentabilität europäischer Film- und Fernsehproduktionen durch den zersplitterten Markt das größte Problem. Das 1987 initiierte →*MEDIA*-Programm (Etat: 200 Mio. ECU pro Jahr) soll durch Förderung gemeinschaftlicher Kooperationsstrukturen die internationale Wettbewerbsfähigkeit erhöhen. – Neben Sprachbarrieren hemmen unterschiedliche Fernseh-Normen den Medienmarkt. Die Ende der 90er Jahre anstehende Einführung des hochauflösenden Fernsehens („HDTV") wird als Chance zur Vereinheitlichung der technischen Normen genutzt. Im Rahmen des →*EUREKA*-Programms wurde gemeinsam mit den europäischen Herstellern ein eigenes HDTV-System entwickelt. Seine Einführung erfordert kostspielige Umrüstungen und eine neue Sendenorm. Um diesen Übergang zu erleichtern, sah die Kom. die verbindliche Einführung einer Übergangsnorm vor; am Markt hatten sich aber längst verhältnismäßig preiswerte Satelliten durchgesetzt, die die alten Normen nutzen. Ein 1991 vorgelegter Kompromißvorschlag gestattet ein Nebeneinanderbestehen beider Normen. – Mit dem →*Vertrag über die Europäische Union* erhält die Gemeinschaft erstmals kulturpolitische Kompetenzen (Art. 128 EGV), die explizit auch den audiovisuellen Bereich betreffen. Der Erfolg der M. hängt künftig von der Wahrung einer ausgewogenen Balance zwischen Markt- und Kulturinteressen ab; dabei sind über den EG-Rahmen hinausgehende europäische Lösungen sinnvoll.

O. Hillenbrand: Medienpolitik, in: W. Weidenfeld/W. Wessels (Hrsg.): Europa von A–Z, 2. Aufl., Bonn 1992, S. 268–271. – M. Maggiore: Herstellung und Verbreitung audiovisueller Informationen im Gemeinsamen Markt, Luxemburg 1991.

O. HILLENBRAND

MEDSPA *(Mediterranean Special Programme of Action)*. 1991 angelaufenes Aktionsprogramm der EG zum Schutz der Umwelt im Mittelmeerraum und im südlichen Atlantik, das mittlerweile auf der Grundlage von →*Life* fortgeführt wird.

HRSG.

Mehrwertsteuerharmonisierung →Steuerharmonisierung

Mehrwertsteuer-Plafond →Eigenmittel der EG

Mehrwertsteuer-Richtlinien →Steuerharmonisierung

Mehrwertsteuersätze →Steuerharmonisierung

„Memorandum zur Reform der Landwirtschaft in der EG" →Mansholt-Plan

Mengenmäßige Beschränkungen →Einfuhrbeschränkungen und -verbote

Menschenrechtspolitik der EG. Die wachsende Bedeutung der Menschenrechte für die internationalen Beziehungen hat auch die Politik der EG beeinflußt. Das →*Europäische Parlament* hat sich seit Beginn der 70er Jahre, vor allem nach der ersten Direktwahl 1979, unter Zurückweisung entgegenstehender Kompetenzargumente dieser Thematik angenommen. Die entscheidende Arbeit leisten der *Politische Ausschuß* des EP und dessen *Unterausschuß Menschenrechte.* Seit 1983 werden jährlich →*Entschließungen* zu den Menschenrechten in der Welt auf der Grundlage zum Teil sehr eingehender Ausschußberichte gefaßt. Daneben gibt es eine Fülle von Entschließungen zu konkreten Menschenrechtsfragen in einzelnen Regionen und Staaten. Schwerpunkte waren (Süd-)Afrika, Süd- und Mittelamerika, Türkei, Iran und osteuropäische Staaten. Auch im Rahmen der →*Europäischen Politischen Zusammenarbeit* wurde den Menschenrechten zunehmend Beachtung geschenkt. 1987 ist eine eigene EPZ-Arbeitsgruppe Menschenrechte eingerichtet worden. Der →*Europäische Rat* nimmt immer häufiger zu Menschenrechtsfragen in verschiedenen Ländern und zur allgemeinen Bedeutung der Menschenrechte Stellung (z. B. Erklärung vom 26.6.1991). Für die M. bieten die *Vereinten Nationen* und regional auch die →*Konferenz über Sicherheit und Zusammenarbeit in Europa* geeignete Foren. – Lange war umstritten, ob die →*Entwicklungspolitik* geeignetes Instrument einer M. sein könne. Vor allem die Staaten der Dritten Welt lehnten entsprechende Ansätze als Souveränitätsverletzungen ab. In den beiden letzten →*Assoziierungsabkommen* mit den →*AKP-Staaten* (Lomé III u. IV) ist es jedoch gelungen, Menschenrechtsschutz zu verankern. Die Vertragsparteien erkennen Wert und Würde der Person an und verpflichten sich zur Achtung der Menschenrechte. – Die M. bezieht sich aber auch auf die gemeinschaftsinterne Situation. Während es zunächst darum ging, die Grundrechtsprechung des →*Gerichtshofes der EG* politisch abzustützen (Gemeinsame Erklärung von EP, Rat und Kom. vom 5.4.1977), werden zunehmend aktuelle Einzelfragen thematisiert, so das Wiederaufleben von Fremdenfeindlichkeit und Rassismus, Asylpolitik, Schutz der Sprachen und Kulturen von Minderheiten. Höhepunkt der Grundrechtsbemühungen des EP ist die *„Erklärung der Grundrechte und Grundfreiheiten“* von 1989. Zu erwähnen ist auch die Feierliche Erklärung des Europäischen Rates von Straßburg (1989) über eine Gemeinschaftscharta der sozialen Grundrecht der Arbeitnehmer (→*Europäische Sozialcharta*). Der →*Vertrag über die Europäische Union* vom 7. Februar 1992 unterstreicht an mehreren Stellen die Verpflichtung auf den Schutz der Menschenrechte außerhalb und innerhalb der Gemeinschaftsgrenzen.

G. Oestreich: Menschenrechte als Elemente der dritten AKP-EWG-Konvention von Lomé, Berlin 1990. – S. E. Perrakis: Contribution au débat sur la protection communautaire des droits de l'homme: la déclaration des droits et libertés fondamentaux du Parlement européen, in: Revue du Marché commun 338 (1990), S. 467–474. – H. G. Schermers: The European Communities bound by fundamental human rights, in: Common Market Law Review 2 (1990), S. 249–258.

E. Klein

„Milchkontor“ (Rechtssache) →Verwaltungsrecht der EG

Mindestaufenthaltsdauer für Recht auf Verbleib →Verbleiberecht

Mindestbeschäftigungsdauer für Recht auf Verbleib →Verbleiberecht

Mindesteinfuhrpreis (Gemeinsame Agrarpolitik) →Abschöpfungen

Ministerkomitee des Europarates. Das M., eines der beiden Organe des →*Europarates,* ist der „Entscheidungsträger" dieser internationalen Organisation. Das M. setzt sich aus je einem Vertreter (in der Regel der Außenminister des jeweiligen Staates) eines jeden MS zusammen und tagt zweimal jährlich. Die Beschlüsse werden entweder als *Empfehlungen* an die jeweiligen Regierungen gefaßt oder nehmen die Form von Konventionen an, welche für die Unterzeichnerstaaten nach Ratifizierung bindend sind. Die Entscheidungsfindung dieses Organs geht nach unterschiedlichen Regeln vonstatten: Entscheidungen über Verfahrensfragen oder das Arbeitsprogramm des *Europarates* werden mit einfacher Mehrheit getroffen; Haushaltsbeschlüsse müssen mit $^2/_3$ Mehrheit gefaßt werden; Empfehlungen, die sich an die Regierungen der MS richten, verlangen Einstimmigkeit.

O. Schmuck (Hrsg.): 40 Jahre Europarat: Renaissance in gesamteuropäischer Perspektive, Bonn 1990.

G. SCHINK

Ministerrat der EG →Rat der EG

Ministerrat der WEU →Westeuropäische Union

Ministertagungen. Die Außenminister der MS treten im Rahmen der →*Europäischen Politischen Zusammenarbeit* (EPZ) offiziell viermal im Jahr zusammen, einmal unter jeder →*Präsidentschaft* in deren Hauptstadt und einmal unter jeder Präsidentschaft in Verbindung mit einer Tagung des →*Rates* in Brüssel oder in Luxemburg. Es ist jedoch zur gängigen Praxis geworden, daß die Minister sowohl EPZ- als auch EG-Angelegenheiten anläßlich des *Rates für Allgemeine Angelegenheiten* der EG diskutieren, dies seit 1990 sogar mit einer kombinierten Tagesordnung. Dies ist ein praktisches Beispiel für das von der →*Einheitlichen Europäischen Akte* eingeführte Prinzip der Kohärenz von EG und EPZ. Der →*Vertrag über die Europäische Union* sieht eine vollkommene Verschmelzung der M. mit den Tagungen des Rates für Allgemeine Angelegenheiten vor. – Die M. bilden die höchste Entscheidungsinstanz der EPZ. Nur allgemeine politische Orientierungen und besonders feierliche Erklärungen sind dem →*Europäischen Rat* vorbehalten.

S. NUTTALL

MISEP *(Mutual Information System on Employment Policies).* Von der →*Kommission der EG* unterhaltenes Informationssystem zur gegenseitigen Unterrichtung der MS über beschäftigungspolitische Maßnahmen.

HRSG.

Mißbrauch einer marktbeherrschenden Stellung →Kartellrecht der EG

Mißtrauensantrag. Gemäß Art. 144 EWGV und Art. 27 FusV

kann im →*Europäischen Parlament* ein M. gegen die „Tätigkeit" der →*Kommission der EG* eingebracht werden. Wird dieser mit der Mehrheit von zwei Dritteln der abgegebenen Stimmen und der Mehrheit der Mitglieder des EP angenommen, so müssen die →*Mitglieder der Kommission* geschlossen (→*Kollegialitätsprinzip*) ihr Amt niederlegen. Sie führen die Geschäfte aber bis zur Ernennung ihrer Nachfolger weiter. – Hinsichtlich der formellen Voraussetzungen für einen M. bestimmt Art. 30 der GO des EP, daß dieser entweder von einer →*Fraktion* oder mindestens einem Zehntel der Mitglieder des EP in schriftlicher Form mit einer Begründung beim →*Präsidenten des EP* eingebracht werden muß. Das Plenum stimmt über den M. offen und namentlich ab. Um eine übereilte Entscheidung zu verhindern, darf das Votum gemäß GO frühestens 72 Stunden nach Einbringung des M. stattfinden. – Hinsichtlich der Rechtsfolgen eines erfolgreichen M. ist unklar, ob es den Regierungen der MS erlaubt ist, eine neue Kom. zu ernennen, deren Besetzung mit der alten identisch oder gegenüber dieser nur geringfügig verändert ist. Die demokratische Legitimation des Parlaments und sein wachsendes institutionelles Gewicht lassen einen solchen Akt jedoch als politisch kaum mehr vertretbar und durchsetzbar erscheinen. Die durch den →*Vertrag über die Europäische Union* ab 1995 vorgesehene Regelung der notwendigen Zustimmung des EP zur Investitur der neuen Kom. (Art. 158 EGV) schafft diesbezüglich eine vom EP seit langem geforderte Klarheit. – Bislang sind alle im EP eingebrachten M. gescheitert, was nicht zuletzt darauf zurückzuführen ist, daß das EP die Kom. im institutionellen Gefüge der EG i. d. R. nicht als Gegner, sondern als Verbündeten gegenüber dem die Interessen der MS vertretenden →*Rat* betrachtet. Dennoch bildet der M. ein wesentliches Instrument parlamentarischer Kontrolle, das den Anspruch des EP auf eine vollgültige Rolle als Legislative unterstreicht und nach Einführung der Zustimmung des EP zur Investitur der Kom. noch mehr Bedeutung gewinnen dürfte.

E. Noël: Le Parlement face à la Commission, in: J.-V. Louis/D. Waelbroeck (Hrsg.): Le Parlement européen dans l'évolution institutionelle, Brüssel 1989, S. 107–129.

J. Monar

Mißtrauensvotum →Mißtrauensantrag

Mitbestimmung der Arbeitnehmer (in der EG). Bedingt durch die unterschiedlichen Rechtsordnungen der MS gehört die M. zu den problematischen Fragen der europäischen Einigung. Die Regelungen der M. reichen von der paritätischen Mitbestimmung im Aufsichtsrat (nach dem deutschen Montan-Mitbestimmungsgesetz) über die Vertretung der Arbeitnehmer in einem besonderen Vertretungsorgan bis zur freiwilligen M. auf rein tarifvertraglicher Grundlage. Auch die Gesellschaftsorgane, in denen die M. stattfindet, sind unterschiedlich strukturiert. Einige MS (Deutschland, Niederlande) kennen die Leitung der Aktiengesellschaft durch ein Führungs- und dessen Kontrolle durch ein Aufsichtsorgan *(„dualistisches System“)*. In der Mehrzahl der Länder erfolgt die Verwaltung durch ein einheitliches Gremium *(„monistisches System“)*. An diesen Unterschieden scheiterte ein Vorschlag, der einheitlich das dualistische System und eine Vertretung der Arbeitnehmer im Aufsichtsrat mit mindestens 1/3 der Sitze vorsah. Seit 1983 liegt ein geänderter Vorschlag für eine 5. Richtlinie *(Strukturrichtlinie)* vor. Danach soll in Aktiengesellschaften mit mehr als 1.000 Arbeitnehmern zwingend eine M. eingeführt werden. Hinsichtlich der rechtlichen Ausgestaltung der M. räumt der Vorschlag Wahlrechte ein. Der nationale Gesetzgeber kann festlegen, ob er nur das dualistische oder wahlweise auch das monistische System anbietet. Die M. kann durch Einräumung von Sitzen im Verwaltungs- bzw. Aufsichtsrat oder durch Bildung einer besonderen Arbeitnehmervertretung oder durch Einräumung von tarifvertraglichen Beteiligungsrechten erfolgen. Entsprechendes soll auch für die →*Europäische Aktiengesellschaft* gelten. Erfolgt die M. im Aufsichtsrat, müssen die Arbeitnehmer mindestens 1/3, höchstens die Hälfte der Sitze einnehmen. Bei paritätischer Besetzung muß das Letztentscheidungsrecht der Anteilseigner sichergestellt sein. Möglich ist aber auch eine Beteiligung neutraler Dritter. Hinsichtlich der tarifvertraglichen M. sind Regelungen für den Fall vorgesehen, daß ein Tarifvertrag nicht zustande kommt. Ein Mitglied der Geschäftsleitung ist mit Personalfragen besonders zu betrauen *(Arbeitsdirektor)*. Der Vorschlag ist nach wie vor umstritten. Von Gewerkschaftsseite wird die M. durch eine besondere Vertretung und durch tarifvertragliche Vereinbarung als unzureichend kritisiert. Arbeitgeberverbände bezweifeln die Notwendigkeit einer Rechtsangleichung auf diesem Gebiet. Widerstand gibt es auch von MS, in denen durch die Richtlinie erstmals eine obligatorische M. eingeführt werden würde. Ob und wann die Richtlinie verabschiedet wird, ist daher nicht vorhersehbar.

W. Kolvenbach: Mitbestimmungsprobleme im gemeinsamen Markt, Bonn 1991. – B. von Maydell: Die vorgeschlagene Regelung zur Mitbestimmung für eine Europäische Aktiengesellschaft, in: Die Aktiengesellschaft (1990), S. 442–447.

M. Lutter

Mitentscheidungsverfahren. Im M. gemäß Art. 189 b EWGV verfügt das →*Europäische Parlament* zum ersten Mal über eine, wenn auch begrenzte, legislative Entscheidungskompetenz. Es umfaßt maximal drei Lesungen im EP und →*Rat* und sieht die Einschaltung eines *Vermittlungsausschusses* vor. Dieser besteht aus den Mitgliedern des Rates (oder Vertretern) und einer gleichen Anzahl von Vertretern des EP. Die →*Kommission* nimmt an den Arbeiten des Ausschusses teil und ergreift alle erforderlichen Initiativen, um auf eine Annäherung der Standpunkte hinzuwirken. Das Verfahren wurde durch den →*Vertrag über die Europäische Union* (der den Begriff „Mitentscheidung“ nicht verwendet) eingeführt. Sein Anwendungsbereich ist weit gefaßt und soll 1996 erweitert werden. – Die erste Phase entspricht dem →*Konsultationsverfahren*. Der in erster Lesung beschlossene →*ge-*

meinsame Standpunkt des Rates wird dem EP zugeleitet. Rat und Kom. unterrichten das EP über die Gründe, nach denen der Rat seinen Standpunkt festgelegt hat sowie über den Standpunkt der Kom. Das EP verfügt dann über eine Frist von drei Monaten, um entweder (a) den *gemeinsamen Standpunkt* mit *einfacher Mehrheit* zu billigen oder (b) mit *absoluter Mehrheit Abänderungen* zu beschließen oder (c) mit *absoluter Mehrheit* die *Ablehnung des gemeinsamen Standpunktes* anzukündigen. In diesem Falle verlängert sich die Frist um zwei Monate. – Hat das EP den gemeinsamen Standpunkt *gebilligt* oder *nicht fristgerecht Stellung genommen,* so *erläßt* der Rat den Rechtsakt entsprechend seinem *gemeinsamen Standpunkt.* – Hat das EP die Absicht geäußert, den *gemeinsamen Standpunkt* abzulehnen, so kann der Rat, um seinen Standpunkt ausführlicher darzulegen, den *Vermittlungsausschuß* einberufen. Nach den Beratungen des *Vermittlungsausschusses* kann das EP mit *absoluter Mehrheit Abänderungen des gemeinsamen Standpunktes* beschließen oder seine *Ablehnung* bestätigen. Im letzteren Falle ist der Vorschlag gescheitert. – Hat das EP den *gemeinsamen Standpunkt* abgeändert, so gibt die Kom. eine *Stellungnahme* zu den Abänderungen ab. Der Rat kann innerhalb von drei Monaten mit *qualifizierter Mehrheit* die von der Kom. *gebilligten Abänderungen* bzw. *einstimmig* die von der Kom. *abgelehnten Abänderungen* verabschieden. Kommt kein Beschluß zustande, so wird im Einvernehmen zwischen Rat und Parlament der *Vermittlungsausschuß* einberufen. Der *Vermittlungsausschuß* hat die Aufgabe, mit der *qualifizierten Mehrheit* der Vertreter des Rates und der Mehrheit der Vertreter des EP – auch bei Ablehnung der Stellungnahme der Kommission – binnen sechs Wochen einen *gemeinsamen Entwurf* zustandezubringen. Der *gemeinsame Entwurf* muß vom Rat mit *qualifizierter Mehrheit* und vom EP mit *absoluter Mehrheit* binnen sechs Wochen verabschiedet werden. Stimmt eines der beiden Organe nicht zu, ist der Rechtsakt gescheitert. Gelangt der *Vermittlungsausschuß* nicht zu einer Einigung, so kann der Rechtsakt nur noch angenommen werden, wenn der Rat binnen sechs Wochen nach Ablauf der dem *Vermittlungsausschuß* gesetzten Frist seinen *gemeinsamen Standpunkt,* ggf. mit vom EP vorgeschlagenen Abänderungen, mit *qualifizierter Mehrheit* bestätigt und das EP diese Vorlage nicht binnen sechs Wochen mit *absoluter Mehrheit* abgelehnt hat. In allen anderen Fällen ist der Rechtsakt gescheitert. Für die Bereiche Kultur und Forschung (Rahmenprogramm) schreibt der → *Vertrag über die Europäische Union* vor, daß der Rat *einstimmig* beschließt. Die Fristen von drei Monaten bzw. sechs Wochen können einvernehmlich zwischen Rat und EP um einen Monat bzw. zwei Wochen verlängert werden. – Die Mitwirkung des EP an der Gesetzgebung besteht im wesentlichen darin, daß es – gleichberechtigt mit dem Rat – den im *Vermittlungsausschuß* erzielten Kompromiß verabschieden oder den Rechtsakt scheitern lassen kann. Mit einem Zweikammersystem, wie es das EP in seinem Entwurf eines Vertrages über die Europäische Union von 1984 (→*Spinelli-Vertragsentwurf*) vorgeschlagen hatte, ist dieses Verfahren nicht zu vergleichen.

H. Offele

Mitglied(er) der Kommission der EG. Die z. Zt. 17 M. (auch EG-Kommissare oder Kommissare) werden einvernehmlich von den Regierungen der MS für eine verlängerbare Amtszeit von vier Jahren ernannt. In der Praxis benennen die Bundesrepublik Deutschland, Frankreich, Italien, Spanien und Großbritannien jeweils zwei und die übrigen MS jeweils ein M. Nach den Bestimmungen des →*Vertrages über die Europäische Union* müssen sich die von den MS benannten M. ab 1995 vor ihrer Ernennung einem Zustimmungsvotum des →*Europäischen Parlaments* stellen. – Die M. sollen ihre Tätigkeit in voller Unabhängigkeit zum Wohle der EG ausüben. Sie dürfen bei der Erfüllung ihrer Pflichten keinerlei Anweisungen von einer nationalen Regierung entgegennehmen, und die MS sind verpflichtet, nicht zu versuchen, die M. bei der Erfüllung ihrer Aufgaben zu beeinflussen (Art. 10 FusV). Der letztere Grundsatz wird in der Praxis jedoch häufig verletzt, da immer wieder einzelne Regierungen die von ihnen benannten M. für nationale Interessen einzuspannen versuchen. Der →*Gerichtshof der EG* kann ein M. im Falle von Pflichtverletzungen auf Antrag der →*Kommission* oder eines MS des Amtes entheben. – Jedes M. verfügt über ein „Portefeuille" besonderer sachlicher Zuständigkeiten, das mit unmittelbarem Zugriff auf die betreffende(n) Generaldirektion(en) der Kom. verbunden ist. Trotz dieser Aufteilung aber konstituieren die M. ein Kollegialorgan, d. h. sie fassen ihre Beschlüsse gemeinsam (gemäß Art. 17 FusV mit absoluter Mehrheit) und sind gemeinsam vor dem EP verantwortlich, das sie durch ein →*Mißtrauensvotum* zum Rücktritt zwingen kann. – Die M. treten gewöhnlich jeden Mittwoch unter Vorsitz ihres Präsidenten zu einer Vollsitzung zusammen, die durch die →*Kabinette* der M. intensiv vorbereitet werden. Jedes M. hat formal gleichen Anteil an den Beratungen und Entscheidungen des Kollegiums. In der Praxis fungiert der →*Präsident der Kommission* jedoch in mehrfacher Hinsicht als Primus inter pares. Zudem wird in Sachfragen meist der Auffassung des zuständigen M. entscheidendes Gewicht beigemessen.

J. Monar

Mitglied(er) des Europäischen Parlaments. Die 518 Europa-Abgeordneten der Zwölfer-Gemeinschaft werden seit 1979 in allgemeiner und unmittelbarer Wahl direkt gewählt. Die Zahl der Mandate pro Land orientiert sich nicht am Prinzip des gleichen Stimmengewichts, sondern wurde bei Gründung der EG politisch festgelegt. Dabei wurden die kleineren Staaten begünstigt; die bevölkerungsreichsten Staaten Deutschland, Frankreich, Italien und Großbritannien verfügen trotz unterschiedlicher Einwohnerzahlen einheitlich über jeweils 81 Mandate. Hinzu kommen seit der deutschen Vereinigung noch 18 Beobachter ohne Stimmrecht aus den fünf neuen Bundesländern. Auf dem EG-Gipfel der Staats- und Regierungschefs im Dezember 1992 in Edinburgh wurde schließlich für die nächste Wahl zum →*Europäischen Parlament* 1994 die Erhöhung der Abgeordnetenzahl auf 567 festgesetzt, wobei Deutschland mit 99 Abgeordneten am stärksten vertreten sein wird. Doch ist auch dies eine politische Festsetzung der Mandate. Die Repräsentativität des EP bleibt begrenzt: Ein Abgeordneter aus Luxemburg vertritt nur etwa 60.000 Bürgerinnen und Bürger, während diese Relation bei seinem deutschen Kollegen mehr als 15mal höher liegt. Die Diäten der Europa-Abgeordneten entsprechen denjenigen der Mitglieder der nationalen Parlamente. – Die Abgeordneten haben sich zu →*Fraktionen* zusammengeschlossen und sitzen im Plenarsaal entsprechend dieser parteipolitischen Zugehörigkeit zusammen. Da im EP ein klares Gegenüber von Regierungsmehrheit und Opposition nicht vorhanden ist, gibt es nur eine sehr schwach ausgeprägte Fraktionsdisziplin. Dies verschafft dem einzelnen Abgeordneten einen vergleichsweise großen Handlungsspielraum. Jeder Abgeordnete verfügt über ein schriftliches Fragerecht gegenüber der →*Kommission* und kann sich individuell an den Arbeiten des EP beteiligen. Dennoch kommt in der Parlamentspraxis den *Fraktionen des EP* eine zentrale Bedeutung zu. Hier muß sich der einzelne Abgeordnete bewähren, um auf die Meinungsbildung im Plenum Einfluß nehmen zu können.

E. Grabitz u. a.: Direktwahl und Demokratisierung. Eine Funktionenbilanz des EP am Ende seiner ersten Wahlperiode, Bonn 1988.

O. SCHMUCK

Mitgliedstaaten (EG). Seit 1986 umfaßt die EG zwölf M.: Belgien, Dänemark, Deutschland, Frankreich, Griechenland, Großbritannien, Irland, Italien, Luxemburg, die Niederlande, Portugal und Spanien (→*Gründerstaaten,* →*Erweiterung*).

HRSG.

Mitteilung der Beschwerdepunkte. Ist die →*Kommission der EG* zu dem Ergebnis gelangt, daß eine Vereinbarung zwischen Unternehmen gegen das →*Kartellrecht der EG* verstößt, so teilt sie die beanstandeten Punkte den betroffenen Unternehmen in einer schriftlichen M. mit, zu der sich diese sodann in einem Anhörungsverfahren äußern können.

HRSG.

Mitteilungen der Kommission der EG. Als M. werden die offiziellen Dokumente bezeichnet, die die →*Kommission* an die anderen Gemeinschaftsorgane, vor allem an →*Rat* und →*Europäisches Parlament,* richtet. Sie betreffen überwiegend Vorschläge für →*Rechtsakte,* da der Rat nur auf der Grundlage eines Vorschlages der Kom. entscheiden kann. – Als M. werden weiter die internen Beschlußvorlagen des federführenden Kommissionsmitglieds an das →*Kollegium* bezeichnet. Schließlich werden von der Kom. im →*Amtsblatt* bekanntgemachte Informationen z. B. zu laufenden Ausschreibungsverfahren als M. bezeichnet.

G. HITZLER

Mittelbare Verwaltungstätigkeit →Verwaltungsrecht der EG

Mittelfristiger finanzieller Beistand →Währungsbeistand

Mittelmeerpolitik der EG. Da sich die →*Entwicklungspolitik der EG* in Afrika im wesentlichen auf die schwarzafrikanischen, ehemaligen Kolonien von EG-Staaten beschränkt, hat die EWG/EG schon frühzeitig seit Mitte der 60er Jahre Ansätze zu einem entwicklungs- und handelspolitischen Konzept für die südlichen Mittelmeer-Anrainer entworfen – quasi der traditionellen Gegenküste der EG, die mittels der Art. 110, 131 ff. und 238 EWGV ihr wirtschaftlich auf die eine oder andere Art angeschlossen *(„assoziiert")* werden soll. Einige vormalig von dieser Politik erfaßte Staaten (GR, E, P) sind mittlerweile Mitglieder der EG geworden. 1972 legte die EG ein Globalkonzept zur Mittelmeerpolitik vor, um die diversen, im Verlaufe der Zeit unterschiedlich entstandenen, bilateralen Handelsverträge mit diesen Staaten (inklusive Israel, Malta und Zypern) zu vereinheitlichen. Folgende Prinzipien wurden hier für die zukünftigen Handelsverträge und Kooperationsabkommen festgelegt: schrittweise Zollsenkungen auch im sensiblen agrarischen Bereich; Abbau von Handelshemmnissen; Kooperationen im wirtschaftlichen, sozialen, wissenschaftlichen und technologischen Feld; finanzielle Hilfen; Absicherungen für Privatinvestitionen. Dazu kommt institutionell die Einrichtung von Kooperationsräten und Parlamentariertreffen. 1989 wurde ein neues gesamtstrategisches Konzept vorgelegt - mit Neuerungen im Bereich der finanziellen Zusammenarbeit mit Finanzinstitutionen des Mittelmeerraumes, hinsichtlich von Umweltprojekten sowie von Maßnahmen der Nahrungsmittelselbstversorgung und der Ausbildung von Arbeitskräften.

D. Puhl: Die M. Strukturschwächen des EG-Systems bei der Verwirklichung des Globalkonzepts, Kehl 1983.

J. Bellers

Mitverantwortungsabgabe. Seit 1977 wird im Rahmen der EG-Marktordnungen für Milch und Milcherzeugnisse das Instrument der M. angewandt. Die M. ist eine von den Milcherzeugern zu leistende Abgabe in Höhe eines bestimmten Prozentsatzes des für Milch festgesetzten Richtpreises, soweit die Milcherzeugung je Milcherzeuger eine festgelegte Größe überschreitet. Gegenwärtig beträgt die von einer M. freie Menge 60 Tonnen je Betrieb, während die darüber hinaus erzeugte Milchmenge mit 1,5% des Richtpreises als M. belastet wird. Neben der Reduzierung der Milchproduktion dient die M. auch der Finanzierung der EG-Milchmarktpolitik.

G. Schmitt

Montan-Umlage. Die M. war die erste Steuer, deren Gesetzgebungs-, Verwaltungs- und Ertragshoheit bei einer der drei →*Europäischen Gemeinschaften,* nämlich der →*Europäischen Gemeinschaft für Kohle und Stahl* (EGKS) (Art. 49 u. 50 EGKSV), liegt. Indem sie Braun-, Steinkohle, Roheisen, Stahl und Walzstahlfertigerzeugnisse belastet (Entscheidung Nr. 2/52 u. 3/52), zählt die M. zu den

Steuern auf spezielle Güter. Der Umlagesatz darf 1% des Durchschnittswertes nicht übersteigen. Seit dem 1.1.1991 beträgt er 0,29% (Entscheidung Nr. 3681/90). Die M. erreichte 1990 175,6 Mio. ECU und finanziert etwa ein Drittel des *Funktionshaushalts der EGKS,* der nicht in den *Gesamthaushaltsplan* der EG integriert ist (→*Haushaltsverfahren*). Im Zeitraum 1986/90 trug die Stahlindustrie 75,1% und der Bergbau 24,9% der M. Der deutsche Anteil erreichte bei Eisen und Stahl 28,0%, bei Kohle 44,1% und insgesamt 31,7% (55,7 Mio. ECU, 1990). Da der EGKSV 2002 ausläuft, hat die deutsche Stahlindustrie vorgeschlagen, das durch die M. geschaffene Netto-Kapital (1,1 Mrd. ECU) in eine europäische Stahl-Stiftung überzuleiten.

H. Bujard

Montanunion →Europäische Gemeinschaft für Kohle und Stahl

Mündliche Anfrage(n) (EP) →Anfragen des EP

Mündliche Phase →Gerichtshof der EG

Mündliches Verfahren. Entscheidungen des →*Rates* und der →*Kommission* als Kollegialorgan werden i. d. R. im M. getroffen, d. h. nach einer Aussprache im Gremium auf der Grundlage einer schriftlichen Vorlage. Die entsprechenden *Ratstagungen* finden nach Bedarf, z. T. in monatlichen Abständen, statt, *Kommissionssitzungen* in der Regel einmal wöchentlich. Besteht bereits vor der entsprechenden Ratstagung bzw. Kommissionssitzung Einvernehmen über den Inhalt einer Entscheidung, wird der entsprechende Vorschlag als sog. *„A-Punkt"* verabschiedet, ohne daß es zu einer inhaltlichen Aussprache kommt. Neben dem M. bestehen als Entscheidungsverfahren das →*schriftliche Verfahren* und bei der Kom. das →*Habilitierungsverfahren.*

G. Hitzler

„Mutter/Tochter-Richtlinie" →Direkte Steuern

MVA →Mitverantwortungsabgabe

Nachprüfungsrecht. Die →*Kommission* als *„Hüterin der EG-Verträge"* kann zur Erfüllung ihrer Aufgaben alle erforderlichen Auskünfte einholen und alle erforderlichen Nachprüfungen (auch Kontrollen an Ort und Stelle) vornehmen (Art. 213 EGV). Dies gilt im Rahmen des Zusammenarbeitsgebots ohne Einschränkung gegenüber den MS, soweit nicht deren wesentliche Sicherheitsinteressen betroffen sind. Im Bereich des EGV bedarf es dagegen gegenüber natürlichen und juristischen Personen einer Ratsverordnung, die allgemein den Rahmen und die näheren Voraussetzungen eines Auskunfts- und Nachprüfungsrechts festlegt. Entsprechende Regelungen sind z. B. im Bereich der *Kartellaufsicht* (→*Kartellrecht der EG*) und der →*Beihilfenaufsicht* ergangen. Insoweit kommen Zwangsmittel in Betracht. Erweist sich die *Durchsuchung* von

Geschäftsräumen durch Kontrollbeamte der Kom. als erforderlich, dann richtet sich die Erforderlichkeit eines gerichtlichen *Durchsuchungsbefehls* nach dem jeweiligen nationalen Recht (EuGH Rs. 46/87 und 227/88, Slg. 1989, 2859, *Hoechst*).

R. Geiger: EG-Vertrag. Kommentar, München 1993.

R. GEIGER

Nahrungsmittel- und Katastrophenhilfe →Entwicklungspolitik der EG

NARIC *(National Academic Recognition Information Centres)*. Vom →*ERASMUS*-Büro der →*Kommission der EG* in Brüssel koordiniertes Netz nationaler Zentren zur Beratung und Informierung von Hochschulen, Studenten und Arbeitgebern im Bereich der Gleichwertigkeit und →*gegenseitigen Anerkennung* von Hochschuldiplomen.

HRSG.

Negativattest →Kartellrecht der EG

Negativer Grenzausgleich →Währungsausgleich

Negativer Währungsausgleich →Währungsausgleich

Neo-Funktionalismus. Diese von E. B. Haas vorgelegte Weiterentwicklung des →*Funktionalismus* eines Mitrany unterscheidet sich von seinem Vorläufer vor allem durch eine stärkere Berücksichtigung des politischen Moments und Movens' im Integrationsprozeß. Angesichts der tatsächlichen Entwicklung der EGKS und frühen EWG wird betont, daß es politisch aktiver Akteure bedarf, die in der Lage seien, den Integrationsprozeß voranzubringen, wie z. B. die →*Kommission*. Auch befürwortet Haas – im Gegensatz zu Mitrany – ein gewisses Maß an neuer (supranationaler) Staatlichkeit auf zwischenstaatlicher Ebene, die dem Integrationsgebilde Stabilität verleihen könne. Schließlich wird ein Lernprozeß bei den nationalen Akteuren angenommen, der vormals integrationsskeptische Akteure durch das Vorbild erfolgreichen Integrierens für die Integration gewinne. Dieser Lernprozeß ist ein Element des von Haas konzeptionierten sog. *„spill-over"*-Prozesses: Hat sich der Integrationsprozeß in einem oder mehreren funktionalen Teilbereichen als erfolgreich erwiesen und gefestigt, so muß er sich aufgrund seiner offenkundig gewordenen Vorteile und der Verflechtung zwischen integrierten und nichtintegrierten Bereichen gleichsam „automatisch" auch auf die letzteren ausdehnen. Ein sich hieraus ergebender Integrationsoptimismus („spill-over" der wirtschaftlichen Integration auf den politischen Bereich) wurde jedoch seit Mitte der 60er Jahre von der Realität widerlegt.

E. B. Haas: The Uniting of Europe – Political, Social and Economic Forces 1950–1957, London 1958.

J. BELLERS

NET *(Next European Torus)*. Geplantes europäisches Anschlußprojekt zum →*Joint European Torus* mit dem Ziel der Entwicklung eines neuen Fusionsreaktortyps.

HRSG.

NETT *(Network for Environmental Technology Transfer)*. Auf Initiative der →*Kommission* 1988 gebildete unabhängige europäische Vereinigung zur Förderung der Zusammenarbeit von Industrie und Anwendern im Bereich der *„sauberen Technologien"*. N. bietet ein spezialisiertes EDV-Informationsnetz (DATANETT) und Beratungsdienste an.

HRSG.

Nettoempfänger →Nettoposition

Nettoposition. Als N. wird der Saldo der finanziellen Belastung und Begünstigung eines MS durch den →*Haushalt der EG* bezeichnet. Ihre Berechnung ist von Bedeutung, da die MS der EG durch die über den Haushalt der EG abgewickelten Finanzströme in teilweise sehr unterschiedlichem Maße belastet und begünstigt werden. Während das System der →*Eigenmittel* die finanzielle Belastung der MS nach einheitlichen Kriterien regelt, die sich an der unterschiedlichen wirtschaftlichen Leistungsfähigkeit der MS orientieren, richten sich die Rückflüsse, die die MS aus dem Haushalt erhalten, nach den Zielsetzungen der Politiken der Gemeinschaft (vor allem der →*Gemeinsamen Agrarpolitik*, der →*Regionalpolitik* und der →*Sozialpolitik*) und fallen daher sehr unterschiedlich aus. Die N. eines jeden MS ergibt sich aus der (bei bestimmten Einnahme- und Ausgabekategorien problematischen) zahlungsbilanzmäßigen Gegenüberstellung von Einzahlungen und Rückflüssen unter Berücksichtigung des →*Währungsausgleichs*. Überwiegen bei einem MS die Rückflüsse die Einzahlungen, so liegt eine *„Nettoeinnahme"* vor und man spricht von einem *„Nettoempfänger"*. Im umgekehrten Falle liegt ein *„Nettobeitrag"* vor und der MS wird als *„Nettozahler"* bezeichnet. – Die unterschiedlichen N. der MS sind in den *„Nettozahler"*-Ländern (unter denen die BRD den ersten Rang einnimmt) immer wieder Gegenstand öffentlicher Polemiken über Kosten und Nutzen der EG-Mitgliedschaft. Da die wirtschaftlich stärkeren *„Nettozahler"* jedoch auch in höherem Maße von der wirtschaftlichen Integration im Rahmen der Gemeinschaft profitieren und die politischen Vorteile der Integration nicht „bezifferbar" sind, ist die N. alleine ein völlig ungeeignetes Instrument zur Bestimmung des Kosten-Nutzen-Verhältnisses der Mitgliedschaft in der EG.

J. MONAR

Nettozahler →Nettoposition

„Neue Harmonisierungskonzeption" →Binnenmarktprogramm, →Harmonisierung technischer Vorschriften

Neues Gemeinschaftsinstrument für Anleihen und Darlehen (NGI). Basierend auf Art. 235 des EWGV wurde am 16.10.1978 vom →*Rat der EG* das N. auf Versuchsbasis für die →*Kommission der EG* zur Ausgabe von Anleihen und Vergabe von Darlehen an weniger wohlhabende MS geschaffen. Die Kom. handelt dabei im Namen der →*Europäischen Wirtschaftsgemeinschaft*, jeweils neu ermächtigt durch den Rat. Die Abwicklung solcher N.-

Darlehen wird von der →*Europäischen Investitionsbank* wahrgenommen. Direkte Einzeldarlehen sind die Ausnahme, gewöhnlich handelt es sich um Globaldarlehen, die nationalen bzw. regionalen Finanzinstituten und Geschäftsbanken zur Verfügung gestellt werden und somit praktisch Kreditlinien an zwischengeschaltete Institute sind. Ziel des N. ist die Förderung von Investitionsprojekten in den Bereichen Energie, Infrastruktur und Industrie. Bis heute wurden im Rahmen des N. vier ordentliche und zwei Not-Programme durch den Rat genehmigt (letztere halfen bei den Erdbebenschäden in Italien 1981 mit 1 Mrd. ECU und Griechenland 1981 mit 80 Mio. ECU). Dem ersten ordentlichen N.-Programm (16.10.1978) in Höhe von 1 Mrd. folgte am 15.3.1982 ein zweites gleichen Umfangs. Mit Aufnahme des dritten (19.3.1983) in Höhe von nunmehr 3 Mrd. ECU verlagerte sich der Förderungsschwerpunkt auf die Finanzierung *kleiner und mittlerer Unternehmen* (KMU) in Industrie und anderen produktiven Sektoren außerhalb des wirtschaftsschwachen Fördergebietes. Konsequente Entsprechung fand diese Tendenz im vierten N.-Programm (9.3.1987), dessen 750 Mio. ECU nun ausschließlich der KMU-Förderung zugute kommen, insbesondere neuen Technologien und Erfindungen. Inzwischen gilt das N. als „amortisiert", so daß der jüngste Vorschlag der Kom. für ein fünftes Programm (30.11.1988) zugleich die Umwandlung des N.-Instruments in einen „revolving fund" enthält, über den die Kom. dann – abweichend von der bisherigen Praxis der sukzessiven Rats-Ermächtigungen – frei verfügen könnte. Dies findet jedoch bislang nicht die Zustimmung des Rates.

Europäische Investitionsbank: Jahresbericht 1991, Luxemburg 1992.

L. Birkendorf

Neues Handelspolitisches Instrument. Mit der VO Nr. 2641/84 hat sich die Gemeinschaft ein in der Anwendung gegenüber →*Schutzklausel* und →*Anti-Dumping-* und →*Anti-Subventions-Maßnahmen* subsidiäres Instrument (nach dem Vorbild von Section 301 des US Trade and Tariff Act) geschaffen. Es ermöglicht, gegen unerlaubte Handelspraktiken von →*Drittländern* vorzugehen, die mit den Regeln des Völkerrechts oder den international allgemein anerkannten Regeln unvereinbar sind, und angesichts bestimmter Handelspraktiken dritter Staaten die Ausübung der handelspolitischen Rechte der Gemeinschaft zu gewährleisten. Dieses förmliche Untersuchungs- und Beschlußverfahren soll der EG ein ebenso schnelles und wirksames Reagieren wie das ihrer Handelspartner erlauben. – Als unerlaubte Handelspraktiken kommt z. B. ein völkerrechtswidriges Verhalten in Betracht, welches gegen bi- oder multilaterale Verträge verstößt, ohne unter die Kriterien der Anti-Dumping- oder Anti-Subventionsregeln zu fallen, wie z. B. die Anwendung handelspolitischer Instrumente unter Mißachtung von Verpflichtungen aus dem GATT oder anderer internationaler Abkommen. Zum anderen kann das unerlaubte Handeln in einem Verstoß gegen

„allgemein anerkannte Regeln" liegen, die unterhalb völkerrechtlicher Verbindlichkeit anzusiedeln sind. Hierunter fallen die im internationalen Wirtschaftsrecht akzeptierten Verhaltensregeln und -Kodizes, so auch z. B. Regeln des Urheberrechtsschutzes, auch wenn das betreffende Land entsprechende Verpflichtungen nicht förmlich übernommen hat. – Die Eingriffsvoraussetzungen aufgrund des N. sind in Bezug auf die Schädigung eines Wirtschaftszweiges der Gemeinschaft, das Gemeinschaftsinteresse und das Verfahren mit denen der *Anti-Dumping-Maßnahmen* (siehe dort) weitgehend identisch. – Die Ausübung der handelspolitischen Rechte bedeutet i. d. R. die Inanspruchnahme internationaler Konsultations- und Streitschlichtungsverfahren. Grundsätzlich kommen als Maßnahmen all jene Schritte in Frage, die mit bestehenden internationalen Verpflichtungen und Verfahren vereinbar sind. Tatsächlich hat die Gemeinschaft bislang entweder mit dem betroffenen Drittstaat eine gütliche Einigung zu erreichen versucht oder, insbesondere im GATT, ein Streitbeilegungsverfahren eingeleitet.

J. Steenbergen: The New Commercial Policy Instrument, in: Common Market Law Review (1985), S. 421–439.

G. WELGE

NGI →Neues Gemeinschaftsinstrument

Nichtdiskriminierung →Diskriminierungsverbot

Nichtigkeitsgründe →Nichtigkeitsklage

Nichtigkeitsklage. Klage vor dem →*Gerichtshof der EG* zur Feststellung der Nichtigkeit von Rechtsakten der EG-Organe. Eine N. ist nur zulässig gegen Maßnahmen mit definitivem Charakter, die dazu bestimmt sind, Rechtswirkungen zu erzeugen. Auf der Grundlage von Art. 173 EWGV und 146 EAGV können außer den →*Mitgliedstaaten,* dem →*Rat* und der →*Kommission* auch das →*Europäische Parlament* (und gemäß dem →*Vertrag über die Europäische Union* die →*Europäische Zentralbank*) sowie natürliche oder juristische Personen Klage erheben, letztere allerdings nur im Falle einer an sie ergangenen oder sie *„unmittelbar und individuell betreffenden"* Maßnahme. Die N. ist binnen zweier Monate nach Bekanntgabe oder Mitteilung der Maßnahme oder – in deren Ermangelung – nach Kenntnisnahme zu erheben. Nichtigkeitsgründe sind: Unzuständigkeit, Verletzung wesentlicher Formvorschriften, Verletzung des Vertrages oder einer bei seiner Durchführung anzuwendenden Rechtsnorm, und Ermessensmißbrauch. – Art. 33 EGKSV regelt die N. von MS, Rat (gemäß EUV auch des EP), Unternehmen und Verbänden gegen →*Entscheidungen* und →*Empfehlungen* der Kom.; Art. 38 EGKSV die N. der Kom. gegen →*Beschlüsse* von EP oder Rat wegen Unzuständigkeit oder Verletzung wesentlicher Formvorschriften; Art. 63 (2) die N. von Käufern von Kohle und Stahl gegen eine ihre Geschäfte mit Gemeinschaftsunternehmen begrenzende Entscheidung der Kom. – Die Verpflichtung der Organe, das Urteil zu befolgen, schließt keine Verpflichtung zum Schadensersatz ein. Hierzu ist eine separate →*Schadensersatzklage* erforderlich. – Zur Zuständigkeit des Gerichts erster Instanz der EG im Falle von N. →*Gerichtshof der EG.*

N. NEUWAHL

Nichtobligatorische Ausgaben. Als N. werden gemäß Art. 203 (9) EWGV alle Haushaltsausgaben bezeichnet, die sich *„nicht zwingend"* aus dem Vertrag oder den aufgrund des Vertrages erlassenen Rechtsakten ergeben. Hinsichtlich der N. hat im →*Haushaltsverfahren* das →*Europäische Parlament* das letzte Wort (siehe auch →*obligatorische Ausgaben*).

J. MONAR

Nicht-offenes Verfahren →Öffentliches Beschaffungswesen

Nichtspezifizierte Rechtsakte (EG) →Rechtsakte der EG

Nichttarifäre Handelshemmnisse →Ausfuhrpolitik, →Handelshemmnisse

Nichttarifäre Maßnahmen →Anti-Dumping-Maßnahmen

Niederlassungsfreiheit. Die N. gehört zu den wirtschaftlichen Grundfreiheiten, die für den →*Gemeinsamen Markt* (Art. 2 und 3 EGV) bzw. den →*Binnenmarkt* (Art. 7 a Abs. 2 EGV) konstitutiv sind. Anders als die *Warenverkehrsfreiheit* und die *Dienstleistungsfreiheit,* die sich auf den freien Austausch von Produkten (nämlich Gütern und Leistungen) beziehen, gewährleistet die N. zusammen mit der *Kapitalverkehrsfreiheit* und der *Arbeitnehmerfreizügigkeit* den freien Verkehr von Produktionsfaktoren. Von der letzteren unterscheidet sich die N. dadurch, daß sie die Freizügigkeit für *selbständig* erwerbstätige Personen sichert. Die normativen Grundlagen der N. sind in Art. 52–58 EGV enthalten. – Gegenstand der N. ist das umfassende Recht zur Schaffung dauerhafter Einrichtungen, die als Grundlage für die Ausübung selbständiger Erwerbstätigkeiten in einem anderen MS der EG erforderlich sind, einschließlich der Gründung und Leitung von Unternehmen, insbesondere in den Formen des Gesellschaftsrechts (Art. 52 Abs. 2 EGV). Es kann sich dabei sowohl um die *primäre Niederlassung* (Hauptniederlassung) handeln als auch um eine *sekundäre Niederlassung* (Agentur, Zweigniederlassung, Tochtergesellschaft). Von der N. ausgenommen sind allerdings Tätigkeiten, die in einem MS hoheitlich organisiert sind (Art. 55 EGV). Das Niederlassungsrecht ist unmittelbar anwendbar (EuGH Rs. 2/74, *Reyners*), so daß sich die Begünstigten vor den nationalen Gerichten direkt darauf berufen können, ohne auf sekundärrechtliche Umsetzungsakte angewiesen zu sein. – Von der N. Begünstigte sind zunächst einmal alle *natürlichen Personen.* Der Kreis der Begünstigten ist allerdings unter zwei Gesichtspunkten eingeschränkt: Natürliche Personen können die N. nur in Anspruch nehmen, wenn sie die Staatsangehörigkeit eines MS besitzen. Unter dieser Voraussetzung sind sie berechtigt, sich an einem beliebigen Ort in der EG mit ihrer wirtschaftlichen Hauptniederlassung zu etablieren.

Das Recht zur Errichtung einer Sekundärniederlassung setzt aber weiterhin die *Ansässigkeit innerhalb der Gemeinschaft* – d. h. die wirtschaftliche Präsenz – bereits voraus (Art. 52 Abs. 1 EGV). – *Gesellschaften* sind den natürlichen Personen grundsätzlich gleichgestellt (Art. 58 Abs. 1 EGV). Unter Gesellschaften werden dabei alle zivil- und handelsrechtlichen Personenzusammenschlüsse verstanden, unabhängig davon, ob sie Rechtsfähigkeit genießen oder nicht (Art. 58 Abs. 2 EGV). Gesellschaften besitzen die „Angehörigkeit" eines MS, wenn sie nach dessen Recht wirksam gegründet worden sind (Art. 58 Abs. 1 EGV). Dazu ist nach dem Recht aller MS regelmäßig erforderlich, daß sich der *Satzungssitz* im Gründungsstaat befindet. Soweit international-gesellschaftsrechtliche Regeln in einigen MS die Wirksamkeit der Gründung ferner davon abhängig machen, daß die Gesellschaft ihren Geschäftssitz (Hauptverwaltung bzw. Hauptniederlassung) im Gründungsstaat hat, umfaßt die *„Angehörigkeit"* der Gesellschaft zu einem MS zugleich auch deren *„Ansässigkeit"* in der EG. Im Falle einer Divergenz von *„Angehörigkeit"* zu einem MS und *„Ansässigkeit"* können sich vor allem für rechtsfähige Gesellschaften erhebliche Probleme ergeben, weil sie mit dem Verlust ihrer Rechtsfähigkeit rechnen müssen. Dadurch wird für Gesellschaften die Möglichkeit erheblich beschränkt, von der N. in demselben Umfang Gebrauch zu machen wie natürliche Personen, etwa indem sie ihren Geschäftssitz in einen anderen MS verlegen oder sich mit einer Gesellschaft in einem anderen MS verschmelzen. Da Beschränkungen dieser Art auf mitgliedstaatlichem Recht beruhen, ist ihre Beseitigung im Wege der Rechtsvereinheitlichung vorgesehen (Art. 220 EGV). Die unmittelbare und vorrangige Anwendung der N. ist vom →*Gerichtshof der EG* insoweit abgelehnt worden (EuGH Rs. 81/87, *Daily Mail*). Der Inhalt der N. besteht zunächst einmal im *Verbot der Diskriminierungen nach der Staatsangehörigkeit* (→*Diskriminierungsverbot*). Die von der N. Begünstigten haben das Recht, in jedem MS bei der Aufnahme und Ausübung selbständiger Erwerbstätigkeiten wie *Inländer* behandelt zu werden (Art. 52 Abs. 2 EGV), wobei der Begriff der Diskriminierung denkbar weit ausgelegt wird, so daß auch indirekte (faktische) Ungleichbehandlungen zu einem wesentlichen Teil erfaßt werden. Gemeinschaftsangehörige haben danach auch das Recht auf Einreise, Aufenthalt und Verbleib in einem anderen MS. Unberührt bleibt allerdings die Anwendbarkeit beschränkender Sonderregelungen für Ausländer, die aus Gründen der öffentlichen Ordnung, Sicherheit oder Gesundheit gerechtfertigt sind (Art. 56 EGV). – Das Prinzip der Inländergleichbehandlung bedeutet aber nicht, daß die N. Ausländer von der Einhaltung der im Aufnahmestaat geltenden Berufszugangs- und Ausübungsregelungen freistellt. Es beseitigt daher nicht solche niederlassungsrechtlichen Hindernisse, die daraus resultieren, daß Ausländer etwa die in den MS unterschiedlich festgelegten Qualifikationsvoraussetzungen für bestimmte Erwerbstätigkeiten nicht erfüllen. Für die Beseitigung von Niederlassungshindernissen dieser Art bleibt als Ausweg nur die →*Rechtsangleichung*. Demgemäß hatte Art. 54 EGV zunächst einmal die Aufstellung eines allgemeinen Programms zur Aufhebung von Niederlassungsbeschränkungen vorgesehen, das insbesondere durch *Rechtsangleichungsrichtlinien* umzusetzen war (siehe dazu das *Allgemeine Programm zur Aufhebung der Beschränkungen der Niederlassungsfreiheit* vom 18.12.1961, ABl. EG 1962, S. 36 ff.). Auf der Grundlage von Art. 54 Abs. 3 EGV ist insbesondere die Angleichung des *Gesellschaftsrechts* vorangetrieben worden. Darüber hinaus ist der Erlaß von *Richtlinien zur gegenseitigen Anerkennung von Diplomen, Prüfungszeugnissen und sonstigen Befähigungsnachweisen* vorgesehen, durch welche die Berufszugangsqualifikationen nachgewiesen werden (Art. 57 EGV). Zahlreiche solcher Richtlinien sind bereits erlassen worden, insbesondere in den Bereichen Banken, Versicherungen und freie Berufe. Die von der N. Begünstigten brauchen sich allerdings nicht auf Richtlinienrecht verweisen zu lassen, soweit sie sich bereits unmittelbar auf Art. 52 EGV berufen können. – Ob die N. über ein bloßes Diskriminierungsverbot hinaus auch als *allgemeines Beschränkungsverbot* verstanden werden kann, das sich auch gegen nichtdiskriminierende Behinderungen der freien Niederlassung richten würde, ist noch sehr umstritten. Während die Dienstleistungsfreiheit vom EuGH inzwischen in diesem weiten Sinne verstanden wird, besteht noch erhebliche Zurückhaltung, dieselben Grundsätze auf die N. zu übertragen. Immerhin müssen sich auch nichtdiskriminierende Niederlassungsbeschränkungen am gemeinschaftsrechtlichen Maßstab der Verhältnismäßigkeit messen lassen (EuGH Rs. C-340/89, *Vlassopoulou*).

P. Behrens: N. und Internationales Gesellschaftsrecht, in: Rabels Zeitschrift für ausländisches und internationales Privatrecht (1988), S. 498–525. – R. Wägenbaur: Inhalt und Etappen der N., in: Europäische Zeitschrift für Wirtschaftsrecht (1991), S. 427–434.

P. Behrens

NIMEXE. Warennomenklatur für die Statistik des Außenhandels der EG und den Handel zwischen ihren MS.

Hrsg.

NIPRO *(Common Nomenclature for Industrial Products)*. Gemeinsame Nomenklatur der EG für Industrieprodukte.

Hrsg.

Non-Affektationsprinzip →Finanzverfassung der EG

Norderweiterung →Erweiterung(en)

Nordischer Ministerrat →Nordischer Rat

Nordischer Rat. Der N. ist das parlamentarische Organ der Zusammenarbeit der nordischen Staaten. Er ist vor allem bedeutsam, weil er den Parlamentariern ein Diskussionsforum bietet, das zwar über keine Gesetzgebungskompetenzen verfügt, wohl aber die Möglichkeit hat, dem (1971 gegründeten) *Nordischen Ministerrat* Empfehlungen zu entrichten. Das parlamentarische Organ nahm 1952 seine Arbeit auf, mit Dänemark, Island, Norwegen und Schweden als MS. Finnland schloß sich 1955 an. Die Färöer und Åland sind seit 1970 vertreten, Grönland seit 1984. Der *Vertrag von Helsinki* von 1962 regelt die Zusammenarbeit zwischen den Staaten. – Der N. tritt jedes Jahr für eine Woche zusammen. Der Sitzungsort rotiert auf jährlicher Basis zwischen den Hauptstädten. Die 87 Mitglieder des N. werden jedes Jahr neu von den nationalen Parlamenten gewählt. Schweden und Norwegen entsenden je 20, Finnland 18, Dänemark 16 und Island 7, die Färöer, Åland und Grönland je 2 Parlamentarier. Die vertretenen politischen Parteien haben sich in vier Gruppen zusammengeschlossen: Konservative, Zentrum, Sozialdemokraten und Linkssozialisten. In den Perioden zwischen den Sitzungen wird die Arbeit von einem Präsidium geleitet, dessen Sekretariat sich in Stockholm befindet. – In den Beratungen des N. nehmen soziale und kulturelle Fragen eine zentrale Stellung ein. Aufgrund der Neutralität Schwedens und Finnlands beschäftigt sich der N. nicht mit Fragen der Sicherheits- oder Außenpolitik. – In den Sitzungen werden Vorschläge der Mitglieder, der Regierungen und des Ministerrats behandelt. Der N. kann mit der Mehrheit seiner Mitglieder Empfehlungen an den *Nordischen Ministerrat* richten. Letzterer besteht aus Fachministern der Regierungen; seine Zusammensetzung hängt von den jeweils behandelten Fragen ab. Einstimmige Beschlüsse des Ministerrats sind für die Regierungen verbindlich. In bestimmten Fällen ist allerdings die Zustimmung der nationalen Parlamente erforderlich. Das Sekretariat des Ministerrats hat seinen Sitz in Kopenhagen. – Obwohl durch den N. und den *Nordischen Ministerrat* einige wichtige Ergebnisse erzielt worden sind (so z. B. die *Nordische Paßunion*), haben diese Institutionen heute in den Augen von vielen an Bedeutung verloren. Ihre Zukunft hängt von den Beziehungen der nordischen Staaten untereinander und zur EG ab. Wenn Schweden, Norwegen und Finnland MS der EG werden, werden die meisten der heute im N. diskutierten Fragen wohl in deren Rahmen behandelt werden.

C.-A. Stalvant: Nordic Cooperation, in: W. Wallace (Hrsg.): The Dynamics of European Integration, London 1991.

J. Nerquelius

Normenharmonisierung (technische) →Harmonisierung technischer Vorschriften

NORSPRA *(North Sea Special Programme of Action)*. 1991 angelaufenes Aktionsprogramm der EG zum Schutz der Umwelt in den Küstengewässern des Nord- und Ostseeraums, des Atlantiks und der Irischen See, das mittlerweile auf der Grundlage von →*Life* fortgeführt wird.

Hrsg.

Notifizierung. Als N. wird die förmliche Übermittlung eines Antrags oder eines Rechtsaktes bezeichnet. Notifizierungspflichten bestehen insbesondere im Wettbewerbsrecht *(„Anmeldung"* wettbewerbsbeschränkender Absprachen bzw. von Zusammenschlüssen, N. von Beihilfen nach Art. 93 Abs. 3 EGV, →*Wettbewerbsregeln*, →*Beihilfenaufsicht*) zur Vermeidung von

→*Handelshemmnissen* durch neue Normen und technische Vorschriften aufgrund der RL 83/189 EWG sowie im Zusammenhang mit der Umsetzung von →*Richtlinien* in nationales Recht. Die N. setzt in der Regel für die →*Kommission* bestimmte Prüfungsfristen in Gang. G. HITZLER

Notstandsmaßnahmen →Schutzklausel (Notstandssituationen)

Nouvelles équipes internationales →Föderalistische Bewegungen

NOW *(New Opportunities for Women).* Seit 1990 laufendes Programm der EG zur Förderung der Chancengleichheit für Frauen in den Bereichen Beschäftigung und berufliche Bildung (Berufsberatungs- und Bildungsmaßnahmen, Starthilfen bei Existenzgründungen; Budget: 120 Mio. ECU). HRSG.

NUTS *(Nomenclature des unités territoriales statistiques).* Bei der Entscheidung über Fördermaßnahmen im Rahmen der →*Regionalpolitik der EG* herangezogene Nomenklatur der statistischen Gebietseinheiten in der EG, die in die drei territorialen Ebenen „N. 1" (in D: Bundesländer), „N. 2" (in D: Regierungsbezirke) und „N. 3" (in D: Kreise) untergliedert ist. HRSG.

Obligatorische Ausgaben. Als O. werden gemäß Art. 203 (4) EWGV alle Haushaltsausgaben der EG bezeichnet, die sich *„zwingend"* aus dem Vertrag oder den aufgrund des Vertrages erlassenen Rechtsakten ergeben. Hinsichtlich der O. hat im Unterschied zu den →*Nichtobligatorischen Ausgaben* im →*Haushaltsverfahren* der →*Rat* das letzte Wort. Die Unterscheidung zwischen den beiden Ausgabenarten ist damit politisch sehr bedeutsam. In vielen Bereichen der Gemeinschaftstätigkeit läßt sich jedoch nur schwer zwischen *„zwingenden"* und *„nicht zwingenden"* Ausgaben unterscheiden. Die Gemeinschaftsorgane haben sich daher in der *Gemeinsamen Erklärung vom 30. Juni 1982* (ABl. C 194/1982, S. 1) auf eine Liste einvernehmlich qualifizierter bestehender Haushaltslinien und ein Schlichtungsverfahren zur Einigung über die Qualifizierung neuer Haushaltslinien geeinigt. Bei den O. handelt es sich hauptsächlich um die Ausgaben für die →*Gemeinsame Agrarpolitik*. Die meisten anderen Ausgaben, auch die für Personal und Verwaltung der EG, werden als nichtobligatorisch eingestuft. J. MONAR

Obligatorische Interventionen →Europäisches Währungssystem

Öffentliche Auftraggeber →Öffentliches Beschaffungswesen

Öffentliche Meinung. Die Einstellungen der EG-Bürger zur Einigung Europas und zur EG sind vergleichsweise umfassend in dem empirischen Material repräsentativer Umfragen dokumentiert, wobei man in erster Linie die umfangreichen, seit 1973 zweimal jährlich durchgeführten Umfragen des →*Eurobarometers* heranziehen wird. Die Ö. zu Europa und der EG war in den 60er Jahren vorwiegend positiv geprägt. In den 70er und frühen 80er Jahren herrschte demgegenüber eine gleichgültige bis kritische Einstellung vor, die nur kurzfristig in einigen Ländern durch ein positives Meinungsklima abgelöst wurde (z. B. 1979 anläßlich der ersten Direktwahlen zum →*Europäischen Parlament*). Erst Mitte der 80er Jahre begann sich wieder eine EG-freundliche Stimmung durchzusetzen. Einen Spitzenplatz auf der Liste der politischen Tagesordnungspunkte hat das Thema jedoch zu keiner Zeit eingenommen. Allerdings muß man hierbei berücksichtigen, daß im Zeitverlauf immer wieder bestimmte Teilaspekte der EG-Politik (Landwirtschaft, Wirtschaft und Währung, →*Binnenmarkt*) oder konkrete Ausgestaltungsfragen (Abschaffung der Grenzkontrollen, Reinheitsgebote für Lebensmittel usw.) öffentlich in den Vordergrund traten. – Besonders in der Bundesrepublik Deutschland war die starke ideelle Identifikation *(„Europa-Enthusiasmus")* seit Ende der 70er Jahre rückläufig *(„Europa-Müdigkeit");* man äußerte sich bezüglich der EG zunehmend skeptischer *(„Zahlmeisterrolle der Bundesrepublik")*, günstigenfalls pragmatisch-problemorientiert. Agrar- und Haushaltsstreit bestimmten die EG-Wahrnehmung, wobei über die Medien einprägsame Bilder für die Misere transportiert wurden: Wein- und Milchseen, Rindfleisch- und Butterberge, Lebensmittelvernichtungsaktionen, LKW-Blockaden etc. Die Gemeinschaft war zu einer nur wenige Bürger interessierenden, bestenfalls gleichmütig hingenommenen Selbstverständlichkeit geworden. Der Informationsstand über die EG-Politik und der faktisch ständig zunehmende Einfluß von EG-Beschlüssen auf die nationale bzw. individuelle Lebenswirklichkeit befanden sich gegen Ende der 80er Jahre in einem krassen Mißverhältnis. Erst allmählich zeichnete sich mit den Arbeiten am europäischen Binnenmarkt ein Wandel ab, wobei die Terminsetzung „1992" der Gemeinschaft zusätzlichen Auftrieb und Glaubwürdigkeit gab. – Teilweise drastische Unterschiede in der öffentlichen Meinung zum Europa-Thema lassen sich für die einzelnen MS feststellen. Traditionell positiv eingestellt sind die Italiener sowie die Bürger in den Beitrittsländern Spanien und Portugal. Die meisten Kritiker finden sich in Großbritannien und Dänemark. Die Briten begannen allerdings seit Mitte der 80er Jahre nach der Beilegung des Konflikts um die britischen Beitragszahlungen allmählich ihre EG-kritische Haltung zu korrigieren. In Dänemark verbesserte sich das EG-Meinungsklima erst gegen Ende der 80er Jahre mit dem erfolgreichen Referendum über die →*Einheitliche Europäische Akte* von 1986 und der sich in den anderen skandinavischen Ländern abzeichnenden Hinwendung zur EG. Der Anteil der Integrationsgegner blieb jedoch weiter hoch.

R. Inglehart/J.-R. Rabier/K. Reif: The Evolution of Public Attitudes toward European Integration: 1970–1986, in: Journal of European Integration 10 (1987), S. 135–155. – Kommission der Europäischen Gemeinschaften (Hrsg.): Eurobarometer 1–34 ff. Die Ö. in der EG. Brüssel, seit 1973 fortlaufend.

B. BÜCHNER

Öffentliches Beschaffungswesen. Das Weißbuch von 1985 (→*Binnenmarkt*) hebt die Transparenz der Beschaffungsmärkte und ihre tatsächliche Öffnung für den Wettbewerb als Ziel des vollendeten Binnenmarktes hervor. Ein wichtiges wirtschaftspolitisches Instrument zur Erreichung dieses Zieles ist das Regelwerk für das Ö. Die staatlichen Behörden vergeben öffentliche Aufträge nicht nur aus dem Beschaffungsaspekt, sondern auch im Hinblick auf die Förderung von Forschung und Entwicklung, auf Beschäftigungsaspekte, Normen, Industrie- und Regionalpolitik. Das Auftragsvolumen der öffentlichen Verwaltungen erreichte 1986 rund 9% des Bruttoinlandsproduktes (BIP) in der EG, zusammen mit den halböffentlichen Unternehmen waren es 15% (1986: 530 Mrd. ECU). Hiervon gelten 240 bis 340 Mrd. ECU als potentiell dem Wettbewerb zugänglich, mithin 7 bis 10% des BIP. Real wurden 1986 aber nur 0,14% dieses Volumens innergemeinschaftlich vergeben (500 Mio. ECU). – In den →*Römischen Verträgen* ist das Ö. nicht ausdrücklich geregelt. Die Verträge nennen aber Grundsätze, die auch auf die Beschaffung anwendbar sind, im besonderen das →*Diskriminierungsverbot,* die Vorschriften über die →*Niederlassungsfreiheit,* die →*Dienstleistungsfreiheit* und den →*freien Warenverkehr.* – Nachdem in den ersten Jahren der Geltung des EWGV zunächst „allgemeine Programme“ zur Aufhebung der Beschränkungen der Niederlassungsfreiheit und des freien Dienstleistungsverkehrs in Kraft gesetzt worden waren, verabschiedete der →*Rat* ab 1971 →*Richtlinien* bezüglich (I) *Bauaufträgen* (allgemeines Baugewerbe, Rohbaugewerbe, Tiefbau, Bauinstallationen und Ausbaugewerbe) ab 5 Mio. ECU, (II) *Lieferaufträgen* (übrige Lieferungen und Leistungen der gewerblichen Wirtschaft: Kauf, Leasing, Miete, Pacht oder Ratenkauf, mit oder ohne Kaufoption) und (III) *Aufträgen in den Bereichen Wasser-, Energie- und Verkehrsversorgung sowie Telekommunikation* (geregelt durch die am 1.1.1993 in Kraft tretende *„Sektorenrichtlinie“*). – (I) und (II): Die *Bau- und Liefer-Richtlinien* beschreiben drei Vergabeverfahren, die von den öffentlichen Auftraggebern eingehalten werden müssen: (a) das *offene Verfahren* (alle interessierten Unternehmen können ein Angebot abgeben); (b) das *nicht-offene Verfahren* (nur die vom öffentlichen Auftraggeber aufgeforderten Unternehmen können ein Angebot abgeben); (c) das *Verhandlungsverfahren* (der öffentliche Auftraggeber handelt mit den von ihm ausgewählten Unternehmen die Auftragsbestimmungen aus). – Als *öffentliche Auftraggeber* gelten der Staat und die verschiedenen Gebietskörperschaften, juristische Personen und Einrichtungen des öffentlichen Rechts sowie Verbände, die aus einer oder mehreren dieser Körperschaften oder Einrichtungen bestehen. – Durch die Vorschriften der Bau- und Lieferrichtlinien soll das Vergabeverfahren transparenter gestaltet werden. Dem dient die rechtzeitige Bekanntmachung von Aufträgen zu Beginn des Verfahrens. Für die einzelnen Vergabeverfahren sind Fristen und Form vorgegeben. – (III): Die *„Sektorenrichtlinie"* über die Auftragsvergabe in den Bereichen Wasser-, Energie- und Verkehrsversorgung sowie Telekommunikation geht über die Unterscheidung zwischen öffentlichem und privatem Sektor hinaus. Als Auftraggeber in ihrem Sinne gelten nicht nur die oben erwähnten Auftraggeber, sondern auch alle Einrichtungen, die zwar keine staatlichen Behörden oder öffentlichen Unternehmen sind, aber in den Anwendungsbereich der Richtlinie fallende Tätigkeiten ausüben und über besondere oder ausschließliche Rechte verfügen. – Schwellenwerte für Lieferaufträge sind in den Bereichen Verkehr, Trinkwasser und Elektrizität 400.000 ECU, im Bereich Telekommunikation 600.000 ECU und bei Bauaufträgen 5 Mio. ECU. – Den Auftraggebern ist die Anwendung der erwähnten drei Vergabeverfahren uneingeschränkt freigestellt, sofern die Bekanntmachung des Wettbewerbs im →*Amtsblatt* erfolgt.

H. Michaelis

Öffentlichkeit (Haushaltsgrundsatz) →Finanzverfassung der EG

Offenes Verfahren →Öffentliches Beschaffungswesen

Ordre-Public-Klausel. Die O. ist eine Vorbehaltsklausel, nach der das Recht auf →*Freizügigkeit der Arbeitnehmer* (Art. 48 Abs. 3 EWGV), die →*Niederlassungsfreiheit* (Art. 56 Abs. 1 EWGV), der →*freie Dienstleistungsverkehr* (Art. 66 EWGV) sowie der →*freie Warenverkehr* (Art. 36 EWGV) unter dem innerstaatlichen Vorbehalt der öffentlichen Ordnung, Sicherheit und Gesundheit stehen. Da durch die O. ausnahmsweise nationale Interessen Berücksichtigung finden, bedarf er einer restriktiven Auslegung. Wichtige materielle und prozessuale Einschränkungen enthält die RL 64/221/EWG, ABl. Nr. 56, S. 850.

T. Stein

Organ(e) der EG. Als O. (häufig auch *„Gemeinschaftsorgane"*) werden gemäß den Verträgen zur Errichtung der drei →*Europäischen Gemeinschaften* das →*Europäische Parlament,* der →*Gerichtshof der EG,* die →*Kommission der EG* und der →*Rat der EG* bezeichnet. Der →*Vertrag über die Europäische Union* erhebt darüber hinaus den →*Europäischen Rechnungshof* zu einem O. Das Verhältnis der O. zueinander weist Elemente einer →*Gewaltenteilung* auf, dies jedoch ohne dem klassischen Modell staatlicher Gewaltenteilung zu entsprechen. – Neben den O. sehen die Gemeinschaftsverträge noch eine Anzahl weiterer Einrichtungen (so v. a. den →*Wirtschafts- und Sozialausschuß* und die →*Europäische Investitionsbank*), die zwar oft zusammen mit den O. zu den *„Institutionen der EG"* gerechnet werden, aber aufgrund ihres vertraglichen Status und ihrer Aufgaben den eigentlichen O. deutlich nachgeordnet sind und daher oft als „Nebenorgane" bezeichnet werden. – Der →*Europäische Rat* ist bislang trotz seiner politischen Bedeutung für die EG kein O., doch können seine Mitglieder, die

Staats- und Regierungschefs der MS, als Rat der EG zusammentreten.

J. MONAR

Organisation der Märkte →Marktordnungen

Osteuropabank →Europäische Bank für Wiederaufbau und Entwicklung

„Paketlösungen" →Gesamteinigungen

Paneuropa-Union →Föderalistische Bewegungen

PARA *(Programme d'aides aux revenus agricoles).* Programm der EG zur Unterstützung landwirtschaftlicher Familienbetriebe, die besonders von den Reformen im Rahmen der →*Gemeinsamen Agrarpolitik* betroffen sind (Gesamthilfe bis zu 2.500 ECU je Arbeitseinheit; gegenwärtige Laufzeit: 1989–1993).

HRSG.

Parallele Abkommen der Mitgliedstaaten →Vertragsänderung

Paralleleinfuhr. Als P. wird im Rahmen der EG die Einfuhr von Waren aus einem anderen MS außerhalb der vom Hersteller eingerichteten Vertriebswege bezeichnet.

HRSG.

Pariser Vertrag. Als P. wird im Sprachgebrauch der EG der am 18. April 1951 in Paris unterzeichnete Vertrag zur Gründung der →*Europäischen Gemeinschaft für Kohle und Stahl* bezeichnet. Der P. trat nach Ratifizierung durch die sechs →*Gründerstaaten* am 23. Juli 1952 in Kraft.

HRSG.

Paritäten →Europäisches Währungssystem, →Währungsausgleich, →Währungspolitik der EG

Paritätengitter →Europäisches Währungssystem

Paritätische Versammlung →Lomé-Abkommen

Parlamentarische Delegationen. Das →*Europäische Parlament* unterhält zu Parlamenten demokratisch verfaßter Drittstaaten Beziehungen in Form von P. Die P. setzen sich aus 10 bis 26 Mitgliedern aus allen Fraktionen des EP zusammen. Sie werden von einem Vorsitzenden und zwei stellvertretenden Vorsitzenden geleitet. Die P. treffen jährlich einmal mit den P. ihrer jeweiligen Partner abwechselnd in der EG und im jeweiligen Drittstaat zu gemeinsamen Arbeitssitzungen zusammen. Z. Zt. gibt es 25 P. des EP. Mit assoziierten Drittstaaten bzw. Staaten, die einen Antrag auf Beitritt zur EG gestellt haben, hat das EP *Gemischte Parlamentarische Ausschüsse* eingerichtet (Österreich, Türkei, Zypern, Malta). Nach Inkrafttreten der Assoziierungsabkommen mit Polen, der ehemaligen Tschechoslowakei und Ungarn sowie des Abkommens zur Schaffung des →*Europäischen Wirtschaftsraums* werden die betreffenden P. in Gemischte Parlamentarische Ausschüsse umgewandelt werden.

C. Augustin

Parlamentarische Immunität →Vorrechte und Befreiungen der EG

Parlamentarische Versammlung der WEU →Westeuropäische Union

Parlamentarische Versammlung des Europarats. Die Satzung des →*Europarates* vom 5. Mai 1949 sieht zwei Organe vor: ein →*Ministerkomitee* mit Entscheidungsbefugnissen und eine *„Beratende Versammlung"*. Diese *„erörtert Fragen, die in ihr Aufgabengebiet fallen,* (...) *und übermittelt ihre Beschlüsse dem Ministerkomitee in Form von Beschlüssen"*. Im Oktober 1974 erfolgte die Umbenennung des Organs in P. Die Mitglieder werden von den Parlamenten der MS des Europarates aus deren Mitte gewählt oder ernannt. Die Zahl der Mitglieder variiert je nach Größe des betreffenden Landes zwischen 2 und 18 Abgeordneten. Die Sitzordnung orientiert sich nicht an der Länder- oder Fraktionszugehörigkeit, sondern erfolgt in alphabetischer Reihenfolge. Die Versammlung versteht sich als Impulsgeberin, Wächterin der Demokratie und der Menschenrechte sowie als politische Kontrollinstanz für die Aktivitäten des Europarates.

O. Schmuck (Hrsg.): Vierzig Jahre Europarat. Renaissance in gesamteuropäischer Perspektive? Bonn 1990.

O. Schmuck

Parteien (europäische Zusammenarbeit) →Transnationale Parteienföderationen

Parteienfamilien →Europäische Parteienföderationen

Parteienföderationen →Europäische Parteienföderationen

Passiver Veredelungsverkehr. Als P. wird die ohne Zollbehandlung erfolgende Ausfuhr von Waren aus dem Zollgebiet der EG bezeichnet, die nach ihrer Weiterverabeitung wieder eingeführt werden.

Hrsg.

Personalhoheit →Hoheitsgewalt(en) der EG und der MS

Petitionsrecht (EP). Nach der Geschäftsordnung des →*Europäischen Parlaments* hat jeder EG-Bürger das Recht, sich einzeln oder in Gemeinschaft mit anderen schriftlich mit Bitten und Beschwerden *(Petitionen)* an das EP zu wenden. Ein speziell hierzu eingerichteter Ausschuß *(Petitionsausschuß)* prüft die Eingaben. Er kann die →*Kommission* um Informationen bitten und dem Plenum entsprechende Entschließungsentwürfe vorlegen. – In der Praxis gehen beim EP pro Jahr rund 600–800 Petitionen ein (zum Vergleich: beim Deutschen Bundestag sind es im Durchschnitt mehr als 10.000 pro Jahr). Mit Inkrafttreten des →*Vertrages über die Europäische Union* wird das bisher auf internem Organisationsrecht des EP beruhende Petitionsrecht erstmalig im Gemeinschaftsrecht verankert (Art. 138 d EWGV).

H. Surrel: Le droit de pétition au Parlement européen, in: Revue du Marché Commun 335 (1990), S. 219–234.

O. Schmuck

PETRA *(Programme d'action pour la formation et la préparation des jeunes à la vie adulte et professionelle).* Aktionsprogramm der EG zur Erneuerung und qualitativen Verbesserung der Systeme der beruflichen Bildung und Fortbildung. P. umfaßt breitgefächerte Anreiz- und Unterstützungsmaßnahmen in Zusammenarbeit mit den MS sowie Arbeitgeber- und Arbeitnehmerorganisationen (PETRA II: 1992–1994; 177,4 Mio. ECU).

Hrsg.

PHARE. P. steht als Sammelbegriff für die besonderen Anstrengungen der EG zur Förderung der wirtschaftlichen Umgestaltung in den Staaten Mittel- und Osteuropas. Die betreffenden Regierungen erhalten finanzielle und technische Hilfe in Schlüsselsektoren (Landwirtschaft, Industrie, Investitionen, Energie, Ausbildung, Umweltschutz sowie Handel und Dienstleistungen), um in ihren Ländern die Voraussetzungen für eine marktwirtschaftliche Entwicklung auf der Grundlage von Privateigentum und privater Initiative zu schaffen. – Ursprünglich wurde P. zur Unterstützung von Polen und Ungarn ins Leben gerufen (daher PHARE: *Poland and Hungary Action for Restructuring of the Economy;* VO EWG Nr. 3906/89). 1990 wurde es auf Bulgarien, Rumänien, Jugoslawien, Tschechoslowakei und DDR ausgedehnt (VO EWG Nr. 2698/90). – P. wird aus dem →*Haushalt der EG* finanziert (Finanzrahmen für 1993: 1 Mrd. ECU). Die Hilfe wird in Form nichtrückzahlbarer Zuschüsse zur Finanzierung oder Kofinanzierung von Wiederaufbauprogrammen gewährt.

Kommission der EG (Hrsg.): P.-Hilfe zur wirtschaftlichen Umgestaltung der mittel- und osteuropäischen Länder. Ein praktischer Leitfaden, Luxemburg 1992.

N. Neuwahl

Pleven-Plan →Europäische Verteidigungsgemeinschaft

„Politi“ (Rechtssache) →Verordnung

Politik des „leeren Stuhls“. Der Begriff P. bezeichnet die Nichtteilnahme Frankreichs an den Sitzungen des →*Rates* in der Zeit vom 30.6.1965 bis 29.1.1966 und wird als die erste größere Krise der EG betrachtet (wenngleich Frankreich auf Beamtenebene weiter vertreten war und durch seine Teilnahme an einigen schriftlichen Verfahren zu keinem Zeitpunkt der EG vollkommen den Rücken gekehrt hatte). Die französische Regierung hatte damit gegen den Paketvorschlag der Hallstein-Kommission vom 31.3.1965 protestiert, der zur Finanzierung der →*gemeinsamen Agrarpolitik* die Bereitstellung von →*Eigenmitteln* für die Gemeinschaft vorgesehen hatte und eine bessere Kontrolle des angewachsenen Budgets durch die Ausweitung der Rechte von →*Europäischem Parlament* und →*Kommission* erreichen wollte. Hintergründig ging es Frankreich bei der P. um die institutionelle Weiterentwicklung der EG (Eindämmung der Rolle der Kom., Verhinderung der Ausweitung von Mehrheitsentscheidungen im Rat) und um die Stärkung des von de Gaulle geprägten intergouvernementalen Integrationskonzeptes. Dies wurde teilweise durch den →*Luxemburger Kompromiß* erreicht, der eine Überwindung der Krise um die P. erlaubte.

P. Gerbet: La Construction de l'Europe, Paris 1983. – H. v. d. Groeben: Aufbaujahre der EG, Baden-Baden 1982.

D. ROMETSCH

Politisches Komitee. Das P. ist das zentrale Entscheidungsgremium der →*Europäischen Politischen Zusammenarbeit* (EPZ) auf Beamtenebene. Es besteht aus den Politischen Direktoren der zwölf Außenministerien der MS und dem Politischen Direktor der →*Kommission der EG*. Das P. tritt einmal in jedem Monat (außer im August) in der Hauptstadt der →*Präsidentschaft* zusammen, wenn notwendig auch zusätzlich bei anderen Gelegenheiten an anderen Orten. Das P. lenkt die Arbeit der Arbeitsgruppen der EPZ und bereitet die Beratungen der Außenminister vor. Es trifft häufig auch selbst operationelle Entscheidungen. Dies ist möglich, weil die Politischen Direktoren über genügend persönliche Autorität verfügen, um ihre Regierungen zu binden. Der →*Vertrag über die Europäische Union* sieht eine engere Anbindung der Arbeit des P. an die des →*Ausschusses der Ständigen Vertreter* vor.

S. NUTTALL

Positiver Grenzausgleich →Währungsausgleich

Positiver Währungsausgleich →Währungsausgleich

Potentialorientierte Regionalpolitik →Regionalpolitik der EG

Präsident der Kommission der EG. Der P. (ggw. *Jacques Delors*) teilt den supranationalen Status und die generellen Amtsbedingungen der übrigen →*Mitglieder der Kommission der EG*. Seine Ernennung sowie die der sechs Vizepräsidenten erfolgt im Einvernehmen durch die MS für jeweils zwei Jahre (Art. 10 FusV). Nach den Bestimmungen des →*Vertrages über die Europäische Union* muß sich der P. ab 1995 zusammen mit den übrigen Mitgliedern der Kom. einem Zustimmungsvotum des →*Europäischen Parlaments* stellen, bevor er von den Regierungen ernannt werden kann. – Die Verträge sehen keine besonderen Prärogativen für den P. vor. In der Praxis genießt er jedoch eine deutliche, wenn auch nicht immer unangefochtene Vorrangstellung unter seinen Kollegen. So wird er vor allen anderen Kommissionsmitgliedern von den Regierungen der MS benannt, ist gewöhnlich deren privilegierter Gesprächspartner, hat als Vorsitzender des →*Kollegiums* eine bedeutende Initiativ- und Vermittlungsfunktion unter seinen Kollegen, verfügt über einen erheblichen Einfluß auf die Bestimmung politisch-programmatischer Grundlinien und tritt nach außen als der eigentliche politische Repräsentant der →*Kommission* auf. Die Entwicklung der EG hat gezeigt, daß die Problemlösungs- und Initiativkapazität der Kom. erheblich von der persönlichen Durchsetzungskraft, dem Geschick und dem politischen Prestige ihres Präsidenten abhängt.

J. MONAR

Präsident des EuGH →Richter am EuGH

Präsident des Europäischen Parlaments. Der P. vertritt das →*Europäische Parlament* im internationalen Bereich, bei offiziellen Anlässen sowie in Verwaltungs-, Gerichts- und Finanzangelegenheiten. Er ist damit der eigentliche politische Repräsentant des Parlaments, eine Rolle, die auch auf der Ebene des →*Europäischen Rates* anerkannt ist, der den P. seit einigen Jahren jeweils zu Beginn seiner Sitzungen für kurze Zeit empfängt. – Parlamentsintern verfügt der P. über umfangreiche Befugnisse zur Leitung der Arbeiten (z. B. Einberufung von Ausschüssen, Entscheidung über Abhaltung einer Aussprache nach einer Fragestunde) und zur Sicherstellung des ordnungsgemäßen Ablaufs der Plenarsitzungen (z. B. Erteilung und Entzug des Wortes, Unterbrechung der Sitzung). Der P. kann in Debatten ordnend eingreifen und den Stand der Sache feststellen, muß den Vorsitz jedoch abgeben, wenn er sich selbst an der Aussprache beteiligen will. – Zum P. gewählt werden können nur Abgeordnete, die von einer Fraktion oder von mindestens 13 ihrer Kollegen vorgeschlagen worden sind. Die Wahl erfolgt mit der absoluten Mehrheit der abgegebenen Stimmen für eine Amtszeit von zweieinhalb Jahren.

J. MONAR

Präsidentschaft des Rates der EG. Die Institution der P. und ihre Funktionen wurden in den →*Gründungsverträgen der EG* nur summarisch erwähnt (z. B. Art. 146 EWGV). Im →*Fusionsvertrag* werden sie wie folgt behandelt: „Der Vorsitz im →*Rat* wird von den MS nacheinander für je sechs Monate wahrgenommen und zwar in folgender Reihenfolge der MS … ." (Art. 2 Abs. 2 FusV) und „Der Rat wird von seinem Präsidenten … einberufen." (Art. 3 FusV). Diese ursprüngliche, fast ausschließlich prozedurale Rolle wird durch die Geschäftsordnung des Rates weiter ausgeführt. Dabei können folgende Strukturelemente identifiziert werden: (a) das Prinzip der Rotation der P., welches die gleiche Teilnahme aller MS an den Aufgaben und Pflichten des Vorsitzes garantiert; (b) die Ausübung der P. durch Vertreter der MS und nicht, wie in einigen internationalen Organisationen, durch Mitglieder des Generalsekretariates oder gewählte Vertreter; (c) die zeitliche Begrenzung der P. auf sechs Monate; (d) die Anwendung des Organisationsprinzips der P. auf den verschiedenen Ebenen des Aufbaus des Rates (Rat der Minister selbst, →*Ausschuß der Ständigen Vertreter*, Arbeitsgruppen usw.). – Über die prozeduralen und administrativen Aufgaben hinaus, die sich aus dem Vertrag und der Geschäftsordnung ergeben, hat sich die P. im Laufe der Jahrzehnte zu einer zentralen Instanz im Entscheidungsprozeß der EG entwickelt, wobei dies parallel zur dynamischen Entwicklung des Rates im institutionellen Gefüge der Gemeinschaft sowie auch der beträchtlichen Evolution der Rolle des →*Europäischen Rates* erfolgt ist. Hinzu kommt die gestiegene Bedeutung der P. in Bezug auf die Außenbeziehungen der Gemeinschaft im Rahmen der →*Europäischen Politischen Zusammenarbeit* (Art. 30 Abs. 4,5 und insbes. 10 a und b der EEA). Diese Entwicklung findet ihren Niederschlag auch im →*Vertrag über die Europäische Union*, der insbes. im Rahmen der →*Gemeinsamen Außen- und Sicherheitspolitik* (Art. J 5.1,2 und 3 sowie J 8.4) eine zentrale Rolle der P. vorsieht, dies sowohl intern als auch im Kontakt mit →*Drittländern* (ggf. unter Hinzuziehung der vorhergehenden und nachfolgenden P., →*Troika*). Im Rahmen dieser allgemeinen Stellung der P. im institutionellen Gefüge der Gemeinschaft (bzw. Union) kann man folgende Hauptfunktionen identifizieren: (1) die Organisation der Arbeiten des Rates *(Verwaltungsfunktion)* auf den verschiedenen Arbeitsebenen und in ihren verschiedenen Aspekten (Erstellung des Arbeitsplans, Einberufung des Rates, Erstellung der Tagesordnungen, Vorbereitung der Arbeiten der Minister, usw.); (2) die Ausarbeitung politischer Initiativen für den Fortgang des Integrationsprozesses *(Initiativfunktion)* sowie die Verhandlungsführung und die Entwicklung von Kompromißvorschlägen („Kompromiß der P.“), welche zur Lösung festgefahrener Verhandlungen beitragen sollen *(Verhandlungsfunktion);* (3) die sowohl politische als auch institutionell-prozedurale Handhabung der Beziehungen zu den anderen →*Organen der EG*, um damit den reibungslosen Ablauf der Entscheidungsfindung zu gewährleisten; (4) die Koordinierung der Arbeiten des Rates sowohl horizontal (zwischen den verschiedenen Formationen des Rates), um im Sinne des einheitlichen institutionellen Rahmens (Art. C EUV) die Kohärenz und Kontinuität der Aktion der Gemeinschaft bzw. Union zu ermöglichen *(Koordinationsfunktion);* (5) die Vertretung der Union in den auswärtigen Beziehungen im Rahmen der Gemeinsamen Außen- und Sicherheitspolitik. – Im Zusammenhang mit dem oben gekennzeichneten Bedeutungswandel und der Ausweitung der Funktionen und Verantwortlichkeiten des Instrumentes P. ermöglicht es die Anwendung des Rotationsprinzips, in regelmäßiger Abfolge weite Teile der politisch-administrativen Systeme der MS in gemeinschaftliche Aufgaben und Funktionen einzubinden und damit ein besseres Verständnis für die gemeinschaftlichen Zwänge und Zusammenhänge zu erzeugen. Bei der administrativen Bewältigung der vielseitigen Verpflichtungen der P. spielt das →*Generalsekretariat des Rates* eine wichtige Rolle. – Aus anfangs eher bescheidenen Ursprüngen hat sich die P. zu einem wichtigen politischen Führungsinstrument sowohl innerhalb der Gemeinschaft als auch im Kontakt mit Drittländern entwickelt, und dies unter Wahrung des in den Verträgen festgeschriebenen institutionellen Gleichgewichts. Dabei bietet die gegenwärtige Organisationsstruktur der P. allen MS der Gemeinschaft die Möglichkeit, in regelmäßigem Wechsel gleichberechtigt an der Gestaltung des Einigungsprozesses in der bevorzugten Position des Vorsitzes teilzunehmen und dabei die Vielheit der nationalen Ansätze und Perspektiven, die diesen Integrationsprozeß charakterisieren, einzubringen. Somit stellt die P., jenseits ihrer vielfachen Funktionen im EG-Zusammenhang, auch ein wichtiges Element der Teilnahme der MS an der Entwicklung der Gemeinschaft dar.

G. Edwards/H. Wallace: Die P. im Ministerrat. Eine zentrale Rolle im Entscheidungsprozeß von EG und EPZ, Bonn 1978. – E. J. Kirchner: Decision-making in the European Community. The Council Presidency and European Integration, Manchester 1992. – C. O'Nuallain in Zusammenarbeit mit J.-M. Hoscheit (Hrsg.): The Presidency of the European Council of Ministers, London 1985. – A. Vornbäumen: Dynamik in der Zwangsjacke. Die P. im Ministerrat der EG als Führungsinstrument, Bonn 1985.

J.-M. Hoscheit

Preisstützung →Agrarpreissystem

Preisverpflichtungserklärung(en) →Anti-Dumping-Maßnahmen

Presse- und Informationsbüros. Die →*Kommission der EG* unterhält in allen MS Büros (Vertretungen), deren Aufgabe es ist, einerseits die Öffentlichkeit, die Medien und andere Multiplikatoren des jeweiligen Staates über die Politik der EG und insbesondere die Tätigkeit der Kom. zu informieren und andererseits die Kom. über die politisch relevanten Vorgänge und Entwicklungen in dem jeweiligen Staat auf dem laufenden zu halten. Die Büros veröffentlichen spezielle Publikationen, halten Seminare und andere Informationsveranstaltungen ab, erteilen Auskünfte und verteilen Informationsmaterial der Kom. Die Büros sind damit für die breitere Öffentlichkeit die erste Anlaufstelle für detaillierte Informationen über die EG und den Bezug von Dokumenten und Ausschreibungsunterlagen. Organisatorisch unterstehen die Büros der Generaldirektion X (Audiovisuelle Medien, Information, Kommunikation, Kultur).

G. Hitzler

Primäre Niederlassung →Niederlassungsfreiheit

Primärrecht. Das P. bezeichnet das *„Verfassungsrecht"* der Gemeinschaft. Es umfaßt die →*Gründungsverträge* der drei →*Europäischen Gemeinschaften* einschließlich ihrer Anhänge und Protokolle. Spätere Änderungen und Ergänzungen (z. B. durch *Beitrittsverträge*) sind ebenfalls Bestandteil des P. Das P. enthält insbesondere die Abgrenzung der Zuständigkeiten zwischen der Gemeinschaftsebene und den MS (→*Gemeinschaftskompetenzen*) sowie Vorschriften über die →*Organe der EG*. Das P. stellt zusammen mit dem →*Sekundärrecht* die beiden Rechtsquellen des *geschriebenen Gemeinschaftsrechts* dar, während die *allgemeinen Rechtsgrundsätze* und das *Gewohnheitsrecht* die Rechtsquellen des *ungeschriebenen Gemeinschaftsrechts* sind (→*Rechtsgrundlagen der EG*). Das P. geht im Rang dem darauf gestützten *Sekundärrecht* vor.

A. Bleckmann: Europarecht, 5. Aufl., Köln 1990, Rdnr. 237 ff.

G. Hitzler

Prinzip der begrenzten Einzelermächtigung →Einzelermächtigung

Prinzip der Gesetzmäßigkeit der Verwaltung (EG-Recht). Alle verbindlichen Rechtshandlungen der →*Organe* und anderen Entscheidungsträger der EG bedürfen einer konkreten Ermächtigung im Gemeinschaftsrecht. Dieses Prinzip der begrenzten →*Einzelermächtigung*, der *„compétence d'attribution"* (vergleiche Art. 4 I EGV; 3 I EAGV; 3, 5 EGKSV sowie Einzelbestimmungen wie Art. 145, 155, 228 EWGV), bildet zusammen mit der Bindung der EG-Exekutive an das →*Primärrecht* (dessen Inhalts- und Verfahrensvorgaben) und an die (ungeschriebenen) allgemeinen Rechtsgrundsätze des Gemeinschaftsrechts den Grundsatz der Gesetzmäßigkeit der Verwaltung. Geschützt werden die MS (in dem ihnen verbliebenen Aufgabenbereich), die *Organe der EG* (durch Wahrung des sog. institutionellen Gleichgewichts) und das Individuum (Gedanke der „Rechtsgemeinschaft"). – Das handelnde Organ muß die Rechtsgrundlage, die im Sinne einer *effizienten* Zielverwirklichung *(„effet utile")* unter Berücksichtigung der Integrationsdynamik auszulegen ist *(dynamische Interpretation)*, nach *„objektiven, gerichtlich nachprüfbaren Kriterien"*, vor allem nach Zweck und Inhalt des geplanten Rechtsakts auswählen. Das Erfordernis einer ausdrücklichen oder impliziten Ermächtigung gilt für Organhandeln sowohl gegenüber den MS als auch gegenüber Drittstaaten auf völkerrechtlicher Ebene. Die Lückenfüllungsklausel des Art. 235 EGV erlaubt es dem →*Rat* als Ausnahme vom Gesetzmäßigkeitsprinzip, trotz fehlender Handlungsermächtigung einstimmig einen Rechtsakt zu erlassen, der erforderlich ist, um im Rahmen des →*Gemeinsamen Markts* eines der Ziele der Gemeinschaft zu verwirklichen.

H.-P. Kraußer: Das Prinzip begrenzter Ermächtigung als Strukturprinzip des EWGV, Berlin 1991. – J. Schwarze: Europäisches Verwaltungsrecht, Bd. I, Baden-Baden 1988, S. 219–243.

R. Arnold

Prinzip der relativen Stabilität →Gemeinsame Fischereipolitik

Prinzip der Spezialität →Haushalts- und Finanzpolitik der EG

Produktionserstattungen *(Produktionsbeihilfen)*. Unter P. versteht man die im Rahmen der EG-Markordnungen gewährten *„Beihilfen"* für bestimmte Produkte. Mit ihnen wird die Differenz zwischen den Richt- und Interventionspreisen (→*Agrarpreissystem*) als Produktsubvention ausgeglichen. Dieser Ausgleich erfolgt bei anderen Marktordnungsprodukten mittels Einfuhrbeschränkungen, um die inländischen Erzeugerpreise über die Weltmarktpreise anzuheben. P. werden bei Hartweizen und Olivenöl mit →*Abschöpfungen*, bei Ölsaaten jedoch ohne diese gewährt.

E. Wöhlken: Einführung in die landwirtschaftliche Marktlehre, Stuttgart 1991.

G. Schmitt

Produktionsquoten. P. sind Regelungen in landwirtschaftlichen →*Marktordnungen* der EG, nach denen nur bestimmte Mengen für die Vermarktung zu gestützten Preisen zugelassen sind. Nach der seit 1.7.1968 gültigen Marktordnung für Zucker hat jedes Land und darin jede Zuckerfabrik eine Grundquote mit durch Intervention gestütztem Preis *(A-Quote)*, darüber eine Höchstquote (Differenz zur Grundquote = *B-Quote*), für die Abgaben zur Marktunterbringung zu zahlen sind. Darüber hinaus erzeugter Zucker *(C-Zucker)* darf nur auf dem Weltmarkt abgesetzt werden. Innerhalb der Marktordnung für Milch wurde zum 1.4.1984 eine Quotenregelung eingeführt und danach mehrmals verschärft. Die MS konnten ihre nationalen Quoten auf Molkereien oder Milcherzeugerbetriebe aufteilen. Für Überlieferungen ist eine Abgabe von 115% des *Richtpreises* zu zahlen (→*Agrarpreissystem*).

W. VON URFF

Produktionssubventionen →Ausfuhrbeihilfen

Pro-rata-temporis-Berechnung. Bei der Berechnung der Sozialversicherungsansprüche von Wanderarbeitnehmern in der EG nach der VO (EWG) 1408/71 angewandtes Verfahren, das die nach dem →*Zusammenrechnungsgrundsatz* einem Versicherten zustehenden Gesamtleistungen gemäß dem Verhältnis zwischen den in jedem der betreffenden MS zurückgelegten Versicherungszeiten und gleichgestellten Zeiten zu den in der EG insgesamt zurückgelegten Zeiten zwischen den Sozialversicherungsträgern der betreffenden MS aufteilt (auch als *Proratisierung* bezeichnet).

HRSG.

Protektionismus. Als P. wird der Schutz inländischer Produzenten vor ausländischer Konkurrenz bezeichnet. Instrumente hierfür sind *tarifäre* und *nichttarifäre* →*Handelshemmnisse*: Zölle, mengenmäßige Einfuhrbeschränkungen, Vorschriften, die ausländische Anbieter diskriminieren, oder Subventionen für die heimische Industrie. P. behindert den freien Handel und verzerrt die internationale Arbeitsteilung. Motive für P. sind die angestrebte Unabhängigkeit in strategisch wichtigen Bereichen einer Volkswirtschaft (Landwirtschaft, heute Hochtechnologie), Vermeidung von regionalen und sektoralen Beschäftigungskrisen sowie die Umlenkung von Monopolgewinnen, in den – meist hochprotektionistischen – Entwicklungsländern der Schutz „junger" Industrien. In den Industrieländern hat der P. seit den 70er Jahren (Wachstumsschwäche, verstärkter internationaler Konkurrenzdruck) zugenommen. Früher waren die Hauptinstrumente des P. Zölle und Importkontingente. Infolge der Zollsenkungen im →*GATT* verringerte sich der Zollschutz. Dafür haben nichttarifäre Handelshemmnisse, vor allem *Grauzonenmaßnahmen*, die im GATT nicht eindeutig geregelt sind (z. B. →*Selbstbeschränkungsabkommen*), stark zugenommen *(Neoprotektionismus)*. – P. gegenüber →*Drittländern* wird in der EG von den Gemeinschaftsorganen betrieben, aber auch von den MS im Rahmen ihrer handelspolitischen Restkompetenz. P. einzelner MS gegenüber Drittstaaten beeinträchtigt auch den Handel zwischen MS. In der EG wird die Landwirtschaft besonders durch ein System variabler Einfuhrabgaben (→*Abschöpfungen*) geschützt, das Preiskonkurrenz bei Importen ausschließt. Häufig greifen die EG und insbesondere die MS auf das Instrument der freiwilligen Selbstbeschränkungsabkommen von Drittländern zurück, um einzelne Sektoren zu schützen, z. B. Schiffbau, Stahl-, Textil-, Bekleidungs-, Automobil-, Elektronikindustrie. Viele Dienstleistungszweige sind durch Regulierungen der MS protektionistisch abgeschirmt. Seit 1984 verfügt die EG über das sog. →*Neue Handelspolitische Instrument*, das als Schutz gegen „unfaire", wettbewerbsverzerrende Praktiken des Auslands (Dumping, Exportsubventionen) gedacht ist, aber auch protektionistisch eingesetzt werden kann. Wegen des Wegfalls der Grenzkontrollen zwischen MS nach Vollendung des →*Binnenmarktes* besteht die Gefahr, daß bisheriger P. einzelner MS auf die Gemeinschaft übertragen, d. h. von allen MS übernommen wird und das Niveau des P. der EG insgesamt steigt *(Festung Europa)*.

G. Koopmann/H. E. Scharrer: Die Außenwirtschaftspolitik der Gemeinschaft nach 1992, in: Die Verwirklichung des EG-Binnenmarktes, Beihefte der Konjunkturpolitik H. 36, Berlin 1990, S. 115–140.

J. Molsberger

Protokolle (zu EG-Verträgen) →Rechtsgrundlagen der EG

„Provisorische Zwölftel" →Haushaltsverfahren

Quästor(en) →Europäisches Parlament

Qualifizierte Mehrheit →Abstimmungsverfahren, →Rat der EG

Querschnittsklausel. Nach Art. 130 r II 2 EWGV sind *„die Erfordernisse des Umweltschutzes (...) Bestandteil der anderen Politiken der Gemeinschaft."* Diese zuweilen genauer als *Integrationsklausel* bezeichnete Vorschrift wird durch den →*Vertrag über die Europäische Union* noch verstärkt. Danach *„müssen"* die entsprechenden Erfordernisse *„bei der Festlegung und Durchführung anderer Gemeinschaftspolitiken einbezogen werden."* Als Verfassungsgrundsatz kennzeichnet die Q. die Abkehr der EG von der reinen Wirtschaftsgemeinschaft. Gegen das in ihr enthaltene Rechtsgebot verstößt jede bloß einseitig an wirtschaftlichen Erwägungen orientierte Politikgestaltung. Die Q. verlangt die Beachtung des Umweltschutzes bei jedem einzelnen Gemeinschaftshandeln. Rechtssetzungsvorhaben müssen auf ihre Umweltauswirkungen hin überprüft werden. Dabei sind weniger umweltbelastende Alternativen, flankierende Maßnahmen oder auch die Zurückstellung der Vorhaben zu erwägen. Diese Überlegungen müssen der nach Art. 190 EWGV erforderlichen Begründung des Rechtsakts (→*Begründungspflicht*) zu entnehmen sein. In der Abwägung mit anderen Zielsetzungen des EWGV kommt dem Umweltschutz kein uneingeschränkter Vorrang zu. Nach der Q. werden aber wirtschaftliche Notwendigkeiten regelmäßig zurücktreten müssen. Jedenfalls können sie allein nicht zur Rechtfertigung erheblicher Umweltbeeinträchtigungen herangezogen werden. Derzeit werden vor allem die von der EG betriebenen Güterkraftverkehrs-, Energie-, und Agrarpolitiken als mit Art. 130 r II 2 unvereinbar und damit rechtswidrig kritisiert. Besondere Defizite bestehen bei der institutionellen Umsetzung der Q. Eine hinreichende Beteiligung der jeweiligen Umweltschutzabteilungen der →*Organe der EG* im Rechtssetzungsverfahren ist trotz entsprechender Bemühungen noch nicht gewährleistet. Rechtsschutz gegenüber →*Rechtsakten der EG*, die die Q. nicht ausreichend berücksichtigen, kann in Verfahren nach Art. 173, 175 und 177 EWGV gesucht werden.

J. Böhm/S. Breier: Die umweltrechtliche Q. des Art. 130 r II 2 EWGV, in: Europäische Zeitschrift für Wirtschaftsrecht (1992), S. 49 ff.

B. Wegener

Quotenregelungen (Einfuhr) →Einfuhrpolitik

Quotenregelungen (Gemeinsame Agrarpolitik) →Produktionsquoten

Quotenregelungen (Stahlsektor) →Stahlpolitik der EG

RACE *(Research and Development in Advanced Communications Technologies for Europe)*. R. ist ein spezifisches Programm der EG zur vorwettbewerblichen Forschung und Entwicklung im Bereich der Fernmeldetechnik mit dem Ziel der Einführung Integrierter Breitbandkommunikation (IBC) unter Berücksichtigung Dienste-integrierender Netze (ISDN) zur Schaffung einer europaweiten Kommunikationsinfrastruktur.
Mit 550 Mio. ECU für 1987–91 und 484 Mio. ECU für 1991–94 fördert(e) die EG auf Kostenteilungsbasis grenzüberschreitende Kooperationsprojekte von Netzbetreibern, Unternehmen, Forschungsinstituten und Hochschulen.

J. Gützkow

Rahmenprogramme (Forschung) →Forschungs- und Technologiepolitik der EG

Rat der EG. Die allgemeinen Aufgaben des R. werden im EWGV wie folgt beschrieben (Art. 145 EWGV): *„Zur Verwirklichung der Ziele und nach Maßgabe dieses Vertrages – sorgt der R. für die Abstimmung der Wirtschaftspolitik der MS; – besitzt der R. eine Entscheidungsbefugnis; – überträgt der R. der →Kommission … die Befugnisse zur Durchführung der Vorschriften, die er erläßt …"* Im Verlauf der geschichtlichen Entwicklung der Gemeinschaft und ihrer Institutionen haben sich diese Aufgaben fortschreitend erweitert und differenziert, ein Vorgang der sich parallel zur Erweiterung und Vertiefung des Integrationsprozesses und zur Evolution des institutionellen Gleichgewichtes zwischen →*Europäischem Parlament*, Kom. und R. vollzogen hat. Dabei hat sich der R. zu einer zentralen Instanz der politischen Verhandlung und des Interessenausgleichs im Kontext immer differenzierterer und komplexerer Entscheidungsprozeduren entwickelt, die durch die Doppelnatur des R. als Gemeinschaftsorgan und als Rahmen, in dem sich die nationalen Positionen und Interessen darstellen, gekennzeichnet ist. – Rechtlich als ein *einheitliches* Organ definiert, hat sich der R. aufgrund der zunehmenden funktionalen und inhaltlichen Differenzierung der Gemeinschaftstätigkeit de facto in eine Vielheit von unterschiedlichen, nach Fachbereichen aufgegliederten Formationen aufgeteilt: so hat sich der R. 1991 in 19 verschiedenen Formationen bei 83 Sitzungen getroffen, wobei die Tagungen der Räte *„Allgemeine Angelegenheiten"* (Außenminister), *„Landwirtschaft"* (Landwirtschaftsminister) und *„Wirtschaft und Finanzen"* (Wirtschafts- und Finanzminister) am häufigsten zusammengetreten sind. – Durch den →*Vertrag über die Europäische Union* werden dem R. erweiterte Kompetenzen in den Bereichen →*Gemeinsame Außen- und Sicherheitspolitik* sowie →*Innen- und Justizpolitik* übertragen. Diese Entwicklung wird größere Anforderungen an die *Kohärenz und Kontinuität* der Arbeit des R. im einheitlichen institutionellen Rahmen der Union mit sich bringen. Bis zum EUV wurde die Zusammensetzung des R. wie folgt definiert (Art. 2 FusV): *„Der R. besteht aus Vertretern der MS. Jede Regierung entsendet eines ihrer Mitglieder."* Diese Bestimmung wurde durch den EUV geändert. Im neuen Art. 146 EGV heißt es jetzt: *„Der R. besteht aus je einem Vertreter jedes MS auf Ministerebene, der befugt ist, für die Regierung des MS verbindlich zu handeln."* Damit wurde die Möglichkeit eröffnet, daß ein Vertreter eines Landes (auf Ministerebene), der nicht Mitglied der Regierung des MS ist, wie z. B. der Vertreter einer subnationalen Gebietskörperschaft (z. B. eines deutschen Bundeslandes), am R. teilzunehmen, wenn er rechtlich und verfassungsmäßig in der Lage ist, sich für den betreffenden MS bindend zu verpflichten. – Der R. hat seinen Sitz in Brüssel. Während der Monate April, Juni und Oktober hält der R. seine Sitzungen jedoch in Luxemburg ab (Entscheidung des →*Europäischen Rates* von Edinburgh vom 12. Dezember 1992). – Die Organisation und Vorbereitung der Arbeiten des R. (sowohl politisch/inhaltlich als auch prozedural) obliegen v. a. der →*Präsidentschaft des Rates* (siehe v. a. Art. 146 Abs. 2, 147 EWGV sowie die GO des R. vom 20. Juli 1987). Dabei werden die Arbeiten des R. insbes. durch den →*Ausschuß der Ständigen Vertreter* (Art. 151 Abs. 1 EGV und Art. 16 der GO) und die diesem nachgeordneten Arbeitsgruppen des R. vorbereitet, wobei dem →*Generalsekretariat des Rates* (Art. 151 Abs. 2 EGV) eine wichtige Rolle zukommt. – Die Sitzungen des R. sind grundsätzlich geheim, können jedoch in verschiedenen Fällen der Öffentlichkeit zugänglich gemacht werden (siehe Schlußfolgerungen des Europäischen Rates von Edinburgh, 12. Dezember 1992). – Die Beschlußfassung des R. wird durch den jeweils anzuwendenden Vertrag und die Rechtsgrundlage, die dem Sachverhalt entspricht, bestimmt: Diese legt die verschiedenen Arten der Beteiligung der anderen Organe (Kom., EP) und Institutionen (z. B. →*Wirtschafts- und Sozial-*

ausschuß) am Rechtsetzungsverfahren sowie die in der Willensbildung des R. angewandten Abstimmungsmodalitäten (→*Abstimmungsverfahren*) fest. Dabei unterscheidet man allgemein: (a) die *einfache Mehrheit* (ein MS eine Stimme), die vom Vertrag zum Prinzip erhoben wird (Art. 148 Abs. 1 EWGV), jedoch relativ wenig Anwendung findet; (b) die *qualifizierte Mehrheit*, wobei die Stimmen der MS unterschiedlich gewogen werden (z. B. D 10 (Gesamt-)Stimmen, E 8, NL 5, usw.). Der Vertrag bestimmt (Art. 148 Abs. 2), daß Beschlüsse mit einer Mindestanzahl von 54 Stimmen in den Fällen, in denen die Beschlüsse nach dem Vertrag auf Vorschlag der Kom. zu fassen sind, zustandekommen, und mit 54 Stimmen, welche die Zustimmung von mindestens 8 MS umfassen, in allen anderen Fällen. Der Anwendungsbereich der *qualifizierten Mehrheit* wurde durch die →*Einheitliche Europäische Akte* und den EUV stark ausgeweitet und findet, nach Jahren der Stagnation, nun eine regelmäßige Anwendung in der Beschlußfassung des R.; (c) die *Einstimmigkeit*, die für eine Anzahl sensibler Bereiche weiter besteht (z. B. Art. 235 EWGV, Art. 99 EWGV usw.). Dabei bestimmt der Vertrag (Art. 148 Abs. 3), daß eine *Stimmenthaltung* der Feststellung der Einstimmigkeit nicht entgegensteht. – Die Tätigkeit des R. darf natürlich nicht isoliert gesehen werden, sondern ist im Zusammenhang mit den anderen Organen und Institutionen der Gemeinschaft zu betrachten. Dabei muß zunächst die wachsende Rolle des EP im Rahmen der Rechtsetzungsverfahren erwähnt werden, wobei, jenseits des 1970 und 1975 festgesetzten →*Haushaltverfahrens* (Verträge vom 22.4.1970 und 22.7.1975 sowie Art. 203 EWGV), insbes. das →*Verfahren der Zusammenarbeit* (Art. 149 EWGV) und das neue, durch den EUV eingeführte *„Verfahren nach Art. 189 B"* (→*Mitentscheidungsverfahren*) einen wachsenden Dialog zwischen R. und EP gewährleistet. – Im Verhältnis zwischen R. und Kom., welches traditionell u. a. durch das Vorschlagsrecht der Kom. geprägt ist, muß die Neuerung der EEA hervorgehoben werden, welche der Kom. in Art. 145 weitreichende →*Durchführungsbefugnisse* übertragen hat, die später in der sog. *„Komitologie"*-Entscheidung vom 13.7.1987 ausgearbeitet wurden. – In vieler Hinsicht bleibt auch nach dem EUV der R. ein zentraler Pol im politischen Leben und in der Entscheidungsfindung der Gemeinschaft, wobei zu berücksichtigen ist, daß im institutionellen Dreieck zwischen R., EP und Kom., die wechselseitigen Beziehungen in stetiger Entwicklung bleiben. In der Folge der Umsetzung des EUV werden auf den R. neue Aufgaben in den Bereichen →*Wirtschafts- und Währungsunion*, →*Außenbeziehungen* und →*Innen- und Justizpolitik* zukommen, wobei auch die zukünftige Rolle des Europäischen Rates im institutionellen Gefüge der Gemeinschaft und sein Zusammenspiel mit dem R. mit großer Aufmerksamkeit zu verfolgen sein werden. Auch auf Dauer wird somit der R. als eines der tragenden Fundamente der Struktur Gemeinschaft/Union fortbestehen und seine politische und institutionelle Schlüsselstellung beibehalten.

S. Buerstedde: Der Ministerrat im konstitutionellen System der EG, Brügge 1964. – E. Cerexhe: Le droit européen. Les objectifs et les institutions, Brüssel 1989. – J. C. Dewost: Le Conseil, in: J. Megret u. a. (Hrsg.): Le droit de la Communauté économique européenne, Bd. 9, Brüssel 1979, S. 93–156. – C. Engel/C. Borrmann: Von Konsens zur Mehrheitsentscheidung – EG-Entscheidungsverfahren und nationale Interessenpolitik nach der EEA, Bonn 1991. – J.-M. Hoscheit/W. Wessels: The European Council 1974–1986: Evaluation and Prospects, Maastricht 1988. – J. P. Sabsoud: Der R. der EG – Einführung in seine Struktur und seine Arbeit, Luxemburg 1992.

J.-M. HOSCHEIT

Rat der Gemeinden und Regionen Europas. Der R. ist der 1951 gegründete Dachverband von über 60.000 Gebietskörperschaften aus allen Ländern, die Mitglied des →*Europarates* sind. Zu seinen Hauptaufgaben zählt die Vertretung der politischen Interessen seiner Mitglieder in Kontakten mit den →*Organen der EG* und dem →*Europarat,* die Information und Beratung der Mitglieder hinsichtlich kommunalrelevanter Entwicklungen auf der europäischen Ebene sowie die Vermittlung und Unterstützung von →*Städtepartnerschaften.* – An der Spitze des R. steht der Präsidialrat, dem auch Vertreter der nationalen Sektionen der R. angehören. Die politischen Leitlinien werden von der *„internationalen Delegiertenversammlung"* der nationalen Verbände beschlossen.

J. MONAR

Rat für kulturelle Zusammenarbeit →Europarat

Ratsbeschluß →Beschluß

Ratsgruppe. Kurzbezeichnung für eine aus Beamten (meist Referatsleitern) der jeweiligen Fachministerien der MS bestehende sachlich spezialisierte Arbeitsgruppe des →*Rates der EG.*

HRSG.

Ratspräsident(schaft) →Präsidentschaft des Rates

Ratsvorsitz →Präsidentschaft des Rates

Realignment. Geläufige englische Bezeichnung für *Leitkursanpassungen* im Rahmen des →*Europäischen Währungssystems.*

HRSG.

RECHAR *(Reconversion des bassins charbonniers).* Programm der EG zur Förderung der beruflichen Wiedereingliederung entlassener oder von Entlassung bedrohter Arbeitnehmer und der Vorruhestandsregelungen für ältere Arbeitnehmer im Bereich des Kohlebergbaus (gegenwärtige Laufzeit: 1990–1993; Budget: 300 Mio. ECU).

HRSG.

Rechnungshof (EG) →Europäischer Rechnungshof

Rechte und Pflichten des EG-Beamten →Beamtenstatut

Rechtliches Gehör. Der Grundsatz des R. folgt aus dem Rechtsstaatsprinzip, das zu den →*Rechtsgrundlagen* der Gemeinschaft zählt. Der Grundsatz besagt, daß ein →*Organ der EG* keine belastende Maßnahme ergreifen darf, ohne dem Betroffenen (Mitgliedstaat, Unternehmen, Einzelner) ausreichend Gelegenheit gegeben zu haben, sich hierzu zu äußern. Die Feststellung eines Verstoßes gegen den Grundsatz des R. durch den →*Gerichtshof der EG* führt zur Nichtigkeit des betreffenden Rechtsakts.

R. GEIGER

Rechtmäßigkeitsprinzip. Das R. ist Ausdruck des Rechtsstaatsprinzips. Es zählt zu den →*Rechtsgrundlagen* der →*Gemeinschaftsrechtsordnung*. Das Prinzip besagt, daß →*Rechtsakte* (Maßnahmen) der EG an den Rahmen des Gemeinschaftsrechts, also insbesondere der Gemeinschaftsverträge und der allgemeinen Rechtsgrundsätze der Gemeinschaften, gebunden sind. – Im einzelnen bedeutet dies: (1) Rechtshandlungen der Gemeinschaft sind nur im Rahmen der Gemeinschaftsaufgaben und nur auf der Grundlage einer besonderen Kompetenzvorschrift (→*Einzelermächtigung*) zulässig. Eine Kompetenz kann sich allerdings ausnahmsweise in Anwendung des Grundsatzes der *„implied powers"* beziehungsweise des *„effet utile"* auch im Wege der Auslegung des Vertrages ermitteln lassen; darüber hinaus kommt die Lückenfüllungsklausel (Art. 235 EGV, →*Generalermächtigung*) in Betracht. – (2) Der Vorrang des im Einzelfall höherrangigen Gemeinschaftsrechts ist zu beachten. Rechtsakte können nur in den hierfür vorgesehenen Rechtsetzungsverfahren zustandekommen und haben die materiellen Vorschriften des höherrangigen, insbesondere des →*Primärrechts* zu beachten. – (3) Die Rechtsakte der EG unterliegen der Rechtmäßigkeitskontrolle durch den →*Gerichtshof der EG* (Art. 164 EGV). Bis zu ihrer Nichtigkeitserklärung durch den EuGH sind sie jedoch anzuwenden, wenn nicht der EuGH die Nichtanwendung durch einstweilige Anordnung gestattet. Dies gilt auch für alle Fälle, in denen Gemeinschaftsrecht vor nationalen Gerichten erheblich wird; hält das nationale Gericht einen Rechtsakt der Gemeinschaft für rechtswidrig, so muß es diese Gültigkeitsfrage dem EuGH vorlegen (→*Vorabentscheidungsverfahren*; EuGH Rs. 314/85, Slg. 1987, 4199, *Foto-Frost*).

R. Geiger: EG-Vertrag. Kommentar, München 1993.

R. GEIGER

Rechtsakte der EG. Die R. zählen zum →*Sekundärrecht*. Es handelt sich (im engeren Sinne) um die mit rechtlicher Außenwirkung versehenen Rechtshandlungen des →*Rates* und der →*Kommission*. Die Vornahme von R. bedarf einer besonderen Kompetenzgrundlage (Prinzip der begrenzten →*Einzelermächtigung*). Subsidiär kommt hierfür die Lückenfüllungsklausel (→*Generalermächtigung*) gemäß Art. 235 EGV in Betracht. – In allen drei Gemeinschaftsverträgen lassen sich spezifizierte und nichtspezifizierte R. unterscheiden. Spezifizierte R. sind die in den Rechtsaktekatalogen der Verträge vorgesehenen Handlungsformen. EGV und EAGV nennen ein Quintett der Handlungsformen, nämlich →*Verordnung*, →*Richtlinie*, →*Entscheidung*, →*Empfehlung* und →*Stellungnahme*, im EGKSV handelt es sich um das Terzett *Entscheidung*, *Empfehlung* und *Stellungnahme*. Die

Entscheidung im Sinne des EGKSV entspricht der *Verordnung („allgemeine Entscheidung")* und der *Entscheidung* im Sinne der →*Römischen Verträge;* die *Empfehlung* (EGKSV) entspricht der *Richtlinie,* die *Stellungnahme* (EGKSV) der *Empfehlung* und der *Stellungnahme* im Sinne der *Römischen Verträge.* – Nicht spezifizierte R. sind die *Beschlüsse* und *Verfügungen,* die keinem im Rechtsaktekatalog genannten Handlungstyp zugeordnet sind (z. B. Art. 75 Abs. 1 EGV: *„Regeln aufstellen", „Bedingungen festlegen", „Vorschriften erlassen"*). Sie können in der Form spezifizierter Handlungstypen erlassen werden, doch besteht hierzu kein rechtliches Gebot. – R. des →*Rates* und der →*Kommission* müssen eine Begründung enthalten (→*Begründungspflicht*). Aus der Begründung müssen sich die Rechtsgrundlage des R. erkennen lassen, ebenso die tragenden Gründe, die zu seinem Erlaß geführt haben. Dies gilt auch für die *Verordnung.* Die Begründung wird gewöhnlich in die Präambel des R. aufgenommen. – Der R. wird erst mit seiner gehörigen *Veröffentlichung* oder *Bekanntgabe* rechtlich existent (→*Veröffentlichungspflicht*). *Verordnungen* bedürfen der Veröffentlichung im →*Amtsblatt der EG.* Sie treten zu dem Zeitpunkt in Kraft, den sie selbst festlegen, andernfalls am 20. Tag nach ihrer Veröffentlichung (→*Inkrafttreten der Rechtsakte der EG*). Die *Richtlinien* und *Entscheidungen* werden durch die Bekanntgabe an den Adressaten wirksam. – *Entscheidungen* des Rates oder der Kom., die eine Zahlung auferlegen, sind vollstreckbare Titel, sofern sie sich nicht gegen Staaten richten. Die Zwangsvollstreckung erfolgt nach den Vorschriften des Zivilprozeßrechts des jeweiligen MS. – Die R. unterliegen der Rechtskontrolle durch den →*Gerichtshof der EG* (→*Rechtsschutzsystem*).

R. Geiger: EG-Vertrag. Kommentar, München 1993.

R. Geiger

Rechtsangleichung. R. bedeutet die Angleichung (Harmonisierung) der innerstaatlichen Rechts- und Verwaltungsvorschriften der →*Mitgliedstaaten.* Die R. steht damit zwischen *Rechtsvereinheitlichung* und bloßer *Verfahrenskoordinierung.* Während die *Rechtsvereinheitlichung* eine gemeinschaftsrechtliche Regelung eines Sachbereiches an Stelle des nationalen Rechts trifft (typisches Regelungsinstrument: →*Verordnung*), bleibt es im Falle der R. bei der Regelung durch nationales Recht, die allerdings nach den Vorgaben der Gemeinschaft zu gestalten ist (typisches Regelungsinstrument: →*Richtlinie*). – Durch die bloße Harmonisierung nationalen Rechts (im Gegensatz zur Vereinheitlichung) soll dem *Grundsatz der Subsidiarität* (→*Subsidiaritätsprinzip*) gemeinschaftlichen Handelns Rechnung getragen werden. Allerdings sind in der Praxis die Vorgaben der Gemeinschaft oft so detailliert, daß sie sich inhaltlich kaum mehr von einer rechtsvereinheitlichenden Maßnahme unterscheiden. – Die R. vollzieht sich in einem zweistufigen Rechtsetzungsprozeß. Zunächst verpflichtet die Gemeinschaft ihre MS, das nationale Recht nach gemeinschaftsrechtlichen Grundsätzen umzuformen. Anschließend erlassen die MS durch ihre zuständigen Körperschaften und Behörden die hierzu erforderlichen Rechtsvorschriften. Das gemeinschaftsrechtliche Gebot zur R. entfaltet auch nach erfolgter Harmonisierung nationaler Vorschriften noch Rechtswirkungen. Es verbietet jede Änderung, die den Rahmen dieses Gebotes überschreitet (→*Sperrwirkung*). Darüber hinaus sind von dem Gebot erfaßte nationale Rechtsvorschriften anhand der Bestimmungen der Rechtsangleichungsmaßnahme auszulegen. – Die Methoden der R. sind unterschiedlich. Der Rat kann den gemeinschaftsrechtlichen Standard in allen Einzelheiten vorgeben; er kann – z. B. auf dem Gebiet der Gerätesicherheit – auf die technischen Normen internationaler Normungsstellen verweisen (z. B. *Niederspannungsrichtlinie*). Er kann auch die →*gegenseitige Anerkennung* vergleichbarer nationaler Vorschriften und Prüfungen des Herkunftslandes vorschreiben, deren Gleichwertigkeit vermutet wird (z. B. *Hochschuldiplom-Richtlinie*). – Die wichtigsten Rechtsgrundlagen für die R. sind im EGV die Art. 100 und 100 a. Daneben kommen Spezialkompetenzen (z. B. Art. 57 Abs. 2: *Anerkennung von Prüfungszeugnissen*) und (subsidiär) die Lückenfüllungsklausel des Art. 235 (→*Generalermächtigung*) in Betracht. – Art. 100 a wurde durch die →*Einheitliche Europäische Akte* (1986) in den EGV eingefügt. Die Vorschrift gestattet die R. zur Verwirklichung des →*Binnenmarktes* (Ausnahme: Bestimmungen über Steuern, Freizügigkeit und Rechte und Interessen der Arbeitnehmer). Der Rat, der im →*Verfahren der Zusammenarbeit* mit dem →*Europäischen Parlament* handelt, erläßt die erforderlichen Vorschriften mit *qualifizierter Mehrheit* (→*Abstimmungsverfahren*). Die *Kommission* muß bei ihren Vorschlägen in den Bereichen Gesundheit, Sicherheit, Umweltschutz und Verbraucherschutz von einem hohen Schutzniveau ausgehen. Es handelt sich bei diesen Vorschriften stets nur um Mindestvorschriften (Anwendungsfälle allerdings umstritten). Die einzelnen MS können weitergehende Schutzmaßnahmen ergreifen, wenn diese kein Mittel zur willkürlichen Diskriminierung und keine verschleierte Handelsbeschränkung darstellen. – Außerhalb des Anwendungsbereichs des Art. 100 a gilt die Generalklausel des Art. 100. Sie gestattet den Erlaß von →*Richtlinien* durch den Rat für die Angleichung anderer nationaler Vorschriften, die sich unmittelbar auf die Errichtung oder das Funktionieren des →*Gemeinsamen Marktes* auswirken. Der Rat beschließt hier einstimmig. – Die R. ist eine der wichtigsten Voraussetzungen für das Funktionieren des *Gemeinsamen Marktes*. Die Unterschiede in den nationalen Rechtsordnungen schaffen Hindernisse für die Ausübung der Freiheitsrechte (z. B. unterschiedliche Berufszulassungsregeln) und für den →*Freien Warenverkehr* (z. B. unterschiedliche Sicherheits- oder Umweltschutzvorschriften). Um die Vorteile des einheitlichen Wirtschaftsraums zu sichern, bedarf es einer Ausrichtung der nationalen Vorschriften an gemeinsamen Standards. Dies führt in der Praxis zur Initiierung reformpolitischer Vorhaben in den betreffenden Sachbereichen durch die Gemeinschaft. Die R. hat inzwischen das gesamte Wirtschafts- und Handelsrecht der MS erfaßt.

T. Bruha: R. in der EWG, in: Zeitschrift für ausländisches öffentliches Recht und Völkerrecht 46.1 (1986), S. 1–33. – R. Geiger: EG-Vertrag. Kommentar, München 1993. – J. Pelkmans: The New Approach to Harmonization and Standardization, in: R. Beuter/J. Pelkmans (Hrsg.): Cementing the Internal Market, Maastricht 1986, S. 15–36.

R. Geiger

Rechtsfähigkeit der EG. R. bedeutet die Fähigkeit, in einer Rechtsordnung Träger von Rechten und Pflichten sein zu können. Jede der drei →*Europäischen Gemeinschaften* ist eine rechtsfähige Organisation. Die →*Gründungsverträge* bestimmen ausdrücklich, daß die jeweilige Gemeinschaft *Rechtspersönlichkeit* besitzt (Art. 6 Abs. 1 EGKSV; Art. 210 EGV; Art. 184 EAGV). Dies bedeutet zunächst, daß die MS jeder Gemeinschaft die *Völkerrechtsfähigkeit* zuerkannt haben. Der EGKSV formuliert dies ausdrücklich in Art. 6 Abs. 2; danach hat die Gemeinschaft im zwischenstaatlichen Verkehr die für die Durchführung ihrer Aufgaben und Erreichung ihrer Ziele erforderliche Rechts- und Geschäftsfähigkeit. Für die anderen beiden Gemeinschaften wird dies nicht ausdrücklich ausgesprochen, folgt aber aus den Bestimmungen über den Abschluß völkerrechtlicher Abkommen (z. B. Art. 228 EGV). Gegenüber →*Drittländern* bedürfen die Gemeinschaften – wie jede nicht-universelle internationale Organisation – der (ausdrücklichen oder konkludenten) Anerkennung. – Im Recht der MS besitzt jede Gemeinschaft die weitestgehende Rechts- und Geschäftsfähigkeit, die juristischen Personen nach dessen Rechtsvorschriften zuerkannt ist; insbesondere kann jede Gemeinschaft bewegliches und unbewegliches Vermögen erwerben und veräußern sowie vor mitgliedstaatlichen Gerichten klagen und verklagt werden *(Prozeßfähigkeit)*. Sie werden dabei von der →*Kommission* (EG, EAG) bzw. von ihren Organen im Rahmen ihrer Befugnisse (EGKS) vertreten.

R. Bernhardt: Die EG als neuer Rechtsträger im Geflecht der traditionellen zwischenstaatlichen Rechtsbeziehungen, in: Europarecht (1983), S. 199–215. – R. Geiger: EG-Vertrag. Kommentar, München 1993.

R. Geiger

Rechtsgrundlagen der EG. R. sind primär die Gemeinschaftsverträge mit den späteren Änderungs-, Ergänzungs- und Beitrittsverträgen. Daneben bestehen ungeschriebene Rechtsgrundlagen. – (A) *Gemeinschaftsverträge:* (1) Bei den Gemeinschaftsverträgen handelt es sich um die →*Gründungsverträge* der EG. Der Vertrag zur Gründung der EGKS (Montanunion) vom 18.4.1951, in Kraft seit 23.7.1952, wurde für eine Vertragsdauer von 50 Jahren geschlossen. Die Verträge zur Gründung der EWG und der EAG *(„Römische Verträge")* vom 25.3.1957, in Kraft seit 1.1.1958, sind für unbestimmte Zeit geschlossen. Während EGKSV und EAGV die Teilintegration der Grundstoffindustrien (Kohle, Stahl, Atomenergie) anstreben, gilt der EGV für den gesamten wirtschaftlichen Bereich. Er läßt sich als ein Rahmenvertrag charakterisieren, der auf eine Durchführung durch →*Rechtsakte* seiner Organe angelegt ist. – Die Gründungsverträge wurden von den ursprünglichen sechs MS (→*Gründerstaaten*) geschlossen. Die R. wurden durch den →*Beitritt* neuer MS erweitert. Es handelt sich um die sogenannte Norderweiterung durch Beitritt vom 22.1.1972 betreffend Großbritannien, Dänemark, Irland (in Kraft seit 1.1.1973) und um die in zwei Phasen erfolgte Süderweiterung durch den Beitritt Griechenlands (Beitrittsvertrag vom 28.5.1979, in Kraft am 1.1.1981) und den Beitritt Spaniens sowie Portugals (Beitrittsverträge vom 12.6.1985, in Kraft am 1.1.1986). In allen Beitrittsakten waren für die Anpassung an die Gründungsverträge und das darauf aufbauende →*Sekundärrecht* Übergangsbestimmungen vorgesehen. – Den eigentlichen Verträgen sind die ihnen beigefügten Protokolle gleichgestellt; auch sie bilden →*Primärrecht.* Solche Protokolle sind z. B. das Protokoll über die Satzung des →*Gerichtshofs der EG* und das *Protokoll über die Vorrechte und Befreiungen der EG* vom 8.4.1965. – (2) Von besonderer Bedeutung für die Organisationsstruktur der drei Gemeinschaften sind das Abkommen über gemeinsame Organe für die EG vom 25.3.1957 (betreffend das →*Europäische Parlament,* den EuGH und den →*Wirtschafts- und Sozialausschuß*) und der →*Fusionsvertrag* vom 8.4.1965 (betreffend →*Rat* und →*Kommission*). – Besonders wichtige weitere Ergänzungen sind die von den MS ratifizierten Beschlüsse über die Einführung der →*Direktwahl* zum *Europäischen Parlament* vom 20.9.1976 und über das System der →*Eigenmittel der EG* vom 7.5.1985. – Einer grundlegenden Revision mit dem Ziel weiterer Integrationsfortschritte wurden die Gemeinschaftsverträge durch die →*Einheitliche Europäische Akte* vom 17./28.2.1986 (in Kraft seit 1.7.1987) unterzogen. – (B) *Ungeschriebene Rechtsgrundlagen:* Ungeschriebenes Gemeinschaftsrecht mit dem gleichen Rang wie die Gemeinschaftsverträge sind die allgemeinen den MS gemeinsamen Rechtsgrundsätze. Ausdrücklich ist dies nur in bezug auf Amtshaftungsvorschriften bestimmt (Art. 215 Abs. 2 EGV), doch hat der EuGH im Hinblick auf seine Bindung an „das Recht" (Art. 164 EGV) die allgemeine Geltung gemeinsamer Rechtsgrundsätze formuliert. Diese Rechtsprechung hat insbesondere Bedeutung für die Grundsätze der *Rechtsstaatlichkeit* und die Grundrechte des Einzelnen. Da die Gemeinschaftsverträge keinen ausdrücklichen Grundrechtskatalog enthalten, an den die Gemeinschaftsorgane gebunden wären, knüpft der EuGH an die gemeinsame Verfassungstradition der MS an, wobei die →*Europäische Menschenrechtskonvention,* die von allen MS ratifiziert ist, Hinweise zu ihrer Konkretisierung geben kann (→*Grundrechte*). Als ungeschriebene R. kommt auch gemeinschaftliches Gewohnheitsrecht in Betracht, das durch die Praxis der →*Organe der EG* in Verbindung mit einer entsprechenden Rechtsüberzeugung entstanden sein könnte. Das Gewohnheitsrecht spielt jedoch praktisch keine Rolle. – (C) *Qualifikation:* Die R. enthalten Vorschriften von unterschiedlicher Wirkungsintensität und Reichweite. Die

Bestimmungen über Fernziele, wie sie insbesondere in der Präambel der Verträge zu finden sind, formulieren keine eigentlichen Vertragspflichten. Sie sind jedoch als Auslegungskriterien der in den Verträgen getroffenen Regelungen heranzuziehen. Diese wiederum binden – je nach ihrem Inhalt – die Gemeinschaftsorgane, die MS sowie die für ihre Effektuierung zuständigen mitgliedstaatlichen Stellen. Soweit sie keiner gemeinschaftlichen oder mitgliedstaatlichen Durchführungsbestimmungen bedürfen, sind sie bei ausreichender inhaltlicher Bestimmtheit unmittelbar anwendbar. Dies bedeutet, daß sie für die Rechtsverhältnisse des Einzelnen maßgeblich sein können (→*Unmittelbare Geltung*).

R. Geiger: EG-Vertrag. Kommentar, München 1993. – P. Pescatore: L'ordre juridique des Communautés européennes, Liège 1975.

R. Geiger

Rechtsmittel. Gegen Entscheidungen des *Gerichts erster Instanz* kann ein R. beim →*Gerichtshof der EG* eingelegt werden, dem dieses Gericht beigeordnet ist. Es muß sich um Entscheidungen handeln, die die Sache ganz oder z. T. erledigen, oder um Zwischenurteile über die Zulässigkeit des Verfahrens. Die Rechtsmittelfrist beträgt zwei Monate und beginnt mit der Zustellung der angefochtenen Entscheidung. Das R. hat grundsätzlich keine aufschiebende Wirkung. Es ist auf die Überprüfung von Rechtsfragen beschränkt. – Gegen Urteile des EuGH gibt es kein R. an ein höheres Gericht. Bestehen Zweifel über Sinn und Tragweite eines Urteils, so kann seine Auslegung durch den EuGH beantragt werden. Wird nachträglich eine Tatsache von entscheidender Bedeutung bekannt, so ist ein *Wiederaufnahmeverfahren* statthaft.

R. Geiger

Rechtsordnung der EG →Gemeinschaftsrechtsordnung

Rechtspersönlichkeit der EG →Rechtsfähigkeit der EG, →Völkerrechtlicher Status der EG

Rechtsprechung des EuGH. Die Rechtsprechung des →*Gerichtshofes der EG* (EuGH) hat sich als eine der wichtigsten Kräfte erwiesen, die die europäische Integration fördern. Diese Rolle des EuGH beruht hauptsächlich auf drei Gründen: auf dem *Prinzip der einheitlichen →Auslegung und Anwendung des Gemeinschaftsrechts in allen →Mitgliedstaaten*; auf der *Zusammenarbeit der nationalen Gerichte mit dem EuGH im Rahmen des →Vorabentscheidungsverfahrens,* das die einheitliche Auslegung und Anwendung des Gemeinschaftsrechts institutionell garantiert; schließlich auf der *teleologischen, besonders integrationsfreundlichen Interpretationsmethode des EuGH,* die im Wege der Rechtsfortbildung weite Bereiche des Gemeinschaftsverfassungsrechts geschaffen hat. Der EuGH hat dabei von Anfang an darauf bestanden, daß die Regelungen der →*Gründungsverträge* nur als ein Recht eigener Art begriffen werden könnten, das mit dem herkömmlichen Instrumentarium völkerrechtlicher Vertragsauslegung nicht zu erfassen sei. Die R. gleicht insoweit derjenigen eines Verfassungsgerichts. – Die wichtigsten vom EuGH formulierten Grundsatzregelungen betreffen die Tragweite des Gemeinschaftsrechts im innerstaatlichen Bereich, die Bestimmung der Kompetenzen der Gemeinschaft im Verhältnis zur Rechtsetzungszuständigkeit der MS und die Inkorporation der Verfassungstraditionen der MS in das Gemeinschaftsrecht, insbesondere die Entwicklung der →*Grundrechte*. – Die *Tragweite des Gemeinschaftsrechts im innerstaatlichen Bereich* wird bestimmt durch die Grundsätze der →*unmittelbaren Anwendbarkeit* und des →*Vorrangs des Gemeinschaftsrechts*. Die unmittelbare Anwendbarkeit einer Gemeinschaftsrechtsnorm besagt, daß sie – ohne noch eines Durchführungsakts zu bedürfen – auch für den Einzelnen maßgeblich ist. Unmittelbar anwendbar in diesem Sinne sind nach Auffassung des EuGH nicht nur die Normen, die sich ausdrücklich oder implizit an den Einzelnen richten. Vielmehr sind auch Vorschriften (für den Einzelnen) unmittelbar anwendbar, die sich ihrem Wortlaut nach allein an die MS oder an →*Organe der EG* richten, wenn sie unbedingt und inhaltlich hinreichend genau sind, um die Rechtsverhältnisse des Einzelnen regeln zu können. Der EuGH leitet diese Auffassung aus dem Grundgedanken her, daß die Normen des Gemeinschaftsrechts letzten Endes dem Einzelnen („dem Marktbürger") dienen sollen (EuGH Rs. 26/62, *Van Gend & Loos*). Diese Auffassung wurde durch die Lehre von der direkten Wirkung der →*Richtlinie* sowie der Amtshaftung des mit der Umsetzung von Gemeinschaftsrecht in staatliches Recht säumigen MS noch weiter ausgebaut. – Eng mit der mittelbaren Anwendbarkeit des Gemeinschaftsrechts hängt die vom EuGH entwickelte Lehre vom Vorrang des Gemeinschaftsrechts zusammen. Sie besagt, daß das Gemeinschaftsrecht jedwedes entgegenstehendes mitgliedstaatliches Recht ohne weiteres verdränge; die entgegenstehende staatliche Vorschrift muß von Behörden und Gerichten der MS außer Acht gelassen werden. Dies gelte auch für förmliche Gesetze. Neue Gesetze, die einer Norm des Gemeinschaftsrechts widersprechen, seien von vornherein ohne Wirkung (EuGH Rs. 6/64, *Costa/ENEL;* Rs. 70/77, *Simmenthal*). – Während der EuGH diesen Vorrang ausdrücklich auch gegenüber dem Verfassungsrecht der MS behauptet, hat das Bundesverfassungsgericht ihm hinsichtlich fundamentaler Verfassungsprinzipien die Gefolgschaft verweigert, solange und soweit diese in der Gemeinschaft nicht ausreichend gesichert seien (*„Solange-Beschlüsse";* →*Grundrechte*). – Der EuGH hat die →*Gemeinschaftskompetenzen* zu Lasten der MS wesentlich ausgedehnt. Die Gemeinschaft ist für ihre →*Rechtsakte* auf spezielle Kompetenzzuweisungen in den Gemeinschaftsverträgen angewiesen (Prinzip der begrenzten →*Einzelermächtigung*). Diesen Grundsatz hat der EuGH durch seine Lehre vom *„effet utile"* bzw. den *„implied powers"* wesentlich gelockert. Nach dieser Lehre hat die Gemeinschaft auch ohne ausdrückliche Bestimmung die Handlungskompetenzen, die sie zur Aufgabenerfüllung zwingend benötigt. Die Leitentscheidung des EuGH betraf die implizite Vertragsschlußkompetenz der Gemeinschaft (EuGH Rs. 22/70, *AETR*). Darüber hinaus formulierte der EuGH die Lehre von *ausschließlichen Kompetenzen* der Gemeinschaft für ganze Sachbereiche; insoweit sollten die MS überhaupt nicht mehr zur Rechtsetzung befugt sein. Solche ausschließlichen Kompetenzen nahm er für den Bereich der →*Gemeinsamen Handelspolitik* gegenüber Drittländern an, in anderen Sachbereichen jedenfalls dann, sobald die Gemeinschaft von ihrer Rechtsetzungskompetenz Gebrauch gemacht hatte (EuGH Rs. 3/76, *Kramer*). – Schließlich hat der EuGH wesentliche Grundsätze der Rechtsstaatlichkeit (z. B. →*Rechtssicherheit,* →*Rückwirkungsverbot,* →*Vertrauensschutz,* →*Rechtliches Gehör*) und insbesondere die →*Grundrechte* des Einzelnen entwickelt. Er hat diese Rechtsgrundsätze den gemeinsamen Verfassungstraditionen der MS entnommen, die einen Bestandteil des Rechts bildeten, zu deren Wahrung er berufen sei (EuGH Rs. 29/69, *Stauder,* Rs. 44/79, *Hauer*).

R. Geiger: EG-Vertrag. Kommentar, München 1993. – H.-P. Ipsen: Die Verfassungsrolle des Europäischen Gerichtshofes für die Integration, in: J. Schwarze (Hrsg.): Der Europäische Gerichtshof als Verfassungsgericht und Rechtsschutzinstanz, Baden-Baden 1983, S. 29–62. – F. Mancini: The Making of a Constitution for Europe, in: Common Market Law Review (1989), S. 595–614. – J. Schwarze: The Role of the European Court of Justice in the Interpretation of Uniform Law Among the Member States of the European Communities, Baden-Baden 1988.

R. Geiger

Rechtsschutzsystem der EG. Im Zentrum des R. steht der →*Gerichtshof der EG.* Seine Aufgabe ist es, die Wahrung des Rechts bei der Auslegung und Anwendung der Gemeinschaftsverträge zu sichern. Die wichtigsten Rechtsprechungsaufgaben des EuGH lassen sich in drei Gruppen gliedern: (1) *Kontrolle der Rechtmäßigkeit des Verhaltens von MS:* Gegen das Verhalten eines MS, das gegen das →*Primärrecht* oder gegen einen →*Rechtsakt* der Gemeinschaft verstößt, kann die →*Kommission* oder jeder andere MS die Vertragsverletzungsklage erheben (→*Vertragsverletzungsverfahren*). Stellt der EuGH fest, daß ein MS gegen das Gemeinschaftsrecht verstoßen hat, so hat dieser Staat die Maßnahmen zu ergreifen, die sich aus dem Urteil des EuGH ergeben. – Der Einzelne kann gemeinschaftsrechtswidriges Verhalten eines MS nur vor den nationalen Gerichten angreifen. Das nationale Gericht kann jedoch den EuGH um die Vorabentscheidung gemeinschaftsrechtlicher Fragen ersuchen (→*Vorabentscheidungsverfahren*). Unterläßt ein MS pflichtwidrig die Umsetzung einer →*Richtlinie* in nationales Recht, so kann sich der Einzelne unter Umständen auf die →*unmittelbare Anwendbarkeit* der Richtlinie berufen; auch ein vor nationalen Gerichten geltend zu machender *Amtshaftungsanspruch* kommt in Betracht. – (2) *Kontrolle der Rechtmäßigkeit des Verhaltens von* →*Gemeinschaftsorganen*: Der EuGH kann die Rechtsakte von →*Rat,* →*Kommission* und →*Europäischem Parlament* auf ihre Übereinstimmung mit dem Vertrag (oder sonst ranghöherem Gemeinschaftsrecht) überprüfen (→*Nichtigkeitsklage*). Das Gleiche gilt für den Fall des Unterlassens einer gebotenen Handlung (→*Untätigkeitsklage*). – Zur Erhebung der Nichtigkeitsklage sind ohne weiteres der Rat, die Kom. und jeder MS befugt, ferner – soweit es um die Nichtbeachtung seiner eigenen Rechte geht – das EP. Auch natürliche und juristische Personen (sog. *nicht-privilegierte Kläger*) können die Nichtigkeitsklage erheben, allerdings nur gegen die an sie ergangenen Entscheidungen sowie gegen die in die Form einer *Verordnung* gekleideten oder an andere Personen gerichteten Entscheidungen, die die Klagepartei unmittelbar und individuell betreffen. Hat die Klage Erfolg, so erklärt der Gerichtshof die angefochtene Handlung für nichtig. – Der EuGH entscheidet auch über Schadensersatzansprüche gegen die Gemeinschaft aus Amtshaftung. Hat ein Organ der Gemeinschaft in Ausübung seiner Amtstätigkeit einen Schaden verursacht, so ist die Gemeinschaft zum Schadensersatz verpflichtet, und zwar nach den allgemeinen Rechtsgrundsätzen, die den MS gemeinsam sind (→*Haftung der EG*). – Eine vorbeugende Rechtskontrolle kennen die Gemeinschaftsverträge in bezug auf völkerrechtliche Abkommen der Gemeinschaft mit →*Drittländern*. Ist der Abschluß eines solchen Abkommens beabsichtigt, so können Rat, Kom. und jeder MS ein (bindendes) *Gutachten* des EuGH über die Vereinbarkeit des Abkommens mit den Gemeinschaftsverträgen einholen. Hält der EuGH das Abkommen für gemeinschaftsrechtlich unzulässig, so bedarf es einer entsprechenden Änderung des Gemeinschaftsvertrags (→*Gutachten des EuGH*). – (3) Die praktisch bedeutsamste Verfahrensart bildet das →*Vorabentscheidungsverfahren* über gemeinschaftsrechtliche Fragen, die in Rechtsstreitigkeiten vor staatlichen Gerichten auftreten. Wird eine Frage der Auslegung des Gemeinschaftsrechts oder der Gültigkeit eines Rechtsakts der Gemeinschaft in einem Rechtsstreit vor staatlichen Gerichten relevant, so kann das Gericht die Frage dem EuGH zur Entscheidung vorlegen. Handelt es sich bei dem staatlichen Gericht im konkreten Fall um die letzte Instanz, so besteht eine *Pflicht*, die Vorabentscheidung herbeizuführen. – Der gemeinschaftsrechtliche Rechtsschutz wird in Deutschland dadurch verstärkt, daß die pflichtwidrige Nichtvorlage an den EuGH das verfassungsrechtlich verbürgte *Recht auf den gesetzlichen Richter* (Art. 101 Abs. 1 S. 2 GG) verletzen kann. Dies kann mit der Verfassungsbeschwerde beim Bundesverfassungsgericht gerügt werden. Allerdings muß der Nachweis geführt werden, daß die Nichtvorlage auf „Willkür" des letztinstanzlichen staatlichen Gerichts beruht. – (4) Über die ausdrücklich normierten Verfahrensarten hinaus hat der EuGH nicht gezögert, das Klagesystem im Wege der Rechtsfortbildung auszubauen, um einen umfassenden Rechtsschutz zu gewährleisten. Beispiele sind die Klagebefugnis des EP für die Nichtigkeitsklage und der Verpflichtungsantrag eines nationalen Gerichts gegen die Kom., wenn diese die Amtshilfe (z. B. Vorlage von Urkunden) in einem Rechtsstreit verweigert.

R. Geiger: EG-Vertrag. Kommentar, München 1993. – H. G. Schermers/D. F. Waelbroeck: Judical Protection in the European Communities, Deventer 1992. – T. Thiele: Der Rechtsschutz durch den Europäischen Gerichtshof unter besonderer Berücksichtigung des individuellen Rechtsschutzes im Gemeinschaftsrecht, in: Deutsche Verwaltungspraxis 10 (1990), S. 311–314.

R. GEIGER

Rechtssicherheit. Der Grundsatz der R. folgt aus dem Rechtsstaatsprinzip, das zu den →*Rechtsgrundlagen* der Gemeinschaft zählt. Der Grundsatz besagt, daß →*Rechtsakte* der Gemeinschaft für den Betroffenen vorhersehbar und einer gerichtlichen Kontrolle unterworfen sein müssen. Die Vorhersehbarkeit setzt die Beachtung der im Gemeinschaftsvertrag geregelten Kompetenzgrundlagen und der →*Begründungspflicht* (Art. 190 EGV) sowie des →*Rückwirkungsverbots* und des →*Vertrauensschutzes* voraus. – Die rückwirkende Neuregelung eines Sachverhalts ist nur ausnahmsweise zulässig. Es muß ein zwingendes Gemeinschaftsinteresse vorliegen; einem berechtigten Vertrauen der Betroffenen in den Fortbestand der bisherigen Rechtslage muß – z. B. durch rechtzeitige Ankündigung oder durch Übergangsregelungen – Rechnung getragen werden (EuGH Rs. 74/74, *CNTA*). – Der Grundsatz des →*Vertrauensschutzes* kann mitgliedstaatliche Behörden daran hindern, gemeinschaftsrechtswidrig geleistete Zahlungen (z. B. Beihilfen) vom Empfänger zurückzufordern. Das Vertrauen wird aber dann nicht geschützt, wenn die Zahlung auf bewußt unrichtige Angaben des Begünstigten zurückzuführen ist oder wenn der Irrtum des Empfängers über die Unrichtigkeit seiner Angaben leicht hätte vermieden werden können (EuGH Rs. 54/81, *Fromme*).

R. Geiger: EG-Vertrag. Kommentar, München 1993.

R. GEIGER

Rechtsstaatlichkeit (Grundsatz) →Gemeinschaftsrechtsordnung, →Rechtsgrundlagen der EG

Rechtsvereinheitlichung →Rechtsangleichung

Reform der Strukturfonds →Regionalpolitik der EG

Regel-Ausnahme-Prinzip (EG-Recht) →Auslegung des Gemeinschaftsrechts

Regelungsausschuß →Ausschußverfahren

REGEN *(Regional Energy Networks)*. Programm der EG zur Verbesserung von Transport- und Vertriebsnetzen für Energie in Regionen, die in diesem Bereich Entwicklungsrückstände aufweisen (gegenwärtige Laufzeit: 1990–1993; Budget: 300 Mio. ECU).

HRSG.

Regierungskonferenz(en). Als R. werden nach Bedarf einberufene Konferenzen zur Änderung bzw. Ergänzung des →*Primärrechts* bezeichnet, an der die Vertreter der Regierungen der MS (je nach dem nationalen Verfassungsrecht die Staats- oder Regierungschefs) teilnehmen. →*Kommission* und →*Europäisches Parlament* sind an den R. nicht formell beteiligt, sondern geben nur *Stellungnahmen* bzw. Anregungen ab. Die im Rahmen einer R. beschlossenen Änderungen des

Primärrechts bedürfen der *Ratifizierung* in allen MS nach dem jeweiligen nationalen Verfassungsrecht. Die bisher umfangreichsten R. führten zur Verabschiedung der →*Einheitlichen Europäischen Akte,* die am 1.7.1987 in Kraft getreten ist, und zum →*„Vertrag über die Europäische Union"*, dessen Ratifizierung – bis auf Dänemark und Großbritannien, die wohl 1993 nachfolgen werden – von allen MS vollzogen wurde. Geregelt ist das Zusammentreten der R. in Art. N EUV, der an die Stelle von Art. 96 EGKSV, 236 EWGV und 204 EAGV getreten ist.

E. Grabitz (Hrsg.): Kommentar zum EWGV, 2. Aufl., Baden-Baden 1991, Art. 236.

G. Hitzler

Regionalpolitik der EG. Unter dem Einfluß einer Vielzahl von Faktoren sind Ressourcen, Bevölkerungen und wirtschaftliche Aktivitäten ungleichmäßig im Raum verteilt. Werden diese Verteilung und die damit verbundenen Wohlfahrtsunterschiede als inakzeptabel bewertet und zu ihrer Korrektur räumlich differenzierende Maßnahmen ergriffen, können diese als „Regionalpolitik" bezeichnet werden. Regionalpolitik kann auf die Ziele Effizienz (Giersch), Gerechtigkeit und/oder Stabilisierung (H. K. Schneider) ausgerichtet sein. Im Zuge der insbesondere in der Bundesrepublik Deutschland intensiven regionalpolitischen Diskussion in den 60er und 70er Jahren sind weitere Konzeptionen für Regionalpolitik entwickelt worden (vergleiche E. Lauschmann, 1976), so etwa *„leitbild-"*, *„problem-"* und *„produktivitätsorientierte Regionalpolitik"*, *„Regionalpolitik des mittleren Weges"*, *„kapital-"*, *„arbeits-"* und schließlich *„potentialorientierte Regionalpolitik"* (Biehl). Die Grundthese des letzteren Ansatzes ist, daß eine Ressource umso eher *„Potentialfaktor"*, d. h. Determinante des regionalen Entwicklungspotentials ist, je höher ihr Öffentlichgutscharakter. Potentialfaktoren sind in erster Linie die wirtschaftsgeographische *Lage, Agglomeration* und *Siedlungsstruktur, Sektorale Wirtschaftsstruktur* und *Infrastruktur.* Regionalpolitik läßt sich zusätzlich nach den Ebenen charakterisieren, auf denen sie eingesetzt wird (EG, MS, Länder/Regionen, Kommunen). Eine regionalpolitische Gesamtkonzeption sollte daher hierarchisch aufgebaut sein, d. h. auf der jeweils übergeordneten Ebene ist ein Rahmen festzulegen, innerhalb dessen die übrigen Ebenen tätig werden können. So besteht z. B. die R. nicht nur aus den Maßnahmen der →*Strukturfonds,* sondern schließt auch einen Wettbewerbsrahmen ein, der von den MS bei der Gewährung nationaler Beihilfen einzuhalten ist (Art. 92 EWGV). – Ursprünglich enthielt der EWGV keine Vorschriften für R.; nur die MS betrieben Regionalpolitik. Es wurde allerdings in der Präambel das *„Bestreben"* erklärt, *„den Abstand zwischen einzelnen Gebieten und den Rückstand weniger begünstigter Gebiete (zu) verringern"*. Erst 1975 wurde der →*Europäische Fonds für regionale Entwicklung* (EFRE) geschaffen. Die →*Einheitliche Europäische Akte* (EEA) verankerte 1987 den EFRE und die Grundsätze der R. in den Art. 130a–e im EWGV. Art. 130 a wiederholt als Zielvorgabe den erwähnten Text der Präambel; Art. 130 b verpflichtet die MS, ihre Wirtschaftspolitik in der Weise zu koordinieren, daß die in Art. 130 a genannten Ziele erreicht werden. Die Gemeinschaft unterstützt diese Bemühungen mit Hilfe der →*Strukturfonds,* der →*Europäischen Investitionsbank* (EIB) und sonstiger Finanzierungsinstrumente. Art. 130 c stellt dem EFRE die Aufgabe, zum Ausgleich der wichtigsten regionalen Ungleichgewichte beizutragen. Die Unterschiede belaufen sich bei den Pro-Kopf-Einkommen (PKE) 1988 in Kaufkraftparitäten auf 1:4,6 über alle 171 Regionen und immer noch auf 1:2,4 für die 25 ärmsten und die 25 reichsten; bei der Arbeitslosigkeit auf 1:18,3 bzw. 1:5,3 und bei der Infrastrukturausstattung auf 1:17 bzw. 1:6,2 (1985: 168 z. T. anders abgegrenzte Regionen). – Mit der *„Strukturfondsverordnung"* (1989) wurde dem Auftrag des Art. 130 d, die Effizienz der Strukturfonds zu erhöhen, entsprochen. Gemäß Art. 130 e erläßt der Rat die den EFRE betreffenden Durchführungsbeschlüsse mit *qualifizierter Mehrheit* auf Vorschlag der →*Kommission* und in Zusammenarbeit mit dem →*Europäischen Parlament.* Mit dem am 7. Februar 1992 unterzeichneten →*Vertrag über die Europäische Union* (EUV) sollen die Zuständigkeit für R. um *„spezifische Aktionen außerhalb der Fonds"* erweitert, die Berichtspflichten der Kom. (Art. 130 b EGV) verstärkt und vor dem 31. Dezember 1993 ein *Kohäsionsfonds* (Art. 130 d EGV) für Vorhaben in den Bereichen Umwelt und transeuropäische Verkehrsinfrastruktur errichtet werden. Diese Vorhaben sollen in MS mit einem PKE von weniger als 90% des EG-Durchschnitts gefördert werden. Der EUV sieht auch eine neue Institution, einen beratenden →*Regionalausschuß* vor (Art. 198 a). – Die *Reform der Strukturfonds* 1989 richtete die EG-Interventionen auf fünf vorrangige Ziele aus: (1) Förderung der Regionen mit Entwicklungsrückstand, (2) Umstellung der von der rückläufigen industriellen Entwicklung betroffenen Regionen, (3) Bekämpfung der Langzeitarbeitslosigkeit, (4) Erleichterung der Eingliederung der Jugendlichen in das Erwerbsleben, (5a) Anpassung der Agrarstrukturen und (5b) Förderung der Entwicklung des ländlichen Raums. Es ist wesentliche Aufgabe des EFRE, die Ziele (1) und (2) zu verwirklichen. Unter Ziel (1) fallen diejenigen Regionen, deren PKE weniger als 75% des EG-Durchschnitts beträgt; unter Ziel (2) z. B. Gebiete, deren durchschnittliche Arbeitslosenquote über dem EG-Durchschnitt liegt. Ferner beteiligt sich der EFRE an Aktionen zur Förderung und Entwicklung des ländlichen Raums (Ziel (5b)). Die Regionalabgrenzung stützt sich dabei grundsätzlich auf eine bereits früher von der EG entwickelte dreistufige Systematik *(NUTS I bis III).* – Der R. liegt ein *integrativer Ansatz* zugrunde, der dem →*Subsidiaritätsprinzip* und partnerschaftlicher Kooperation verpflichtet ist. Dementsprechend entwickeln die Regionen zusammen mit dem betreffenden MS regionale Entwicklungsprogramme, die zu *gemeinschaftlichen Förderkonzepten* (GFK) führen, welche die Förderung sowohl der Infrastruktur als auch der privaten Investitionen umfassen. Sie können auch in Form länderübergreifender Gemeinschaftsinitiativen realisiert werden. Die Umsetzung erfolgt vorwiegend über operationelle Programme, kohärente Bündel mehrjähriger Maßnahmen, zu deren Durchführung mehrere Fonds und sonstige Instrumente sowie die EIB eingesetzt werden können. – Die *finanziellen Interventionen* der *Strukturfonds* erfolgen in der Form von Kofinanzierungen, Globalzuschüssen sowie der Unterstützung bei der Ausarbeitung regionalpolitischer Maßnahmen. Die EIB gewährt (Global-)Darlehen oder andere Formen der Kofinanzierung sowie Bürgschaften. Diese Interventionen sollen angemessen kombiniert werden, um den Ankurbelungseffekt zu maximieren. So sind z. B. die →*Integrierten Mittelmeerprogramme* (IMP) als operationelle Programme gestaltet. Für die fünf neuen Länder in Deutschland werden für die Realisierung von GFK 3 Mrd. ECU aus den Strukturfonds für 1991–93 bereitgestellt. – Neben der schrittweisen Verdoppelung der Strukturfondsmittel von 1987–93 auf 19,8 Mrd. ECU haben die Reformen eine Konzentration der Fondsinterventionen in finanzieller und geographischer Hinsicht bewirkt. Auf der Basis des →*Delors-II-Pakets* und der Gipfelbeschlüsse von Edinburgh sollen die Mittel – auch im Hinblick auf die Währungsunion – weiter steigen.

D. Biehl: Europäische Regionalpolitik. Eine ziel- und handlungsorientierte Analyse, in: D. Pohmer (Hrsg.): Probleme des Finanzausgleichs III, Finanzausgleich im Rahmen der EG, Berlin 1981, S. 125–180. – D. Biehl: The Role of Infrastructure in Regional Development, in: R. W. Vickerman (Hrsg.): Infrastructure and Regional Development, European Research in Regional Science, Bd. 1, London 1991, S. 9–35. – H. Giersch: Das ökonomische Grundproblem der Regionalpolitik, in: Gestaltungsprobleme der Weltwirtschaft. Festschrift für Andrea Predöhl, Göttingen 1964. – Kommission der EG: Leitfaden zur Reform der Strukturfonds der Gemeinschaft, Luxemburg 1989. – Dies.: Die Gemeinschaftlichen Strukturpolitiken – Bilanz und Perspektiven, Mitteilung der Kommission, Dokument KOM(92) 84 endg., Brüssel 20. März 1992. – Dies.: Die Regionen in den 90er Jahren, Luxemburg 1991. – E. Lauschmann: Grundlagen einer Theorie der Regionalpolitik, 3. Aufl., Hannover 1976. – H. K. Schneider: Über die Notwendigkeit regionaler Wirtschaftspolitik, in: H. K. Schneider (Hrsg.): Beiträge zur Regionalpolitik, Schriften des Vereins für Socialpolitik, Neue Folge Bd. 41, Berlin 1968.

D. Biehl/A. Mans

REGIS *(Régions isolées)*. Programm der EG zur Förderung der wirtschaftlichen Entwicklung in ultraperipheren Regionen der EG wie z. B. der Azoren und der Insel Réunion (gegenwärtige Laufzeit 1990–1993; Budget: 200 Mio. ECU).

Hrsg.

Relevanter Markt. Als R. wird im →*Kartellrecht der EG* der durch bestimmte Waren oder Dienstleistungen, ein bestimmtes Gebiet und einen bestimmten Zeitraum näher definierte Markt bezeichnet, im Hinblick auf den zu untersuchen ist, ob ein bestimmtes Zusammenwirken zwischen Unternehmen eine unter das Kartellverbot gemäß Art. 85 EWGV fallende Wettbewerbsbeschränkung darstellt.

Hrsg.

RENAVAL *(Reconversion des zones de chantiers navals)*. Programm der EG zur Unterstützung der wirtschaftlichen Umstrukturierung bestimmter im Niedergang befindlicher Schiffbaugebiete (gegenwärtige Laufzeit 1988–1993).

HRSG.

Repräsentative Umrechnungskurse →Grüne Währung, →Währungsausgleich

Ressourcentransfer. Als R. wird im Rahmen der EG der finanzielle Ausgleich zwischen prosperierenden und benachteiligten Wirtschaftsgebieten über Ausgaben aus dem →*Haushalt der EG* bezeichnet. Ein R. findet hauptsächlich in der →*Gemeinsamen Agrarpolitik,* der →*Regionalpolitik* und der →*Sozialpolitik der EG* statt. Die wichtigsten Instrumente des R. sind hierbei die →*Strukturfonds.* – Da der R. (mit Ausnahmen im Bereich der *Gemeinsamen Agrarpolitik*) zwischen „ärmeren" und „reicheren" MS stattfindet, hat sich seine politische Bedeutung mit der Zunahme der wirtschaftlichen Disparitäten in der Gemeinschaft durch die →*Erweiterungen* mehr und mehr verstärkt. Gestützt auf das Argument, daß der R. kein „Almosen", sondern eine Investition in die Weiterführung und Vertiefung der europäischen Integration darstelle, haben die „ärmeren" MS vor allem seit den 80er Jahren ihre Zustimmung zur politischen und institutionellen Fortentwicklung der Gemeinschaft immer wieder erfolgreich mit der Forderung nach einer Aufstockung des R. verbunden. In den „Nettozahler"-MS (→*Nettoposition*) wird der R. unter Hinweis auf die steigenden Ausgaben und zuweilen offenkundige Fehlallokationen oft kritisiert, doch trägt der R. nicht unwesentlich zur Sicherung der Exportmärkte dieser MS bei.

J. MONAR

Restreint. V. a. im →*Rat der EG* und im →*Ausschuß der Ständigen Vertreter* bei besonders schwierigen und/oder vertraulichen Beratungen gebräuchliche Form der Sitzung im engeren Kreis, bei der nur der Minister bzw. der Ständige Vertreter und jeweils ein Mitarbeiter im Beratungssaal zugelassen werden.

HRSG.

Retorsionsmaßnahmen. R., d. h. nach Völkergewohnheitsrecht zulässige Maßnahmen eines Staates oder Völkerrechtssubjekts, die bei internationalen Streitfällen gegen einen anderen Staat oder dessen Staatsangehörige verhängt werden, insbes. um Völkerrechtsverletzungen zu beseitigen oder auf unfreundliche Akte zu reagieren, sind als solche im Gemeinschaftsrecht nicht geregelt. Gemeinschaftsrecht (Art. 113 EGV) gilt insoweit, als R. die handelspolitischen Beziehungen zum Drittstaat berühren (z. B. Einfuhr- oder Ausfuhrbeschränkungen). Besondere Bestimmungen gelten für die Abwehr unerlaubter Handelspraktiken dritter Staaten (→*Neues Handelspolitisches Instrument*); einseitige R. kann die Gemeinschaft hier im allgemeinen nur nach erfolgloser internationaler Streitschlichtung treffen. Beispiele gemeinschaftlicher R. sind die Aussetzung von Zollpräferenzen für Korea (VO 3912/87) sowie die Wirtschaftssanktionen gegen Irak, Lybien und Serbien/ Montenegro (VO 2340/90 und 3155/90; 945/92; 1432/92). In

Anwendung des *Neuen Handelspolitischen Instruments* sind von der Gemeinschaft R. bisher nicht ergriffen worden.

W. Meng: Die Kompetenz der EWG zur Verhängung von Wirtschaftssanktionen, in: Zeitschrift für ausländisches öffentliches Recht und Völkerrecht (1982), S. 780–803. – J. J. Neuss: Handelsembargo zwischen Völkerrecht und Internationalem Privatrecht, München 1989.

H. NEUMANN

REX-Ausschuß. Kurzbezeichnung für den für auswärtige Wirtschaftsbeziehungen der EG zuständigen Fachausschuß des →*Europäischen Parlaments*.

HRSG.

„Reyners" (Rechtssache) →Niederlassungsfreiheit

Rhodos-Gruppe. Vom →*Europäischen Rat* auf seiner Tagung in Rhodos (1988) eingesetzte Gruppe hochrangiger Beamter der MS, die mit der Koordination der als Folge des Abbaus der Grenzkontrollen im →*Binnenmarkt* im Bereich der Einwanderungs- und Asylpolitik zu ergreifenden Ausgleichsmaßnahmen der MS befaßt ist.

HRSG.

Richter am EuGH. Die 13 Richter am →*Gerichtshof der EG* (wie auch die 12 Richter am *Gericht erster Instanz der EG*) werden für sechs Jahre einvernehmlich durch die Regierungen der →*Mitgliedstaaten* ernannt. Alle drei Jahre wird der Gerichtshof (bzw. das Gericht) teilweise neu besetzt, wobei Wiederernennungen zulässig sind. Zu R. werden nur Persönlichkeiten ausgewählt, die jede Gewähr für Unabhängigkeit bieten und in ihrem Staat für die höchsten richterlichen Ämter qualifiziert oder Juristen *„von anerkannt hervorragender Befähigung"* sind (Art. 167 EWGV; vgl. Art. 168 a EWGV). Der *Präsident des Gerichtshofes* (bzw. des Gerichts), der dessen rechtsprechende Tätigkeit leitet und bei den Beratungen den Vorsitz führt, wird von den R. für jeweils drei Jahre aus ihrer Mitte gewählt. Die *Präsidenten der Kammern* werden nach demselben Verfahren für jeweils ein Jahr gewählt. Der Präsident bestimmt für jede Rechtssache einen *Richter-Berichterstatter,* der den Vorbericht und später den Entscheidungsentwurf erstellt (→*Gerichtshof der EG*) und, sollte eine Beweiserhebung oder ein Sachverständigengutachen erforderlich sein, mit der Leitung der Beweisaufnahme oder der Begleitung der Arbeit der Sachverständigen beauftragt werden kann. Der *Richter-Berichterstatter* unterscheidet sich vom →*Generalanwalt* u. a. dadurch, daß er an der Entscheidung des EuGH bzw. des Gerichts teilnimmt.

N. NEUWAHL

Richter-Berichterstatter (EuGH) →Richter am EuGH

Richtlinie. Die R. ist neben der →*Verordnung* ein weiteres Instrument gemeinschaftlicher Rechtsetzung. Sie ist für jeden MS hinsichtlich des zu erreichenden Ziels *verbindlich,* überläßt ihm aber die Wahl der Form und der Mittel, um die gemeinschaftsrechtlich festgelegten Ziele im Rahmen der innerstaatlichen Rechtsordnung zu verwirklichen (Art. 189 Abs. 3 EWGV; Art. 161 Abs. 3 EAGV). In der →*Europäischen Gemeinschaft für Kohle und Stahl* erscheint sie unter der Bezeichnung →*„Emp-*

fehlung", die jedoch – im Unterschied zur R. – auch an Unternehmen gerichtet werden kann (Art. 14 Abs. 3 EGKSV). Der Erlaß von R. erfolgt in einem zweistufigen Verfahren: Auf der ersten, *gemeinschaftsrechtlichen Stufe* wird das durch die R. angestrebte Ziel für die MS verbindlich festgelegt, das von diesen innerhalb einer festgesetzten Frist verwirklicht werden muß. Dieses Ergebnis kann, wie häufig im Bereich der technischen Normen und des Umweltschutzes, durch derart detaillierte Regelungen vorbestimmt sein, daß den MS kein Spielraum für eine eigene sachliche Gestaltung verbleibt. Auf der zweiten, *nationalen Stufe* erfolgt die inhaltliche Verwirklichung des gemeinschaftsrechtlich vorgeschriebenen Ergebnisses im Recht der MS. Auch wenn diese bei der Wahl der Form und der Mittel bei der Umsetzung grundsätzlich frei sind, erfolgt die Beurteilung, ob die jeweilige R. gemeinschaftsrechtskonform umgesetzt worden ist, nach *gemeinschaftsrechtlichen Kriterien*. Als Grundsatz gilt, daß durch die Umsetzung ein Rechtszustand geschaffen werden muß, der die Rechte und Pflichten aus der R. hinreichend klar und bestimmt erkennen läßt. I. d. R. erfordert die Umsetzung daher den Erlaß *verbindlicher nationaler Rechtsakte* oder aber die *Aufhebung* oder *Abänderung bestehender Rechts- und Verwaltungsvorschriften*. Die Gemeinschaftsbürger werden grundsätzlich erst durch diese nationalen Ausführungs- und Umsetzungsakte berechtigt und verpflichtet. Eine nicht ordnungsgemäße oder fristgerechte Umsetzung der R. kann nach der jüngsten Rechtsprechung des →*Gerichtshofes der EG* eine Schadensersatzpflicht des betreffenden MS gegenüber den von der R. begünstigten Personen auslösen. Im übrigen kann die R. selbst nach ständiger Rechtsprechung des EuGH nur ausnahmsweise und unter engen Voraussetzungen von den Gemeinschaftsbürgern unmittelbar in Anspruch genommen werden. So setzt diese *Direktwirkung* der R. voraus, daß die Bestimmungen der R. die Rechte und Pflichten der Gemeinschaftsbürger hinreichend klar und präzise festlegen, die Inanspruchnahme des Rechts an keine Bedingungen oder Auflagen geknüpft ist, dem nationalen Gesetzgeber bei der inhaltlichen Gestaltung des Rechts kein Ermessensspielraum eingeräumt wird und daß schließlich die Frist für die Umsetzung der R. abgelaufen ist. Darüber hinaus hat der EuGH mehrfach klargestellt, daß die unmittelbare Geltendmachung von R. ausschließlich gegenüber staatlichen Stellen in Betracht kommt (sog. *vertikale Direktwirkung*), nicht aber gegenüber privaten Einrichtungen, Organisationen oder Personen (sog. *horizontale Direktwirkung*). Ebenso hat der EuGH hervorgehoben, daß die Direktwirkung nur zu Gunsten der Gemeinschaftsbürger, nicht aber zu ihren Lasten gilt, so daß sich die MS zur Durchsetzung der durch R. auferlegten Pflichten nicht auf die Direktwirkung berufen können.

A. Bleckmann: Zur unmittelbaren Anwendbarkeit der EG-Richtlinien, in: Recht der Internationalen Wirtschaft (1984), S. 774 ff. – D. Oldekop: Die Richtlinie der EWG, Göttingen 1968. – R. Herber: Direktwirkung sog. horizontaler EG-Richtlinien, in: Europäische Zeitschrift für Wirtschaftsrecht (1991), S. 401 ff. – M. Zuleeg: Die Rechtswirkung europäischer Richtlinien, in: Zeitschrift für Unternehmens- und Gesellschaftsrecht (1980), S. 466 ff.

K.-D. BORCHARDT

Richtpreis →Agrarpreissystem

Römisches Schuldrechtsübereinkommen →Verbraucherpolitik der EG

Römische Verträge. Als R. werden die am 25. März 1957 in Rom unterzeichneten Verträge zur Gründung der →*Europäischen Wirtschaftsgemeinschaft* und der →*Europäischen Atomgemeinschaft* bezeichnet. Die R. traten nach Ratifizierung durch die sechs →*Gründerstaaten* am 1. Januar 1958 in Kraft.

HRSG.

Rückabwicklungspflicht bei Beihilfen →Beihilfenaufsicht

Rückwirkungsverbot. Das R. stellt die Kehrseite des Grundsatzes des →*Vertrauensschutzes* dar. Begrifflich beschränkt der →*Gerichtshof der EG* den Anwendungsbereich des R. auf legislative Maßnahmen; andere hoheitliche Maßnahmen werden direkt am Vertrauensschutzgrundsatz gemessen. Das R. spielt insbesondere im Agrarrecht bei der Marktregulierung und -stabilisierung eine Rolle. Der EuGH unterscheidet zwischen *echter* und *unechter Rückwirkung*. Erstere liegt vor, wenn ein Rechtsakt Sachverhalte regelt, die vor Erlaß bereits gänzlich abgeschlossen sind. Ein *echt rückwirkender* Rechtsakt ist nur ausnahmsweise zulässig, wenn das angestrebte Ziel es verlangt (*Eignung* und *Erforderlichkeit*) und das schutzwürdige Vertrauen der Betroffenen gebührend beachtet wird *(Angemessenheit)*. *Unechte Rückwirkung* entfalten Rechtsakte, die als Regelungsgegenstand einen bestehenden, noch nicht abgeschlossenen Sachverhalt haben. Sie ist nur im Ausnahmefall eines überwiegenden Interesses der Betroffenen am Bestand der Rechtslage unzulässig. In den letzten Jahren hat der EuGH die Belange der Betroffenen verstärkt berücksichtigt. Gemeinschafts- und Individualinteressen sind grundsätzlich gerichtlich voll überprüfbar; die vorzunehmende *Abwägung* entspricht jener beim Vertrauensschutzgrundsatz.

M. NETTESHEIM

Sachhoheit →Hoheitsgewalt(en) der EG und der MS

Sachverständigenausschüsse →Ausschüsse

SAVE *(Specific Actions for Vigorous Energy Effinciency)*. Programm der EG zur Förderung der Energieeffizienz, das v. a. auf den Energieverbrauch berücksichtigende technische Untersuchungen vor der Normung, verbesserte Information der Anwender und eine Steigerung der Effizienz bei der Elektrizitätsanwendung abzielt (gegenwärtige Laufzeit: 1991–1995; Budget: 35 Mio. ECU).

HRSG.

SCAD *(Système communautaire d'accès à la documentation)*. Von der →*Kommission der EG* unterhaltene bibliographische Datenbank, die Angaben zu →*Rechtsakten* der →*Organe der EG*, amtlichen Veröffentlichungen und Dokumenten der EG, Zeitschriftenaufsätzen über die Tätigkeit und Entwicklung der EG sowie Stellungnahmen von →*Euro-Verbänden* enthält.

HRSG.

Schadensersatzklage. Der →*Gerichtshof der EG* ist nach Art. 178 EWGV (Art. 34 Abs. 2 und 40 EGKSV, 151 EAGV) zur Entscheidung über S. wegen außervertraglicher Haftung der EG zuständig. Nach Art. 215 Abs. 2 EWGV ersetzt die EG den durch ihre →*Organe* oder Bedienstete in Ausübung ihrer Amtstätigkeit verursachten Schaden nach den allgemeinen Grundsätzen, die den Rechtsordnungen der →*Mitgliedstaaten* gemeinsam sind. Dementsprechend ist die S. begründet, wenn die den Organen oder Bediensteten vorgeworfene Handlung rechtswidrig und ein tatsächlicher Schaden eingetreten ist sowie zwischen der Handlung und dem behaupteten Schaden ein ursächlicher Zusammenhang besteht. Die Haftung für normatives Unrecht ist beschränkt: Bei einem Rechtsetzungsakt, der eine wirtschaftspolitische Entscheidung einschließt, kann die Haftung nur durch eine hinreichend qualifizierte Verletzung einer höherrangigen, dem Schutz der Einzelnen dienenden Rechtsnorm ausgelöst werden. – Gemäß dem →*Vertrag über die Europäische Union* (Art. 215 Abs. 2 EGV) erstreckt sich die Haftung der EG auch auf von der →*Europäischen Zentralbank* oder ihren Bediensteten verursachte Schäden. – Zur Zuständigkeit des Gerichts erster Instanz der EG bei einer S. →*Gerichtshof der EG*.

R. Kovar: Article 178, in: V. Constantinesco u. a. (Hrsg.): Traité instituant la CEE, Paris 1992, S. 1123–1133. – H. G. Schermers u. a. (Hrsg.): Non-contractual Liability of the European Communities, Dordrecht 1988.

N. NEUWAHL

Schengen I →Schengener Übereinkommen

Schengen II →Schengener Übereinkommen

Schengener Informationssystem →Schengener Übereinkommen

Schengener Übereinkommen. Das S. vom Juni 1985 *(„Schengen I")* war der erste bedeutsame Schritt zur Verwirklichung des Grenzabbaus innerhalb der EG. Das Übereinkommen, das nach dem Unterzeichnungsort, dem luxemburgischen Städtchen Schengen, benannt ist, wurde zuerst von Belgien, Deutschland, Frankreich, Luxemburg und den Niederlanden getragen. 1990 kamen Italien, 1991 Portugal und Spanien als Mitglieder hinzu. – Inhaltlich sah *Schengen I* sofortige Erleichterungen für die Bürger bei der Grenzabfertigung und *„möglichst bis zum 1.1.1990"* einen vollständigen Grenzabbau der Grenzkontrollen vor. Der Termin für den Abbau der Personengrenzkontrollen konnte wegen Schwierigkeiten in der inneren Sicherheit und beim Datenschutz nicht eingehalten werden. Immerhin gelang es aber, bis Juni 1990 ein zweites Übereinkommen *(„Schengen II")* auszuhandeln, das die Umsetzungsbestimmungen zur Verwirklichung des Grenzabbaus enthält. *Schengen II* zielt insbesondere ab auf eine Verbesserung der polizeilichen Zusammenarbeit (z. B. der grenzüberschreitenden Verfolgung von Straftätern, verbesserte Kommunikationsstrukturen, eine europäische Fahndungsunion) sowie auf eine Angleichung bestimmter Rechtsgebiete. Ein wichtiger Schritt zur Intensivierung der polizeilichen Zusammenarbeit ist der Aufbau eines computerisierten Fahndungssystems, des *Schengener Informationssystems* (SIS). – *Schengen II* ist politisch umstritten. Das →*Europäische Parlament* kritisierte, daß das Übereinkommen *„die Kompetenzen der Polizei erweitert, ohne eine entsprechende rechtliche Kontrolle vorzusehen"*. Auch von Seiten der Datenschutzbeauftragten wurden trotz erfolgter datenschutzrechtlicher Verbesserungen Bedenken insbesondere gegen das Schengener Informationssystem vorgebracht.

H. Meijers u. a.: Schengen. Internationalisation of central chapters of the law on aliens, refugees, privacy, security and the police, Leiden 1992.

M. Leyendecker

Schiedsgerichtsbarkeit. Der →*Gerichtshof der EG* kann in Rechtssachen zwischen der EG und Dritten als Schiedsgericht auftreten, sofern seine Zuständigkeit durch Schiedsklauseln (Art. 181 EWGV, 153 EAGV, 42 EGKSV) begründet wurde, wie z. B. im Falle der Durchführungsabkommen zu den →*Lomé-Abkommen*. Die →*Mitgliedstaaten* können außerdem in Schiedsverträgen für mit dem EWGV in Zusammenhang stehende Streitigkeiten eine Zuständigkeit des EuGH begründen (Art. 182 EWGV, 154 EAGV; Art. 89 Abs. 2 EGKSV). Von dieser Möglichkeit wurde bisher jedoch noch kein Gebrauch gemacht. – Des weiteren sind nach Art. 219 EWGV, 193 EAGV, 87 EGKSV Streitigkeiten über die Auslegung und Anwendung der →*Gründungsverträge* nach den in diesen geregelten Verfahren (insbes. Art. 170 EWGV, 142 EAGV, →*Vertragsverletzungsverfahren*) beizulegen.

E. Grabitz: Art. 181, Art. 182, in: E. Grabitz (Hrsg.): Kommentar zum EWG-Vertrag, Loseblatt, München. – J. Mégret u. a.: Le droit de la Communauté économique européenne, Bd. 10/1, Brüssel 1983, S. 348–352.

N. Neuwahl

Schiedsklauseln →Schiedsgerichtsbarkeit

„Schiedsverfahren" →Doppelbesteuerungsabkommen

„Schlange im Tunnel" →Europäische Währungsschlange

Schlechterstellungsverbot →Diskriminierungsverbot

Schlußakte von Helsinki →Konferenz über Sicherheit und Zusammenarbeit in Europa

Schlußanträge. S. werden von den →*Generalanwälten* in völliger Unparteilichkeit und Unabhängigkeit zu den dem →*Gerichtshof der EG* unterbreiteten Rechtssachen gestellt (Art. 166 EWGV; Art. 138 EAGV; Art. 32 a EGKSV). In ihnen gibt der jeweils zuständige Generalanwalt ein ausführliches *Rechtsgutachten* zu den in der Rechtssache aufgeworfenen Rechtsfragen ab und unterbreitet dem EuGH einen konkreten *Entscheidungsvorschlag,* der bereits in der Form eines Urteilstenors abgefaßt ist. Der EuGH ist freilich weder an die rechtliche Würdigung noch an den Entscheidungsvorschlag des Generalanwalts gebunden, sondern der jeweilige Spruchkörper des EuGH ist lediglich verpflichtet, die S. seinen Urteilsberatungen zugrunde zu legen. Gleichwohl bilden die S. ein wesentliches Element der Willensbildung des EuGH, was nicht zuletzt durch die häufige Übereinstimmung von S. und Urteil zum Ausdruck kommt. Die S. sind Bestandteil der *mündlichen Verhandlung* und werden vom Generalanwalt in *öffentlicher Sitzung* verlesen, wobei dieser sich in jüngster Praxis auf die wesentlichen Ausführungen und den Entscheidungsvorschlag beschränkt. In den dem *Gericht erster Instanz* (→*Gerichtshof der EG*) unterbreiteten Rechtssachen entscheidet das Gericht in jedem Einzelfall selbst über die Notwendigkeit und Zweckmäßigkeit von S. Wird dies bejaht, bestimmt das Gericht aus der Mitte der →*Richter* den Generalanwalt, der in der betreffenden Rechtssache die S. erstellt.

K.-D. BORCHARDT

Schriftliche Anfrage(n) (EP) →Anfragen des EP

Schriftliche Phase →Gerichtshof der EG

Schriftliches Verfahren. Das S. (auch *„Umlaufverfahren"*) genannt) stellt eine Ausnahme von dem üblichen →*mündlichen Verfahren* in der Entscheidungsfindung von →*Rat* und →*Kommission der EG* dar. Eine Entscheidung im S. gilt als getroffen, wenn innerhalb der vorbestimmten Frist (i. d. R. 5 Arbeitstage) kein Mitglied des Gremiums Widerspruch erhebt. Beim Rat dient das S. insbesondere zum Erlaß eilbedürftiger Entscheidungen, da der Rat nicht ständig tagt. Bei der Kom. werden im S. vor allem routinemäßig wiederkehrende oder sehr technische Entscheidungen ohne besondere politische Bedeutung getroffen.

G. HITZLER

Schrottausgleichskasse →Stahlpolitik der EG

Schuman-Plan. Am 9.5.1950 schlug der französische Außenminister *Robert Schuman* vor, *„die Gesamtheit der französisch-deutschen Kohle- und Stahlproduktion unter eine gemeinsame oberste Behörde zu stellen, in einer Organisation, die den anderen europäischen Ländern zum Beitritt offensteht und deren Entscheidungen bindend sein werden."* Die Zusammenfassung militärisch wichtiger Produktion und die Schaffung einer gemeinsamen Hohen Behörde sollten *„den ersten Grundstein zu einer Europäischen Föderation bilden, die zur Bewahrung des Friedens unerläßlich ist".* Autor der Initiative war *Jean Monnet.* Nachdem es sich zuvor als unmöglich erwiesen hatte, ein politisch geeintes Europa in einem Zuge aufzubauen, war der S. die Grundlage für die Neuordnung Westeuropas. Er setzte bei den konkreten Interessen an, um mit der Verwirklichung einer ökonomischen Teilintegration die spätere politische Einigung vorzubereiten. Mit dem S. versuchte Frankreich, die aufstrebende Bundesrepublik Deutschland einzubinden. Deutschland wurde damit die Aussöhnung und gleichberechtigte Wiedereingliederung in die westeuropäische Politik ermöglicht. Frankreich, Deutschland, Italien und die Benelux-Staaten zeigten sich zu Verhandlungen über eine supranationale Integration bereit. Der S. führte 1951 zum Vertrag über die →*Europäische Gemeinschaft für Kohle und Stahl.*

B. Neuss

Schutzklausel (handelspolitische). Aufgrund der gemeinsamen Einfuhrregelung (VO 288/82) kann die EG →*Schutzmaßnahmen* in der Form von Überwachungen und mengenmäßigen Beschränkungen ergreifen. Völkerrechtliche Grundlage ist der Art. XIX GATT. Voraussetzung ist die Feststellung einer ernsthaften Schädigung *(„serious injury")* für die Gemeinschaftsindustrie, die eine gleiche oder im direkten Wettbewerb stehende Ware herstellt. Wichtige Kriterien für eine bereits eingetretene oder drohende Marktstörung sind der Anstieg der Importe und das Ausmaß der Preisunterbietungen sowie deren Wirkung auf die betroffene Industrie. Im Vergleich zu →*Anti-Dumping-* oder →*Anti-Subventions-Maßnahmen* ist die Schadensschwelle für die S. deutlich höher anzusetzen. Andererseits erfordert diese nicht den Nachweis, daß Importmengen oder niedrige Preise aufgrund unfairen Wettbewerbes erreicht wurden. – Vor oder neben einer mengenmäßigen Beschränkung der Einfuhr können Überwachungsmaßnahmen angeordnet werden (Art. 10 ff. VO 288/82), mit denen Mengen und Preise der Waren bei der Verzollung registriert werden. – Über die Maßnahme entscheidet die →*Kommission* aufgrund einer Untersuchung. Der →*Rat* muß mit *qualifizierter Mehrheit* die Entscheidung bestätigen, aufheben oder abändern. – Wegen der sich aus Art. XIX GATT ergebenden Verpflichtung zur Nichtdiskriminierung (Selektivität) und dem Recht des betroffenen Exportlandes auf Schadensersatz hat die EG von der S. nur wenig Gebrauch gemacht und bislang keine EG-weiten Mengenbeschränkungen verhängt. Eingeleitete Verfahren endeten entweder mit regional begrenzten Maßnahmen oder mit Selbstbeschränkungsabkommen.
Im Rahmen der Verhandlungen der Uruguay-Runde (GATT) wird eine Neuregelung der S. angestrebt.

E. Grabitz (Hrsg.): Kommentar zum EWGV (Loseblatt), Berlin, Art. 113 (C. Vedder), Rdnr. 120–121.

G. Welge

Schutzklausel (nationale Sicherheitsinteressen). Gemäß Art. 223 (1) b EWGV kann jeder MS der Gemeinschaft unter Abweichung von den Vertragsvorschriften Maßnahmen ergreifen, die er zur Wahrung seiner *wesentlichen Sicherheitsinteressen* für erforderlich hält, soweit diese die Erzeugung von Waffen, Munition und Kriegsmaterial oder den Handel damit betreffen. Diese Bestimmung ermöglicht u. a. die Verhängung von Waffenembargos gegenüber →*Drittländern.* Die Maßnahmen dürfen jedoch nicht die auf dem →*Gemeinsamen Markt* herrschenden Wettbewerbsbedingungen für nicht eigens für militärische Zwecke bestimmte Waren beeinträchtigen.

J. Monar

Schutzklausel (Notstandssituationen). Gemäß Art. 224 EWGV haben die MS der EG durch gemeinsames Vorgehen zu verhindern, daß das Funktionieren des →*Gemeinsamen Marktes* durch einseitige Maßnahmen eines MS in Notstandssituationen beeinträchtigt wird. Als solche werden ausdrücklich angeführt: (a) schwerwiegende innerstaatliche Störung der öffentlichen Ordnung, (b) Kriegsfall oder eine ernste, eine Kriegsgefahr darstellende internationale Spannung und (c) Erfüllung der Verpflichtungen, die ein MS im Hinblick auf die Aufrechterhaltung des Friedens und der internationalen Sicherheit (z. B. im Rahmen der *Vereinten Nationen*) übernommen hat. – Die Bedeutung dieser S. liegt nicht nur in der Verpflichtung der MS zur gegenseitigen Konsultation und gemeinsamen Aktion im Falle von Notstandsmaßnahmen, sondern auch darin, daß sie die MS zum Ergreifen all der Maßnahmen ermächtigen, die sie im Falle der erwähnten Notstandsituationen für notwendig erachten. Dies bedeutet u. a., daß einzelne MS unter Berufung auf Art. 224 einseitig Embargomaßnahmen verhängen oder ihre Teilnahme an einem von der Gemeinschaft auf der Grundlage von Art. 113 EWGV (→*Gemeinsame Handelspolitik*) beschlossenen gemeinsamen Embargo aussetzen können (wie dies im Falle des Embargos gegen Argentinien während des Falkland-Krieges geschah). – Die Klausel des Art. 224 wird auch von den MS zunehmend restriktiv interpretiert, verdeutlicht aber wie nur wenige Bestimmungen der EG-Verträge die *Spannung,* die innerhalb des EG-Systems zwischen weitgehend *integrierten* (Gemeinsamer Markt, Handelspolitik) und *nicht integrierten* Bereichen (hier: innere und äußere Sicherheit) besteht.

C.-D. Ehlermann: Communautés européennes et sanctions internationales – Une réponse à J. Verhoeven, in: Revue belge de droit international (1984/85), S. 96–110. – M. A. Lejeune: Un droit des temps de crise. Les clauses de sauvegarde de la C.E.E., Brüssel 1975.

J. Monar

Schutzmaßnahmen (handelspolitische). Der generellen Einfuhrfreiheit (→*Einfuhrpolitik*) für Drittstaaten in die EG steht das Recht der Gemeinschaft, S. zu ergreifen, gegenüber. Diese werden in Art. 113 I EGV ausdrücklich genannt und stehen im Einklang mit internationalen Normen des GATT (Art. VI und XIX). S. dienen dem berechtigten Schutz der Wirtschaft der EG vor Schädigungen durch Drittlandsimporte. – Als Formen von S. kommen nach dem Recht der EG in Betracht: (a) →*Schutzklauselmaßnahmen* (siehe Titel V VO 288/82), (b) →*Anti-Dumping-* und →*Anti-Subventions-Maßnahmen,* (c) das →*Neue Handelspolitische Instrument.* – Neben den offiziellen Instrumenten der Handelspolitik gibt es sog. *„Grauzonenmaßnahmen"* wie z. B. freiwillige Selbstbeschränkungen usw., die wegen ihrer mangelnden Transparenz und negativen Auswirkungen auf den Wettbewerb kritisiert werden. Bis zur Vollendung des

→*Binnenmarktes* bietet die Schutzklausel des Art. 115 EGV die Möglichkeit, nationale Höchstmengen eines MS gegen Einfuhren über andere MS abzusichern. – Keine S., sondern Instrumente außenpolitischen Drukkes gegenüber Drittstaaten aus nichtwirtschaftlichen Gründen sind Handelsverbote (*Sanktionen, Embargos*).

K. Hailbronner/R. Bierwagen: Neuere Entwicklungen im Außenwirtschaftsrecht der EG, in: Neue Juristische Wochenschrift 89, S. 1385–1394. – K. Wockenfoth: Handelspolitische Schutzmaßnahmen, in: Recht der Internationalen Wirtschaft (1989), S. 983–989.

G. Welge

„Schwarze Klausel". Als S. wird eine in einer Vereinbarung zwischen Unternehmen enthaltene Bestimmung bezeichnet, die diese Vereinbarung gegen die →*Wettbewerbsregeln* der EG verstoßen läßt oder von einer Gruppenfreistellung (→*Kartellrecht der EG*) ausnimmt.

Hrsg.

Schwellenpreis (Gemeinsame Agrarpolitik) →Abschöpfungen

SCIENCE *(Stimulation des coopérations internationales et des échanges nécessaires aux chercheurs en Europe)*. Programm der EG zur Förderung der Forschungsausbildung, der Bildung europäischer Forschungsnetze und der Erhöhung der Mobilität der Wissenschaftler (3. Phase: 1992–1994; Budget: 488,07 Mio. ECU).

Hrsg.

Sehr kurzfristige Finanzierung →Zahlungsbilanzschwierigkeiten

Sekretariat der EPZ →EPZ-Sekretariat

Sekretariat der WEU →Westeuropäische Union

Sektorenrichtlinie →Öffentliches Beschaffungswesen

Sekundäre Niederlassung →Niederlassungsfreiheit

Sekundärrecht. Als S. bezeichnet man das Gemeinschaftsrecht, das von den →*Organen der EG* geschaffen wird. Ihm stehen die Gemeinschaftsverträge und das diesen gleichgestellte Recht als das →*Primärrecht* gegenüber. – Das Verhältnis des S. zum *Primärrecht* läßt sich unter wenigstens drei Aspekten bestimmen: Es beruht auf dem Primärrecht *(genetischer Aspekt)*, es folgt ihm deshalb notwendigerweise zeitlich nach *(historischer Aspekt)* und es steht in seinem Geltungsrang unter dem Primärrecht *(Rangaspekt)*. Der Vorrang des *Primärrechts* hat zur Folge, daß das S. gemäß den Vorschriften des *Primärrechts* zustande gekommen sein und inhaltlich dessen materiellen Regeln genügen muß, um als rechtmäßig angesehen werden zu können. Das S. wird daher auch als *„abgeleitetes"* Gemeinschaftsrecht bezeichnet. Die häufigsten Rechtsformen sind die →*Richtlinie*, die →*Verordnung* und die →*Entscheidung*. Die Rechtmäßigkeitskontrolle wird vom →*Gerichtshof der EG* ausgeübt (insbesondere →*Nichtigkeitsklage*).

R. Geiger: EG-Vertrag. Kommentar, München 1993.

R. Geiger

Selbstbeschränkungsabkommen. Als S. wird die meist zur Vermeidung mengenmäßiger →*Einfuhrbeschränkungen* durch die EG eingegangene „freiwillige" Verpflichtung eines →*Drittlandes* gegenüber der der EG bezeichnet, seine Exporte in die Gemeinschaft bei bestimmten Güterkategorien (z. B. Textilien oder Stahl) mittels Ausfuhrbeschränkungen mengenmäßig zu begrenzen.

Hrsg.

Sesame. Von der →*Kommission der EG* unterhaltene Datenbank über Forschungs- und Entwicklungsprojekte der EG und der MS (v. a. im Bereich der Energie und Hydrokarbontechnologie).

Hrsg.

Sicherheitspolitik der EG. Durch die Beschlüsse des EG-Gipfels von Maastricht vom 9.–10. Dezember 1991 bildet die EG als Union künftig auch nach außen eine Sicherheitsgemeinschaft, die für die Zukunft prinzipiell kein Instrument der S. mehr ausschließt. Die Reform unterstreicht, daß die EG stets auch eine Sicherheitsgemeinschaft war. Sicherheit voreinander, d. h. vor allem Sicherheit vor Deutschland, bildete ein wesentliches Motiv der Integration der traditionell kriegswichtigen Schwerindustrien in der →*Europäischen Gemeinschaft für Kohle und Stahl*, der Planung multinationaler Streitkräfte in der →*Europäischen Verteidigungs-Gemeinschaft* (EVG) oder auch der Wiederbelebung der →*Westeuropäischen Union* (WEU) in den 80er Jahren. S. als Schutz vor äußerer Bedrohung begleitet die Entwicklung der EG von der EVG über die →*Fouchet-Pläne* bis zur Reform von Maastricht. Mit den Zielen ‚Stabilität' und ‚Frieden' verfolgt die EG über die Außenwirtschaftspolitik und die →*Europäische Politische Zusammenarbeit* (EPZ) seit 1970 eine zunehmend breiter angelegte S. Keiner der Pläne und Vertragsentwürfe vor 1991 hat die S. der EG jedoch eindeutig bestimmt: Die EVG scheiterte 1954 in der französischen Nationalversammlung und die *Fouchet-Pläne* setzten sich 1962 wegen ihrer anti-atlantischen Ausrichtung nicht durch. Die EPZ besaß nur ein allgemeines Mandat ohne Instrumentarien und die ihr in Art. 30 (6) der →*Einheitlichen Europäischen Akte* von 1986 zugewiesene Koordinierung in den *„politischen und wirtschaftlichen Aspekten der Sicherheit"* blieb ohne praktische Konsequenzen. Unter den Bedingungen des Ost-West-Konflikts blieb die *„Europäisierung"* der S. im EG-Rahmen stets weniger attraktiv als die Verteidigungsintegration im Rahmen der NATO, trotz der häufig beklagten Schwäche der Allianz, eine europäische sicherheitspolitische „Identität" herauszubilden. Sie stand stets im Schatten der strukturellen Führungsposition der USA im Bündnis. Mit der demokratischen Erneuerung in Osteuropa und dem Ende der Sowjetunion haben sich diese Bedingungen der S. grundlegend gewandelt: Die deutsche Einheit verstärkte den Impuls zur Vertiefung der EG zur Union; die sicherheitspolitische Bedeutung der EG nahm zu. Ihre Leistungen in der Stabilisierung des Wandels, die Erwartungen an eine sicherheitspolitische Rolle, die erstmals im Jugoslawien-Konflikt direkt angesprochen wurde, und der sich abzeichnende Wandel der NATO zum Kern eines europäischen Sicherheitssystems begründeten die Schlüssigkeit der Einführung der S. in den Rahmen der Europäischen Integration. Die im →*Vertrag über die Europäische Union* gefundene Konstruktion sieht pragmatisch die Nutzung der vorhandenen Organisationen und Strukturen vor allem im Bereich der „harten" Sicherheit vor: Auf der Basis der deutsch-französischen Vorschläge wird die WEU als *„integraler Bestandteil der Entwicklung der Europäischen Union"* praktisch zur Verteidigungsagentur bestimmt, die die sicherheitspolitischen Entscheidungen des Rates verteidigungspolitisch umsetzen soll. Mit ihrer Erklärung vom 10.12.1991 stimmten die MS der WEU dieser Rolle zu und luden die MS der EG ein, die nicht der WEU angehören, beizutreten.

J. Nötzold (Hrsg.): Europa im Wandel, Baden-Baden 1990. – R. Seidelmann (Hrsg.): Auf dem Weg zu einer westeuropäischen Sicherheitspolitik, Baden-Baden 1989. – W. Weidenfeld u. a.: Die Architektur europäischer Sicherheit, Gütersloh 1989. – D. Wellershoff (Hrsg.): Frieden ohne Macht? Bonn 1991.

J. Janning

Sichtvermerke bei Einreise →Einreiserecht

„Simmenthal" (Rechtssache) →Rechtsprechung des EuGH, →Vorrang des Gemeinschaftsrechts

SIS →Schengener Übereinkommen

Sitz der Gemeinschaftsorgane. Im →*Primärrecht* der EG sind nur die →*Organe* der Gemeinschaft geregelt, nicht jedoch ihr Sitz. Nach Art. 216 EWGV, 77 EGKSV und 189 EAGV ist der S. im Einvernehmen zwischen den Regierungen der MS festzulegen. Dies erfolgte durch einen Beschluß im Rahmen des →*Europäischen Rats* von Edinburgh im Dezember 1992, der die früheren vorläufigen Regelungen bestätigte. Danach hält das →*Europäische Parlament* seine regulären monatlichen Plenarsitzungen in Straßburg und seine zusätzlichen Plenartagungen sowie Ausschußsitzungen in Brüssel ab, sein →*Generalsekretariat* arbeitet in Luxemburg; der →*Rat der EG* hat seinen Sitz in Brüssel, doch hält er seine Sitzungen im April, Juni und Oktober in Luxemburg ab; die Dienststellen der →*Kommission* sind überwiegend in Brüssel und teilweise in Luxemburg angesiedelt; der →*Gerichtshof der EG* und das ihm zugeordnete *Gericht Erster Instanz* haben ihren Sitz in Luxemburg; der →*Wirtschafts- und Sozialausschuß* (und künftig der →*Ausschuß der Regionen*) hat seinen Sitz in Brüssel; der →*Europäische Rechnungshof* sowie die →*Europäische Investitionsbank* haben ihren Sitz in Luxemburg. Der S. anderer Einrichtungen der Gemeinschaft (z. B. des Markenamtes, der Umweltagentur oder des Drogenobservatoriums) könnte an sich im Rahmen des →*Sekundärrechts* vom Rat festgelegt werden, doch hat der *Europäische Rat* von Edinburgh beschlossen, daß auch insoweit dasselbe Verfahren wie für die Festlegung des S. der Organe gelten soll, d. h. es muß eine einvernehmliche Entscheidung der Regierungen der MS erzielt werden.

G. HITZLER

Societas europea →Europäische Aktiengesellschaft

„Solange-Beschlüsse“ →Grundrechte in der EG, →Rechtsprechung des EuGH, →Vorrang des Gemeinschaftsrechts

Sonderausschuß Landwirtschaft. Der S. verdankt seine Einrichtung dem sog. *„Beschleunigungsbeschluß“* von 1960, der einer Beschleunigung der →*Gemeinsamen Agrarpolitik* dienen sollte. Der S. hat die Sitzungen des Agrarministerrates vorzubereiten, soweit diese Vorschläge basierend auf Art. 43 (2) EWGV betreffen. In seinen Kompetenzbereich fallen →*Marktordnungen,* Marktstruktur, Agrarforschung und -statistik und seit 1967 die Erörterung der Entwicklung der Agrarmärkte und der diesbezüglichen Verwaltung. Mitglieder des S. sind Beamte der zuständigen nationalen Ministerien oder Landwirtschaftsattachés der →*Ständigen Vertretungen* der MS. Die →*Kommission* ist durch ihre Beamte vertreten.

G. SCHMITT

Sonderkabinettchefsitzungen →Kabinett(e)

Souveränität (der EG und der MS). (A) *S. im Völkerrecht:* Nach der Drei-Elementen-Lehre begründen Staatsgebiet, Staatsvolk und effektive Staatsgewalt die Staatseigenschaft. Die Staatsgewalt formt mit den Komponenten Personal- und Territorialhoheit aus Gebiet und Volk den Staat. Staatsgewalt bezeichnet die Fähigkeit, eine innere Ordnung auf dem Staatsgebiet zu schaffen und zu erhalten (*innere S.:* Verfassungsautonomie) und nach außen unabhängig von Weisungen eines anderen Staates selbständig zu handeln. S. im Völkerrecht bedeutet als *äußere S.,* daß Staaten untereinander keiner überstaatlichen Gewalt, sondern nur dem vom zwischenstaatlichen Konsens getragenen Völkerrecht untergeordnet sind. – Der völkerrechtliche Souveränitätsbegriff wird überwiegend gleichgesetzt mit Unabhängigkeit. Selbstbindungen gegenüber anderen Staaten oder in internationalen Organisationen führen in der Regel nicht zu einem Verlust der S., sondern lediglich zu einer Beschränkung bzw. zu einem Verzicht auf Ausübung der aus dem Souveränitätstitel erwachsenen Kompetenz. Ein Verlust tritt erst ein, wenn sich ein Vertragsstaat einseitig und dauerhaft dem Willen eines anderen Staates oder einer internationalen Organisation unterwirft. (B) *Der Begriff der S. in bezug auf internationale Organisationen und die EG:* Der Begriff der S. bezieht sich auf Staaten und läßt sich auf internationale Organisationen nicht direkt übertragen. Allerdings sind auch internationale Organisationen geprägt vom Prinzip der Impermeabilität der eigenen spezifischen Rechtsordnung mit der Maßgabe, daß innerorganisatorisch nur das als Recht gelten kann, was entweder dort erzeugt oder kraft Satzung („Verfassung“) zugelassen ist. – Auf einer Zwischenebene liegt das infolge der Mitgliedschaft in einer supranationalen Organisation erwachsene Souveränitätsproblem. Mit der Mitgliedschaft in einer solchen Organisation wird der Grundsatz der Impermeabilität unterlaufen, wenn – wie in den EG – von der Organisation echte Hoheitsbefugnisse ausgeübt werden und den Rechtsakten der Organisation unmittelbare und vorrangige Rechtswirkung in den MS zukommt. – Das Problem der S. in den EG ist beherrscht von dem Gedanken, wann mit der fortschreitenden Abgabe von Entscheidungsbefugnissen an die EG und ihrer selbständigen Ausübung durch diese ein tatsächlich und rechtlich beachtlicher Zustand erreicht sein wird, der als Übergang von einer zwischenstaatlichen Struktur (Staatenbund) zu einem eigenständigen Bundesstaat (wenn auch besonderer Ausprägung) qualifiziert werden kann. Rechtlich fördert dieser Zwischenzustand (Übergangsphase) die schrittweise Herausbildung eigener staatlicher Elemente (Personal-, Sach-, Gebietshoheit, effektive Staatsgewalt) und verkörpert dann unter dem Rechtsbegriff der S. die Entstehung *innerer* als auch *äußerer* S. der „internationalen Organisation" als prä-föderale Ordnung. – Die rechtliche Bedeutung der Diskussion über die S. bei der EG im Verhältnis zu den MS manifestiert sich in der (finalen?) Entwicklungstendenz der EG von einem Staatenbund zu einem europäischen Bundesstaat. Ansätze dazu sind in dem →*Vertrag über die Europäische Union* (EUV) (Einführung einer →*Unionsbürgerschaft*; Aufgabe der Währungshoheit der MS) vorhanden. In dem Maße, wie das Kompetenzgefüge der EG quantitativ anwächst, schwinden die Kompetenzen der MS zu unabhängiger und eigenverantwortlicher Rechtssetzung. In den EG-Staaten bestehen z. T. Regelungen mit Verfassungsrang, die ein Hinübergleiten quantitativer Kompetenzübertragungen in eine qualitative Eigenstaatlichkeit verhindern sollen (Vgl. den neuen Art. 23 GG). Dem entspricht es, daß den EG im völkerrechtlichen Sinne noch keine S. zukommt. (C) *Rechtsfolgen bei der Annahme beschränkter S. der EG für das Verhältnis zu den MS: Beschränkte* S. bedeutet die Aufgabe des Prinzips der bloßen Zurücknahme der nationalen Autorität zur Ausübung bestimmter, auf der staatlichen S. aufbauender Kompetenzen und Übergang zu einer irreversiblen Übertragung von Souveränitätstiteln (Verlust der Eigenschaft der MS, Herren der Verträge zu sein; Aufspaltung der Notstandsbefugnis). Die damit verbundene Aufteilung eines rechtlich einheitlichen (aber aus unterschiedlichen Komponenten zusammengesetzten) Souveränitätstitels auf zwei Völkerrechtssubjekte, der MS und die EG, führt zwangsläufig zu einer *gespaltenen* S. Diese gespaltene S. tritt in zwei Spielarten in Erscheinung: zum einen manifestiert sie sich als doppelte bzw. verdoppelte S., worunter die Aufteilung der gleichen Komponente des Souveränitätstitels verstanden wird, so z. B. wenn ein bestimmter Teilbereich aus der Personalhoheit auf die Organisation transferiert wird, der restliche Teil aber beim MS verbleibt. So ist z. B. fraglich, ob aufgrund der einzuführenden Unionsbürgerschaft zugleich die EG auch für die Ausübung von diplomatischem und konsularischem Schutz in den Sachbereichen, für die eine EG-Kompetenz besteht, zuständig werden. Zum anderen kommt es zu einer unterschiedlichen Aufteilung (Spaltung) verschiedener Komponenten, z. B. wenn für die Bundesrepublik Deutschland die Möglichkeit einer Letztentscheidung bzw. Letztverantwortung über Rechtsakte der EG durch eigenstaatliche Gerichte (z. B. Bundesverfassungsgericht) zugunsten der EG aufgehoben wird.

K. Doehring: Staat und Verfassung in einem zusammenwachsenden Europa, in: Zeitschrift für Rechtspolitik (1993), S. 98 ff. – N. Lorenz: Die Übertragung von Hoheitsrechten auf die EG, Frankfurt a. M. 1990. – G. Ress (Hrsg.): Souveränitätsverständnis in den EG, Baden-Baden 1980. – A. Thiery: A propos de la souvraineté, in: L'Europe en Formation 283 (1991/92), S. 7 ff.

G. Ress

Sozialbericht →Gesamtbericht über die Tätigkeit der EG

Sozialcharta →Europäische Sozialcharta

Soziale Dimension des Binnenmarkts →Sozialpolitik der EG

„Sozialer Dialog" →Beschäftigungs- und Arbeitsmarktpolitik, →Sozialpolitik der EG, →Wirtschafts- und Sozialausschuß der EG

Sozialistische Bewegung für die Vereinigten Staaten von Europa →Föderalistische Bewegungen

Sozialpolitik der EG. (1) *Ursprüngliche Rechtsgrundlagen:* Die von Anfang an im EWGV enthaltenen sozialpolitischen Elemente sind schwacher Natur. *Sozialer Fortschritt* sowie die *Verbesserung der Lebens- und Arbeitsbedingungen* sind in der Präambel erwähnt, und in Art. 2 wird eine beschleunigte Hebung des Lebensstandards zu einem der Vertragsziele erhoben. Die Vertragsbestimmungen zur →*Freizügigkeit der Arbeitnehmer* und zu ihren Rechten gehören zusammen mit dem →*Diskriminierungsverbot* auch zur S. Die sozialpolitischen Bestimmungen im engeren Sinne finden sich in Teil drei, Titel III des EWGV: Gemäß Art. 117 sind sich die MS über die Notwendigkeit einig, auf eine Verbesserung der Lebens- und Arbeitsbedingungen der Arbeitskräfte hinzuwirken und dadurch ihre Angleichung zu ermöglichen. Damit sind nicht nur Fortschritte durch die Konvergenzeffekte des →*Gemeinsamen Marktes* gemeint, sondern auch gezielte Maßnahmen zur Angleichung. In der Rs. 43/75, *Defrenne,* hat der →*Gerichtshof der EG* deutlich gemacht, daß Art. 117 den MS eine bindende Verpflichtung auferlegt. Die →*Kommission* ist ihrerseits gemäß Art. 118 verpflichtet, in den sozialen Fragen, die nach wie vor in die Zuständigkeit der MS fallen, eine enge Zusammenarbeit zwischen diesen zu fördern. In Art. 119 werden die MS auf den Grundsatz gleichen Lohns für Männer und Frauen bei gleicher Arbeit verpflichtet. In der Rs. 43/75, *Defrenne,* hat der EuGH die Auffassung vertreten, daß diese Bestimmung sowohl eine wirtschaftliche (Verhinderung von Wettbewerbsverzerrungen) als auch eine soziale Zielrichtung habe. Dasselbe wirtschaftliche Ziel ist auch bei Art. 120 anzunehmen, der die Beibehaltung der Gleichwertigkeit bestehender Regelungen zum bezahlten Urlaub zum Gegenstand hat. Gemäß Art. 122 ist die Kom. verpflichtet, die soziale Lage in der Gemeinschaft in einem besonderen Kapitel ihres Jahresberichts zu behandeln, und nach Aufforderung durch das →*Europäische Parlament* Berichte über besondere soziale Probleme auszuarbeiten. Die Art. 123 bis 127 beziehen sich auf funktionale Aspekte des →*Europäischen Sozialfonds*. Art. 128 bestimmt, daß der →*Rat* allgemeine Grundsätze zur Durchführung einer gemeinsamen Politik der Berufsausbildung aufstellt. Von allen diesen Bestimmungen begründet nur Art. 119 effektive Rechte. Mit Ausnahme von Art. 128 wurden der Gemeinschaft somit ursprünglich keine Kompetenzen übertragen. Nur die Art. 117–118 konnten als Rechtsgrundlage für eine mögliche Harmonisierung betrachtet werden (EuGH Rs. 170/84, *Bilka-Kaufhaus*). Bis zur →*Einheitlichen Europäischen Akte* (EEA) mußten daher die Art. 100 (→*Rechtsangleichung*) und Art. 235 (→*Generalermächtigung*) als primäre Rechtsgrundlagen für die S. dienen. – (2) *Entwicklung der S. bis 1988:* In der ersten Phase von 1958 bis 1972 konzentrierte sich die Gemeinschaft auf die Freizügigkeit der Arbeitnehmer, soziale Sicherheit und einige Gesundheits- und Sicherheitsstandards. Die zweite Phase begann, als der Pariser EG-Gipfel von 1972 angesichts der geringen erzielten Fortschritte neue Initiativen forderte. 1974 legte die Kom. ein *„Sozialpolitisches Aktionsprogramm"* (ABl. 1974, C 12) vor, das drei Hauptziele hatte: Verbesserung der Beschäftigungslage, der Lebens- und Arbeitsbedingungen und der Zusammenarbeit der Sozialpartner. Das Programm war relativ erfolgreich und führte u. a. zum Erlaß der RL 75/129, 77/187 und 80/987 zu den Rechten der Arbeitnehmer und den RL 75/117, 76/207 und 79/7 über gleiche Bezahlung und Chancengleichheit für Männer und Frauen. – Der *Adonnino-Bericht* zum →*Europa der Bürger* (1985) unterstrich die Bedeutung der *sozialen Dimension* in der europäischen Integration. Die ihm wenig später folgende EEA führte zwei neue für die S. bedeutsame Artikel ein: Nach Art. 118 a EWGV erläßt der Rat zur Verbesserung der Arbeitsumwelt, d. h. vor allem zum Schutz der Sicherheit und Gesundheit der Arbeitnehmer, mit qualifizierter Mehrheit in Form von →*Richtlinien* Mindestvorschriften, die schrittweise anzuwenden sind und den in den MS bestehenden unterschiedlichen Bedingungen und technischen Regelungen Rechnung tragen. Diese Richtlinien sollen jedoch nicht der Entwicklung kleiner und mittlerer Unternehmen entgegenstehen. Den MS steht es frei, Maßnahmen zum verstärkten Schutz der Arbeitsbedingungen beizubehalten oder zu treffen, sofern diese mit dem Vertrag vereinbar sind. Es wird somit nicht versucht, allgemeine Höchststandards vorzuschreiben, sondern pragmatisch den bestehenden Disparitäten in der Sozialgesetzgebung zwischen reicheren und ärmeren MS Rechnung getragen. Gemäß Art. 118 b soll sich die Kom. darum bemühen, den Dialog zwischen den Sozialpartnern auf europäischer Ebene zu entwickeln *(Sozialer Dialog).* Dies hat zur Entstehung des *„Val Duchesse"-Dialogs* zwischen Vertretern der europäischen Dachverbände der Gewerkschafts- und Arbeitgeberorganisationen unter Beteiligung der Kom. geführt. – (3) *Entwicklung der S. seit 1988:* Die dritte Phase der S. begann mit der Betonung der sozialen Aspekte des →*Binnenmarktes* durch den →*Europäischen Rat* von Hannover, der die Kom. zu neuen Vorschlägen aufforderte. Im September 1988 legte diese daraufhin ein Arbeitsdokument zur *„sozialen Dimension des Binnenmarktes"* vor, in dem als Ziele (a) die Schaffung eines einheitlichen Arbeitsmarkts, (b) die Reduzierung von Arbeitslosigkeit und regionalen Disparitäten in der Beschäftigungssituation und (c) die Entwicklung einer S. definiert wurden, die das bestehende Niveau sozialer Sicherheit beibehalten und die Lebens- und Arbeitsbedingungen sowie die Berufsausbildungsmöglichkeiten verbessern sollte. Die Kom. schlug auch eine verbindliche *„Sozialcharta"* vor, deren Gehalt aber im Dezember 1989 schließlich nur teilweise und in nicht verbindlicher Form in Gestalt der →*Gemeinschaftscharta der sozialen Rechte der Arbeitnehmer* (im folgenden „Charta") von allen MS außer Großbritannien akzeptiert wurde. Probleme bei der Umsetzung der Charta führten zu Rufen nach einer Stärkung des *„sozialen Kapitels"* im EWGV. Die 11 MS, die die Charta unterzeichnet hatten, einigten sich daraufhin im Februar 1992 auf das dem Protokoll über die Sozialpolitik des →*Vertrages über die Europäische Union* angefügte *„Abkommen über die Sozialpolitik".* Dessen erklärtes Ziel ist die Umsetzung der Charta, wobei wie in Art. 118 a das Verfahren der schrittweise anzuwendenden Mindestvorschriften vorgegeben ist. Das Abkommen folgt zum Teil den Bestimmungen der Charta, übernimmt aber einige der bemerkenswertesten von diesen, wie z. B. Art. 5 zur „angemessenen Bezahlung", nicht. Art. 6 (3) des Abkommens ermöglicht es jedem MS, zur Erleichterung der Berufstätigkeit der Frauen oder zur Verhinderung bzw. zum Ausgleich von Benachteiligungen in ihrer beruflichen Laufbahn spezifische Vergünstigungen beizubehalten oder zu beschließen. Obwohl das Abkommen Entscheidungen mit *qualifizierter Mehrheit* ermöglicht, ist in den wichtigsten Fragen, wie z. B. denen der sozialen Sicherheit und der Mitbestimmung, Einstimmigkeit erforderlich. Einige bedeutende Bereiche, die in der Charta behandelt worden waren, wie z. B. die Koalitionsfreiheit und das Streikrecht, sind völlig ausgeklammert worden. – Abgesehen von den Verfahrensproblemen, die die Umsetzung des Abkommens über die Sozialpolitik mit sich bringen wird, ist auch die Frage offen, in welchem Maße es noch eine S. mit 12 MS geben wird: Auf das Abkommen gegründete Maßnahmen werden zur S. gehören, aber nur in 11 MS anwendbar sein. Wahrscheinlich werden alle Maßnahmen, zu denen die gemäß der betreffenden EGV(EWGV)-Artikel erforderliche Einstimmigkeit bzw. qualifizierte Mehrheit erzielt werden kann, im Rahmen des Gemeinschaftsvertrags angenommen werden, während die 11 MS in allen übrigen Fällen auf das Abkommen zurückgreifen können. – Die Gemeinschaft hat wenig Fortschritte im Hinblick auf eine kohärente S. erzielt, und das Abkommen wird die Dinge noch komplizierter gestalten. Die Vollendung des Binnenmarktes macht jedoch dringend eine effektive S. zur Einbeziehung sozialer Gruppen erforderlich, die, wie z. B. die Arbeitslosen und die Einwanderer aus Drittländern, vor der Gefahr stehen, in unserer Gesellschaft marginalisiert zu werden. Die Gemeinschaft muß sich bewußt werden, daß Sozialpolitik ein integraler Bestandteil der Wirtschaftspolitik ist.

L. Betten (Hrsg.): The Future of European Social Policy, Deventer 1991. – C. Deubner (Hrsg.): Europäische Einigung und soziale Frage. Möglichkeiten europäischer Sozialpolitik, Frankfurt a. M./New York 1990. – B. Fitzpatrick: Community Social Law after Maastricht, in: Industrial Law Journal (1992), S. 199–213. – W. Mäder: Sozialrecht und Sozialpolitik in der EG, Bonn 1992.

D. O'Keeffe

Sozialpolitisches Aktionsprogramm →Europäischer Sozialraum, →Sozialpolitik

SPEC *(Support Programme for Employment Creation)*. Programm der EG zur Unterstützung lokaler Arbeitsbeschaffungs- und Beschäftigungsinitiativen (gegenwärtige Laufzeit: 1990–1993).

Hrsg.

Sperrminorität. Als S. wird im Sprachgebrauch der EG eine Minorität von MS bezeichnet, die gemäß der Gewichtung nach Art. 148 EWGV zusammen über genügend Stimmen verfügen, um eine Beschlußfassung des →*Rates* mit *qualifizierter Mehrheit* (→*Abstimmungsverfahren*) zu verhindern. Die zu einer S. erforderliche Mindestzahl von 23 der 76 Stimmen kann z. B. von zwei der größten MS (D, F, I, UK) und einem der übrigen (mit Ausnahme von L) oder von der Gruppe der südlichen MS (E, GR, I, P) erreicht bzw. überschritten werden.

Hrsg.

Sperrwirkung bei Rechtsangleichung. Eine →*Richtlinie*, die die Harmonisierung mitgliedstaatlichen Rechts bezweckt, erschöpft sich nicht in der Verpflichtung der MS, ihre nationalen Vorschriften entsprechend anzupassen. Die Richtlinie entfaltet vielmehr darüber hinaus eine fortdauernde Sperrwirkung für neue, ihr widersprechende Vorschriften. Die MS müssen ihre nationalen Vorschriften weiterhin richtlinienkonform halten. Sie dürfen sie nicht über die von der Richtlinie gezogenen Grenzen hinaus abändern. Wegen der →*unmittelbaren Anwendbarkeit* der Richtlinie kann sich der Einzelne gegenüber den betreffenden MS auf die S., d. h. auf die Unanwendbarkeit entgegenstehenden nationalen Rechts berufen, wenn die Richtlinie insoweit hinreichend bestimmt ist. Darüber hinaus kommt ein gemeinschaftsrechtlicher Amtshaftungsanspruch gegen den MS in Betracht, der vor den nationalen Gerichten geltend zu machen ist.

R. Geiger: EG-Vertrag. Kommentar, München 1993.

R. Geiger

Spezialisierungsvereinbarung. Als S. wird im →*Kartellrecht der EG* eine Vereinbarung zwischen

Unternehmen bezeichnet, die sich zum Zweck der Spezialisierung gegenseitig verpflichten, für die Dauer der Vereinbarung (a) bestimmte Erzeugnisse nicht herzustellen oder von anderen Unternehmen nicht herstellen zu lassen und es ihren Vertragspartnern zu überlassen, diese Erzeugnisse herzustellen oder von anderen Unternehmen herstellen zu lassen, oder (b) bestimmte Erzeugnisse nur gemeinsam herzustellen oder herstellen zu lassen. S. können von dem Verbot wettbewerbseinschränkender Vereinbarungen (Art. 87 EWGV) innerhalb bestimmter Grenzen (u. a. des Umsatzes der beteiligten Unternehmen) freigestellt werden. HRSG.

Spezialität (Haushaltsgrundsatz) →Finanzverfassung der EG

Spezifizierte Rechtsakte (EG) →Rechtsakte der EG

„Spill-over" →Neo-Funktionalismus

Spinelli-Vertragsentwurf. Am 14. Februar 1984 nahm das →*Europäische Parlament* mit großer Mehrheit den *„Entwurf eines Vertrages zur Gründung der Europäischen Union"* an, der nach seinem Initiator und Hauptautor, dem damaligen Vorsitzenden des Institutionellen Ausschusses *Altiero Spinelli,* kurz als „S." bezeichnet wird. – Der S. sah u. a. folgende Neuerungen gegenüber dem bestehenden EG-System vor: Einführung einer Erklärung der Grundrechte und Grundfreiheiten; erweiterte Kompetenzen der Union zur Schaffung einer Wirtschafts- und Währungsunion; Zuständigkeit der Union für die Einführung neuer Einnahmen; ausdrückliche konkurrierende Zuständigkeit der Union in den Bereichen Verbraucherschutz, Regionalpolitik, Umwelt, Bildung, Forschung, Kultur und Information; Einsetzung der →*Kommission* durch das EP; gemeinsame Gesetzgebungsbefugnis von EP und →*Rat;* erhebliche Ausweitung der Mehrheitsentscheidungen im Rat; umfassende Durchführungsbefugnisse für die Kom.; Schaffung eines Finanzausgleichs zwischen den Regionen; Möglichkeit des zunehmenden Übergangs von intergouvernementaler Zusammenarbeit zu *„gemeinsamen Aktionen"* (z. B. in der Außenpolitik). – Der S. wurde von den MS nicht akzeptiert, gab aber aufgrund seiner parlamentarischen Legitimation, seiner inhaltlichen Stringenz und seines im Unterschied zu anderen Verfassungsentwürfen relativ realistischen graduellen Integrationskonzepts wesentliche Impulse für die Weiterentwicklung der EG in den 80er Jahren (→*Einheitliche Europäische Akte,* →*Binnenmarktprogramm*) und bildet bis heute die Grundlage der Position des EP in der →*Verfassungsdiskussion.*

R. Bieber/J. Schwarze: Verfassungsentwicklung in der EG, Baden-Baden 1984.

J. MONAR

SPRINT *(Strategic Action Programme for Innovation and Technology Transfer).* Aktionsprogramm der EG zur Förderung grenzüberschreitender Kooperation nationaler Innovationspotentiale mit dem Ziel einer Verbesserung der europäischen Dienstleistungsinfrastruktur im Bereich der Technologie (gegenwärtige Laufzeit: 1989–1993; Budget: 90 Mio. ECU).

HRSG.

Staatenbeschwerde →Europäische Menschenrechtskonvention

Staatenbund (Modell- und Zielvorstellung) →Leitbilder der europäischen Einigung, →Verfassungsdiskussion

Staatenklage →Vertragsverletzungsverfahren

Staatliche Beihilfen →Beihilfenaufsicht, →Gemeinsame Wettbewerbspolitik, →Wettbewerbsregeln

Staatsangehörigkeit. Der EWGV verbietet die Diskriminierung aus Gründen der S. (→*Diskriminierungsverbot*) und bestimmt auf der anderen Seite, daß Staatsangehörigen der jeweils anderen MS neben dem Recht auf Freizügigkeit, Niederlassungs- und Dienstleistungsfreiheit zahlreiche andere Vergünstigungen insbesondere sozialer Art zu gewähren sind. Der Kreis der so begünstigten Staatsangehörigen bestimmt sich nach dem Staatsangehörigkeitsrecht der einzelnen MS. So hat Deutschland in einer Erklärung bei Unterzeichnung des EWGV als deutsche Staatsangehörige *„alle Deutschen im Sinne des Grundgesetzes“* (Art. 116) benannt (BGBl. 1957 II, 764). Großbritannien hat in einer Erklärung zur Beitrittsakte von 1972 aus dem großen Kreis der *„British Subjects“* nur jene als Staatsangehörige im Sinne des Gemeinschaftsrechts identifiziert, die das Recht zur Niederlassung in Großbritannien haben *(„right to abode in the United Kingdom“)* (ABl. EG 1972 L 73/196). – Die eigentlichen staatsbürgerlichen Rechte gewährt der EWGV nicht, dies ist jedoch das Ziel der Bestimmungen des →*Vertrages über die Europäische Union* vom 12.2.1992 *(„Maastricht“),* der neben einem generellen →*Aufenthaltsrecht,* dem →*Petitionsrecht* zum →*Europäischen Parlament* und – unter bestimmten Umständen – dem Recht auf diplomatischen Schutz durch alle EG-MS vor allem das aktive und passive Kommunalwahlrecht im Aufenthaltsstaat sowie das Wahlrecht zum EP vorsieht (→*Unionsbürgerschaft*).

T. Oppermann: Europarecht, München 1991, S. 563–571.

T. STEIN

STABEX-System. Dieses System im Rahmen der →*Lomé-Abkommen* dient der Stabilisierung der Ausfuhrerlöse von →*AKP-Staaten,* vor allem, was ihre Exporte wenig oder gar nicht verarbeiteter agrarischer Produkte betrifft (u. a. Kaffee, Kakao). Im Gegensatz zum Rohstoffonds der Vereinten Nationen wird nicht eine Verstetigung der stets schwankenden Weltmarkt-Rohstoffpreise, sondern der ebenso schwankenden -erlöse aus dem Verkauf dieser Rohstoffe angestrebt. Das ist um so wichtiger, als von diesen Einnahmen ein Teil der Staatshaushalte der Entwicklungsländer gespeist wird. Die AKP-Staaten erhalten Kompensationszahlungen für den Erlösrückgang seitens der EG, (1) wenn ein bestimmter Mindestprozentsatz der Gesamtmenge des jeweiligen Produktes in die EG geht *(Abhängigkeitsschwelle),* und (2) wenn gegenüber den Durchschnittserlösen der vergangenen vier Jahre *(Bezugsniveau)* der Erlösrückgang einen bestimmten Mindestprozentsatz übersteigt *(Auslöseschwelle).* Durch das sich jeweils ändernde *Bezugsniveau* wird bewirkt, daß bei langfristigen Weltmarktpreisverfällen die Kompensationszahlungen nicht ins Unendliche wachsen.

J. Bellers

Stabilisatoren →Gemeinsame Agrarpolitik

Städtepartnerschaft(en). Eine europäische S. wird gewöhnlich durch einen feierlichen Akt der Verpflichtung zur Partnerschaft zwischen Kommunen verschiedener Nationalität begründet und sieht regelmäßige Begegnungen und Austauschprogramme in den Bereichen Bildung, Kultur und Sport vor. Die →*Kommission der EG* kann S. auf Antrag finanzielle Beihilfen für die Organisation von Besuchsprogrammen, Kolloquien und Fortbildungsprogrammen gewähren. Die Beihilfen werden vorzugsweise an neue oder durch ungünstige geographische oder sprachliche Voraussetzungen benachteiligte S. vergeben. – Der *Fontaine-Bericht* des →*Europäischen Parlaments* (1988) hat die Bedeutung der S. für den kulturellen Austausch in Europa und die Bildung eines europäischen Bewußtseins unter den Bürgern hervorgehoben, zugleich aber auch auf deren erhebliche organisatorische Probleme und die relativ geringe Zahl von S. in den später beigetretenen MS verwiesen. – Gegenwärtig sind in den →*Mitgliedstaaten* der EG rund 8.000 Kommunen unterschiedlichster Größe durch S. verbunden.

Amt für amtliche Veröffentlichungen der EG: Les Communes et l'Europe. Guide pratique des jumelages, Luxemburg 1991. – T. Grunert, Langzeitwirkungen von S., Kehl 1981.

J. Monar

Ständiger Rüstungsausschuß der WEU →Westeuropäische Union

Ständige Vertretungen. Die S. sind die diplomatischen Vertretungen der MS der EG bei den EG und genießen als solche volle diplomatische Privilegien und Immunitäten. Die Entstehungsgeschichte der S. ist eng mit dem Entstehen des →*Ausschusses der Ständigen Vertreter* verbunden und kann bis in die Anfangsmonate des Jahres 1958 zurückverfolgt werden. – Die Funktion der S. ist eine zweifache: Einerseits Vertretung der nationalen Standpunkte und Interessen der MS gegenüber und in den →*Organen der EG* sowie im Rahmen des EG-Entscheidungsprozesses, andererseits Information der Regierungen und Verwaltungen der MS über Vorgänge und Entwicklungen in den EG-Organen. – Die S. werden von den *Ständigen Vertretern* geführt, die in der Regel erfahrene Diplomaten im Range eines Botschafters sind. Diese vertreten, zusammen mit den *Beigeordneten Ständigen Vertretern,* ihr jeweiliges Land u. a. im *Ausschuß der Ständigen Vertreter,* wo ihren Arbeiten eine Schlüsselrolle bei der Vorbereitung der Sitzungen des →*Rates* zukommt. Auch die technischen Vorbereitungsarbeiten in den zahlreichen Arbeitsgruppen des Rates werden zu einem erheblichen Teil von Mitgliedern der S. durchgeführt, die sowohl Diplomaten als auch Vertreter der verschiedenen Fachministerien sein können. Die enge Zusammenarbeit zwischen Diplomaten und Beamten von Fachministerien ist ein wichtiges Charakteristikum der Arbeit der S. und ein Indiz für die intensive Verflechtung immer weiterer Teile der nationalen Verwaltungsapparate mit den EG-Organen, darunter insbesondere dem Rat. Neben ihrer Teilnahme an sämtlichen Stadien des EG-Entscheidungsprozesses sind die S. auch an den Ausarbeitungen von Weisungen und politischen Positionen in den Hauptstädten beteiligt. – Die permanente Zusammenarbeit mit Vertretern der anderen MS und der →*Kommission* schafft zwischen den Mitgliedern der verschiedenen S. ein besonderes Klima der Zusammenarbeit, das es oftmals erleichtert, die Verteidigung nationaler Standpunkte mit der Suche nach tragfähigen Kompromissen auf der Gemeinschaftsebene zu vereinbaren.

F. Hayes-Renshaw u. a.: The Permanent Representations of the Member States to the European Communities, in: Journal of Common Market Studies 28/2 (1989), S. 119–137.

J.-M. Hoscheit

Stahlpolitik der EG. Die S. wird auf der Grundlage des Vertrages zur Errichtung der →*Europäischen Gemeinschaft für Kohle und Stahl* durch die (1967) fusionierten →*Organe der EG* gestaltet. – In der Anlaufphase konnten die *Zölle, mengenmäßige Beschränkungen* und *diskriminierenden Eisenbahntarife* beseitigt und eine *Schrottausgleichskasse* sowie ein *gemeinsamer Außenzoll* errichtet werden. Die Stahlunternehmen waren und sind gehalten, umfangreiche Informationen – als Grundlage für „Allgemeine Ziele" – an die EG zu geben, die sie als Prognosen über Kapazitäten, Investitionen, Erzeugung, Verbrauch sowie Ein- und Ausfuhren veröffentlicht. – Mit dem Verbrauchsrückgang, im Gefolge der ersten Ölkrise, setzte dann aber eine Renationalisierung der S. ein (Stahlverbrauch der EG 12 in Mio. Tonnen, 3-Jahresdurchschnitt: 1950: 41; 1960: 79; 1970: 128; 1980: 116; 1990: 125). Beginnend mit dem 1.1.1977 versuchte die EG, durch *Mindestpreise, Beihilfen* und *Einfuhrbeschränkungen* den als konjunkturell interpretierten Trendbruch aufzufangen. Unternehmen, die dem Kostendruck zu erliegen drohten, wurden trotz des *Subventionsverbotes* (Art. 4 EGKSV) von den nationalen Regierungen massiv gestützt (1975 bis 1980: 24 Mrd. DM). Da aber die Kapazitäten zunächst noch weiter wuchsen und der erwartete Verbrauchsanstieg ausblieb, verfestigte sich das Marktungleichgewicht. Am 6.10.1980 stellte die →*Kommission* die *„offensichtliche Krise"* (Art. 58 EGKSV) fest. Die Preisregulierungen wurden um eine *Quotenregulierung* ergänzt und die verbotenen Subventionen akzeptiert, wenn sie mit Kapazitätsabbau verbunden waren. So schrumpfte zwischen 1980 und 1985 die Rohstahlkapazität um etwa 40 Mio. Tonnen bei 85 Mrd. DM Subventionen. Die Beihilfen in DM je Tonne Walzstahlfertigerzeugnis betrugen 1975 bis 1985 im UK 195, in I 153, in F 122, in

D 22. Auch nach 1985 wurden Zuschüsse für Forschung und Entwicklung, für Umweltschutz, für Schließungen und für bestimmte regionale Investitionsbeihilfen (z. B. für die neuen Bundesländer) genehmigt (bis Ende 1996). Daneben hat die EG allgemeine Stahlsubventionen für I, F und UK zugelassen. – Wegen der Quoten führte die S. trotz der ungleichen Subventionen nur zu geringen Verschiebungen der Stahlstandorte. Die strenge nationale Trennung der Unternehmen des EG-Stahlmarktes ist ein Indiz für das integrationspolitische Versagen der S.

H. Wienert: Gelungene Umstrukturierung? – Eine Zwischenbilanz der Anpassungsbemühungen der europäischen Stahlindustrie, in: RWI-Mitteilungen (1989), S. 247–267.

H. BUJARD

Statistisches Amt der EG (EUROSTAT). Das S. ist eine Einrichtung der →*Kommission der EG*. Seine Aufgabe ist die Sammlung und Aufbereitung von statistischem Zahlenmaterial über die MS der EG sowie den Außenhandel mit ihren wichtigsten Handelspartnern. Ein Schwerpunkt der Arbeit liegt in der Harmonisierung und Koordinierung der Statistiken aus den MS. Die Angleichung der Daten erfolgt entweder durch eine vorherige Vereinheitlichung der den Statistiken zugrunde liegenden Nomenklaturen, Methoden, Fragebögen etc. oder durch Berechnungen, in denen die unterschiedlichen Bedingungen in den einzelnen Ländern berücksichtigt werden. Neben den gedruckten Publikationen liefern elektronische Datenträger wie Disketten, Magnetbänder und Datenbanken (z. B. →*Comext*) detaillierte und ständig aktualisierte Informationen. Insgesamt werden neun Themenbereiche erfaßt: Allgemeine Statistik, Wirtschaft und Finanzen, Bevölkerung und soziale Bedingungen, Energie und Industrie, Land- und Forstwirtschaft, Fischerei, Außenhandel, Dienstleistungen und Verkehr sowie Verschiedenes.

B. THAM

„Stauder“ (Rechtssache) →Rechtsprechung des EuGH

Stellungnahme. Die S. gehört wie die →*Empfehlung* zu den unverbindlichen →*Rechtsakten der EG*. Im Hinblick auf ihre rechtliche wie praktische Relevanz gelten deshalb die gleichen Grundsätze wie bei der *Empfehlung*. Der wesentliche Unterschied zwischen der S. einerseits und der *Empfehlung* andererseits liegt allein darin, daß letztere aufgrund eigener Entschlußkraft von →*Rat* und →*Kommission* ausgesprochen werden, während die S. auf fremde Initiative zurückgeht, indem Rat oder Kom. um ihre Beurteilung einer gegenwärtigen Lage oder bestimmter Vorgänge in der EG oder in den MS gebeten werden. Die S. verfolgt in diesem Sinne in erster Linie den Zweck, den MS oder in besonderen Fällen auch den Unternehmen und Einzelpersonen Hilfestellung bei deren Entscheidungsfindung zu leisten. In besonderen Fällen kann auch die S. der Vorbereitung von später verbindlichen Rechtsakten dienen und sie ist Voraussetzung für die Befassung des →*Gerichtshofes der EG* im →*Vertragsverletzungsver-*

fahren (vergleiche Art. 169 und 170 EWGV).

K.-D. Borchardt: Die rechtlichen Grundlagen der EG – Rechtsquellen, Rechtshandlungen und Rechtsetzung, in: M. Röttinger/C. Weyringer (Hrsg.): Handbuch der europäischen Integration, Wien 1991, S. 43–75. – S. Magiera: Die Rechtsakte der EG-Organe, in: Jura (1989), S. 595 ff.

K.-D. BORCHARDT

Steuerharmonisierung. Zu unterscheiden ist die Harmonisierung von (1) *Umsatzsteuern (Mehrwertsteuer),* (2) *Verbrauchsteuern,* (3) *Gesellschaftsteuern,* (4) *Börsenumsatzsteuern* und →*direkten Steuern* (siehe dort). – (1) *Umsatzsteuer:* Diese ist neben den Verbrauchsteuern (s. u.) die hauptsächliche indirekte Steuer. Durch zwei →*Richtlinien* vom 11.4.1967 wurde als System der Umsatzsteuer in der EWG die *Mehrwertsteuer* festgelegt: In jeder Produktions- und Handelsphase wird die Steuer vom Preis zu Lasten des Kunden berechnet und vom Unternehmer an die Steuerverwaltung abgeführt (Ausnahmen für Kleinunternehmen). Hierbei kann der Unternehmer die von ihm selbst berechnete *„Vorsteuer"* von dem abzuführenden Betrag abziehen. Durch die 6. *Mehrwertsteuer-Richtlinie* vom 17.5.1977 (RL 77/388/EWG) wurde die Bemessungsgrundlage der Steuer vereinheitlicht (allerdings mit zahlreichen Ausnahmen). Des weiteren gibt es mehrere Einzelrichtlinien und -regelungen, die das System weiter ausarbeiten. – Das Mehrwertsteuersystem ermöglicht für den internationalen Waren- und Dienstleistungsverkehr, selbst bei unterschiedlichen Steuersätzen in der EG, einen exakten *„Belastungsumbau"* an der Grenze: Der Lieferant wird von der Steuer des *„Ursprungslandes"* befreit. Dafür wird die Ware mit der Steuer des *„Bestimmungslandes"* belastet (→*Bestimmungslandprinzip*). Damit tragen die Waren auf dem Markt des Bestimmungslandes die gleiche Belastung wie inländische Waren und die Steuer ist für den Wettbewerb *„neutralisiert"*. – Der Nachteil dieses Systems sind natürlich die Kontrollen an den Grenzen mit den damit verknüpften Formalitäten und Zeitaufwand *(„LKW-Stau"),* die mit dem Konzept des →*Binnenmarktes* nicht vereinbar sind. Im Hinblick darauf hatte die →*Kommission* zunächst die *Harmonisierung der Mehrwertsteuersätze* innerhalb bestimmter Satzspannen vorgeschlagen (*„Normalsatz":* 14–20%, *„ermäßigter Satz":* 6–9%). Die Steuer des Ursprungslandes sollte von der Steuer des Bestimmungslandes abgezogen werden. Für den Budgetausgleich war ein *„Clearingsystem"* zwischen den MS vorgesehen. – Nach den Beschlüssen des →*Rates* (RL 91/680/EWG, 92/77/EWG und 92/11/EWG) wird während einer Übergangszeit von einer Vollharmonisierung abgesehen. Bis 31. Dezember 1996 gilt als Übergangsregelung ein Standardmindestsatz von 15%. Neben diesem können die MS für bestimmte Produktgruppen (u. a. Nahrungsmittel, Wasserversorgung, Bücher und Arzneimittel) ein bis zwei reduzierte Sätze von nicht weniger als 5% zur Anwendung bringen. Im Rahmen einer Übergangsregelung können MS bestehende Nullsätze oder stark ermäßigte Sätze (unter 5%) für bestimmte Produktgruppen vorläufig beibehalten (so z. B. für

Schnittblumen und Gartenbauprodukte in D und den NL bis 1994). Neu ist der *„innergemeinschaftliche Erwerb“:* Das exportierende Unternehmen wird von seiner Mehrwertsteuer befreit, und der *„Erwerb“* im Bestimmungsland unterliegt der Besteuerung wie dortige Inlandslieferung (ohne Belastungsumbau und Kontrolle an der Grenze). Die Befreiung wird gewährt, wenn die Ware nach außerhalb des Ursprungslandes verbracht wird und der Empfänger im Bestimmungsland für Mehrwertsteuerzwecke identifiziert ist. Letzterer zahlt dann seine Mehrwertsteuer. Diese Regelung hat zahlreiche Formalitäten für die Unternehmen zur Folge (u. a. vierteljährige Anmeldung sämtlicher Umsätze mit EG-Kunden). Sie macht verstärkte Kontrollen und eine intensivierte grenzüberschreitende Zusammenarbeit der Steuerverwaltungen (u. a. durch ein elektronisches Mehrwertsteuer-Informationsaustauschsystem, *MTAS*) erforderlich. Am 14. Dezember 1992 hat der Rat eine Reihe von Maßnahmen zur Vereinfachung und Vereinheitlichung der Verfahren während der Übergangszeit beschlossen (RL 92/111/EWG). Für Kraftfahrzeuge, Schiffe und Flugzeuge sowie Versandhauslieferungen gelten besondere Regelungen. – (2) *Verbrauchsteuern:* Nach den bisherigen Ratsbeschlüssen soll für den gewerblichen Verkehr das *„Verbraucherlandprinzip“* gelten. Verbrauchsteuer fällt an, wenn die Ware aus dem Überwachungssystem in den freien Verkehr gelangt, z. B. durch Verlassen des *„Versandlagers“*. Dazu werden die Steuerlager der MS verbunden, so daß die Waren ohne Kontrolle auch über die Grenze verbracht werden können und die Steuer i. d. R. erst beim Verlassen des Steuerlagers anfällt. – Private EG-Bürger können (wie bei der Umsatzsteuer) für privaten Gebrauch Alkohol, Tabak und Treibstoff in einem MS zu den dortigen Verbrauchsteuern kaufen und ohne mengenmäßige Beschränkungen einführen. Dabei wird jedoch nur bis einer bestimmten Menge vermutet, daß kein gewerblicher Handel vorliegt, so z. B. bei bis zu 800 Zigaretten, 10 Litern hochprozentige Spirituosen, 90 Litern Wein und 110 Litern Bier (RL 92/12/EWG und 92/108/EWG). – Die Mindest-Verbrauchsteuersätze für Mineralöl sind: verbleites Benzin 337 ECU, unverbleites Benzin 287 ECU, Diesel 195 ECU je 1000 l, schweres Heizöl 18 ECU je 1000 l (RL 92/81/EWG und 92/82/EWG); für Zigaretten 57% des Einzelhandelspreises (RL 92/79/EWG); für Bier je Hektoliter 0,748 ECU pro Grad Plato oder 1,87 ECU pro Prozent Alkohol (für kleinere Brauereien, die weniger als 200.000 hl im Jahr produzieren, gilt ein um 50% ermäßigter Satz; RL 92/83/EWG und 92/84/EWG). – (3) *Gesellschaftsteuer:* Die Gesellschaftsteuer, deren Hauptanwendungsfall die Gründung oder die Kapitalerhöhung einer Kapitalgesellschaft ist, wurde im wesentlichen durch die beiden Richtlinien vom 17.7.1969 sowie vom 10.6.1985 harmonisiert. Zusammenfassend ist festzustellen, daß diese Steuer nur noch entweder zu einem einheitlichen Satz von 1% erhoben werden darf oder gar nicht mehr;

Zwischensätze sind nicht mehr erlaubt. – (4) *Börsenumsatzsteuern:* Bezüglich diesen Steuern hat die Kom. am 2.4.1987 einen Harmonisierungsvorschlag vorgelegt, der durch den Richtlinienvorschlag vom 14.4.1987 geändert worden ist. Danach ist die Abschaffung der Börsenumsatzsteuern vorgesehen.

A. J. Easson: The internal market and the elimination of fiscal frontiers, in: Yearbook of European Law (1991), S. 147–170. – C. Stumpf: Die europäische Mehrwertsteuer-Harmonisierung, in: Europäische Zeitschrift für Wirtschaftsrecht (1990), S. 540–544. – J. Wilkins: VAT in the European Community, in: International Bureau of Fiscal Documentation (Hrsg.): Bulletin, Juli/August 1992, S. 323–327. –A. Willemsen: Umsetzungsprobleme des europäischen Steuerrechts, Saarbrücken 1990.

J. Monar/G. Sass

Steuerliche Neutralität. Prinzip des →*Gemeinsamen Marktes,* dem zufolge nationale steuerliche Maßnahmen aus einem anderen MS eingeführte Waren oder Dienstleistungen nicht gegenüber einheimischen Waren oder Dienstleistungen diskriminieren dürfen.

Hrsg.

Stillschweigende Vertragsänderung →Vertragsänderung

STRADA. Gebräuchliche Abkürzung für das elektronische Postsystem, das die →*Organe der EG* mit den MS verbindet. Hrsg.

Straßburger Übereinkommen zur Bekämpfung des Terrorismus →Europäischer Rechtsraum

STRIDE *(Science and Technology for Regional Innovation and Development in Europe).* Programm der EG zur Unterstützung von Maßnahmen der MS zur Förderung regionaler Kapazitäten in den Bereichen Forschung und technologische Entwicklung (gegenwärtige Laufzeit: 1990–1993; Budget: 400 Mio. ECU). Hrsg.

Strukturfonds. Zusammenfassende Bezeichnung für den →*Europäischen Ausrichtungs- und Garantiefonds für die Landwirtschaft,* den →*Europäischen Fonds für regionale Entwicklung,* den →*Europäischen Sozialfonds* sowie den gemäß dem →*Vertrag über die Europäische Union* noch zu errichtenden →*Kohäsionsfonds.* Die von der →*Kommission der EG* verwalteten S. haben allesamt die Stärkung des wirtschaftlichen und sozialen Zusammenhaltes in der EG (→*Kohäsion*) zum Ziel.

Hrsg.

„Strukturfondsverordnung" →Regionalpolitik der EG

Studentenmobilität (Förderung) →Bildungspolitik der EG, →ERASMUS-Programm

Subsidiaritätsprinzip. Als Konzept der christlichen, auf *Thomas von Aquin* zurückgehenden Soziallehre wurde das S. erst in den 20er und 30er Jahren dieses Jahrhunderts expliziert, um dann vor allem in Deutschland nach dem 2. Weltkrieg in staatsrechtliche Vorstellungen einzufließen und schließlich in den letzten Jahren auch die zwischenstaatlichen Beziehungen der EG mitzugestalten. Der Wortsinn entstammt dem lateinischen *subsidium.* Dies bedeutet zum einen *„Reservetruppe",* die erst eingreift, wenn die Kräfte der vorderen Kampfreihe erlahmen;

zum anderen, und darauf bezogen, besagt *subsidium* „Hilfe" oder „Beistand". Dementsprechend heißt es in der Enzyklika „Quadragesimo anno" von 1931: *„Wie dasjenige, was der Einzelmensch aus eigener Initiative und mit seinen eigenen Kräften leisten kann, ihm nicht entzogen und der Gesellschaftstätigkeit zugewiesen werden darf, so verstößt es gegen die Gerechtigkeit, das was die unteren und kleineren Gemeinwesen leisten und zum guten Ende führen können, für die weitere und übergeordnete Gemeinschaft in Anspruch zu nehmen."* – Der Grundgedanke, daß der untergeordneten sozialen Einheit der Vorrang im Handeln nach Maßgabe ihrer Leistungsfähigkeit gegeben wird, spielte auch bei der föderalistischen Konstruktion des westdeutschen Staatswesens nach dem Krieg eine zentrale Rolle, wobei das S. einerseits den Kräfteausgleich zwischen Bund und Ländern unterstützen und andererseits sicherstellen sollte, daß generell der Staat erst aktiv werden darf, wenn die Bemühungen in gesellschaftlichen Teilbereichen für die Bewältigung von anstehenden Aufgaben nicht ausreichen. Dabei lassen sich allgemein zwei Denkrichtungen unterscheiden: Nach dem *„Erforderlichkeitsansatz"* ist die Durchführung einer Aufgabe auf der höheren Ebene nur dann notwendig, wenn die untere Ebene sie nicht selbst leisten kann. Dagegen plädiert der *„Wirksamkeitsansatz"* dafür, der höheren Ebene schon dann Handlungskompetenz zuzugestehen, wenn sie notwendige Aufgaben vermeintlich *„besser"* erledigen kann. – Seit Ende der 80er Jahre wurde das S. dann auch in der EG als eine Lösungsmöglichkeit für die Frage diskutiert, welche Politikbereiche auf Gemeinschaftsebene und welche in der Kompetenz der MS verbleiben sollen. Die treibende Kraft waren dabei vor allem die deutschen Bundesländer und Großbritannien. Als die Verankerung des Prinzips dann im Grundsatz konzediert war, gab es bei der rechtlichen Ausgestaltung erhebliche Schwierigkeiten. Die meisten europäischen Staaten und die →*Kommission* waren ursprünglich Anhänger des *„Wirksamkeitsansatzes"*, was die deutschen Bundesländer nicht akzeptieren konnten. Im →*Vertrag über die Europäische Union* wurden die deutschen Bedenken weitgehend berücksichtigt. Der neu eingefügte Art. 3 b EGV lautet: *„Die Gemeinschaft wird innerhalb der Grenzen der ihr in diesem Vertrag zugewiesenen Befugnisse und gesetzten Ziele tätig. – In den Bereichen, die nicht in ihre ausschließliche Zuständigkeit fallen, wird die Gemeinschaft nach dem Subsidiaritätsprinzip nur tätig, sofern und soweit die Ziele der in Betracht gezogenen Maßnahmen auf Ebene der Mitgliedstaaten nicht ausreichend erreicht werden können und daher wegen ihres Umfangs oder ihrer Wirkungen besser auf Gemeinschaftsebene erreicht werden können. – Die Maßnahmen der Gemeinschaft gehen nicht über das für die Erreichung der Ziele dieses Vertrags erforderliche Maß hinaus."* Auch wenn diese Formulierungen interpretationsfähig sind, wurde durch die Hineinnahme des *„daher"* in Satz 2 von Art. 3 b dem Wunsch der Länder nach Etablierung des *„Erforderlichkeitsansatzes"* doch im wesentlichen entsprochen. Dadurch, daß gemäß Art. 3 b die Notwendigkeit des

Gemeinschaftshandelns im Bereich der *„konkurrierenden Zuständigkeiten“* zu begründen ist, muß im übrigen die Gemeinschaft ihr Handeln in jedem Einzelfall konkret begründen können, da sonst eine Zuständigkeit der niedrigeren Ebene vermutet werden kann. Des weiteren wird die Beachtung des S. rechtlich genauso behandelt wie die Auslegung und Anwendung der sog. *„konkreten Kompetenznormen“* und ist somit justitiabel, d. h. unterliegt der Rechtsprechung des →*Gerichtshofes der EG.* – Wenngleich somit dem Anliegen der „Dritten Ebene“, also der Bundesländer bzw. autonomer Regionen in anderen Staaten, Rechnung getragen wurde, so ist nicht zu übersehen, daß die meisten MS – nicht zuletzt Frankreich und Großbritannien – das S. lediglich auf die *zweite* Entscheidungsebene, d. h. die der Nationalstaaten, anwenden. Für Deutschland bedeutete dies, daß die föderalistische Struktur des Staatswesens im Hinblick auf die europäische Integration präzisiert werden mußte. Dem wurde zum einen durch die angestrebte Änderung des Art. 24 GG durch die Verfassungskommission, durch die die Mitwirkungsrechte der Länder bei EG-Angelegenheiten festgeschrieben werden, Rechnung getragen (→*Länderbeteiligung*, →*Zustimmungsgesetz*). Zum anderen dient diesem Anliegen auch die auf EG-Ebene beschlossene Einrichtung eines →*Ausschusses der Regionen*, also einer Art zweiter Kammer neben dem →*Europäischen Parlament*, in welchem die Interessen der Bundesländer und entsprechender autonomer Regionen vorgetragen werden können und der von der Kom. gehört werden muß. Die Länder der Bundesrepublik Deutschland sehen dabei als den Kern der ihnen verbleibenden Aufgaben vor allem die Erziehungs-, Bildungs- und Kulturpolitik, die regionale Strukturpolitik sowie die Gesundheitspolitik an. – Generell gilt es festzuhalten, daß das S. eine unbegrenzte Ausdehnung von EG-Kompetenzen verhindern soll. Hinsichtlich der Durchführung bleiben aber viele Fragen offen. Wie wird z. B. festgelegt, ob die Ziele der in Betracht gezogenen Maßnahmen auf Ebene der MS *nicht ausreichend erreicht* werden können und ob letztere nicht in der Lage sind, eine Maßnahme im nötigen Umfang auszuführen? Da die Erwartungen an das S. je nach den politischen Ordnungsvorstellungen der MS nicht einheitlich sind, werden die Antworten auf diese Fragen variieren. Zusammenfassend ist es daher schwierig abzuschätzen, welche Auswirkungen das Prinzip auf die Tätigkeit der EG haben wird. Insbesondere ist nicht auszuschließen, daß seine Implementierung mit dem Argument, die Gemeinschaft könne bestimmte Aufgaben wirkungsvoller durchführen als jeweils die MS, entgegen den genannten Intentionen der Machtbegrenzung geradezu der umgekehrten Tendenz der verstärkten Kompetenzverlagerung auf Gemeinschaftsebene Vorschub leisten könnte. Umgekehrt gibt es aber auch kritische Stimmen in Deutschland, die in dem erfolgreichen Versuch der Länder, über den geänderten Art. 24 GG auch unmittelbar in Brüssel Einfluß zu nehmen, aufgrund der hierdurch befürchteten Zersplitterung der Kräfte eine massive Einschränkung deutscher Verhandlungsspielräume auf europäischer Ebene sehen.

M. Borchmann/G. Memminger: Das S., in: P. H. U. Borkenhagen u. a. (Hrsg.): Die deutschen Länder in Europa, Baden-Baden 1992, S. 17–25. – M. Jachtenfuchs: Die EG nach Maastricht: Das S. und die Zukunft der Integration, in: Europa-Archiv (1992), S. 279–287. – J. Pipkorn: Das S. im Vertrag über die europäische Union – rechtliche Bedeutung und gerichtliche Überprüfbarkeit, in: Europäische Zeitschrift für Wirtschaftsrecht (1992), S. 697–700.

C. Gellert

Süderweiterung(en) →Erweiterung(en)

Supranationalität. Das System der EG wird oft als *supranational,* d. h. „über" den Nationalstaaten stehend, bezeichnet, da in ihm legal zustande gekommene Entscheidungen ggf. auch gegen den Willen der nationalstaatlichen →*Mitgliedstaaten* durchgesetzt werden können. Ipsen: *„S. wird hier verstanden als verfassungsrechtliche Durchsetzbarkeit öffentlicher Gemeinschaftsgewalt gegen Staatsgewalt"* (S. 67). Z. B. kann der EG-Agrarministerrat Agrarpreise mit Mehrheitsbeschluß verbindlich für alle MS festlegen. Die S. der EG findet ihren Ausdruck des weiteren in der →*unmittelbaren Geltung* des Gemeinschaftsrechts. – Supranationale internationale Organisationen sind von internationalen oder intergouvernementalen Organisationen zu unterscheiden, die verbindlich für alle Teilnehmer nur dann entscheiden können, wenn alle dem Beschluß zustimmen (Konsensprinzip).

H. P. Ipsen: Europäisches Gemeinschaftsrecht, Tübingen 1972.

J. Bellers

SYSDEM *(Système européen de documentation sur l'emploi).* Von der →*Kommission der EG* eingerichtetes System zur Sammlung, Auswertung, Zusammenfassung und Verbreitung von Daten zur Entwicklung der Beschäftigungssituation in den MS.

Hrsg.

SYSMIN-System. Dieses Stabilisierungssystem für mineralische Grundstoffe der EG zugunsten von rohstoffexportierenden →*AKP-Staaten* funktioniert ähnlich wie das →*STABEX-System.* Kriterium der Kompensationszahlungen der EG ist hier allerdings ein Produktions- oder Exportrückgang in Form einer Unterauslastung der Abbau-, Verarbeitungs-, und Transporteinrichtungen im AKP-Rohstoffsektor. Die EG drängt darauf, daß die Kompensationszahlungen investiv zur Diversifizierung der Wirtschaftsstruktur des jeweiligen Entwicklungslandes eingesetzt werden, um einseitige Abhängigkeiten von Rohstoff-Monostrukturen abbauen zu helfen.

J. Bellers

Systematisch-teleologische Auslegung (EG-Recht) →Auslegung des Gemeinschaftsrechts

Systemtheoretische Integrationstheorie(n) →Integrationstheorien

T1-Formular →Gemeinschaftliches Versandverfahren

T2-Formular →Gemeinschaftliches Versandverfahren

TAC(s) →Gemeinsame Fischereipolitik

Tagung(en) des Gymnicher Modells. Einmal während jeder →*Präsidentschaft* treffen sich die Außenminister der MS und ein →*Mitglied der Kommission der EG* informell an einem Wochenende zu thematisch ungebundenen Gesprächen über Themen der →*Europäischen Politischen Zusammenarbeit* und der EG. Die T. sind nach Schloß Gymnich bei Bonn benannt, wo die erste T. 1974 stattfand. Um die informelle Atmosphäre zu wahren, finden die T. in atmosphärisch besonders angenehmer Umgebung (z. B. in einem Schloß des betreffenden MS) statt. Die Ehepartner werden eingeladen, Beamte hingegen zumindest anfänglich nicht. Dennoch ist es schwierig geworden, den informellen Charakter der T. zu bewahren: Die *Präsidentschaft* kann es nicht vermeiden, der zahlreich anwesenden Presse Indikationen über den Inhalt der Gespräche zu geben, und seit 1990 sind auch der *Politische Direktor* der *Präsidentschaft*, der →*Generalsekretär* des →*Rates* und der *Leiter* des →*EPZ-Sekretariats* bei den T. zugegen.

S. NUTTALL

TARIC →Integrierter Zolltarif

„Tarifsprung" →Ursprungsregeln

TED *(Tenders Electronic Daily)*. Elektronischer Informationsdienst der EG zu ausgeschriebenen öffentlichen Aufträgen in der Gemeinschaft, anderen westlichen Industriestaaten und →*AKP-Staaten*, für die Anbieter aus allen MS den Zuschlag erhalten können.

HRSG.

TEDIS *(Trade Electronic Data Interchange Systems)*. Programm der EG zur Förderung der Koordination der Entwicklung von elektronischen Datentransfersystemen in Handel, Industrie und Verwaltung (2. Phase: 1991–1994).

HRSG.

TELEMAN *(Télémanipulation dans les environnements mucléaires dangereux et perturbés)*. Programm der EG zur Entwicklung neuer Techniken und zur Förderung der Ausbildung bei der Anwendung ferngesteuerter Handhabungssysteme v. a. im Nuklearbereich (gegenwärtige Laufzeit: 1989–1993; 19 Mio. ECU).

HRSG.

TELEMATIK. Programm der EG zur Forschung und Entwicklung im Bereich allgemein relevanter Telematiksysteme, das v. a. auf eine optimale Ausnutzung fortgeschrittener Telekommunikationstechnologien im Bereich der öffentlichen Dienstleistungen abzielt (gegenwärtige Laufzeit: 1991–1993; 200 Mio. ECU).

HRSG.

Teleologische Auslegung →Auslegung des Gemeinschaftsrechts, →Rechtsprechung des EuGH

TEMPUS *(Trans-European Mobility Scheme for University Studies)*. T. ist ein 1990 angelaufenes Programm der EG zur Förderung der europaweiten Mobilität im Hochschulbereich, dessen primäre Ziele die Verbesserung der Hochschul-, Berufs- und Sprachausbildung in den mittel- und osteuropäischen Staaten (MOS) sowie ein verstärkter Austausch von Hochschulstudenten und -lehrern zwischen diesen Staaten und der EG sind. Zu diesem Zweck unterstützt T. mit bis zu 200.000 ECU *„Gemeinsame Europäische Projekte"* von mindestens einer Hochschule der MOS und zwei Hochschulen der EG (eventuell unter Beteiligung von Unternehmen: Betriebspraktika), gewährt Beihilfen für die Mobilität von Studenten, Hochschullehrern und Ausbildern und fördert Veröffentlichungen, Jugendaustauschprogramme und andere ergänzende Aktivitäten. Die Förderprioritäten werden jährlich für jeden der MOS neu festgesetzt (Gesamtbudget für das akademische Jahr 1992/93: 98,3 Mio. ECU).

J. MONAR

TEPSA *(Transeuropean Policy Studies Association).* 1974 in London gegründeter Zusammenschluß mehrerer Forschungsinstitute und -vereinigungen aus den MS der EG zur Förderung der grenzüberschreitenden Forschung und des europaweiten Meinungsaustauschs zu Themen der europäischen Integration (Sitz: Brüssel).

HRSG.

Territorialhoheit →Hoheitsgewalt(en) der EG und der MS

Terrorismusbekämpfung. Der Kampf gegen den internationalen Terrorismus ist ein Schwerpunkt der internationalen Kriminalitätsbekämpfung. Zwischen den EG-Staaten erfolgt er im wesentlichen über die auf Terrorbekämpfung spezialisierte Untergruppe Nr. 4 der *TREVI-Gruppe („TREVI": Terrorism, Racism, Extremism, Violence Internationale)* der Innen- und Justizminister der EG-Länder. Daneben ist eine Arbeitsgruppe der →*Europäischen Politischen Zusammenarbeit* mit der Terrorismusbekämpfung befaßt. Im Rahmen des →*Europarates* wurde 1977 ferner ein Übereinkommen zur Terrorbekämpfung erarbeitet.

R. Clutterbuck: Terrorism, Drugs and Crime in Europe after 1992, London 1990.

M. LEYENDECKER

Thermie *(Technologies européennes pour la maîtrise de l'énergie).* 1990 bis 1994 laufendes Programm der EG zur Förderung der Entwicklung und Anwendung neuer energiesparender und umweltschonender Energietechnologien (Budget: 700 Mio. ECU).

HRSG.

Tindemans-Bericht. Der Pariser Gipfel (9./10.12.1974) beauftragte den belgischen Ministerpräsidenten *Leo Tindemans,* einen Bericht über die Umwandlung der EG in eine Europäische Union bis 1980 zu erstellen. Nach Konsultationen mit führenden Persönlichkeiten der Mitgliedsländer und auf der Grundlage von Berichten der EG-Institutionen legte *Tindemans* umfassende Vorschläge zur schrittweisen Verwirklichung der Europäischen Union vor (29.12.1975). Er definierte die Europäische Union nicht als *„Endphase der europäischen Entwicklung",* sondern als neue Stufe der Integration. Der T. regte an, die intergouvernementale Zusammenarbeit der EG in verbindlichere Formen zu überführen. Er forderte, Europa müsse in der Außen- und Sicherheitspolitik mit *einer* Stimme sprechen; anstelle unverbindlicher Konsultationen sollten rechtlich verbindliche Beschlüsse treten. Ein höherer Integrationsgrad in der Wirtschafts- und Währungspolitik sei wünschenswert; er müsse von den Mitgliedern auch phasenverschoben vollzogen werden können (→*abgestufte Integration*). Eine Stärkung der Institutionen erwartete der T. durch die Direktwahl des →*Europäischen Parlaments*. Dieses habe der Ernennung des →*Präsidenten der Kommission* zuzustimmen, der auf die Auswahl der Kom. Einfluß erhalten solle. Mehrheitsbeschlüsse müßten im →*Rat* üblich werden. Der T. blieb zunächst wirkungslos. Mehrere seiner Anregungen wurden jedoch später in der →*Einheitlichen Europäischen Akte* und im →*Vertrag über die Europäische Union* verwirklicht.

B. Neuss

Totalisierungsgrundsatz →Zusammenrechnungsgrundsatz

Transaktionistische Integrationstheorie →Integrationstheorien

Transeuropäische Netzwerke. Nach etwas „statischen" Diskussionen über Liberalisierung und Harmonisierung der Verkehrssysteme in den 50er und 60er Jahren richtete die →*Kommission der EG* 1978 einen Ausschuß für Verkehrsinfrastruktur ein und sicherte ab 1982 Mittel zur Mitfinanzierung von Vorhaben im Bereich der Verkehrsinfrastruktur (bis 1989: 374 Mio. ECU, 1990–92: 328 Mio. ECU; ab 1993: Fünfjahresplan). Der →*Vertrag über die Europäische Union* sieht erstmals ausdrücklich eine Zuständigkeit und eine Reihe von Instrumenten der EG für den Ausbau der T. vor (Art. 129 b und c EGV). – Der einheitliche →*Binnenmarkt* verlangt nach technischen Lösungen für die steigenden Mobilitätsbedürfnisse der Europäer. Staus auf Autobahnen (ca. 33.000 km in der EG und 3.000 km in Österreich und der Schweiz), Verspätungen und Luftraumüberlastung im Flugverkehr, bescheidene Fortschritte hinsichtlich Fahrzeit, Kapazität und Leistungsqualität der Bahnen trotz weitgehender Elektrifizierung (ca. 52.000 km in der EG und 6.000 km in Österreich und der Schweiz) führten zu *Hochgeschwindigkeitsbahnprojekten* in den 80er Jahren (F, D, I und 1992: E). Ende 1989 wurde von der Kom. eine hochrangige Arbeitsgruppe eingesetzt, die ein Leitschema erstellte: 9.000 km Neubaustrecken (bis über 250 km/h), 15.000 km Ausbaustrecken (um 200 km/h) und 1.200 km lückenschließende Verbindungsstrecken. Die Fahrzeiten sollen etwa halbiert, über den Ärmelkanal sogar um 60% verkürzt werden. Auch →*Drittländer* werden an das Hochgeschwindigkeitsnetz angebunden, z. B. Paris-Wien (7:50 Std. gegenüber z. Zt. 13:30 Std.). 15 „fehlende Bindeglieder", meist in Grenzgebieten, wirken noch hemmend: zwei Engpässe im UK (Kent, Nord-Wales) drei in D (Vogelfluglinie, Übergänge nach NL und F), einer in B (Ardennen, vier Alpen- und zwei Pyrenäenübergänge, einer in GR (nach Athen) und einer an der

Grenze E/P. Weitere Achsen nach Osten, via Stockholm-Helsinki, Warschau, Prag, Budapest, Bukarest und Istanbul werden z. Zt. geprüft. – Die Neuerung der 80er Jahre ist die Erkenntnis der Notwendigkeit eines technisch harmonisierten Hochleistungsnetzes, das sich auch für die Raumordnungspolitik von EG *und* Drittländern integrierend auswirkt, indem es die europäische *„Peripherie"* durch die Hochgeschwindigkeitsbahn (HGB) dem *„Zentrum"* näher rückt (typische Beispiele: Florenz-Rom und Madrid-Sevilla). Auch wird das elektrische Gesamtnetz für die HGB zugänglich gemacht: gemeinsame *„gebündelte"* Strecken lassen verschiedene Endbestimmungsorte zu (z. B. Lausanne, Genf, Grenoble, Marseille, St.-Etienne im Falle der Strecke Paris-Lyon). Obwohl die Neubaustrecken z. Zt. meist Nord-Süd-Orientierung haben, wie auch die zukünftige Achse Paris-Lille-Kanaltunnel-Brüssel-Randstadt und die Verlängerung der Magistrale Hamburg-Hannover-Würzburg bis München, wird das Gesamtnetz eine nach 50 Jahren Unterbrechung wieder hergestellte West-Ost-Orientierung aufweisen und in drei dicht aneinanderliegenden Korridoren 290 Mio. Menschen erreichen: (a) 140 Mio. im *nördlichen Korridor* von London bis Warschau über die nordeuropäische Tiefebene; (b) 80 Mio. im *mittleren Korridor* zwischen Paris und Budapest und (c) 70 Mio. im *südlichen Korridor* zwischen Lissabon und Belgrad, via Madrid, Barcelona und Mailand. Als wichtigste „Drehscheiben" oder „Tore" treten in West- und Mitteleuropa auf: London für die Britischen Inseln, Hamburg für den „Norden", Warschau für das Baltikum, St.-Petersburg, Moskau und Kiew, Budapest für Lemberg, Kiew und Kischinew, Belgrad für den Balkan, Bologna für Mittel- und Süd-Italien und Barcelona und Paris für die iberische Halbinsel (via Katalonien und Baskenland). Größtenteils liegen die obengenannten Korridore und Tore im Gebiet der höchsten Belastung des Europäischen Luftraums, das im Viereck Liverpool-Hamburg-Wien-Barcelona liegt und dessen Zentrum die Megalopolis Nordwest-Europas (etwa 140 Mio. Einwohner) formt. In diesem Raum ist die HGB dem Flugzeug hinsichtlich Reisezeit, Leistungsqualität und Umweltschutz überlegen, kann aber die „Flugtore" auch bedienen, wie es für die Flughafen Paris-Charles de Gaulle, Brüssel, Amsterdam usw. geplant wird und bereits heute in Frankfurt a. M. der Fall ist. Was den *Frachtverkehr* betrifft, so wird die HGB in den dicht bevölkerten Hügel- und Berglandschaften Mitteleuropas (D und I) leistungsfähige Güterzüge einsetzen und auch dem Gemischtverkehr dienen, während in Westeuropa (F, E) die Güterzüge über durch die HGB entlastete frühere Hauptstrecken fahren werden, wo Möglichkeiten für den kombinierten Verkehr gegeben sind (Bahn/Straßen und Bahn/Binnenschiffahrt). Für die Binnenschiffahrt selbst wurden im EG-Gebiet 42 Engpässe identifiziert; auch dieser Verkehrsträger könnte durch die Öffnung des Ostens eine bedeutende Rolle spielen, nicht nur in den Nord- und Ostseeanrainerländern, sondern über die neue Rhein-Main-Donau-Verbindung auch für Mittel- und Südosteuropa.

K. Button (Hrsg.): Europäische Verkehrspolitik – Wege in die Zukunft, Gütersloh 1992. – R. Wenk: Verkehrsinfrastrukturpolitik der EG, in: Zeitschrift für Verkehrswissenschaft 3 (1992), S. 180–188.

I. B. F. KORMOSS

Transnationale Zusammenarbeit der Parteien →Europäische Parteienföderationen

TREVI-Gruppe →Terrorismusbekämpfung

Troika(-Formel). Die T. wurde eingeführt, um der →*Präsidentschaft* bei der Erfüllung ihrer Verantwortung für die Vertretung der →*Europäischen Politischen Zusammenarbeit* (EPZ) gegenüber Drittstaaten zu helfen. Die T. besteht aus Vertretern der laufenden, der vorangegangenen und der nachfolgenden Präsidentschaft sowie einem Vertreter der →*Kommission der EG*. Sie tritt auf Minister- oder Beamtenebene (in letzterem Fall gewöhnlich auf der der *Politischen Direktoren*) zusammen. – Die T. ist besonders nützlich, da sie die kollektive Persönlichkeit der EPZ in einer Weise verkörpert, wie dies die Präsidentschaft alleine nicht kann. Zusätzlich zu ad hoc Demarchen, wird sie häufig für regelmäßige *Dialoge* mit Drittstaaten gebraucht. Dies hat dazu geführt, daß Dialoge mit der Präsidentschaft alleine als weniger prestigiös angesehen werden und die T. terminlich immer stärker beansprucht wird.

S. NUTTALL

Typenzulassung →Binnenmarktprogramm

Übergangszeit. Zur schrittweisen Verwirklichung des →*Gemeinsamen Marktes* war gemäß Art. 8 EWGV eine Ü. von 12 Jahren nach Inkrafttreten des Vertrages vorgesehen, während der die Vertragsbestimmungen in drei Stufen sukzessive anwendbar wurden. Mit Verstreichen der Ü. ging am 1. Januar 1970 auch die Kompetenz für die Außenhandelspolitik von den MS auf die Gemeinschaft über (→*Gemeinsame Handelspolitik*).

HRSG.

Überschußproduktion. In der →*gemeinsamen Agrarpolitik* führten gestützte Preise mit weitgehender Absatzgarantie durch Interventionskäufe zusammen mit technischem Fortschritt dazu, daß über die Absatzmöglichkeiten auf dem Inlandsmarkt hinaus produziert wird. Da die Weltmarktpreise niedriger sind als die gestützten Inlandspreise, können die Überschüsse nur unter Gewährung von →*Ausfuhrerstattungen* auf dem Weltmarkt abgesetzt werden. Das Ausmaß der Ü. läßt sich an den Selbstversorgungsgraden ablesen. Sie betrugen 1990/91 (bei tierischen Erzeugnissen 1990): Getreide 120%, Zucker 137%, Wein 116%, Rind- und Kalbfleisch 110%, Schweinefleisch 105%, Geflügelfleisch 105%, Butter 182%, Magermilchpulver 164%, Käse 104%, Eier 102%. 1991 mußten

9,97 Mrd. ECU für Ausfuhrerstattungen ausgegeben werden, davon 3,36 Mrd. ECU für Getreide, 1,25 Mrd. ECU für Zucker, 2,73 Mrd. ECU für Milcherzeugnisse und 1,16 Mrd. ECU für Rindfleisch.

W. von Urff

Überseeische Länder und Gebiete der EG. Die in Anhang IV EWGV genannten und nicht unabhängig gewordenen, englischen, dänischen, französischen und niederländischen Gebiete (u. a. Falklandinseln, Grönland, Französisch-Polynesien, Niederländische Antillen) genießen gemäß Art. 131 EWGV einen besonderen *Assoziierungsstatus*. Dieser sieht die Eliminierung der Zölle auf aus den Ü. eingeführten Waren vor, während den Ü. die Möglichkeit bleibt, Zölle auf Einfuhren aus der EG oder aus anderen Ü. zu erheben. Arbeitnehmer aus den Ü., die die Nationalität eines MS der EG besitzen, genießen ohne Einschränkung alle Vorteile des EWGV. Die Bürger der MS hingegen können sich nicht auf den EWGV berufen, um eine Einreise- oder Aufenthaltserlaubnis in den Ü. zu erwirken. Die →*Niederlassungsfreiheit* für Bürger und Unternehmen der Ü., die sich in der EG niederlassen wollen, richtet sich nach dem allgemeinen EG-Recht. Für die Niederlassung von EG-Bürgern oder -Unternehmen in einem Ü. gelten Sonderregelungen. Gemäß den periodisch erneuerten Beschlüssen des →*Rates* zur Assoziierung der Ü. werden auch die Regeln der →*Dienstleistungsfreiheit* auf die Ü. angewandt.

P. Schultz: Association des pays et territoires d'outre-mer à la C.E.E., 8 Europe, 1989, Fasc. 2250, EU 1/10, pp. 1–19.

R. Martha

„Umgekehrte Diskriminierung" →Diskriminierungsverbot

Umlaufverfahren →Schriftliches Verfahren

Umsatzsteuerharmonisierung →Steuerharmonisierung

Umwegeinfuhren. Als U. werden Einfuhren aus →*Drittländern* bezeichnet, die im Einklang mit dem EWGV getroffene Handelsregelungen eines MS (mengenmäßige Beschränkungen und Maßnahmen mit gleicher Wirkung im Sinne von Art. 30 EWGV) dadurch umgehen, daß die Einfuhr in die EWG *über andere MS* erfolgt und die Ware das Bestimmungsland sodann unter Ausnutzung des →*freien Warenverkehrs* innerhalb der Gemeinschaft ohne Beschränkungen erreicht. – Um solche U. zu verhindern, eröffnet die →*Schutzklausel* des Art. 115 EWGV der →*Kommission* die Möglichkeit, betroffene MS auf Antrag zu ermächtigen, bestimmte Schutzmaßnahmen (i. d. R. Behandlung als Direkteinfuhr) zu ergreifen. – Die *Bedenken* gegenüber dieser Vorschrift haben mit der Schaffung des →*Binnenmarktes* an Gewicht gewonnen. Art. 115 EWGV ermöglicht Durchbrechungen des Grundprinzips des →*Gemeinsamen Marktes*, des →*freien Warenverkehrs*, und dies allein zum Schutze handelsbeschränkender (protektionistischer) Regelungen. Er trägt dazu bei, Lücken der →*Gemeinsamen*

Handelspolitik zu perpetuieren. – Parallel zu einer Weiterentwicklung der *Gemeinsamen Handelspolitik* hat sich die Kom. daher mit Erfolg um eine starke *Einschränkung* der Anwendung des Art. 115 EWGV bemüht. Der →*Vertrag über die Europäische Union* behält auf Betreiben der MS und entgegen dem Wunsch der Kom. diese Regelung allerdings bei. Ihre Bedeutung dürfte sich dennoch weiter verringern.

C. Nême: 1992 et la clause de l'article 115: à quand une politique commerciale commune?, in: Revue du Marché commun (1988), S. 578–582.

G. Welge

Umweltpolitik der EG. Veranlaßt durch den Grundsatzbeschluß der Regierungschefs von 1972 hat die →*Kommission der EG* in den 70er Jahren eine Reihe von Vorhaben auf den Weg gebracht. Im Vergleich zu den etablierten Politikfeldern wie Agrar-, Energie-, Wirtschafts- und Währungspolitik war die vertragliche Grundlage für die U. recht schwach. Man bezog sich auf den Art. 100 EWGV, demzufolge der →*Rat* einstimmig auf Vorschlag der Kom. →*Richtlinien* erläßt, die zur Angleichung der Rechtsvorschriften zum Funktionieren des →*Gemeinsamen Marktes* beitragen. Zudem berief man sich auf Art. 235 EWGV (→*Generalermächtigung*). Und schließlich interpretierte die Kom. die Präambel des EWGV, in der die „stetige Besserung der Lebens- und Beschäftigungsbedingungen" postuliert wurde, sowie den Art. 2 EWGV, worin *„eine beschleunigte Hebung der Lebenshaltung"* vorgesehen war, als intentionellen Verweis auf die umweltpolitische Materie. In vier *Aktionsprogrammen*, die in den Jahren 1973, 1977, 1982 und 1987 vorgelegt wurden, hat die EG versucht, schrittweise die als Gemeinschaftsaufgabe ausgewiesene U. in Angriff zu nehmen. *Aktionsprogramme* sind allerdings rechtlich nicht verbindlich und keine selbständige Grundlage für die gemeinschaftliche U. Dennoch konnten sie mit der Setzung von Leitlinien dazu beitragen, daß eine Fülle von Richtlinien, →*Verordnungen* und →*Empfehlungen* von der Kom. ausgearbeitet, vom →*Europäischen Parlament* diskutiert und – zumeist in modifizierter Form – vom Rat verabschiedet wurde. So entstand ein bruchstückhaftes, aber beachtliches europäisches Umweltrecht als eine eigene Rechtsmasse. Zu den wichtigsten Rechtsakten gehören die Allgemeine Gewässerschutzrichtlinie, Abfall-Rahmenrichtlinie, verschärfte Lärmrichtlinie, Chemikalienrichtlinie, Trinkwasserrichtlinie, Badegewässerrichtlinie und die Umweltverträglichkeitsprüfungsrichtlinie (→*Umweltverträglichkeitsprüfung*). – Parallel zu den Aktivitäten der Kom. müssen die Reformanstöße von seiten des EP gesehen werden. Im *Vertragsentwurf zur Europäischen Union* (1984) wurde der U. durch das EP eine bedeutsame Rolle zugeschrieben. – Ein bedeutender Fortschritt wurde mit dem Inkrafttreten der →*Einheitlichen Europäischen Akte* 1987 erzielt. Nach der EEA geht es darum, *„den Binnenmarkt ohne Zurückstellung von Gesundheit, Umweltschutz und Arbeitsumwelt zu errichten"*, wobei einheitliche technische Vorschriften auf einem hohen qualitativen Niveau festgesetzt werden sollen. Inhaltlich ist der Umweltschutz vor allem im Art. 130 r, s, t als neues Kapitel in den EWGV aufgenommen worden. Demnach gehört es zur Tätigkeit der Gemeinschaft, Umweltbeeinträchtigungen vorzubeugen und dort, wo sich solche ereignen, diese nach dem Verursacherprinzip an der Quelle zu bekämpfen. Zudem werden die Erfordernisse des Umweltschutzes Bestandteil aller relevanten Politiken der Gemeinschaft. Vor allem dieser Punkt, der auf ein integrales ökologisches Verständnis hinweist, ist ein Novum in der Normentwicklung. Zusammen mit dem Artikel 100 a, demzufolge für die Bereiche Gesundheit, Umweltschutz und Verbraucherschutz von einem *„hohen Schutzniveau"* auszugehen ist, bilden diese Vertragsbestimmungen eine verbindliche Grundlage für Rechte und Pflichten aller MS im Umweltbereich. Doch es gibt auch hier Relativierungen und Restriktionen. So wird in Art. 118 a die Verbesserung der Arbeitsumwelt den MS überlassen. Zudem wird in den beigefügten Erklärungen zur EEA festgestellt, *„daß die Tätigkeit der Gemeinschaft auf dem Gebiet des Umweltschutzes sich nicht störend auf die einzelstaatliche Politik der Nutzung der Energieressourcen auswirken darf"*. Als positiv erwies sich die Einführung des →*Verfahrens der Zusammenarbeit* gemäß Art. 140 (EWGV). Inwieweit die darin gestärkten Mitwirkungsrechte des EP umweltpolitisch relevant werden können, zeigte sich bei den Katalysatorregelungen für Personenkraftwagen, wobei das EP gegen den Beschluß des Rates zusammen mit der Kom. eine Verschärfung der Emissionswerte durchsetzen konnte. Will man eine Zwischenbilanz der U. ziehen, so kommt man zu folgendem Ergebnis: Auf der Ebene der Programmformulierung hat die EG ein authentisches supranationales und an ökologischen Kriterien orientiertes Konzept entwickelt. Dazu gehört das Vorsorgeprinzip, der medienübergreifende Ansatz und die Integration des Umweltschutzes in andere Politikbereiche. Beeindruckend ist zudem die große Regelungsdichte und die Fülle der erlassenen Verordnungen, Empfehlungen und Richtlinien, wenngleich bei der nationalen Umsetzung noch viele Vollzugsdefizite bestehen. Dies resultiert aus dem Spannungszustand, der sich aus dem Gegensatz zwischen nationalstaatlichen „Egoismen" und supranationalen Umwelterfordernissen ergibt. Es hat aber auch mit dem Dissens in der Gemeinschaft über Qualitätsziele und Emissionsnormen zu tun, mit einem unterschiedlichen Umweltbewußtsein und mit der Nutzung von Wettbewerbsvorteilen. Als weitgehend uneingelöst – trotz positiver Rechtsprechung des →*Gerichtshofes der EG* – können die Vorgaben der EEA angesehen werden, nämlich das *„hohe Schutzniveau"* für die EG-Bürger zu wahren und das Postulat, wonach die *„Erfordernisse des Umweltschutzes"* Bestandteil der anderen Politiken der Gemeinschaft zu sein haben. Spektakuläre Prozesse vor dem EuGH, etwa zum Reinheitsgebot des deutschen Biers oder zur Rücknahmeverordnung von Pfandflaschen in Dänemark haben gezeigt, daß das Spannungsverhältnis zwischen freiem Handel im EG-Binnenmarkt und umweltpolitischen Avantgarde-Positionen einzelner MS fortbesteht. Dabei muß erwähnt werden, daß der EuGH in seiner Rechtsprechung durchaus den Erfordernissen des Umweltschutzes Geltung verschaffen will und nicht nur der Handelsfreiheit Priorität einräumt. – Der EGV beinhaltet nur wenige umweltrelevante Modifikationen. Durch das neue Entscheidungssystem mit der Einschaltung eines Vermittlungsausschusses nach Art. 189 b ist das Strukturdefizit der parlamentarischen Legitimität, nämlich die mangelnde Repräsentativität der Europaparlamentarier, eher festgeschrieben als zugunsten des EP verändert worden. Der neue Art. 130 r beinhaltet eine Schutzklausel, nach der die MS ermächtigt werden, „aus nicht wirtschaftlich bedingten umweltpolitischen Gründen vorläufige Maßnahmen zu treffen, die einem gemeinschaftlichen Kontrollverfahren unterliegen." Ein Novum ist die Mobilisierung von Finanzressourcen zugunsten des Umweltschutzes, insbes. die Nutzung nach Art. 130 s Abs. 5 aus dem neu geschaffenen →*Kohäsionsfonds*. – Was die Institutionen betrifft, so ist insgesamt positiv zu würdigen, daß die Kom. auf Anregung des EP in den *Aktionsprogrammen* zukunftsweisende Entwürfe vorgestellt hat – in dem 5. Aktionsprogramm etwa das ökologische Modernisierungskonzept der dauerhaften und angemessenen Entwicklung *(Sustainable Development)*. Die Kom. selbst steht vor einem strukturellen Dilemma: Auf der einen Seite ist sie in ihren programmatischen Vorgaben sehr weit vorangeschritten, etwa bei der Einführung präventiver Maßnahmen, dem Verursacherprinzip und dem Grundsatz, daß Umweltpolitik integraler Bestandteil der anderen Politikbereiche der EG sein muß. Auf der anderen Seite bleibt die Kom. in dem Bestreben, die EG-Normen einzuhalten und zu kontrollieren, letztlich doch wieder auf die Kooperationsbereitschaft der MS angewiesen. – Was die nicht-gouvernementalen Organisationen angeht, so existieren neben dem *Europäischen Umweltbüro* als Koordinationszentrum der Umwelt- und Naturschutzgruppen diverse *Arbeitskreise,* die thematisch vom Schutz des Europäischen Kulturerbes bis zum Anti-Pestizid-Netzwerk reichen. Erschwert wird die Arbeit der Umweltverbände durch das Fehlen einer Art von europäischer Öffentlichkeit mit eindeutigen Klage- und Beschwerdemöglichkeiten, die bisweilen unzureichende Rückkopplung zwischen der europäischen und der nationalen Verbandsebene, z. B. bei der gemeinsamen Koordination von Aktionen. Auch wenn die Mitgliedszahlen der Umweltverbände in der EG bei 8,5 Mio. Mitgliedern und der Organisationsgrad im EG-Durchschnitt bei 4% liegt – wobei in Ländern wie den Niederlanden (17%), Dänemark (10,9%) und Deutschland (7,5%) eine höhere Organisationsdichte zu verzeichnen ist –, so ist doch der Einfluß auf umweltpolitische Programmforderungen in anderen Politikfeldern eher als gering anzusehen. – Dem gestiegenen Umweltbewußtsein der EG-Bürger entspricht kaum eine Stärkung ökologisch orientierter Parteigruppierungen im EP. Das Umweltthema wurde allerdings durch die Notwendigkeit der Kooperation im EP quer durch die Parteifraktionen weiter verfolgt. Die Fraktion der Grünen konnte sich zwar bei der Europawahl 1989 von 12 auf 30 Abgeordnete, bei einer Gesamtzahl von 518 Abgeordneten im EP, vergrößern – vor allem durch zusätzliche Parteiunterstützung in Frankreich und Italien. Doch die eigentlichen „Gewinner" im grünen Spektrum waren die britischen (14,5%), belgischen (13,9%) und französischen (10,6%) Grünen, wobei insbes. im britischen Fall der Wahlerfolg aufgrund des Wahlsystems nicht mit Parlamentsmandaten korrelierte. – Umweltpolitische Erfordernisse stehen häufig konträr zu anderen Politikfeldern der EG: Durch die →*Regionalpolitik der EG* verstärkt sich die Umweltbelastung an der Peripherie und in strukturschwachen Regionen. Die Landwirtschaftspolitik fördert den massiven Einsatz von Kunstdüngern. Die von der EG geförderte Agroindustrie zerstört durch Intensivtierhaltung ganze Landstriche, verunreinigt die Luft und trägt bei zur Anreicherung von Nitraten in den Böden und Gewässern. In der →*Verbraucherpolitik der EG* wird die Produktvielfalt durch Produktnormen vermindert. In der →*Forschungs- und Technologiepolitik der EG* wird vorwiegend auf die Kernenergie gesetzt und auf den Ausbau einer politisch kaum kontrollierbaren Gentechnologie. In der Handelspolitik unterminiert der freie Austausch von Waren eine umwelt- und verbraucherfreundliche Politik einzelner MS. – Die Harmonisierung auf der Basis des kleinsten gemeinsamen Nenners hat zwei Folgen: Staaten mit einem schwach ausgeprägten Umweltbewußtsein bzw. einer eher unterentwickelten Umweltpolitik werden gezwungen, schärfere Umweltgesetze zu erlassen und härtere Umweltvorschriften anzuwenden. Gleichzeitig müssen jedoch die umweltpolitisch führenden MS eine Verschlechterung ihrer Umweltstandards hinnehmen. – Eine fundierte U. ist kontinental und global mehr denn je gefragt. Die Interdependenz von Schadensverursachern, Schäden und daraus erwachsenden Folgeerscheinungen verlangt ein multiples Aktions- und Reaktionssystem, für das die EG-Strukturen gute Voraussetzungen böten. Im Zusammenwirken kooperationswilliger oder von den Verhältnissen zur Kooperation gezwungener Staaten, Institutionen und Organisationen müssen an die U. hohe Erwartungen gestellt werden.

W. E. Burhenne (Hrsg.): Environmental Law of the European Communities, Berlin 1976. – M. Jachtenfuchs/M. Strübel (Hrsg.): Environmental Policy in Europe: Assessments, Challenges and Perspectives, Baden-Baden 1992. – Öko-Institut Freiburg/Br. (Hrsg.): Energie Report Europa, Frankfurt a. M. 1991. – M. Strübel: Internationale Umweltpolitik, Opladen 1992. – Task Force „Environment and the Internal Market": 1992 – The Environmental Dimension, Bonn 1990. – L. Wicke/B. Huckestein: Umwelt Europa – der Ausbau zur ökologischen Marktwirtschaft, Gütersloh 1991.

M. Strübel

Umweltverträglichkeitsprüfung. Dem Vorbild der Vereinigten Staaten folgend, verabschiedete 1985 der →*Rat der EG* die U.-Richtlinie (RL 85/337/EWG, ABl. L 175, 5.7.1985, S. 40 ff.). Zur Verwirklichung des Vorsorgeprinzips will die Richtlinie gemeinschaftsweit einheitliche Verfahren der Analyse und Bewertung umwelterheblicher Auswirkungen bestimmter öffentlicher oder privater Projekte einführen. Für die in Anhang I aufgeführten Projektklassen, zu denen etwa Raffinerien, Kraftwerke, Sonderabfallbehandlungsanlagen und -deponien oder öffentliche Infrastrukturmaßnahmen wie z. B. Autobahnen und Flughäfen gehören, wird die U. verbindlich vorgeschrieben. Bei den in Anhang II genannten Klassen weniger bedeutender Projekte bleibt die Einführung der U. den MS überlassen. Die Prüfungsverfahren sind vor der Erteilung einer Genehmigung durchzuführen und müssen bereichsübergreifend sämtliche Auswirkungen eines Vorhabens einbeziehen. Zu den wesentlichen Verfahrensvorgaben der Richtlinie gehören Informationspflichten des Projektträgers, Anhörung und Beteiligung der in ihrem Aufgabenbereich betroffenen Behörden und die Information der Öffentlichkeit. Der enger gefaßte Kreis der betroffenen Öffentlichkeit ist von den zuständigen Genehmigungsbehörden zu konsultieren und über den Inhalt der von ihnen getroffenen Entscheidung und ihre Begründung zu informieren. Die U.-Richtlinie ist mit einiger Verspätung durch das U.-Gesetz umgesetzt worden. Die Frage einer unmittelbaren Anwendbarkeit der Richtlinie auf Verfahren, die zwischenzeitlich begonnen wurden, ist derzeit Gegenstand eines →*Vorabentscheidungsverfahrens* vor dem →*Gerichtshof der EG.*

W. Erbguth/A. Schink: Kommentar zum U.-Gesetz, München 1992.

B. WEGENER

Unabhängige Europäische Programmgruppe (IEPG, *Independent European Program Group*). Die U. ging 1976 aus einer Arbeitsgruppe der →*Eurogroup* hervor, ist formal aber weder mit der NATO noch mit der EG verbunden. Ihre heute 13 Mitglieder umfassen die europäischen NATO-Staaten außer Island, jedoch auch Frankreich. Seit 1988 gibt es ein permanentes Sekretariat in Lissabon. Die Zusammenarbeit umfaßt die Forschung, Entwicklung und Produktion im Rüstungssektor, vor allem die Langzeitplanung von Beschaffungsprogrammen, Fragen der Marktöffnung für Rüstungsgüter und die Technologieforschung *(EUCLID-Projekt).* Ziel der U. ist die Erhaltung einer industriellen und technologischen Basis für die Verteidigungswirtschaft Europas sowie ein effizienter Mitteleinsatz. Außerdem soll die Wettbewerbsfähigkeit der europäischen Rüstungsindustrie gegenüber den USA verbessert werden, um die Abhängigkeit Westeuropas zu vermindern.

G. Coëme: The role of the IEPG, in: NATO Review 4 (1991), S. 15–21. – A. Moravcsik: 1992 and the Future of the European Armaments Industry, in: W. F. Danspeckgruber (Hrsg.): Emerging Dimensions of European Security Policy, Boulder 1991, S. 199–220.

I. PETERS

Unechte Rückwirkung →Rückwirkungsverbot

„Uneigentliche Ratsbeschlüsse“ →Beschluß

Ungeschriebenes Gemeinschaftsrecht →Primärrecht, →Rechtsgrundlagen der EG

UNICE →Europäische Vereinigung der Industrie- und Arbeitgeberverbände

Union europäischer Föderalisten →Europäische Bewegung, →Föderalistische Bewegungen

Unionsbürgerschaft. Die U. ist in dem am 7. Februar 1992 in Maastricht geschlossenen →*Vertrag über die Europäische Union* (EUV) verankert. Der Vertrag fügt in Art. G einen neuen Zweiten Teil (Art. 8–8 e) in den ursprünglichen EWGV ein, um der U. Gestalt zu geben. Die U. steht jedem zu, der Staatsangehöriger eines MS der Gemeinschaft ist. Ob jemand die Staatsangehörigkeit eines MS besitzt, wird ausschließlich durch das Staatsangehörigkeitsrecht des jeweiligen MS bestimmt (EuGH 7.7.1992, Rs. C-369/90, *Micheletti*). Eine Erklärung, die in Übereinstimmung mit dem Völkerrecht diesen Gegenstand zu einem den einzelnen Staaten *vorbehaltenen Bereich* erhebt, ist dem EUV angefügt. Die U. besteht aus einem Paket von Rechten und Pflichten, die durch den EWGV zuerkannt werden (Art. 8 Abs. 2); diese weitgefaßte Formel beinhaltet, daß es nicht nur um Rechte und Pflichten geht, die (a) in dem Teil über die U. aufgezählt werden, sondern auch (b) um die anderswo im EWGV genannten Rechte und Pflichten. – (a) Den Kern, um den herum sich andere Rechte kristallisieren, bildet das Recht, sich in der Gemeinschaft frei zu bewegen und aufzuhalten. Dieses Recht ist nicht unbegrenzt: Die im EWGV und in den Durchführungsvorschriften enthaltenen Beschränkungen und Bedingungen bleiben bestehen, doch kann der →*Rat* Vorschriften erlassen, um die Ausübung der Rechte zu erleichtern. Für diese Vorschriften sind normalerweise ein Vorschlag der →*Kommission* und Einstimmigkeit im Rat sowie die Zustimmung des →*Europäischen Parlaments* erforderlich (Art. 8 a Abs. 2). – Das *Kommunalwahlrecht* ist ein zweiter Aspekt der U. (Art. 8 b). Es wird den in einem anderen als dem eigenen MS wohnenden Bürgern auf der Grundlage der Gleichberechtigung gegenüber den Staatsangehörigen ihres Wohnlandes zuerkannt. Hierzu müssen vor dem 31. Dezember 1994 vom Rat Vorkehrungen getroffen werden, die allerdings Ausnahmen enthalten können, wenn dies aufgrund besonderer Probleme eines MS gerechtfertigt ist. Man denke an Luxemburg, das mit 25% Ausländern innerhalb seiner Grenzen eine „Überfremdung" auf kommunaler Ebene befürchtet. Eine ähnliche Bestimmung findet sich für das aktive und passive Wahlrecht bei den Wahlen zum EP für Staatsangehörige eines MS, die ihren Wohnsitz in einem anderen MS haben. Dabei bleiben Art. 138 Abs. 3 und die entsprechenden Durchführungsbestimmungen unberührt. Hier muß eine nähere Regelung sogar vor dem 31. Dezember 1993 zustande gebracht werden. – Ein dritter Aspekt ist der Anspruch auf *diplomatischen Schutz* in →*Drittländern,* der von anderen MS zuzuerkennen ist, wenn das eigene Land in dem betreffenden Drittland nicht vertreten ist (Art. 8 c). Die MS sollen vor dem 31. Dezember 1993 die notwendigen Regeln hierfür festlegen und die erforderlichen Verhandlungen mit Drittländern einleiten. – Schließlich werden allen Unionsbürgern in Art. 8 d das →*Petitionsrecht* beim EP (siehe auch Art. 138 d) und das Recht, sich an den nach Art. 138 e eingesetzten →*Bürgerbeauftragten* zu wenden, zuerkannt. Ähnliche Bestimmungen finden sich in Art. H des EUV, mit dem der EGKSV, und in Art. I, mit dem der EAGV geändert wird. – Anhand von Berichten, die die Kom. zu erstellen hat, kann der Rat ab 31. Dezember 1993 auf Vorschlag der Kom. und nach Anhörung des EP einstimmig eine Vertiefung und Ausdehnung der obengenannten Rechte beschließen. Die betreffenden Bestimmungen werden anschließend den MS zur Annahme gemäß ihren verfassungsrechtlichen Auflagen empfohlen (Art. 8 e). Übrigens ist in diesem Artikel nur von *Rechten* und nicht mehr von *Pflichten* die Rede. – (b) Anderswo im neugefaßten EWGV (nun „EGV“) finden sich ebenfalls Bestimmungen, die dem Begriff Bürgerschaft zugeordnet werden können. Zum einen weitergefaßte Definitionen, die nicht nur politische Rechte, sondern auch Grundrechte und sozio-ökonomische Rechte umfassen, zum anderen engere Definitionen, die auf die politische Komponente gerichtet sind, wirken sich auf die Bedeutung anderer Vertragsbestimmungen als der Art. 8–8 e im Hinblick auf die Zusammenstellung des Pakets von Rechten, das der U. zuerkannt wird, oder auf die Begriffsabgrenzung aus: So wird die U. in Art. 138 a erwähnt, wo die politischen Parteien auf europäischer Ebene u. a. als Ausdruck des *„politischen Willen(s) der U.“* angeführt werden. Auch wird die U. im Teil über das EP als Träger des *Petitionsrechts* und im Artikel über den *Bürgerbeauftragten* (Art. 138 d bzw. 138 e) genannt. – Daß die U. sich aus der gemeinschaftlichen Freizügigkeit ableitet, legt eine breitere als bloß politische Lesart des Begriffs nahe. Dazu beitragen können auch Bestimmungen in den Kapiteln über Themen wie Sozialpolitik und Bildung (Titel VIII), Kultur (Titel IX), Gesundheitswesen (Titel X), Verbraucherschutz (Titel XI) und Umwelt (Titel XVI), die sämtlich insofern Auswirkungen auf die Gestaltung des U.-Begriffs haben, als sie Mindestvoraussetzungen für die Möglichkeit eines Teilhabens am demokratischen Zusammenleben schaffen. – Der Begriff U. kommt zwar hauptsächlich in den Bestimmungen der Verträge zur Gründung der verschiedenen Gemeinschaften vor, wird aber auch in der Präambel des EUV und in Bestimmungen wie dem Artikel B erwähnt. Deshalb spielt auch der Art. F eine wichtige Rolle, denn ihm zufolge *„achtet* (die Union) *die Grundrechte, wie sie in der am 4. November 1950 in Rom unterzeichneten Europäischen Konvention zum Schutze der Menschenrechte und Grundfreiheiten gewährleistet sind und wie sie sich aus den gemeinsamen Verfassungsüberlieferungen der Mitgliedstaaten als allgemeine Grundsätze des Gemeinschaftsrechts ergeben.“* Als Unionsvertragsbestimmung drückt er der übrigens im EG-Vertrag verankerten U. seinen Stempel auf. – Die U. hat sich langsam entwickelt, zumindest seit dem Pariser Gipfel vom Dezember 1974, auf dem eine Ad-hoc-Arbeitsgruppe mit dem Auftrag eingesetzt wurde, die Voraussetzungen zu untersuchen, unter denen den Staatsangehörigen eines MS *„besondere Rechte als Mitglieder der Gemeinschaft“* von den anderen MS zuerkannt werden könnten. Mit der Erwähnung eines →*Europas der Bürger* – beispielsweise im →*Tindemans-Bericht* – sollte zwar auch das demokratische Defizit in der EG vertuscht werden, es wurden aber gleichzeitig auf der Grundlage des Gleichheitsprinzips auch Vorschläge unterbreitet, die bewirken sollten, daß (bestimmte Gruppen von) Staatsangehörige(n) eines MS gewisse politische und bürgerliche Rechte in den anderen MS ausüben können. Aber selbst diese eher verbale und „horizontale“ Annäherung stagnierte. Ein spanisches Dokument, das während der zum EUV führenden Verhandlungen eine Reihe dieser spezifischen Rechte aufzählte und für ein stärker supranational ausgerichtetes Vorgehen eintrat, hat bei der Einbeziehung der U. in Maastricht eine bedeutende Rolle gespielt, aber den Begriff der U. nicht transparenter und kohärenter gestaltet. Nicht nur ist die Ausdehnung der seit der →*Einheitlichen Europäischen Akte* bestehenden Rechte wenig spektakulär, sondern die Rechte weichen auch bloß wenig von den Rechten der Nicht-EG-Staatsangehörigen ab (Grundrechte und -freiheiten, EFTA-Staatsangehörige). Ferner ist nicht klar, welche Unions- oder Gemeinschaftseinrichtungen über die Wahrung der zuerkannten Rechte wachen können. Vor allem die Verwirklichung des Wahlrechts durch die MS wird wohl noch eine harte Nuß sein. Ein Ausschluß der im Hoheitsgebiet der MS ansässigen Staatsangehörigen von Drittländern ist logisch und juristisch schlecht zu verteidigen, wie die Erfahrungen mit dem Ausländerwahlrecht lehren. Einstweilen erscheint die U. kaum mehr als ein gemeinsamer Nenner, unter dem eine Reihe von meistenteils bestehenden Rechten zusammengefaßt und kodifiziert werden, ohne daß ein eindeutiges Konzept erkennbar wäre.

A. Evans/H. U. Jessurun d'Oliveira: Nationality and Citizenship, in: Cassese/Clapham/Weiler (Hrsg.): European Union, the Human Rights Challenge, Bd. II, S. 299–349, Köln 1991. – E. Grabitz: Europäisches Bürgerrecht zwischen Marktbürgerschaft und Staatsbürgerschaft, Köln 1970. – R. Picard: L'Unité Européenne par l'intercitoyenneté, Paris 1948.

H. U. Jessurun d'Oliveira

„Unionsvertrag“ →Vertrag über die Europäische Union

Unmittelbare Geltung/Anwendbarkeit des Gemeinschaftsrechts. Die U. bedeutet, daß Normen des EG-Rechts mit ihrem Inkrafttreten nicht nur die →*Mitgliedstaaten* verpflichten, sondern auch im innerstaatlichen Recht Geltung beanspruchen, ohne daß es hierzu eines weiteren Aktes der MS bedarf. Aus der Geltung einer Norm folgt i. d. R. ihre Anwendbarkeit. Soweit die U. reicht, kann das Gemeinschaftsrecht unmittelbar einer Fallösung zugrunde gelegt werden und bei entsprechendem Inhalt auch zugunsten und zu Lasten einzelner angewendet werden. Daraus folgt, daß nicht nur die MS *Rechtssubjekte* des Gemeinschaftsrechts sind, sondern auch die einzelnen Gemeinschaftsbürger. Mit diesem Durchgriff durch die Souveränität der MS in das innerstaatliche Recht wird die besondere Qualität des EG-Rechts, die es von normalen völkerrechtlichen Ordnungen unterscheidet, sichtbar (→*Supranationalität*). Nach der Rechtsprechung des →*Gerichtshofes der EG* (EuGH) können alle EG-Normen, die der Sache nach abschließend, unbedingt und präzise genug sind, an der U. teilhaben. Dies ist für die wichtigsten materiellen Vorschriften des EWGV, vor allem für die Grundfreiheiten, heute klargestellt. Auch zahlreiche Normen des →*Sekundärrechts* sind aufgrund ihrer Geltung unmittelbar anwendbar. Für →*Verordnungen* ergibt sich das schon aus Art. 189 EWGV. Auch →*Entscheidungen* sind unmittelbar anwendbar; sind sie an Staaten gerichtet, können sich einzelne darauf berufen, wenn es sich um klare, eindeutige, unbedingte Anordnungen handelt. Selbst →*Richtlinien,* die in nationales Recht umzusetzen sind, hat der EuGH U. beigelegt, wenn die Umsetzungsfrist abgelaufen ist und die weiteren Voraussetzungen der Klarheit, Unbedingtheit und Genauigkeit vorliegen. Damit wird den MS versagt, sich durch Verletzung ihrer Verpflichtungen den Auswirkungen des EG-Rechts zu Lasten der Marktbürger zu entziehen. Sogar Ersatzansprüche können sich für den einzelnen bei fehlender oder mangelhafter Umsetzung ergeben. – Bei Kollision von nationalem mit EG-Recht zwingt die U. Behörden und Gerichte der MS, wegen des →*Vorrangs des Gemeinschaftsrechts* zur Außerachtlassung des nationalen Rechts oder nach Maßgabe des Art. 177 EWGV zur Vorlage der EG-Norm an den EuGH (→*Vorabentscheidungsverfahren*). Vorrang und U. sind die entscheidenden Faktoren, die das Funktionieren der EG als Rechtsgemeinschaft sichern.

A. Bleckmann: Europarecht, 5. Aufl., Köln 1990. – E. Klein: Unmittelbare Geltung, Anwendbarkeit und Wirkung von Europäischem Gemeinschaftsrecht, Saarbrücken 1988.

E. Klein

Unmittelbare Verwaltungstätigkeit →Verwaltungsrecht der EG

Untätigkeitsklage. Klagemöglichkeit vor dem →*Gerichtshof der EG* zur Feststellung einer Vertragsverletzung bei Untätigkeit eines EG-Organs entgegen seiner vertraglichen Verpflichtung. Nach Art. 175 EWGV oder 148 EAGV sind die →*Mitgliedstaaten* und die →*Organe der EG* bei vertragswidriger Untätigkeit von →*Rat* oder →*Kommission* (gemäß dem →*Vertrag über die Europäische Union* (EUV) auch des →*Europäischen Parlaments*) klageberechtigt. Natürliche oder juristische Personen können vor dem EuGH „*Beschwerde darüber führen, daß ein Organ der Gemeinschaft es unterlassen hat, einen anderen Akt als eine →Empfehlung oder →Stellungnahme an sie zu richten.*" Die U. kann nur erhoben werden, wenn (a) das betreffende Organ zuvor aufgefordert worden ist, tätig zu werden, (b) es binnen zweier Monate hiernach nicht Stellung genommen hat, und (c) wenn noch keine zwei Monate seit Ablauf der Frist unter (b) verstrichen sind. Der EUV führt auch eine Klagemöglichkeit von und gegen die →*Europäische Zentralbank* ein (Art. 175 Abs. 4 EGV). – Im Zuständigkeitsbereich der →*Europäischen Gemeinschaft für Kohle und Stahl* haben nach Art. 35 EGKSV die MS, der Rat, Unternehmen oder Verbände die Möglichkeit, gegen eine Unterlassung der Kom., eine →*Entscheidung* oder →*Empfehlung* zu erlassen, Klage zu erheben, wenn die Kom. hierzu gemäß Vertrag oder Durchführungsvorschrift verpflichtet ist oder wenn sie zu einer Maßnahme befugt ist und diese aus Ermessensmißbrauch unterläßt. Der Kläger muß zuvor die Kom. mit der Sache befaßt haben. Wenn die Kom. binnen zweier Monate nicht handelt, so gilt dies als eine negative Entscheidung, gegen die innerhalb eines Monats Klage erhoben werden kann (→*Nichtigkeitsklage*). – Zur Zuständigkeit des *Gerichts erster Instanz der EG* bei U. →*Gerichtshof der EG*.

A. Barav: Considérations sur la spécificité du recours en carence en droit communautaire, in: Revue Trimestrielle du Droit Européen (1975), S. 53–71. – H. Czasche: Die U. vor dem Europäischen Gerichtshof, Göttingen 1969.

N. Neuwahl

Untersuchungsausschuß (EP). Gemäß dem durch den →*Vertrag über die Europäische Union* neu eingeführten Art. 138 c EGV kann das →*Europäische Parlament* auf Antrag eines Viertels seiner Mitglieder die Einsetzung eines *nichtständigen* U. zur Prüfung behaupteter Vorstöße gegen oder mißbräuchliche Anwendung von EG-Recht beschließen, dies allerdings nur, wenn der betreffende Sachverhalt nicht schon Gegenstand eines Gerichtsverfahrens ist.

Hrsg.

Ursprungslandprinzip. Das U. sieht vor, daß Waren in dem Land mit Steuern oder Abgaben belegt werden, in dem sie hergestellt werden (Gegensatz: →*Bestimmungslandprinzip;* siehe auch →*Steuerharmonisierung*).

G. v. Wallis: Ursprungsland- und Bestimmungslandprinzip im Umsatzsteuersystem für den EG-Markt, in: Europäisches Wirtschafts- und Steuerrecht 8 (1990), S. 256–258.

Hrsg.

Ursprungsregeln. Waren aus →*Drittländern* werden von zahlreichen handelspolitischen Regelungen der EG aufgrund ihres Ursprungslands unterschiedlich behandelt, so daß dessen genauer Bestimmung erhebliche Bedeutung zukommt. Gemäß VO (EWG) 802/68 ist *Ursprungsland* dasjenige Land, in dem eine Ware entweder gänzlich produziert worden ist oder die letzte wesentliche und wirtschaftlich gerechtfertigte *Be- oder Verarbeitung* erfahren hat, durch die sie in ein neues Produkt verwandelt worden ist oder zumindest eine bedeutende Fertigungsstufe durchlaufen hat. In jedem Fall muß diese Be- oder Verarbeitung eine erhebliche qualitative Veränderung bewirkt und dem Produkt Eigenschaften verliehen haben, die es zuvor nicht besaß (EuGH Rs. 49/76, *Überseehandel*). Die U. unter den von der EG vielen Drittländern gewährten Zollpräferenzregelungen weichen hiervon insofern ab, als hier als Ursprungsland in den meisten Fällen dasjenige Land definiert wird, in dem eine Be- oder Verarbeitung zuletzt zu einer Veränderung der Position der Ware innerhalb der Nomenklatur des →*Gemeinsamen Zolltarifs („Tarifsprung")* geführt hat.

J. Monar

Ursprungswaren →Zollunion

„Val-Duchesse"-Dialog →Sozialpolitik der EG

VALUE *(Valorisation and Utilisation for Europe)*. 1990 bis 1994 laufendes Programm der EG zur Förderung der Verbreitung und Anwendung der Ergebnisse wissenschaftlicher und technologischer Forschung, das als Zielgruppe v. a. kleine und mittlere Unternehmen hat (Budget: 57 Mio. ECU).

Hrsg.

„Van Gend & Loos" (Rechtssache) →Gemeinschaftsbürger, →Rechtsprechung des EuGH

Verbände in der EG →Euro-Verbände

Verbleiberecht. Das V. gewährt einem Freizügigkeitsberechtigten das Recht, nach Beendigung einer abhängigen Beschäftigung oder selbständigen Erwerbstätigkeit im Hoheitsgebiet eines anderen MS dort zu verbleiben. Es ist in Art. 48 Abs. 3 d EWGV statuiert und in der VO 1251/70 vom 29.6.1970 (ABl. L 142/24) *(„Arbeitnehmer")* sowie in der RL 75/34 vom 17.12.1974 (ABl. 1975 L 14/10) *(„Selbständige")* näher ausgestaltet. Sinn und Zweck des V. ist es, die Erwerbstätigen dadurch zur grenzüberschreitenden Mobilität anzureizen, daß es ihnen ermöglicht wird, auch nach dem Ausscheiden aus dem Arbeitsprozeß an dem Ort zu verbleiben, an dem sie den Mittelpunkt ihrer Lebensbeziehung gefunden haben. – Das V. ist grundsätzlich von einem bestimmten *Mindestaufenthalt* und einer *Mindestbeschäftigungsdauer* abhängig. Erfolgt das Ausscheiden aus dem Erwerbsleben wegen Erreichens der Altersgrenze, setzt das V. einen Mindestaufenthalt von 3 Jahren, davon mindestens die letzten 12 Monate in Ausübung einer Beschäftigung, voraus. Wird die Erwerbstätigkeit wegen dauernder Arbeitsunfähigkeit aufgegeben, genügen 2 Jahre Mindestaufenthalt. Beruht die Arbeitsunfähigkeit auf Arbeitsunfall oder Berufskrankheit, die einen Rentenanspruch im Aufenthaltsstaat auslösen, gelten keinerlei Mindestvoraussetzungen. Letzteres gilt auch, wenn der Ehegatte des Arbeitnehmers die Staatsangehörigkeit des betroffenen MS besitzt, oder er sie durch die Eheschließung mit dem Arbeitnehmer verloren hat. Zeiten vorübergehender Abwesenheit bzw. unfreiwilliger Arbeitslosigkeit gehen nicht zu Lasten der Mindestvoraussetzungen. Das V. haben auch die Familienangehörigen, in der Regel auch nach dem Tode des primär Berechtigten. Entgegen dem Wortlaut des Art. 48 Abs. 3 d EWGV *(„eines MS")* gilt das V. nur für den MS, in dem der Arbeitnehmer seine Beschäftigung beendet. Dies wie auch die Notwendigkeit der Erfüllung von

Mindestvoraussetzungen wird aber relativiert durch die RL 90/365 vom 26.6.1990, ABl. L 180/28, die den aus dem Erwerbsleben Ausgeschiedenen ein →*Aufenthaltsrecht* in jedem MS der EG gewähren. Dennoch ist das V. vorteilhafter, weil es über das Aufenthaltsrecht hinaus die weitere volle soziale Gleichstellung gewährt.

U. Wölker: Art. 48, Rdnr. 76–85, in: H. v. d. Groeben/J. Thiesing/C.-D. Ehlermann: Kommentar zum EWGV, 4. Aufl., 1991.

T. Stein

Verbraucherlandprinzip →Steuerharmonisierung

Verbraucherpolitik der EG. Die EG besitzt zwar seit Inkrafttreten des EWGV umfangreiche Kompetenzen zur →*Rechtsangleichung* (vergleiche Art. 3 h, 100), aber von V. oder *„Verbraucherschutz"* war in der ursprünglichen Vertragsfassung nicht die Rede; der Verbraucher wurde lediglich indirekt erwähnt, nämlich in den Art. 39 (1) e über die Ziele der →*gemeinsamen Agrarpolitik* und in Art. 85 (3), 86 b über die →*Wettbewerbspolitik*. – Die weit gefaßten, nur verfahrensrechtlich durch die Notwendigkeit der Einstimmigkeit im →*Rat* beschränkten Kompetenzen der *Rechtsangleichung* sind dann zum Vehikel einer eigenen Gemeinschaftspolitik auch im Bereiche der V. geworden, weil nach Auffassung der →*Organe der EG* unterschiedliche Vorschriften über Verbraucherinformationen, Werbung, Produktsicherheit und Haftung, Vertragsanbahnung und -durchführung *Wettbewerbsverzerrungen* provozieren, die zum Funktionieren des →*Gemeinsamen Marktes* abgebaut werden müssen. – Dieser marktbezogene Verbraucherschutz wird überlagert durch die Bemühungen der EG, eine eigene verbraucherpolitische *Programmatik* in den beiden *Verbraucherprogrammen* von 1975 (ABl. C 92 v. 25.4.1975) und von 1981 (ABl. C 133 v. 3.6.1981) zu entwickeln, die von der Anerkennung eigener *Verbraucherrechte* auf Schutz der Gesundheit und Sicherheit, Schutz von wirtschaftlichen Interessen, Recht auf Wiedergutmachung, Recht auf Information und Erziehung sowie Recht auf Vertretung ausgehen. Die Verkündung von eigenständigen Verbraucherrechten wird in späteren Äußerungen von →*Kommission,* Rat und →*Europäischem Parlament* nicht direkt zurückgenommen, wohl aber durch das Postulat einer *Verbraucherwahlfreiheit* überlagert (Entschließung des Rates in ABl. C 294 v. 23.11.1989). V. wurde Teil des Zieles der Gemeinschaft seit 1985, bis zum Ende des Jahres 1992 einen →*Binnenmarkt* als *„einen Raum ohne Binnengrenzen* (zu verwirklichen), *in dem der freie Verkehr von Waren, Personen, Dienstleistungen und Kapital ... gewährleistet ist"* (Art. 8 a EWGV). Zu diesem Zweck wurden durch die zum 1.7.1987 in Kraft getretene →*Einheitliche Europäische Akte* neue Bestimmungen erlassen, deren wichtigste die Kompetenzen zur *Rechtsangleichung* in Art. 100 a sind; statt des Einstimmigkeitserfordernisses gilt nun ein qualifiziertes Mehrheitsprinzip im Rat unter erweiterten Mitwirkungsbefugnissen des EP (sog. →*Verfahren der Zusammenarbeit* nach Art. 149 (2) EWGV). Der „Verbraucherschutz", der bereits vom EuGH seit der sog. *Cassis-de-Dijon*-Entscheidung (Rs. 120/78, *Rewe*) als Teil der Gemeinschaftspolitik insoweit anerkannt worden war, als er (verhältnismäßige, nicht diskriminierende) mitgliedstaatliche Beschränkungen der Warenverkehrsfreiheit (später auch der Dienstleistungsfreiheit) rechtfertigt, findet Eingang in den neuen Art. 100 a (3) des EWGV: ein *„hohes Schutzniveau"* bildet für die Kom. den zentralen Handlungsmaßstab bei ihren Harmonisierungsvorschlägen. Damit ist die bisherige Gemeinschaftspolitik zur *Rechtsangleichung* bestätigt, als indirekt über die Politik der Rechtsangleichung auch Verbraucherschutz erreicht werden kann. Ob darüber hinausgehend ein gleichsam „isolierter Verbraucherschutz" betrieben werden kann, ist strittig. – Die Anerkennung der V. als eigenständiges Politikziel der Gemeinschaft ist im →*Vertrag über die Europäische Union* vom 7.2.1992 (EUV) vorgesehen. Ein neuer Art. 129 a EGV erwähnt ausdrücklich eine V., die *„zweispurig"* angelegt ist: einerseits als Teil der bisherigen Rechtsangleichungspolitik, andererseits als *„Beitrag zur Erreichung eines hohen Verbraucherschutzniveaus durch ... spezifische Aktionen, die die Politik der Mitgliedstaaten zum Schutze der Gesundheit, der Sicherheit und der wirtschaftlichen Interessen und zur Sicherstellung einer angemessenen Information der Verbraucher unterstützen und ergänzen"*, Art. 129 a (1) b EGV. Die entsprechenden Maßnahmen werden im Rahmen eines sog. →*Mitentscheidungsverfahrens* gem. Art. 189 b EGV erlassen, die dem EP ein qualifiziertes Vetorecht einräumen. Die „spezifischen Aktionen" beruhen auf dem →*Subsidiaritätsprinzip* des Art. 3 b EGV und sollen die MS nicht hindern, strengere Maßnahmen beizubehalten oder zu ergreifen. – Der bisherige Schwerpunkt der V. liegt im Schutz von *Sicherheit* und *Gesundheit* des Verbrauchers vor allem durch Schaffung gemeinschaftlicher Produktstandards für Lebensmittel, Kosmetika, Chemikalien, Arzneimittel, Fahrzeuge und technische Konsumgüter durch entsprechende →*Richtlinien*. Eine inzwischen verabschiedete Richtlinie über die allgemeine Produktsicherheit 92/59/EWGV vom 29.6.1992 (ABl. L 228/24 vom 11.8.1992) schafft einen gemeinsamen Rahmen der Kontrolle von bereits auf dem Markt befindlichen Produkten durch EG und MS. – Im Bereich des *wirtschaftlichen Verbraucherschutzes* hat die EG zwei horizontale Richtlinien mit einem sehr weiten Anwendungsbereich erlassen, die durch speziellere Richtlinien ergänzt werden (sollen), nämlich die RL 84/450/EWG v. 10.9.1984 (ABl. L 250/17 v. 19.9.1984) über irreführende Werbung und RL 85/557/EWG v. 20.12.1985 (ABl. L 371/31 v. 31.12.1985) über ein Widerrufsrecht bei sog. Haustürgeschäften. Sektorenspezifisch angelegt sind die RL 87/102/EWG v. 22.12.1986 über den Verbraucherkredit (ABl. L 42/48 v. 17.2.1987) in Verbindung mit der RL 90/88 (ABl. L 61/14 v. 10.3.1990) über die Berechnung des effektiven Jahreszinses sowie die RL 90/314/EWG v. 23.6.1990 (ABl. L 158/59 v. 23.6.1990) über Pauschalreisen. Vorgeschlagen sind weitere RL, insbesondere über mißbräuchliche Klauseln in Verbraucherverträgen (gemeinsamer Standpunkt vom 22.9.1992) und über Fernabsatz. – Zum →*gemeinschaftlichen Besitzstand* gehört indirekt auch das auf Völkerrecht gestützte, inzwischen zum 1.4.1991 in Kraft getretene *Römische Schuldrechtsübereinkommen,* dessen Art. 5 (im deutschen Recht entspricht dem seit 1986 der Art. 29 EGBGB) dem sog. *„passiven Verbraucher"* die Schutzstandards seines Heimatrechts auch dann garantiert, wenn ein anderes Recht auf den Vertrag anwendbar sein sollte, etwa durch Wahl eines ausländischen Rechts. – Das Recht des Verbrauchers auf *Wiedergutmachung* hat in der RL 85/374/EWG v. 25.7.1985 (ABl. L 219/29 v. 7.8.1985) über die Haftung für fehlerhafte Produkte sowie der vorgeschlagenen RL (ABl. C 12/8 v. 18.1.1991) über die Haftung für Dienstleistungen seine Anerkennung gefunden. Der Zugang zum *Recht* ist von den MS zu gewährleisten, der von der EG lediglich durch Modellversuche und Unterstützung freiwilliger Beschwerdeeinrichtungen unterstützt wird. Der Zugang zu *Gericht* wird dem Verbraucher durch besondere Gerichtsstände in Verbrauchersachen nach Art. 13 ff. des *Brüsseler Übereinkommens über die gerichtliche Zuständigkeit und die Vollstreckung gerichtlicher Entscheidungen in Zivil- und Handelssachen* von 1968/1978 erleichtert. Die Erweiterung auf die EFTA/ EWR-Staaten soll durch das Übereinkommen von Lugano v. 16.9.1988, auf Spanien und Portugal durch das Übereinkommen von San Sebastian v. 3.10.1989 erfolgen. – Ein eigenes Klagerecht von individuellen Verbrauchern sowie Verbraucherorganisationen vor dem →*Gerichtshof der EG* bzw. dem *Gericht erster Instanz* besteht dagegen noch nicht. – Im Bereich Information und Erziehung sind zahlreiche Richtlinien über Produktkennzeichnung und Preisangaben zu nennen. Die *Verbrauchervertretung* findet auf EG-Ebene im *Beratenden Verbraucherrat* statt, der von der Kom. bei wichtigen Vorhaben im Bereich der V. eingeschaltet werden kann (aber nicht muß).

Th. Bourgoignie/D. Trubek: Consumer Law, Common Markets and Federalism, Berlin 1987. – M. Goyens: Consumer Protection in a Single European Market: What Challenges for the EC Agenda? in: Common Market Law Review (1992), S. 71–92. – L. Krämer: EWG-Verbraucherrecht, Baden-Baden 1985. H.-W. Micklitz/N. Reich: Verbraucherschutz im Unionsvertrag von Maastricht, in: Europäische Zeitschrift für Wirtschaftsrecht (1992), S. 593–598. – K. v. Miert: Verbraucher und Binnenmarkt, in: Europäische Zeitschrift für Wirtschaftsrecht (1991), S. 401–407. – N. Reich: Verbraucherschutzrecht, 2. Aufl., Baden-Baden 1993.

N. Reich

Verbraucherrechte →Verbraucherpolitik der EG

Verbraucherschutz →Verbraucherpolitik der EG

Verbraucherwahlfreiheit →Verbraucherpolitik der EG

Verbrauchsteuerharmonisierung →Steuerharmonisierung

„Vereinfachtes Verfahren" für Versorgungsverträge →Versorgungsagentur

Vereinte Nationen (Stellung der EG). Die V. und vor allem die Generalversammlung (GV) sind dank ihrer universellen Zusammensetzung eines der wichtigsten Foren für die Außenpolitik der EG. Mit dem Beitritt Deutschlands zu den V. 1973 begann die außenpolitische Koordination in den V. 1974 wurde die EWG als Beobachter in der GV zugelassen; dieser Entscheidung folgte ihre Zulassung zu fast allen Organisationen der V. Die EG ist in der GV *„bizephal"*, d. h. durch →*Kommission* und →*Präsidentschaft* vertreten. Treibende und dominierende Kraft ist die →*Europäische Politische Zusammenarbeit.* Die EG-Kohäsion ist quantitativ und qualitativ auf einem hohen Stand: die Anzahl gemeinsamer Konsultationssitzungen (1990: 216 EG-Sitzungen und 100 EG-Stellungnahmen) hat fast kontinuierlich zugenommen. Das Abstimmungsverhalten spiegelt den EG-Harmonisierungsgrad am eindeutigsten wider: In den 70er Jahren stimmten die EG-Staaten in ca. 60% aller Fälle gemeinsam ab. Nach der ersten Süderweiterung sank die Anzahl der gemeinsamen Voten auf fast 30% und erreichte erst Anfang der 90er Jahre wieder ca. 50%. Die EG entwickelte sich in den 80er Jahren zu einem der Hauptakteure in den V., ohne allerdings aufgrund bestehender nationaler Differenzen und internen Strukturdefiziten, den Erwartungen völlig gerecht werden zu können. Die EG kann nur bedingt eine tragende Rolle im Entscheidungsprozeß der V. einnehmen, solange der Sicherheitsrat von der außenpolitischen Koordination weitgehend ausgeklammert bleibt. Art. J. 5 (4) des →*Vertrages über die Europäische Union* sieht erstmals eine Verpflichtung der im Sicherheitsrat vertretenen MS vor, sich darin für die Standpunkte und Interessen der Union einzusetzen.

B. Lindemann: EG-Staaten und V., München 1978. – K.-D. Stadler: Die EG in den V., Baden-Baden 1992.

K.-D. Stadler

Verfahren der Mitentscheidung →Mitentscheidungsverfahren

Verfahren der Zusammenarbeit. Dieses Gesetzgebungsverfahren in zwei Lesungen wurde durch die →*Einheitliche Europäische Akte* eingeführt und vor allem in den Bereichen Binnenmarkt, Sozialpolitik, wirtschaftlicher und sozialer Zusammenhalt und Forschung angewandt. – Die *erste Lesung,* für die der Vertrag keine Fristen setzt, entspricht dem →*Konsultationsverfahren.* Zum Abschluß der ersten Lesung beschließt der →*Rat* einen *gemeinsamen Standpunkt* mit *qualifizierter Mehrheit* bzw. *einstimmig* in Abweichung vom (geänderten) *Vorschlag* der →*Kommission.* Dieser *gemeinsame Standpunkt des Rates* ist mehr als eine bloße Marschroute; er ist das, wenn auch vorläufige, vollständige und präzise Ergebnis seiner Beratungen über den *Vorschlag* der Kom. In der *zweiten Lesung* sind auf jeder Stufe Fristen gesetzt. Der *gemeinsame Standpunkt* wird dem →*Europäischen Parlament* zugeleitet. Rat und Kom. unterrichten das EP detailliert über die Gründe, aus denen der Rat seinen *gemeinsamen Standpunkt* bestimmt hat, sowie über den Standpunkt der Kom. Der Wortlaut des *gemeinsamen Standpunktes* und die *Begründung* des Rates sowie die *Erklärung* der Kom. werden zu Beginn der auf die Beschlußfassung des Rates folgenden Sitzungswoche dem EP bekanntgegeben. Das EP verfügt über eine Frist von drei Monaten, um sich über den *gemeinsamen Standpunkt* des Rates zu äußern (diese Frist kann im Einvernehmen mit dem Rat um einen Monat verlängert werden). Es kann: (1) den *gemeinsamen Standpunkt* billigen *(einfache Mehrheit);* (2) den *gemeinsamen Standpunkt* mit *absoluter Mehrheit* ablehnen. Es fordert in diesem Falle die Kom. auf, ihren *Vorschlag* zurückzuziehen; (3) *Abänderungen* mit *absoluter Mehrheit* beschließen; (4) die Frist verstreichen lassen, ohne sich zu äußern. – Hat das EP den *gemeinsamen Standpunkt* abgeändert, so verfügt die Kom. über eine Frist von einem Monat, um ihren *Vorschlag* im Lichte dieser *Abänderungen* zu überprüfen. Sie übernimmt in ihren *überprüften Vorschlag* die von ihr *akzeptierten Abänderungen* des EP und nimmt gleichzeitig Stellung zu den von ihr *nicht oder nur teilweise übernommenen Abänderungen.* Im Falle der Ablehnung des *gemeinsamen Standpunktes* durch das EP muß die Kom. entscheiden, ob sie ihren *Vorschlag* zurückzieht. – Der Rat beschließt in *zweiter Lesung* innerhalb einer Frist von drei Monaten (die im Einvernehmen mit dem EP um einen Monat verlängert werden kann): Hat das EP den *gemeinsamen Standpunkt gebilligt* oder sich innerhalb der ihm gesetzten Frist *nicht geäußert,* so wird der Rechtsakt vom Rat entsprechend dem *gemeinsamen Standpunkt verabschiedet.* Hat das EP den *gemeinsamen Standpunkt abgelehnt,* so kann der Rat in zweiter Lesung nur *einstimmig* beschließen. Hat das EP den *gemeinsamen Standpunkt abgeändert,* so kann der Rat den *überprüften Vorschlag,* d. h. die von der Kom. *übernommenen Abänderungen,* mit *qualifizierter Mehrheit verabschieden* bzw. *einstimmig ändern* sowie die von der Kom. *nicht übernommenen Abänderungen einstimmig annehmen. Beschließt* der Rat *nicht* innerhalb der ihm gesetzten Frist, so gilt der Vorschlag der Kom. als *nicht angenommen.* – Das V. wahrt die Initiativfunktion der Kom.; das EP kann auf die Entscheidungen des Rates zwar Einfluß nehmen, hat aber selbst keine Entscheidungsbefugnis. Dennoch hat es in der Praxis seine Möglichkeiten der Beteiligung an diesem Gesetzgebungsverfahren voll ausgeschöpft. Die Verbindung der Zusammenarbeit zwischen Rat und EP mit der Praxis der Mehrheitsentscheidung im Rat hat zu einer Beschleunigung der EG-Gesetzgebung geführt, ohne die die Verwirklichung des →*Binnenmarktprogrammes* kaum möglich gewesen wäre. Der Anwendungsbereich des V. ist durch den →*Vertrag über die Europäische Union* geändert worden.

H. Offele

Verfahren der Zustimmung
→Zustimmungsverfahren

Verfahren nach Artikel 189 b
→Mitentscheidungsverfahren

Verfahrenssprachen (EuGH). Die V. sind in Art. 29–31 der *Verfahrensordnung* des →*Gerichtsho-*

fes der EG geregelt: V. sind die →*Amtssprachen* der EG und *Irisch*. In besonderen Fällen kann der EuGH andere Sprachen als V. zulassen. Im Falle einer *Vorabentscheidung* (Art. 41 EGKSV, Art. 177 EWGV, Art. 150 EAGV) ist V. die Sprache der nationalen juristischen Instanz, die um eine *Vorabentscheidung* ersucht. In anderen Fällen darf die klagende Partei wählen, doch wenn die beklagte Partei ein →*Mitgliedstaat* oder eine natürliche oder juristische Person aus einem MS ist, dann ist die Sprache dieses Staates V. MS, die einem anhängigen Rechtsstreit als *Streithelfer* beitreten oder an einem →*Vorabentscheidungsverfahren* teilnehmen, dürfen sich ihrer eigenen Amtssprache bedienen. Die Entscheidung des EuGH hat aber prinzipiell nur Rechtskraft in der V.

N. Neuwahl

Verfahren vor dem EuGH →Gerichtshof der EG

Verfassungsdiskussion. Seit die Bemühungen um eine europäische Einigung nach dem 2. Weltkrieg in eine aktuelle Phase traten (vergleiche den Vorschlag Winston Churchills in Zürich vom 19.9.1946: *„eine Art Vereinigte Staaten von Europa"*), stehen sich in der Diskussion um die Organisationsweise des Vereinten Europa zwei Modellvorstellungen gegenüber: der *europäische Bundesstaat* einerseits, ein völkerrechtlicher *Staatenbund* andererseits. Das eine Modell zielt auf eine weitreichende Integration nationaler Politiken, das andere setzt auf die intergouvernementale Zusammenarbeit prinzipiell souverän bleibender Staaten. – Da keines der beiden Modelle ohne weiteres zu verwirklichen war, konnte das Endziel offen bleiben. Die →*Gründerstaaten* der EG einigten sich auf einen bestimmten Weg, nämlich die begrenzte sektorielle Teilintegration im wirtschaftlichen Bereich, die im Rahmen einer supranationalen Organisation unternommen werden sollte. Es war die Erwartung des →*Funktionalismus,* daß das in dieser engen Kooperation angesammelte Vertrauen zur Einbeziehung immer weiterer, zuletzt auch hochpolitischer Sachbereiche führen würde (Theorie des *„spill over"* →*Neo-Funktionalismus*). – Unter dieser Leitvorstellung wurden zunächst die →*Europäische Gemeinschaft für Kohle und Stahl* (1951), dann die →*Europäische Wirtschaftsgemeinschaft* und die →*Europäische Atomgemeinschaft* gegründet. Die Entwicklung der Gemeinschaften durch Einbeziehung zahlreicher neuer Politiken in den Bereich der →*Integration* und die gleichzeitige Erweiterung des Bereichs der intergouvernementalen →*Kooperation* auf den Gebieten der Außen- und Sicherheitspolitik, die zunächst in der →*Einheitlichen Europäischen Akte* (EEA, 1986) kulminierte, warf erneut die Frage nach der europäischen Verfassung auf. Denn es war offenbar, daß die endgültige Organisationsweise des immer engeren Zusammenschlusses der europäischen Völker (Präambel EGV) von den aktuell sich entwickelnden Organisationsstrukturen präjudiziert würden. – Nach folgenlos gebliebenen Vertragsentwürfen einer *„ad-hoc-Versammlung"* der EGKS 1953 und von Regierungen der MS 1962

(→*Fouchet-Plan*) beschloß das →*Europäische Parlament* am 14.2.1984 den *Entwurf eines Vertrages zur Gründung der Europäischen Union,* der auf den drei Gemeinschaften aufbaut, der Union neue Tätigkeitsfelder erschließt und die Rechtsetzung gemeinsam durch Parlament und Rat *(Zweikammersystem)* vorsieht. Auch dieser Vertragsentwurf „aus einem Guß" erwies sich in der Praxis als politisch verfrüht. Die Regierungen der MS verfolgten vielmehr mit der EEA (1986) und dem →*Vertrag über die Europäische Union* (EUV, 1992) ein schrittweises Vorgehen beim Ausbau der EG und der →*Europäischen Politischen Zusammenarbeit* (EPZ). Die *Europäische Union* des EUV beruht auf den drei Säulen →*Europäische Gemeinschaften,* →*Gemeinsame Außen- und Sicherheitspolitik* und *innen- und justizpolitische Zusammenarbeit („Tempelmodell"),* ist jedoch ausdrücklich auf eine weitere Entwicklung angelegt. – Die Intensivierung der Unionsbestrebungen (insbesondere zur →*Wirtschafts- und Währungsunion*) hat die Verfassungsdiskussion belebt. Allerdings ist die Frage *Bundesstaat* oder *Staatenbund* zugunsten konkreter institutioneller Probleme in den Hintergrund getreten. Die Diskussion betrifft hauptsächlich folgende Punkte: (1) *Die Frage der Kompetenzabgrenzung zwischen Union und MS:* Mit zunehmender Ausdehnung der integrierten Politikbereiche wächst die Sorge der MS (und ihrer Untergliederungen) vor der Übermacht des *„Brüsseler Zentralismus".* Dies um so mehr, als der →*Gerichtshof der EG* die ausschließliche Befugnis in Anspruch nimmt, über die Kompetenzgrenzen zu entscheiden. Dieser Gefahr soll die ausdrückliche Aufnahme des →*Subsidiaritätsprinzips* in den Unionsvertrag begegnen. Neben diese – wenig Erfolg versprechende – Maßnahme tritt die Forderung nach Regelung der Kompetenzabgrenzung in den konkreten Politikbereichen, so z. B. die Beschränkung der Gemeinschaftskompetenz auf bloße Förderungsmaßnahmen unter Ausschluß der gemeinschaftlichen →*Rechtsangleichung.* (2) *Das Demokratiedefizit:* In dem Maß, in dem die Rechtsetzungstätigkeit der Gemeinschaft sich ausdehnt, drängt sie die von den staatlichen Parlamenten beschlossenen Gesetze zurück. Damit stellt sich die Frage nach der Gleichwertigkeit der demokratischen Legitimation gemeinschaftlicher Rechtsetzung. Diese Gleichwertigkeit ist derzeit nicht gegeben. Gemeinschaftliches Handeln ist im wesentlichen ein Handeln von →*Rat* und →*Kommission,* also von Exekutivorganen. Das unmittelbar demokratisch legitimierte *Europäische Parlament* hat nur beschränkte Beteiligungsrechte. Durch seine Zusammensetzung nach mitgliedstaatlichen Quoten fehlt es zudem an der gleichmäßigen Repräsentation der Wahlberechtigten (in Luxemburg entfällt ein Abgeordneter auf 67.000 Einwohner, in Deutschland auf 963.000 Einwohner). Schließlich muß das (derzeit noch dem nationalen Recht unterliegende) Wahlverfahren überdacht werden; die reine Verhältniswahl nach Listen (Deutschland) wirkt sich nicht förderlich auf die Verbindung zwischen Abgeordneten und Bevölkerung aus. – (3) *Repräsentation der Regionen:* Die deutsche bundesstaatliche Tradition vermißt in der Gemeinschaftsverfassung eine Repräsentation der Regionen als Ausgleich für die Kompetenzverluste der Länder (und Kommunen). Ein Ausgleich wird über eine institutionalisierte Mitwirkung in der deutschen Ratsdelegation und in einem Rat der Regionen gesucht. Der EUV ermöglicht Landesministern die Vertretung der Bundesrepublik Deutschland im Rat; er hat einen →*Ausschuß der Regionen* geschaffen, der in Angelegenheiten von regionalem Bezug – allerdings nur beratend – tätig wird. Der weiteren praktischen Aushöhlung des föderalistischen Prinzips wird dadurch kaum Einhalt geboten. – (4) *Abgestufte Integration:* Mit der Erweiterung der Gemeinschaft durch neue MS mit ungleicher Wirtschaftskraft und unterschiedlicher Integrationsbereitschaft stellt sich die Frage nach einer →*abgestuften Integration („Europa der zwei* (oder mehr) *Geschwindigkeiten"*). Die Möglichkeit hierzu besteht derzeit nur in eingeschränktem Maße. Nach Art. 7 c EGV kann die Verwirklichung des →*Binnenmarktes* mit (vorübergehenden) Ausnahmen zugunsten schwächerer MS vereinbar sein. Andererseits können stärkere MS in einigen Bereichen (z. B. Umweltschutz) vorauseilen. Im EUV vereinbaren elf MS (Ausnahme: Großbritannien) eine engere Zusammenarbeit in der →*Sozialpolitik*. Auch die künftige *Währungsunion* soll nur zwischen den MS verwirklicht werden, die die sog. *Konvergenzkriterien* erfüllen. Die abgestufte Integration bedeutet einen Kompromiß zwischen dem Grundsatz der Einheit der Gemeinschaftsrechtsordnung und dem Gebot des immer engeren Zusammenschlusses der beteiligten Völker. Allgemeine Kriterien für ihre Verwirklichung sind noch nicht entwickelt worden.

W. Lipgens (Hrsg.): 45 Jahre Ringen um die Europäische Verfassung, Dokumente 1939–1984, Bonn 1986. – R. Geiger: EG-Vertrag. Kommentar, München 1993. – W. v. Simson/J. Schwarze: Europäische Integration und Grundgesetz. Maastricht und die Folgen für das deutsche Verfassungsrecht, Berlin 1992. – W. Weidenfeld (Hrsg.): Wie Europa verfaßt sein soll. Materialien zur Politischen Union, Gütersloh 1991.

R. GEIGER

„Verfassungsrecht" der EG →Primärrecht

Verhältnismäßigkeit(sgrundsatz) →Grundsatz der Verhältnismäßigkeit

„Verhandlungsmandat" →Gemeinsame Handelspolitik

Verhandlungsverfahren →Öffentliches Beschaffungswesen

Verkehrspolitik der EG →Gemeinsame Verkehrspolitik

Veröffentlichungspflicht (Rechtsakte der EG). Nach Art. 191 Abs. 1 S. 1 EWGV (Art. 163 Abs. 1 S. 1 EAGV; Art. 15 Abs. 3 EGKSV) sind nur →*Verordnungen* (in der EGKS: *allgemeine* →*Entscheidungen* und *allgemeine* →*Empfehlungen*) entsprechend dem in allen MS geltenden *Grundsatz der formellen Gesetzesverkündung* zu veröffentlichen. Die Veröffentlichung, die im →*Amtsblatt der EG* erfolgt, ist eine unverzichtbare Voraussetzung für die *Wirksamkeit* der Verordnungen, d. h.

bei ihrem Fehlen sind Verordnungen als rechtlich nicht existent zu betrachten und brauchen folglich auch nicht angefochten und für ungültig erklärt zu werden, um ihre Anwendung zu verhindern. Der Zeitpunkt, an dem eine Verordnung als veröffentlicht angesehen werden kann, richtet sich nach dem Grundsatz, wonach eine hoheitliche Rechtshandlung den Bürgern nicht entgegengehalten werden kann, bevor diese die Möglichkeit haben, von ihr Kenntnis zu nehmen. Diesen Zeitpunkt hat der →*Gerichtshof der EG* auf das Datum festgelegt, das auf der jeweiligen Nummer des Amtsblattes vermerkt ist, die den Text des veröffentlichungsbedürftigen Rechtsaktes enthält. Etwas anderes gilt nur dann, wenn bewiesen werden kann, daß das Datum auf der Nummer des Amtsblattes nicht dem Datum entspricht, an dem diese tatsächlich verfügbar ist. In diesen Fällen gilt der Rechtsakt erst zum letzteren Datum als veröffentlicht. Nicht der Veröffentlichung, sondern nur der Bekanntmachung bzw. der Zustellung bedürfen →*Richtlinien* und →*Entscheidungen* (Art. 191 Abs. 2 EWGV; Art. 163 Abs. 2 EAGV; Art. 15 Abs. 2 EGKSV für die individuellen EGKS-Empfehlungen und -Entscheidungen). Dies hindert die Gemeinschaftsorgane jedoch nicht daran, auch diese Rechtsakte regelmäßig im Amtsblatt zu veröffentlichen. Hierdurch wird freilich die Bekanntgabe nicht ersetzt, da nur durch sie sicher festgestellt wird, wen der betreffende Rechtsakt unmittelbar berechtigen oder verpflichten will.

K.-D. BORCHARDT

Verordnung. Die V. ist eine normative Rechtshandlung der →*Organe der EG,* die gemäß Art. 189 EWGV und Art. 161 EAGV vom →*Rat* oder der →*Kommission* erlassen werden kann. Im Rahmen der →*Europäischen Gemeinschaft für Kohle und Stahl* entspricht ihr die *allgemeine* →*Entscheidung.* – Die V. hat (1) *allgemeine Geltung,* d. h. sie gilt für alle Fälle, in denen die in ihr umschriebenen Voraussetzungen erfüllt sind, ist (2) *in allen ihren Teilen verbindlich* und gilt (3) *unmittelbar in jedem MS,* d. h. sie entfaltet mit ihrem Inkrafttreten →*unmittelbare Anwendbarkeit* für alle Bürger und Behörden der MS ohne Mitwirkung nationaler Rechtsetzungsorgane. Die V. verdrängt ihr entgegenstehendes nationales Recht und verhindert die Anwendung späterer mit ihr unvereinbarer nationaler Gesetzgebung (EuGH Rs. 43/71, *Politi*). Die MS haben die unmittelbare und vollständige Anwendung der V. sicherzustellen und dürfen diese auch durch eventuell notwendige nationale Durchführungsmaßnahmen nicht verändern oder ergänzen (EuGH Rs. 40/69, *Bollmann,* und 74/69, *Krohn*). Die nationalen Behörden sind zur Ausführung einer V. verpflichtet, solange diese nicht vom →*Gerichtshof der EG* für ungültig erklärt worden ist. Die V. kommt somit weitgehend einem formellen und materiellen *„Gesetz“* gleich, ein Terminus, der bei der Ausarbeitung der →*Römischen Verträge* allerdings bewußt umgangen wurde, um den Bedenken gegen eine Übertragung von Rechtsetzungsbefugnissen auf Organe, die keiner unmittelbaren parlamentarischen Kontrolle unterworfen sind,

Rechnung zu tragen. – Wichtigster Verordnungsgeber ist in der Praxis der Rat. Als Exekutivorgan der EG kann die Kom. V. überwiegend nur aufgrund entsprechender Einzelermächtigungen durch den Rat erlassen. Die V. unterliegen der →*Begründungspflicht* und werden im →*Amtsblatt der EG* veröffentlicht.

J.-V. Louis: Les règlements de la Communauté économique européenne, Brüssel 1969. – W. Moellers: Die V. der EG, Göttingen 1967. – D. Wyatt: The Nature of Regulations and Decisions, in: European Law Review (1977), S. 215–218.

J. MONAR

Verpflichtungsermächtigungen. Die V. legen im →*Haushalt der EG* die Höchstgrenze der Ausgabeverpflichtungen fest, die während des laufenden Haushaltsjahres eingegangen werden können. Tatsächlich ausgegeben werden dürfen im Laufe des Haushaltsjahres allerdings nur die in den →*Zahlungsermächtigungen* vorgesehenen Beträge.

HRSG.

Versammlung der Regionen Europas (VRE). Die 1985 in Louvain-la-Neuve gegründete V. ist der Dachverband der regionalen Gebietskörperschaften der MS des →*Europarates* (darunter auch alle MS der EG). Ziel der V. ist es, die Interessen der R. auf der europäischen Ebene, d. h. insbesondere gegenüber den →*Organen der EG* und dem Europarat, zu vertreten. – Hauptorgan der V. ist die ein- bis zweimal jährlich zusammentretende *Generalversammlung,* die auch den *Vorstand,* das Exekutivorgan der V., wählt. Es bestehen eine Reihe permanenter Kommissionen, u. a. zu Fragen der EG, des Europarates und der →*Konferenz über Sicherheit und Zusammenarbeit in Europa.* Aufgrund ihrer Resolutionen und ihrer Rolle als politisches Forum der Regionen hat die V. wesentlich zur Ausformulierung und Verbreitung des Gedankens des →*Europas der Regionen* beigetragen.

J. MONAR

Versorgungsagentur (EAG). Im Rahmen einer gemeinsamen Versorgungspolitik für Kernbrennstoffe und Dienstleistungen des Kernbrennstoffkreislaufs enthält der EAGV Vorschriften (Kapitel VI) über die V., deren Hauptaufgabe es ist, in der EG den Grundsatz des gleichen Zugangs zu den Versorgungsquellen zu verwirklichen und sicherzustellen, daß kein Verbraucher eine bevorzugte Stellung einnimmt. – Die V. hat Rechtspersönlichkeit, genießt finanzielle Autonomie und verfügt über ein eigenes Grundkapital. Obwohl sie damit eher wie ein „Handelsunternehmen" angelegt ist, ist sie mit einigen Privilegien ausgestattet, die sie unter der Aufsicht der →*Kommission der EG* ausübt. Die Kom. kann ihr →*Richtlinien* erteilen und gegen ihre Entscheidungen Einspruch einlegen; außerdem kann jede Entscheidung der V. von den beteiligten Personen oder Unternehmen der Kom. zur Überprüfung vorgelegt werden. – Die V. wird von einem *Beirat* beraten, dem von den Regierungen benannte Vertreter der Industrie der EG sowie Experten angehören. Seine Anhörung ist für eine Reihe von Fragen obligatorisch. – Die V. hat ein Bezugsrecht für alle innerhalb der EG erzeugten Kernbrennstoffe. Übt sie es aus, verwendet sie die betreffenden Stoffe zur Deckung des Bedarfs der Verbraucher, zur Lagerung oder zur Ausfuhr, für die eine Genehmigung der Kom. erforderlich ist; übt sie es nicht aus, kann der Erzeuger selbst über das Material verfügen. – Die V. verfügt außerdem über das *ausschließliche* Recht, Verträge über die Lieferung von Kernbrennstoffen und Dienstleistungen von innerhalb oder außerhalb der Gemeinschaft abzuschließen. *Versorgungsverträge* sind daher nur rechtsgültig, wenn sie von der V. abgeschlossen werden. Allerdings ist seit Beginn der 60er Jahre ein sog. *„vereinfachtes Verfahren"* in Kraft, das die Produzenten und Verbraucher ermächtigt, für Erze und Ausgangsstoffe und, im Wege der Analogie, auch für besondere spaltbare Stoffe (angereichertes Uran, Plutonium u. a.) die Verträge selbst auszuhandeln und sie der V. dann zur Unterschrift vorzulegen. Im Jahr 1991 hat die V. so insgesamt 84 Verträge für die Versorgung mit Erzen und Ausgangsstoffen und 135 Verträge über besondere spaltbare Stoffe abgeschlossen. – Die V. veröffentlicht einen Jahresbericht, in dem sie u. a. über das Volumen der von ihr getätigten Transaktionen und die dabei geltenden Durchschnittspreise berichtet. – Die V. arbeitet eng mit den Dienststellen der Kom., insbesondere auch der *Direktion Sicherheitsüberwachung* zusammen, um die korrekte Anwendung der entsprechenden Bestimmungen des EAGV zu gewährleisten.

H. Michaelis

Versorgungsverträge (Europäische Atomgemeinschaft) →Versorgungsagentur

Verständigungsverfahren →Doppelbesteuerungsabkommen

„Vertikale Direktwirkung" →Richtlinie

„Vertikale Gewaltenteilung" (in der EG) →Gewaltenteilung

Vertragsänderung(en). (1) *V. im Völkerrecht:* (A) *Ausdrückliche V.* erfolgen durch Übereinkunft der Vertragsparteien. „Änderung" in diesem Sinne bedeutet die einvernehmliche Änderung einzelner Vertragsbestimmungen. Der Begriff der „Revision" bezeichnet dagegen die umfassende Änderung des gesamten Vertragswerkes. Die Wiener Vertragsrechtskonvention (WVRK) benutzt für beide Sachverhalte den Oberbegriff „Änderung" *(amendment).* Bilaterale Verträge sind im Einvernehmen beider Parteien zu ändern. Bei multilateralen Verträgen sind in Anbetracht der u. U. großen Mitgliederzahl einvernehmlich Änderungen häufig nicht realisierbar. Unter dem Dach eines einheitlichen und fortwirkenden Vertragswerkes sind (Art. 41 Abs. 1 b WVRK) spezifische *inter-se*-Abkommen möglich. In diesen Fällen entsteht ein Sonderrechtsverhältnis zwischen den die V. praktizierenden Staaten, aber keine Änderungen ihrer Verpflichtungen aus dem multilateralen Vertrag gegenüber den anderen, an der Änderung nicht beteiligten Vertragsstaaten. – (B) *Die Zulässigkeit stillschweigender V.* (oder gar Vertragsbeendigungen) resultieren aus dem Prinzip der *Formfreiheit,* d. h. auch schriftlich abgeschlossene Verträge sind grundsätzlich formlos modifizierbar, wenn nichts anderes vereinbart ist. – Änderungen können auch dadurch eintreten, daß der Vertrag auf außerhalb liegende Tatbestände Bezug nimmt und deren Inhalt in ihrem jeweiligen Umfang rezipiert. So führt z. B. die Meistbegünstigungsklausel (z. B. Art. 1,2 GATT) zu der Verpflichtung der Vertragspartner, der anderen Partei auch jene Vorteile zu gewähren, die sie in bestehenden oder zukünftigen Verträgen einem Drittstaat eingeräumt hat bzw. einräumen wird. – Ohne ausdrückliche Regelung findet – gemäß der *lex posterior* und *lex specialis* – eine Änderung eines Vertrages bei einer von sämtlichen Vertragsparteien später getroffenen Übereinkunft statt. Der frühere Vertrag bleibt nur insoweit anwendbar, als er mit dem späteren Vertrag in Einklang steht. – Als weiterer Vertragsänderungsgrund kommt die Möglichkeit der stillschweigenden V. durch *spätere übereinstimmende Praxis* der Vertragspartner *(subsequent practice)* trotz bestehender ausdrücklicher Vertragsänderungsklausel und spezifischer Änderungsverfahren in Betracht. Bei einer übereinstimmenden späteren Praxis können „Interpretation" und „Änderung" kaum voneinander getrennt werden, es sei denn im Hinblick auf Rechte Dritter. Charakteristikum dieser Änderungstatbestände ist in der Regel das Fehlen eines – nach innerstaatlichem Verfassungsrecht zu beurteilenden – nationalen Zustimmungsverfahrens. – (2) *V. in den EG:* (A) *Ausdrückliche Regelungen* für eine allgemeine V. sind in Art. 96 EGKSV, Art. 236 EWGV und Art. 204 EAGV enthalten (vgl. auch Art. N EUV). Änderung i. S. von Art. 236 EWGV bedeutet die Streichung, Modifizierung oder Hinzufügung von Regelungen materiellen oder verfahrensmäßigen Inhaltes. Die Änderungen kommen im Zusammenwirken von EG-Organen und MS zustande. Änderungsvorschläge durch die →*Kommission* oder die MS werden dem →*Rat* vorgeschlagen. Nach Anhörung des →*Europäischen Parlaments* und ggf. der Kom. entscheidet der Rat über die Einberufung einer Konferenz von Vertretern der Regierungen aller MS. Die auf dieser Konferenz vereinbarten Änderungen treten erst nach Ratifikation durch sämtliche MS in Kraft. – Hinzu treten Fälle sog. autonomer V., bei denen in Einzelfällen die V. allein durch Organbeschluß erfolgt (z. B. Art. 126, Art. 165 Abs. 4, Art. 166 Abs. 3 EWGV, Art. 10 Abs. 1 FusV). – (B) *Die Zulässigkeit (oder Unzulässigkeit) der stillschweigenden V. durch die spätere Praxis der MS und Organe.* Aus der verpflichtenden Gesamtstruktur der EG folgt, daß einzelne MS jenseits der ausdrücklichen und abschließenden Revisionsbestimmungen nicht mehr über die Kompetenz verfügen, völkerrechtliche *inter-se*-Abkommen – unter stillschweigender Abweichung von Art. 236 EWGV – zu schließen, soweit diese nicht durch den EWGV vorgesehen sind. Dagegen werden solche parallelen Verträge der MS für zulässig erachtet, die nicht zu einer materiell- und formalrechtlichen Änderung des EWGV, sondern lediglich zu einer Ergänzung außerhalb der Gemeinschaft führen (z. B. Einführung der →*Europäischen Politischen Zusammenarbeit* durch die →*Einheitliche Europäische Akte* oder der Abschluß des →*Schengener Übereinkommens* oder des Abkommens von Dublin) und die darüber hinaus nicht nachteilig in den Bestand der Rechte Dritter (Individuen, aber auch Mitwirkungsrechte von Organen der Organisation) eingreifen. – Eine andere Frage ist, ob alle MS zusammen z. B. den EWGV ohne Beachtung des Art. 236 ändern oder gar aufheben könnten (gleichzeitige implizite Änderung von Art. 236 als V.). Gegen die Verbindlichkeit von Art. 236 EWGV wird u. a. der Einwand erhoben, gemäß der allgemeinen Grundsätze des völkerrechtlichen Vertragsrechts sei den MS nicht das Recht genommen, durch formlosen Vertrag den EWGV – insbes. Art. 236 EWGV – abzuändern. Solange die EG noch kein Bundesstaat sind, hat diese Ansicht viel für sich. Nach anderer Ansicht verbietet das Gemeinschaftsrecht zwar eine Abweichung von Art. 236 EWGV, jedoch sei aus völkerrechtlicher Perspektive ein abweichender Änderungsvertrag dennoch erforderlich. Überwiegend vertreten wird jedoch die Position, wonach die in dem EWGV als völkerrechtlichem Vertrag enthaltenen Vertragsänderungsbestimmungen völkerrechtlich lex specialis sind zu den allgemeinen Regeln des völkerrechtlichen Vertragsrechts mit der Maßgabe, daß eine Übereinkunft oder gar Aufhebung der ausdrücklichen Vertragsänderungsklausel durch stillschweigende spätere Praxis der MS ausgeschlossen ist. – Parallele Abkommen der MS im Rahmen potentiell vorhandener, aber noch nicht verbrauchter Gemeinschaftskompetenzen im Anwendungsbereich der Lückenschließungsklausel des Art. 235 EWGV (→*Generalermächtigung*) führen bei nachfolgender Regelung durch die Gemeinschaft zu einer Konfliktlage. Indessen ist aus der einstimmigen Entscheidungsfindung im Rat nach Art. 235 EWGV zu entnehmen, daß die MS in diesem Falle auch die frühere völkerrechtliche Vereinbarung durch den Gemeinschaftsakt ersetzt wissen wollen. – (C) Auf einer Grenzlinie zur V. liegt die *Vertragsauslegung*. Der Vertragsauslegung im EG-Recht sind – insbes. in Anbetracht dynamischer und integrationsfreundlicher Auslegungsmaximen – Änderungsmomente und Vertragsgestaltungselemente immanent. Beispielhaft ist die rechtsfortbildende und rechtsschöpferische Funktion des →*Gerichtshofes der EG*, die gerade in der Anerkennung der Geltung der Grundrechte als ungeschriebenem Gemeinschaftsrecht und der unmittelbaren Wirkung von →*Richtlinien* über den Bestand der „reinen" Interpretation und Rechtsanwendung hinausgreift. Die Rechtsprechung des EuGH zur Geltung der Grundrechte im Gemeinschaftsrecht ist zudem ein Spiegelbild für die von einem Konsens getragene wechselseitige Abhängigkeit von Praxis und Auslegung der Organe als auch der MS durch die Verklammerung des EG-Rechts mit anderen multilateralen Verträgen der MS (z. B. →*Europäische Menschenrechtskonvention*), dies sowohl durch Anreicherung der allgemeinen Rechtsgrundsätze aus den nationalen Verfassungsüberlieferungen als auch durch einfache Gesetze sowie Erklärungen der Hauptorgane der EG über Rechtsgrundsätze (z. B. *Erklärung der Grundrechte und Grundfreiheiten* des EP vom 12. April 1989; →*Gemeinschaftscharta der sozialen Grundrechte der Arbeitnehmer* vom 9. Dezember 1989). In diesem Punkte erlangt die Rechtsprechung des EuGH unmittelbar eine modifizierende Wirkung in der Verfassung der Bundesrepublik Deutschland (Art. 100 Abs. 1 GG): Das Bundesverfassungsgericht hat aus der Spruchpraxis des EuGH zur Geltung der Grundrechte den Schluß gezogen, daß es, solange die EG, insbes. die Rechtsprechung des EuGH, einen wirksamen Grundrechtsschutz gegenüber der Hoheitsgewalt der Gemeinschaften generell gewährleisten, seine Gerichtsbarkeit über die Anwendbarkeit von abgeleitetem Gemeinschaftsrecht, das als Rechtsgrundlage für ein Verhalten deutscher Gerichte und Behörden im Hoheitsbereich der Bundesrepublik Deutschland in Anspruch genommen wird, nicht mehr ausüben und dieses Recht mithin nicht mehr am Maßstab der Grundrechte überprüfen wird. Die Pflicht zur Achtung der Grundrechte wird nunmehr in Art. F Abs. 2 EUV verankert.

R. Bernhardt: Abschnitt V – „Verfassungsübereinkommen", in: Dreißig Jahre Gemeinschaftsrecht, hrsg. v. der Kommission der EG, Brüssel/Luxemburg 1983, S. 88 f. – R. Bieber/G. Ress (Hrsg.): Die Dynamik des Europäischen Gemeinschaftsrechts, Baden-Baden 1987. – T. Oppermann: Europarecht, München 1991, S. 163 ff. – C. Vedder: Art. 236, in: E. Grabitz (Hrsg.): Kommentar zum EWGV, Juni 1990.

G. Ress

Vertragsentwurf zur Gründung der Europäischen Union →Verfassungsdiskussion

Vertragskonforme Auslegung (EG-Recht) →Auslegung des Gemeinschaftsrechts

Vertragsverletzungsverfahren. Verfahren vor dem →*Gerichtshof der EG* aufgrund einer Aufsichtsklage der →*Kommission* gegen einen →*Mitgliedstaat* (Art. 169 EWGV, 141 EAGV) oder einer Staatenklage eines MS gegen einen anderen MS (Art. 170 EWGV; 142 EAGV) wegen eines Verstoßes gegen das Gemeinschaftsrecht. Außer in den Fällen der Art. 93 (2) EWGV, 100 a (4) Abs. 2 EWGV, 225 EWGV, 38 EAGV und 82 EAGV geht einem V. immer ein *Vorverfahren* voraus, worin die Kom. dem betroffenen MS Gelegenheit gibt, sich zu äußern. Wird keine Lösung gefunden, so gibt die Kom. eine →*Stellungnahme* ab. Nach erfolglosem Ablauf einer darin gesetzten Frist zur Beendigung des Verstoßes kann der MS vor dem EuGH zur Feststellung einer *Vertragsverletzung* angeklagt werden. – Gemäß Art. 171 EWGV (143 EAGV) hat der MS die Maßnahmen zu ergreifen, die sich aus dem Urteil ergeben. Nach den Bestimmungen des →*Vertrages über die Europäische Union* kann die Kom., falls der betreffende MS diese Maßnahmen nicht ergreift, den EuGH erneut anrufen und hierbei eine ihr angemessene Geldstrafe benennen, die der EuGH verhängen kann, wenn er feststellt, daß der MS seinem Urteil nicht nachgekommen ist (Art. 171 (2) EGV, 143 (2) EAGV). Der

EuGH kann nationale Maßnahmen nicht selbst für nichtig erklären. – Unter dem EGKSV ist das V. anders geregelt: Nach Art. 88 EGKSV kann die Kom. eine (bindende) →*Entscheidung* abgeben, daß ein MS gegen den Vertrag verstößt und kann der MS gegen diese Entscheidung dann Klage vor dem EuGH erheben.

C.-D. Ehlermann: Die Verfolgung von Vertragsverletzungen der MS durch die Kom., in: Festschrift für Hans Kutscher, Baden-Baden 1981, S. 135 ff. – D. Tsikrikas: Die Wirkungen der Urteile des Europäischen Gerichtshofs im V., Berlin 1990.

N. Neuwahl

Vertragsziele. Die →*Europäischen Gemeinschaften* begreifen sich als Stufe zu einem immer engeren Zusammenschluß der Völker ihrer →*Mitgliedstaaten*. Durch den Zusammenschluß ihrer Wirtschaftskräfte sollen Frieden und Freiheit gewahrt und gefestigt werden (vgl. Präambel EGV). Ihr Endziel ist die Schaffung einer *Europäischen Union* (Art. 1 →*Einheitliche Europäische Akte*). Um zu konkreten Fortschritten auf diesem Weg beizutragen, verfolgen sie bestimmte, primär wirtschaftliche Nahziele, wie sie insbesondere in der Präambel des EGV genannt sind. Danach wollen sie den *wirtschaftlichen und sozialen Fortschritt* in der Gemeinschaft sichern, indem sie die Europa trennenden Schranken beseitigen und die stetige Besserung der *Lebens- und Beschäftigungsbedingungen* ihrer Völker als wesentliches Ziel anstreben. Diesem Ziel dienen (a) die einverständliche Beseitigung bestehender Hindernisse, um eine beständige Wirtschaftsausweitung, einen ausgewogenen Handelsverkehr und einen redlichen Wettbewerb zu gewährleisten; (b) die Verringerung regionaler Ungleichgewichte, um ihre Volkswirtschaften zu einigen und deren harmonische Entwicklung zu fördern. Nach außen wollen sie eine Handelspolitik gegenüber →*Drittländern* führen, um zur Beseitigung der Beschränkungen im zwischenstaatlichen Wirtschaftsverkehr beizutragen; ein weiteres Ziel bildet die Förderung des Wohlstands der →*überseeischen Länder und Gebiete*. – Die Präambel des EGV enthält die Aufforderung an die anderen Völker Europas, die diese Ziele teilen, sich den Bestrebungen der →*Gründerstaaten* anzuschließen. – Von diesen allgemein gehaltenen Zielen sind die konkreten *Aufgaben* der Gemeinschaften zu unterscheiden, die ihren Tätigkeitsbereich abgrenzen (vgl. Art. 2, 3 EGV).

R. Geiger: EG-Vertrag. Kommentar, München 1993.

R. Geiger

Vertrag über die Europäische Union. Der V., der am 7. Februar 1992 in Maastricht unterzeichnet wurde, trägt den Titel *„Vertrag über die Europäische Union"* und nicht *„Vertrag zur Errichtung der Europäischen Union"*. Ohne hieraus zu weitgehende Schlußfolgerungen ziehen zu wollen, stellt sich die Frage, welcher Natur diese *„Europäische Union"* ist. Gemäß Art. A bilden die →*Europäischen Gemeinschaften* die Grundlage der Union, ergänzt durch neue Politiken und Formen der Zusammenarbeit. Als Folge hieraus besteht der Vertrag aus drei Hauptteilen (oft als *„drei Säulen"* bezeichnet): (1) Die Titel II, III und IV enthalten die Bestimmungen zur Änderung der Verträge zur Gründung der in Zukunft *„Europäische Gemeinschaft"* genannten →*Europäischen Wirtschaftsgemeinschaft* (Art. G), der →*Europäischen Gemeinschaft für Kohle und Stahl* (Art. H) und der →*Europäischen Atomgemeinschaft* (Art. I); (2) Titel V enthält die Bestimmungen zur Einführung einer →*Gemeinsamen Außen- und Sicherheitspolitik* (GASP); (3) Titel VI enthält die Bestimmungen zur *Zusammenarbeit in den Bereichen Justiz und Inneres*. Gemäß Art. L gilt die →*Rechtsordnung der EG* nicht für die beiden letzteren, die →*Kooperation* zwischen den MS betreffenden Titel. Diese Kooperation ist insbesondere nicht der →*Rechtsprechung des EuGH* unterworfen. Hieraus folgt, daß die Union als solche über keine eigene *Rechtspersönlichkeit* verfügt. Im Bereich der Kooperation zwischen den MS entsprechen die Verfahren nicht den →*Entscheidungsverfahren* der Gemeinschaft, obwohl man deren →*Organen*, v. a. dem →*Rat* und der →*Kommission*, einige Funktionen zugewiesen hat. Das →*Europäische Parlament* hat das Recht, von der *Ratspräsidentschaft* und von der Kom. informiert zu werden sowie Fragen an den Rat zu richten. Die Kom. verfügt im Bereich der Titel V und VI über kein Initiativrecht, sondern trägt nur zu den Arbeiten bei. Wenn der Rat nicht anders beschließt, werden die Entscheidungen einstimmig getroffen. Es handelt sich demnach um ein System des Konsens, wobei letzterer sogar durch die Enthaltung eines Ratsmitglieds verhindert werden könnte, da eine dem Art. 148 (3) EWGV entsprechende Bestimmung fehlt, nach der eine Stimmenthaltung dem Zustandekommen von Beschlüssen des Rates, zu denen Einstimmigkeit erforderlich ist, nicht entgegensteht. Man kann folglich feststellen, daß die neuen Bestimmungen zur Kooperation zwischen den MS im Bereich der Verfahren insoweit einen Fortschritt darstellen, als sie die Verfahren der Kooperation in höherem Maße als zuvor strukturieren. Hinsichtlich der dem neuen System übertragenen Entscheidungskompetenzen zeigt sich, daß es offenkundig politisch unmöglich war, die MS einem autonomen und von den MS unabhängigen Entscheidungszentrum zu unterwerfen. Eine Anwendung des Gemeinschaftssystems auf Maßnahmen im Bereich der Kooperation ist allerdings teilweise auf dem Wege über eine *„Laufbrücke"* möglich, aufgrund eines einstimmigen Beschlusses des Rates, der von den MS gemäß ihrer internen Verfahren ratifiziert werden muß. Es handelt sich hierbei im wesentlichen um eine Änderung des Vertrages nach dem Modell der Art. 138 und 201 EWGV. – Es ist daher festzustellen, daß das Gemeinschaftssystem einerseits und die zwei Systeme der Kooperation zwischen den MS andererseits fundamental getrennt bleiben. Potentiell stehen den Kooperationssystemen jedoch einige Instrumente des EG-Rechts zur Verfügung. So kann der Rat einstimmig beschließen, daß die im Rahmen der Kooperation entstehenden Verwaltungsausgaben zu Lasten des →*Haushalts der EG* gehen können, ohne daß es hierzu einer Ratifizierung durch die MS bedarf. In diesem

Fall käme Art. 203 EGV zur Anwendung, der dem EP im Rahmen des →*Haushaltsverfahrens* ein Mitspracherecht geben würde. In Abänderung des EWGV hat der V. auch einen neuen Art. 228 a eingeführt, der vorsieht, daß der Rat mit *qualifizierter Mehrheit auf Vorschlag der Kom.* die zur Ausführung von im Rahmen der GASP angenommenen *gemeinsamen Standpunkte* oder *Aktionen* erforderlichen Wirtschaftssanktionen gegen →*Drittländer* beschließen kann. Hiermit wird die seit langem offene Frage beantwortet, ob die Gemeinschaft handelspolitische Maßnahmen gemäß Art. 113 EWGV auch zu politischen Zwecken treffen darf. Das EP ist hieran jedoch ebensowenig beteiligt wie am Abschluß von Handelsabkommen auf der Grundlage von Art. 113 (3). – Abgesehen von diesen punktuellen und spezifischen Verbindungen zwischen dem Gemeinschafts- und dem Kooperationssystem gibt es einige Bestimmungen, die auf den gesamten V. anwendbar sind: So sieht Art. O den →*Beitritt* von Drittstaaten zur Union vor, d. h. es gibt keinen Beitritt nur zur Gemeinschaft, wie dies Art. 237 EWGV vorsah. Diese Bestimmung zeugt von der Intention, den V. nur als eine neue Etappe auf dem Wege der Verwirklichung der *Union der Europäischen Völker* (Art. A) zu betrachten. Eine andere gemeinsame Bestimmung, Art. F (2), ist von noch größerer Bedeutung. Sie verpflichtet die Union zur *Achtung der Grundrechte,* wie sie in der →*Europäischen Menschenrechtskonvention* von 1950 und in der gemeinsamen Tradition der Verfassungen der MS definiert sind. Diese Definition ist identisch mit der in der *Rechtsprechung des EuGH* entwickelten. Eine andere auf die gesamte Union anwendbare Bestimmung ist das →*Subsidiaritätsprinzip,* das in dem durch Art. B auf die gesamte Union ausgedehnten neuen Art. 3 b EGV definiert wird. Dieses Prinzip findet sich in allen föderalen Systemen, und trotz allen Zauderns bildet die Gemeinschaft ein System mit föderalem Charakter. Aus rechtlicher Sicht erscheint es überflüssig, dieses Prinzip im V. zu verankern. Aus politischen Gründen hatte es sich allerdings bereits als notwendig erwiesen, eine entsprechende Bestimmung in den Art. 130 r (4) (Umweltpolitik) bei Annahme der →*Einheitlichen Europäischen Akte* aufzunehmen. Als Folge des *Subsidiaritätsprinzips* muß jede Maßnahme der Gemeinschaft gemäß Art. 190 EWGV im Hinblick auf ihre Ziele begründet werden. Die Diskussion über die Ratifizierung des V. hat gezeigt, daß die Bestimmung des Art. 3 b erhebliche Konfliktgefahren birgt: Es besteht das Risiko, daß in Zukunft die Meinungen der MS, also der Mitglieder des Rates, über die Notwendigkeit einer Maßnahme der Gemeinschaft an Stelle von Maßnahmen der MS noch mehr divergieren. Auf juristischer Ebene können derartige Konflikte nicht in befriedigender Form durch ein Urteil des EuGH gelöst werden. Der EuGH hat es zu Recht immer abgelehnt, sich in die Ermessensentscheidungen einzumischen, die die Organe der Gemeinschaft zum Handeln veranlaßt haben. – Wenn man die Frage nach der Natur und den

Charakteristika der Union gemäß dem V. stellt, muß man natürlich auch den Änderungen des EWGV Rechnung tragen. Ungeachtet der Tatsache, daß die Gemeinschaft in vielen Bereichen wie der Kultur, der Gesundheit und des Verbraucherschutzes bereits ohne ausdrückliche →*Gemeinschaftskompetenzen* tätig geworden ist, gibt die durch den V. eingeführte Erweiterung der Kompetenzen ihr ein zusätzliches Profil. Die Weiterentwicklung der →*Sozialpolitik* (Protokoll über die Sozialpolitik, die vorgesehene Stärkung des *Wirtschaftlichen und Sozialen Zusammenhalts* (Titel XIV) und die Einfügung ausdrücklicher Bestimmungen zur Entwicklungszusammenarbeit (Titel XVII) stärken die Rolle der Gemeinschaft intern und extern sowie auch im alltäglichen Leben der Bürger. Das Kernstück der Weiterentwicklung durch den V. ist aber unzweifelhaft die Bildung einer →*Wirtschafts- und Währungsunion* (WWU). Nach langen Bemühungen, die bereits in den 70er Jahren begannen, gelingt es dem V., präzise und strikte Regelungen für eine solche Union zu etablieren, unter Einschluß der Errichtung einer →*Europäischen Zentralbank*. Wenn der Eintritt in die dritte Stufe dieses Systems gelingt, wird es ein neues Entscheidungs- und Machtzentrum auf der Gemeinschaftsebene geben, das in fundamentaler Weise die Wirtschaft der MS und so auch den Alltag der Bürger bestimmen wird. Dennoch gibt es nach wie vor Zweifel, ob die Regeln über die *Konvergenzkriterien* (→*Wirtschafts- und Währungsunion*) die Aufgaben erfüllen können, die ihnen im V. zugewiesen werden. Mit Ausnahme der *Währungspolitik* verbleibt die Kompetenz für die *Wirtschaftspolitik* bei den MS. Diese sind zwar einem verbindlichen System zur Verwirklichung und Beibehaltung der Konvergenz unterworfen, aber die Wirtschaftspolitik ist Teil der allgemeinen Politik eines jeden Staates, die aufgrund der Natur der Dinge von anderen als nur wirtschaftlichen Faktoren beeinflußt wird. In einem System wie dem vom V. vorgesehenen gibt es notwendigerweise eine *Spannung* zwischen den Entscheidungszentren für die Wirtschaft im allgemeinen und dem für die Währungspolitik. Die jüngsten Entwicklungen im →*Europäischen Währungssystem* haben gezeigt, daß man nicht unbegrenzt eine Wirtschaftspolitik durch währungspolitische Mittel erzwingen kann. Die Verwirklichung und das Funktionieren der WWU hängt entscheidend von der Haltung der MS hinsichtlich der Wirtschaftspolitik und von der Zentralbank hinsichtlich der Währungspolitik ab. – Ein anderes Element zur Beantwortung der Frage nach der Natur der Union ist das Maß, in dem die Union eine *„res publica"* ist, d. h. von den Bürgern getragen wird. Nach dem in Art. A Abs. 2 definierten Ziel soll der V. die Situation durch möglichst *„bürgernahe"* Entscheidungen verbessern. In diesem Zusammenhang muß man v. a. die durch die neugefaßten Art. 8 ff. EWGV eingeführte →*Unionsbürgerschaft* erwähnen. Es ist zwar richtig, daß die Fälle, in denen ein Bürger eines MS diplomatischen Schutz in einem Drittland benötigt, selten sind, aber die Teilnahme der Bürger eines MS an den *Kommunalwahlen* jedes anderen MS könnte doch die Existenz einer Gemeinschaft jenseits der Entscheidungen der großen Politik und technischer Einzelmaßnahmen deutlich machen. Eine ähnliche Wirkung könnte durch das nun ausdrücklich vorgesehene →*Petitionsrecht* (Art. 138 d) und die Ernennung eines →*Bürgerbeauftragten* (Art. 138 e) erzielt werden. Man muß zugeben, daß die Möglichkeiten sowohl des EP als auch des Bürgerbeauftragten, die Haltung der übrigen Organe zu beeinflussen, begrenzt sind. Der vorgesehene →*Ausschuß der Regionen* (Art. 198 a) könnte jedoch die Situation ebenfalls verbessern. Lokale und regionale Körperschaften stehen dem Bürger (und umgekehrt) wesentlich näher als die Zentralregierungen. Wenn es gelingt, daß in diesem Ausschuß die Tendenzen und Meinungen der Bürger der verschiedenen Regionen oder lokalen Körperschaften so reflektiert werden, daß der Bürger in den Entscheidungen der Union seine Gedanken und Hoffnungen wiederfindet, dann würde man sicherlich das Gefühl der Bürger, dieser anzugehören, stärken. – Die vorangegangen Reflexionen zeigen, daß die Europäische Union *„à la Maastricht"* weit davon entfernt ist, eine Union im klassischen Sinne des Wortes zu sein. Dennoch, die Verwirklichung des V. kann sich als ein wichtiger Schritt zu einer Einigung Europas nicht im Sinne eines zentralisierten Staates, sondern im Sinne einer föderalen Ordnung sui generis erweisen, die ihre Rolle in der Welt und im Innern ihrer Grenze erfüllen kann. Diese Entwicklung ist per Definition ein langwieriges Abenteuer, das sich nur in realistischen Schritten vollziehen kann. Es bleibt abzuwarten, ob man die goldene Regel der Politik als der Kunst des Möglichen respektiert hat.

L. Cartou: Commentaire du traité de Maastricht sur l'Union européenne, in: Actualités communautaires 277 (1992), S. 7–32. – R. Hrbek: Das Vertragswerk von Maastricht. Die EG auf dem Weg zur Europäischen Union, Wirtschaftsdienst, in: Zeitschrift für Wirtschaftspolitik 3 (1992), S. 131–137. – E. Noel: Reflections on the Maastricht Treaty, in: Government and Opposition 2 (1992), S. 148–157. – J. Rideau: Le traité de Maastricht du 7 février 1992 sur l'Union européenne: aspects institutionnels, in: Revue des affaires européennes 2 (1992), S. 21–48. – O. Schmuck: Der Maastrichter Vertrag zur europäischen Union: Fortschritt und Ausdifferenzierung der europäischen Integration, in: Europa-Archiv 4 (1992), S. 97–106.

H.-J. GLAESNER

Vertrag von Maastricht →Vertrag über die Europäische Union

Vertrauenslage →Vertrauensschutz

Vertrauensschutz. Der Grundsatz des V. ist als *allgemeiner Rechtsgrundsatz* im Gemeinschaftsrecht gewährleistet. Ausgehend von frühen Entscheidungen zur Rücknahme und zum Widerruf von Verwaltungsakten hat der →*Gerichtshof der EG* den Grundsatz des V. als *rechtstaatliche Beschränkung jeglicher Gemeinschaftsgewalt* entwickelt und als *Grundprinzip* der Gemeinschaft bezeichnet. Er ist Ausdruck des *Gerechtigkeitsprinzips,* indem er *Stetigkeit* und *Voraussehbarkeit* gemeinschaftlichen Handelns garantiert (→*Rechtssicherheit*). Im Spannungsfeld von gemeinschaftlichem Regelungsinteresse und individueller Freiheit schützt der Grundsatz des V. den Einzelnen vor einer nachträglichen rechtlichen Umbewertung erworbener Rechtspositionen oder getroffener Dispositionen. Schutzwirkung entfaltet der Grundsatz nur bei Bestehen einer *Vertrauenslage,* die durch vertrauensbildendes Verhalten von →*Organen der EG* (z. B. Erlaß einer Entscheidung, Auskunft oder Verwaltungspraxis) hervorgerufen wurde. Nach objektiven Umständen ist zu beurteilen, ob die Vertrauenslage eine Einschränkung hoheitlicher Entfaltungsfreiheit rechtfertigen kann *(Schutzwürdigkeit)*: Während dies regelmäßig bei gesicherten Rechtspositionen bejaht werden muß, kommt es bei Erwartungen oder Spekulationen auf den Einzelfall an. Schließlich ist das Interesse des Einzelnen am Schutz seiner Rechtspositionen oder Dispositionen und das gemeinschaftliche Gestaltungsinteresse abzuwägen. In Abhängigkeit vom Gewicht der einfließenden Interessen kann der Grundsatz des V. *Bestandsschutz* garantieren oder die Gemeinschaft zu einer *Übergangsmaßnahme* verpflichten. Schadensersatzansprüche bei Verletzung des V.-Grundsatzes richten sich nach Art. 215 EWGV (→*Haftung der EG*).

K.-D. Borchardt: Der Grundsatz des V. im EG-Recht, Kehl u. a. 1988.

M. Nettesheim

Vertretung der Arbeitnehmer →Mitbestimmung der Arbeitnehmer

Verursacherprinzip. Gemäß Art. 130 r II 1 EWGV *„unterliegt die Tätigkeit der Gemeinschaft im Bereich der Umwelt ... dem Verursacherprinzip."* Nach dem V. trifft die finanzielle Einstandspflicht für die Kosten einer Umweltbeeinträchtigung grundsätzlich ihren Verursacher. Eine Übernahme durch die Allgemeinheit und/oder die Nichtzahlung dieser Kosten werden ausgeschlossen. Die Kostentragungspflicht des Verursachers soll diesen veranlassen, Umweltbeeinträchtigungen bereits aus wirtschaftlichen Erwägungen heraus zu vermeiden. Aus einer Zusammenschau mit den ebenfalls in Art. 130 r II 1 verankerten Ursprungs- und Vorbeugeprinzipien ergibt sich, daß die Einstandspflicht nicht allein den Verursacher einer bereits eingetretenen Umweltverschmutzung trifft, sondern auch auf Maßnahmen zur Vermeidung künftiger Umweltbeeinträchtigungen Anwendung findet. Ungeklärt ist die Frage, inwieweit das V. im Bereich rechtlich zulässiger Umwelteinwirkungen zu berücksichtigen ist. Das V. richtet sich in erster Linie an die →*Organe der EG.* Entsprechend anderen Prinzipien des Art. 130 r II 1 kann es zur Beurteilung der Vereinbarkeit mitgliedstaatlicher Maßnahmen mit Anforderungen des Gemeinschaftsrechts, wie etwa dem →*freien Warenverkehr,* herangezogen werden. Bei der Anwendung des Prinzips steht den Organen ein erheblicher Spielraum zu. Eine Prüfung dieses Ermessens durch den →*Gerichtshof der EG* in Fällen manifester oder systematischer Außerachtlassung ist vor allem in Verfahren nach Art. 173, 175 und 177 EWGV möglich. Besondere Bedeutung kann dieser

Prüfung im Bereich der Subventionspolitik bzw. -aufsicht der Gemeinschaft zukommen.

B. Wegener

Verwaltungsausschuß →Ausschußverfahren

Verwaltungsrecht der EG. Das V. ist der Inbegriff der geschriebenen und ungeschriebenen Rechtssätze, die in spezifischer Weise für Organisation, Verfahren und Rechtsvollzug der Verwaltung gelten. Verwaltung läßt sich als planmäßige, zweckgerichtete, nicht judikative Herstellung verbindlicher Entscheidungen in Umsetzung legislativer Vorgaben beschreiben. Das V. der EG ist nicht kodifiziert; seine *Rechtsquellen* sind zahlreiche Bestimmungen des →*Sekundärrechts,* vereinzelt auch Vorschriften der Verträge (z. B. Art. 190, 214 EWGV). Das EG-Recht wird nur teilweise *direkt* durch die EG, überwiegend *indirekt* durch die MS verwaltet. – Der direkte Vollzug durch die EG richtet sich ausschließlich nach den EG-Verträgen. Die EG kann Verwaltungsaufgaben unmittelbar durch eigene Organe *(eigene Verwaltung),* aber auch *mittelbar* durch selbständige juristische Personen des EG-Rechts wahrnehmen. Aufgaben der *unmittelbaren Verwaltung* nimmt vorwiegend die →*Kommission* wahr, der auf der Grundlage der EG-Organisationsgewalt auch nachgeordnete Ämter, Ausschüsse und Behörden (z. B. →*Statistisches Amt*) zugeordnet werden können. *Mittelbare Verwaltungstätigkeit* üben z. B. der →*Europäische Fonds für währungspolitische Zusammenarbeit* und das →*Europäische Zentrum zur Förderung der Berufsausbildung* aus. Alle Verwaltungsbehörden der EG haben das *Verwaltungsinnenrecht* zu beachten, das Organisation und Verfahren zum Gegenstand hat. Für die EG-Organe haben Bedeutung insbesondere das *Haushaltsrecht* (Art. 199 ff. EWGV), das *Dienstrecht* (Art. 24 FusV; →*Beamtenstatut*), Vorschriften über *Sprachen* (Art. 1 der VO 1 v. 6.11.1958), *Arbeitsort* (Art. 216 EWGV) und *Geschäftsordnung,* sowie über *Privilegien und Immunitäten* (Protokoll über →*Vorrechte und Befreiungen* vom 8.4.1965). Im „Außenverhältnis" gegenüber MS und Bürgern wenden die Organe das materielle V. an, das sich aus dem besonderen V. einzelner Tätigkeitsbereiche (z. B. *Wettbewerbsrecht* (Art. 85 ff. EWGV), *Beihilfenaufsicht* (Art. 92 f. EWGV), *Antidumpingrecht* (VO 2423/88, ABl. L 209/1)) und *allgemeinen Normen* zusammensetzt. Das allgemeine V. findet sich im Vertrag (z. B. Art. 213–215 EWGV) und im Sekundärrecht (z. B. VO 1182/71 zur Festlegung der Regeln für Fristen, Daten und Termine, ABl. L 124/1), in erheblichem Umfang aber auch in *allgemeinen Rechtsgrundsätzen.* Neben rechtsstaatlichen Grundsätzen (z. B. *Gesetzmäßigkeit der Verwaltung;* →*Vertrauensschutz;* →*Rückwirkungsverbot*) lassen sich *verfahrensrechtliche* (rechtliches Gehör; Recht auf Akteneinsicht) und *materielle Grundsätze* (Rücknahme und Widerruf von Rechtsakten; Zulässigkeit von Bedingungen, Auflagen, Vorbehalten) nachweisen. Die Entwicklung dieser Rechtsgrundsätze wurde vom →*Gerichtshof der EG* im Wege rechtsvergleichender Analyse mitgliedstaatlichen V. vorangetrieben, um Lücken des positiven Rechts zu schließen. Als *Handlungsform* im „Außenverhältnis" stehen →*Entscheidungen* im Vordergrund; teilweise sieht das besondere V. aber auch andere Handlungsformen vor (so z. B. im Außenwirtschaftsrecht die →*Verordnung*). Die nationalen Behörden sind teils positivrechtlich (vergleiche z. B. Art. 11 I der VO 17 v. 6.2.1962, ABl. L 13/204), im übrigen nach Art. 5 EWGV zur *Unterstützung* der Verwaltungsorgane der EG verpflichtet (→*Gemeinschaftstreue*). – Im Rahmen des *indirekten Vollzugs* von Gemeinschaftsrecht führen die Behörden der MS Vorschriften des besonderen V. der EG aus (z. B. Agrarrecht, Zollrecht, Umweltrecht, Sozialrecht). Soweit die EG im jeweiligen Tätigkeitsfeld keine Vorschriften erlassen hat, richten sich Organisation, Verfahren und allgemeines V. bei indirekter Verwaltung grundsätzlich nach dem jeweiligen nationalen Recht. Nach der ständigen Rechtsprechung des EuGH (Rs. 205–215/81, *Deutsche Milchkontor*) darf nationales Recht im Rahmen indirekter Verwaltung des EG-Rechts nur angewandt werden, wenn es die Verwirklichung der Gemeinschaftsregelung nicht praktisch unmöglich macht *(Effektivitätsgebot)* und dem Recht entspricht, das auf gleichartige rein nationale Streitigkeiten angewandt wird (→*Diskriminierungsverbot*). Diese Grundsätze gelten z. B. für den Widerruf von gemeinschaftswidrigen Verwaltungsakten, die Rückforderung von zu Unrecht gewährten Beihilfen (Art. 92 f. EWGV) und die Anordnung der aufschiebenden Wirkung eines Widerspruchs gegen einen in Ausführung des EG-Rechts erlassenen Verwaltungsakt. Da zwischen den nationalen V. Unterschiede bestehen, die die *Einheitliche Tragweite* des gemeinschaftlichen besonderen V. beeinträchtigen können, und die – ungeschriebenen – allgemeinen Rechtsgrundsätze des gemeinschaftlichen V. für mitgliedstaatliche Behörden keine →*unmittelbare Geltung* entfalten, erläßt die EG zunehmend auch dem nationalen Recht vorgehende Vorschriften des allgemeinen V. über Organisation (z. B. VO 1360/78 über Erzeugergemeinschaften, ABl. L 166/1), Verfahren sowie das allgemeine V. (z. B. VO 2913/92 über den Zollkodex der Gemeinschaften, ABl. L 302/1). Langfristig ist mit einer zunehmenden Verdichtung positiv normierten gemeinschaftsrechtlichen V. zu rechnen: Eine dem →*Subsidiaritätsprinzip* zuwiderlaufende Entwicklung.

M. Hilf: Die Organisationsstruktur der EG, Berlin u. a. 1982. – J. Schwarze: Europäisches Verwaltungsrecht, Baden-Baden 1988. – M. Schweitzer (Hrsg.): Europäisches Verwaltungsrecht, Wien 1991.

M. NETTESHEIM

„Vierte" Einnahmequelle →Eigenmittel der EG

Visapolitik →Innen- und Justizpolitik

„Vlassopoulou" (Rechtssache) →Niederlassungsfreiheit

Völkerrechtlicher Status der EG. Die →*Europäischen Gemeinschaften* besitzen völkerrechtliche *Rechtspersönlichkeit* (→*Rechtsfä-*

higkeit der EG). Als Völkerrechtssubjekt sind sie die Träger der völkerrechtlichen Rechte und Pflichten, die die Völkerrechtsordnung internationalen Organisationen zuerkennt. Da die Rechtsnormen des allgemeinen Völkergewohnheitsrechts primär auf Staaten zugeschnitten sind, unterliegen die EG nur denjenigen Normen, die ihren grundsätzlich beschränkten Aufgaben- und Tätigkeitsbereich betreffen. – Als Völkerrechtssubjekt können die Gemeinschaften in ihrem Aufgabenbereich völkerrechtliche Verträge mit →*Drittländern* und internationalen Organisationen schließen. Gemeinschaftsrechtlich bedürfen sie hierzu einer in den →*Gründungsverträgen* formulierten Kompetenz (Prinzip der begrenzten →*Einzelermächtigung*). Gemäß der →*Rechtsprechung des EuGH* (insbesondere AETR-Urteil 1971) verfügt die EG über eine Vertragsschlußkompetenz in allen Fällen, in denen der Gründungsvertrag den →*Organen der EG* eine Rechtsetzungsbefugnis zuerkennt („Annex-Außenkompetenz").
Liegt im Aufgabenbereich der Gemeinschaft auch eine Handlungskompetenz „nach innen" nicht vor, kann subsidiär die →*Generalermächtigung* des Art. 235 EGV in Anspruch genommen werden. – Das durch völkerrechtliche Abkommen geschaffene Vertragsrecht ist von den Gemeinschaftsorganen zu beachten; es bildet einen Rechtmäßigkeitsmaßstab für deren Rechtsakte, ohne daß es einer besonderen Transformation der vertraglichen Regelung in das Gemeinschaftsrecht bedarf (vergleiche Art. 228 Abs. 7 EGV). Soweit die vertragliche Regelung hinreichend bestimmt („self-executing") ist, können auch Einzelne sich auf sie berufen (→*unmittelbare Anwendbarkeit*). – Die Gemeinschaften sind aktiv und passiv gesandtschaftsfähig. In der Praxis machen sie jedoch nur von der passiven Gesandtschaftsfähigkeit vollen Gebrauch, d. h. sie empfangen – vertreten durch →*Rat* und →*Kommission* – diplomatische Vertreter von Drittländern, unterhalten aber keine eigenen diplomatischen Vertretungen in dritten Ländern. Sie werden dort offiziell durch die diplomatischen Vertretungen desjenigen MS vertreten, der den Vorsitz im Rat führt. Die Kom. unterhält in einigen Ländern →*Delegationen,* die jedoch nicht den Status diplomatischer Vertretungen der EG innehaben.

R. Geiger: EG-Vertrag. Kommentar, München 1993. – J. Groux/P. Manin: Die EG in der Völkerrechtsordnung, Brüssel 1984.

R. Geiger

Völkerrechtsfähigkeit der EG →Rechtsfähigkeit der EG, →Völkerrechtlicher Status der EG

Vollständigkeit (Haushaltsgrundsatz) →Finanzverfassung der EG

Vorabentscheidung →Vorabentscheidungsverfahren

Vorabentscheidungsverfahren. Verfahren vor dem →*Gerichtshof der EG* gemäß Art. 177 EWGV (150 EAGV, 41 EGKSV) zur *Vorabentscheidung* über eine von einem nationalen Gericht vorgelegte Frage zur Auslegung oder Gültigkeit des Gemeinschaftsrechtes, die sich im Rahmen eines anhängigen nationalen Rechtsverfahrens ergeben hat. Die Frage kann gelten: der Auslegung der Verträge, der Satzung der durch den →*Rat* geschaffenen Einrichtungen, der Auslegung der Rechtsakte der →*Organe der EG* (gemäß dem →*Vertrag über die Europäische Union* auch der →*Europäischen Zentralbank*) oder der Gültigkeit dieser Rechtsakte (Art. 41 EGKSV spricht explizit nur von Gültigkeit von →*Beschlüssen* von →*Kommission* und Rat). Der nationale Richter ist befugt bzw. in höchster Instanz sogar verpflichtet, ein V. einzuleiten, wenn eine Frage der Interpretation oder Gültigkeit von den Parteien oder ihm selbst von Amts wegen erhoben wird und eine Vorabentscheidung des EuGH für sein Urteil erforderlich ist (Art. 177 EWGV, 150 EAGV; EuGH Rs. 283/81, *CILFIT*). Das V. ist von großer Bedeutung für die Gewährleistung der *Einheitlichkeit* der Rechtsordnung und Rechtsprechung in der Gemeinschaft. – Bei V. über die Gültigkeit werden die betroffenen Rechtsakte vom EuGH gewöhnlich anhand der →*Gründungsverträge* überprüft, ggf. aber auch anhand allgemeiner Rechtsgrundsätze, allgemeiner Grundsätze des Völkerrechts und die EG bindender internationaler Verträge, insoweit letztere unmittelbar anwendbar sind. – Das Urteil im V. verpflichtet die nationalen Gerichte, die gemeinschaftsrechtliche Frage gemäß dem Urteil zu entscheiden. Die *Rückwirkung* von Ungültigkeitserklärungen sowie Auslegungsurteilen kann eingeschränkt werden, wenn dies dem Gebot der Rechtssicherheit entspricht und eine unbegrenzte Rückwirkung erhebliche wirtschaftliche Probleme in den beteiligten Wirtschaftskreisen zur Folge haben würde. – In Anlehnung an Art. 177 EWGV haben das Protokoll betreffend der Auslegung des Übereinkommens vom 27.9.1968 über die gerichtliche Zuständigkeit und die Vollstreckung gerichtlicher Entscheidungen, das Protokoll über die gegenseitige Anerkennung von Gesellschaften und das Übereinkommen über das Europäische Patent für den Gemeinsamen Markt (→*Gemeinschaftspatent*) zusätzliche Vorabentscheidungsbefugnisse des EuGH begründet.

E. Dauses: Das V. nach Art. 177 EWGV, Luxemburg 1986. – U. Everling: Das V. vor dem Europäischen Gerichtshof, Baden-Baden 1986.

N. Neuwahl

Vorbericht bei Verfahren vor dem EuGH →Gerichtshof der EG

Vorherigkeit (Haushaltsgrundsatz) →Finanzverfassung der EG

Vorlageverfahren →Vorabentscheidungsverfahren

Vorprüfungsverfahren (Beihilfen) →Beihilfenaufsicht

Vorrang des Gemeinschaftsrechts. Der Grundsatz des V. vor dem Recht der MS besagt, daß im Falle der Kollision einer gemeinschaftsrechtlichen Bestimmung mit der Vorschrift eines MS die gemeinschaftsrechtliche Regelung vorgeht. – Der Grundsatz wurde vom →*Gerichtshof der EG* aus dem Gedanken der notwendigen Einheit der Gemeinschaftsrechtsordnung entwickelt. Die Grundlagen der Gemeinschaft würden in Frage gestellt, wenn das Gemeinschaftsrecht nicht in allen MS gleichermaßen gelten würde, sondern in den einzelnen MS vom jeweiligen nationalen Recht verdrängt werden könnte. Dem Gemeinschaftsrecht komme deshalb ein Vorrang vor allen wie immer gearteten innerstaatlichen Rechtsvorschriften zu (EuGH Rs. 6/64, *Costa/ENEL*). Das Gemeinschaftsrecht setze sich demgemäß sogar gegenüber entgegenstehendem nationalem Verfassungsrecht durch. – Der Vorrang hat nach Auffassung des EuGH zur Folge, daß eine Gemeinschaftsnorm ein wirksames Zustandekommen neuer staatlicher Gesetzgebungsakte insoweit verhindert, als diese mit ihr unvereinbar sind. Durch das spätere Inkrafttreten einer gemeinschaftsrechtlichen Vorschrift wird jede entgegenstehende Bestimmung staatlichen Rechts ohne weiteres unanwendbar (EuGH Rs. 92/78, *Simmenthal*). Die nationalen Behörden und Gerichte haben diese Rechtsfolge ohne weiteres zu berücksichtigen. – Das Bundesverfassungsgericht hat den Grundsatz des V. prinzipiell anerkannt. Es hat allerdings insoweit eine Ausnahme angenommen, als durch gemeinschaftsrechtliche Vorschriften die Grundstruktur der Verfassung, auf der ihre Identität beruht, geändert würde. Zu einer so weitreichenden Übertragung von Hoheitsrechten sei der Gesetzgeber nicht befugt gewesen. Dies gelte für Vorschriften der Gemeinschaftsverträge ebenso wie für Regelungen durch →*Rechtsakte* der Gemeinschaft. Insoweit werde der →*unmittelbaren Geltung und Anwendbarkeit* des Gemeinschaftsrechts innerhalb des staatlichen Herrschaftsbereichs kein Raum gelassen (E 37, 271 – *„Solange I"*). An diesen Grundsätzen hat das Bundesverfassungsgericht auch in seiner Entscheidung E 73, 339 – *„Solange II"* festgehalten. Es hat dort nur hinsichtlich der Grundrechtsverbürgungen des Grundgesetzes festgestellt, daß es die Anwendbarkeit von sekundärem Gemeinschaftsrecht nicht mehr an deren Maßstab überprüfe, solange die Rechtsprechung des EuGH einen wirksamen Schutz der →*Grundrechte* generell gewährleiste.

R. Geiger: EG-Vertrag. Kommentar, München 1993.

R. Geiger

Vorrechte und Befreiungen der EG. Die →*Europäischen Gemeinschaften* genießen gemäß dem „Protokoll über die V." (Anhang zum →*Fusionsvertrag*) vor allem die folgenden V.: (1) die Räumlichkeiten, Gebäude und Archive der EG sind unverletzlich; (2) ihre Nachrichtenübermittlung und ihr Schriftverkehr werden gemäß den für diplomatische Vertretungen üblichen Bestimmungen geschützt; (3) die EG sind von direkten Steuern, Zöllen sowie Ein- und Ausfuhrverboten befreit; (4) die →*Mitglieder des Europäischen Parlaments*, anderer →*Organe der EG* sowie die Beamten und Bediensteten der EG genießen innerhalb unterschiedlich definierter Grenzen Immunität und/oder Indemnität; (5) für dieselben Personen gelten auch erleichterte Aufenthalts- sowie besondere Steuervorschriften (→*Gemeinschaftssteuer*). – Jedes Organ kann die Befreiungen eines Beamten oder Bediensteten aufheben, wenn dies nach seiner Auffassung nicht den Interessen der Gemeinschaft zuwiderläuft. Die Aufhebung der Immunität eines →*Mitglieds des Europäischen Parlaments* bedarf gemäß dessen Geschäftsordnung eines Mehrheitsvotums des Plenums nach Vorlage eines Berichts des zuständigen Ausschusses.

N. Neuwahl

Vorruhestandsregelung. Im Rahmen der →*Gemeinsamen Agrarpolitik* können nach einer Ratsverordnung von 1988 als Folge eines Grundsatzbeschlusses des Brüsseler Sondergipfels die MS der EG Landwirten ab 55 Jahren eine V. anbieten, wenn diese die gesamte für den Markt bestimmte Erzeugung für mindestens fünf Jahre aufgeben oder ihre Flächen anderen Betrieben überlassen. Bis zum erstattungsfähigen Höchstbetrag (3100 ECU für Verheiratete, 1850 ECU für Alleinstehende, bei Flächenabgabe zuzüglich einer Prämie bis zu 250 ECU/Hektar) beteiligt sich die Gemeinschaft, je nach Wirtschaftskraft der Region, mit 25% bis 75.%

W. von Urff

Vorschlagsrecht der Kommission. Der →*Rat* als Gemeinschaftsgesetzgeber kann, von Sonderfällen abgesehen, nur auf Vorschlag der →*Kommission* entscheiden. Institutionell unabhängig und nur dem Gemeinschaftsinteresse verpflichtet, hat diese durch die Ausübung des Initiativmonopols entscheidenden Einfluß auf die Gestaltung der Gemeinschaftspolitiken, indem die Frage, ob ein →*Rechtsakt* erforderlich ist sowie dessen Inhalt, Zeitpunkt, Rechtsgrundlage oder Zusammenhang mit anderen Rechtsakten oder Vorschlägen ihrer eigenverantwortlichen Entscheidung unterliegen. Der Vorschlag ist kein Diskussionspapier, sondern die vollständig ausformulierte beschlußreife Vorlage des zu erlassenen Rechtsakts. Die Vorschläge der Kom. werden im →*Amtsblatt* veröffentlicht. Die Kom. kann bis zur endgültigen Verabschiedung ihren Vorschlag jederzeit ändern (und äußerstenfalls zurückziehen). Der Rat ist an den Vorschlag der Kom. gebunden, kann ihn jedoch ändern. Während zur Annahme des Kommissionsvorschlags in vielen Fällen die *qualifizierte Mehrheit* genügt, kann der Rat *Änderungen* nur *einstimmig* beschließen. Die einzige Ausnahme findet sich im →*Mitentscheidungsverfahren* nach dem →*Vertrag über die Europäische Union:* hier kann der Rat, auch bei ablehnender Stellungnahme der Kom., mit *qualifizierter Mehrheit* der im Vermittlungsausschuß erzielten Einigung zustimmen. – Durch ihr Vorschlagsrecht hat die Kom. im Rahmen der Verhandlungen im Rat eine zentrale Stellung inne, da sie durch Änderung ihres Vorschlags die Bildung von Mehrheiten oder das Zustandekommen von Lösungen gegenseitigen Einvernehmens fördern kann. Der Verabschiedung von Vorschlägen durch die Kom. gehen oft umfangreiche Konsultationen voraus. Handelt es sich um die praktische Ausgestaltung einer Gemeinschaftspolitik, so zieht die Kom. in der Regel Sachverständige zu Rate, die von den einzelstaatlichen Verwaltungen benannt werden, aber auch Interessenvertreter. Manche dieser Konsultationen sind in Form *beratender Ausschüsse* institutionalisiert worden (nicht zu verwechseln mit den Ausschüssen im Bereich der Durchführung des abgeleiteten Gemeinschaftsrechts). Geht es um grundsätzliche Entscheidungen, z. B. die Festlegung der Leitlinien einer Gemeinschaftspolitik, können die Vorstellungen der Kom. in vielfältiger Weise zur Diskussion gestellt werden: z. B. Veröffentlichung von Memoranden, Grün- oder Weißbüchern, Gespräche mit Spitzenvertretern aus allen Bereichen des öffentlichen Lebens, Kolloquien und Konferenzen, Grundsatzdebatten im EP, informelle Ministertagungen. Diese Kontakte haben jedoch keine bindende Wirkung; in allen Fällen entscheidet die Kom. allein und in eigener Verantwortung. In wichtigen Fällen erstreckt sich die Beschlußfassung über einen Vorschlag auf zwei Lesungen, zwischen denen oft mehrere Wochen vergehen. Der Rat – und nach dem EUV auch das →*Europäische Parlament* – können die Kom. auffordern, Vorschläge zu unterbreiten. Angesichts der unabhängigen Stellung der Kom. bedeutet dies nicht ein Weisungsrecht, etwa hinsichtlich des Inhalts eines Vorschlags, das das Initiativmonopol der Kom. aushöhlen würde. Aus demselben Grund lehnt die Kom. die wiederholt erhobene Forderung des Parlaments ab, die von diesem eingebrachten Änderungsanträge quasi automatisch zu übernehmen. Sie hat sich hingegen verpflichtet, jede vom Parlament geforderte Änderung zu prüfen, die übernommenen Änderungsanträge in den geänderten Vorschlag an den Rat aufzunehmen und jede Nichtübernahme dem Parlament gegenüber zu begründen. Das V. ist ein eigentümliches Element der Gemeinschaftsverfassung: Kernstück des Entscheidungssystems und Garant für das Gleichgewicht zwischen dem Interesse der Gemeinschaft und dem der einzelnen MS, darüber hinaus auch, wie die Erfahrung gezeigt hat, eine der wesentlichen Voraussetzungen für die Funktionsfähigkeit der Gemeinschaft.

H. Offele

„Vorsteuer“ →Steuerharmonisierung

VRE →Versammlung der Regionen Europas

Währungsausgleich. Das Instrument des Währungsausgleichs (oder *„Grenzausgleichs“*) dient dazu, das gemeinsame →*Agrarpreissystem* auch bei Wechselkursänderungen funktionsfähig zu halten. – Im Mittelpunkt der →*Gemeinsamen Agrarpolitik* steht das System gemeinsamer Preise, das die Einheitlichkeit des Agrarmarktes und ein ausreichendes Einkommen in der Landwirtschaft garantieren soll. Diese gemeinsamen Preise werden jährlich neu vom →*Europäischen Rat* in ECU festgelegt und können mit Hilfe des jeweiligen *Agrarumrechnungskurses* (*„repräsentative Umrechnungskurse“* oder *„grüne Paritäten“*) in die nationalen Währungen umgerechnet werden. Ohne diesen gesonderten *Agrarumrechnungskurs* hätten *Leitkursänderungen* im →*Europäischen Währungssystem* folgende Auswirkungen: Infolge der Aufwertung (Abwertung) einer EG-Währung gegenüber der ECU würden die Preise in nationaler Währung und die Einkommen im Agrarsektor sinken (steigen). Um diese unerwünschten preis- und einkommenspolitischen Folgen einer Leitkursänderung zu verhindern, kann der *Agrarumrechnungskurs* in gewissem Umfang vom *ECU-Leitkurs* im EWS abweichen. Aufgrund der Anwendung des *Agrarumrechnungskurses* kommt es allerdings in den Aufwertungsländern (Abwertungsländern) – im Vergleich zu dem in ECU festgelegten Gemeinschaftsniveau – zu höheren (niedrigeren) Agrarpreisen, und das Prinzip des einheitlichen Preises ist durchbrochen. Zur Verhinderung von Arbitragegeschäften hat die Gemeinschaft ab 1971 ein allgemeines System des W. eingeführt. Die *Währungsausgleichsbeträge* ergeben sich dabei aus der Multiplikation des →*Interventionspreises* mit dem *Grenzausgleichssatz*. Im Gegensatz zu dem Berechnungsverfahren vor dem 2.4.1984 werden heute die *Grenzausgleichssätze* nicht mehr als Differenz zwischen *„grüner Parität"* und *ECU-Leitkurs*, sondern im Verhältnis zur *stärksten Währung* berechnet. Ziel dieser Systemumstellung war die Abschaffung des *positiven Grenzausgleichs*, der in Aufwertungsländern bei der Ausfuhr gewährt und bei der Einfuhr erhoben wurde. Nunmehr kommt es nur noch in den Abwertungsländern zu einem *negativen Grenzausgleich*, der bei Importen gewährt und bei Exporten erhoben wird. Resultat dieser Änderung ist somit eine Umverteilung des Grenzausgleiches von den Aufwertungsländern zu den Abwertungsländern.

P. Bofinger

Währungsausgleichsbeträge
→Währungsausgleich

Währungsausschuß der EWG
→Beratender Währungsausschuß der EWG

Währungsbeistand. Der *kurzfristige Währungsbeistand* und der *mittelfristige finanzielle Beistand* zählen zusammen mit der *sehr kurzfristigen Finanzierung* zu den Kreditmechanismen des →*Europäischen Währungssystems*. Im *kurzfristigen W.*, der durch ein Abkommen der EG-Notenbanken im Jahr 1970 geschaffen worden ist, gewähren sich die EG-Zentralbanken kurzfristige Devisenkredite zur Überbrückung vorübergehender →*Zahlungsbilanzschwierigkeiten*, ohne daß währungs- oder wirtschaftspolitische Auflagen erforderlich sind. Die Höchstgrenze der Kredite wird durch Schuldnerquoten bestimmt (insgesamt 8,92 Mrd. ECU). Diese Kreditlinie steht auch den EG-Notenbanken offen, die nicht am *Wechselkursverbund des EWS* teilnehmen. Die im Rahmen des *kurzfristigen W.* gewährten Kredite verfügen über eine Laufzeit von drei Monaten; sie können zweimal um weitere drei Monate verlängert werden. Der *mittelfristige Beistand* basiert auf einer Entscheidung des →*Rates der EG* von 1971. Er gewährt MS *mittelfristige* (auf zwei bis fünf Jahre befristete) *Zahlungsbilanzhil-*

fen zu Zinssätzen unter dem Marktniveau. Allerdings können diese Kredite nur gewährt werden, wenn dem Schuldnerland wirtschaftspolitische Auflagen erteilt werden. Sowohl der *mittelfristige finanzielle Beistand* als auch der *kurzfristige W.* sind seit Inkrafttreten des EWS nicht in Anspruch genommen worden. Im Jahre 1988 wurde das System des mittelfristigen finanziellen Beistands mit dem System der →*Gemeinschaftsanleihe* zusammengefaßt.

P. Bofinger: Festkurssysteme und geldpolitische Koordination, Baden-Baden 1991.

P. BOFINGER

Währungskorb →Europäische Währungseinheit

Währungspolitik der EG. Die W. bezieht sich sowohl auf die Währungspolitik der EG-Staaten untereinander als auch auf die Währungspolitik der EG gegenüber →*Drittländern.* Zunächst soll die Entwicklung der EG-Währungspolitik bis heute behandelt und danach ein Ausblick für die nahe Zukunft gegeben werden. – (A) *Interne Währungspolitik bis 1992:* Grundlage für die wirtschaftspolitischen Entwicklungen der EG ist deren Teilorganisation, die →*Europäische Wirtschaftsgemeinschaft* (EWG). Auf der Basis des Art. 105 des EWGV sind die MS der EG verpflichtet, die Koordinierung ihrer Währungspolitik zu fördern. Dazu wurde ein *Beratender Währungsausschuß* eingesetzt. Zur Ergänzung ist ein Gouverneursrat eingesetzt worden, dem die Präsidenten der Zentralbanken der EG-MS angehören (→*Ausschuß der Präsidenten der Zentralbanken der Mitgliedstaaten der EWG*). Diesen beratenden und koordinierenden Institutionen stehen die in der Politik getroffenen Entscheidungen über Währungsarrangements gegenüber. – Das *Bretton-Woods-(BW-)System* garantierte bis Ende der 60er Jahre auch zwischen den Währungen der EG-Staaten fixe Wechselkurse, so daß sich weder eine Möglichkeit noch eine Notwendigkeit zu einer gemeinschaftlichen Währungspolitik ergab. Den seit Ende der 60er Jahre auftretenden Spannungen im BW-System versuchten die EWG-Länder zumindest untereinander *feste Wechselkursparitäten mit gewissen Bandbreiten* entgegenzustellen. Zwischen März 1971 und dem 24.4.1972 wurden die Paritäten und Bandbreiten jedoch immer wieder geändert und sogar die Einhaltung der Wechselkursfixierungsverpflichtung wurde durch kurzzeitiges Floaten einiger Währungen (z. B. der DM) unterbrochen. Vom 24.4.1972 an wurden die Paritäten durch den *Europäischen Wechselkursverbund („Währungsschlange")* innerhalb einer Bandbreite von ± 2,25% garantiert. Seit dem 13.3.1979 gelten die Vorschriften des →*Europäischen Währungssystems* (EWS) für die Währungspolitik der MS. Danach sind die Währungen der am EWS teilnehmenden Länder durch ein *bilaterales Paritätengitter* mit Bandbreiten von 2,25% (bzw. 6%) miteinander verbunden. Neufestsetzungen der Paritäten (→*Realignments*) können bei Einvernehmen aller MS vorgenommen werden. Nicht alle EG-Staaten nahmen an den jeweiligen währungspolitischen Arrangements der letzten zwanzig Jahre teil. – (B) *Externe Währungspolitik* *bis 1992:* Auch für die externe Währungspolitik gilt das Koordinierungsgebot des Art. 105 des EWGV. Bis März 1971 bestimmte das BW-Festkurssystem die Währungspolitik der EG gegenüber Drittländern. Nach der kurzen Übergangszeit trat am 24.4.1972 der Wechselkursverbund mit einer festen Parität gegenüber dem Dollar *(„Schlange im Tunnel“)* und damit auch gegenüber allen anderen relevanten Drittwährungen in Kraft und dauerte bis zum März 1973. Danach floatete der Wechselkursverbund gegenüber dem Dollar. Auch seit der Errichtung des EWS existieren grundsätzlich flexible Wechselkurse des ECU gegenüber Drittwährungen, obwohl in der zweiten Hälfte der 80er Jahre massive Interventionen im Verhältnis zum US-Dollar vorgenommen wurden *(„managed floating“)*. Bemerkenswert ist, daß der Dollar-DM-Wechselkurs im Mittelpunkt dieser Interventionen steht, was auf die dominante Rolle der DM im EWS zurückzuführen ist. – (C) *Ausblick auf die in- und externe Währungspolitik der Europäischen Zentralbank:* Die Währungspolitik der EWS-Teilnehmerländer untereinander wird in den 90er Jahren zunehmend unter dem Erfordernis der Konvergenz der Geldpolitik stehen, die gewährleistet sein muß, um die Stufen 2 und 3 der Europäischen →*Wirtschafts- und Währungsunion* zu erreichen. Mit der Schaffung der →*Europäischen Zentralbank* geht die Kompetenz für die Interventionspolitik gegenüber Drittländern auf diese Institution über, sofern kein formelles Wechselkursabkommen besteht. Im Falle eines Festkurssystems z. B. gegenüber dem Dollar wäre der EG-Ministerrat für die Festlegung der Interventionspunkte zuständig. Bisher sind die Drittwährungsbeziehungen der Europäischen Währungsunion in der Diskussion nur wenig beachtet worden.

P. Bofinger: Festkurssysteme und geldpolitische Koordination, Baden-Baden 1991. – W. Fuhrmann: Integration. Schritte zu einer Monetären Union, in: Jahrbuch für Sozialwissenschaft (1990), S. 160–180. – H. J. Hahn: Vom EWS zur Europäischen Währungsunion, Saarbrücken 1990. – H. Hauser: Die Ergebnisse von Maastricht zur Schaffung einer Europäischen Währungsunion, Außenwirtschaft, in: Schweizerische Zeitschrift für internationale Wirtschaftsbeziehungen 2 (1992), S. 151–171.

P. Bofinger

Währungsschlange →Währungspolitik der EG

Währungsunion →Wirtschafts- und Währungsunion

Wahlen (EP) →Direktwahlen

Wahlperiode (EP) →Direktwahlen

Wahlrecht (EP) →Direktwahlen

Warennomenklatur →Gemeinsamer Zolltarif

Wechselkursparitäten →Europäisches Währungssystem, →Währungspolitik der EG

Wechselkursverbund →Europäisches Währungssystem, →Währungspolitik der EG

„Weißbuch zur Vollendung des Binnenmarktes“ →Binnenmarkt, →Binnenmarktprogramm

Werner-Bericht. Auf der die zukünftigen Weichen für die EG stellenden Gipfelkonferenz vom Dezember 1969 – de Gaulle war als französischer Präsident 1969 zurückgetreten, in der BRD war die sozial-liberale Koalition unter Kanzler Brandt gebildet worden – in Den Haag wurde beschlossen, den →*Gemeinsamen Markt* zu vollenden, den Integrationsprozeß durch eine →*Wirtschafts- und Währungsunion* (WWU) zu vertiefen und die →*Erweiterung* der EG um Großbritannien, Irland und Dänemark vorzunehmen. Unter Leitung des damaligen luxemburgischen Premierministers *Werner* wurde im Oktober 1970 ein Bericht vorgelegt, der die schrittweise Schaffung der WWU in drei Stufen bis 1980 vorsah. Durch Währungskooperation, Koordinierung der Konjunkturpolitiken, Aufhebung der Kapitalverkehrsgrenzen sowie einen regionalen Finanzausgleich sollte das ehrgeizige Projekt realisiert werden. Faktisch hätte die Verwirklichung der WWU die Schaffung eines supranationalen Europas bedeutet, da (1) ein wirtschaftspolitisches Entscheidungsgremium und (2) ein gemeinsames Zentralbanksystem geschaffen worden wären. Doch sowohl weltpolitische Rahmenbedingungen (Ölpreiskrise, Währungskrisen) als auch der Rückgriff auf nationale Krisenbewältigungsstrategien verhinderten einen Erfolg der 1971 mit der ersten Stufe begonnenen WWU.

W. Woyke

Westerterp-Verfahren
→Luns-Westerterp-Verfahren

Westeuropäische Union (WEU). Die W. ging 1954 aus dem *Brüsseler Vertrag* von 1948 hervor. Mitglieder sind: Deutschland, Großbritannien, Frankreich, Belgien, Niederlande, Luxemburg, Italien sowie Portugal, Spanien und Griechenland. Es handelt sich um einen auf 50 Jahre geschlossenen *Vertrag zur Förderung der wirtschaftlichen Zusammenarbeit* der Mitgliedsländer (Art. I), ferner um einen *militärischen Beistandspakt,* der durch eine weitgehende *automatische Beistandspflicht* gekennzeichnet ist (Art. V). Nicht vorgesehen war jedoch eine eigene Militärorganisation, die unter Hinweis auf die NATO ausdrücklich als *„unerwünscht"* bezeichnet wurde (Art. IV); die operativ-militärischen Aufgaben waren von der NATO wahrzunehmen. Wichtigste Funktion der W. war ursprünglich die Kontrolle bestimmter *Rüstungsbeschränkungen,* denen die Bundesrepublik Deutschland unterworfen war (Größen- und Mengenkontrollen bestimmter konventioneller Waffen). Diese Kontrollen wurden nach und nach verringert und zum 1.1.1986 gänzlich aufgehoben. Organe der W. waren der *Ministerrat,* das *Amt für Rüstungskontrolle,* das *Sekretariat,* ein *Ständiger Rüstungsausschuß* und eine parlamentarische Versammlung. Eine gewisse Bedeutung erlangte der Dialog in der W. nach der französischen Absage des britischen Beitrittsantrags zur EWG; in dieser Phase (1963–1973) wurden die Treffen auf Außenministerebene abgehalten, um auf diese Weise die Zusammenarbeit mit Großbritannien zu demonstrieren. Nach dem britischen Beitritt zur Gemeinschaft verfiel die W. wieder in ihren „Dornröschenschlaf", bis auf französischen Vorschlag 1984 eine *„Reaktivierung"* erfolgte, wonach die W. zur Förderung der sicherheitspolitischen Zusammenarbeit *„besser genutzt werden sollte"*. Seitdem finden die Treffen auf Außen- und Verteidigungsministerebene statt. Nach mehreren Veränderungen besteht die W. nunmehr aus dem *Ministerrat,* der zweimal jährlich zusammentrifft, einem *Sekretariat* und einer *Planungsstelle* in Brüssel, einem kleinen Forschungsinstitut und der *Parlamentarischen Versammlung*. Gedacht wird an die W. als Kern einer zukünftigen europäischen Verteidigungskomponente, wobei Frankreich diese außerhalb der NATO, die anderen Mitglieder (insbesondere Großbritannien) sie jedoch im Rahmen des Atlantischen Bündnisses verwirklichen wollen. Auf der Sitzung des →*Europäischen Rates* in Maastricht 1992 wurde beschlossen, die W. als *„integralen Bestandteil"* der vorgesehenen Europäischen Union (EU) ab 1993 mit der Entwicklung einer gemeinsamen europäischen Verteidigungspolitik zu betrauen (→*Vertrag über die Europäische Union*). Auf Ersuchen der EU soll die W. *„verteidigungspolitische Entscheidungen und Aktionen erarbeiten und durchführen"*. Dazu wurden die Entwicklung eines gemeinsamen Planungsstabs und regelmäßige Treffen der W.-Generalstabschefs vorgesehen. Das von Deutschland und Frankreich aufzustellende, für weitere Mitglieder offene *„Eurokorps"* kann der W. zur Verfügung gestellt werden. Die EG-Mitglieder Dänemark und Irland wurden zum *Beitritt,* die nicht der EG angehörenden europäischen NATO-Partner Norwegen, Island und Türkei zur *Assoziierung* eingeladen. Zu den osteuropäischen Staaten ist durch einen Konsultativrat eine Verbindung hergestellt worden.

K. Carstens/D. Mahncke (Hrsg.): Westeuropäische Verteidigungskooperation, München 1972. – P. Schell: Bündnis im Schatten, Bonn 1991.

D. Mahncke

Wettbewerbsbericht →Gesamtbericht über die Tätigkeit der EG

Wettbewerbsfreiheit →Gemeinsame Wettbewerbspolitik

Wettbewerbspolitik →Gemeinsame Wettbewerbspolitik

Wettbewerbsregeln. Zweck der W. des EWGV ist, den Wettbewerb innerhalb des →*Gemeinsamen Marktes* vor Verfälschungen zu schützen. Grundlegende W. sind die Art. 85 bis 94. Art. 85 richtet sich gegen Vereinbarungen und andere Verhaltensweisen von Unternehmen, die den Handel zwischen den MS *beeinträchtigen* können, Art. 86 gegen *mißbräuchliche Verhaltensweisen von Monopolunternehmen und Firmen mit beträchtlicher Marktmacht*. Von der Anwendung dieser Artikel freigestellt ist als Bereichsausnahme gemäß Art. 42 EWGV nur die Landwirtschaft, während für einige Wirtschaftszweige wettbewerbsrechtliche Sonderregelungen bestehen. Die *Verordnung über die Kontrolle von Unternehmenszusammenschlüssen* ermöglicht eine vorbeugende →*Fusionskontrolle* bei Zusammenschlüssen von gemeinschaftsweiter

Bedeutung. Die Art. 92 bis 94 EWGV richten sich gegen *staatliche Beihilfen* an bestimmte Unternehmen oder Produktionszweige, die den Wettbewerb im Gemeinsamen Markt verfälschen oder zu verfälschen drohen. Ergänzende W. sind Vorschriften für die *Ausübung staatlicher Handelsmonopole* (Art. 37 EWGV) und zur Vermeidung von *wettbewerbsverfälschenden nationalen Rechts- und Verwaltungsvorschriften* (Art. 101 und 102 EWGV). Die besonderen W. für *Unternehmen im Kohle- und Stahlbereich* in den Art. 65 und 66 EGKSV sollen demnächst an die des EWGV angepaßt werden, um die Kohärenz der →*Gemeinsamen Wettbewerbspolitik* zu verstärken.

R. CLAPHAM

Wirtschaftlicher Verbraucherschutz →Verbraucherpolitik der EG

Wirtschaftlichkeit (Haushaltsgrundsatz) →Finanzverfassung der EG

Wirtschaftsfreiheit (in der EG). Unter W. wird die Freiheit von Kapital, Arbeit, Dienstleistungen und Niederlassungen verstanden. Mit der Verwirklichung des →*Binnenmarktes* 1993 soll auch der *„freie Verkehr von Waren, Personen, Dienstleistungen und Kapital"* (→*Freiheiten des Gemeinsamen Marktes*) gewährleistet sein. Freie, unbeschränkte Kapitalbewegungen (→*Freier Kapitalverkehr*) zwischen den EG-Ländern sind bereits seit 1990 möglich. →*Niederlassungsfreiheit* bedeutet das Recht von EG-Bürgern, in einem anderen Gemeinschaftsstaat die Möglichkeit auf selbständige Ausübung gewerblicher, landwirtschaftlicher oder freiberuflicher Erwerbstätigkeiten. In den EG-Verträgen gibt es keine vorgeschriebene, wirtschaftspolitische Ordnung, doch werden bestimmte Mindestanforderungen gestellt. So muß in der EG die →*Wirtschaftspolitik* mit der *freien Entfaltung der Persönlichkeit* vereinbar sein, muß die *Wettbewerbsfreiheit* garantiert sein, d. h. u. a. das Recht jedes Unternehmens oder Unternehmers mit anderen Unternehmen auf dem Markt zu konkurrieren. Wirtschaftliche Handlungsfreiheit setzt auch *wirtschaftliche Vertragsfreiheit* voraus, d. h. daß der einzelne seine Rechtsstellung und die Rechtslage der von ihm beherrschten Rechtsgüter nach Belieben durch Verträge mit anderen ändern können muß.

W. WOYKE

Wirtschaftskommission für Europa. Die 1947 vom *Wirtschafts- und Sozialrat* der *Vereinten Nationen* gegründete W. ist eine der fünf *Regionalkommissionen* dieses Rats. – Die W., auch ECE (Economic Committee for Europe) genannt, ist eine aus 34 MS bestehende zwischenstaatliche Organisation, welcher unter anderem die Vereinigten Staaten von Amerika, Kanada sowie fast alle Staaten Europas angehören. Die W. hat ihren Sitz in Genf und beschäftigt ungefähr 250 Beamte. – Bei ihrer Gründung bestand die Aufgabe der W. vorrangig darin, zum wirtschaftlichen Wiederaufbau Europas beizutragen. Später war sie in den Sektoren der Industrie, der Energie und des Wohnungswesens tätig. Vor allem aber war sie in denjenigen des Handels (durch die Entwicklung der wirtschaftlichen Zusammenarbeit auf regionaler Ebene, zu welcher unter anderem die Zusammenarbeit zwischen Ost und West gehört), des Transportwesens (hauptsächlich des Warentransports), der Landwirtschaft (hinsichtlich der Qualitätsverbesserung der Nahrungsmittel) sowie der Umweltfragen aktiv. Die W. bemüht sich ebenfalls, den *„papierlosen Handel"*, d. h. den Handel durch direkten Informationsaustausch zwischen Computern anstelle der kostenaufwendigen geschriebenen Dokumente, zu fördern. In all diesen Gebieten verrichtet die W. verschiedenste Arbeiten: sie verfaßt juristische Texte (wie zum Beispiel Konventionen und Protokolle), gibt Empfehlungen ab und führt Studien durch.

C. van Lierde

Wirtschaftspolitik der EG. Als „Wirtschaftspolitik" bezeichnet man alle Maßnahmen des Staates (oder anderer Träger), die die Wirtschaftsordnung gestalten und auf Wirtschaftsstruktur und -prozeß Einfluß nehmen *(K. Schiller)*. Legt man diese umfassende Definition zugrunde, so handelt fast der gesamte EWGV von der W. Dementsprechend faßt der →*Vertrag über die Europäische Union* von 1992 den bisherigen Zweiten und Dritten Teil des EWGV als einheitlichen Dritten Teil des EGV unter der Überschrift *„Die Politiken der Gemeinschaft"* zusammen (Art. 9 bis 130 y). – Das Ziel der Integration der Gemeinschaft soll nach Art. 2 EWGV (in der ursprünglichen Fassung) durch die – eng miteinander verzahnten und nicht voneinander zu isolierenden – wirtschaftspolitischen Mittel (1) *„Errichtung eines Gemeinsamen Marktes"* und (2) *„schrittweise Annäherung der Wirtschaftspolitik der MS"* erreicht werden; letztere kann nach dem EWGV die Form (a) einer (unverbindlichen) *Koordinierung* der Wirtschaftspolitik der MS, (b) einer *Harmonisierung* der Rechtsvorschriften der MS aufgrund von →*Richtlinien* des →*Rates* oder (c) einer *Gemeinsamen Politik* haben. Die Errichtung eines →*Gemeinsamen Marktes* erfordert die Gewährleistung der *Vier Freiheiten:* Freiheit des Waren-, Personen-, Dienstleistungs- und Kapitalverkehrs (→*Freiheiten des Gemeinsamen Marktes*). Dazu müssen →*Handelshemmnisse* und andere Beschränkungen des freien Verkehrs von Gütern und Produktionsfaktoren beseitigt werden. Vor allem Dienstleistungs- und →*Niederlassungsfreiheit* erfordern zusätzlich (vollständige oder Mindest-)Harmonisierung oder gegenseitige Anerkennung von Rechtsvorschriften der MS, mithin ein Tätigwerden des Rates. Mit dem Programm zur Vollendung des Binnenmarkts (→*Binnenmarktprogramm*) sucht die EG die letzten Beeinträchtigungen der *Vier Freiheiten* zu beseitigen. Ergänzend sind für den Gemeinsamen Markt auch Gemeinsame Politiken nötig: eine →*Gemeinsame Handelspolitik*, durch die die →*Zollunion* einheitlich gegenüber →*Drittländern* auftritt, und eine →*Gemeinsame Wettbewerbspolitik*, die im Binnenmarkt den Wettbewerb vor Verfälschungen schützt und private Handelshemmnisse verhindert. – Der EWGV sieht außerdem eine →*Gemeinsame Agrarpolitik* und eine →*Ge-*

meinsame Verkehrspolitik vor. Für beide Bereiche galten in den MS interventionistische →*Marktordnungen* mit staatlichen Preissetzungen usw. Eine *Marktintegration* wäre nur durch *Deregulierung* möglich gewesen; die Gemeinsamen Politiken haben statt dessen den Interventionismus *vergemeinschaftet.* – Schließlich enthält der EWGV noch Ansätze zu einer Gemeinsamen →*Sozialpolitik.* Inzwischen haben die Gemeinschaftsorgane weitere Kompetenzen erhalten, so z. B. für Regional-, Industrie- und Entwicklungshilfepolitik. Durch die →*Einheitliche Europäische Akte* (EEA) von 1986 wurden Umwelt- sowie Forschungs- und Technologiepolitik in den EWGV aufgenommen. – Durch die Einführung einer *Gemeinsamen Politik* werden wirtschaftspolitische Kompetenzen von den MS auf die →*Organe der EG* – →*Rat* und →*Kommission*, in begrenztem Umfang auch das →*Europäische Parlament* – übertragen. Allerdings sind mit der Einführung einer Gemeinsamen Politik in keinem dieser Bereiche sämtliche Zuständigkeiten auf die EG übergegangen. Werden die verbleibenden Kompetenzen der MS isoliert, unkoordiniert wahrgenommen – was häufig der Fall ist – so besteht die Gefahr, daß das Gesamtsystem einer Politik in der Gemeinschaft inkonsistent wird und u. U. die gemeinsame Politik unterlaufen wird. – Die *makroökonomische Stabilisierungspolitik* (Konjunktur-, Geld-, Finanz-, Währungs- und Zahlungsbilanzpolitik) ist nach dem EWGV in der Zuständigkeit der MS verblieben. Für diesen wichtigen Bereich der W. ist nur eine rechtlich unverbindliche Koordinierung der Wirtschaftspolitik der MS vorgeschrieben. Dafür zuständig ist der Rat, der meist auf Vorschlag der Kom. und des aus Vertretern der MS und der Kom. bestehenden *Ausschusses für W.* tätig wird, der 1974 aus einer Verschmelzung der Ausschüsse zur Konjunkturpolitik, mittelfristigen Wirtschaftspolitik und Haushaltspolitik hervorging. Die Koordinierung der Wirtschaftspolitik der MS hat bisher nur unzureichend funktioniert. Die EEA fordert die MS auf, die für die Weiterentwicklung der EG notwendige Konvergenz der Währungs- und W. zu sichern. – Mit dem im Februar 1992 unterzeichneten →*Vertrag über die Europäische Union* (EUV) sollen die wirtschaftspolitischen Kompetenzen der Gemeinschaft erheblich erweitert werden. So ist vorgesehen, der EG in zahlreichen neuen Politikbereichen Handlungspotentiale zuzuweisen. Wirtschaftspolitisch bedeutend sind hier insbes. die Felder, Bildung, Verkehrsinfrastruktur, Telekommunikation und Energie *(transeuropäische Netze),* Entwicklungszusammenarbeit, Verbraucherschutz und Industriepolitik. Ausgeweitet werden sollen die Gemeinschaftskompetenzen in den Bereichen Währungs-, Sozialpolitik, wirtschaftlicher und sozialer Zusammenhalt, Forschung und technologische Entwicklung und Umwelt. Insgesamt wird durch den EUV der Eindruck verstärkt, daß die EG bestrebt ist, weit mehr als nach dem (im Vertrag verankerten) →*Subsidiaritätsprinzip* erforderlich, wirtschaftspolitische Kompetenzen auf die Gemeinschaftsebene zu verlagern. Die beabsichtigte Aufnahme der Industriepolitik in den EWGV nährt Bedenken, daß die EG durch interventionistische und dirigistische Eingriffe wettbewerbspolitische Ziele zurückdrängt und die vom EWGV vorgegebene marktwirtschaftliche Ordnung aushöhlt. – Als wichtigste Erweiterung des wirtschaftspolitischen Aufgabenbereichs der EG sieht der EUV die Weiterentwicklung der Gemeinschaft zu einer →*Wirtschafts- und Währungsunion* vor. Vereinbart wurde, bis spätestens 1999 feste Wechselkurse zwischen den MS und schließlich eine einheitliche Währung einzuführen. In der Endstufe soll eine stabilitätsorientierte und EG-einheitliche Geld- und Währungspolitik vom →*Europäischen System der Zentralbanken*, bestehend aus den Zentralbanken der MS und einer (noch zu errichtenden) unabhängigen →*Europäischen Zentralbank*, betrieben werden. Der Eintritt in die Endstufe der Währungsunion ist aber nur für diejenigen MS vorgesehen, die bestimmte ökonomische *Konvergenzkriterien* erfüllen (u. a. relativ niedrige Inflationsrate und relativ geringes Haushaltsdefizit). Nicht zur Teilnahme verpflichtet sind vorläufig jedoch noch Großbritannien und Dänemark. Kritiker der Währungsunion befürchten zum einen, daß die Europäische Zentralbank nicht in der Lage sein wird, eine stabilitätsorientierte Geldpolitik zu betreiben. Zum anderen wird befürchtet, daß die relativ strengen ökonomischen Kriterien, die zum Eintritt in die Währungsunion berechtigen, politischen Überlegungen geopfert werden könnten.

H. Dicke u. a. (Hrsg.): EG-Politik auf dem Prüfstand, Tübingen 1987. – R. Hrbek: Das Vertragswerk von Maastricht: Die EG auf dem Weg zur Europäischen Union, in: Wirtschaftsdienst 72 (1992), S. 23–32. – Internationale Organisationen und Gremien im Bereich von Währung und Wirtschaft, 4. Aufl. (Sonderdrucke der Deutschen Bundesbank, Nr. 3), Frankfurt a. M. 1992, S. 172–329, besonders S. 281 ff.

J. MOLSBERGER

Wirtschafts- und Sozialausschuß der EG (WSA). Die →*Römischen Verträge* haben mit dem W. eine weitgehende Institutionalisierung der Vertretung organisierter Interessen im europäischen politischen Willensbildungsprozeß vorgesehen. Der →*Rat* und die →*Kommission* als die eigentlichen Träger (supranationaler) politischer Handlungskompetenz nach Art. 4 Abs. 2 EWGV werden vom W. mit beratender Aufgabe unterstützt (vergleichbar dem →*Beratenden Ausschuß der EGKS*). Rat und Kom. sind zur Anhörung des W. in vielen Fällen vertraglich verpflichtet oder können den W. um *Stellungnahmen* bitten. Die Verpflichtung zur Konsultation des W. betrifft grundsätzlich alle Maßnahmen zur Herstellung der →*Freizügigkeit* und des →*freien Dienstleistungsverkehrs* im →*Gemeinsamen Markt* (Art. 54, 63, 75), die →*Gemeinsame Agrarpolitik* (Art. 43, 47) sowie die Maßnahmen zur *Angleichung der Rechts- und Verwaltungsvorschriften* für die Schaffung und das Funktionieren des →*Binnenmarktes* (Art. 100 und 100 a), die *Zusammenarbeit in sozialen Fragen* (Art. 118, 118 a, 121), die Aufgabenstellung und Arbeit des →*Europäischen Sozialfonds* (Art. 126, 127), die Effizienz der →*Strukturfonds* (Art.

130 d), die Grundsätze einer gemeinsamen Politik der Berufsausbildung (Art. 128), *Rahmenprogramme* der →*Forschungs- und Technologiepolitik* (Art. 130 g) und die →*Umweltpolitik* der Gemeinschaft (Art. 130 s). Seit 1972 kann der W. selbst die Initiative zu Stellungnahmen ergreifen. – Der W. ist als eine *(„zweite")* beratende Versammlung (neben dem →*Europäischen Parlament*) zur Vertretung der organisierten Interessen des wirtschaftlichen und sozialen Lebens der MS *(„Ständekammer")* gestaltet (vergleiche Art. 193–198). Seine 189 Mitglieder repräsentieren die Verbände der Arbeitgeber *(Gruppe I),* der Arbeitnehmer *(Gruppe II)* und verschiedener Interessen *(Gruppe III)* nach einem an der Bevölkerungszahl der MS orientierten Schlüssel. Die Mitglieder werden auf Vorschlag der nationalen Regierungen vom Rat für die Dauer von vier Jahren ernannt (mit der Möglichkeit der Wiederernennung) und sind an keine Weisungen gebunden. Der W. wählt aus seiner Mitte sein Präsidium (von 24 Mitgliedern) und seinen Präsidenten, die mit Hilfe eines Sekretariats und des Generalsekretärs die laufende Arbeit des W. organisieren. Spezialisierte Ausschüsse, vor allem neun ständige *„Fachgruppen"* zu den Hauptarbeitsgebieten des W., sind, auch unter Heranziehung von Experten und EG-Mitarbeitern, für eine fachkompetente Beratung zuständig. Die wichtigsten Ergebnisse der Arbeit aus den Fachgruppen (ihren Unterausschüssen oder ad hoc eingerichteten Studiengruppen) werden in *„Stellungnahmen"* zusammengefaßt und nach der Verabschiedung vom Plenum des W. an den Rat oder die Kom. weitergeleitet (und im →*Amtsblatt der EG* veröffentlicht). Die *Stellungnahmen* (und Berichte über die Beratungen) sind das eigentliche Instrument der Mitwirkung des W. am europäischen politischen Integrationsprozeß. Die *Stellungnahmen* des W. haben für Kom. und Rat jedoch keine bindende Wirkung. Der W. ist das vertraglich institutionalisierte Organ des *„Sozialen Dialogs"* in der EG. An der supranationalen Handlungskompetenz der EG hat der W. entgegen verschiedentlich und auch vom W. selbst erhobenen Forderungen keinen Anteil. – Die Bedeutung des W. als Organ der politischen Willensbildung in der EG läßt sich über die Häufigkeit von Stellungnahmen hinaus nur anhand funktionaler Kriterien beurteilen. Die Wirksamkeit des W., den Einfluß von Gruppeninteressen in der integrationspolitischen Willensbildung zu kanalisieren, ist offenbar noch begrenzt. Vor allem die Arbeitsmarktverbände bevorzugen bei ihrer Einflußnahme auf die europäische Entwicklung die nationalen Organe als Adressaten oder den direkten Weg über die Kom. Die Arbeit des W. ist aus ordnungspolitischer Sicht nicht als korporatistische Verwischung der Grenzen politischer Entscheidungskompetenz und der Repräsentanz gesellschaftlicher Interessen kritisch zu beurteilen. Der W. kann jedoch angesichts der mangelnden demokratischen Bestimmung und der mehrstufigen Delegation seiner Mitglieder *(„Basisferne")* kaum als Institution einer *„Wirtschaftsdemokratie"* oder gar als Beitrag zur Verbesserung der de-

mokratischen Legitimation der EG eingestuft werden.

H. G. Brüske: Der W. Die institutionalisierte Interessenvertretung als Faktor der europäischen Integration, Rheinfelden 1979. – R. Morgan: The consultative function of the Economic and Social Committee of the EC, Florenz 1991.

G. Kleinhenz

Wirtschafts- und Währungsunion. Nach der Freihandelszone und dem Gemeinsamen Markt stellt die W. den nächsthöheren Integrationsstand wirtschaftlicher Zusammenschlüsse dar. Der erste Ansatz für eine W., von den Staats- und Regierungschefs 1969 noch zur Realisierung bis zu Beginn der 80er Jahre beschlossen, scheiterte an Weltwirtschaftsproblemen sowie inneren Schwierigkeiten innerhalb der MS (→*Werner-Bericht*). Durch die Einrichtung des →*Europäischen Währungssystems* 1979 sowie die Propagierung des →*Binnenmarkts* für 1993 schuf die EG die Voraussetzung für die W., deren erste Stufe am 1. Juli 1990 in Kraft trat. In dieser bis Ende 1993 laufenden Stufe sollen die Wirtschaftspolitiken der MS zu größerem Gleichklang *(Konvergenz)* gebracht und die geldpolitische Abstimmung zwischen den nationalen Zentralbanken der MS verbessert werden. Im Dezember 1991 wurde in dem →*Vertrag über die Europäische Union* die Verwirklichung der W. bis spätestens 1999 beschlossen. Sie beinhaltet *„die unwiderrufliche Festlegung der Wechselkurse der Währungen der Mitgliedstaaten untereinander und die Einführung einer einheitlichen Währung, der ECU, sowie die Festlegung und Durchführung einer einheitlichen Geld- und Wechselkurspolitik, die beide vorrangig das Ziel der Preisstabilität verfolgen.“* Um diese Ziele zu erreichen, sind klare institutionelle Regelungen erforderlich. So wird als Kernstück der W. eine Europäische Zentralbank (EZB) (→*Europäisches System der Zentralbanken*) geschaffen, deren Hauptaufgabe die Erhaltung der Stabilität der europäischen Währung bildet. So wird die EZB von Weisungen der Regierungen oder EG-Organe vollkommen unabhängig sein. Die ebenfalls von den Weisungen der Regierungen unabhängigen *nationalen Zentralbanken* bleiben bestehen und bilden zusammen mit der EZB das →*Europäische Zentralbanksystem* (EZBS). Somit gibt es keine nationale Zuständigkeit für die Geldpolitik mehr. Allerdings wäre auch eine EZB ohne eine hinreichende Haushaltsdisziplin der MS nicht in der Lage, Geldwertstabilität auf Dauer zu sichern. – So beginnt die zweite Stufe der W. 1994 mit der Einrichtung eines *Europäischen Währungsinstituts* (EWI), das die Zusammenarbeit zwischen den Zentralbanken und den MS stärken wie auch zu einer besseren Koordinierung der einzelnen Währungspolitiken beitragen soll. Der entscheidende Schritt zur *Währungsunion* vollzieht sich jedoch mit der *dritten Stufe,* in der sich der endgültige währungspolitische Souveränitätstransfer vollziehen wird und damit der EG größere supranationale Kompetenzen verliehen werden. Bevor jedoch in diese Stufe eingetreten werden kann, wird 1996 eine Prüfung der objektiven *Konvergenzkriterien* erfolgen, denn ohne eine entsprechende Konvergenz wäre die W. zum Scheitern verurteilt. Als Kriterien werden in dem *„Protokoll über die Konvergenzkriterien nach Art. 109 j"* (EUV) genannt: (1) Der Anstieg der Verbraucherpreise darf das Mittel der drei preisstabilsten Länder um nicht mehr als 1,5% übersteigen. (2) Die Haushaltsdefizite sollen eine Größenordnung von 3% des Sozialproduktes nicht übersteigen und der Gesamtumfang der Staatsverschuldung darf 60% des jeweiligen Sozialprodukts nicht überschreiten. (3) Die MS sollen ihre Konvergenz durch Teilnahme am Wechselkursmechanismus mit normaler Schwankungsbreite über einen Zeitraum von mindestens zwei Jahren bewiesen haben. (4) Das Niveau der langfristigen Zinsen muß erweisen, daß die Kapitalmärkte der Stabilitätspolitik des jeweiligen Landes vertrauen. Das Zinsniveau darf das Mittel der drei bestplazierten MS nicht um mehr als 2% überschreiten. Wenn Ende 1996 der →*Europäische Rat* mit *qualifizierter Mehrheit* feststellt, daß die Mehrzahl der MS – also nach heutigem Stand sieben – diese Kriterien erfüllen, wird die dritte Stufe der W. beginnen. Sollte dies nicht der Fall sein, so verschiebt sich der Beginn der *Währungsunion* auf 1999. Alle MS, die 1999 die *Konvergenzkriterien* erfüllen, treten in die dritte Stufe der W. ein und bilden zu jenem Zeitpunkt die W. Allerdings ist für Großbritannien und Dänemark eine Freistellungsklausel vorgesehen. Sollte die EG 1999 tatsächlich in die dritte Stufe der W. eintreten, wäre dies ein enormer qualitativer Integrationssprung.

J.-V. Louis: L'union économique et monétaire, in: Cahiers de droit européen 3–4 (1992), S. 251–305. – H. Tietmeyer: Währungsunion – ein Weg ohne Umkehr, in: Integration 1 (1992), S. 17–24.

W. Woyke

Wirtschaftsunion Benelux →Benelux

Wörtliche Auslegung (EG-Recht) →Auslegung des Gemeinschaftsrechts

WSA →Wirtschafts- und Sozialausschuß der EG

YES *(Youth Exchange System;* umgetauft in „Jugend für Europa"). Programm der EG zur Förderung des grenzüberschreitenden Austauschs von Jugendlichen im Alter von 15 bis 25 Jahren, das vor allem auf die Unterstützung, Ausweitung und Diversifizierung bestehender Initiativen und die Beseitigung finanzieller, rechtlicher und administrativer Hindernisse ausgerichtet ist (2. Phase 1992–1994; 25 Mio. ECU).

Hrsg.

Zahlungsbilanzhilfen →Währungsbeistand

Zahlungsbilanzschwierigkeiten. Von Z. spricht man normalerweise dann, wenn das Leistungsbilanzdefizit den Kapitalbilanzüberschuß übersteigt. Bei flexiblen Wechselkursen und (durch die Leistungsbilanz) induzierten Kapitalbewegungen können Z.

grundsätzlich nicht auftreten. Ungleichgewichte machen sich dann jedoch in einer starken Abwertung einer Währung bemerkbar. Im →*Europäischen Währungssystem* gewähren sich die Notenbanken im Fall von Z. gegenseitige Kredite, die eine unterschiedliche Fristigkeit und unterschiedliche Konditionen aufweisen. Die *sehr kurzfristige Finanzierung* gewährt Kredite für maximal 30 Tage in unbegrenzter Höhe. Der →*Währungsbeistand* (siehe dort) und der mittelfristige Beistand sind quantitativ begrenzt.

P. Bofinger

Zahlungsermächtigungen. Die Z. legen im Haushalt der EG im Unterschied zu den →*Verpflichtungsermächtigungen* den Rahmen fest, in dem während des laufenden Haushaltsjahres Ausgaben tatsächlich getätigt werden können.

Hrsg.

„Zehn Münchner Thesen zur Europapolitik" →Länderbeteiligung

Zeichnungsermächtigungsverfahren (Kommission) →Habilitierungsverfahren

Zentralbank →Europäische Zentralbank

Zentralbankrat →Europäische Zentralbank

Zielpreis. Als Zielpreis wird im Rahmen der →*Gemeinsamen Agrarpolitik* der Preis bezeichnet, der für landwirtschaftliche Produkte beim Verkauf auf dem offenen Markt erzielt werden sollte.

Hrsg.

„Zivilmacht Europa" →Leitbilder der europäischen Einigung

Zölle und Abgaben gleicher Wirkung →Zollunion

Zolleinnahmen →Eigenmittel der EG

Zollgebiet. Das Z. bestimmt den räumlichen Geltungsbereich des Zollrechts und anderer Vorschriften, die sich darauf beziehen. In einer →*Zollunion* werden mehrere Z. durch ein einziges ersetzt. So wurde zu Beginn der →*Zollrechtsharmonisierung* in der →*Europäischen Wirtschaftsgemeinschaft* die VO EWG Nr. 1496/68 *(Z.-VO)* erlassen. Sie ist durch eine neue Z.-VO ersetzt worden (VO (EWG) Nr. 2151/84). Rechtsgrundlage ist Art. 235 EWGV. Das Z. deckt sich nicht völlig mit dem Geltungsbereich des EWGV (Art. 227 EWGV), sondern umfaßt die Hoheitsgebiete der →*Mitgliedstaaten* (einschließlich des dazugehörigen Luftraums, der Hoheitsgewässer und der Binnengewässer), von denen Teile ausgenommen und zu denen Teile von →*Drittländern* hinzugefügt wurden. Diese Ausnahmen ergeben sich aus geschichtlichen, staats- oder völkerrechtlichen Gründen. Beim →*Beitritt* neuer MS gelten Übergangsregelungen.

H. Prahl

Zollrechtsharmonisierung. Die Schaffung einer →*Zollunion* erfordert ein im wesentlichen gleiches *Zollrecht*, um Verkehrsverlagerungen zu verhindern. Dieses Zollrecht betrifft den →*Gemeinsamen Zolltarif* (GZT) und die Erhebung der auf ihm beruhenden *Abgaben*. Rechtsgrundlagen für die Z. der Zollunion der EWG befinden sich (abgesehen von Art. 18 ff. EWGV für die Aufstellung des GZT) in Art. 27 EWGV, der nur (nicht verbindliche) →*Empfehlungen* und in Art. 28 EWGV, der nur (verbindliche) autonome Änderungen oder Aussetzungen der →*Zollsätze* betrifft. Nach der wenig erfolgreichen ersten Phase der Empfehlungen begann die zweite Phase mit dem Erlaß von auf unterschiedliche Art. des EWGV gestützten →*Verordnungen* (Art. 28 und 111 (113): VO GZT; Art. 235: Verordnungen zu *Zollwert*, →*Zollgebiet*, →*gemeinschaftlichem Versandverfahren*; Art. 111, 113, 115, 227, 235: VO *Warenursprung*). Wegen des Widerstandes der →*Mitgliedstaaten* gegen die Form der *Verordnung* und gegen die Rechtsgrundlage des Art. 113 EWGV wurde die dritte Phase mit auf Art. 100 EWGV gestützten →*Richtlinien* fortgesetzt. Der Übergang zur vierten Phase wurde durch Urteile des →*Gerichtshofes der EG* in den Rs. 8/73 und 45/86 erleichtert: weite Auslegung des Art. 113 zugunsten des Zollrechts mit der Folge des Vorzugs der *Verordnung* vor der *Richtlinie* und der *Mehrheits-* vor der *Einstimmigkeitsentscheidung* nach Art. 235 EWGV. Die fünfte Phase hat am 1.7.1987 begonnen: Art. 100 a EWGV ermöglicht vorrangig den Erlaß von *Verordnungen* zur Vollendung des →*Binnenmarktes*. Dazu zählt grundsätzlich auch das Zollrecht. Die Z. wird mit der VO (EWG) Nr. 2913/92 (Zollkodex der Gemeinschaften) und der 1993 zu verabschiedenden DVO abgeschlossen.

T. Bail/W. Schädel/H. Hutter, fortgeführt v. E. Dorsch: Zollrecht der Bundesrepublik Deutschland und der EG, 42. Aufl., Bonn 1991. – H. Prahl: La réglementation douanière communautaire, in Commentaire Mégret, Bd. I, Brüssel 1992.

H. Prahl

Zolltarifliche Nomenklatur →Gemeinsamer Zolltarif

Zollunion. Grundlage der EWG ist eine Z. (Art. 9 EWGV). Der EWGV enthält keine Begriffsbestimmung, sondern setzt diejenige in Art. XXIV GATT voraus, die die →*Mitgliedstaaten* der EWG bindet. Hiernach ist eine Z. die Ersetzung mehrerer Zollgebiete durch ein einziges →*Zollgebiet*, wobei im Inneren die *Zölle* und *beschränkenden Handelsvorschriften* für annähernd den gesamten Handel oder wenigstens für annähernd den gesamten Handel mit den aus diesem Gebiet stammenden *Waren (Ursprungswaren)* beseitigt werden und wobei nach außen im Handel mit →*Drittländern* im wesentlichen dieselben Zölle und sonstigen Handelsvorschriften angewandt werden. Die Z. ist mehr als eine *Freihandelszone*. Sie bezieht sich auf das Zollgebiet der EG (VO (EWG) Nr. 2151/84) und erstreckt sich auf den gesamten Warenaustausch (Art. 9 EWGV). Sie hat im Inneren zur Abschaffung der Zölle (Art. 9, 12–17 EWGV) und zur Beseitigung der *mengenmäßigen Beschränkungen* (Art. 30, 34 EWGV) geführt: Grundsatz des →*freien Warenverkehrs*, der besagt, daß die Z. für die *Ursprungswaren* der MS und für die Waren gilt, die sich in den MS im *zollrechtlich freien Verkehr* befinden, nämlich für Waren aus *Drittländern*, für die in dem betreffenden MS die *Einfuhr-Förmlichkeiten* erfüllt sowie die *Zölle und Abgaben gleicher Wirkung* erhoben worden sind (Art. 9 u. 10 EWGV). Im Hinblick auf die Außenwirkung sind der →*Gemeinsame Zolltarif* und das sonstige aus der →*Zollrechtsharmonisierung* hervorgehende *Zollrecht* u. die übrigen, insbesondere auf Art. 113, 136 u. 238 EWGV gestützten Rechtsakte der →*Gemeinsamen Handelspolitik* zu nennen.

H. Prahl: Douanes et accises, 2 Bde., 5. Aufl., Brüssel 1992.

H. PRAHL

Zusammenrechnungsgrundsatz. Bei der Berechnung der Sozialversicherungsansprüche von Wanderarbeitnehmern in der EG angewandter Grundsatz (Art. 51 EWGV, VO (EWG) 1408/71), der vorsieht, daß die von einem Versicherten nach den Rechtsvorschriften der jeweiligen MS in diesen zurückgelegten Versicherungszeiten und gleichgestellten Zeiten zur Errechnung des Gesamtanspruchs zusammengerechnet werden, soweit sie sich nicht überschneiden. Der auch *Totalisierungsgrundsatz* genannte Z. soll sicherstellen, daß keine Versicherungszeiten verlorengehen (zur Aufteilung →*Pro-rata-temporis-Berechnung*).

HRSG.

Zusatzabschöpfungen. Um den Import von Marktordnungsprodukten (→*Marktordnungen*) zu erleichtern, macht die →*Kommission der EG* von der Möglichkeit Gebrauch, bei der Einfuhr zu entrichtende →*Abschöpfungen* im voraus festzulegen. Bei preisbedingten Abweichungen von den exakt berechneten Abschöpfungen kann die Kom. Z. erheben.

G. SCHMITT

Zuständigkeitsverteilung. Die EG konstituiert ein System der Z., in dem die Kompetenzen zwischen zwei oder mehreren Ebenen der Verwaltung aufgeteilt sind. Die wichtigsten Ebenen in der Rechtsordnung der EG sind die Gemeinschaft und die MS. Aus drei Gründen ist die Z. in der EG jedoch besonders komplex: (1) Die EG besteht aus drei rechtlich getrennten →*Europäischen Gemeinschaften.* Jede Gemeinschaft gründet sich auf einen separaten internationalen Vertrag und jeder dieser Verträge etabliert eine leicht unterschiedliche Z. zwischen der Gemeinschaft und den MS. (2) Die Z. zwischen der EG und den MS ist nicht immer eindeutig. So sind die Vertragsbestimmungen oft in sehr allgemeinen Termini verfaßt. Aus diesem Grunde ist die Z. immer wieder Gegenstand von Kontroversen gewesen. (3) Diese Z. ist in der Praxis durch die →*Rechtsprechung des EuGH* zu den Verträgen und das →*Sekundärrecht* verändert worden. – Die Kompetenzen der Gemeinschaft unter dem EGKSV und dem EAGV sind streng limitiert (siehe z. B. Art. 2, 3, 5, 8, 26, 37, 46, 47, 49–51 EGKSV; Art. 1, 2, 3, 52, 76, Anhang I EAGV). Unter dem weiter gefaßten EWGV hat die Gemeinschaft die Kompetenz, die in Art. 2 EWGV definierten →*Vertragsziele* durch die Errichtung eines →*Gemeinsamen Marktes* und die Annäherung der Wirtschaftspolitiken der MS zu verfolgen und, im Hinblick darauf, die in Art. 3 EWGV beschriebenen Tätigkeiten aufzunehmen. Bei der Erfüllung dieser Aufgaben darf jedes →*Organ der EG* nur nach Maßgabe der ihm vom EWGV zugewiesenen Befugnisse handeln (Art. 4 EWGV). Diese Einschränkung wird in der Praxis nicht nur als verpflichtender Bezug auf ein *Prinzip des institutionellen Gleichgewichts* in den Beziehungen der Organe untereinander interpretiert, sondern auch als verpflichtender Bezug auf das Prinzip der *begrenzten →Einzelermächtigung,* nach dem die Gemeinschaft nur über die Kompetenzen verfügt, die ihr übertragen worden sind, wohingegen andere Kompetenzen weiterhin den MS vorbehalten bleiben. Dieses Prinzip wird letztlich durch die Möglichkeit von →*Nichtigkeitsklagen* vor dem EuGH geschützt, die es erlauben, →*Rechtsakte* der Organe u. a. wegen Unzuständigkeit, Verletzung wesentlicher Formvorschriften sowie insbesondere eine unzureichende Begründung der Rechtsakte im Sinne des Art. 190 EWGV anzugreifen. – Die EG-Verträge übertragen der Gemeinschaft jedoch gemäß der Theorie der *begrenzten Einzelermächtigung* nicht nur spezifisch definierte Kompetenzen. Sie sehen auch an bestimmte Voraussetzungen gebundene *„Reservekompetenzen"* vor (Art. 95 EGKSV, 203 EAGV, 235 EWGV). So bestimmt z. B. Art. 235 EWGV, daß, wenn ein Tätigwerden der Gemeinschaft erforderlich erscheint, um im Rahmen des →*Gemeinsamen Marktes* eines ihrer Ziele zu verwirklichen, und im Vertrag die hierfür vorgesehenen Befugnisse nicht vorgesehen sind, der →*Rat* auf Vorschlag der →*Kommission* und nach Anhörung des →*Europäischen Parlaments* die geeigneten Vorschriften erläßt. Die Anwendung des Art. 235 als Rechtsbasis ist jedoch nur zulässig, wenn (a) ein Zusammenhang mit dem Gemeinsamen Markt besteht, (b) die Maßnahme erforderlich ist, um eines der Ziele der Gemeinschaft zu erreichen und (c) keine andere Vertragsbestimmung den Gemeinschaftsorganen die notwendige Befugnis zum Ergreifen dieser Maßnahme überträgt (EuGH Rs. 45/86, Kommission/Rat). – Die Geschichte der EG und die Erweiterung ihrer Kompetenzen haben allerdings jede *strikte Theorie der begrenzten Einzelermächtigung* und in gewissem Maße auch das damit in Zusammenhang stehende Konzept von der Gemeinschaft als einem *„Zweckverband"* unterminiert. Beginnend mit der Rs. 22/70 *(ERTA)* hat der EuGH das Konzept der *„implied powers"* (impliziten Kompetenzen) im Bereich der →*Außenbeziehungen* entwickelt (→*Außenkompetenz*). Zudem haben Änderungen der →*Gründungsverträge* die Zuständigkeit der EG erweitert: So wurden ihr beispielsweise durch die →*Einheitliche Europäische Akte* Kompetenzen in den Bereichen Umwelt, wirtschaftlicher und sozialer Zusammenhalt sowie Forschung und technologische Entwicklung übertragen. Obwohl nominell konsistent mit der Theorie der begrenzten Einzelermächtigung, haben diese Änderungen die Kompetenzen der Gemeinschaft in zuvor den MS vorbehaltene Gebiete ausgedehnt und dies in einem Ausmaß, das bei der Gründung der EG nicht vorhersehbar war. – Der

→*Vertrag über die Europäische Union* wird im Falle der Ratifizierung durch die MS die Z. zwischen der Gemeinschaft und den MS noch komplexer gestalten. Er errichtet eine *Europäische Union,* die sich auf die EG gründet, aber auch andere Politiken und Formen der Zusammenarbeit einschließt. Im Hinblick auf die EG bestätigt der EUV das Prinzip der begrenzten Einzelermächtigung (Art. 3 b EGV). Er überträgt der EG neue Kompetenzen in den Bereichen →*Industriepolitik,* →*Transeuropäische Netzwerke,* Gesundheitswesen, Bildung und Kultur, Verbraucherschutz, Energie, Tourismus und →*Wirtschafts- und Währungsunion.* Diese neuen Zuständigkeiten sind in den meisten Fällen konkurrierend mit denen der MS (so z. B. beim Verbraucherschutz) oder auf eine Aufforderung zur Kooperation oder Koordinierung beschränkt (so z. B. beim Gesundheitswesen). Hinsichtlich der →*Wirtschaftspolitik* sind die MS jedoch zur Koordinierung ihrer Politiken verpflichtet und Kontrollen der EG unterworfen (Art. 3 a, 102 a–104 EGV). Im Bereich der →*Währungspolitik* werden die MS einer strengeren Disziplin unterworfen, die als Endziel die Einführung einer gemeinsamen Währung und Definition einer einheitlichen Währungs- und Wechselkurspolitik vorsieht. – Der EUV entwickelt auch das →*Subsidiaritätsprinzip* zu einem allgemeinen Prinzip des Verfassungsrechts der EG. Zuvor galt dieses Prinzip (als Ergebnis der EEA) bereits in anderer Form für Umweltangelegenheiten. In Art. 3 b ist es nun dahingehend definiert, daß die Gemeinschaft in Bereichen, die nicht in ihre ausschließliche Zuständigkeit fallen, nur tätig werden soll, sofern und soweit die Ziele der in Betracht gezogenen Maßnahmen nicht ausreichend auf der Ebene der MS und daher besser auf Gemeinschaftsebene erreicht werden können. Streng genommen überträgt das Subsidiaritätsprinzip folglich der Gemeinschaft keine neuen Kompetenzen, sondern bezieht sich auf die Ausübung derjenigen Kompetenzen, die in den Zuständigkeitsbereich sowohl der EG als auch der MS fallen. Es ist Ausdruck der Intention der MS, die Erweiterung der Kompetenzen der EG zu begrenzen oder zumindest so weit als möglich an der Ausübung von Kompetenzen in Bereichen teilzuhaben, wo sowohl die EG als auch die MS über Zuständigkeiten verfügen. – Schließlich etabliert der EUV auch andere Formen der Zusammenarbeit, insbesondere hinsichtlich einer →*Gemeinsamen Außen- und Sicherheitspolitik* (GASP) und der *Zusammenarbeit in den Bereichen Justiz und Inneres.* Beide Bereiche befinden sich im Zuständigkeitsbereich der Union aber außerhalb der EG stricto sensu. Hinsichtlich der ersteren ist es Aufgabe der Union und der MS, eine GASP zu definieren und auszuführen. Hinsichtlich der letzteren (unbeschadet der Kompetenzen der EG, insbesondere im Bereich der Freizügigkeit) definiert der EUV die →*Asylpolitik,* →*Grenzkontrollen,* die Einwanderungspolitik und die Politik gegenüber Staatsangehörigen von →*Drittländern,* die Bekämpfung der Drogenabhängigkeit und internationaler Betrugsdelikte, justitielle Zusammenarbeit in Zivil- und Strafsachen, Zusammenarbeit im Zollwesen und polizeiliche Zusammenarbeit in einer Reihe von gesondert aufgeführten Bereichen als Angelegenheiten von *„gemeinsamem Interesse"* der MS. Gemäß Art. F der *„gemeinsamen Bestimmungen"* des EUV soll sich die Union mit den Mitteln ausstatten, die zum Erreichen ihrer Ziele und zur Durchführung ihrer Politiken erforderlich sind. Diese Bestimmung könnte eine weitere Ausdehnung der Kompetenzen der EG und so eine neue Z. zwischen der Gemeinschaft und ihren MS ankündigen.

B. Beutler/R. Bieber/J. Pipkorn/J. Streil: Die EG – Rechtsordnung und Politik, 4. Aufl., Baden-Baden 1993. – A. Bleckmann u. a.: Division of powers between the European Communities and their Member States in the field of external relations, Deventer 1981. – G. Isaac: Droit communautaire général, 3. Aufl., Paris 1990.

F. SNYDER

Zustimmungsgesetz zu den Gemeinschaftsverträgen. (1) Die Ratifikation der Gemeinschaftsverträge und ihrer vertraglichen Änderungen bedurfte nach deutschem Verfassungsrecht jeweils einer Ermächtigung durch die gesetzgebenden Körperschaften des Bundes in der Form eines Gesetzes *(„Zustimmungsgesetz"* bzw. *„Vertragsgesetz")*. Das Zustimmungsgesetz enthält über die Ermächtigung der Exekutive hinaus auch die Anordnung der Vertragsgeltung im innerstaatlichen Rechtsraum. Dies bedeutet, daß die deutsche Rechtsordnung sich mit dem Inkrafttreten des Vertrags (bzw. seiner Änderungen) in der Weise öffnet, daß das Gemeinschaftsrecht dort ohne eine weitere Vollzugsanordnung im Umfang seines eigenen Geltungswillens angewendet werden kann. (→*Unmittelbare Geltung/Anwendbarkeit des Gemeinschaftsrechts*). Die Rechtsgrundlage für das Z. war bis 1992 der Art. 59 Abs. 2 Satz 1 GG in Verbindung mit Art. 24 Abs. 1 GG. Durch die Verfassungsänderung vom 21.12.1992 ist für Angelegenheiten der europäischen Integration an die Stelle des Art. 24 Abs. 1 die Neufassung des Art. 23 GG getreten. Die neue Bestimmung war erstmals für das *Zustimmungsgesetz* zum →*Vertrag über die Europäische Union* anzuwenden. – (2) Solange Art. 24 Abs. 1 GG für das Z. maßgeblich war, genügte für die Zustimmung des Gesetzgebers ein vom *Bundestag* mit *einfacher Mehrheit* beschlossenes Gesetz. Die Beteiligung des *Bundesrates* beschränkte sich auf die Möglichkeit eines *Einspruchs*, den der *Bundestag* zurückweisen konnte. Im Hinblick auf die erheblichen Auswirkungen der fortschreitenden Integration im innerstaatlichen Bereich sieht Art. 23 GG n. F. nunmehr das Erfordernis einer *Zweidrittel-Mehrheit im Bundestag* und die *Zustimmung des Bundesrates* vor. – (3) Art. 23 GG n. F. (wie schon bisher Art. 24) ermächtigt zur europäischen Integration unabhängig von der Kompetenzverteilung zwischen Bund und Ländern hinsichtlich des von der Regelung betroffenen Sachbereichs. Die Besorgnis der Länder, ihre Zuständigkeit könnte durch die Rechtsetzungstätigkeit der Gemeinschaft ausgehöhlt werden, hatte bereits in Art. 2 des *Zustimmungsgesetzes zu den →Römischen Verträgen* (EWGV, EAGV) zu einer Zusage der Bundesregierung geführt, die Länder von solchen Vorhaben möglichst frühzeitig zu unterrichten. Die Mitwirkung der Länder im Vorfeld der Tätigkeit der deutschen Ratsdelegation war sodann in Art. 2 des *Zustimmungsgesetzes zur →Einheitlichen Europäischen Akte* und in der ausführenden Bund-Länder-Vereinbarung vom 17.12.1987 geregelt. – Als Ausgleich für Einschränkungen ihrer Kompetenzbereiche in Angelegenheiten der Europäischen Union normiert nunmehr Art. 23 GG n. F. über das Zustimmungsrecht des Bundesrates beim Vertragsschluß hinaus *Mitwirkungsrechte der Länder,* die vom Bundesrat wahrgenommen werden. Der Bundesrat wird an der Willensbildung des Bundes beteiligt, soweit seine Mitwirkung bei einer entsprechenden innerstaatlichen Maßnahme geboten wäre oder soweit die Länder innerstaatlich zuständig wären. – Die Wahrnehmung mitgliedstaatlicher Rechte soll der Bund auf einen vom Bundesrat benannten Ländervertreter übertragen, wenn im Schwerpunkt ausschließliche Gesetzgebungsbefugnisse der Länder betroffen sind. Einzelheiten regeln Art. 23 Abs. 4, 5 GG n. F. und das an die Stelle des Art. 2 EEA-Gesetz tretende *Gesetz über die Zusammenarbeit von Bund und Ländern in Angelegenheiten der Europäischen Union.*

R. Scholz: Grundgesetz und Europäische Einigung, in: Neue juristische Wochenschrift (1992), S. 2593–2601.

R. GEIGER

Zustimmungsverfahren. Dieses Entscheidungsverfahren wurde durch die *→Einheitliche Europäische Akte* eingeführt. – Das *→Europäische Parlament* erteilt seine *Zustimmung* mit absoluter Mehrheit. Kommt diese Mehrheit nicht zustande, so obliegt es *→Rat* und *→Kommission,* die Lage im Lichte der Beratungen des Parlaments zu überprüfen. – Das Z., das dem Parlament praktisch ein Vetorecht einräumt, galt ursprünglich nur für den *→Beitritt* neuer MS (bisher nicht zur Anwendung gekommen) sowie für bestimmte Assoziations- und Kooperationsabkommen (*→Abkommen*). Gemäß dem *→Vertrag über die Europäische Union* unterliegen auch die *→Unionsbürgerschaft, wirtschaftliche und soziale Zusammenhalt,* das einheitliche Wahlverfahren zum EP, Änderungen der Satzung des ESZB sowie bestimmte internationale Abkommen diesem Verfahren.

H. OFFELE

Zwischenstaatlichkeitsklausel
Als Z. wird im Sprachgebrauch der EG die in Art. 85 (1) und Art. 86 EWGV enthaltene Klausel bezeichnet, gemäß der wettbewerbsbeschränkende Vereinbarungen, Beschlüsse und abgestimmte Verhaltensweisen von Unternehmen bzw. der Mißbrauch marktbeherrschender Stellungen nur dann mit dem *→Gemeinsamen Markt* unvereinbar und verboten sind, wenn sie den Handel *zwischen* MS der EG zu beeinträchtigen geeignet sind.

HRSG.

„Zwölf“ (die) →Europäische Politische Zusammenarbeit